W0281660

Propyläen
Geschichte Europas
Band 2

Propyläen Geschichte Europas

Band 1
Anspruch auf Mündigkeit
um 1400 – 1555

Band 2
Hegemonialkriege und
Glaubenskämpfe
1556 – 1648

Band 3
Staatsräson und Vernunft
1649 – 1775

Band 4
Der Durchbruch des Bürgertums
1776 – 1847

Band 5
Staatensystem
als Vormacht der Welt
1848 – 1918

Band 6
Die Krise Europas
Seit 1917

Propyläen

Propyläen
Geschichte Europas

Ernst Walter Zeeden
Hegemonialkriege und Glaubenskämpfe

1556–1648

Propyläen

Ungekürzter fotomechanischer Nachdruck des 1980 in zweiter Auflage erschienenen zweiten Bandes der »Propyläen Geschichte Europas«

Umschlagentwurf: Vera Bauer; Abbildung: Archiv für Kunst und Geschichte, Berlin
Gesamtherstellung: Franz Spiegel Buch GmbH, Ulm
© 1975, 1998 Ullstein Buchverlage GmbH & Co. KG, Berlin
Propyläen Verlag
Printed in Germany 1998
ISBN für das Gesamtwerk:
3-549-05529-3
ISBN für das Einzelwerk:
3-549-05482-3

Die Deutsche Bibliothek - CIP-Einheitsaufnahme

Propyläen-Geschichte Europas. - Nachdr. - Berlin : Propyläen-Verl.
ISBN 3-549-05529-3

Zeeden, Ernst Walter:
Hegemonialkriege und Glaubenskämpfe : 1556 - 1648 / Ernst Walter Zeeden. - Ungekürzter fotomechanischer Nachdr. des 1980 in 2. Aufl. erschienenen 2. Bd. - Berlin : Propyläen-Verl., 1998
(Propyläen-Geschichte Europas : Bd. 2)
ISBN 3-549-05482-3

Inhalt

Von der Reformation in Deutschland zu den Glaubenskämpfen in Europa

Im Zeitalter Luthers und Karls V. hatte Deutschland rund fünfunddreißig Jahre lang im Mittelpunkt der europäischen Geschichte gestanden. Das Römische Reich Deutscher Nation, das man im zeitgenössischen Sprachgebrauch auch kurz das ›Heilige Reich‹ nannte, stellte in jenen dreieinhalb Dezennien so etwas wie eine bewegte Mitte dar; die stärksten Impulse gingen von hier auf den Kontinent aus. Wittenberg bildete dabei ein Zentrum, der Kaiser verkörperte ein weiteres. Die reformatorischen Kräfte und Einflüsse, die aus Wittenberg kamen, drangen rasch nach Skandinavien, nach Ostmitteleuropa und in die Alpenländer von Österreich bis zur Schweiz. Sie riefen auch im Westen, in Frankreich, England und den Niederlanden, eine Art nichtorganisierter evangelistischer Bewegung hervor, die sich vornehmlich in der dünnen, aber wichtigen Schicht der gebildeten Geistlichen und Laien entwickelte. Der mit der Reformation in Deutschland einsetzende Angriff auf die römische Kirche und der damit einhergehende Glaubensstreit erzielten gleichfalls Wirkungen von europäischem Ausmaß; die Aufmerksamkeit Europas richtete sich auf den Kaiser, auf die deutschen Reichsfürsten und auf die Reichstagsversammlungen. Denn auf den Reichstagen wurde über das Schicksal Luthers und der Reformation entschieden. Aus Deutschland kam auch der Anstoß, ein Allgemeines Konzil zu berufen. Die Reichsfürsten und die Protestanten verlangten es. Der Kaiser machte sich diese Forderung zu eigen und setzte damit dem Papst zu. Kurz: Die deutschen Probleme wurden Probleme Europas.

Das änderte sich alles, als Luther und Karl V. die geschichtliche Bühne verließen. Was seit dem Rücktritt Karls V. und nach dem Augsburger Religionsfrieden die Entwicklung in Europa vorantrieb, waren in erster Linie die Vorgänge, die sich im Westen und Süden abspielten: in Frankreich und den Niederlanden, in England und Spanien, in Genf und Rom. Verglichen mit dem, was sich dort ereignete, geriet Deutschland auf einen Nebenschauplatz. Es nahm an den Vorgängen, die in den Mittelpunkt des gesamteuropäischen Geschehens rückten, nur am Rande teil. Impulse strömte das Reich kaum noch aus; es empfing sie jetzt von außen, aus dem Süden und Westen. Dort wurden, meist eng miteinander verquickt, die politischen Machtkämpfe und die reformatorisch-gegenreformatorischen Glaubenskämpfe ausgetragen, die dem Jahrhundert zwischen dem Augsburgischen und dem Westfälischen Frieden die Signatur gaben. Dort erhoben sich auch Kunst und Kultur auf eine sehr hohe Stufe. Im elisabethanischen England, im Spanien Philipps II., Philipps III. und Philipps IV., in den Niederlanden des Rubens und Rembrandt, im Italien des Manierismus und des anhebenden Barocks gediehen die bildenden Künste, die Literatur und die Musik zu einer unvergleichlichen Blüte. Und auch in den Wissenschaften aller Sparten rückten die Länder des Westens an die Spitze Europas.

Dieser epochale Vorgang der kämpferischen Glaubensreform und konfessionellen Kirchenbildung, der fürstlichen Machtkonzentration und der staatlichen Machtexpansion ließ natürlich den übrigen Kontinent nicht unberührt. Einen wichtigen Nebenschauplatz bildete der Nordosten mit Polen, Schweden und Rußland. Eine existenzielle Verteidigungslinie zog sich vom Süden Polens über Ungarn und die österreichischen Alpenländer nach Venedig und an die Adria. Diese Front gegen den Halbmond konnte nie ohne Aktivität gehalten werden. So war denn im Südosten Europas dauernd etwas in Bewegung. Da aber, vom vorgelagerten königlich-habsburgischen Rest-Ungarn abgesehen, die österreichische Grenze mit der des Reiches identisch war, wirkten die Vorgänge im Südosten mittelbar auf Deutschland zurück. Auch in seinen anderen Grenzregionen wurde Deutschland an den übergreifenden europäischen Macht- und Konfessionskämpfen in der Regel beteiligt. Das Herzogtum Preußen lag im polnisch-schwedischen Spannungsfeld, desgleichen Schleswig-Holstein und das Baltikum; die westlichsten Territorien in Norddeutschland und am Rhein wurden in die niederländisch-französisch-spanischen Kämpfe hineingezogen; der bayerisch-österreichische Süden und die Schweiz standen in enger Kommunikation mit Italien; die Schweiz, soweit protestantisch, pflegte außerdem rege Kontakte zu den calvinistischen Zentren in Frankreich und den Niederlanden. Die Mitte Deutschlands aber hatte im wesentlichen nur mit sich selbst zu tun. Hier beschäftigte man sich mit Territorium und Konfession und nahm den Lehrstreit wichtig, nicht nur zwischen Katholiken und Protestanten, sondern auch zwischen den Varianten des Luthertums. Die Orthodoxie, gleich welcher Obödienz, wurde eine beherrschende Macht. Die evangelische Kirchen- und Theologiegeschichte nennt daher die Epoche der Glaubenskämpfe in Deutschland ›das Zeitalter der Orthodoxie‹.

Martin Luther wirkte nicht nur dort, wo seine Lehre Anklang fand und angenommen wurde; auch nicht nur dort, wo die durch ihn ausgelöste Bewegung den Anstoß zu entfernt vergleichbaren kirchlichen Reformen und Separationen gab, wie in England, Zürich oder Genf. Er wirkte durchschlagend auch auf die Institution, die er angriff: auf die alte Kirche samt Haupt und Gliedern. Durch den allgemeinen Abfall von Rom sah sich die katholische Kirche auf eine bis dahin nie gekannte Art in Frage gestellt und in ihrer Existenz bedroht. Unter dem Druck der von Luther entfachten Bewegung und unter dem Druck einer öffentlichen Meinung, die außerordentlich laute antipäpstliche Töne anschlug und den Papst zum Beispiel laufend als Antichristen diffamierte, fühlte sich die römische Kurie genötigt, eine scharfe Kurskorrektur vorzunehmen. Sie wandte sich vom Renaissance-Papsttum und all jenen Praktiken eines seelsorglich fragwürdigen Verhaltens ab, die den Heiligen Stuhl zum Ärgernis für viele Christen und zu einer Glaubensprobe für die Frommen gemacht hatten. – Das angegriffene Papsttum reagierte auf Luthers erste Kampfrufe zunächst routiniert und vordergründig und gedachte ihn durch prozessuale Mittel mit dem Beistand politischer Gewalten zum Schweigen zu bringen. Das mißlang. Die Folge war Ratlosigkeit in Rom, Verstörung und Verwirrung in Deutschland. Hier erwiesen sich diejenigen, die an der römisch-katholischen Kirche festhalten wollten, als zu schwach, um sie zu verteidigen. Zu klein war im Reichsgebiet die Zahl derer, die als eine Kraft gegen die reformatorische Agitation wirkten und – wie Thomas Murner – Luther polemisch und publizistisch bekämpften. Nur selten kam es – wie in der Innerschweiz – zu einer festen und erfolgreichen Gegenwehr gegen das militärisch-expansive Vordringen der Reformation. – Von einzelnen theologischen Vorkämpfern wie Hieronymus Emser, Johannes Eck und Kaspar Schatzgeyer abgesehen, begann man seitens des Papsttums und der alten Kirche erst mit Verspätung auf die von Luther aufgeworfenen Glaubensfragen und Reformprobleme einzugehen und sich seriös mit ihnen auseinanderzusetzen. Dreißig Jahre nach Reformationsbeginn griff das Trienter Konzil die von Luther gestellten Themen auf, nachdem sich bereits halb Europa damit befaßte, und beriet über die Rechtfertigung durch den Glauben und die Reform der Kirche.

Seit vielen Jahrhunderten bemühten sich die Inhaber politischer Gewalt, in den Grenzen ihres Hoheitsgebietes die Kirche samt ihren Rechten und Besitztümern unter Kontrolle und mit der Zeit immer fester in den Griff zu bekommen. Diese Richtung der Staatstätigkeit verschärfte sich deutlich im 15. Jahrhundert. Das verhältnismäßig fortgeschrittene Staats- oder Landeskirchentum bildete im 16. Jahrhundert eine fundamentale Voraussetzung für die Einführung der Reformation. Oft begnügten sich anfangs die Träger der staatlichen Gewalt damit, die evangelische Bewegung gewähren zu lassen oder sie zu patronisieren. Bald aber leisteten sie aktive Mithilfe, und zum Schluß mußte alles auf ihr Kommando hören. In der Regel machten sie die nach Luthers Glaubenslehre formulierte ›Confessio Augustana‹ zum Landesbekenntnis und verpflichteten ihre Untertanen durch Gesetz, dieses Bekenntnis anzunehmen. Wo sich die Reformation durchsetzte, sei es in Stadtgemeinden, Territorien oder Königreichen, gab die zuständige Staatsmacht fast stets den Ausschlag. Ausnahmen waren bis 1550 selten. Doch auch bei der Abwehr des Protestantismus und bei der äußeren Stabilisierung und inneren Reorganisation der katholischen Kirche nahmen die Inhaber der Staatsgewalt das Heft in die Hand und gingen in Führung. Der Glaubensstreit, die ›spaltige Religion‹, und die Konfessionsbildung waren deshalb ein politisches Faktum ersten Ranges. Kein Religionsgespräch, kein verbindliches Kirchengesetz, kein Konzil und kein Religionsfriede kam ohne die Beteiligung der weltlichen Machthaber zustande. Die Formen der Zusammenarbeit zwischen staatlichen und kirchlichen Instanzen variierten nach Konfession und Situation. In der Sache selbst war man sich einig: Die Kirche unter katholischem, lutherischem, calvinistischem oder sonstigem Vorzeichen zu reformieren gehörte nach dem Selbstverständnis der Zeit in den hoheitlichen Kompetenzbereich einer Regenten, desgleichen die Verfolgung und strafrechtliche Aburteilung derjenigen, die sich dem Landesbekenntnis nicht unterwarfen.

Seit der Gründung der Vereinigten Staaten von Amerika und seit der Französischen Revolution neigen wir dazu, die Bereiche von Staat und Kirche möglichst reinlich auseinanderzuhalten. Im 16. und 17. Jahrhundert bemühte man sich mit Hingabe um das Gegenteil. Politik und Religion, sagte ein prominenter elisabethanischer Schriftsteller und Diplomat, Sir Philip Sidney, dürfe ein weiser Staatsmann niemals voneinander trennen, und sprach damit die Überzeugung einer Epoche aus. Calvin schärfte Königen, Fürsten und obrigkeitlichen Personen ein, daß sie in ihrer Eigenschaft als Staatslenker verpflichtet wären, sich in den Dienst von Kirche und Religion zu stellen. Vergleichbare Weisungen konnte man von Päpsten und Nuntien, Hofpredigern und geistlichen Prinzenerziehern hören. Doch meistens bedurfte es solcher Empfehlungen nicht; sie verstanden sich von selbst. – Die Ausdehnung ihrer Herrschaft über die Kirche ihres Landes brachte den Königen, Fürsten und Stadtregierungen einen sich ständig vermehrenden Zuwachs an Macht. Jedes Staatswesen steckte in kirchlichen Bindungen und betrachtete die christliche Religion als tragendes Fundament seiner Existenz. Als sich die hundertfältig mit dem weltlichen Gemeinwesen verbundene Kirche spaltete, riß sie nicht nur den Staat und die Staatsführung in den Konfessionsstreit hinein, sondern belastete durch den Religionshader auch die innerstaatlichen und zwischenstaatlichen Beziehungen. Daß sich Staatswesen wegen dogmatischer Differenzen untereinander verfeindeten, das war eine gegenüber dem Mittelalter neue Situation. Anfangs auf Deutschland und die Eidgenossenschaft beschränkt, stellte sie sich bald auch im weiteren Europa ein. Es gab kaum eine Obrigkeit, die sich nicht für eine der konkurrierenden Konfessionen stark machte und deren Interessen im politischen Raum vertrat.

Hatten die Katholiken anfangs nur schwachen Widerstand gegen Luther geleistet, so änderte sich das seit den vierziger Jahren. Ein stärkerer Reformwille begann sich langsam auch unter den Anhängern der alten Kirche zu regen; sie kräftigten und sammelten sich, drängten über die bloße Verteidigung hinaus und steuerten das positive Ziel einer gründlichen Reform der katholischen Kirche an. Dies zu erreichen war bei der damaligen Lage der Dinge nicht anders möglich als durch Kampf. Und davor scheute seit der Jahrhundertmitte die römische Kirche, hierin dem Calvinismus ähnlich, nicht mehr unbedingt zurück. Sie kämpfte mit den zeitüblichen Mitteln: in geistiger Auseinandersetzung, unter Anwendung politischen Drucks, mit militärischer Gewalt. Freilich weder überall noch gleichmäßig. Aufs Ganze gesehen wurde die katholische Kirche militant. – Gleichzeitig erlangte die evangelische Reformbewegung ihre volle europäische Dimension. Theologisch und sakramental fand sie Eingang in die anglikanische Kirche, obwohl gerade sie in Verfassung und Ritus die katholischen Traditionen beibehielt. Wichtiger war, daß Calvin, die zweite große Reformatorenpersönlichkeit, Bewegung und neues Leben in den Protestantismus brachte. Er machte aus Genf ein organisatorisches und spirituelles Zentrum und belebte von hier aus den Protestantismus nahezu in ganz Europa. Er sah den Kontinent als sein Missionsfeld an und erzog seine Anhängerschaft dazu, sich einsatzfreudig zu betätigen. So gingen seine Impulse bis an die Grenzen des Erdteils. – Einig im Ziel, die christliche Kirche strukturell und religiös zu erneuern, getragen von dem Bewußtsein, auf dem Boden des exklusiv wahren Glaubens zu stehen, bekämpften sich seit der Jahrhundertmitte Katholiken und Calvinisten quer durch Europa. Das schloß nicht aus, daß ihr glaubenskämpferischer Elan sich entsprechend der örtlichen Gegebenheiten auch gegen Lutheraner, Anglikaner, Sektierer oder Dissidenten richtete. Andererseits verfolgten Lutheraner und Anglikaner ihrerseits ebenfalls die Calvinisten und unterdrückten die in ihrem Machtbereich verbliebenen Katholiken. Vorwiegend aber standen sich Calvinisten und Katholiken gegenüber. Eben sie waren es, die den Macht- und Glaubenskämpfen des Zeitalters einen überstaatlich-europäischen Charakter imprägnierten.

Obwohl man sich nicht ausschließlich um der Religion willen schlug, war sie bei lokalen Aufständen, Ständekämpfen, politischen Verschwörungen, Bürgerkriegen und Friedensschlüssen fast immer mit im Spiel. Politik und Kriegführung wurden durch religiös-konfessionelle Motive mitbedingt und mitbestimmt. Häufig und vielerorts dominierten die konfessionellen Zielsetzungen und zwangen die Politik in ihren Dienst. Die Päpste Pius V. und Gregor XIII. erwarteten vom König von Spanien, daß er seine Außenpolitik im Zeichen der Gegenreformation führte. Calvinistische deutsche Territorialherren zogen nach Frankreich und in die Niederlande, um ihren reformierten Glaubensgenossen militärisch beizustehen. Einer politischen Obrigkeit war es nicht gleichgültig, wie es den Bekennern der von ihr vertretenen und protegierten Konfession im Ausland erging und was die Glaubensfeinde jenseits ihrer Grenzen machten; sie beobachtete in der Regel aufmerksam, was sich im religiös verfeindeten Lager tat. Eine Politik der konfessionellen Intervention gehörte zum Stil der Glaubenskämpfe. Religiöse Nachbarschaftshilfe wurde in der politischen Praxis aber auch als ein Instrument im Kampf der Staaten um Macht und Vormacht eingesetzt, von Philipp II. nicht anders als von Gustav II. Adolf. – Weil der Religionsgegensatz bis in die politischen Entscheidungen hineinwirkte und gar nicht selten zum auslösenden Moment für Krieg und Aufruhr wurde, hat man sich daran gewöhnt, von einem Zeitalter der Glaubenskämpfe zu sprechen. Es war nahezu identisch mit der zweiten Phase der protestantischen Reformation, die durch Calvin europäische Ausmaße gewann, und lief zeitlich parallel mit der katholischen Konkurrenzreformation, die als ein vielschichtiger Vorgang von Verteidigung, Rückeroberung und innerer Erneuerung in Erscheinung trat. Dies alles bahnte sich seit der Mitte des 16. Jahrhunderts an.

Solange Karl V. regierte, stellte nicht ein Land oder ein Staat, sondern eine in der Person des Kaisers repräsentierte Dynastie und der von ihr beherrschte Staatenverband die maßgebende politische Potenz in Europa dar: das Haus Habsburg mit seinen deutschen und italienischen Besitzungen; mit Spanien und dem die ungeteilten Niederlande umschließenden Herzogtum Burgund; mit dem Königreich Böhmen und den dazugehörenden Ländern der Wenzels-Krone; mit dem Königreich Ungarn, soweit es nicht in türkischer Hand war; und mit dem Rang und den Rechten, die dem Kaisertum eigneten. Der Kaiser verstand sich als Schirmherr der Christenheit und fühlte sich zu deren Verteidigung gegen die Osmanen und ihre Vasallen berufen. Im Angesicht der Glaubensspaltung empfand er es als seine ihm vordringlich auferlegte Aufgabe, alles zu tun, um die kirchliche Einheit wiederherzustellen. Das war nach seiner beharrlich vertretenen Auffassung nur auf dem Boden der römisch-katholischen Kirche möglich. Hierin folgte ihm die halbe Christenheit – aber eben nur die halbe. Es war der Differenzpunkt des Jahrhunderts, an dem sich die Geister schieden.

Karl V. hinterließ, als er sich 1555 und 1556 aus seinen Regierungsämtern zurückzog, seinen Nachfolgern eine Anzahl von offenen Fragen und ungelösten Problemen. Diese Probleme hatten nahezu alle eine europäische Dimension und waren mehr als eine bloße Angelegenheit des Hauses Habsburg. Auch die von ihm getroffene Nachfolgeregelung war nicht nur für seine Dynastie interessant. Sie betraf Deutschland und Spanien, Burgund, die Niederlande und das habsburgische Italien und wirkte sich in ihren Begleiterscheinungen und Folgen auf ganz Mittel- und Westeuropa aus. Die Macht, die Karl V. ausübte, wuchs dem Kaisertum von außen zu und entsprang nicht dessen eigenen Quellen und Grundlagen. Deshalb schwand sie rasch dahin, als er bei seiner Abdankung seine Länder zwischen seinem Sohn und seinem Bruder ungleich teilte. Er spaltete die Hausmacht, welche die Voraussetzung seiner Europa umspannenden politischen Zielsetzungen und Unternehmungen gewesen war. Auf diese Weise entfiel die Möglichkeit, nach seinem Muster universale kaiserliche Politik zu treiben. Beide Nachfolger nahmen jedoch seine Traditionen auf und führten sie in kleinerem Maßstab weiter. Philipp II. wie Ferdinand I. orientierten sich kirchen- und konfessionspolitisch an den Leitgedanken des Kaisers, allerdings mit unterschiedlicher Kompromißbereitschaft und Härte. In der auswärtigen und inneren Politik nötigte sie die Macht der Umstände, das fortzusetzen, was ihr Vorgänger begonnen hatte. Die Kaiserkrone ging mitsamt den deutschen Erblanden der Habsburger an Karls Bruder, den König von Böhmen und Ungarn. Alles übrige – Burgund mit den Niederlanden, Mailand, Neapel, Sizilien, Spanien und die überseeischen Kolonien – erhielt der Sohn. Die Teilung der Hausmacht bewirkte, daß in der europäischen Politik, in Sachen der Kirche und des Konzils der König von Spanien und der Kaiser nicht mehr mit einer Sprache sprachen und nicht mehr als eine und dieselbe Kraft handelten. Andererseits erlangte Spanien dadurch größere Bewegungsfreiheit. Es brauchte fortan keine Rücksicht auf die komplizierten Reichsprobleme zu nehmen und konnte weniger behelligt seinen eigenen Kurs fahren. In bestimmten Dingen, zum Beispiel in der verfassungspolitischen Regelung des Glaubensstreites, gewann auch der neue Kaiser, Ferdinand I., größeren Spielraum. Gebunden an Spanien wäre es ihm wohl kaum geglückt, auf der Basis eines Kompromisses eine relative Parität des katholischen und des lutherischen Bekenntnisses zum Reichsgesetz zu erheben. Insofern als der reichsgesetzliche Ausgleich von 1555 erst durch die Teilung der Hausmacht möglich wurde, ging der Augsburgische

Religionsfriede mittelbar auf die Erbfolgeregelung Karls V. zurück und gehörte in subtilerem Sinn ebenfalls zu seiner Hinterlassenschaft. Ansonsten war das Erbe Karls V. auf der einen Seite ein in seinen politischen und materiellen Möglichkeiten geschwächtes Kaisertum und ein um die burgundischen Territorien Maximilians verkleinertes Österreich, auf der anderen Seite ein zur Weltmacht strebendes spanisches Königreich. So veränderte die Spaltung des habsburgischen Hausbesitzes im Moment ihres Vollzugs die politische Gewichteverteilung in Europa.

›Der Glaube‹
Zeichnung von Pieter Bruegel d. Ä., 1559
Amsterdam, Rijksmuseum

Epoche der Konfessionsbildung

Bis zur Mitte des 16. Jahrhunderts waren Dänemark, Schweden, ein beträchtlicher Teil der deutschen Territorien, der Reichsstädte und der eidgenössischen Kantone evangelisch geworden. Der Protestantismus hatte hier in den Landeskirchen Eingang gefunden und war zur Staatsreligion geworden. Italien, Spanien und Portugal waren katholisch geblieben und hatten sich dem Protestantismus wenig zugänglich gezeigt. Das Konfessionsproblem hatte sich für diese Länder und Hoheitsgebiete im Grundsatz erledigt. Doch standen auch bei ihnen interne kirchliche Reform- und Organisationsprobleme an und machten ihnen zu schaffen. In nahezu allen anderen Staaten, Ländern und Regionen Europas war die Glaubensfrage um die Jahrhundertmitte noch nicht entschieden. Im Reich stießen zahlreiche katholische Landesfürsten auf die Opposition evangelischer Landstände. Das war besonders in den Fürstbistümern und in Österreich, vorrangig in dessen Nebenländern Böhmen und Schlesien der Fall. In Ost- und Westeuropa, in Ländern, in denen katholische Könige herrschten, machte der Calvinismus kräftige Fortschritte, so in Polen, Ungarn, Frankreich, Navarra, Schottland und den Niederlanden. In England und Irland war noch vieles unentschieden. Überall jedoch, wo die Reformation vorankam, formierte sich jetzt auch ein katholischer Widerstand. – Seitdem die Kirchenspaltung eine praktisch irreversible Tatsache geworden war, standen die Obrigkeiten in allen Ländern Europas unausweichlich vor der Notwendigkeit, sich zu einer der konkurrierenden Konfessionskirchen zu bekennen. In der damaligen Situation konnte es sich kein Staat leisten, die Kirche und die in ihr virulenten Strömungen sich selbst zu überlassen; denn zuviel hing für das Schicksal der Staaten, für die Dynastien und für die ständisch-sozialen Ordnungssysteme davon ab. So suchten die Inhaber der politischen Obrigkeit die kirchliche Entwicklung in Bahnen zu lenken, die sie für gut und richtig hielten. An die Glaubensfrage knüpfte sich vieles, was an sich wenig mit der Konfession zu tun hatte, aber durch Interessengemeinschaft mit ihr zusammenhing. Innenpolitischen Oppositionsgruppen konnte die Parteinahme für eine bestimmte Konfession Sympathien in weiteren Bevölkerungskreisen oder materielle Hilfe einbringen oder als Vorwand für den Kampf gegen die fürstliche Regierungsgewalt dienen. Behaupteten die Herrscher, von Gott in ihr Amt eingesetzt worden zu sein, so behauptete die politische Opposition, daß ein Fürst sich gegen Gott verfehlte, wenn er dem falschen Glauben anhinge. Daraus wurde in extremen Fällen der Schluß gezogen, daß er absetzungswürdig sei. Dies war die Ausgangslage für die Glaubenskämpfe, in der sich Europa um 1550 befand.

Die politischen Streitfragen, an denen es nicht

mangelte, hörten deshalb nicht auf, politische Streitfragen zu sein. Sie vermischten sich mit konfessionellem Gehalt und wurden dadurch verwikkelter; rein politische Konflikte wurden zu Religionskämpfen hochstilisiert. Dieses konfessionellen Beisatzes entkleidet, handelte es sich in der Regel um monarchische Bemühungen, das Staatswesen unter fürstlicher Führung administrativ und finanziell zu festigen und die zur Mitregierung drängenden Zwischengewalten – Stände, Cortes, Parlamente, Reichs- und Landtage – kurzzuhalten oder sich botmäßig zu machen. Ferner strebten nahezu alle Staaten danach, Macht zu gewinnen, sich territorial zu arrondieren, kleinere oder größere Imperien zu bilden. Das waren Ziele, die sich meist nicht ohne Krieg erreichen ließen. Von Krieg und Kriegslärm war die Epoche denn auch ganz erfüllt. Da das politische Leben der Staaten grundsätzlich am Recht und an der Rechtsordnung orientiert war, bildeten die Kriege – dem vorgeblichen Grunde oder der tatsächlichen Überzeugung nach – im zeitgenössischen Verständnis eine Auseinandersetzung um Rechtsfragen. Erst mit dem 17. Jahrhundert begann der aus rationalem Kalkül geführte Krieg, der gern als Verteidigung deklariert oder vom angestrebten Ziel her gerechtfertigt wurde, im Bewußtsein der Europäer das Bellum iustum, den gerechten Krieg, allmählich zu verdrängen. Die großen Randmächte, das Osmanische Reich und Moskau, führten ihre Vorstöße gegen Europa vermutlich aus reinem Machttrieb, ohne sich der Fiktion vom Bellum iustum zu bedienen.

Die Glaubensfrage als politisches Problem

Kaiser Karl V. hatte die Fürsten und Städte, die sich der Sache Martin Luthers angenommen hatten, 1546/47 niedergezwungen. Doch er wurde seines Sieges nicht so recht froh. Der vorläufige Reichs- und Kirchenfriede, wie er auf dem ›geharnischten‹ Reichstag 1547/48 zu Augsburg zustande gekommen war, hielt nicht vor. Hatten die im Schmalkaldischen Bund vereinigten evangelischen Fürsten mit ihrem Eintreten für den Protestantismus größere politische Freiheiten für sich herausschlagen wollen, so verfuhr der Kaiser nach seinem Sieg umgekehrt: Er benutzte ihn zur Aufbesserung seiner politischen Stellung im Reich. Dies jedoch sahen die katholischen Reichsfürsten ganz und gar nicht gern. Obwohl sie unter konfessionellem Gesichtspunkt ähnliche Ziele wie Karl V. verfolgten, liefen ihre reichspolitischen Interessen denen des Kaisers stracks zuwider. In dieser Situation lag die große Chance für den rebellischen Fürsten Moritz von Sachsen.

Moritz hatte, obwohl evangelisch, 1546/47 aus territorial-egoistischen Gründen an des Kaisers Seite gekämpft und nach dessen Sieg unverhältnismäßig hohe Gewinne eingestrichen: die Kurwürde und die Kurlande von Sachsen. Nun suchte sich der ›Judas von Meißen‹, wie ihn seine evangelischen Glaubensbrüder nannten, den erzielten Gewinn durch Parteiwechsel zu sichern. Die beste Gewähr dafür lag unter damaligen Umständen in einer reichsgesetzlichen Sanktionierung des politischen und konfessionellen Status quo. Auf dieses Ziel steuerte seit 1548 Kurfürst Moritz zu. Das Haupthindernis, um dahin zu gelangen, bildete der Kaiser. Denn Karl V. hatte es sich die Kraft einer dreißigjährigen Regierung, Reichstagsverhandlungen, Religionsgespräche, die Konzilsberufung und einen Religionskrieg kosten lassen, um die Einheit von Kirche und Religion im Reich wiederherzustellen. Moritz mußte also, wollte er seinen Plan durchsetzen, den Kaiser im Reich entmachten. Das aber traute er sich zu. Wäre er auf sich allein gestellt gewesen, so hätten die Kräfte seines Landes niemals dazu ausgereicht. Allein, er wußte Freunde und Helfer zu mobilisieren. In eiskalter Analyse der Situation und in richtiger Einschätzung der Gunst, die in den allgemeinen Umständen lag, verschaffte er sich durch Bündnispartner, deren Interessen er geschickt ansprach, Hilfe und Rückendekkung. Er schlug in einem wohlberechneten Augenblick überraschend los und brachte den Kaiser im

Die Unterwerfung der für den Protestantismus eingetretenen Obrigkeiten des Schmalkaldischen Bundes durch Karl V. nach der Schlacht bei Mühlberg im Jahr 1547
Relief eines süddeutschen Künstlers, zwischen 1560 und 1570
Wien, Kunsthistorisches Museum

Reich zu Fall. – Moritz von Sachsen, damals einunddreißig Jahre alt, war als Diplomat und Staatsmann durch die Schule Karls V. gegangen und hatte von seinem Meister mehr gelernt, als dieser ahnte. Grundverschieden von ihm in Charakter und Temperament besaß er Eigenschaften, die dem Kaiser abgingen; so die Fähigkeit, nach besonnener Prüfung aller Umstände, nach kühler Abwägung des Für und Wider, blitzschnell zu handeln. Karls V. kirchliche Bindungen und seine religiöse Weltorientierung scheinen ihm gefehlt zu haben. Er besaß Initiative, Ideenreichtum und politischen Instinkt. Sein Orientierungsrahmen war das landesfürstliche Territorium im Reich. Dieses zu einem möglichst unabhängigen Staatswesen im Rechts- und Ordnungsgefüge des Reiches zu entwickeln, galt ihm als wichtigstes politisches Ziel. Es lag auf derselben Linie, wenn er sich bemühte, eine stabile Friedensordnung im Reich herbeizuführen. Als deren Garanten erkannte er vor allem die Gruppe der mittleren und größeren reichsunmittelbaren Landesfürsten. Und eben sie sprach er mit einer Politik an, welche sich gegen des Kaisers Absicht wandte, die monarchische Gewalt des Reichsoberhaupts zu stärken.

Letzten Endes verkörperte Moritz in seinen Zielsetzungen eine Tendenz, die auch die Mehrheit der Reichsfürsten als die ihrige ansah. Deshalb wuchs er rasch in die Rolle eines Sprechers des Fürstenstandes hinein. Zusammen mit einigen nord- und mitteldeutschen Landesfürsten verbündete er sich um den Preis einiger Bistümer und Reichsstädte im äußersten Westen mit Heinrich II. von Frankreich zum Krieg gegen den Kaiser. Ohne dazu befugt zu sein, trat er an den französischen König im Januar 1552 Cambrai, Metz, Toul und Verdun ab und trieb damit Karl V. in seinen fünften Krieg gegen Frankreich. Moritz sammelte seine landesfürstlichen Standesgenossen unter den Parolen: fürstliche Libertät; immerwährender Religionsfriede; Solidarität mit den vom Kaiser gefangenen Fürsten – Philipp von Hessen und Johann Friedrich von Sachsen. Er stellte ihrem Verlangen nach Autonomie das Schreckbild der ›spanischen Servitut‹ gegenüber, womit er auf die mögliche Unterordnung der Reichsstände unter einen kaiserlichen Oberherrn anspielte, und nannte seinen Aufstand zugleich einen Kampf für die Freiheit des Evangeliums in Deutschland. Er traf damit die durch das Interim hervorgerufene antikaiserlich-antikatholische Stimmung in Nord- und Mitteldeutschland haargenau. Die Fürstenrevolution war im Grunde eine Erhebung des Territorialismus gegen das Kaisertum. Deshalb blieb die gesamte Fürstenschaft,

Moritz von Sachsen
Aus dem Doppelbildnis mit seiner Gemahlin
von Lucas Cranach d. J., 1559
Dresden, Staatliche Kunstsammlungen,
Gemäldegalerie

sofern sie sich nicht aktiv auf die Seite der kriegführenden Aufständischen geschlagen hatte, neutral und lehnte es ab, sich für den Kaiser zu rühren. So konnten die Aufständischen einen raschen Sieg erringen.

Bei den Friedensverhandlungen wurde offenbar, wie isoliert der Kaiser dastand. Die Fürstenschaft, auf deren Seite sich auch des Kaisers Bruder befand, verlangte eine weitgehende Autonomie der Territorien und einen unbefristeten Religionsfrieden im Reich. Das hieß: Sie forderte die reichsgesetzliche Anerkennung des Luthertums. Karl stimmte nur provisorisch und widerwillig zu. Die Forderungen der Fürsten liefen seiner Konzeption total entgegen. Sie endgültig anzunehmen, bedeutete für ihn, sich selbst untreu zu werden und sein Amt zu verleugnen, so wie er es dreiunddreißig Jahre lang geführt hatte. So verzichtete er schließlich lieber auf sein Amt, als daß er sich zu Religionsregelungen herbeiließ, die er mit seinem Gewissen nicht vereinbaren konnte. Er hatte sich für die Wiedervereinigung der Konfessionen, die für ihn nur unter katholischem Vorzeichen erfolgen konnte, nicht zuletzt auch deshalb so beharrlich eingesetzt, weil er das Kaisertum dem Papsttum, das Reich der Kirche noch irgendwie zugeordnet sah; in seiner Vorstellung mußte das Reich katholisch sein, oder der Katholizismus zumindest als verpflichtendes Bekenntnis für das Reich in Geltung bleiben. Die Ereignisse von 1552 machten diese Konzeption zunichte. Anstelle des Kaisers trat jetzt die Reichsfürstenschaft in den Vordergrund und entschied über die Religionsfrage in Deutschland. Ihr stand das Territorium näher als das Reich. Deshalb verzichtete sie darauf, die Einheit der Religion im Reich um jeden Preis wiederherzustellen. Sie löste die Reichsverfassungsfrage aus dem Komplex der Konfessionsprobleme, in den sie bis dahin verwickelt gewesen war, soweit wie damals möglich heraus. Viele Fürsten waren konfessionell heftig miteinander verfeindet. Doch nachdem der Konfessionszwist dreißig Jahre lang den Frieden im Reich gefährdet hatte, waren sie der

Provisorien leid. Frieden um jeden Preis war daher die Parole, mit der sie sich Anfang des Jahres 1555 auf den Reichstag nach Augsburg begaben.

Ungeachtet vieler Kontroversen im einzelnen verstanden es die Fürsten, die Reichsverfassung in politischer und kirchlicher Hinsicht dem ziemlich weitgediehenen Entwicklungsstand des Territorialismus voll anzupassen. Mit der ›Exekutionsordnung‹ schränkten sie die exekutiven Befugnisse des Kaisers weiter ein und delegierten einen Teil davon an die in Reichskreisen regional zusammengefaßten Stände. Mit dem Cuius-regio-eius-et-religio-Grundsatz übertrugen sie die Sorge für die Religion, praktisch das Konfessionsbestimmungsrecht oder die Religionshoheit, auf den einzelnen Reichsstand. Der Reichstag erhob diesen Grundsatz zum Reichsgesetz. Er legalisierte damit den Status quo; negativ ausgedrückt: Er zwang den Kaiser, auf die Religionshoheit zugunsten der Stände zu verzichten, und machte die Konfession zu einer Territorialangelegenheit. Das Reich durfte sich fortan darum nicht mehr kümmern, es sei denn, es handelte sich um Gesetzesverletzungen. In solchen Fällen konnte vor verschiedenen Reichsinstitutionen prozessiert werden. Da aber die Exekutivorgane außerordentlich schwach entwickelt waren, kam bei dem Prozessieren politisch wenig heraus. Verhältnismäßig oft kam es zum Streit über das Religionsfriedensgesetz, weil dieses erstens eine Reihe von unklaren Bestimmungen und zweitens eine Anzahl von Ausnahmeregelungen enthielt.

Beim Augsburger Religionsfrieden muß man die Grundsatzbestimmungen und die Tendenz von den Regelungen für Ausnahmefälle unterscheiden. Die Sonderbestimmungen betrafen die Reichsstädte, die geistlichen Fürstentümer und die geistlichen Güter nach dem Besitzstand von 1552 sowie den nichtlutherischen Protestantismus. Hierüber gab es endlose Streitigkeiten. Das lag daran, daß einmal die entsprechenden Friedensartikel nicht mit der wünschenswerten Präzision formuliert worden waren, zum anderen aber die konfessionelle Bewegung noch nicht völlig zur Ruhe gekommen war. Als zum Beispiel der Calvinismus vom Westen her auf das Reich übergriff und an Boden gewann, erhob sich die Streitfrage, ob er als ein Ableger der Augsburgischen Konfession von 1530 – dem offiziellen Bekenntnis der Lutheraner – gesetzlichen Anspruch auf Duldung besäße oder nicht. Oder als in Österreich das von den Ständen protegierte Luthertum nach 1560 einen mächtigen Aufschwung nahm, machten die Protestanten der katholischen Landesherrschaft das Religionsbestimmungsrecht streitig, obwohl es der Friede den Reichsfürsten als ein Hoheitsrecht eindeutig zuerkannt hatte. Die vielleicht tiefste Ursache für den fortschwelenden innerdeutschen Kampf um die Auslegung der Ausnahmeartikel lag in der engen Verflechtung von territorialstaatlichen und konfessionellen Interessen. Gewöhnlich hatte ein konfessionell bedingter Konflikt auch seine reichspolitische Seite. Diejenigen, die ihn beilegen sollten, in der Regel von den Reichsständen getragene Institutionen oder Kommissionen, nahmen in der Sache, über die sie richten sollten, teils für die eine, teils für die andere Seite Partei. Einhellige Entscheidungen kamen kaum zustande. Die Sache wurde nicht geklärt, sondern lief auf eine Machtprobe hinaus.

Der Friede gestattete den evangelisch gewordenen Reichsständen ausdrücklich, alles Kirchengut samt den darauf ruhenden Rechten, das sie sich bis 1552 angeeignet hatten, darunter Abteien, Stifts- und Pfarrkirchen, als ihren rechtmäßigen Besitz anzusehen. Hingegen deutete er nur in unklaren Worten an, daß nicht mehr eingezogen, das heißt seinem Besitzer entfremdet werden dürfte, was sich »zur Zeit des Passauischen Vertrags oder seither« im Besitz der katholischen Geistlichkeit befunden hätte. Weiterhin gebot der Friedenstext, daß die reichsunmittelbaren geistlichen Fürstentümer – Erzbistümer, Bistümer, Abteien – katholisch bleiben sollten. Für den Fall, daß ein regierender Prälat den evangelischen Glauben annähme, sollte das Cuius-regio-Prinzip, nach welchem die Untertanen der Konfession des Landesherrn zu folgen hatten, nicht zur Anwendung kommen; vielmehr sollte ein solcher Fürst sein Amt verlieren und das betreffende Dom- oder Stiftskapitel »eine Person, der alten Religion verwandt«, zum neuen geistlichen Landesherrn zu wählen befugt sein. Diese Bestimmung war eine für die Katholiken günstige Regelung: der sogenannte Geistliche Vorbehalt. König Ferdinand kompensierte ihn mit der dem Reichsabschied hinzugefügten schriftlichen Erklärung, daß in den geistlichen Fürstentümern die der Landesobrigkeit unterworfenen Städte und Ritterschaften berechtigt sein sollten, die evangelisch-lutherische Religion zu praktizieren. Für die Reichsstädte wurde schließlich so etwas wie konfessionelle Parität beschlossen: »Nachdem beide Religionen, nämlich unsere alte Religion und der Augsburgischen Konfessions-Verwandten Religion, seither in Gang und Gebrauch gewesen, so sollen dieselbigen hinfür auch also bleiben und in denselben Städten gehalten werden und derselben Frei- und Reichsstädte Bürger und andere Einwohner, geistlichen und weltlichen Stands, friedlich und ruhig bei- und nebeneinander wohnen und kein Teil des andern Teils Religion, Kirchengebrauch oder Zeremonien abzutun oder ihn davon abzubringen sich unterstehen, sondern jeder Teil den andern laut dieses Friedens bei solcher seiner Religion, Glauben, Kirchenbräuchen, Ordnungen und Zeremonien, auch seinen Hab und Gütern . . . friedlich bleiben lassen.« – Alle hier genannten Friedensbestimmungen wurden nur unvollkommen durchgeführt. Städte mit klaren konfessionellen Mehrheiten verweigerten den Minderheiten die Rechte, die ihnen der Städte-Artikel zusagte. In Nord- und Mitteldeutschland amtierten reihenweise evangelische Fürsten in Bistümern und anderen geistlichen Landesherrschaften im glatten Widerspruch zum Geistlichen Vorbehalt. Evangelische Landesherren zogen weiterhin katholische Stifte, Klöster und Kirchengüter ein, und katholische Fürstbischöfe verweigerten evangelischen Städten und Ritterschaften die Glaubensfreiheit. Die Durchführung des Friedens wurde vom Reichstag, vom Kaiser und vom Reichskammergericht nur notdürftig überwacht. Sie war unvollkommen genug und gab immer wieder zu neuen Querelen Anlaß. Dennoch wog das, was der Friede positiv brachte, stärker: die gesetzliche Grundlage für ein geordnetes Zusammenleben der konfessionsverschiedenen Reichsstände im Gesamtverband des Reiches.

Der Reichstag zu Augsburg zog einen Schlußstrich unter die Reichsreform. Sie hatte ihr Ziel, das Reich in einen für damalige Verhältnisse moderneren Staatskörper umzuwandeln, nicht erreicht. Weder die bündische Konzeption Bertholds von Henneberg noch die monarchische Karls V. hatte sich verwirklichen lassen. Beide zerschellten an der Kraft des Territorialfürstentums. Die Augsburgische Reichsgesetzgebung von 1555 trug dessen Handschrift. Sie bestimmte den Charakter des Reiches in seiner langen Spätphase bis zur Auflösung im Jahr 1806. Das Reich war in dieser Zeit ein ständischer Verband, und seine überterritorialen Institutionen, denen der Reichstag zu Augsburg erstmals einen klareren Wirkungsbereich gab, dienten vorwiegend ständischen Interessen. In ihrer Gesamtheit besaßen die Reichsstände sehr viel mehr Macht als der Kaiser. Sie beherrschten den Reichstag, das Reichskammergericht und die Reichskreise; durch den Reichstag verfügten sie auch über die Reichsgesetzgebung und über dasjenige Minimum an Finanzen und Exekutive, das dem Reich noch verblieben war. Der Kaiser mußte sich mit ihnen arrangieren, wenn er politisch etwas erreichen wollte. – Die fürstlichen Reichsstände strebten zwar beharrlich danach, ihre Libertät zu wahren und die Staatlichkeit ihrer Territorien zu entwickeln, waren jedoch als Staatswesen meistens zu gering, um völlig selbständig bestehen zu können. Es entsprach ihren Eigeninteressen, wenn sie in einem locker gefügten politischen Verband wie dem Reich mit einem geringen Aufwand an Organisation zusammenlebten. Um störungsfrei miteinander auszukommen, verzichteten sie, so schwer es ihnen fiel, auf die Religionseinheit im Reich. Der Friedenstext sprach es mehrfach ganz klar aus: Um die in kräftigen Worten beschriebene

Unsicherheit der zurückliegenden dreißig Jahre Reformation und Konfessionskampf aufzuheben, »der Stände und Untertanen Gemüter wiederum in Ruhe und Vertrauen gegeneinander zu stellen, die Deutsche Nation, unser geliebtes Vaterland, vor endlicher Zerstreuung und Untergang zu hüten, haben wir (König Ferdinand) uns mit den Fürsten und Ständen und sie hinwieder sich mit uns vereinigt und verglichen. So haben wir, des geliebten Friedens wegen das hochschädliche Mißtrauen im Reich aufzuheben, bewilligt, solchen Frieden – bis zu freundlicher Vergleichung der Religion – fest und unverbrüchlich zu halten.« Die Glaubensfrage war damit nicht völlig von der Tagesordnung gestrichen. Aber sie wurde, wie der Text bezeugt, aus dem Vordergrund in den Hintergrund gerückt. Der Konzilsvorbehalt – »bis zu freundlicher Vergleichung der Religion« – fand Eingang in den Text – doch sollte, falls »Generalconcilium, Nationalversammlung, Colloquien« und was sonst um 1555 vor der Tür stand kein Ergebnis zeitigten, der Augsburgische Friede »in allen Punkten und Arti-

Eine Kurfürstenversammlung
Relief auf dem Feuerkasten eines Tonofens aus Willanzheim, 1599
Würzburg, Mainfränkisches Museum

keln (als) ein beständiger, beharrlicher, unbedingter, ewig währender Friede« unangefochten in Kraft bleiben.

Der Augsburgische Reichsabschied zog aber nicht nur einen Schlußstrich unter die Reichsreformbemühungen. Seine Bedeutung reichte weiter: Er stellte eine Zäsur im Gesamtablauf der deutschen Geschichte dar und schuf einen Ausgangspunkt für deren neuzeitlichen Verlauf und bildete insofern einen Neubeginn. Der politische Partikularismus hatte tief ins Mittelalter zurückreichende Wurzeln. Doch daß er irreversibel fundiert und damit zur politischen Lebensordnung für die Deutschen bis ins 19. Jahrhundert hinein wurde, war im wesentlichen das Werk von Augsburg. Und es war eine Folge von Augsburg, daß Deutschland als ein Land der ›spaltigen Religion‹ seinen geschichtlichen Weg in die Neuzeit antrat. Der konfessionelle Zwiespalt, ein Wesensmerkmal des neuzeitlichen Deutschland, war weit mehr als nur ein Bekenntnis zu abweichenden Glaubensartikeln. Er brachte unterschiedliche Lebensformen und Denkweisen bei Protestanten und Katholiken hervor, als deren Folgen unter anderem bis zur gegenseitigen Entfremdung führende Verschiedenheiten im seelischen Verhalten und in der Weltorientierung in Erscheinung traten. Auch kulturell schlug sich die Konfessionsspaltung nieder: Der überwiegend katholische Westen und Süden öffneten sich bereitwillig den italienischen, mediterranen Einflüssen; der beinahe durchgehend protestantische Norden, die Mitte und der Osten lebten in engerer Kommunikation mit dem skandinavisch-britisch-niederländischen Nordostseeraum. Auf dem weiten Feld der Wissenschaft und des Denkens entwickelte der Protestantismus die stärkeren Kräfte; in den bildenden Künsten dominierte der katholische Süden. Die Verbindungen zwischen dem Norden und dem Süden, dem Osten und dem Westen rissen zwar niemals ab; es gab bestimmte berufliche und soziale Solidaritäten, welche sich über Konfessions- und Landesgrenzen hinwegsetzten. Sie waren beim Adel stark ausgeprägt, herrschten aber auch bei Künstlern und Gelehrten vor. Wirtschaft und Handel waren auf Austausch angewiesen. Und die Angehörigen mobiler Berufe, die Handwerker, Dienstboten und Studenten, nahmen es mit der Religion manchmal nicht sehr genau. Am wenigsten fragte man bei den Soldaten danach. Es gab also trotz aller einengenden Bestimmungen noch manche Fluktuation über den Konfessionsgraben hinweg – aber eben nicht mehr den vollen unbefangenen Austausch wie im Mittelalter. Marburg und Ingolstadt waren sich ferner als Ingolstadt und Rom, Herborn in Nassau lag näher bei Leiden in Holland als bei Würzburg. Die Main-Linie, die es im Mittelalter nicht gegeben hatte, trennte nicht nur Mitteldeutschland und Franken. Sie bildete jetzt eine Grenze zwischen dem Norden und Süden Europas.

Der Friede von Augsburg fiel in die etwa zehn- bis fünfzehnjährige Zeitspanne eines allgemeinen Umbruchs, den man damals rings um Deutschland herum wahrnehmen konnte. Dieser Umbruch tat sich in Friedensschlüssen kund, in bekenntnismäßigen Glaubensfixierungen, in konfessionellen Reform- und Verfassungsformulierungen und in einem Wechsel der Personen auf den europäischen Königs- und Fürstenthronen. In einer Zeit, in der das Wohl und Weh ganzer Völker und Untertanenschaften vom Verhalten ihrer Fürsten, von deren Tatkraft, politischer Zielsetzung und religiöser Überzeugung abhing, war ein Thronwechsel ein außerordentlich wichtiges, manchmal ein einschneidendes Ereignis. Solcher Thronwechsel fanden mehrere in relativ kurzer Folge statt. In ihrer Gesamtheit bewirkten sie, daß die europäische Szenerie sich wandelte.

Papst Julius' III. Tod machte das Jahr 1555 zu einem Drei-Päpste-Jahr. Darin, daß das Konklave in rasch aufeinanderfolgenden Wahlen erst Marcellus II. und dann Paul IV. auf den Stuhl Petri erhob, deutete sich symptomatisch der Umschwung an, der sich inzwischen an der römischen Kurie vollzogen hatte. Die beiden zum Papst Gewählten galten

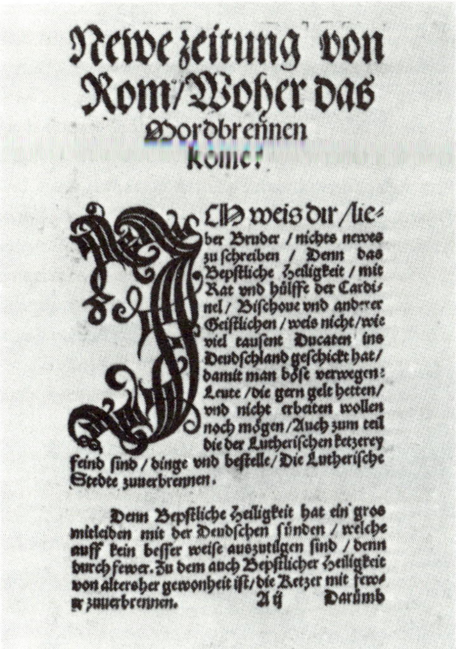

Newe zeitung von Rom/Woher das Mordbrennen kome?

JCh weis dir/lieber Bruder/nichts newes zu ſchreiben/Denn das Bepſtliche Heiligkeit/mit Rat vnd hülffe der Cardinel/Biſchove vnd anderer Geiſtlichen/weis nicht/wie viel tauſent Ducaten ins Deudſchland geſchickt hat/damit man böſe verwegene Leute/die gern gelt hetten/vnd nicht erbeiten wollen noch mögen/Auch zum teil die der Lutheriſchen ketzerey feind ſind/dinge vnd beſtelle/Die Lutheriſche Stedte zuuerbrennen.

Denn Bepſtliche Heiligkeit hat ein gros mitleiden mit der Deudſchen ſünden/welche auff kein beſſer weiſe auszutilgen ſind/denn durch fewer. Zu dem auch Bepſtlicher Heiligkeit von altersher gewonheit iſt/die Ketzer mit fewer zuuerbrennen. A ij Darümb

Verurteilung des protestantischen Bekenntnisses
Titelseite eines 1541 ohne Druckangabe
erschienenen vierseitigen Pamphlets aus Rom
Berlin, Staatsbibliothek
Preußischer Kulturbesitz

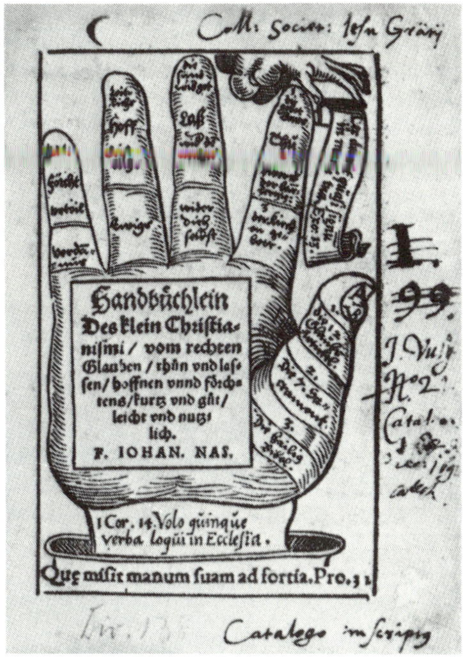

Verteidigung des katholischen Glaubens
Titelseite des 1570 in Ingolstadt
erschienenen Katechismus
von Johannes Nas
München, Franziskanerkloster St. Anna

als Motoren der kirchlichen Reform. Ihre Erhebung zeigte an, daß der Geist der kirchlichen Erneuerung mittlerweile die Mehrheit des Kardinalskollegs erfaßt hatte. Pauls IV. Pontifikat wurde freilich, gerade für die Anhänger der Reform, eine bittere Enttäuschung, weil er sich als Papst betont selbstherrlich und autoritär gebärdete. Er meinte, die Reform ohne Konzil, in eigener Regie, durchführen zu können und regierte, ohne sich in dieser Überzeugung beirren zu lassen, in einer Mischung von jugendlich-fanatischem Eifer und Altersstarrsinn. Er neigte dazu, abweichende Ansichten für Ketzereien zu halten, und wütete auch in den eigenen Reihen. So sperrte er einige Kardinäle ein, darunter den hochqualifizierten Reformer Giovanni Morone. Sein Tod nach vierjähriger Herrschaft wurde in Rom bejubelt. Pius IV., der ihm 1559 folgte, rief das Konzil erneut zusammen und führte es zu Ende. Damit war der Heilige Stuhl ein für allemal auf den Reformkurs festgelegt. Außerdem bezog die katholische Kirche fortan dogmatisch und politisch eine ebenso klare wie kämpferische Position gegen den Protestantismus jedweder Provenienz. Der durch Pius' IV. Tod bedingte Thronwechsel brachte 1566 Pius V. auf den Stuhl Petri. Mit ihm begann die Umsetzung des Konzilsprogramms in die Tat. Er war der erste konsequente Reformer in einer Reihe von Reformpäpsten, die in der nachkonziliaren Ära die Umgestaltung der Kirche nach den Richtlinien von Trient beharrlich und impulsiv betrieben. Das in der Reformationszeit unsicher dahinlaborierende Papsttum hatte sich nunmehr gefangen. Von den Protestanten überaus heftig bekämpft, wurde der Papst von den Katholiken als Haupt der Kirche voll anerkannt und leidenschaftlich verteidigt. Der Umschwung machte Rom, nachdem es lange Zeit gründlich versagt hatte, zum Zentrum sowohl der inneren Kirchenerneuerung als auch der militant-aktiven Gegenreformation.

In England weckte die Thronbesteigung Maria Tudors 1553 die größten Hoffnungen bei den Katholiken auf den Britischen Inseln und dem Kontinent, insonderheit bei Papst und Kaiser. Denn Maria Tudor, Tochter der ersten Gattin Heinrichs VIII., die wiederum eine Tochter Ferdinands von Aragon und Isabellas von Kastilien war, bekannte sich zum Katholizismus. Als Königin übernahm sie kraft der von Heinrich VIII. eingeführten Kirchenverfassung die Funktion eines Oberhauptes der anglikanischen Kirche, und in dieser Eigenschaft unterstellte sie sich und die Kirche von Eng-

Philipp II. von Spanien mit seiner Gemahlin Maria I. von England und Irland
Gemälde eines Unbekannten, 1557
Woburn Abbey Collection

land dem Papst in Rom. Philipp, der spanische Kronprätendent, war damals zum ersten Mal verwitwet. Auf Initiative seines Vaters, Karls V., vermählte er sich mit der sehr viel älteren englischen Königin. Die Ehe blieb kinderlos, und Maria starb 1558 nach nur fünfjähriger Regierung. Ihr Tod machte die Aussichten des Papstes zunichte, England auf Dauer mit der römischen Kirche vereinigt zu sehen. Der Thronwechsel von 1558 bedeutete abermals einen Kurswechsel. Die Eigentümlichkeit der englischen Staatskirchenverfassung erlaubte es Marias Nachfolgerin, Elisabeth I., über den Bekenntnisstand der Kirche und ihr Verhältnis zu Rom neu zu befinden. Sie tat dies zugunsten der Selbständigkeit der anglikanischen Kirche: Sie löste sie wieder aus dem Verband der römisch-katholischen Kirche heraus und prägte ihr in Bekenntnis, Verfassung und Liturgie einen eigenständigen Charakter auf. Nach dreißig Jahren Zickzack-Kurs vermochte sich die anglikanische Kirche, nicht zuletzt dank der langen Regierung der Königin, auf der Grundlage der elisabethanischen Kirchengesetzgebung endlich zu stabilisieren. In diesem Punkt setzte mit Beginn der sechziger Jahre eine der katholischen Kirche entfernt analoge Entwicklung ein; sie war gekennzeichnet durch Stetigkeit, institutionelle Abgrenzung und Ausbildung präziserer Formen im Bereich von Ritus und Liturgie. Politisch bedeutete der Regierungsantritt Elisabeths den Beginn einer vorsichtigen Distanzierung Englands von Spanien und damit die allmähliche Abkehr von einer traditionellen Partnerschaft.

Mit dem Nachrücken der Habsburger Philipp und Ferdinand in die Regierungsämter Karls V. entstand gleichfalls eine neue Situation. Schon 1545 hatte der Kaiser seinen Sohn mit dem Reichslehen Mailand bedacht. Am 25. Oktober 1555, einen Monat, nachdem Ferdinand den Augsburger Religionsfrieden unterzeichnet hatte, trat Karl V. in Brüssel die Regierung der Niederlande und Burgunds an Philipp II. ab, und am 16. Januar 1556 verzichtete er auf die Herrschaft über Spanien samt seinen überseeischen Kolonien und den italienischen Nebenländern Neapel-Sizilien. Im Frühherbst 1556 entsagte er förmlich dem Kaisertum, aber erst anderthalb Jahre später folgte ihm Ferdinand I. offiziell darin nach; er hatte warten müssen, bis die Kurfürsten ihr Einverständnis mit der Resignation erklärten.

Spanien, des Ballasts ledig, der den Träger der Kaiserkrone und Inhaber der problematischen Reichsgewalt belastete, erhielt fortan einen freieren Spielraum in Europa. Der spanische König brauchte sich nun nicht mehr mit den hochkomplizierten innerdeutschen Konfessionsproblemen herumzuschlagen. Dadurch wurde Philipp II. in die Lage versetzt, in einer Zeit der immer heftiger werdenden Glaubenskämpfe deutlich Position zu beziehen und sich unmißverständlich für den Katholizismus einzusetzen. Die allmählich wiedererstarkende katholische Kirche fand in ihm einen Rückhalt. Er vertrat ihre Belange auf seine Weise in der internationalen Politik und schuf ihr Raum, so weit sein Arm reichte. Man wußte das in Europa und rechnete damit. Was Karl V. als Kaiser begonnen hatte – sich der katholischen Kirche und ihrer Anliegen anzunehmen –, setzte Philipp II. als König von Spanien in größerem Stil fort. Er scheint übrigens, ähnlich wie sein Vater, niemals ernstlich bezweifelt zu haben, daß die politischen Interessen seiner Dynastie mit den wahren Interessen des Papsttums und des Katholizismus parallel liefen, wo nicht übereinstimmten. Deshalb meinte er auch einen Anspruch darauf zu haben, vom Papst unterstützt zu werden. Sofern in der inneren oder auswärtigen Politik die Glaubensfrage im Spiel war – und sie war es meistens –, führte er die Sache der katholischen Religion in enger Verklammerung mit Spaniens politischen Zielen unangefochten gläubig, aber in seiner Eigenschaft als erster Fürst der katholisch verbliebenen Christenheit auch herrscherlich, selbstbewußt und dem Papst gegenüber recht selbstherrlich.

Philipp übernahm von Karl V. ein großes, aber auch ein schwieriges Erbe. So den Krieg mit Frankreich, in den der Kaiser durch Moritz von

Sachsen hineingerissen worden war. Philipp II. entschied den Kampf, in den sich auch Papst Paul IV. als Parteigänger Frankreichs einmischte, durch den Sieg seiner Truppen in den Schlachten von Saint-Quentin (1557) und Gravelingen (1558) zu seinen Gunsten. Der Friede von Cateau-Cambrésis am 3. April 1559, den Karl V. nicht mehr erlebte, begründete, obwohl er Frankreich territorial schonte, die Vormachtstellung Spaniens in Mittel- und Westeuropa. Denn er zerstörte die französischen Hoffnungen auf das westliche Oberitalien und bedeutete auch das Ende der päpstlichen Versuche, die Politik der Habsburger in Italien zu durchkreuzen. Abgesehen von Venedig geriet Italien jetzt unbestritten unter spanische Vorherrschaft. Darüber hinaus brachte Philipp II. das Papsttum kirchenpolitisch in seine Abhängigkeit. Selbst in Fragen der inneren Führung mußte der Papst in Rom fortan den Willen des Königs in Madrid und des späteren Hausherrn vom Escorial respektieren. So endete der spanisch-französisch-päpstliche Krieg, der 1552 als ein deutsch-französischer Streit um Reichslande in Lothringen begonnen hatte, 1559 mit der Niederlage Frankreichs und mit der Etablierung der spanischen Hegemonie. Von den Reichsbistümern, um derentwillen die Konflikte entstanden waren, wurde im Frieden nicht mehr gesprochen. Philipp interessierte sich im Gegensatz zu seinem Vater nicht dafür. Frankreich behielt also Metz, Toul, Verdun und Cambrai, und das Reich hatte das Nachsehen.

So unterschiedlich wirkte sich also die von Karl V. verfügte Teilung seiner Herrschaft aus: Europa blickte auf den König von Spanien; Kaiser und Reich traten in den Hintergrund. Dem Reich blieb zwar das Kaisertum, aber der Geltungsbereich des Kaisers war durch den Rücktritt Karls V. und die Augsburgische Reichsgesetzgebung enger gezogen worden und nahm sich vergleichsweise bescheiden aus. Mailand, die Niederlande und die Freigrafschaft Burgund standen dem Kaiser fortan nicht mehr als Hausmacht zur Verfügung. Nachdem Ferdinand I. im Religionsfrieden auf die von Karl V. noch beanspruchten Hoheits- und Regierungsrechte verzichtet hatte, war er im Reich zu einem mit einigen Sondervorrechten ausgestatteten Partner der größeren Reichsfürsten geworden. Regierungsbefugnisse, die diesen Namen verdienten, durfte er lediglich in seinen landesherrlichen Territorien ausüben, so daß er sich darin kaum von den übrigen Reichsständen unterschied. Allerdings gebot er als Landesfürst von Österreich, Böhmen und Rest-Ungarn über den mit Abstand größten Territorialbesitz. Weiterhin konnte er durch seinen Einfluß auf die entsprechenden Reichsorgane – den Reichstag und den Reichshofrat – bei strittigen Fällen auch außerhalb seiner habsburgischen Erblande in allgemeinere politische Entscheidungen eingreifen. Doch war hier sein Spielraum ebenfalls begrenzt.

Die meisten Fürsten und Stadtmagistrate konzentrierten sich darauf, ihre Territorialkirche mit dem Geist ihrer jeweiligen Konfession zu durchdringen. Die größeren Reichsstände setzten viel Kraft daran, ihr Landesfürstentum staatlich besser durchzuorganisieren und mittels Ausweitung der Verwaltung ihre fürstliche Macht zu vermehren. Es gab zwischen den lutherischen und katholischen Territorien so etwas wie einen permanenten konfessionellen Grabenkrieg. Weil der Religionsfriede nur das Luthertum und den Katholizismus anerkannte, Varianten des Protestantismus aber nicht gelten ließ, gab es wegen des Calvinismus laufend Scherereien, sowohl auf den Reichstagen als auch in und zwischen den Territorien. Man stritt sich darüber, ob der Calvinismus auf dem Boden der als evangelisches Bekenntnis anerkannten ›Confessio Augustana‹ stünde oder nicht und war selbst auf lutherischer Seite geteilter Meinung darüber. Obgleich sich zwischen den Reichsständen mitunter eine starke konfessionelle Solidarität spüren ließ, war sie nicht übermächtig; sie wurde auch immer wieder einmal durchbrochen. Das geschah, wenn Dinge von handgreiflichem territorialstaatlichen Interesse auf dem Spiel standen, bei denen eine politisch vorteilhafte Regelung dem Konfessions-

Eine Schlacht bei Saint-Quentin vor dem Sieg der Spanier
unter Lamoral von Egmont und Emanuel Philibert von Savoyen
über die Franzosen am 10. August 1557
Aus einem Wandgemälde von Fabricio Castello und Niccolò Granello
im Schlachtensaal des Escorial, Madrid, spätes 16. Jahrhundert

interesse zuwiderlief, oder wenn es sich um allgemeine Reichsangelegenheiten handelte, oder um landesfürstliche Kontakte, bei denen die Konfession zur Nebensache wurde, wie zum Beispiel beim Austausch von Raritäten, Museumsstücken – nach heutigen Begriffen –, zwischen Kurfürst August I. von Sachsen, Herzog Albrecht V. von Bayern und Kaiser Maximilian II. für die Kuriositätenkabinette der Höfe von Dresden, München und Wien. – Zwischen Protestanten und Katholiken, zwischen Lutheranern und Calvinisten, aber auch innerhalb des Luthertums zwischen divergierenden Richtungen wurden zahllose, gewöhnlich sehr heftige dogmatische Kontroversen ausgefochten, bei denen sich meistens auch der politische Souverän in irgendeiner Form beteiligte. War er auch nicht immer persönlich anwesend, so hielt er sich doch auf dem laufenden, ließ sich Bericht erstatten, gab Weisungen und Richtlinien aus und behielt sich das letzte Wort vor. Ein typisches Beispiel: Sieben Tage lang disputierten vor dem Hof zu Weimar im August 1560 der Gnesiolutheraner Matthias Flacius Illyricus und der gemäßigte Lutheraner Victorin Strigel über kontroverse Interpretationen der lutherischen Erbsünden-Lehre. Post festum verfügte der Herzog die Ausweisung des Flacius Illyricus und aller Geistlichen gnesiolutherischer Richtung aus seinem Fürstentum Weimar.

In Deutschland hatte nach 1555 eine Fürstengeneration das Wort, die, zwischen 1520 und 1530 geboren und mit dem 1553 gefallenen Moritz von Sachsen etwa gleichaltrig, fest entschlossen war, den Religionsfrieden zum besten ihrer Territorien zu halten. Kaiser Ferdinand I., obwohl viel älter, wußte sich mit dieser Gruppe zu vertragen; sein Sohn, der spätere Kaiser Maximilian II., gehörte ihr an. Das Gros derjenigen Fürsten, die den Religionsfrieden geschlossen hatten, dominierte im Reich bis in die achtziger Jahre des 16. Jahrhunderts. Fast alle hatten zuvor Jahrzehnte des Unfriedens erlebt, so daß sie die relative Sicherheit schätzten, die ungeachtet des religiösen Gegensatzes das Reichsgesetz von 1555 garantierte. Ein weiteres Charakteristikum der Zeit bestand darin, daß im Rahmen des gesetzlich Möglichen, teilweise sogar darüber hinaus, die konfessionelle Polemik und Kontroverse jenseits von Theologie, Schule und Kirche das tägliche Leben erfaßte, bis hin zu Wirtshauskontrollen, Sittenmandaten und politischen Glaubensüberprüfungen. Und ein drittes Merkmal: Dem Eifer im Konkreten und im Einzelnen fehlte der Zug ins Große. Er reichte in der Regel nur bis an die Grenzen der Landesherrschaft. Die partikularistische Gesinnung überwog. Deutschland brachte in der zweiten Jahrhunderthälfte keinen Reformator, Denker, Künstler oder Staatsmann hervor, der sich neben den entsprechenden Größen Westeuropas und Italiens hätte sehen lassen können – sieht man ab von dem Politiker Wilhelm I. von Oranien, dessen Aktivitäten sich praktisch außerhalb Deutschlands, obschon formell auf dem Boden des Reiches, entfalteten, und von dem Astronomen Johannes Kepler, dessen große Zeit aber erst im 17. Jahrhundert begann.

Im Osten stand das Reich, in erster Linie das habsburgische Territorium – mit den Alpenländern sowie dem bei Österreich verbliebenen sogenannten königlichen Teil von Ungarn –, unter permanenter Bedrohung durch den Halbmond. Denn auch im Frieden stießen bewaffnete Abteilungen der Türken und ihrer Vasallen immer wieder über die Grenzen in die habsburgischen Landesteile von Ungarn, Kroatien und Slowenien, nach Steiermark und Kärnten vor. Angst und Schrecken vor den Türken pflanzten sich bis tief ins Reich hinein fort. Andererseits spielten sich seit der Spätzeit Karls V. die Grundformen eines relativ gleichbleibenden Verhältnisses zwischen Österreich und den Osmanen ein. Ein 1545 zwischen der Hohen Pforte und den habsburgischen Brüdern Karl V. und Ferdinand I. ausgehandelter Waffenstillstand, der 1547 erneut bekräftigt und, auf fünf Jahre terminiert, dann periodisch um je weitere fünf Jahre verlängert wurde, bildete die Basis der österreichisch-türkischen Beziehungen. Er erlegte den Habsbur-

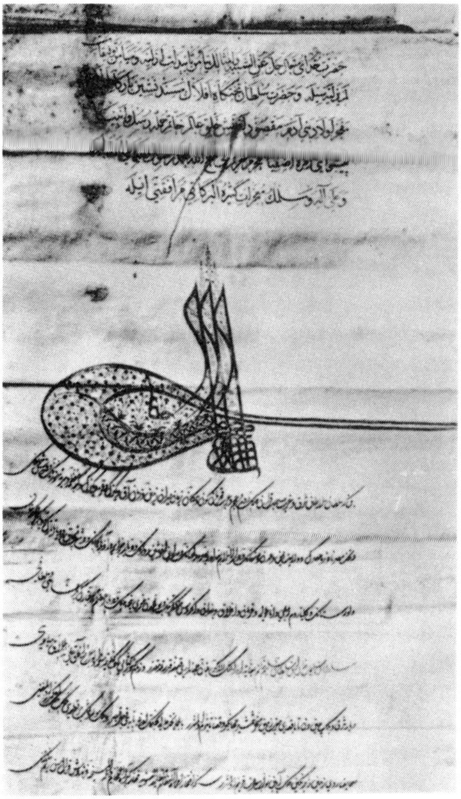

Achtjähriges Waffenstillstandsabkommen
zwischen Süleyman II. und Ferdinand I.
Die für das Reich bestimmte Ratifikationsurkunde
vom 1. August 1562
mit der Unterschrift des Sultans
Wien, Haus-, Hof- und Staatsarchiv

gern jährliche Tributzahlungen auf, war für die Türken also kein schlechtes Geschäft, brachte den Österreichern aber politisch den Gewinn, daß die Türken gegenüber Frankreich, mit dem sie zuvor verbündet gewesen waren, nun neutralisiert wurden. Den Osmanen war ohnehin mehr an einer einigermaßen befriedeten Grenze in Europa als an einer Expansion nach Nordwesten ins Ungewisse gelegen, weil sie nicht ohne Grund das Persische Reich, an das sie östlich von Armenien bis Mesopotamien über Tausende von Kilometern grenzten, als einen ungleich gefährlicheren Gegner ansahen. – Wenn die Regel, mit Österreich im Zustand des Waffenstillstandes zu leben, einige wenige Male durchbrochen wurde, so ging der Anlaß fast immer von Siebenbürgen oder vom ungarischen Adel aus. Die Türken verhielten sich den christlichen Konfessionen gegenüber verhältnismäßig tolerant. Ein beträchtlicher Teil der ungarischen Magnaten war evangelisch und besaß wenig Sympathien für die Habsburger, weil diese den Katholizismus begünstigten. Außerdem ging die Hocharistokratie aus Sorge um ihre traditionellen und verbrieften Freiheiten, die ihr eine weitgehende politische Mitregierung gestatteten, auf Distanz zu den Habsburgern. Der jüngere Zápolya, Johann II., durfte daher auf einigen Widerhall bei den Magnaten hoffen, als er 1564, nach Ferdinands I. Tod, das königliche Ungarn an sein halbautonomes Vasallenfürstentum Siebenbürgen anzuschließen versuchte, und deswegen einen Krieg gegen Österreich anfing. Als eine Niederlage drohte, weil der kaiserliche Feldherr Lazarus von Schwendi sich überlegen erwies und ihn besiegte, rief der Großfürst die Osmanen zu Hilfe. Daraus entstand ein zweijähriger Krieg zwischen Österreich und der Pforte. Der zweiundsiebzigjährige Sultan Süleyman II. führte persönlich das osmanische Heer nach Ungarn zum Kampf gegen die Truppen Kaiser Maximilians II. Wenn der Krieg unentschieden ausging, so nicht zuletzt deshalb, weil der Sultan bei der Belagerung der ungarischen Festung Sziget im September 1566 eines plötzlichen Todes starb und für die Hohe Pforte nunmehr dringlichere Sorgen heraufzogen, als am äußersten Nordwestrand ihres Reiches Eroberungen zu machen. Mit dem Frieden von Adrianopel (1568) kehrten die Kriegführenden wieder zum Modus der regelmäßig zu erneuernden Waffenstillstände zurück, wobei die Perioden jetzt auf acht Jahre verlängert wurden.

Nach Süleyman war kein Sultan mehr imstande,

das riesige osmanische Imperium tatsächlich selber zu regieren. Unter schwachen, in ihrer Prinzenzeit bewußt verweichlicht erzogenen und oft nur kurz regierenden Großherren brach die Zeit der Großwesire und Hofbeamten an, die sich mit Janitscharen und regionalen Machthabern praktisch in die Regierung teilten oder sich mit ihnen und anderen Interessengruppen darum stritten. Freilich war das Großreich strukturell gefestigt genug und verfügte auch über genügend Kräfte, um noch lange als eine Macht ersten Ranges eine große Rolle zu spielen. Das Reich, das sich vom Indischen Ozean bis nach Algier und von den Weißen Karpaten bis zum oberen Nil erstreckte, führte weiter Kriege, dehnte sich im Norden auch noch ein wenig aus, machte hier und da kleinere Eroberungen, nahm Niederlagen hin und blieb für seine Nachbarn – für Persien, Polen, Österreich, Spanien und Venedig – gefährlich. Aber die Zeit der großen Expansionen war vorbei. Das Erreichbare war erreicht. Der Tod Süleymans II. leitete einen Wandel ein, dessen Folgen auch in Europa spürbar wurden.

Im europäischen Norden, in Skandinavien, in Finnland und im Baltikum, war die Reformation auf weniger Widerstand gestoßen als in Deutschland, von dessen Mitte sie ausgegangen war. Der nordische Protestantismus war von Luther geprägt worden; lange war Wittenberg sein geistiges Zentrum gewesen. Das schloß nicht aus, daß die reformatorische Bewegung im Ostseeraum landeseigentümliche Einrichtungen und Gewohnheiten übernahm oder sich mit ihnen verschmolz. Sie paßte sich jedenfalls den sozialen Gegebenheiten an und modifizierte sie nur, wenn es die reformatorischen Glaubenslehren und Grundsätze erforderlich machten. Die vorgenommenen Veränderungen betrafen das geistliche Amt der Bischöfe und Pfarrer, sie trafen am radikalsten die Klöster und ihre Insassen. Die Klöster verschwanden; sie wurden aufgelöst, weil man sie für überflüssig hielt. Desgleichen die religiösen Orden. Mönche und Nonnen wurden in die Welt entlassen. – Seit Beginn der zwanziger Jahre, also unmittelbar nach Luthers Absage an Rom, trugen skandinavische Studenten seine Botschaft in ihre Heimat. Die Könige nahmen sich der Sache Luthers an und machten sie zu ihrer eigenen. Es gab im skandinavischen Raum keine halb- bis dreiviertelautonomen Fürsten oder Grafen wie in Deutschland. Wohl war der Adel eine politische Potenz und hatten die Stände einiges zu sagen; doch reichten ihre Freiheiten nicht entfernt so weit wie diejenigen der Reichsstände in Deutschland. Ein mißliebiger Monarch wie Christian II. von Dänemark, der sich viel hatte zuschulden kommen lassen, wurde immerhin von organisierten gegnerischen Kräften im Lande entmachtet. Doch war dies ein einmaliger Vorgang.

Die Entscheidung über die Landeskonfession wurde zwar auch von den Reichstagen in Dänemark und Schweden mitgetragen. Sie fiel aber im Sinne der Könige aus. Jeder Ansatz eines Widerstandes gegen die verordnete Einführung der neuen Lehre erwies sich als zu schwach, um gegen die Macht König Christians III. oder König Gustavs I. Wasa etwas auszurichten. So stand in Skandinavien bereits um 1540 ein mehr oder weniger von der Reformation verwandeltes evangelisches Kirchenwesen da. In ihrer äußeren Gestalt und in ihren gottesdienstlichen Formen bewahrte die Kirche in Schweden stärker als in den übrigen evangelischen Ländern und Städten des Ostseeraumes die katholischen Traditionen aus dem Mittelalter. In allem aber, was zum Bereich von Dogma und Sakrament rechnete, folgte man in den evangelischen Kirchen des Nordens den Lehrauffassungen Martin Luthers.

Im Baltikum lagen in der politischen Ordnung, in der sozialen Verfassung und in der ethnischen Zusammensetzung der Bevölkerung Verhältnisse vor, die sich nicht ohne weiteres mit Skandinavien vergleichen ließen. Hier besaß, ähnlich wie in Preußen, der geistliche Deutsche Ritterorden die Landesherrschaft. Als sein oberster Repräsentant fungierte ein Landmeister mit fürstlichem Rang. Eine überwiegend deutschstämmige soziale und

I then natt tå
han förrådder
wardt/toogh Je=
sus brödhet/tacka
dhe Gud/brööt/
och gaff Läriun=
ganar och sade /
Tager/äter/thet
ta är min leka=
men/som för ider vthgiffuen warder/
Thet görer til mijn åminnelse.
Sammalunda toog han ock kalken/
sedhan Natwarden hållen war/tacka
dhe Gudh/gaff them och sadhe/Dric=
ker här aff alle/ty thetta är min blod/
som är thes nyia Testamentzens/hwil
ken för mongom vthgutin warder/til
syn

Die Austeilung des Abendmahls
Eine Seite in einem 1548 in Stockholm
erschienenen Kirchenhandbuch der Lutheraner
in schwedischer Sprache
Uppsala, Universitätsbibliothek

kulturelle Oberschicht lebte hier mit einer älter eingesessenen estnischen und lettischen Einwohnerschaft zusammen. Bei der ländlichen Ritterschaft und bei den Bürgern in den Städten – in Mitau, Pernau, Narva, Reval, Riga, Dorpat – fand die Reformation verhältnismäßig früh Eingang. Jedenfalls fühlte sich ein großer Teil der Deutschen von ihr angesprochen, und so setzte sie sich, wenn auch nicht ganz ohne Widerstand, mit der Zeit in der Kirche des Baltikums, in Kurland, Livland und Estland durch. – Das deutsche Element war in unzähligen Städten Ostmitteleuropas stark vertreten; außer in Ostpreußen und im Baltikum besonders in Polen, in Böhmen und Mähren, daneben auch im Raum der Karpaten, in Ungarn, Siebenbürgen und der damals zu Ungarn gehörenden Slowakei. Die Deutschen in den städtischen Bürgerschaften des Ostens nahmen fast ausnahmslos das Luthertum an, so daß es zu einer Art Religion der Deutschen wurde. In den Regionen des östlichen Mitteleuropas wohnten Deutsche als Minderheiten-Nationalität dicht mit Slawen und Madjaren zusammen. Für sie wurde das lutherische Kirchentum über den kirchlich-religiösen Rahmen hinaus zu einem Element ihrer kulturellen Existenz, zu einem geistigen Band, das sie mit ihrem Mutterland zusammenhielt. Gerade diese Situation, die sich durch die Reformation ergeben hatte, erhielt sich von der Mitte des 16. Jahrhunderts, ungeachtet der vielen politischen Veränderungen in Osteuropa, im Kern bis zum Beginn des 20. Jahrhunderts.

Für den europäischen Nordosten begann mit der Mitte des 16. Jahrhunderts eine Ära der Unruhen, deren stärksten Herd die baltische Region bildete. 1558 fiel Zar Iwan IV., der Schreckliche, in das livländische Ordensgebiet ein und hauste dort übel einige Jahre lang. Das Reich zeigte sich unfähig und auch nicht gewillt, auf ein Hilfsgesuch des Ordensmeisters Gotthard von Ketteler (1559) einzugehen. So konnte Iwan IV. ein Jahr später, 1560, bis nach Kurland, also nahe an die Grenzen des Herzogtums Preußen, vordringen. Dänemark, Schweden und Polen hatten kein Interesse daran, das Ordensland den Russen kampflos als Beute zufallen zu lassen. Vielmehr nahm jedes dieser drei Königreiche die Gelegenheit wahr, sich Teile des baltischen Territoriums anzueignen. So entstand der erste – siebenjährige – Nordische Krieg (1563 bis 1570). Wenn sich die Kriegführenden, vordergründig betrachtet, auch nur um baltische Regionen stritten, so ging es ihnen in Wirklichkeit um mehr: nämlich um die Beherrschung der Ostsee. So leitete die Auflösung des Ordenslandes nicht enden wollende Kämpfe um das Dominium maris Baltici, um die Vormachtstellung im Ostseeraum, ein. Sie zogen sich – mit einer langen, fast vierzigjährigen Unterbrechung im späten 17. Jahrhundert – bis ins frühe 18. Jahrhundert hinein und endeten mit der Etablierung der russischen Ostseeherrschaft

Eine Schlacht zwischen Polen und Schweden im Nordischen Krieg
Silberne Prunkplatte eines Augsburger Goldschmieds, erste Hälfte des 17. Jahrhunderts
Moskau, Kreml, Staatliche Rüstkammer

durch Peter den Großen. In der Zeit von 1563 bis 1660 rissen die Kriege zwischen Rußland und Polen, Polen und Schweden, Schweden und Rußland, Dänemark und Schweden, mit wechselnden Bündniskombinationen, schier nicht ab. Bis 1648 vermengten sie sich teils mehr, teils weniger mit den konfessionellen Streitigkeiten. Durch Handel, Schiffsverkehr, Konfessionsbeziehungen, nicht zuletzt durch Grenznachbarschaften mit dem Reich standen der Norden und Osten in ständiger Kommunikation mit Mittel- und Westeuropa. Doch das politische Spannungsfeld, welches das Baltikum und der Ostseeraum darstellten, war bis 1618 von den übrigen mittel- und westeuropäischen Spannungsfeldern isoliert. Hier brachte der Dreißigjährige Krieg die entscheidende Wende. Dänemark, Schweden und Polen wurden, namentlich durch französische Initiativen, in die gesamteuropäischen Auseinandersetzungen hineingezogen; sie konnten sich seitdem nie mehr völlig daraus lösen, so sehr sie ihre Streitfragen in erster Linie auch unter sich austrugen.

In Polen, einem im Unterschied zu den nordischen Ländern überwiegend katholisch verbliebenen Großreich, nahm die Reformation einen völlig anderen Gang als in Skandinavien. War die konfessionelle Bewegung im Norden und im Baltikum bis zur Jahrhundertmitte im wesentlichen zum Abschluß gekommen, so fing sie in Polen und Litauen um diese Zeit erst richtig an. Und war die Reformation von Luthers Anhängern aus Wittenberg nach Skandinavien gebracht worden, so kam sie nach Polen durch Freunde, Schüler und Anhänger Calvins aus Genf. Der Calvinismus erlebte in Polen seinen Höhepunkt in den Jahren um 1560. Da aber gleichzeitig dort die katholische Gegenbewegung einsetzte, hatte er es von Anfang an mit ganz anderen Widerständen zu tun als seinerzeit das Luthertum im Norden und im Baltikum. So fingen in Polen die Glaubenskämpfe etwa um die gleiche Zeit an, als die Konfessionsbildung in Skandinavien bereits ihren Abschluß fand.

In diesem Punkt liefen die Dinge in Polen etwa parallel mit denjenigen in Frankreich und den Niederlanden. Trotz verschiedenartiger Voraussetzungen gab es gemeinsame Ursachen dafür: Sie lagen einmal in der 1563 verbindlich erfolgten Ausformulierung der katholischen Glaubenslehre und des katholischen Reformprogramms durch das Konzil von Trient, zum anderen in der Publikation zahlreicher Nationalbekenntnisse um 1560 sowie in der Veröffentlichung der maßgeblichen Formulierungen Calvins über die reformierte Glaubenslehre und Kirchenverfassung in der vierten Auflage seiner ›Institutio religionis Christianae‹ (1559). – Zu den internen Auseinandersetzungen, in die die polnische Christenheit durch den Konfessionsstreit geriet, trat eine innenpolitische Veränderung von größter Tragweite: 1569 vereinigten sich die bisher durch Personalunion miteinander verbunden gewesenen Reiche Litauen und Polen in der Union von Lublin zu einem auch verfassungsmäßig geeinten Staatswesen. Die Union, die konfessionellen Kämpfe und Reformen sowie die politisch-militärischen Kämpfe um das Baltikum und dessen russisches Hinterland versetzten das polnische Reich in eine Situation, die sich gegenüber der ersten Jahrhunderthälfte gründlich verändert ausnahm. Das wurde auch außer Landes spürbar. Die Verbindungen mit Mitteleuropa, traditionell durch den Handel gepflegt und seit dem 15. Jahrhundert durch den Humanismus vertieft, wurden nunmehr durch die konfessionelle Bewegung, durch den Calvinismus und evangelische Sektierer, durch den Jesuitenorden und die katholische Reform erweitert und außerordentlich verstärkt.

Die konfessionellen Kräfte

Hatte die erste Hälfte des 16. Jahrhunderts kirchlich vorwiegend im Zeichen Luthers und der erfolgreich vordringenden Reformation gestanden, so wurden für die zweite Jahrhunderthälfte die Glaubenskämpfe und die konfessionellen Verfestigungen signifikant. Auf die wittenbergische Welle folgte eine genferische Reformationswelle. Sie war womöglich noch stärker als jene, aber sie brach sich auch an härteren Widerständen: auf der einen Seite am Beharrungsvermögen des Luthertums, welches der calvinistischen Bewegung sein bereits institutionell gefestigtes Kirchentum entgegenstellte; auf der anderen Seite an der erhöhten Verteidigungsbereitschaft und an den Gegenangriffen der sich regenerierenden katholischen Kirche. Zu Glaubenskämpfen kam es überall, wo entgegengesetzte religiöse Bekenntnisse aufeinanderprallten und sich den Platz streitig machten. Das konnte in einem Dorf, einer Kirche, einem Kloster, einem Domkapitel sein, ebenso in einer Stadt, einem Kanton, einem Bistum, einem Territorium oder einem Königreich. Und solches geschah – abgesehen von der Iberischen Halbinsel, von Italien und dem hohen Norden – in sämtlichen Regionen Europas.

Der Streit hatte also seine Wurzel in der ›Konfession‹. Katholiken, Calvinisten, Lutheraner, Anglikaner, Spiritualisten, Täufer und anderweitige Sektierer wichen in der Auslegung des christlichen Glaubens in einzelnen Punkten voneinander ab; sie hatten in den Kontroverspunkten ihre jeweiligen Lehrmeinungen und nahmen diese für so wichtig, daß sie sich lieber entzweiten, als daß sie in einer Bagatellfrage nachgaben. Von außen und aus der Entfernung von einigen Jahrhunderten betrachtet, mag solche Standpunktbezogenheit leicht als Starrsinn oder Beschränktheit erscheinen. Daß beides auf allen Seiten im Spiel war, wurde den Zeitgenossen kaum bewußt; erst ihre Urenkel und deren Nachfahren lernten das in einem langwierigen Geschichtsprozeß ganz allmählich zu begreifen. Von innen her, von der Denkweise des Zeitalters aus gesehen, nahm sich die Sache anders aus. Denn wenn die Anhänger der verschiedenen Konfessionen in Dingen des christlichen Glaubens für

Die protestantische Devise
Kursächsische Erinnerungsmedaille auf
Luthers Thesen-Anschlag,
Jubiläumsprägung des Meisters C. M., 1617
Wittenberg, Reformationsgeschichtliches Museum

diese oder jene Auffassung stritten, dann taten sie es ihrem Bewußtsein nach meist nicht als Zänker oder Querulanten, sondern als Streiter des Herrn. Sie glaubten, wie aus unzähligen Zeugnissen hervorgeht, für die Wahrheit Gottes einzutreten, wenn sie sich für ihre Konfession stark machten und deren innere und äußere Feinde zum Schweigen brachten. Sie meinten sogar dazu verpflichtet zu sein, wenn sie es mit ihrem Glauben ernst nahmen. Das Alte Testament bot Beispiele genug, daß fromme Israeliten, Elias und andere Propheten, um Gott die Ehre zu geben, Götzendienste und Götzenaltäre beseitigten. An solche Muster hielten sich die Glaubensgemeinschaften im 16. Jahrhundert. Sie sahen diejenigen als Götzendiener, Gottesleugner oder Gottesverächter an, die einer anderen christlichen Auffassung anhingen als der eigenen. Der Kirche Christi wollten die Bekenner jeder Konfession angehören; die Kirche Christi schien ihnen aber nur in der eigenen Glaubensgemeinschaft repräsentiert zu sein.

Das hing damit zusammen, daß in der sich spaltenden Christenheit jeder Teil sich für das Ganze hielt und daher das formulierte Dogma seiner speziellen Lehre für Gottes Wahrheit ansah. »Gottes Wort ist Luthers Lehr, darum vergeht sie nimmer mehr.« Dieser Slogan kursierte mit Varianten mehr als hundert Jahre lang in den evangelisch-lutherischen Regionen Deutschlands und wurde zahlreichen Jubiläumsmünzen, zum Beispiel 1617 und 1630, als Devise aufgeprägt. Ein derart einseitiger Wahrheitsanspruch spiegelte die Spaltung der Kirche wider. Die Kirche mußte auf der Wahrheit ruhen, worüber sich alle einig waren. Die Wahrheit, nämlich diejenige, die Gott durch Apostel und Propheten kundgetan und in ihrer ganzen Fülle in Christus geoffenbart hatte, sah der Bekenner einer Konfession exklusiv im Glauben seiner Kirche garantiert. Jenseits derselben wähnte er sie im besten Fall sehr viel schwächer vorhanden; in den meisten Fällen war er davon überzeugt, daß sie dort gröblich verzerrt, verdunkelt, ja böswillig verdreht und in gotteslästerlicher Weise verhöhnt, in den Schmutz gezogen und bekämpft würde. Solche Grundeinstellung führte zur Intoleranz. Und mit einer von Intoleranz geprägten Gesinnung erfüllten sich die Angehörigen der einzelnen christlichen Bekenntnisse. Sie wurden in Kirche und Staat, Schule und Elternhaus dazu erzogen. Gegen die Andersgläubigen wurde systematisch Abscheu geweckt. Gesetze, Verordnungen und Predigten wirkten in dieser Richtung. Theologische Berater, Hofprediger, fürstliche Beichtväter ermunterten die Staatslenker, gegen Personen und Gemeinschaften einzuschreiten, die nicht nach dem Landesbekenntnis lebten, einerlei ob sie heimlich oder öffentlich davon abwichen oder dagegen verstießen. Die politischen Obrigkeiten schrieben in

Disputierende Rhetoriker verschiedener Konfessionen
Gemälde eines Meisters der holländischen Schule, 1659
Haarlem, Frans-Hals-Museum

der Regel das religiöse Bekenntnis gesetzlich vor und erzwangen seine Annahme. Wer sich nicht fügte, galt als Unruhestifter und machte sich strafbar; denn er störte, politisch gesehen, die Einheitlichkeit des Bekenntnisses und verging sich damit gegen eine Reglementierung, die von oben her als staatserhaltend betrachtet wurde. Religiös geurteilt hing er einer Irrlehre an, verachtete Gottes Wort und verdiente deshalb zum Schweigen gebracht zu werden, falls er sich nicht bekehrte. Die Obrigkeiten verlangten von den Landeskindern Gehorsam auch in religiösen Dingen. Zuwiderhandlungen bestraften sie abgestuft mit Geld, Landesverweisung oder an Leib und Leben. Damals war die Meinung verbreitet, daß in der rechten Gottesverehrung die Vorbedingung für ein gutes Gedeihen des Staatswesens läge. Mit entsprechenden Mahnungen und Verheißungen an die Inhaber der Staatsgewalt wurde denn auch von geistlicher Seite nicht gespart. Umgekehrt drohten religiöse Eiferer den Königen und Staatslenkern für den Fall konfessionellen Fehlverhaltens Gottes Zorn und irdisches Unheil an.

Johannes Calvin zum Beispiel wurde nicht müde, in diesem Sinne seine Stimme zu erheben, um seinen Einfluß geltend zu machen: Dem polnischen König Sigismund II. August scheute er sich nicht mit folgenden Worten ins Gewissen zu reden: »Also ich, den der höchste König (im Himmel) zum Verkünder seines Evangeliums und zum Diener seiner Kirche eingesetzt hat, ermahne in seinem Namen Eure Majestät, die Sorge für den wahren Glauben und reinen Gottesdienst allem übrigen voranzustellen.« Auf Calvins Betreiben wurde der spanische Arzt und Antitrinitarier Michael Servet 1552 in Genf verhaftet und im darauffolgenden Jahr verbrannt. Calvin begründete sein Verhalten nachträglich mit dem Hinweis auf seine Pflicht: »Ich will nicht verhehlen, daß ich es für meine Pflicht hielt, diesen Menschen unschädlich zu machen. Wir sehen, wie überall die Gottlosigkeit herrscht und neue Irrlehren hervorquellen. Wenn sogar die Katholiken so fanatisch über ihren Aberglauben wachen, daß sie das Blut Unschuldiger vergießen, dann sollten christliche, evangelische Obrigkeiten, denen Gott das Schwert gegeben hat, seines Namens Ehre zu rächen, sich schämen, wenn sie nicht den Mut hätten, die sichere Wahrheit zu schützen.« Er stand mit dieser Ansicht nicht allein. Philipp Melanchthon, in jenen Jahren eine Autorität für viele, schrieb ihm Worte entschiedener Zustimmung: »Ich danke dem Sohne Gottes, der in deinem Kampfe entschieden hat. Auch ist die Kirche dir Dank schuldig und wird ihn dir in alle Zukunft schulden. Ich sage auch, daß eure (Genfer) Obrigkeit recht gehandelt hat, als sie diesen Lästerer nach ordentlichem Rechtsspruch töten ließ.« So wie Melanchthon dachte, dachten viele; so wie Calvin und der Genfer Stadtrat handelten, handelten andere auch; so wie Servet starb, starben Tausende. In den Niederlanden ging Karl V. gegen Andersgläubige vor, in Spanien übernahm diese Aufgabe noch härter die Inquisition. In England standen Katholiken und Sektierer unter Verfolgung, in Frankreich Protestanten. Katholische, calvinistische und lutherische Regierungen zogen in der Ächtung von Täufern, Schwärmern und Sektierern gleich. Häresie galt ähnlich wie Gotteslästerung als Verbrechen; sie wurde als Verfehlung gegen Gott und die Menschen angesehen. Wer ihr anhing, galt den Andersgläubigen als verstockt, bösartig, lasterhaft, kurz: als sittlich defekt. Was aber Ketzerei sei, das bestimmten von Land zu Land unterschiedliche Gesetze oder gesetzesähnliche Verfügungen, Edikte, Landesordnungen und Mandate.

Die markgräflich badische Regierung zu Durlach befahl 1577 sämtlichen Pfarrern des badischen Unter- und Oberlandes, das damals soeben herausgekommene lutherische Einheitsbekenntnis, die sogenannte Konkordienformel, zu unterschreiben. Die Geistlichen zweier im äußersten Süden, an der eidgenössischen Grenze gelegenen Kirchenkreise, die unter dem Einfluß der benachbarten reformierten Universität Basel und ihrer Theologen standen, trugen Bedenken gegen eine bedingungslose Annahme der Konkordienformel. Sie baten deshalb, ihrer Unterschrift den Zusatz hinzufügen zu dürfen: »Die (andersgesinnten) Pfarrer und Kirchen verdamme ich nicht, ich überlasse sie dem Urteile Gottes, bereit, mich der Wahrheit und dem Heiligen Geiste zu fügen, wenn ich aus dem Wort Gottes eines Besseren belehrt werde.« Die Regierung erlaubte ihnen nicht, sich aus der Heiligen Schrift eines Besseren belehren zu lassen, sie verlangte vielmehr von ihnen, sich der Konkordienformel zu unterwerfen. Einige unterzeichneten daraufhin; die übrigen wurden ihres Amtes enthoben und des Landes verwiesen. Glaubenszwang übten nicht bloß Katholiken gegen Protestanten oder diese gegen jene aus, nicht nur Lutheraner gegen Calvinisten oder umgekehrt, sondern auch Anhänger von Sonderrichtungen innerhalb eines Bekenntnisses gegeneinander, beispielsweise gemäßigte Lutheraner gegen die sogenannten Gnesiolutheraner, die dem Flacius Illyricus folgten. Die in Italien entstandene evangelische Sonderlehre der Unitarier oder Antitrinitarier fand in Polen einen günstigen Boden und erlangte in Siebenbürgen sogar den Status eines anerkannten Bekenntnisses, galt jedoch in Mittel- und Westeuropa als so verwerflich, daß es lebensgefährlich war, mit ihr zu tun gehabt zu haben. Als ein in Ladenburg bei Heidelberg amtierender reformierter Superintendent namens Sylvan 1570 als heimlicher Antitrinitarier entdeckt wurde, sperrte ihn der pfälzische Kurfürst Friedrich der Fromme ins Gefängnis und ließ ihn nach zweijähriger Haft gegen den Rat der Universität und ihrer Juristen

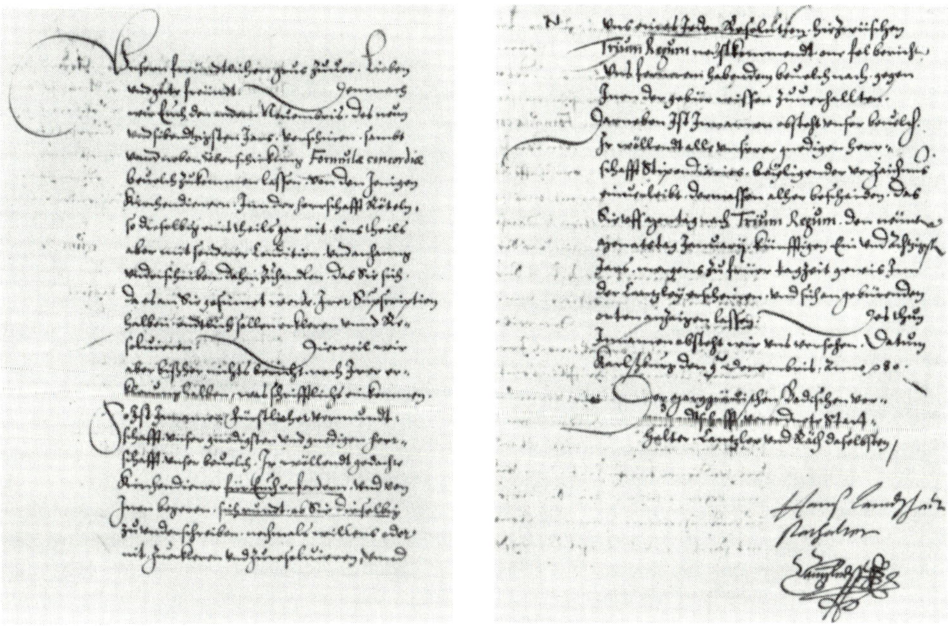

Mahnung zur Annahme der Konkordienformel für die südbadische Herrschaft Rötteln
Schreiben des baden-durlachischen Statthalters Hans Landschad vom 9. Dezember 1580
an die acht Unterschriftenverweigerer
Karlsruhe, Badisches Generallandesarchiv

zum Tode verurteilen – auf Betreiben seines maßgeblichen theologischen Beraters. Obwohl Sylvan zuvor widerrufen und beteuert hatte, sich bekehrt zu haben, obwohl er Amtsverzicht und Auswanderung auf sich nehmen wollte, wurde das Urteil vollstreckt. Der Kurfürst ließ ihn als Ketzer auf offenem Markt enthaupten, im Beisein seiner Frau und seiner Kinder, die man, den harten Sitten der Zeit entsprechend, zum Zuschauen zwang. Die Enthauptung war übrigens die Belohnung dafür, daß er sich bekehrt hatte; andernfalls wäre er verbrannt worden. Die enge Verbindung von Staat und Konfession brachte es mit sich, daß die Inhaber der Regierungsgewalt außer ihrer politischen Macht auch Gesetzgebung und Justiz für ihr Bekenntnis einsetzten. Sie wendeten dabei den althergebrachten Ketzerbegriff auf die von ihrem Landesbekenntnis abweichenden Konfessionen und religiösen Richtungen an. Durch die daraus entstandenen Gesetze und Verordnungen ging im Laufe des 16. Jahrhunderts die konfessionelle Spaltung in das Staats- und Kriminalrecht der europäischen Länder, Territorien und Städte ein und wurde ein Bestandteil derselben.

Infolge der außerordentlich engen Verquickung von Religion und Ethos geriet auch das allgemeine sittliche Verhalten unter den formenden Einfluß der Konfessionen. Je nach Glaubensrichtung bildeten sich Besonderheiten in Frömmigkeit, Denken, Beten, Arbeiten und künstlerischem Gestalten aus. Luthers sprachschöpferisches Genie prägte durch seine Bibelübersetzung den geistig-geistlichen Lebensraum der deutschen Protestanten für Jahrhunderte und beeinflußte über die Sprache deren Empfindungs- und Vorstellungswelt. Formende Kräfte von nicht minderer Stärke gingen von Calvin und von Ignatius aus. Sie sprachen deutlicher als Luther den Willen und das Ethos an. Sie weckten Aktivitäten, die auf das menschliche Verhalten einwirkten. Sie wollten nicht allein auf ihre Landsleute Einfluß nehmen, sondern die europäische Christenheit jedweder Nationalität erreichen. Das alles unterschied sie bemerkenswert von Luther. Sowohl Calvin als auch Ignatius gaben der europäischen Geschichte in der zweiten Hälfte des 16. Jahrhunderts, was die Glaubenskämpfe anlangt, ihre unverwechselbare Signatur – durch die Kräfte, die sie weckten, durch die Menschen, die sie bildeten und formten, durch die Bewegungen, die sie ins Leben riefen. Calvinismus und Jesuitenorden entwickelten höchste Energien im Ringen um die Ausbreitung von Reformation und Gegenreformation. Sie wurden dadurch zu bestimmenden Elementen der Geschichte Europas in dieser Epoche.

Calvin und die Entstehung der reformierten Kirche

Johannes Calvin, eigentlich Jean Cauvin, war Nordfranzose. Am 10. Juli 1509 als Sohn eines Juristen in bischöflichen Diensten in Noyon geboren, war er sechsundzwanzig Jahre jünger als Martin Luther und repräsentierte gegenüber dem deutschen Reformator eine neue Generation. Von seinem fünfzehnten bis zu seinem sechsundzwanzigsten Lebensjahr studierte er, finanziert durch die Einkünfte einer kirchlichen Pfründe, an den Universitäten Paris, Orléans und Bourges Philosophie und Theologie, humanistische Wissenschaften und Jurisprudenz. In jenen Jahren erfuhr er, wie er selbst in einer sehr viel späteren Rückschau auf sein Leben (1557) mitteilte, eine plötzliche Bekehrung. Das mag um 1530 herum gewesen sein. Die einzige Äußerung Calvins über seinen inneren religiösen Werdegang ist zugleich ein Zeugnis für sein Selbstverständnis als Reformator: »Gott aber hat mein Herz, das für sein Alter schon recht verstockt war, durch eine plötzliche Bekehrung gefügig und gelehrig gemacht. Sobald ich einen gewissen Geschmack an der wahren evangelischen Frömmigkeit gewonnen hatte, entflammte mich ein solcher Eifer, darin vorwärts zu kommen, daß alle anderen Studien, obwohl ich sie keineswegs aufgab, völlig zurücktraten. Es war noch kein Jahr vergangen, als bereits alle, die nach der reinen Glaubenslehre Verlangen trugen, zu mir, dem Neuling und Anfänger, kamen, um bei mir zu lernen. Ich war von Natur etwas menschenscheu und schüchtern; ich hätte stets gern ein ruhiges Leben fern vom Treiben der Welt geführt und suchte mich in die Verborgenheit zurückzuziehen. Gott aber war nicht gewillt, mir das zu gewähren. Alle Orte, in die ich mich zurückzog, wurden bald zu öffentlichen Schulen. Und während ich nur im Sinne hatte, irgendwo in Muße zu leben, führte mich Gott auf allerlei Umwegen solchergestalt, daß er mich nirgends Ruhe finden ließ, bis er mich, ganz entgegen meinem natürlichen Verlangen, schließlich ans helle Licht zog.« – Calvin verließ Paris 1534 wegen einer Protestantenverfolgung. Er begab sich nach Basel und verfaßte dort die ›Institutio religionis Christianae‹, eine ›Unterweisung in der christlichen Religion‹. Dieses Buch machte den jungen Gelehrten über Nacht zu einem berühmten Mann. Es wurde in viele Sprachen übersetzt. Calvin erweiterte den ursprünglich schmalen Band von Auflage zu Auflage. War das Werk anfänglich eine Art Katechismus gewesen, so stellte es in seiner letzten Fassung von 1559 das grundlegende, maßgebende Kompendium der reformierten Glaubenslehre dar. 1536 wurde Calvin auf einer Reise, die ihn nach Straßburg führen sollte, in Genf, wo er nur eine kurze Zwischenstation einzulegen gedachte, auf unvorhergesehene Weise festgehalten. Der oberste evangelische Stadtgeistliche, Wilhelm Farel, beschwor ihn, zu bleiben und ihm bei der Durchführung der Reformation in der Stadt behilflich zu sein. Calvin blieb, machte sich jedoch durch sein rigoroses kirchliches und politisches Reformprogramm so unbeliebt, daß ihn der Stadtrat schon zwei Jahre später auswies. Daraufhin begab er sich 1538 nach Straßburg. Er blieb drei Jahre dort und lernte in dieser Zeit das vielleicht lebendigste, interessanteste Zentrum des deutschen Protestantismus gründlich kennen. Durch seine Tätigkeit als Fremdenseelsorger bekam er Einblick in die Einrichtungen einer der am besten durchorganisierten evangelischen Stadtgemeinden und nahm von dort sehr wichtige Anregungen für sein eigenes späteres Wirken mit. In Straßburg gewann er zwei führende Männer der deutschen Reformation, Martin Bucer und Philipp Melanchthon, zu Freunden für sein ganzes Leben. Außerdem schloß er persönliche Kontakte mit zahlreichen Theologen, die zum humanistisch-liberalen Flügel des deutschen Protestantismus gehörten. Straßburg blieb aber nur ein Intermezzo. Denn 1541 rief man Calvin nach Genf

INSTITVTIO CHRIstianæ religionis, in libros quatuor nunc primùm digesta, certísque distincta capitibus, ad aptissimam methodum: aucta etiam tam magna accessione vt propemodum opus nouum haberi possit.

IOHANNE CALVINO AVTHORE.

Oliua Roberti Stephani.

GENEVAE.
M. D. LIX.

Calvins maßgebendes Werk
über die reformierte Glaubenslehre
Titelseite der letzten, 1559 in Genf
erschienenen Fassung
Genf, Bibliothèque Publique et Universitaire

zurück. Er folgte dem Ruf und blieb dann bis an sein Lebensende in der Stadt am See.

Vierzehn Jahre kämpfte Calvin mit dem Rat und den politischen Instanzen der Stadt um die Macht in dem sich selbst regierenden Gemeinwesen. Er vermochte in den Jahren des hin- und herwogenden Kampfes sowohl die Geistlichkeit als auch die in kirchlichen Dingen allmächtige Oberinstanz des Konsistoriums geschlossen hinter sich zu bringen. Zudem konnte er auf die Ergebenheit der nach Genf einströmenden Glaubensflüchtlinge zählen. Desgleichen verstand er sich bei einem Teil der städtischen Politiker in Respekt zu setzen. Mit dieser Hausmacht brachte er auf dem Umweg über das kirchliche Sittenregiment, die Kirchenzucht, einzelne Personen und kleinere Gruppen seiner politischen Gegner aus der altgenferischen Führungsschicht nach und nach zu Fall. Im Jahr des Augsburger Religionsfriedens, 1555, gewannen seine Anhänger in den entscheidenden politischen Gremien des Stadtstaats die Mehrheit. Seitdem war Calvin der mächtigste Mann in Genf. Nach dem Umschwung von 1555 machten seine Anhänger von der Macht, die sie legal ergriffen hatten, gegen die politische und kirchliche Opposition rigoros Gebrauch. Sie verbannten ihre Gegner, ließen Todesurteile fällen und konfiszierten das Vermögen der Mißliebigen. Angehörige der wohlhabenden Schichten verließen in Mengen die Stadt. Immigranten waren willkommen, sie kamen in immer größerer Zahl. Die Bevölkerung von Genf wurde völlig umstrukturiert. Die Glaubensinquisition merzte die Opposition gründlich aus. »Das Gefängnis öffnet seine Türen allen, die an der strengen Lehre des Reformators Kritik üben«, so Imbart de La Tour in seinem Werk über die Ursprünge des französischen Protestantismus. Wie die verlästerte Sorbonne richtete Genf eine Bücherzensur ein. Es gab keinen Druck ohne Lizenz des Rates, keine Lizenz des Rates ohne Überprüfung des Textes durch die Pastoren, keine Übersetzung oder Kommentierung der Bibel ohne das Imprimatur der Geistlichkeit. Calvins engster Mitarbeiter Theodor de Bèze, auch Beza genannt, stellte sogar den Antrag, daß mit dem Tode bestraft werden solle, wer am Wortlaut von lizenzierten Büchern etwas ändere.

Ähnlich streng wie der Glaube wurde nun die Lebensführung überwacht. Imbart de La Tour schreibt darüber: »Wie gegen den Irrtum muß der Gläubige auch vor dem Laster geschützt werden. Der – von der Kirche in Dienst genommene – Staat ist eben Wächter des Glaubens wie Wächter der Sitten. Er bestraft jede Gotteslästerung mit dem Pranger, jede Ausschweifung mit Gefängnis . . . Eine Frau, die leichtfertige Liedchen sang, wurde eingekerkert und schließlich auf Lebenszeit verbannt . . . 1557 wurde ein Genfer, der während der Predigt plötzlich aufstand und wegging, ins Gefängnis gebracht . . . Calvin nahm das ganze Leben in Zucht . . . Die religiöse Diktatur Calvins machte auf diese Weise aus der moralischen Zucht eine gesetzliche Einrichtung. Der (Stadt-)Staat stellt seine Gesetzbücher, Tribunale und Strafregister in den Dienst der Kirche. Und diese strenge Überwachung wird für den häuslichen Herd und die Familie – in Gestalt der jährlich zweimaligen Wohnungsvisitationen durch eine Pastorenkommission – zu einer wirklichen Inquisition.«

Was Calvin in Genf verwirklichte, war ein Triumph der Lehre und der Zucht. Beides betrachtete er als Wesenselemente der wahren Kirche: die Lehre als ihre Seele, die Zucht als ihre Muskeln. Was er in Genf schuf, sollte so etwas wie eine Kernzelle der wahren Kirche sein. Und als eine solche sahen viele Zeitgenossen diese Stadt an. »Von allen Seiten strömten unzählige Seelen herbei, die hier, mitten in der Verderbtheit und Finsternis des Jahrhunderts, einen Herd der Heiligkeit und des Lichtes suchten. Und gegen das Rom der Geschichte, gegen das von Christus verworfene ›Babylon‹, erhob sich auf einem heiligen Hügel, im Schatten eines anderen Sankt Petersdoms, das (Rom) der Auserwählten und der Gnade, die Pflanzschule der Gläubigen, der Apostel und Märtyrer, die Welt zu erneuern, da sie von ihrem Pro-

Genf zur Zeit Calvins
Holzschnitt von H. R. Manuel Deutsch, vor 1575
Genf, Musée d'Art et d'Histoire

pheten das reine Wort Gottes erhalten hatte.« Dies war die andere Seite Genfs und seiner herben Zucht. So wurde es gesehen von denen, die sich durch Calvin angerufen wußten und sich in seine Gefolgschaft begaben. Denn das reformierte Genf übte eine ganz erstaunliche, alle Vorstellungen übersteigende Anziehungskraft aus: Gläubige aus allen Himmelsrichtungen fanden sich hier ein und scharten sich um die Lehrkanzel Calvins in der von ihm gegründeten Hohen Schule. Neunzig Prozent der Studierenden kamen aus dem Ausland jenseits der Eidgenossenschaft. Was die Leute anlockte, war die theologische Lehre, vom Reformator selbst autoritativ dargelegt, war die Kirche mit ihrer Zucht, mit ihren von nahezu allen liturgischen Einrichtungen und Zeremonien befreiten Gottesdiensten, die Calvin, in ihrer Beschränkung auf Psalmengesang, Predigt und Abendmahlsfeier, auf ihr biblisch legitimiertes Maß reduziert zu haben meinte. Waren die strenge Ordnung der Kirche und ihr Überwachungssystem auch nicht jedermanns Sache, so begeisterten sich doch recht viele daran und fühlten sich zu überschwenglichem Lob hingerissen. Als der spätere Reformator von Schottland, John Knox, Calvins Freund und Schüler, sich als Verbannter vorübergehend in Genf aufhielt, schrieb er im Dezember 1556 an eine Dame in seiner Heimat: »Ich höre nicht auf zu wünschen, es möge Gott gefallen, euch an diesen Ort zu führen, wo, wie ich ohne Scheu zu behaupten wage, die vollkommenste Schule Christi besteht, die es auf Erden seit der Apostel Zeit gegeben hat. Ich gestehe: Auch an anderen Orten wird Christus wahrhaft gepredigt. Aber noch nirgends habe ich gesehen, daß Sitten und Glaube so lauter reformiert sind wie hier.«

Calvin stand wie Luther auf dem Boden der Heiligen Schrift. Er hielt die kirchliche Tradition für unverbindlich und in allen Dingen, welche den Glauben und die Sitte betrafen, allein das Wort der Bibel für maßgeblich. Von Luther unterschied er sich darin, daß er dem ›Alten Testament‹ nahezu gleichen Rang gab wie dem ›Neuen Testament‹ und daß er andere Vorstellungen von der Struktur der Kirche besaß. Sein beherrschender Gedanke war »die Ehre Gottes«. Seiner Tätigkeit setzte er zum Ziel, Gott überall und in allem die Ehre zu geben und, wie er es unzählige Male in Mahnschreiben an Fürsten und Könige formulierte, alle Länder und Reiche auf Erden der Herrschaft Christi zu unterwerfen. Dies konnte seiner unangefochtenen Überzeugung nach nur dadurch geschehen, daß man in sämtlichen Ländern die Kirche nach Gottes Wort und Willen, praktisch also nach dem Muster von Genf, reformierte, und zwar nicht nur in der Lehre, sondern auch im Sittenregiment und im organisatorischen Aufbau. »Die nach Gottes Wort reformierte Kirche« ist die Selbstbezeichnung, an welcher die auf Calvin zurückgehende protestantische Kirche heute noch festhält. – Theologisch wich Calvin von Luther hauptsächlich in der Abendmahlslehre und in der Lehre von der doppelten Prädestination – der Praedestinatio duplex – ab. Hierüber gab es damals die größten und verbissensten Streitigkeiten. Calvin lehrte zwar, anders als Zwingli, Christi wirkliche – nicht bloß symbolische – Gegenwart beim Abendmahl. Er faßte sie aber geistig auf; er sah sie nicht wie Luther und die Lutheraner an Brot und Wein gebunden. Das hielten die Lutheraner für eine schwere Ketzerei. Calvin seinerseits nannte die Lehre Luthers von der Gegenwart Christi in, mit und unter den Gestalten von Brot und Wein – theologisch formuliert: die Realpräsenz – einen Rückfall ins Papsttum und ihre Praktizierung einen Götzendienst. Er lehnte sie als schwere Verirrung brüsk und schneidend ab. Die Lehre von der Gnadenwahl und Prädestination ging letztlich aus Calvins Zentralgedanken von der Ehre Gottes hervor. Er lehrte, Gott habe schon vor Erschaffung der Welt jeden einzelnen Menschen für die ewige Seligkeit oder für die ewige Gottesferne in der Verdammnis vorbestimmt. Er hielt es für gotteslästerlich zu meinen, daß der einzelne durch sittliches Streben oder durch Werke der Frömmigkeit irgendeinen Einfluß auf seinen kommenden Status in der Ewigkeit ausüben könnte. Denn derartiges zu glauben hieße Gottes Allmacht schmälern. Luther und die Lutheraner mochten Calvin bis zu solcher Konsequenz nicht folgen. Obwohl sie das Prinzip von der Alleinwirksamkeit der Gnade – ohne menschliche Werke – bei der Rechtfertigung des Menschen stark vertraten, gingen sie lediglich so weit, eine Vorherbestimmung zur ewigen Seligkeit – die Praedestinatio simplex – zu akzeptieren. Die Praenotio patris, das Vorherwissen Gottes über das Geschick des Menschen, stellten sie freilich nicht in Abrede. Statt des Gedankens an eine mögliche Vorherbestimmung zur Verdammnis rückten Luther und das Luthertum den Gedanken an die Barmherzigkeit Gottes und das Vertrauen darauf stärker in den Vordergrund. Daß die Idee von der Vorherbestimmung zu Heil oder Unheil die Calvinisten zu größerer Aktivität und Leistungsfreudigkeit im irdischen Leben angespornt habe, ist ebensooft behauptet wie bestritten worden. Eine zwingende Lösung dieses viel erörterten Interpretationsproblems wird sich vermutlich niemals finden lassen. Dessen ungeachtet bleibt das Faktum, daß die meisten calvinistisch gewordenen Völker oder Volksgruppen innerhalb einzelner Länder in Europa und Amerika erstaunliche Aktivitäten entwickelt haben. Auch mag die Hoffnung, durch Bewährung in der Zeitlichkeit den Pflichten nachgekommen zu sein, die gerade dem zum Heil Erwählten abgefordert wurden, auf manchen stimulierend gewirkt haben.

Anders als Luther maß Calvin den Strukturen, die er der Kirche gab, höchsten Stellenwert bei. Das hing damit zusammen, daß es Luther nur darauf ankam, die Lehre recht predigen und die Sakramente recht verwalten zu lassen. War dies der Fall, so war in seinen Augen das Entscheidende ins Lot gebracht. Fragen der Organisation besaßen für ihn dann nur noch untergeordnete Bedeutung. Anders Calvin. Für ihn war die richtige Form der Kirche ein biblisches Gebot, somit alles andere als eine Sache zweiten Ranges. Zwar meinte er, daß sich außerhalb seines Wirkungskreises und Einflußbereiches ein wahres evangelisches Christentum auf biblischer Grundlage auch dann entwickeln könnte, wenn sich die Gemeinden auf andere Weise als in Genf organisierten. Doch wo er direkten oder indirekten Einfluß ausübte, drang er darauf, daß die Kirchen nach den von ihm für richtig gehaltenen Grundsätzen reformiert würden. Die Kirchenverfassung war für ihn eine Glaubensfrage, kein bloßes Organisationsproblem. Der Bau der Kirche, die Funktionen ihrer Glieder und Gliederungen mußten nach seiner Überzeugung der Richtschnur Christi entsprechen. Die Ämter und Gremien, die er, zum Teil in Anlehnung an Straßburger und Züricher Vorbilder, begründete oder weiterentwickelte, entsprachen in seiner Sicht dem Wort Gottes. »Mir ist der Bann ein Gebot Christi«, lautete eines seiner Worte über die Kirchenzucht und ihre Anwendung.

Die Eigenart des Calvinismus trat am sichtbarsten in seiner Kirchenverfassung in Erscheinung. Die Kirche gründete nach Calvin nicht so sehr im Amt des Geistlichen, wie bei Luther, als in der Gemeinde. Von der Gemeinde her baute sich für ihn die Kirche auf. Reformation bestand für ihn daher ganz wesentlich in der Bildung von Gemeinden nach Gottes Wort. Wie eine solche Gemeinde aussah, das legte er in seinem Verfassungsgesetz für die Kirche von Genf dar: in den ›Ordonnances ecclésiastiques de l'église de Genève‹ vom Herbst 1541, endgültig in deren revidierter Fassung von 1561. Den von dieser Kirchenordnung vorgezeichneten Kirchentyp verwirklichte er sukzessiv im Stadt-Staat Genf. Damit schuf er einen Maßstab für die reformierte Kirchenbildung in aller Herren Ländern. Wesentliche kirchliche Funktionen der Gemeinde ließ er durch Amtsträger mit genauer beschriebenen Aufgaben wahrnehmen: durch Pastoren, Doktoren, Presbyter oder Älteste und Diakone. Das Amt der Doktoren, der theologischen Lehrer, wanderte bald an die Hochschulen ab. Das Diakonat hielt sich länger, verlor aber nach geraumer Zeit an Bedeutung, weil die Aufgaben, die ihm ursprünglich zugedacht waren, teils schrumpften, teils von anderer Seite wahrgenommen wurden. Die Pastoren dagegen blieben und die Presbyter auch. Diese letzteren brachten das Laienelement zur Geltung und stellten überhaupt ein Charakteristikum im Erscheinungsbild des Calvinismus in aller Welt dar.

In der Gesamtheit der Gemeinde erblickte Calvin das örtlich organisierte Gottesvolk. Seine Vorstellungen vom Gottesvolk waren stark vom ›Alten Testament‹ beeinflußt. Gott verlangte vom Volk Israel und vom Volk Juda, daß es seine Gebote hielt; wenn es religiös auf Abwege geriet oder tat, was es nicht tun sollte, dann suchte er es mit Strafen heim. Calvin wurde nicht müde zu predigen, daß Gottes Strafgericht ebenso über das Gottesvolk des Neuen Bundes herabkommen werde, wenn dieses vom wahren Glauben abirre oder im Dienst für seinen höchsten Herrn im Himmel erschlaffe. Derlei Fehlentwicklung zu verhindern gehörte nach Calvin ebenfalls zu den vorrangigen Aufgaben der Gemeinde. Auf daß sie ihre Pflichten wirksam erfüllte, gab er ihr eine entsprechende Institution: das Konsistorium – außerhalb Genfs gewöhnlich ›Presbyterium‹ genannt. Dies war ein aus Pastoren und Ältesten zusammengesetztes Gremium mit weitreichenden Befugnissen. Es fungierte als Inquisitionsbehörde und Sittengericht und tagte in regelmäßigen Abständen. Seine Aufgabe war es, für die Reinheit des Glaubens und der Sitten zu sorgen. Zu diesem Zweck nahm es entsprechende Überprüfungen vor. Es überwachte zum Beispiel die Lebensführung von Gemeinde und Pastoren und kontrollierte, ob die Verbote respektiert wurden, welche zugunsten einer strengeren Heiligung des Lebens in großer Zahl erlassen worden waren. Calvin, der infolge seines überragenden Einflusses praktisch darüber entschied, was zulässig sei und was nicht, zog den Kreis des Erlaubten sehr eng. Er sorgte dafür, daß Übertretungen bestraft wurden, um Gott die Ehre zu geben. »Ich weiß gar wohl«, sagte er einmal, »wie schwer es für euch sein mag, solche Reinheit zu pflegen. Aber es steht nicht in meiner Macht, von den Geboten Gottes auch nur das Geringste abzulassen.« Sein auf Heiligung des öffentlichen Lebens versessenes Regi-

Die Predigt im Mittelpunkt des Kultes bei den Calvinisten:
Gottesdienst in der reformierten Kirche in Stein bei Nürnberg
Kupferstich eines Unbekannten, 17. Jahrhundert
Nürnberg, Germanisches Nationalmuseum

ment ließ Würfel, Kartenspiel und Tanz ebensowenig zu wie das Theaterspiel. Eine ganze Patriziergesellschaft wurde einmal ins Gefängnis geworfen, weil man herausbekommen hatte, daß sie in einem Privathaus dem Tanzvergnügen nachgegangen war. Wirtshäuser wurden zeitweilig durch Erbauungslokale ersetzt, in denen man ausschließlich fromme Gespräche führen durfte. »Ich übe mich in meiner Strenge bei der Bekämpfung der allgemeinen Laster«, sagte Calvin von sich selbst; und ein anderes Mal: »Ich bin ein Mann, dem das Recht seines himmlischen Herrn so am Herzen liegt, daß ich um keines einzigen Menschen willen mich von der gewissenhaften Wahrung dieses Rechts abbringen lasse.« Mit dieser Zielsetzung arbeitete auch das Konsistorium. Es kontrollierte quartierweise die Häuser und Haushalte, bis in die Intimsphäre hinein. Harte Sittengesetze stützten seine Tätigkeit. Bei der Besetzung des Konsistoriums hatte das weltliche Stadtregiment ein gewisses Mitwirkungsrecht; denn es wählte die zwölf Laienältesten. Sein Spielraum war jedoch begrenzt, weil zuvor die Pastoren die Kandidaten begutachteten und damit bereits eine Vor-Auswahl trafen. Innerhalb des Konsistoriums dominierten die Geistlichen, auch wenn sie in der Minderheit waren, und über die Geistlichen herrschte, solange er lebte, Calvin.

Die Disziplin der Kirche von Genf wurde zum Muster für die reformierten Kirchen, die sich im Zuge der Ausbreitung des Calvinismus allenthalben zu organisieren begannen. Calvin selbst ließ nicht nach, den Kirchen seines Glaubens die Anwendung seiner Verfassungsgrundsätze nahezulegen. Aus seinen letzten Lebensjahren stammt eine resümierende Information über das Genfer System. Er übermittelte sie am 25. November 1560 seinem ehemaligen Schüler Caspar Olevianus, inzwischen prominentem Hoftheologen zu Heidelberg, als dieser im Auftrag des Kurfürsten Friedrich III. im selben Jahr die pfälzische Kirche zu reformieren begann. Calvin unterrichtete ihn in seinem Erfahrungsbericht unter anderem über die Abendmahlsdisziplin und die Sittengerichtsbarkeit. Zum Abendmahl wurde nur zugelassen, wen die Kirchenleitung im Glauben und Allgemeinverhalten für intakt befunden hatte: »Zum heiligen Abendmahl Christi darf niemand kommen, er habe denn zuvor seinen Glauben bekannt. Deshalb werden jährlich vier Prüfungen abgehalten, an denen die Kinder befragt und eines jeden Fortschritte festgestellt werden . . . Was die Erwachsenen angeht, so wird jede Familie einmal im Jahr inspiziert. Wir verteilen die Quartiere untereinander so, daß die einzelnen Bezirke der Reihe nach besucht werden können. Dabei werden die Neuzugezogenen auch geprüft. Den schon (zuvor in die Gemeinde) Aufgenommenen wird das erlassen. Bei ihnen untersuchen wir nur, ob es im Hause friedlich und ruhig zugeht, ob Streit mit den Nachbarn oder etwa Trunkenheit vorkommt, ob sie faul und träge im Predigtbesuch sind.« Über die Wahrnehmung der Sittengerichtsbarkeit durch das Konsistorium äußerte er sich bei dieser Gelegenheit: »Es wird niemand vorgeladen, als wer sich trotz (vorangegangener) Mahnung unfolgsam erwiesen hat und der Gemeinde durch sein böses Beispiel Ärgernis gibt. So werden Flucher, Hurer, Trunkenbolde, Raufbolde, Streitsucher, Tänzer, Reigenführer und dergleichen Leute vorgeladen. Wer nur leicht gefehlt hat, wird mit freundlichen Worten zurechtgewiesen und entlassen. Bei schweren Sünden ist die Rüge strenger: Der Pfarrer tut sie dann nämlich in den Bann, wenn auch nur für kurze Zeit. Dadurch werden sie vom Abendmahl ausgeschlossen, bis sie um Verzeihung bitten und vom selben Pfarrer wieder mit der Gemeinde ausgesöhnt worden sind. Ist jemand aber so verstockt, daß er die kirchliche Amtsgewalt verachtet, und läßt er nicht binnen Jahresfrist ab von seinem Trotz, so wird er vom Rat für ein Jahr aus der Stadt ausgewiesen. Benimmt sich jemand besonders frech, so nimmt die politische Obrigkeit – der Rat – die Sache in die Hand und straft ihn nach Gebühr . . . Damit das Volk nicht über maßlose Strenge klagen kann, sind auch die Pfarrer nicht nur den gleichen Strafen unterworfen, sondern werden bei einem Vergehen, das den Bann nach sich zieht, sogar abgesetzt. Diese Zusammenfassung halte ich für genügend. Du kannst daraus die Gestaltung der Kirchenzucht erkennen.« – »Eine Kirche«, heißt es an anderer Stelle, »kann nicht existieren, wenn nicht eine bestimmte Zucht eingeführt wird, wie sie aus Gottes Wort vorgeschrieben ist. Denn wie die Lehre gleichsam die Seele der Kirche ist, die ihr das Leben gibt, so sind die Kirchenzucht und die Bestrafung der Laster wie die Muskeln, die ihrem Körper Halt und Kraft geben. Nicht umsonst pflege ich die Kirchenzucht die Muskulatur der Kirche zu nennen. Denn da der menschliche Charakter nur allzusehr zu Leichtsinn, Wollust und Frechheit neigt, so wird die Menge, wenn sie nicht im Zaum gehalten wird, üppig und unbändig.«

Calvins Ziel war die Weltreformation. Er wollte, daß sich in sämtlichen Ländern, soweit sie christlich waren, der evangelische Glaube ausbreite. Genf bildete das Zentrum, den Ausgangspunkt dafür. Mit dem dort gelehrten Glauben, mit Hilfe der dort erprobten kirchlichen Verfassung wollte er die gesamte Christenheit missionarisch durchdringen. Seit etwa 1555 machte er in dieser Richtung rapide Fortschritte. Das läßt sich rein äußerlich schon am Anschwellen seiner Korrespondenz in seinem letzten Lebensjahrzehnt ablesen. Zu den mancherlei Unterschieden, durch die er sich von Luther abhob, gehörte auch, daß er die Ausbreitung seiner Lehre über Europa in eigener Person systematisch betrieb. Er wirkte für sie nicht nur als theologischer Lehrer und Organisator, sondern auch als Propagandist, Politiker und Diplomat. Er verstand seine eigene Dynamik und Aktivität auf seine Anhänger zu übertragen; sein Sendungsbewußtsein sprang auf sie über. Er stellte ihnen »die Aufrichtung des Reiches Christi« als unverrückbares Endziel vor Augen und erzog sie zur totalen Hingabe an eben dieses Ziel. Er ließ bei ihnen keinen Zweifel daran aufkommen, daß seine Lehre Gottes Lehre, daß sein Werk das von Gott verlangte Werk sei; und daß jeder Gutgesinnte von Christus selber aufgerufen sei, dafür zu streiten. Er wirkte gesinnungsbildend auf Tausende, die dieses Bekenntnis in die Welt hineintragen und weitere Hunderte und Tausende dafür gewinnen sollten. Auf solche Weise pflanzte er den nach Genf geströmten Anhängern seines Glaubens den Wunsch und den Willen ein, die Kirche und die Welt umzugestalten. Von Calvin inspiriert bekam der Protestantismus eine kämpferische Note; in seiner alles ergreifenden Dynamik wurde er sowohl politisch als auch militant, aber eben dadurch ein das Zeitgeschehen bis in die Tiefen bewegendes Element.

Calvin, den man seit jeher unter die großen staatsmännischen Begabungen eingereiht hat, ließ sich nicht nur tief in die innere Politik seiner Stadtgemeinde ein, sondern nahm auch zahllose Kontakte zu Fürsten, Königen und republikanischen Regierungen außerhalb Genfs und der Eidgenossenschaft auf. Und nicht bloß zu den regierenden Majestäten, sondern ebenso zu Persönlichkeiten von politischem Einfluß aus dem hohen Adel oder aus dem Kreis der beratenden Politiker an den fürstlichen Höfen. Manchmal bot sich durch eine Anfrage, die an ihn gelangte, eine Gelegenheit dazu. In der Regel aber suchte er durch Eigeninitiative entsprechende Gelegenheiten zu schaffen. Mit-

Johannes Calvin
Gemälde eines Meisters der
französischen Schule, um 1550
Rotterdam, Museum Boymans – van Beuningen

tels hochgestellter Personen aus seiner Anhängerschaft vermochte er sich gar nicht einmal selten brieflich Gehör bei Staatsoberhäuptern und Staatsmännern zu verschaffen. Seine Einflußnahme reichte von recht allgemeinen Ratschlägen am Rand des Verbindlichen und vom Hinweis auf Grundsätzliches bis zu konkreten Empfehlungen mit Weisungscharakter. Von ganz wenigen Ausnahmen abgesehen, stellte er seine politischen Aktivitäten gezielt in den Dienst der Genfer Reformation oder, um es mit seinen Worten zu sagen: in den Dienst der Ausbreitung des Reiches Jesu Christi. In diesem Sinne wurde er mit Denkschriften, Briefen, Botschaften unermüdlich bei erlauchten Personen vorstellig. Zu ihnen gehörten die Könige von Dänemark und Schweden, von Polen-Litauen, England, Frankreich und Navarra und deren Angehörige – Prinzen und Prinzessinnen, Regenten und Thronanwärter; zu ihnen gehörten Minister und Kanzler, Territorialfürsten und Stadtobrigkeiten und zahlreiche Gelehrte in Mittel-, West- und Osteuropa. – Er führte sich gewöhnlich als Diener am Wort Gottes ein, stellte diese oder jene Maxime auf – zum Beispiel, daß selbst der beste und eifrigste Christ nicht darauf verzichten könnte, immer wieder ermuntert und zu gottwohlgefälligem Tun angespornt zu werden – und hatte damit den Absprung gefunden, um etwa an Hand eines Bibeltextes Empfehlungen und Weisungen in Sachen der kirchenpolitischen Pflichten zu geben. Gewöhnlich mündete alles in einen gebieterischen Aufruf zur Tat. Die Umsetzung des Glaubens in konkretes Handeln war ihm das A und O. Unterschiedlich war das Gehör, das er fand. Bei den nordischen Königen kam er kaum an. Auch einige Schweizer Kantone, vor allem Basel und Bern, gingen auf Distanz; sie zeigten wenig Neigung, sich in ihre Politik hineinreden zu lassen. Anders waren die Reaktionen an den Höfen von Frankreich und Navarra, von Heidelberg und, jedenfalls zeitweilig, von Polen und England. Hier hörte auf ihn ein gewisser Personenkreis, und hier fand er einen Boden für seine Reformation.

Es gibt bestimmte Wirkungen, die vom Calvinismus auf das innere Staatsleben ausgingen. Durch das Gemeindeprinzip verschaffte er der Kirche potenziell größere Bewegungsfreiheit gegenüber dem Staat, als sie zum Beispiel das lutherische Landeskirchentum gewährte. Diese Entwicklung schlug namentlich in Westeuropa durch. Sie befähigte die reformierten Kirchen in Frankreich, England, Schottland und den Niederlanden, sich in erbitterten Kämpfen gegen eine ihnen widerstrebende Staatsgewalt zur Wehr zu setzen und sich, auf unterschiedliche Weise, gegen sie zu behaupten. Weil Calvin durch religiös-konfessionelle Kriterien der Staatsgewalt, auch der fürstlichen, bestimmte Grenzen zog, setzte er sie grundsätzlich der Kritik aus; er machte sie dadurch angreifbar. So war es nicht verwunderlich, daß sich in vielen Fällen eine meist von adligen Ständen getragene politische Opposition gegen das Fürstentum mit dem Calvinismus verband. Diese Erscheinung zog sich quer durch den Kontinent, von Navarra bis Siebenbürgen. Alles in allem statuierte Calvin ein Exempel, wie durch den von einer relativ selbständigen Kirchenführung getragenen Primat des Bekenntnisses die politische Obrigkeit in Pflicht genommen, ja diszipliniert werden konnte. Der geschichtliche Ertrag seiner Wirkungen ging noch darüber hinaus. Er lag, wenn man die Summe zieht, in seiner Grundsatzforderung, Politik für das Reich Gottes zu machen, und in der gewaltigen Bewegung, die er damit erzeugte.

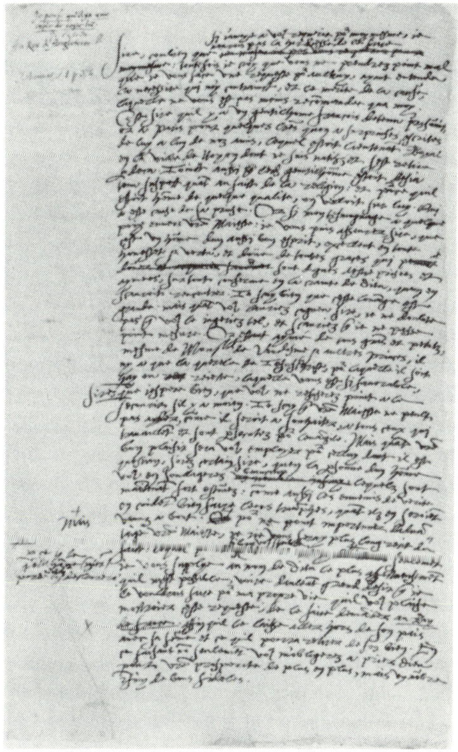

Calvin an Eduard VI. von England:
Ansporn zu gottwohlgefälligem Tun
Eigenhändiges Schreiben vom 12. März 1553
Genf, Bibliothèque Publique et Universitaire

Drei geistige Kraftströme entließ Genf in die Welt, um sie reformatorisch umzugestalten: die Briefe Calvins; seine Bücher; und die Augenzeugen des kirchlichen Neubaus, den er dort errichtete: die Studenten, die es an die Hochschule zog, und die Glaubensflüchtlinge aus dem umliegenden Europa. Calvin erzog sie dazu, das gereinigte Kirchentum Genfs ihrer Heimat und der übrigen Welt zu vermitteln, und erzielte damit die größten Wirkungen. In den späten vierziger Jahren, zur Zeit des Schmalkaldischen Krieges und des Interims, erschienen die ersten Apostel der Genfer Reformation im Westen Deutschlands und in den Ländern rings um das Reich: in Ungarn und Polen, in Frankreich und Savoyen, in den Niederlanden, England und Schottland. In den fünfziger Jahren nahm die reformierte Bewegung enorme Ausmaße an. Um 1560 fühlten sich die Könige von Frankreich und Spanien durch den vom Calvinismus inzwischen erreichten Grad an Anziehungskraft so sehr beunruhigt und bedroht, daß sie ihren politischen Konflikt beilegten und sich zu gemeinsamer Abwehr entschlossen; beide setzten sich jetzt für eine Wiederberufung des Konzils nach Trient ein. Das rasche Wachstum des Calvinismus machte es notwendig, daß sich die reformierten Kirchen festere Organisationsformen gaben und ihr ›Bekenntnis‹ verbindlich umschrieben. Dies geschah in der Regel auf nationaler Ebene und lag im Zuge der Zeit. Denn Ähnliches spielte sich gleichzeitig bei Lutheranern, Katholiken und Anglikanern ab. Die Fixierung der Glaubenslehren begann 1559 in Frankreich mit dem Bekenntnis und der Kirchenordnung der Hugenotten und setzte sich in vergleichsweise dichter Folge bis um die Mitte der sechziger Jahre in anderen europäischen Ländern fort. Dies war die Zeit, in der durch Friedensschlüsse und durch einen Generationswechsel auf vielen Thronen eine Zäsur epochalen Charakters im Ablauf der europäischen Geschichte eintrat und mit der Vorherrschaft Spaniens ein Zeitalter anhob, in welchem Westeuropa die Führungsrolle übernahm.

Als erste organisierten sich die calvinistischen Gemeinden in Frankreich und den Niederlanden, und zwar auf regionaler und darüber auf provinzialer und nationaler Basis. Sie entwickelten ein quasihierarchisches Synodalwesen und schufen mit dessen Hilfe überregionale Kirchenverbände. Nach ihrem Vorbild organisierten sich auch die calvinistischen Gemeinden in Schottland, in Ostfriesland und am Niederrhein, in landeskirchenregimentlich modifizierter Form in der Kurpfalz und in Westdeutschland. Der in Genf erprobte Kirchenverfassungstyp – mit Kirchenzucht und Presbyterium – wurde teilweise akkurat, teilweise abgeschwächt in die um 1560 formulierten National- und Regionalbekenntnisse mit hineingenommen – oder in Form von Kirchenordnungen zusammen mit ihnen publiziert: so zum Beispiel 1559 in Frankreich oder 1563 in der Kurpfalz. In Schottland gab das Parlament zu Edinburgh nach dem Sieg des überwiegend evangelischen Adels über die katholische Königin-Witwe Maria Guise einer protestantischen Predigerkommission den Auftrag zur Abfassung eines Summariums der wahren evangelischen Glaubenslehre und machte den von den Theologen unter Führung von John Knox umgehend erstellten Entwurf der ›Confession of faith‹ sofort zum Staatsbekenntnis. 1561 kam eine ›Confession des Pays-Bas‹ für die Niederlande heraus. 1562 verfaßte Zwinglis Nachfolger, Heinrich Bullinger, ein Glaubensbekenntnis, das 1566 von einer größeren Zahl eidgenössischer Kantone angenommen wurde und als ›Confessio Helvetica posterior‹ eine über die Schweiz hinausreichende Bedeutung erlangte; so übernahm es zum Beispiel die reformierte Nationalsynode von Debreczin (1567) und machte es zum verbindlichen Glaubensbekenntnis für den Calvinismus in Ungarn. Die 1563 von Kurfürst Friedrich III. erlassene pfälzische Kirchenordnung enthielt unter anderem einen Abriß der reformierten Glaubenslehre, der als ›Heidelberger Katechismus‹ sich rasch weit über die Pfalz hinaus verbreitete und zu einem fundamentalen Lehrbuch calvinistischer Glaubenserziehung wurde. Im Jahr 1571

L'ORIGINE ET PRESENT ESTAT DE LA SECTE CALVINIENNE, COMME ELLE EST MAINTENANT DIVISEE EN QVATRE PRINCIPALES PARTIES.

IL est impossible à homme viuant de faire apparoir que toute la doctrine de present enseignée, par aucunes sortes de Caluinistes, aye iamais esté enseignée en aucun endroit de ce monde, depuis le temps des Apostres de nostre Seigneur IESVS-CHRIST, que iusques en l'an 1517. que Martin Luther se reuolta de l'Eglise Catholique, Apostolique & Romaine.

Quelques peu d'années apres la reuolte dudit Luther, André Carlstat, vn de ses principaux Disciples, fut le premier qui se separa de luy, en niant la reelle presence de nostre Seigneur IESVS-CHRIST au sainct Sacrement de l'Autel, en laquelle opinion, Vldricque Zuinglius, & quelques autres, ont suiuy le susdit Carlstat.

Apres ceux-là, Iean Caluin aussi apostat, estant rusé, malicieux & ambitieux, auec vn plus subtil artifice, a poly & mis en auant ceste fausse opinion, enseignant en outre, entre autres choses (communes aux heretiques precedents) ces blasphemes.

Que Dieu est operateur de peché, aussi bien que des bonnes œuures.

Que l'homme n'a point de franc-arbitre.

Que nostre Sauueur (comme Dieu) est moindre que le Pere, & qu'il a enduré les peines des Enfers.

Que toutes les bonnes œuures sont pechez, & plusieurs semblables erreurs.

& qui il estoit.

CE IEAN CALVIN estoit de Noyon en Picardie, Chanoine en la grande Eglise: Mais y ayant esté puny à cause de son detestable peché de Sodomie (comme *M. Hierosme Hermes Bolsec*, *P. Leonardus Lessius tractat. de Antichristo*, & autres escriuent) s'en alla; & ayant entendu que *Martin Luther* estoit deuenu fameux, parce qu'il estoit le principal Autheur de sa doctrine à *Vuittemberg* en *Saxe*: Il se resolut à *Geneue* en *Sauoye*, de se faire le principal Docteur de la sienne; car il ne vouloit estre Disciple d'aucun maistre, mais le principal maistre de ses propres Disciples. Les des-vnions desquels, encore que par plusieurs differences en leurs opinions soient assez bien cogneuës, nonobstant ces quatre principales diuisions icy briefuement mises, sont (par leurs propres escrits) les plus remarquables de toutes.

LES VRAIS CALVINISTES, par aucuns appellez Puritains.

LEs vrais Caluinistes, sont ceux-là, qui entierement, ou de plus pres suiuent la Doctrine de *Iean Caluin*, & obseruent les Coustumes & Ordonnances de l'Eglise de *Geneue*, laquelle par ledit *Caluin* estoit enseignée & gouuernée, & par *Theodore de Beze*, son premier successeur.

Comme sont les Caluinistes, qui par tolerance, pour le present, sont soufferts en *France*, (ou vulgairement sont appellez *Huguenots*.)

Ceux d'aucuns Cantons du pays des *Suisses*.

Ceux de la *Comté Palatine du Rhin*.

Ceux du pays de *Hesse*.

Comme aussi ceux de *Hollande*, & les Prouinces du pays bas, là adiointes.

Le Caluinisme que ceux-là generalement maintiennent, est suffisamment cogneu au monde, parquoy il n'est besoin d'en faire icy relation.

D'eux-mesmes ils pretendent tenir d'estre la pure & vraye Religion Chrestienne, reformée comme ils affirment, selon la pureté de la primitiue Eglise de IESVS CHRIST, c'est à dire, iustement comme elle estoit au temps des Apostres, & peu apres.

Les Caluinistes Protestants.

Les Caluinistes Brounistes.

Les Caluinistes Arministes.

Aux pauures abusez du Caluinisme.

VOYEZ icy la fausseté & vanité de vostre grand tiltre pretendu de reformation de Religion, contraire à celle qui a esté au temps des Apostres & de l'Eglise primitiue.

Que la Religion de ladite Eglise, a consisté en quatre telles diuersitez: vous mesmes ne l'osez affirmer.

Qu'elle ait esté comme vne d'icelles: vous ne vous pouuez accorder, en nous disant quelle elle est.

Et ores que vous fussiez d'accord en aucune sorte de Religion: comment pourroit-on sçauoir par asseurance, que ce fust la Religion de la primitiue Eglise: Ou que pourriez-vous alleguer pour faire tellement reluire vostre Religion, que les Lutheriens, ou Anabaptistes n'alleguassent, pour bailler à leur Eglise le mesme lustre que vous faites à la vostre?

Remarquez doncques cecy auec sain iugement sans passion, & ne ruminez pas à part vous, s'il seroit possible que fussiez abusez, ains si de faict vous ne l'estes.

N'excusez vos des-vnions, disans que ce sont petites controuerses: vos escrits trespicquans l'vn contre l'autre, & la seuere persecution que vous-mesmes vous faites, sont deux tesmoins suffisans & publics, pour faire paroistre le contraire.

Or ce que dessus estant vray, comme il paroist par toutes ces raisons: cherchez la verité (si vous aymez le salut de vos Ames) au lieu où la Verité auec l'Vnité est à trouuer.

A PARIS, Chez IACQVES HONERVOGT, ruë sainct Iacques, à la ville de Cologne. *Iouxte la coppie imprimée à Lyon, Et premierement à Anuers.*

Gegen die Calvinisten in Europa

Kontrovers-theologisches Flugblatt gegen den exklusiven Wahrheitsanspruch der reformierten Kirche

Paris, Bibliothèque Nationale

verabschiedete eine deutsch-niederländische Synode zu Emden eine Folge von Synodalentscheidungen grundsätzlichen Charakters, welche als ›Emdener Kirchenordnung‹ die Grundlage für die calvinistische Kirchenorganisation in Ostfriesland und am Niederrhein bildete. – In Ungarn standen die Magnaten, in Ostfriesland die ständischen Führungskräfte, in der Schweiz, in Nassau und in der Kurpfalz die Obrigkeiten hinter der Entscheidung für den Calvinismus. Anders in Frankreich und den Niederlanden, in Österreich, in Böhmen und den nord- und mitteldeutschen Territorien; dort war der Calvinismus auf die Widerstandskraft seiner Anhänger angewiesen. In Polen und Litauen stand und fiel er mit dem Adel. Insgesamt spiegelte sich in den um 1560 rasch aufeinanderfolgenden Landesbekenntnissen das schnelle Wachstum der calvinistischen Bewegung. Sie wuchs nicht nur äußerlich, sondern festigte sich innerlich im gleichen Maße. Dies bezeugten nicht zuletzt die allenthalben verabschiedeten und weithin praktizierten Verfassungsordnungen.

Calvin griff in die von ihm ins Leben gerufene Reformationsbewegung bis zum letzten Atemzug ein; sie entwickelte sich sozusagen unter seinen Händen und vor seinen Augen. Er selber half, förderte und lenkte, so gut er von Genf aus dazu imstande war; er setzte, wo es nötig schien, Akzente oder nahm, je weiter die Zeit voranschritt, Grenzziehungen gegenüber dem außercalvinistischen Protestantismus vor. Daß er den Katholizismus bekämpfte, war selbstverständlich; denn in ihm sah er, ähnlich wie Luther, eine vom Teufel ins Leben gerufene, vom Antichrist beherrschte Gegenkirche, die es mit dem Wort Gottes zu beseitigen galt und gegen die man sich, wo immer man mit ihr zu tun bekam, mit aller Kraft zu wehren hatte. Die Feinde Gottes sah Calvin allerdings nicht nur unter dem Papsttum versammelt, sondern mit zunehmendem Alter auch im Luthertum – von den sektiererischen Nebenströmungen des Protestantismus nicht zu reden. Als Ziel schwebte ihm vor, die Einheit der Kirche innerhalb des sich allein am ›Wort‹ orientierenden Christentums, also innerhalb des Protestantismus, zu verwirklichen. Auf dieses Ziel richtete sich sein ganzes reformatorisches Wirken. Als unumgängliche Voraussetzung dafür galt ihm die Übereinstimmung in den wichtigsten Dingen des Glaubens. Doch genau an diesem Punkt zeigten sich die Grenzen des für ihn Möglichen. Mit den reformierten Kirchen der deutschsprachigen Schweiz, die mehr oder weniger auf der Linie Zwinglis und Zürichs standen, hatte er sich im Consensus Tigurinus, dem Züricher Konsens von 1549, zu einigen vermocht. Mit den lutherischen Kirchen gelang ihm das nicht. Hier gab es dogmatische Barrieren. Sie zu überspringen, hätte für ihn Verrat am Bekenntnis, ein Abweichen von der erkannten Wahrheit bedeutet. Gleiches empfanden die Lutheraner. Sich auf Calvins Abendmahls- und Sakramentenlehre und auf seine Liturgiefeindlichkeit einzulassen – um von der Prädestination und anderem zu schweigen –, war für das Gros von ihnen eine undiskutable Zumutung. Vor die Alternative – Einigung oder Bekenntnistreue – gestellt, entschied sich Calvin für das Bekenntnis; das zeitgenössische Luthertum tat desgleichen. Der Dissens ließ sich nicht überwinden. Daraus entstanden Polemik, Streit und Glaubenskampf.

Bei seinem exorbitanten Sendungsbewußtsein war es ihm kaum möglich, sich vorzustellen, daß die Wahrheit anderswo läge als bei ihm. Wenn evangelische Theologen das Wort der Bibel anders auslegten als er, so bestand für ihn kein Zweifel, daß sie irrten. Er führte den ›Irrglauben‹ auf Bösartigkeit und sittliche Defekte zurück und trat dafür ein, ihn, wenn es die Umstände zuließen, mit Gewalt zu beseitigen. Er hatte einen recht massiven Begriff von Ketzerei. Ketzer hielt er für gemeingefährlich; er trat dafür ein, daß man sie rücksichtslos verfolgte und bestrafte, und zwar in schwerwiegenden Fällen mit dem Tode. Castellios Plädoyer für mildere Behandlung der Häretiker hielt er für verwerflich. Dem Abscheu, den er gegen sie empfand, entsprachen die Titulaturen, mit

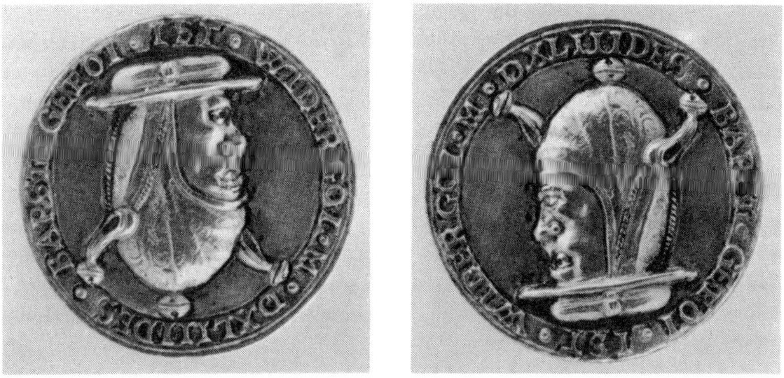

Kardinal – Narr
Vorderseite einer Spottmedaille der Reformation von Friedrich Hagenauer, 1543
Basel, Historisches Museum

denen er um sich warf: Pestbeulen, dunkle Gesellen, Giftspritzer, tobende Bestien. Die literarischen Führer der Antitrinitarier-Sekte bekämpfte er in dem Bewußtsein, daß es sich um einen Kampf des Guten gegen das Böse, des Lichts gegen die Finsternis handle. Je mehr sich sein Verhältnis zum Luthertum verhärtete, desto schärfer wurden seine Worte. Die Theologen, die gegen ihn polemisierten, bezeichnete er als Schreier, Zungendrescher, Ignoranten; er behauptete, sie wären nicht ganz bei Trost, und nannte sie boshaft, frech, verleumderisch, geschwätzig, dumm und ungebildet, bar jeden Anstands und Schamgefühls. Er diffamierte sie außerdem als Zeitgenossen, deren Treiben, vom Teufel eingegeben, sich böswillig darauf richte, die christliche Kirche und den christlichen Glauben zu zerstören. Das Bild rundet sich, wenn man hinzufügt, daß er die römische Kirche ein Bordell Satans und das Trienter Konzil einen Schweinestall nannte. Derartiges ist – in den Proportionen des 16. Jahrhunderts gesehen – ein Indiz für die starken Nerven der Zeit. Die überaus undifferenzierten Beschimpfungen und Unterstellungen, auf die selbst ein so zuchtvoller und gebildeter Geist wie Calvin sich einließ, geben zu erkennen, daß der Konfessionskampf voll in Gang gekommen war. Der Streit um die Lehre, also immerhin noch um einen Sachgegensatz, wurde nicht mehr sachlich geführt, sondern überlagerte und durchwirkte sich mit Gefühlen des Hasses und der Verachtung. Calvins Härte und Intoleranz war im übrigen, wie bei Luther, nur die Außenseite eines bis zum Exzeß standhaften Bekennertums, welches nach der Innenseite weder Tiefe im Geistigen noch Zartheit im Seelischen und im Gemüt ausschloß.

In der Universalität seiner geistigen Tätigkeit fand Calvin kaum seinesgleichen. Seine Konzentrationsfähigkeit und seine Arbeitskraft waren enorm und gingen bis an die Grenzen des Vorstellbaren. Was er 1539 als Dreißigjähriger aus Straßburg schrieb, galt für sein ganzes Leben: »Ich entsinne mich keines einzigen Tages in diesem Jahr, an dem ich nicht von Geschäften verschiedenster Art überlastet gewesen wäre.« Von anfälliger Konstitution hatte er sich als Mitfünfziger kräftemäßig völlig verzehrt. Im März 1564 kündete sich sein bevorstehendes Ende an. Laut Ratsverordnung mußte ab 10. März jeder Bürger von Genf für die Wiederherstellung des Reformators beten. Am 27. Mai 1564 starb er – wenige Wochen, bevor das im Dezember des vorangegangenen Jahres beendete Konzil von Trient seine letztgültige päpstliche Bestätigung erhielt. Die reformatorische Bewegung, die Calvin ins Leben gerufen hatte, verlief in der von ihm gewiesenen Richtung ungebrochen ohne ihn weiter. Sein Testament aus den letzten Lebenstagen bezeugt in wenigen Sätzen, wie er sich selbst sah, was er als sein Werk ansah und worauf er seine Hoffnung setzte: »Ich habe mich nach dem Maß der mir verliehenen Gnade bemüht, Gottes Wort rein zu lehren und die Heilige Schrift getreu auszulegen. Aber mein Wollen und mein Eifer waren so kalt und so träge, daß ich mich recht schuldig fühle. – So bleibt meine Zuflucht, daß Er der Vater der Barmherzigkeit ist und sich auch als Vater eines so elenden Sünders zeigen und erweisen wird. So will ich auf den Tag der seligen Auferstehung warten.« – Verglichen mit Luther brachte Calvin in den europäischen Protestantismus nicht bloß eine neue Dogmatik und eine neue Kirchenverfassung hinein, sondern auch einen neuen Stil reformatorischen Ausgreifens. Zu diesem Stil gehörten planvolle Zielsetzung und Organisation, hochgradige Aktivität und Militanz. Die vorhandenen politischen Kräfte wurden bewußt in den Dienst der Glaubensverbreitung und Kirchenreform gestellt. Calvin setzte es der reformatorischen Bewegung zum unverrückbaren Ziel, die Welt der Herrschaft Christi zu unterwerfen und damit das Reich Gottes auf Erden in den Grenzen des Möglichen zu verwirklichen. Das ging aber nur, wenn jeder wahre Christ seine Kräfte bis zum Äußersten anspannte und sich nicht schonte. Denn die Welt, wie er sie sah, steckte voller Widersacher. Um das hochgesteckte Ziel zu erreichen, bedurfte es deshalb eines unermüdlichen Kampfes. ›Kampf‹ war denn auch die Devise, die er seinen Anhängern einzuschärfen nicht müde wurde. »Gott will nicht, daß wir als müßige Zuschauer seiner Wundermacht dasitzen«, lautete eine seiner einschlägigen Maximen. »Du leistest deinem König treue Dienste«, schrieb er 1555 an den polnischen Adligen Johann Boner von Balice, »das schönste Lob aber brächte es dir ein, wenn du auch deinem himmlischen König deine Hilfe nicht fehlen ließest ... und dich einsetzen wolltest für die ewige Ehre des Vaters, die all unseren Eifer, unsere Sorge und unser Streben an sich ziehen soll.« Gott selber, so belehrte er 1549 den König von Polen, Sigismund August, prägt es uns wiederholt ein, »und wir wollen es uns nicht verdrießen lassen, uns immer wieder daran erinnern zu lassen, daß wir kämpfen müssen mit den Feinden«. Und an denselben Adressaten bei anderer Gelegenheit, im Dezember 1554: »Es leidet gar keinen Zweifel, daß Gott, wenn wir dafür kämpfen, uns auch hilft.«

Ignatius von Loyola und der Jesuitenorden

Ähnliche Kräfte wie im Calvinismus regten sich seit geraumer Zeit auch in der katholischen Kirche. Hinsichtlich ihrer Zielsetzungen und im Hinblick auf die dort inzwischen erwachte Bereitschaft zum hingebungsvollen Einsatz für das Reich Gottes war die katholische Reform und Gegenreformation eine Art von konfessioneller Parallel- und Konkurrenzbewegung zur Reformation geworden. Speziell die tragende Kraft der katholischen Regeneration, oder doch diejenige Potenz, die sich um die Restabilisierung der katholischen Kirche am meisten kümmerte, die Gesellschaft Jesu, gab an Initiative, Aktivität und Dynamik dem Calvinismus wenig nach. Ihr Gründer, Ignatius von Loyola, verzehrte sich wie Calvin für die Ehre Gottes und lehrte seine Ordensgenossen ein Gleiches. Calvin verlangte von seinen Glaubensgenossen all die Tugenden, deren ein rechter Kämpfer bedürfe: Ausdauer, Mut und Härte gegen sich selbst. Dasselbe erwartete Ignatius von den Seinigen; denn auch er praktizierte es in eigener Person. Die Parallelen gehen aber noch tiefer. Calvin lehrte die Reformierten, sich stets dessen bewußt zu sein, daß sie aus sich selbst rein nichts vermöchten, im Bewußtsein ihrer Schwäche jedoch alles von Gottes Hilfe erwarten und sich im Vertrauen auf seinen Beistand mit der Gewißheit erfüllen dürften, unüberwindlich zu sein. So schrieb er am 5. Dezember 1554 an den polnischen König. Eine

Luther als Lehrer des evangelischen Gottesdienstes und als Eiferer gegen die Papisten
Holzschnitt von Lucas Cranach d. J., 1546
Dresden, Staatliche Kunstsammlungen, Kupferstichkabinett

Unterweisung dieses Inhalts hätte auch von Ignatius stammen können. Denn akkurat zu solchem Bewußtsein und solchem Verhalten erzog er die Jesuiten. Er wirkte dadurch gleich einem Sauerteig in der katholischen Welt des mittleren und späteren 16. Jahrhunderts.

Seit dem 15. Jahrhundert klagte man in Europa weit und breit über Verfallserscheinungen in der Kirche. Ihre Reformbedürftigkeit galt als notorisch. Ungeniert sprach man von Mißständen und klagte über Mißbräuche. Martin Luther und seine Anhängerschaft faßten die vielen Beschwerden in eine einzige zusammen und machten den Papst zum Urheber allen Übels, ja identifizierten ihn mit dem biblischen ›Antichrist‹ (2. Thess. 2,8), der als apokalyptischer Gegenspieler Christi die Welt verführt, und verallgemeinerten, was es an Spannungen in der Kirche gab, zu dem ebenso vereinfachten wie wirkungsvollen Gegensatzpaar: ›Evangelium‹ und ›Papsttum‹. Für Luther wurde der Papst zum Synonym für die Summe der widergöttlichen Kräfte seit Anbeginn der Welt. Luthers letzte große, im März 1545 veröffentlichte Kampfschrift trug den unmißverständlichen Titel: ›Wider das Papsttum zu Rom, vom Teufel gestiftet‹. Ein von ihm verfaßtes Kirchenlied, das für den Gemeindegesang bestimmt war, schlug den gleichen Ton an; es beginnt lapidar mit dem Anruf:

»Erhalt uns, Herr, bei deinem Wort
Und steur des Papsts und Türken Mord,
die Jesum Christum, deinen Sohn,
stürzen wöllen von seinem Thron.«

Ein Kommentator aus dem späteren 16. Jahrhundert, Cyriacus Spangenberg, nannte diesen Choral, der im übrigen trinitarisch wie ein altkirchlicher Hymnus aufgebaut war und sich in seinen weiteren

Strophen der Polemik enthielt, »einen notwendigen Betpsalmen«. Er legte ihn mit der These aus: »Alle unsere Feinde begreifen wir unter zweien Titeln, nennen sie entweder Papst oder Türken«; und gab hierzu die folgende Erläuterung: »Unter des Papsts Namen verstehen wir den ganzen antichristlichen Haufen der papistischen Bischöfe, Kardinäle, Mönche, Pfaffen und Nonnen; und danach alle falschen Lehrer, Verführer und Verfälscher, Interimisten, Adiaphoristen, Sakramentsschwärmer, Wiedertäufer, Calvinisten . . . Und was dergleichen mehr sind, die in einem oder mehr Artikel(n) der christlichen Lehre unrichtig wandeln, gröblich irren . . ., ihre Irrtümer verteidigen und darüber rechtschaffene Lehrer verfolgen, schmähen und lästern und viel unachtsamer Leute schändlich verführen.« Als Spangenberg diesen Text um 1570 schrieb, waren die Glaubenskämpfe bereits voll im Gang. Aus den innerprotestantischen Lehrstreitigkeiten hatten sich evangelische Sonderrichtungen entwickelt, die sich gegenseitig der Irrlehre ziehen und verfolgten. Spangenberg gehörte der strengsten lutherischen Richtung an. Er sah die konzilianteren Melanchthonianer ebenso wie die Calvinisten, Wiedertäufer oder polnischen Arianer als Häretiker an und nahm sie unter dem Oberbegriff der ›falschen Lehrer und Verführer‹ in einem Zug mit den Papisten in seinen Ketzerkatalog auf. Luthers schiefe Gleichung, die alles als Papsttum deklarierte, was nicht reine Lehre oder Evangelium in lutherischer Auslegung war, wendete Spangenberg unbefangen auch auf die übrigen reformatorischen Bekenntnisse und Nebenströmungen an, von den gemäßigten Lutheranern über die Calvinisten bis zu den Unitariern. Die Andersgläubigen verhielten sich allerdings ähnlich. Die Täufer zum Beispiel nannten Luther und Zwingli den ›neuen Papst‹, und auch Calvin reihte Luther und die Lutheraner wegen ihres Abendmahlsverständnisses in die Kategorie der papistischen Götzenanbeter ein. Hier wie dort figurierte das Papsttum als Inbegriff der falschen Lehre. Es wurde zur Formel für Pseudokirche, Pseudoreligion, dezidiert widerchristliches und gottfeindliches Verhalten und damit zum allgemeinsten Gegenbegriff gegen alles, was man sich in den protestantischen Konfessionen unter dem ›Evangelium‹ vorstellte. Die reformatorische Alternative – Evangelium oder Papsttum – hieß für das populäre Verständnis: Gott oder Satan. Sie führte dazu, daß halb Europa, um dem Evangelium zu folgen, dem Papst die Gefolgschaft kündigte.

So ging es denn etwa ab 1525 mit der Autorität des Papsttums in Nord- und Mitteleuropa rapide bergab. Aber während man es nördlich der Alpen als Institution des Teufels verschrie und zum Sturm darauf blies, begann man es im mediterranen Süden als Stiftung Christi zu verteidigen. Das hing mit der katholischen Reform und speziell mit der Ordensgründung des Ignatius von Loyola zusammen. Die Existenzbedrohung der katholischen Kirche durch den Protestantismus führte zum Durchbruch der innerkirchlichen religiösen Reformkräfte. Diese hatten zuvor brachgelegen. Der Einbruch, den die Reformation bewerkstelligte, lehrte die Männer an der Spitze der Kirche umdenken und den Mahnern, um die man sich bislang nicht gekümmert hatte, Gehör schenken. Um 1530 begann man in Rom und anderswo langsam die Gefahren zu begreifen, in denen sich die Kirche befand. Einen Anlaß zum Umdenken gab die Plünderung Roms 1527 durch deutsche Landsknechte, der Sacco di Roma. Die Wende brachte der Pontifikat Pauls III. Dieser Papst gab den Reformkräften die Bahn frei und protegierte sie. Während der Abfall von Rom beängstigend fortschritt, kam es im Raum der katholischen Kirche zu einer vertieften Besinnung auf das Wesen und die Aufgabe der Kirche sowie zu einem vertieften Verständnis des Papsttums. Man begann es schärfer und bewußter denn zuvor als Zentrum der Kirche, als Garanten ihrer Einheit und als Bürgen für die Wahrheit der Glaubenslehre zu begreifen. Dies war die denkbar schärfste Gegenposition zum protestantischen Papstbegriff.

Als Ignatius von Loyola sich zur Nachfolge

Christi bekehrte und ein paar Jahre später seine ersten Ordensbrüder um sich sammelte, befand sich die Reformation noch in ihren Kinderschuhen. Es ist fraglich, wie viel davon bis zu ihm gedrungen sein mag. Damals plagten ihn ganz andere Sorgen. Als Sproß eines alteingesessenen baskischen Adelsgeschlechtes 1491 oder später geboren – das genaue

Das Wappen
der baskischen Adelsfamilie Loyola
Relief am Herrenhaus von Loyola,
Anfang des 14. Jahrhunderts

Geburtsdatum steht nicht fest –, war er also etwa acht Jahre jünger als Luther und etwa achtzehn Jahre älter als Calvin. Er genoß eine für einen jungen Ritter standesgemäße Erziehung, war fünfzehn Jahre lang als Page, Offizier und Hofmann im Dienst spanischer Granden beschäftigt, am Hof des Großmeisters von Kastilien, später beim Vizekönig von Navarra, und war nach eigener Aussage den Freuden des Hoflebens nicht eben abgeneigt. Er brachte, wie er selbst sich im Alter rückblickend äußerte, seine Tage mit Frauenliebe, Spiel und Ehrenhändeln dahin und saß auch einmal wegen nächtlicher Delikte in der Faschingszeit mehrere Wochen im Gefängnis von Pamplona. Ein anderes Mal war er in einen unangenehmen Kriminalfall verwickelt, über den die Prozeßakten erhalten sind. Positiv fielen an ihm schon damals Willenshärte und die Kunst der Menschenführung auf. – Im Zuge der permanenten Streitigkeiten Frankreichs mit Aragonien, Kastilien und Burgund erfolgte in den Jahren 1520 und 1521 ein französischer Angriff auf Navarra. Ignatius focht in diesem Krieg als spanischer Offizier. Als er die Festung Pamplona gegen die Franzosen verteidigte, wurde ihm durch eine Kanonenkugel ein Bein zerschlagen. Diese Verwundung riß ihn aus seinem gewohnten Lebenskreis und seinem bisherigen Lebensstil heraus. Zunächst rein äußerlich: Er mußte zwei schmerzhafte Operationen über sich ergehen lassen und während eines monatelangen Krankenlagers seine Geduld auf die Probe stellen. Diese Zeit wurde ihm zum Anfang einer inneren Umkehr. Weil ihm in dem adligen Hause, das ihm als Lazarett diente, die beliebten Amadis-Romane, die er zum Zeitvertreib lesen wollte, nicht zur Verfügung standen, griff er zu den zwei oder drei Folianten, die das Schloß zu bieten hatte. Das waren die ›Vita Christi‹ des Kartäusers Ludolf von Sachsen und die ›Legenda aurea‹ des Dominikaners Jacobus de Voragine, eine zwischen 1263 und 1273 entstandene populäre Sammlung von Heiligenlegenden, von der bis um 1500 etwa siebzig lateinische Ausgaben erschienen waren und die außerdem in vielen Übersetzungen vorlag. Ignatius las sie und erhielt durch sie den Anstoß, mit der Nachfolge Christi Ernst zu machen. In ihm erwachte die Bereitschaft, sich der Forderung nach einer den Geboten Christi gemäßen Lebensführung zu stellen. Er beschloß, sich von Ruhm und weltlicher Ehre zu trennen. Diesen Entschluß hielt er durch.

Nachdem er wieder genesen war, pilgerte er zum heiligen Berg Spaniens, zum Montserrat, und legte im dortigen Marienheiligtum seine ritterliche Kleidung ab. Dies war ein symbolischer Akt, mit dem er der Welt entsagte: wie ein Mönch, bevor er ins Kloster eintritt. Ignatius trat aber in keines der vielen Klöster ein, die es in Spanien gab, sondern wurde so etwas wie ein Einsiedler auf Zeit. Vom Montserrat begab er sich in das Städtchen Manresa. Dort lebte er etwa ein Jahr lang, in Pilgerkleidung und fast wie ein Eremit. Die Dominikaner überließen ihm in ihrem dortigen Kloster eine bescheidene Zelle als Wohnraum. Er bettelte sich seinen Lebensunterhalt zusammen. Viele Stunden des Tages und der Nacht hielt er sich zum Gebet in einer der zahlreichen Felsenhöhlen in und bei Manresa auf.

Luther hatte sich als Mönch zehn bis fünfzehn Jahre zuvor im Wittenberger Augustinerkloster mit der religiösen Existenzfrage, wie er das Heil erlange, herumgeschlagen und immer wieder die Frage gestellt: »Wie kriege ich einen gnädigen Gott?«, und war darüber von schweren Ängsten und Anfechtungen heimgesucht worden. Ignatius scheint Ähnliches durchgemacht zu haben. Jedenfalls trieb auch ihn die Frage nach dem gnädigen Gott um, wurde auch er von Qualen der Anfechtung befallen. Sein Tagewerk bestand in geistlicher Lesung, Gebet und Meditation. Im Gebet und in der Betrachtung erlebte er Zustände höchster Erfülltheit und abgründiger Verzweiflung. Am Ende stand das unauslöschliche Bewußtsein, eine existenzerhellende Erleuchtung und den Trost himmlischer Begnadung erfahren zu haben. In seiner knappen Selbstbiographie hat Ignatius sehr viel später darüber berichtet. – Der Bekehrungsvorgang vollzog sich ganz individuell, wie bei Luther. Er führte ihn im Unterschied zu dem Reformator jedoch nicht aus der Kirche, wie sie nun einmal war, heraus, sondern tiefer und bewußter in sie hinein. In den Monaten seines einsiedlerischen Büßer- und Pilgerlebens zu Manresa hörte er regelmäßig die Messe und empfing die Sakramente. Während er über den Weg zum Heil nachsann, stand ihm die Kirche mit ihrer Theologie und ihren Einrichtungen also keineswegs so im Weg, wie seinerzeit den Reformatoren. Die Bitte um die Gnade, den Willen Gottes immer klarer zu erkennen und immer besser zu erfüllen – zur Verherrlichung Gottes, »zu seinem Ruhm« oder »zur größeren Ehre seiner göttlichen Majestät« –, bildete später eine der häufigsten Schlußwendungen in seinen Briefen. In der Zielrichtung, die er einschlug, sind die Parallelen mit Calvin bis in die Wortwahl hinein mit den Händen zu greifen. Auch in der Disziplinierung des Willens, in der Übertragung der religiösen Zielsetzung auf eine größere Gemeinschaft und in der tragenden Gesinnung, das eigene Tun dem göttlichen Gebot im Gehorsam zu unterwerfen, hatten Ignatius und Calvin manches gemeinsam. Der Punkt, an dem die Gemeinsamkeit aufhörte, war die Kirche. Darin, daß er mit großem Ernst den Christenmenschen lehrte, sich mit Vorrang um sein Heil zu kümmern und sich dieses etwas kosten zu lassen, ja das ganze Leben in die Nachfolge Christi zu stellen, zog er, freilich in völliger Unabhängigkeit, mit den Reformatoren gleich. Nachdem er, gegen anfängliche Widerstände, einigen Anklang gefunden hatte, bewirkte er, daß im Raum der katholischen Kirche eine Reform, die diesen Namen verdiente, ins Rollen kam. So wurde er im Zeitalter der evangelischen Reformation ein katholischer Reformator. Er rief durch seine Ordensgründung eine Bewegung hervor, deren Anfänge und Höhepunkte etwa in dieselbe Zeit fielen wie die Anfänge und Höhepunkte des Calvinismus.

Doch zunächst hatte Ignatius genug damit zu tun, sich in seinem persönlichen Leben zurechtzufinden. Als etwa Dreißigjähriger begann er einen Feldzug gegen das, was man pauschal Weltverhaftung oder selbstischen Eigenwillen nennen könnte, um durch Selbstlosigkeit frei zu werden für das, was er als höchste Bestimmung des Menschen zu begreifen gelernt hatte. Diese bestand für ihn, aber anscheinend auch für eine ständig anwachsende Zahl von Zeitgenossen, vorrangig in der ungeteilten Hingabe des eigenen Willens an den Willen Gottes. Aus seinen Erfahrungen ergaben sich für ihn allmählich bestimmte Methoden, um sich dauerhaft dafür zu disponieren. Seit den Anfängen des Christentums gehörten religiöse Übungen – Fasten und Beten – zur Praktizierung des Glaubens. Kirchenväter, Eremiten und andere Heilige der alten Kirche hatten sich betrachtend in zentrale Glaubensaussagen und in Vorgänge der heiligen Geschichte des Alten und Neuen Bundes versenkt. Diese Traditionen gingen in das Mittelalter ein.

Das betrachtende Gebet spielte im geistlichen Leben eine bedeutende Rolle. Ignatius setzte diese Tradition fort. Er orientierte seine Meditationen an intensiven bildhaften Vorstellungen von den grundlegenden christlichen Glaubenslehren, zum Beispiel von der Herrlichkeit und Liebe Gottes, von Christi Erlösungstat, von Himmel und Hölle. Daraus entwickelte er allmählich eine thematische Ordnung und Folge von geistlichen Übungen, von Exercitia spiritualia, und absolvierte sie regelmäßig. Dabei machte er die Erfahrung, daß sie als Hilfsmittel für eine religiöse Lebensführung tauglich waren. Er vermutete, daß sie auch für andere Menschen eine Hilfe sein könnten; deshalb begann er, die selbsterprobten Methoden der Einübung in das religiöse Leben schriftlich zu fixieren. Von diesem Exerzitienbüchlein, in das er die Summe seiner geistlichen und praktischen Erfahrungen einbrachte, gingen seit den dreißiger Jahren des 16. Jahrhunderts große und zunehmend stärkere Wirkungen aus. Ignatius lehrte darin den Menschen – in seiner Sprache: die Seele –, sich vor Gott zu stellen und sich ihm in vollkommenem Gehorsam zu unterwerfen. Mit seinen Anweisungen, das Leben nach der Norm des göttlichen Willens umzuformen, knüpfte Ignatius zwar an den Voraussetzungen der Epoche an, formte damit aber zugleich in starkem Maße die Denkweise künftiger Generatio-

Ignatius von Loyolas Ernennung zum Magister der Philosophie
Urkunde der Pariser Universität vom 14. März 1535
Rom, Generalarchiv der Gesellschaft Jesu

nen. Sehr oft findet sich bei ihm das Wort vom »Dienst am Nächsten«; er vergaß es fast nie, wenn er von der »Verherrlichung Gottes« sprach. Beides gehörte für ihn zusammen, und darin lag auch die große Wirkung, die von ihm ausging. Gottesdienste feierte man im Spätmittelalter in übergroßer Zahl. Um Seelsorge und Unterricht kümmerte man sich dagegen wenig. Hier setzte Ignatius an. Ein Zeitgenosse, der ihn recht gut kannte, Hieronymus Nadal, meinte, dieser Durchbruch – das Verlangen, den Mitmenschen zum Heil zu verhelfen – sei während des einjährigen Aufenthaltes in Manresa erfolgt; er schrieb darüber: »Hier teilte ihm Gott, unser Herr, die geistlichen Übungen mit, indem er ihn dazu führte, sich ganz und gar dem Dienst Gottes und dem Heil der Seelen hinzugeben . . . Es ist das gleiche Ziel, das sich auch die Gesellschaft Jesu zu eigen gemacht hat.«

Von Manresa begab sich Ignatius 1523 über Barcelona und Italien als Pilger ins Heilige Land. Er besuchte dort die religiösen Stätten und gedachte als Laienapostel in Jerusalem zu bleiben, um die Ungläubigen für Christus zu gewinnen. Dies wurde ihm aber von dem zuständigen kirchlichen Bevollmächtigten, dem Franziskanerguardian auf dem Zionsberg, verwehrt. So kehrte er teils zu Schiff, teils zu Fuß nach Spanien zurück. Auch stellte er sich jetzt ein konkretes Berufsziel: das Priestertum. Zu diesem Zweck mußte er erst einmal Latein lernen und dann noch Philosophie studieren. Als Dreiunddreißigjähriger setzte er sich in Barcelona auf die Schulbank. Nach einem knapp neunjährigen Ausbildungsgang, den er an den Universitäten Alcalá, Salamanca und Paris durchlief, wurde er im Frühjahr 1535 in Paris zum Magister der Philosophie promoviert. Anschließend studierte er scholastische Theologie. 1537, im Alter von vermutlich sechsundvierzig Jahren, empfing er in Venedig die Priesterweihe. – Schon während seines Studiums wirkte er kontinuierlich als Laienapostel und machte sich dadurch der Inquisition verdächtig. Um sich ihrer Überwachung in Alcalá und Salamanca zu entziehen, wechselte er den Studienort; er ging nach Frankreich. Einige seiner Mitstudenten schlossen sich ihm enger an: ein Portugiese, Rodriguez; ein Savoyarde, Peter Faber (Favre); und die Spanier Laynez, Salmeron, Nikolaus Bobadilla und Franz Xaver. Sie waren bereit, gleich ihm ein Leben als Ritter Christi zu führen oder, wie Laynez es formulierte: »die Welt gänzlich zu verlassen, um sich auf den Weg der Armut und des Kreuzes zu begeben«.

Nachdem die Gefährten zwei bis drei Jahre in dieser Gesinnung mit Ignatius in Paris gelebt hatten, hielten sie es für angebracht, sich zu einer festen religiösen Gemeinschaft zusammenzuschließen. Die Ausführung dieses wohl von Ignatius ausgehenden Entschlusses geschah 1534, am 15. August, dem Tage Mariae Himmelfahrt, in einer kleinen Kirche am Montmartre in Paris. Peter Faber, damals der einzige geweihte Priester ihres Kreises, feierte einen Meßgottesdienst. Alle empfingen das Abendmahl. Danach legte jeder einzeln ein zuvor gemeinsam formuliertes Gelöbnis ab, mit dem er sich zu dem Ziel des Bundes bekannte; er versprach darin unter anderem: »Ich will auf alle meine Habe von einem bestimmten Tage an mit Ausnahme des Zehrgeldes verzichten und nach Rom gehen, um mir vom Papst die Erlaubnis zur Wallfahrt nach Jerusalem zu holen. Ich will dann in Jerusalem bleiben und Gott dort dienen, sowohl um meiner selbst als auch um meiner Mitmenschen willen, mögen sie nun Gläubige oder Ungläubige sein. Kann die Fahrt nach Jerusalem binnen Jahresfrist nicht stattfinden oder ist es mir nicht möglich, in Jerusalem zu bleiben, so bin ich nicht mehr verpflichtet, dahin zu ziehen und dort zu bleiben. Ich verpflichte mich (für diesen Fall), mich dem Papste zur Verfügung zu stellen und zu tun, was er mir aufträgt, indem ich überallhin gehen wede, wohin er mich sendet.« Das Gelübde nahm Ignatius' alte Intention wieder auf, ins Heilige Land zu pilgern, um dort zu missionieren, verpflichtete aber auch zu einer strikten Bindung an den Papst, wofür Ignatius als Begründung angab: »damit sich Christus durch die Vermittlung seines Stellvertreters würdige, ihnen den Weg seines größeren Dienstes zu weisen«. Die explizite Unterwerfung unter das Oberhaupt der Kirche wurde später ein Grundgesetz des Ordens. Die dafür benötigte Verhaltensweise, welche Ignatius verlangte, war der Gehorsam. Ignatius füllte eine alte Mönchstugend mit neuem Inhalt, als er seine Gesellschaft so dezidiert speziell dem Papst unterwarf wie kein Ordensgründer vor ihm.

Die Fahrt ins Heilige Land, zu der sich Ignatius und seine Gefährten 1537 in Venedig trafen, kam nicht zustande. Die Türken lagen mit dem Kaiser und der Republik Venedig im Krieg, und die Schiffahrt nach dem damals türkischen Palästina wurde deshalb eingestellt. Daraufhin begab sich Ignatius im Spätjahr 1537 mit seinen Freunden nach Rom. Er dachte an einen vorübergehenden Aufenthalt. Doch wurde Rom, bedingt durch die Umstände, sein Wohnsitz und seine Wirkungsstätte bis an sein Lebensende. Für eine ›heilige‹ Stadt sah er das Rom Pauls III. und Michelangelos allerdings nicht gerade an. »Der Boden hier ist arm an guten Früchten und überwuchert von schlechten«, meldete er in einem Brief an eine ihm bekannte Dame in Barcelona. Auf dem Weg nach Rom sah sich die kleine Glaubensgemeinschaft, die mittlerweile auf zehn Mitglieder angewachsen war, genötigt, sich einen Namen zu geben. Die Freunde berieten sich darüber, »und da sie«, wie es in einer alten Quelle hieß, »kein anderes Haupt und keinen anderen Oberen über sich hatten als Jesus Christus, dem allein sie zu dienen verlangten, hielten sie dafür, sich den Namen dessen zu geben, den sie als Haupt hatten, und sich Compañía de Jesús zu nennen«, zu deutsch: die Kompanie oder das Fähnlein Jesu. Etwas später wurde der Name in Societas Jesu, Gesellschaft Jesu, umgewandelt. In Rom wurde die Gesellschaft rasch bekannt. Dazu trug mehreres bei. Ignatius' Gefährten betätigten sich in der Armenpflege, in Predigt und Seelsorge und im Erteilen der geistlichen Exerzitien. Durch Predigten gegen einen wortgewaltigen Augustiner, den sie abweichender Lehren bezichtigten, gerieten sie selber in den Verdacht der Ketzerei und fielen dadurch auf. Ignatius stieß, um den Verdacht zu entkräften, zuletzt bis zum Papst vor. Nachdem ihm dies gelungen war, hatten er und seine Gefährten fortan Zugang zum Oberhaupt der Kirche. Paul III. ließ sie in Abständen in seiner Gegenwart theologische Disputationen halten und fand Gefallen daran. Er suchte sie vom Gedanken an die Fahrt nach Palästina abzubringen. »Was verlangt ihr so sehr nach Jerusalem zu gehen?«, fragte er sie einmal, »Italien ist ein gutes und wahres Jerusalem, wenn ihr Frucht in der Kirche Gottes wirken wollt.« Paul III. wünschte die ›reformierten Priester‹ des Fähnleins Jesu auch außerhalb Roms in Italien zu verwenden. Fürsten und Könige erbaten sich deren Mithilfe; der König von Portugal forderte sie als Missionare für Ostindien an. Die Mitglieder des ›Fähnleins‹ fürchteten, durch derartige Aufträge auseinandergerissen zu werden. Um ihren Zusammenhalt auch in der ›Zerstreuung‹ zu wahren, hielten sie es für wünschenswert, ihre Gemeinschaft in die Rechtsform eines kirchlichen Ordens zu bringen. Sie entwarfen daraufhin eine provisorische Satzung und trugen, unterstützt von Kardinal Gasparo Contarini, einem der großen Anreger der Kirchenreform, ihren Wunsch dem Papst vor. Paul III. sprach die erbetene Anerkennung der Compañía als eines Ordens 1539 zunächst mündlich aus. 1540 erteilte er ihr durch die Bulle ›Regimini militantis ecclesiae‹ in aller Form – mit einigen Auflagen – die Approbation. Damit trat die Societas Jesu ins Leben.

Der Papst machte der Gesellschaft unter anderem zur Auflage, sich eine Verfassung zu geben. Mit dieser Aufgabe betraute sie ihren Oberen, den Generalis Präpositus. Ignatius, den seine Mitbrüder zu ihrem ›General‹ gewählt hatten, arbeitete daraufhin von 1541 bis 1549 die ›Konstitutionen‹ des Ordens aus, ließ sie durch die Praxis erproben und redigierte sie auf Grund der Erfahrungen, die der Orden damit machte. Die Organisation der Gesellschaft Jesu mutete auf den ersten Blick recht kom-

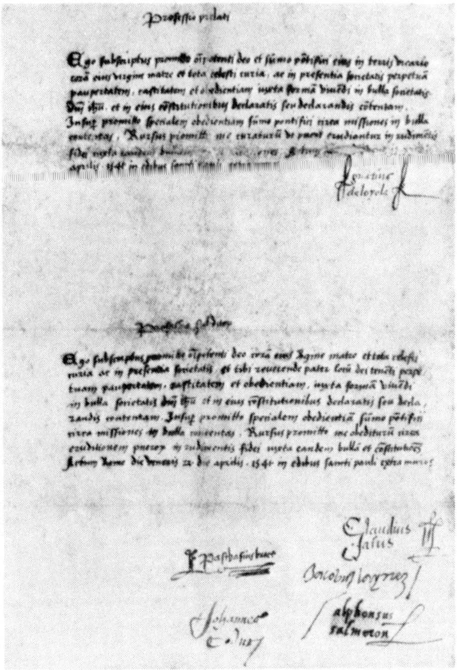

Profeßgelübde Ignatius von Loyolas
und seiner fünf am Gelübdetag
in S. Paolo fuori le mura zu Rom
anwesenden Gefährten
Dokument vom 22. April 1541
Rom, Generalarchiv der Gesellschaft Jesu

pliziert an, erwies sich jedoch als wirksam und elastisch. Ignatius differenzierte die Mitglieder nach Funktionen und teilte sie in verschiedene Gruppen und Ränge ein: in Professen, Scholaren, Koadjutoren, Laienbrüder und Novizen. Jeder dieser Gruppen wies er bestimmte Tätigkeiten, Pflichten und Rechte zu. Wer in den Orden eintreten wollte, mußte wie in den älteren Orden eine Probezeit absolvieren. Ignatius verlangte, daß die Bewerber ein dreijähriges Noviziat – mit Unterbrechungen – durchliefen. Alle Ränge wurden durch das Band des Gehorsams zusammengehalten. Er bildete das Rückgrat der Gesellschaft. Durch den General, der auf Lebenszeit gewählt und mit weitgehender Befehlsgewalt ausgestattet wurde, erhielt der Orden eine scharf zentralistische Leitung und eine quasimilitärische Schlagkraft. Andererseits unterwarfen die ›Konstitutionen‹ den General recht wirksamen Kontrollen. Sie verpflichteten ihn auf Innehaltung der göttlichen und kirchlichen Gebote. Sodann richtete Ignatius zwei Ämter ein, deren Inhaber ein Auge auf ihn zu werfen hatten. Ein sogenannter Assistent überwachte ihn in seinem äußeren Leben, in der Amts- und Wirtschaftsführung, und ein eigens bestallter Admonitor in seinem persönlichen, geistlichen und sittlichen Lebenswandel. Den Orden insgesamt verpflichteten die Konstitutionen zu bedingungslosem Gehorsam gegenüber dem Papst, wie immer dessen Auftrag lauten mochte.

Die Forderung nach Gehorsam kompensierte Ignatius mit größtmöglicher Rücksicht auf die Persönlichkeit des einzelnen. Der Jesuit, durch den Gehorsam strikt gebunden, durfte trotzdem viel stärker individuell leben als die Angehörigen der älteren Orden. So hoch Ignatius die Disziplin schätzte, so sehr respektierte er die Freiheit des Individuums, seine Gaben, Eignungen und Grenzen. Gleichzeitig hatte er einen realistischen Blick für die äußeren Gegebenheiten und Umstände in Welt und Kirche. Daher befreite er seine Ordensgenossen vom Zwang zu einheitlicher Ordenstracht und regelmäßigem Gemeinschaftsgebet. Wenn seine Gefährten das Reich Gottes unter den Menschen auf Erden verbreiten wollten, dann mußten sie so sprechen und auftreten, daß die Leute in Italien, Portugal, Österreich, Polen, Ostindien oder Mittelamerika Zutrauen zu ihnen faßten und sie verstanden. Daher gebot er seinen Ordensbrüdern, in Kleidung, Lebensart, gesellschaftlichen Umgangsformen und dergleichen mehr die jeweiligen Landesgepflogenheiten zu berücksichtigen. Er verzichtete deshalb auf allzu enge Vorschriften. Den Novizen und Studenten aus dem Orden verbot er alle asketischen Extravaganzen; er schärfte ihnen ein, daß ein gewissenhaftes Studium und ein vernünftiges Mindestmaß an Schlaf, Ernährung und Erholung das von ihnen zu erwartende gottwohlgefällige Verhalten sei. Im Grundsatz Ähnliches empfahl er seinen Ordensbrüdern in den überseeischen Missionen. An einen in Ostindien tätigen Jesuiten in leitender Stellung schrieb er. »Da das dortige Klima noch weniger zu (geistlichen) Betrachtungen geeignet ist, so ist um so weniger Grund, die Gebetszeit auszudehnen. Wohl aber können wir in unseren Arbeiten und Studien gelegentlich den Geist zu Gott erheben, und wenn wir alles auf den göttlichen Dienst hinlenken, so ist alles Gebet. Von dieser Überzeugung müssen alle in der Gesellschaft durchdrungen sein, weil ihnen die Betätigung der Liebe nicht die Zeit zum langen Beten läßt. Sie haben deshalb keinen Grund, zu glauben, hierin Gott weniger wohlgefällig zu sein, als wenn sie beten.« Ignatius setzte als Priorität, »alles auf den göttlichen Dienst hin(zu)lenken«. Dadurch machte er den Orden flexibel und befähigte ihn, situationsgerecht zu handeln. Auch in Dingen des Gehorsams sprach er die Freiheit im Sinne von Freiwilligkeit an.

Wie Calvin die Kirchenzucht gelegentlich heilig nannte, so Ignatius den Gehorsam. Es war für ihn die Verhaltensweise, in der sich die Liebe des Menschen zu Gott bewährte. Aus gegebenem Anlaß legte er den Mitgliedern der Gesellschaft Jesu in Portugal, die ihm besondere Schwierigkeiten bereiteten, 1553 in einem Lehrschreiben dar, wie sie den Gehorsam verstehen sollten: »Daß andere Orden«, schrieb er, »uns in Fasten, Nachtwachen und anderen strengen Übungen übertreffen, können wir uns gefallen lassen. Aber im reinen und vollkommenen Gehorsam, der wahrhaften Verzicht auf unseren Eigenwillen und Verleugnung unseres eigenen Urteils einschließt, darin wünsche ich dringend, teuerste Brüder, diejenigen ausgezeichnet zu wissen, die sich in dieser Gesellschaft Gott, unserem Herrn, geweiht haben . . . Deshalb sollen wir niemals auf die Person sehen, der wir gehorchen, sondern in ihr auf Christus, unseren Herrn, dem zuliebe der Gehorsam zu leisten ist. Denn

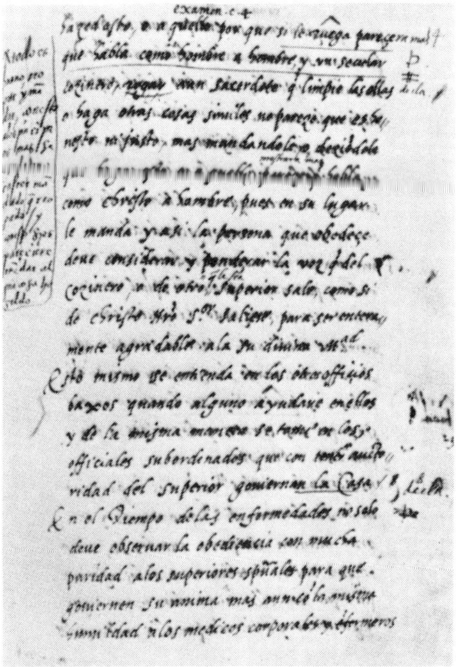

Die Konstitutionen der Gesellschaft Jesu
Text des 1550 dem General vorgelegten
Rechtsbuches für den Orden
mit Ignatius' Korrekturen hinsichtlich
des Gehorsams beim Examen generale
Rom, Generalarchiv der Gesellschaft Jesu

nicht etwa, weil der Obere sehr klug oder sehr tugendhaft oder in irgendwelchen anderen Gaben Gottes, unseres Herrn, besonders ausgezeichnet ist, sondern weil er Gottes Stelle vertritt und von ihm Vollmacht hat, deshalb muß man ihm gehorchen.« Komprimiert behandelte er das Thema ›Gehorsam‹ in seinem sogenannten Testament von 1555, einem Bündel von Merksätzen, die er bei der Aufnahme von Novizen streng zu befolgen verlangte. Der vierte dieser Merksätze ist vielleicht der wichtigste, jedenfalls gehört er zu Ignatius' charakteristischen, wesentlichen und differenziertesten Aussagen über diesen Punkt. Er lautet: »Es gibt drei Arten zu gehorchen. Die eine, wenn man mir kraft des Gehorsams (feierlich) befiehlt, und die ist gut. Die zweite, wenn man mir einfach vorschreibt, das und das zu tun, und die ist besser. Die dritte, wenn ich auf ein bloßes Zeichen des Oberen handle, obwohl er mir weder befiehlt noch vorschreibt, und diese ist die vollkommenste.« – Im achten Merksatz formulierte Ignatius, was er von sich und einem jeden Jesuiten verlangte: Ich muß »immer zur Hand sein, damit sich der Orden meiner bedient und mich zu allem brauchen kann, wofür er mich bestimmen will«. Weil er zuvor gesagt hatte: »Ich muß mich bewegen und leiten lassen, wie ein Wachsklümpchen sich kneten läßt«, und weil er danach für die Unterordnung des Willens das gewiß mißverständliche, schon fast barocke Bild von einem Toten gebraucht hatte, »der weder Wille noch Einsicht hat«, gerieten die Jesuiten in den Geruch des Kadavergehorsams. Dessen ungeachtet erhielt der Jesuitenorden durch das ihn tragende Prinzip einen hohen Grad von Beweglichkeit. Die straffe Leitung befähigte ihn, die vorhandenen Kräfte ökonomisch einzusetzen, mit zunächst wenigen Leuten viel zu erreichen und später, mit rasch zunehmender Mitgliederzahl – gegen tausend bei Ignatius' Tod (1556), etwas mehr als dreizehntausend zu Beginn des 17. Jahrhunderts –, die gesamte katholische Kirche reformierend zu beleben. – So hoch Ignatius den Gehorsam schätzte, so sparsam machte er von seiner Befehlsgewalt Gebrauch. Innere Übereinstimmung war ihm wichtiger als äußere Folgsamkeit. An seiner eigenen Praxis fallen zwei Grundzüge auf. Erstens: Bevor er befahl, begann er mit Ratschlägen und Empfehlungen. Schlugen diese nicht an, so legte er seine Gründe und Überlegungen geduldig dar; er appellierte an die Großmut und Einsicht der Angesprochenen. Nur wenn auch dieses nicht fruchtete und alle anderen Mittel versagten, gab er einen Befehl. Zweitens: Er behandelte jeden seiner Ordensgenossen soweit wie irgend möglich nach dessen Individualität; er stellte ihm Aufgaben, die dem Maß seiner Kräfte und seiner Eignung entsprachen. Mit anderen Worten: Er ging verständig, klug und rücksichtsvoll mit dem einzelnen um. Das entsprach seinem Wesen im Umgang mit den Menschen. Mit alledem setzte er Maßstäbe. Wiewohl sein Vorbild von anderen nicht leicht erreicht wurde, wies er seinem Orden eine klare Richtung: Gehorsam, Klugheit, Einsatzbereitschaft und Mut sollten den Jesuiten kennzeichnen.

Ignatius schuf einen für seine Zeit neuen Ordenstyp. Er war modern insofern, als er die Probleme, welche in der geschichtlichen Situation des mittleren und späteren 16. Jahrhunderts gestellt wurden, aufgriff und daran ging, sie im Rahmen des Möglichen zu lösen. Das schloß nicht aus, daß er in der Tradition der älteren Orden stand, ja von ihnen manches übernahm. In einer Zeit, in der kirchliches Handeln zwecks Existenzerhaltung notwendig geworden war, brachte er das alte benediktinische ›Ora et labora‹, ›Bete und arbeite!‹, in neuer Version wieder zu Ehren. Das alte Begriffspaar ›Gnade und Werk‹ war von den Reformatoren zu einem Gegensatzpaar umgewandelt und in der Konfrontation popularisiert worden. Ignatius äußerte sich zeit seines Lebens unmißverständlich über den Vorrang der Gnade vor dem Werk. Er riß beides aber nicht auseinander, sondern verstand die Gnade als Voraussetzung für das Werk. Wenn er dezidiert darauf abhob, daß der Mensch sich regen und tätig werden müsse im Dienst des Heils, weil die Gnade allein nicht alles täte, dann sagte er – im Zusammenhang der christlichen Theologie- und Frömmigkeitsgeschichte betrachtet – gewiß nichts Neues. Aber er nahm damit zu einer damals äußerst aktuellen Frage Stellung und betonte mit Entschiedenheit etwas, das von den Protestanten heftig bestritten wurde. Luther und Calvin bewegte das Problem ›Gnade und Werk‹ vorrangig im Blick auf die Erlangung des Heils durch die Rechtfertigung. Beide schlossen unter Berufung auf die Zuwendung des Heils aus Gnade allein (durch den Glauben) jegliche menschliche Mitwirkung (durch den Willen, das göttliche Gnadenangebot anzunehmen) strikt aus. Ignatius sah beides aufeinander zugeordnet. Deshalb lehrte er, die natürlichen Mittel und Fähigkeiten, die dem Menschen gegeben waren oder sich ihm anboten, überaus positiv einzuschätzen, weil er sie als Handreichungen Gottes ansah, deren sich der Mensch bedienen sollte, um mit ihnen zu wirken. Ignatius ging in diesem Punkt sehr weit. Es hieße Gott versuchen, sagte er ein-

Ignatius von Loyola
Gemälde von 1585
nach dem Original von Sánchez Coello
Sevilla, Kathedrale, Capilla Real

mal, »wenn man die von ihm zur Verfügung gestellten Mittel verschmähen wollte, um auf ein Wunder zu warten«. So bemühte er sich beispielsweise getrost um fürstliche Protektion, wenn sie ihm für irgendeinen wichtigen Zweck dienlich zu sein schien und empfahl seinen Ordensgenossen, in konkreten Fällen ein Gleiches. »Wenn ich auf Gott, den Herrn, schaue«, heißt es in einem seiner Unterweisungsbriefe, »so müßte ich es als verfehlt betrachten, wollte ich mich auf menschliche Mittel und Bemühungen verlassen. Andererseits kann ich es aber nicht als einen sicheren Weg betrachten, alles nur auf das Gottvertrauen zu setzen, ohne mich zu rühren und die natürlichen Mittel gebrauchen zu wollen, die er mir in die Hand gegeben hat. Vielmehr bin ich in unserem Herrn der Überzeugung, daß ich das eine tun und das andere nicht lassen soll.« Ignatius selbst verfuhr nach dieser Richtlinie. Ein frühes Ordensmitglied, Pedro Ribadeneira, sagte darüber, Ignatius habe bei seinen Vorhaben »alle menschlichen Mittel mit solcher Tatkraft und Umsicht angewandt, als ob aller Erfolg einzig davon abhinge«, gleichzeitig aber das Gelingen Gott so anheimgestellt, »als ob alle menschlichen Mittel nichts verschlügen«. Mit ihren Aktivitäten stießen Ignatius und sein Orden auf mancherlei Widerspruch innerhalb ihrer eigenen Kirche. Man warf ihnen vor, daß sie zu bedenkenlos mit dem Einsatz natürlicher Hilfsmittel für geistliche Zwecke verführen. Wegen ihres Aktivismus wurden die Jesuiten vornehmlich von den Dominikanern bekämpft und sogar der Häresie verdächtigt. Aktivität sah Ignatius, nicht anders als Calvin, für eine selbstverständliche Christenpflicht an. Sie zu üben war eine der Grundlehren, in denen er in den fünfzehn Jahren seines Generalats seine Ordensmitglieder unterwies.

Ignatius leitete seinen Orden von Rom aus durch seine Briefe. Er machte den Jesuiten in Europa und Übersee eine regelmäßige Berichterstattung an das Generalat zur Pflicht und erließ auch praktische Richtlinien für Form und Inhalt dieser Berichte. Aus seiner Korrespondenz läßt sich das sprunghafte Wachstum der Gesellschaft Jesu seit 1540 ablesen, ebenso das Anwachsen der Aufgaben, die ihr angetragen wurden oder die durch die Situation auf sie zukamen: Von den siebentausendfünfhundertundsechzig erhaltenen Briefen, die Ignatius schrieb oder durch seinen Sekretär schreiben ließ, entstammten über sechstausendsechshundert seinen sieben letzten Lebensjahren, der Zeit von 1549 bis 1556. Die Gesellschaft Jesu sah sich unversehens in den Strudel der Probleme hineingestellt, mit denen die katholische Kirche insgesamt zu tun hatte. Außerdem erhielt sie viele Gelegenheiten zu Kontakten mit den Spitzen von Staat und Kirche. Aus allen Ländern strömten dem Orden Novizen zu und begaben sich aus freien Stücken in Ignatius' strenge Schule. Dieser Vorgang ist nur dadurch zu erklären, daß der Gründer der Gesellschaft Jesu mit der Zielrichtung, die er wies, und mit den Methoden, die er anwendete, eine Stimmung der Zeit traf, wie die Reformatoren auch eine Stimmung der Zeit getroffen hatten. Anders ausgedrückt: Das Anliegen, die Kirche von Grund auf zu erneuern, hatte sich im katholisch verbliebenen Europa inzwischen so verdichtet, daß auf einen entsprechenden Ruf hin die reformwilligen Kräfte sich sammelten und zur Tat drängten.

Widerstände blieben dem Jesuitenorden nicht erspart. Ignatius ließ sich dadurch nicht entmutigen. »Wenn schlechte Nachrichten kommen, wird Ignatius gesund«, sagten seine römischen Mitbrüder: Gleich den Reformatoren galten ihm Widerstand und Verfolgung nicht nur als Prüfung, sondern auch als Zeichen der Bestätigung. Seinen Mitbrüdern in Spanien schrieb er, als sie in harte Bedrängnis geraten waren, zwei Wochen vor seinem Tod: »Nach den gewöhnlichen Erfahrungen darf man schließen, daß bei großem Widerspruch sich auch viel geistliche Frucht ergibt und die Gesellschaft dadurch nur um so besser Boden gewinnt. Demnach hat es den Anschein, daß dort ein großes und ausgezeichnetes geistliches Gebäude erstehen soll, da das Fundament der Verfolgung so gründlich gelegt wurde. Wir haben also Grund, durch Gottes Gnade auf eine segensreiche Zukunft zu hoffen.« Insgesamt erwies sich im katholischen Raum Europas die Zustimmung auf die Länge größer als die Gegnerschaft. Zum Protestantismus war die gegenseitige Konfrontation – was den Glauben anlangte – ex fundo, durch das Kirchenverständnis und den Glaubensbegriff, gegeben. Sie führte im Zuge der staatlichen und kirchlichen Kämpfe des Zeitalters beinahe wie von selbst zu harten Auseinandersetzungen. Dabei hatte Ignatius seinen Orden keineswegs als Kampftruppe gegen den Protestantismus begründet. Wenn er später den Streit mit den anderen Konfessionen aufnahm, dann weil ihn die Umstände der Zeit dazu drängten. Ihr wichtigstes Arbeitsfeld sahen der Stifter und seine Gesellschaft in der römisch-katholischen Kirche; sie rangierte an erster Stelle. Alles Weitere ergab sich dann wie von selbst.

Ein im 20. Jahrhundert weitverbreitetes, vielgelesenes Buch von René Fülöp-Miller über den Orden führt den Titel ›Macht und Geheimnis der Jesuiten‹. Ihr Geheimnis braucht man nicht im Dunkeln zu suchen. Es lag in der gelungenen Synthese von striktem Gehorsam und individueller Entfaltungsmöglichkeit, über die schon Leopold von Ranke gestaunt hat. Darin waren zugleich der Ergebnisreichtum der Ordenstätigkeit, seine Effektivität und insofern auch seine Macht beschlossen. Beides hing zusammen und ging auf Persönlichkeit und Wirksamkeit des Ordensgründers zurück. Im Orden hatten die unterschiedlichsten Typen Platz und machten von sich reden: Hofbeichtväter und Dienstbotenseelsorger, Organisatoren und Gründer, Staatstheoretiker, Prinzenerzieher und Indianermissionare in Süd- und Nordamerika, Gelehrte in allen Sparten, Astronomen am Hof des Kaisers von China, religiöse Volkserzieher wie Petrus Canisius, Kirchenpolitiker, Schulmeister und gegenreformatorische Aktivisten, Poeten wie Friedrich von Spee und Sprachschöpfer wie Peter von Pázmány, massive Polemiker und differenzierte Kontroverstheologen, Hexenverfolger und Bekämpfer des Hexenwahns. Macht und Geheimnis der Jesuiten lagen ferner darin, daß sie als junger Orden frei vom Ballast hemmender Traditionen waren, mit denen sich andere herumplagten. Das versetzte die Jesuiten in die Lage, die anstehenden Aufgaben und Probleme unbefangen zu sehen, zeitgemäß zu beurteilen und sachgerecht anzufassen. Solchergestalt disponiert traten sie um die Mitte des 16. Jahrhunderts in die Geschichte Europas ein, getragen von der durch die Not der Kirche freigesetzten katholischen Reformbewegung und selber ein wesentliches Element dieser Bewegung werdend. Da die Kirche, der sie dienten, als handelnde und leidende Kraft mit der Geschichte Europas engstens verbunden war, ja in dem, was sie

Die Jesuitenkirche zu Antwerpen
Gemälde von Wilhelm Schubert von Ehrenberg, 1667, bald fünfzig Jahre nach Fertigstellung des Baues
Brüssel, Musées Royaux des Beaux-Arts

tat und litt, einen kapitalen Bestandteil derselben darstellte, wurden die Jesuiten in die Strömungen und Bewegungen der gesamteuropäischen Geschichte hineingezogen und wirkten durch ihre Tätigkeit auf diese wieder zurück. Vielleicht nicht ganz in den Ausmaßen Luthers und Calvins, jedoch diesen vergleichbar, wurden Ignatius und seine Gesellschaft eine Hauptantriebskraft im großen kirchlichen Reformprozeß Europas. In dem Maße, in dem sie an ihm teilhatten, wurde ihre eigene Geschichte zu einem Stück europäischer Weltgeschichte von der Mitte des 16. bis zur Mitte des 17. Jahrhunderts.

Das Feld, auf dem die Jesuiten sich betätigten, läßt sich insofern leicht benennen, als sie schlechthin alles in Angriff nahmen, was mit der Kirche zu tun hatte. Es gab keine Aufgabe, für welche Päpste, Könige und sonstige Auftraggeber die Jesuiten nicht für befähigt hielten; man vertraute ihnen alles an. Sie stellten im gesamten Bereich der Theologie und der Seelsorge ihren Mann. Seelsorge hieß: in die teilweise verwahrlosten oder verwaisten Kirchspiele gehen, dort die örtlichen Pfarrfunktionen wahrnehmen, also Gottesdienste halten, Sakramente spenden, predigen; Alte und Junge in den Hauptlehren des Christentums unterweisen, sie zum Beispiel mit dem ›Vaterunser‹ und den ›Zehn Geboten‹ wieder bekanntmachen; über die grundlegenden Unterscheidungsmerkmale zwischen ›Protestantisch‹ und ›Katholisch‹ informieren; Schulunterricht erteilen; in evangelischen oder konfessionell gemischten, im Glauben verunsicherten Gemeinden unter katholischer Obrigkeit katholische Gottesdienste wiedereinführen; in nominell katholischen Gemeinden einen Feldzug gegen die Verlotterung und Zuchtlosigkeit führen; den Sinn für elementare Grundsätze sittlichen Verhaltens wecken oder, wo er abhanden gekommen sein mochte, neu einpflanzen. – Die Grundprobleme sahen in Deutschland anders aus als in Frankreich, in Spanien anders als in Polen oder Irland, in Europa anders als in den europäischen Niederlassungen, Stützpunkten und Kolonien in Übersee, in Ostindien, Ceylon, Indonesien und auf den Philippinen, in Süd- und Mittelamerika, in Mexiko und im Süden der heutigen Vereinigten Staaten zwischen Kalifornien und Florida. Jenseits Europas entfalteten die Jesuiten eine sehr rege Missionstätigkeit, mit unterschiedlichen Erfolgen. Sie entwickelten im eigentlichen Sinne moderne Gesichtspunkte der Bekehrung zum Christentum; denn sie hielten dafür, daß man den zu bekehrenden Völkern möglichst viel von ihrer Kultur, ihren Lebens- und Denkgewohnheiten, ja selbst von ihren traditionellen religiösen Vorstellungen erhalten müßte. Diese sogenannte Akkomodationstheorie wurde nach heftigem Streit mit anderen Orden im 17. Jahrhundert vom Papst verworfen. Seit Franz Xaver, der 1540 im Auftrag des Königs von Portugal nach Ostindien, später auch nach Japan und China ging, bildete die Heidenmission einen Schwerpunkt in der Tätigkeit des Ordens.

Zu einem weiteren Schwerpunkt entwickelte sich, noch unter Ignatius' Händen, das Schul- und Hochschulwesen. Ignatius hatte anfangs kaum daran gedacht, seine Gesellschaft zu einem Erziehungsorden und zu einem Institut der Wissenschaftspflege zu machen. Doch ließen ihn die Umstände später erkennen, daß hier ein zukunftsträchtiges Aufgabenfeld lag. Die Reformatoren und ihre Mitarbeiter hatten ein vorbildliches Gymnasial- und Universitätswesen aufgebaut, allen voran Melanchthon und sein Schülerkreis. Das Gegenstück wollten die Jesuiten schaffen. Ihr Schulwesen reichte qualitativ an die protestantischen Gymnasien heran und hatte mit ihnen auch das Bildungsziel gemeinsam: Gelehrsamkeit, Frömmigkeit und humanistische Kultur. Es ging auf die Bibel und den Umgang mit den alten Sprachen zurück und maß der formallogischen Schulung – durch das Einüben in die Disputationsmethode – großen Wert bei. Der vierte General nach Ignatius, Claudius Aquaviva, gab 1599 eine auf der Summe der einschlägigen Erfahrungen aufbauende Schulordnung heraus, die berühmte ›Ratio studiorum‹. Sie bildete die Grundlage der jesuitischen Gymnasien bis ins 18. Jahrhundert. Bis dahin hatte der Orden in den katholischen Ländern Europas eine Art Monopol im Bereich der gehobenen Schul- und Hochschulbildung. Denn auch Lehrstühle in den theologischen und philosophischen Fakultäten wurden seit dem späteren 16. Jahrhundert reihenweise dem Jesuitenorden zur Besetzung übertragen. – Es zeigte sich, daß der Orden Studienanstalten für die theologische Ausbildung seines Nachwuchses brauchte. Noch dringender benötigte die katholische Kirche qualifizierte Hochschulen oder Seminare mit reformierten Studiengängen für die Heranbildung ihrer Priester. Um mit der protestantischen Konkurrenz mitzuhalten und die breite Schicht der katholischen Laien nicht zu verlieren oder in Unbildung versinken zu lassen, bedurfte sie ferner zeitgemäßer reformierter Gymnasien und Elementarschulen. »Somit wäre die Vervielfältigung von Schulen des Ordens über viele Gegenden, hauptsächlich an den Punkten, wo sich ein guter Zulauf von Schülern erwarten läßt, das beste Mittel, um der Kirche in ihrer bedrängten

Lage zu Hilfe zu kommen . . . Wenn zur Lehre das gute Beispiel kommt und jeder Schein von Habsucht vermieden wird, ließe sich der stärkste Angriff der Neuerer entkräften, nämlich der Hinweis auf das schlechte Leben und die Unwissenheit der katholischen Geistlichen«, schrieb Ignatius 1554 an einer Instruktion für Petrus Canisius nach Wien. Er empfahl darin seinen Ordensgenossen unter anderem, apologetisch-dogmatische Kurse für Schüler zu halten und dem Volk eine »gesunde theologische Lehre« in faßlicher Form durch regelmäßige Predigten zu vermitteln. Ignatius' Anregungen fielen auf fruchtbaren Boden. Nicht nur in Wien und im Reich, sondern in ganz Europa, soweit es katholisch verblieben war oder, wie die Niederlande, Ungarn, Polen, konfessionell noch umkämpft wurde, entstanden Jesuitenschulen. Die Mittel dafür stifteten Landesherren, Bischöfe, Stadtverwaltungen, vermögende Adlige und sonstige Gönner. Den Unterricht erteilten die Jesuiten umsonst. In konfessionell umstrittenen Ländern und Landstrichen stellten ihre Schulen und die ihnen angeschlossenen Ordensniederlassungen, die Kollegs, Zentren der Rekatholisierung dar. So zum Beispiel seit dem späteren 16. Jahrhundert in Polen und Litauen. Die Rekatholisierung vollzog sich gewöhnlich unter landesherrlichem Schutz oder unter dem Patronat der regionalen politischen Machthaber. Das ging in der Regel nie ohne Gewalt ab. Die Mittel aber, deren sich die Jesuiten in diesem Rahmen bedienten, waren Unterricht, Katechese, Predigt und Seelsorge. Die Söhne des polnischen cal-

Triumphzug zur Eröffnung der ›Jesuitenuniversität‹ in Osnabrück im Jahr 1630
(Die vier Fakultäten; der Triumphwagen mit den Wappen Ferdinands II. und Urbans VIII.; die sieben freien Künste)
Radierung nach einer verlorengegangenen Zeichnung aus dem Jahr 1630
Osnabrück, Städtisches Museum

vinistischen Adels besuchten seit etwa 1570 in großer Zahl die Schulen der Jesuiten, weil es keine besseren im Königreich gab, und wurden so zu Vorkämpfern für die katholische Kirche.

Ignatius' und seiner Nachfolger Anstrengungen für die Entwicklung der Ordensschulen führten unvermeidlich zu Auseinandersetzungen mit dem Protestantismus, sofern es sich nicht um geschlossen katholische Länder wie Italien, Spanien oder Portugal handelte. Doch die Schule war nicht die einzige Front, an der die Jesuiten gegen die Andersgläubigen antraten. Als Fürstenberater plädierten sie für konfessionelle Akzente in der inneren wie in der auswärtigen Politik. Als Seelsorger im Untergrund hielten sie illegale Gottesdienste für die Katholiken unter protestantischer Herrschaft, zum Beispiel in England, und mußten es mit dem Leben büßen, wenn sie entdeckt wurden. In der wissenschaftlichen Theologie aller Glaubensrichtungen wurde die Kontroverse ein unverzichtbares Element innerhalb der Dogmatik, die wiederum mit Abstand die wichtigste theologische Disziplin darstellte. Die Kontroverssituation zwang die Theologen aller Konfessionen, die Lehren der Andersgläubigen seriös zu studieren und in den abweichenden Punkten mit hieb- und stichfesten Argumenten anzugreifen, um sie zu erschüttern. Die Kontroverse wurde apologetisch und polemisch geführt, bewegte sich aber teilweise auf respektablem Niveau. Das überragende Werk dieser Gattung verfaßte der im 20. Jahrhundert heiliggesprochene und zum Kirchenlehrer erhobene Jesuit Robert Bellarmin. Die Bedeutung seiner dreibändigen ›Disputationes de controversiis Christianae fidei‹, 1586 bis 1588 in Ingolstadt erschienen, läßt sich daran ablesen, daß sie in allen Ländern nachgedruckt wurden und daß kaum ein renommierter protestantischer Dogmatiker des 17. Jahrhunderts darauf verzichtete, gegen Bellarmin zu schreiben und ihn zu ›widerlegen‹.

Von der Häresie, in diesem Fall von der nichtkatholischen Glaubenslehre, dachte Ignatius nicht anders als Calvin, nur daß für diesen der Katholizismus die Häresie bedeutete: Sie war ihm ein Gift, das unwirksam gemacht, ein Geschwür, das herausgeschnitten, eine Krankheit, die geheilt werden mußte. Sie war ein Übel, dessen Anfängen man entschieden wehren, dessen Fortschreiten man möglichst rasch hindern, ja das man am besten prophylaktisch behandeln sollte. Seine Empfehlung lautete, rasch auf gute Mittel bedacht zu sein, um »das gesund Gebliebene zu bewahren und das von der Krankheit des Irrglaubens Befallene zu heilen«. Seine bemerkenswerten Verhaltensmaximen sahen von einem bloßen Bekämpfen ab. Obwohl er auf die Unterscheidungslehren und damit auf die Kontroverse nicht ganz verzichten konnte, legte er größeren Wert auf die positive Darlegung des katholischen Glaubens in Predigt und Unterricht. Wie wirkungsvoll man das praktizieren könnte, empfahl er bei den Protestanten zu lernen: »Die Neuerer verstehen es, ihre falsche Lehre mundgerecht zu machen und dem Fassungsvermögen der Masse anzupassen, indem sie ihre Lehren vor der Menge und in den Schulen verkünden, Flugschriften unter das Volk werfen, die von vielen verstanden und verkauft werden.« Deshalb lehrte er seine Mitbrüder, sich an den Protestanten ein Beispiel zu nehmen hinsichtlich ihrer erfolgreichen Glaubensverkündung in Wort und Schrift, hinsichtlich ihrer Methoden und ihres Eifers. Darüber hinaus legte er ihnen Glaubwürdigkeit ans Herz: »Man muß sich überzeugen können, daß sie wirklich nicht suchen, was das ihre, sondern was Jesu Christi ist: seine Ehre und das Heil der Seelen.« Und er folgerte daraus, sie sollten den Andersgläubigen, deren Heil sie ja suchten, mit Schonung und Liebe begegnen; sie sollten »über die Hauptirrtümer der Andersgläubigen« zwar Bescheid wissen, damit sie in der Lage wären, sie gegebenenfalls mit Freundlichkeit zum Verständnis des Katholischen zu führen, sollten aber keinen Streit darüber anfangen. Zwischen Häresie und Häretikern machte er einen Unterschied. Den Glaubensirrtum, die falsche Lehre, verabscheute er wie jeder Reformator als Gift, Übel, Krebsgeschwür. Doch den Häretiker diffamierte er nicht; er schloß ihn in sein und seines Ordens Verlangen nach dem Heil der Mitmenschen mit ein. Auch in diesem Punkt vermochten, im Strudel der Glaubenskämpfe, nicht alle Jesuiten dem Anspruch ihres Stifters standzuhalten. Aber der Grundsatz blieb und wurde, zum Beispiel in der Heidenmission, durchaus befolgt.

Ignatius fühlte sich in schlichter, harter Unbedingtheit an die Kirche gebunden. Er unterwarf ihr sein Denken und Glauben, sein Tun und Wollen. Ebenso hielt er es für notwendig, sein religiöses Erleben mit der Kirche in Einklang zu bringen, es gewissermaßen auf seine Legitimität hin von ihr prüfen zu lassen. Im Exerzitienbuch heißt es: »In Christus, unserem Herrn, und in der Kirche, seiner Braut, wohnt ein und derselbe Geist.« Zwischen der Kirche als der Braut Christi und der sichtbaren Kirche gab es für ihn keinen Widerspruch. Deshalb, so schrieb er 1536 an eine Benediktinerin, walte auch in den Vorschriften der Kirche der göttliche Geist. – Ignatius starb am 31. Juli 1556 in Rom. Er hinterließ unter anderem einen nur als Fragment erhaltenen, unmittelbar vor seinem Tod aufgezeichneten Brief an seine Mitbrüder, worin er in fünf Absätzen von der Kirche handelte. Deren erster und letzter lauten: »Die katholische und apostolische Kirche hat sich in Fragen des Glaubens niemals geirrt. Sie hat auch niemals irren können. Diese Wahrheit ist helleuchtend und felsenfest im Zeugnis der Heiligen Schrift enthalten und wird vom Zeugnis der rechtgläubigen Kirchenväter gestützt ... Die Kirche ist die Gemeinschaft der gläubigen Christen, erleuchtet und geleitet von Gott, unserem Herrn. Darum müssen wir uns stets davon überzeugt halten, daß der gleiche Herr, der uns die Zehn Gebote gegeben hat, auch der oberste Gesetzgeber jener Gebote ist, die von der Kirche ausgehen, damit wir, in dienstwilligem Gehorsam gegen Seine Majestät, sicherer das Heil unserer Seele wirken.« – Wie es auch immer um die Begründung dieser Sätze stehen mag: Der von den Reformatoren als ›Sitz des Antichrists‹ und als ›Hure Babylon‹ diffamierten römischen Kirche stellte Ignatius das Bild von der römischen Kirche als der Braut Christi gegenüber, irrtumslos rechtgläubig, von Gott erleuchtet und geleitet. Hinter dem Bild des Ignatius wie hinter dem der Reformatoren standen Glaube und Überzeugung. In der Situation von 1556 bedeutete ein solches Bekenntnis wie das des Ignatius das Abstecken von Grenzlinien und Positionen. Dem Protestantismus und seiner Gewißheit, das wahre Christentum im Wort der Heiligen Schrift ergriffen zu haben, stellte sich in Ignatius und im Jesuitenorden das Bewußtsein entgegen, das wahre Christentum gerade nur durch die Verbindung mit der römischen Kirche und ihrem Oberhaupt ergriffen zu haben. Diese Überzeugung wurde bestätigt durch den Ausgang des Konzils von Trient: Es erkannte die kirchlichen Leitungsbefugnisse des Papstes voll an. Diese Konsolidierung bedeutete Trennung und Kampf. Der Graben zwischen dem katholischen und nichtkatholischen Europa vertiefte sich.

Das Trienter Konzil

Seit den Anfängen der Reformation beschäftigte die Konzilsfrage die deutschen Reichsfürsten, den Kaiser und den Papst. Die Protestanten begehrten ein Konzil, um dort über den Papst zu Gericht zu sitzen. Der Papst hingegen wollte sich auf ein Konzil nur einlassen, wenn sich dieses seiner Leitung unterstellte. Er ging auf die protestantischen Forderungen nicht ein. Die Protestanten wiederum schlugen die päpstliche Einladung aus. Tatsächlich wurde dann auch das Konzil – mit einer geringfügigen kurzen Ausnahme – nur von Katholiken beschickt. Karl V. sah im Konzil ein geeignetes Mittel, die Kirchenspaltung zu beseitigen, und drängte deshalb den Papst zur Einberufung einer Generalsynode. Er hoffte damit auch den Protestanten Wind aus den Segeln zu nehmen und die Gefahr eines deutschen separatistischen Nationalkonzils zu bannen. Paul III. gab, im Unterschied zu seinem Vorgänger Clemens VII., dem kaiserlichen Drängen nach. Allerdings bedurfte es noch

Die Konzilsstadt Trient
Kupferstich von Matthäus Merian d. Ä., nach 1642
Basel, Öffentliche Kunstsammlung, Kupferstichkabinett

eines Jahrzehnts zäher, beharrlicher Bemühungen, bis die Kirchenversammlung in Trient zusammentrat. Denn noch bevor es begann, geriet das Konzil in den Strudel der konfessionellen Polemik, der staatlichen Antagonismen und der kirchenpolitischen Divergenzen auf der deutschen und europäischen Bühne. Erst als es dem Kaiser 1544/45 nach schwierigsten Auseinandersetzungen gelungen war, sich mit Frankreich, den Osmanen und einem Teil der deutschen Protestanten auf ein politisches Stillhalteabkommen zu einigen, konnte sich die Generalsynode der katholischen Christenheit konstituieren. Zwei Monate bevor ihr indirekter Urheber, der deutsche Reformator Martin Luther, in Eisleben starb, wurde sie im Dezember 1545 im Dom von Trient eröffnet.

Das Konzil wurde in drei Tagungsperioden durchgeführt und dauerte mit Einschluß der Unterbrechungen achtzehn Jahre: von 1545 bis 1563. Die Sessionsperioden fanden von 1545 bis 1548, von 1551 bis 1552 und von 1562 bis 1563 statt. Schwere Zerwürfnisse mit dem Kaiser veranlaßten Paul III., das Konzil 1548 zu suspendieren. 1552 gab die Fürstenrevolution in Deutschland den Anstoß, die Synode bis auf weiteres zu vertagen. Knapp zehn Jahre später wurde die Wiedereröffnung von Pius IV. betrieben. Die Pausen waren also sehr viel länger als die Tagungsperioden. Am Ende hatte nicht der Kaiser, sondern der Papst das größere Interesse am Konzil. Das war symptomatisch für den Wandel, der sich an der Kurie zu Rom und in der katholischen Kirche vollzog. Der Papst mußte nicht mehr zur Reform gedrängt werden, sondern trieb sie aus eigener Initiative voran. Als Pius IV. am 30. Juni 1564 die Reformdekrete der Generalsynode in aller Form durch eine Bulle bestätigte, hatte die Konzilsfrage nahezu fünfzig Jahre die europäische Welt in Bewegung gehalten. Europa und die Christenheit hatten sich in dieser Zeitspanne sehr verändert; diese Wandlungen wirkten auf den Ablauf des Konzils zurück und schlugen sich in seinen Entscheidungen nieder. Was anfangs als Universalkonzil der abendländischen Christenheit gedacht war und 1545 noch mit diesem Anspruch und in solcher Erwartung begann, endete 1563 zwar nicht gerade als ›päpstliche Haussynode‹, wie noch Gerhard Ritter vereinfacht gemeint hat, aber eben doch als eine Kirchenversammlung, deren Zuständigkeit – wie immer sie sich selbst verstehen mochte – sich lediglich auf das katholische Rest-Europa erstreckte.

Der Hauptertrag der ersten Tagungsperiode lag auf dem Gebiet der damals aktuellen Theologie und bestand in der Klärung des Dogmas. Bis dahin war vieles unklar oder wenigstens strittig gewesen. Hier brachte das Konzil in seinen Glaubensdekreten klärende Aussagen, zum Beispiel über die Offenbarungsquellen und über den durch Luther ins Zentrum gestellten Komplex von Gnade und Werk, mit den Problemkreisen: Rechtfertigung, Erbsünde, Willensfreiheit. Die zweite Sessionsperiode stand unter einem unglücklichen Stern. Sie war nur von kurzer Dauer und ihr Ertrag verhältnismäßig gering. Die dritte Tagungsperiode gewann dagegen große Bedeutung, weil sie die Richtlinien für eine durchgreifende, praktikable Reform der katholischen Kurie aufstellte und zum Gesetz erhob. Die Gesamtheit ihrer Dekrete stellte ein nahezu komplettes Reformprogramm dar. Es zielte auf eine zeitgemäße Erneuerung der Kirche auf breiter Front. Verfassung und Recht, Kult und Seelsorge, Schule und Ehe wurden davon betroffen, die Aufgabenbereiche von Pfarrern, Bischöfen und Orden neu durchdacht und umschrieben.

Wie die Einberufung der Versammlung, so standen auch ihre Sessionen unter dem Einfluß der zeitgeschichtlichen Spannungen. Die katholischen Staaten waren in Trient durch Gesandte vertreten und besaßen zum Teil auch eine Klientel unter den Konzilsvätern. Die großen Monarchien waren nicht gewillt, das Konzil sich selbst zu überlassen. Sie nahmen im Gegenteil einen recht bedeutenden Einfluß auf dessen Verhandlungen und Verlauf.

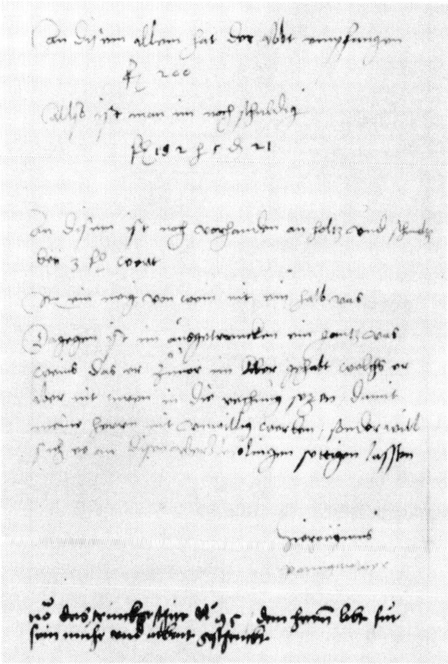

Verzehrkosten Melanchthons
während seines Aufenthalts in Nürnberg,
beim Abt von St. Egidien,
aus Anlaß der Reise zum Konzil von Trient
im Jahr 1552
Amtliche Rechnungsbelege des Jahres 1552
Nürnberg, Staatsarchiv

Wenn es zu Stockungen oder Krisen kam, waren gewöhnlich Frankreich, Spanien und der Kaiser daran beteiligt oder sogar deren Urheber. Jede Macht hatte ihre spezifischen kirchenpolitischen Interessen und suchte sie auf dem Konzil durchzusetzen. Von Anfang an bemühte sich Kaiser Karl V. darum, in die Geschäftsordnung einzugreifen. Nach dieser lag das Propositionsrecht, das war das Recht, die Tagesordnung zu bestimmen, bei den vom Papst ernannten Konzilspräsidenten. Karl V. erkannte das nur widerwillig an; viel lieber hätte er selbst das Arbeitsprogramm bestimmt. So mußte er sich damit begnügen, von außen durch politischen Druck auf das Konzil einzuwirken. Über die Reihenfolge der zu behandelnden Themen kam es mehrfach zu Meinungsverschiedenheiten zwischen ihm und Paul III. Der Kaiser, der an die Glaubensspaltung in Deutschland dachte und die Protestanten nicht verprellen wollte, wünschte, daß sich das Konzil zunächst mit der Kirchenreform und erst dann mit den dogmatischen Fragen beschäftigte, bei denen die Protestanten mitzureden begehrten. Der Papst wünschte die umgekehrte Reihenfolge und hatte ebenfalls gute Gründe dafür. Um das Projekt nicht gleich am Anfang zerschellen zu lassen, einigte man sich 1545 darauf, in jeder Session eine dogmatische Frage und eine die Reform betreffende Materie durchzuberaten und zu verabschieden.

Wie Karl V. mischten sich auch Philipp II., Kaiser Ferdinand I. und die französischen Könige in die internen Konzilsangelegenheiten kräftig ein und machten dem Papst Schwierigkeiten, wenn die Dinge nicht so liefen, wie sie wünschten. Das betraf zunächst die Einberufungsmodalitäten der dritten Sessionsperiode. Damit sie überhaupt zustande kam, bedurfte es unendlich mühevoller, geduldiger, geschickter Verhandlungen der päpstlichen Diplomaten. Um ein Einvernehmen zwischen den einzelnen Großmächten untereinander und mit dem Heiligen Stuhl zuwege zu bringen, mußte der als Vermittler besonders befähigte Kardinal Giovanni Morone zwei Jahre lang intensive Unterhandlungen führen. Die Differenzen zwischen dem Kaiser, Frankreich und Spanien kreisten um die Grundsatzfrage, ob die nach Trient einzuberufende Versammlung als Fortsetzung der vorangegangenen Sessionsperioden zu betrachten sei oder nicht. Spanien und der Papst bestanden darauf, das 1552 unterbrochene Konzil zu Ende zu führen und den Ertrag der beiden ersten Sitzungsperioden zu legitimieren. Gerade dagegen aber erhoben Ferdinand I. und Frankreich ihre Bedenken. Beide wollten sich auf die früheren Konzilsdekrete nicht von vornherein festlegen, sondern sich, mit Rücksicht auf die deutschen Lutheraner und die französischen Calvinisten, eine Revisionsmöglichkeit offenhalten. Deshalb lehnten sie eine Fortsetzung der früheren Sessionsperioden – zunächst – ab. Frankreich drohte dem Papst sogar mit der Einberufung eines Nationalkonzils, woraus eine Trennung von Rom leicht hätte entstehen können, lenkte aber später, wohl durch das Anwachsen der calvinistischen Bewegung aufgeschreckt, wieder ein. Auch Ferdinand I. fand sich schließlich bereit, der taktvoll formulierten Einladung zu folgen, und erkannte damit die Kontinuität mit den früheren Sessionen stillschweigend an.

Die dritte Tagungsperiode stand unter manch starker Zerreißprobe. Während der Sachdebatten brachen so schwere Meinungsverschiedenheiten zwischen den Konzilsteilnehmern aus, daß die Versammlung darüber an den Rand der Auflösung geriet. Die Gegensätze entluden sich an der sogenannten Residenzfrage. Äußerlich ging es darum, ob die Bischöfe verpflichtet seien, sich an ihrem Bischofssitz und in ihrer Diözese aufzuhalten oder nicht. Dahinter stand die Frage, ob das Bischofsamt göttlichen Rechts, das hieß vom Papsttum bis zu einem gewissen Grad unabhängig sei. Die Mehrheit der italienischen Teilnehmer dachte papalistisch. Sie wollte von einer göttlichen Stiftung des Bischofsamts nichts wissen; wenigstens wehrte sie sich leidenschaftlich gegen die Aufnahme einer entsprechenden Formulierung in den Text des Dekrets. Dagegen setzten sich fast alle Nichtitaliener,

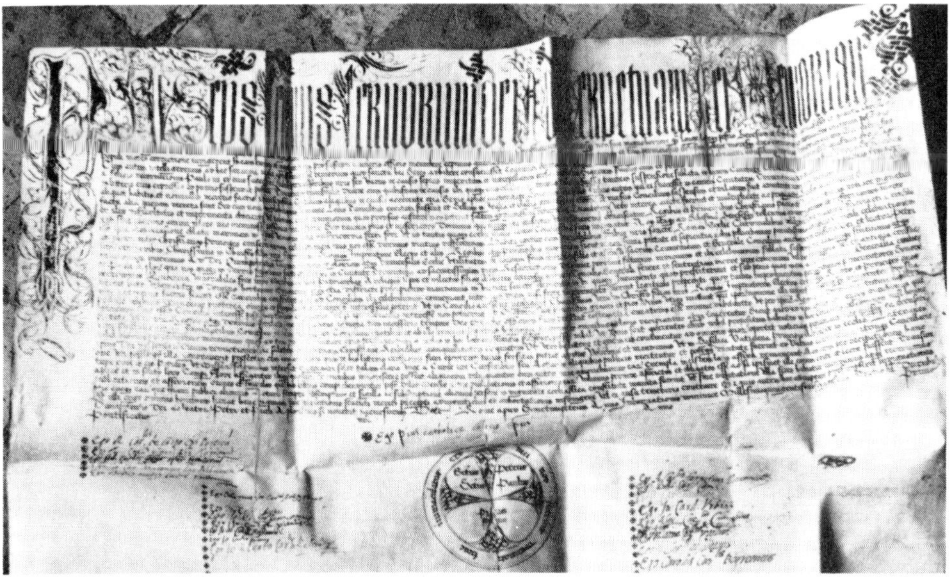

Einberufung der dritten Sitzungsperiode des Konzils von Trient
Bulle Pius' IV. vom 29. November 1560 mit der Unterschrift des Papstes
Città del Vaticano, Archivio Segreto Vaticano

unter ihnen die Spanier mit besonderer Leidenschaft, für die Aufnahme einer solchen Formulierung ein. Die katholischen Fürsten favorisierten im allgemeinen eine durch das Ius divinum legitimierte stärkere Unabhängigkeit ihrer Bischöfe von Rom, weil sie ihr Staatskirchentum dann desto unbehelligter praktizieren konnten. Die Konzilspräsidenten waren in dieser Frage uneins. Alles in allem trieb das Residenzproblem das Konzil in eine gefährliche Krise. Auf ihrem Höhepunkt forderten Kaiser Ferdinand I. und als Sprecher Frankreichs der Erzbischof von Reims, Kardinal Karl von Guise, unter anderem die Gewährung der Priesterehe und des Laienkelches sowie die Verwendung der Landessprache im Gottesdienst. Darüber hinaus verlangten sie eine Reform der römischen Kirche durch das Konzil und wünschten, daß dessen Überordnung über den Papst dekretiert werde. Die Opposition der Deutschen und Franzosen verstärkte ein Vorstoß der Spanier. Philipp II. forderte durch seinen Botschafter in Trient ein begrenztes Propositionsrecht für die Konzilsväter und für die Gesandten der weltlichen Mächte und ließ den Konzilspräsidenten auch gleich den Entwurf einer entsprechenden Deklaration vorlegen. Sein Vorschlag wurde von vielen Konzilsteilnehmern begrüßt. Andererseits lag darin ein Angriff auf die päpstliche Prärogative. Aufs Prinzip hin betrachtet war die Forderung Philipps II., gleich dem Ansinnen Ferdinands I. und des Kardinals von Lothringen, charakteristisch für die Kraft und den Anspruch des katholischen Staatskirchentums. Der Papst konnte sich nur sehr behutsam dagegen wehren. Denn in zahllosen anderen Dingen war er auf den guten Willen der katholischen Mächte angewiesen. So durfte er es mit ihnen nicht verderben, wenngleich er sich nicht alles gefallen lassen mußte. Deshalb begegnete er dem Angriff der Mächte auf die Kurie mit einem Gegenangriff auf das Staatskirchentum. Er gab zu verstehen, daß die hochprivilegierte Stellung der Fürsten im kirchlichen Raum sehr wohl einer Revision unterzogen werden könnte; gegen die ›Kurienreform‹ spielte er die ›Fürstenreformation‹ aus. Beide Seiten hatten de facto etwas zuviel verlangt, jedenfalls mehr, als bei der damaligen Situation herauszuholen war. So lag es in der Logik der Sache, daß beide ihre Forderungen zurückzogen und sich auf dieser Linie einigten. Das galt auch für den schwierigen Prinzipienkonflikt, der im Residenzproblem steckte. Das Problem wurde dadurch gelöst, daß man auf eine Lösung verzichtete, indem man sich im gegenseitigen Einverständnis damit beschied, die heikle Frage nicht mehr anzurühren. Dies war der Ausweg, der das Konzil rettete. Daß sich alle Parteien darauf einigten, ging auf die meisterliche Verhandlungskunst des Konzilspräsidenten Morone zurück.

Trotz aller Widrigkeiten waren alle Materien von Belang bis auf die liturgischen Bücher, den Katechismus und die Indexrevision verabschiedungsreif aufbereitet worden. Um einerseits zum Abschluß zu kommen, sich andererseits aber nicht dem Vorwurf auszusetzen, die gestellten Aufgaben unerledigt gelassen zu haben, beschlossen die Konzilsväter, das für die genannten Bücher erarbeitete Material dem Papst zu übergeben, »damit er nach seinem Ermessen und unter seiner Autorität die Arbeiten abschließe und veröffentliche«. Diese Notlösung wurde durch die Umstände nahegelegt. Denn Pius IV., an dessen Person das Schicksal des Konzils bis zu einem gewissen Grad hing, war von labiler Gesundheit. Mitte November 1563 brachte ihn eine plötzliche Krankheit in Lebensgefahr. Daraufhin ließ der Konzilspräsident Morone die für Mitte Dezember vorgesehene Session um zwei Wochen vorverlegen und setzte den Beschluß durch, mit ihr das Konzil zu beenden. In der auf den 3. und 4. Dezember 1563 angesetzten Schlußsitzung approbierten die Konzilsväter die Glaubens- und Reformdekrete aller drei Tagungsperioden. Auf diese Weise fiel dem Papst die Aufgabe zu, die vorgesehene und vorbereitete Reform der liturgischen Bücher zu vollenden. Die Konzilsväter verabschiedeten diesen Auftrag per Dekret. Sie anerkannten damit ebenso wie mit der an Pius IV gerichteten Bitte um die Bestätigung der Trienter Beschlüsse – nicht verbal, aber de facto – das Lehramt des Papstes in aller Form. Das Papsttum ging aus Trient gekräftigt hervor und – weil es sich der Reform zugewendet hatte – sogar mit einer neuen moralischen Autorität.

Pius IV.
Vorderseite einer Medaille
von Gian Federico Bonzagna, 1566
Brescia, Musei Civici

Das Konzil hatte in seinen dogmatischen Dekreten die Glaubensprobleme aufgegriffen, welche das Jahrhundert bewegten. Es hatte den gesamten Fragenkreis abgeschritten, der mit der reformatorischen Rechtfertigungslehre verbunden war; es hatte in diesen Sachzusammenhang die Lehre von den Sakramenten einbezogen und deren Formulierung in verschiedene Dekrete einfließen lassen. Auf seiner letzten Session hatte es die Zulässigkeit der Heiligenverehrung und der guten Werke unterstrichen sowie die Lehre von der Läuterung – populär: vom Fegefeuer – bekräftigt; es war damit zu Streitpunkten zurückgekehrt, die am Anfang der Reformation gestanden, mittlerweile aber ihre ursprüngliche Schärfe verloren hatten, weil Wichtigeres ins Zentrum der Kontroversen nachgerückt war. Das Tridentinum hatte, im Gegensatz zur Reformation, die kirchliche Überlieferung, worunter in erster Linie die Kirchenväter und die alten ökumenischen Konzilien zu verstehen waren, ausdrücklich als Glaubensquelle neben der Bibel anerkannt. Sodann hatte es zur kirchlichen Reform deutlich Ja, zur radikalen Umgestaltung der kirchlichen Struktur, welche in der Abschaffung des Papsttums gipfelte, jedoch ebenso deutlich Nein gesagt. Die traditionelle Gestalt der Kirche blieb erhalten, die Kontinuität mit der Kirche des Mittelalters in Verfassung, Glaubenslehre und Sakramentsbegriff desgleichen. Auswüchse, die das Spätmittelalter hervorgebracht hatte, wurden zurückgeschnitten, Mißbräuche beseitigt. Das trat besonders in den Bestimmungen über das Priestertum und das Bischofsamt zutage. Beide waren im Spätmittelalter deformiert worden. Die Reformdekrete von Trient machten den Bischof wieder zum Haupt seiner Diözese und versahen ihn mit entsprechenden Aufgaben und Kompetenzen. Über die Unbildung der Geistlichen hatten im Spätmittelalter Humanisten und Reformer geklagt. Gewiß war dabei auch bewußt übertrieben und unangemessen verallgemeinert worden. Dennoch: Der Ärgernisse gab es auf diesem Felde genug. Das Konzil nahm sie jedenfalls ernst und rückte ihnen zu Leibe. Es bekräftigte das Sakrament der Priesterweihe, ließ es aber nicht dabei bewenden, sondern sorgte dafür, daß der Zugang zum Priestertum an verschärfte Voraussetzungen gebunden wurde. Dies war ein ganz entscheidender Schritt. Denn das Konzil verlangte jetzt – was man zuvor nicht für nötig gehalten hatte – von jedem Weltgeistlichen ein theologisches Studium, weil die Seelsorge mittlerweile an Pfarrer und Kapläne höhere Ansprüche stellte. Im Spätmittelalter hatte es keinen obligatorischen Ausbildungsgang für Pfarramtskandidaten gegeben, und die Bischöfe waren in der Auswahl ihrer Kandidaten nicht frei gewesen; oft mußten sie mit Rücksicht auf Patron und Patronage Ungeeignete zur Priesterweihe zulassen. Dem schob das berühmte Seminardekret des Konzils nunmehr einen kräftigen Riegel vor: Es machte den Bischöfen die Einrichtung eines Priesterseminars je Diözese zur Auflage.

Soviel das Konzil von Trient auch geleistet hatte – es hatte nicht alles erreicht, was vielleicht möglich gewesen wäre. An die Kurienreform traute es sich nur zaghaft heran. Hier gingen von den Amtsinhabern an der römischen Kurie zu starke Widerstände aus. Die in der Residenzdebatte aufgebrochene Frage nach dem Verhältnis des Papsttums zum Bischofsamt wurde nicht zu Ende diskutiert, sondern offengelassen; denn eine weitere Debatte darüber hätte die Versammlung sprengen können. Wie die Kurienreform, so blieb auch die Fürstenreform stecken. Das Konzilspräsidium und die katholischen Staaten schlossen gewissermaßen ein Stillhalteabkommen und garantierten sich gegenseitig die Wahrung ihres Besitzstandes: Die Großmächte sahen davon ab, auf eine Reform der römischen Kurie durch das Konzil zu dringen; dafür tolerierte der Papst das Staatskirchentum und mit ihm die Abhängigkeit der regionalen Kirchenkörper von der weltlichen Obrigkeit. – Abgesehen davon, daß es nationale oder regionale Sonderregelungen gab, welche die Eingriffsrechte des Papstes beschränkten, betrachtete man im 16. und 17. Jahrhundert den Gesamtkomplex der Kirchenreform, sofern er nicht gerade Dogma und Sakrament berührte, als ein Feld, auf welchem die Kirche mit den weltlichen Gewalten zu kooperieren hätte. Solange die zuständige weltliche Gewalt sie nicht approbiert hatte, durften die Trienter Reformdekrete in den einzelnen Ländern nicht ausgeführt werden. Eine berühmte Ausnahme bildete Frankreich, das sich auf seine gallikanischen Freiheiten viel zugute hielt. Hier setzten nach einigen Jahrzehnten die Bischöfe die Dekrete jeweils für ihre Diözesen in Kraft. Spanien, Polen, Portugal und die meisten katholischen Reichsfürsten rezipierten die Reformbeschlüsse dagegen schon bald nach Abschluß des

Die Gründung des Ordens vom Heiligen Geiste unter dem Vorsitz Heinrichs III. von Frankreich im Jahr 1578
Miniatur von Guillaume Richardière, 1579
Paris, Bibliothèque Nationale

Konzils. Die dogmatischen Dekrete bedurften solcher Annahme nicht. Sie erlangten mit der Bestätigung durch den Papst gleichsam automatisch kirchliche Verbindlichkeit.

Was man ›Trienter Reform‹ nennt, war, nach einem Wort Hubert Jedins, »vorerst nur eine Chance, noch keine Wirklichkeit«. Die Dekrete mußten, sollten sie nicht bloß auf dem Papier bleiben, durchgeführt werden. So gab es nach dem Konzil in der katholischen Welt noch viel zu tun. Die Schonung der Fürsten durch das Konzil und den Papst ging unmißverständlich auf die Einsicht zurück, daß ohne Mitwirken der katholischen Obrigkeiten an eine Ausführung des Reformprogramms nicht zu denken war. An einem echten kirchlichen Interesse der meisten katholischen Fürsten, Magnaten und Stadtregierungen brauchte nicht gezweifelt zu werden. Derartiges lag im Zuge der Zeit. Daß die politischen Machthaber die Praktizierung der kirchlichen Reform in ihr politisches Gesamtkonzept einfügten und sich davon einigen Nutzen für ihre Staatsführung und das Gemeinwohl versprachen, durfte man ebenfalls annehmen. Auch das gehörte zum Stil der Zeit. Repräsentierte doch der mit einer Konfession verbündete Fürst den am meisten verbreiteten Typ persönlicher Staatsführung seit der Reformation. Noch im späteren 17. Jahrhundert bezeichnete der Große Kurfürst, Friedrich Wilhelm von Brandenburg, in seinem ›Politischen Testament‹ die Verklammerung von Staatsführung und Religionsausübung als »die rechte Tugend eines rechtschaffenen Regenten«, und er ermahnte seinen Nachfolger, »daß er Gott, der ihn erschaffen und zu einem Herrn und Regenten so vieler Lande und Leute gesetzt, recht von Herzen fürchte, liebe und vor Augen habe (und) Sein allein seligmachendes Wort die wahre Richtschnur seiner ganzen Regierung und (seines) Lebens sein lasse, dieweil darein die rechte Gott wohlgefällige Regierungskunst und höchste Politika begriffen ist«. – Die Trienter Dekrete blieben nicht auf dem Papier. Sie wurden allerdings auch nicht von heute auf morgen in die Praxis umgesetzt. Das geschah vielmehr in einem mühsamen Prozeß, der sich, von Land zu Land verschieden, gut und gern über ein Jahrhundert hinzog. Dieser Umsetzungsprozeß bildet den Hauptvorgang in der Geschichte der katholischen Kirche von der Mitte des 16. bis zum Ende des 17. Jahrhunderts. Stärkste Impulse gingen vom Papsttum aus. Sie verpufften nicht, weil mittlerweile genügend reformgesinnte Kräfte vorhanden waren, die sie aufnahmen und weitertrugen. Ihnen blieb auf allen Ebenen, von der Staatsspitze und Diözesanführung bis zur Ortsgemeinde und Diasporafiliale, die Ausführung des Trienter Programms aufgetragen. Im Kontrast zum Luthertum, zum Calvinismus und zu den anderen evangelischen Richtungen, in Konkurrenz mit ihnen und im Kampf gegen sie konsolidierte sich der Katholizismus in der nachtridentinischen Epoche.

Durch die Wirkungen, die von dem Trienter Konzil ausgingen, erreichte es über die katholische Kirche hinaus auch für die europäische Welt und Christenheit eine gewisse Bedeutung. Mehr nach innen hin wirkte das Konzil auf den Katholizismus, universell und doch wieder abgrenzend wirkte es in das vielgestaltige Leben des damaligen Europa hinein, Impulse aussendend und Verengungen hervorrufend. Auf das Innere betrachtet hatte sich die katholische Kirche nach dem Ansturm der Reformation wieder gefangen und gesammelt, dem Angriff widerstanden und die längst fällige Reform anlaufen lassen. Sie hatte klärend formuliert und in deutlicher Sprache gesagt, was in Glaube, Sitte, Recht und Disziplin als katholisch zu gelten habe und was nicht. Sie leitete einen Entwicklungsprozeß in die Zukunft ein, obwohl sie die Kontinuität mit der Kirche der früheren Epochen bewahrte. Sie vermied den Traditionsbruch in der Radikalität, mit der ihn die Reformatoren vollzogen und bewahrte sich im Papsttum eine Institution, welche Selbständigkeit nach außen und Autorität nach innen verbürgte. Die katholische Kirche geriet deshalb nicht in die volle staatliche Abhängigkeit wie die meisten evangelischen Konfessionskirchen. Massivem staatlichen Druck blieb sie dennoch ausgesetzt. Die Autorität des Papsttums, der Hierarchie und des Klerus bescherte den Katholiken im übrigen recht handfeste Einschränkungen von innen her, nämlich päpstlichen Dirigismus und klerikale Bevormundung. – Nach außen hin betrachtet hatte das Konzil dem Hauptanliegen nicht genügen können, um dessentwillen Karl V. seit den zwanziger Jahren seine Einberufung betrieben hatte: Den Zeitpunkt für eine Wiederherstellung der kirchlichen Einheit hatte es verpaßt. So blieb seine ursprüngliche Hauptaufgabe unerfüllt. Freilich war die Schuld daran nicht den Konzilsvätern anzulasten. Die Ursache lag darin, daß das Konzil so spät zusammentrat, und das hatten andere zu verantworten. 1545 existierten nur schwache Aussichten, 1562, zu Beginn der dritten Sessionsperiode, war an der Tatsache der Kirchen- und Glaubensspaltung nicht mehr zu rütteln: Die konfessionellen Kirchenkörper hatten sich etabliert oder waren im Begriff, es zu tun. Unter dem Gesichtspunkt der europäischen Kirchengeschichte tat die katholische Kirche in Trient ein Gleiches: Sie festigte sich als Kirchenkörper, disziplinierte ihre Gläubigen und erweckte ein kämpferisches, konfessionell getöntes Kirchenbewußtsein. Sie schickte sich an, die kirchlicherseits gewünschten Reformen durchzusetzen und mit Hilfe von Fürsten, Magistraten und Magnaten mit den Reformen Ernst zu machen. Hatte das Konzil auch sein erstes Ziel, die Einigung, verfehlt, so war es doch kein verfehltes Konzil. Es erneuerte im pastoral-disziplinären Bereich die Kirche von Grund auf.

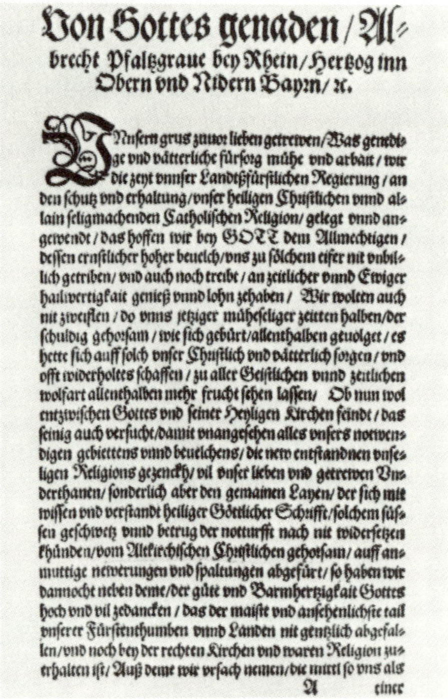
Von Gottes genaden/Albrecht Pfaltzgraue bey Rhein/Hertzog inn Obern vnd Nidern Bayrn/ rc.

VNsern grus zuuor lieben getrewen/Was genedige vnd vätterliche fürsorg mühe vnd arbait/wir die zeyt vnnser Landtsfürstlichen Regierung/an den schutz vnd erhaltung/vnser heiligen Christlichen vnnd allain seligmachenden Catholischen Religion/gelegt vnnd angewendt/das hoffen wir bey GOTT dem Allmechtigen/dessen ernstlicher hoher beuelch/vns zu sölchem eifer nit vnbillich getriben/vnd auch noch treibt/an zeitlicher vnnd Ewiger hailwertigkait genieß vnnd lohn zehaben/ Wir wolten auch nit zweiflen/do vnns jetziger müheseliger zeitten halben/der schuldig gehorsam/wie sich gebürt/allenthalben geuolget/es hette sich auff solch vnser Christlich vnd vätterlich sorgen/vnd offt widerholtes schaffen/zu aller Geistlichen vnnd zeitlichen wolfart allenthalben mehr frucht sehen lassen/ Ob nun wol entzwischen Gottes vnd seiner Heyligen Kirchen feindt/das feinig auch versucht/damit vnangesehen alles vnsers notwendigen gebiettens vnnd beuelchens/die new entstandnen vnseligen Religions gezenckh/vil vnser lieben vnd getrewen Vnderthanen/sonderlich aber den gemainen Layen/der sich mit wissen vnd verstandt heiliger Göttlicher Schrifft/solchem süssen geschwetz vnnd betrug der notturfft nach nit widersetzen khünden/vom Altkirchischen Christlichen gehorsam/auff anmuttige newerungen vnd spaltungen abgefürt/so haben wir dannocht neben deme/der güte vnd Barmhertzigkait Gottes hoch vnd vil zedancken/das der maiste vnd ansehenlichste tail vnserer Fürstenthumben vnnd Landen nit gentzlich abgefallen/vnd noch bey der rechten Kirchen vnd waren Religion zuerhalten ist/ Auß deme wir vrsach nemen/die mittl so vns als

A einer

Glaubensspaltung:
Verbot
der Übersiedlung in protestantische Gebiete,
des Besuchs sektischer Schulen
und Universitäten sowie der Lektüre
nichtkatholischer Bücher
Religionsmandat Albrechts V. von Bayern
vom 30. September 1569
München, Stadtarchiv

Wie immer es auch um ihr Selbstverständnis stehen mochte – in ihrer sichtbaren Gestalt war die katholische Kirche zu einer Partikularkirche neben anderen geworden. Sie kämpfte um ihren Besitzstand, war intolerant, nahm staatliche Hilfen in Anspruch und scheute auch vor einer Verbreitung ihres Glaubens durch Zwang und Gewalt nicht zurück. Kurz: Sie verhielt sich wie die anderen Partikularkirchen. Auch durchlief sie ähnliche Stadien der Konfessionsbildung wie der Calvinismus und das Luthertum. In ihrer geschichtlichen Erscheinung umfaßte sie fortan nicht mehr die gesamte abendländische Christenheit zwischen Lublin und Cádiz, sondern nur noch einen Teil derselben. Als Konfessionskirche trug sie innerhalb der Pluralität der Konfessionen ihr eigenes Gesicht und ihr eigenes Gewand. Strukturell stellte sie einen Kirchentyp dar, welcher Einheit und Unabhängigkeit gegen-

Die betrangte Stadt Augspurg.

Augspurg.

WAnn der günstige Leser wissen wil / was diese zwey ungehewre Thier bedeuten / so kan er das 13. Cap. der offenbarung Johannis fleissig besehen: darinn durch das sibenköpffichte Thier die beschaffenheit deß Papsts zu Rom und seiner München und Pfaffen abgebildet: durch das ander Thier aber insonderheit / die in disem seculo erst ersprungene Sect vñ gesellschafft bezeichnet worden / welche sich von dem Namen deß Lambs (JEsu) benennet / und alle Macht thut deß ersten Thiers / das ist / sich richtet nach der weise deß Antichrists / und demselben die Wunden heilet / verstehe durch allerley Griff das Papsthumb / so viel müglich / bestärcket / wie auch grosse streich von Zeichen unnd Wundern fürgibt / als ob sie das Fewer vom Himmel bringen / und Berg versetzen köndten / gestallt man in den Lügenden von den Wunderzeichen Lojolæ, Francisci Xaverij und anderer der lenge nach liset.

Nun haben sich diese zwey Thier / nach dem sie vieler anderer Particular Kirchen im Teutschland sich bemächtiget / auch gemacht an die Evangelische Gemeine zu Augspurg / und endlichen im Monat Augusto deß 1629. Jahrs / das verhängnuß bekommen / die Evangelische Kirchen und Schuldiener abzusetzen / und an derselben Stelle jhre Brut hinein zuspeyen.

Dannenhero diese / so bald sie in der Stadt auff die Füsse kommen / sich der Kirchen und Schulen der Evangelischen angemasset / die Bibliothecam occupirt, unnd allgemach die daselbst der reinen Religion zugethane Burger grossen theils biß zum Exilio unnd Elend tribuliret und gepresst / &c. unnd hätte man von der lieben Stadt Augspurg billich sagen köñen: jhre Widersacher schweben empor / und jhren Feinden gehets wol. Thren. 1. vers. 5. die Widerwertigen brüllen in den Häusern Gottes und setzen jhre Götzen darein. Psal. 74. vers. 4. Sie reissen den Grund umb / was soll der Gerechte außrichten / Ps[illegible] 11. vers. 3. Sie sagen / unsere Zung soll überhand hab[illegible] [illegible] gebüret zu reden. Psal. 12. vers. 5.

Unfrieden unter der Christenheit:
katholische Oberhoheit über der Reichsstadt Augsburg
Protestantisches Flugblatt aus Augsburg, 1629
London, British Museum

über dem Staat am stärksten wahrte, weil er über ein eigenes Recht und in seiner Spitze über politische Souveränität verfügte. Kulturell, religiös und seelisch brachte sie Farben, Formen, Empfindungs- und Verhaltensweisen hervor, die in der Zusammenschau mit den entsprechenden Formen und Verhaltensweisen der Protestanten einen Eindruck von der Fülle und Vielfalt europäischen Wesens vermitteln. In der geschichtlichen Wirklichkeit des 16. und 17. Jahrhunderts bedeutete die Andersartigkeit im Beten und in der Gottesverehrung freilich, daß die Christen ein und desselben Erdteils sich auseinanderlebten. Sie reagierten auf die Andersartigkeit in der Regel heftig, massiv, animos; oft begegneten sie einander aus Verständnislosigkeit mit Ablehnung und Haß. Wo und wann immer Brücken geschlagen wurden zwischen getrennten Christen, geschah dies zunächst nicht durch die Religion, sondern durch Gleichgültigkeit, Sachzwänge oder außerkirchliche Gemeinsamkeiten des Berufs, des Standes oder auch, in Notzeiten, des Schicksals. Die Konfessionen verketzerten sich gegenseitig, weil alle für sich in Anspruch nahmen, die Glaubenswahrheit exklusiv zu verkünden und die wahre Kirche Christi zu sein. Eine Konkurrenz, welche von sich dasselbe behauptete, konnte folglich nur vom Teufel verführt sein. Indem die Konfessionen sich gegenseitig exekrierten, demonstrierten sie ungewollt, daß das mittelalterliche Kirchentum in seinen Grundüberzeugungen von der Exklusivität des Dogmas und der Einheit der Kirche in ihnen allen weiterlebte.

So sehr die Glaubensspaltung, vereinzelt schon von Zeitgenossen und in zunehmendem Maße von späteren Generationen beklagt, weil sie Unfrieden brachte, die Christen irritierte und der Religion Abbruch tat, so sehr trieb sie doch die Entwicklung voran. Sie rief neue Kräfte hervor und schuf ihnen, weil sie die Einheit sprengte, Freiräume, in denen sie sich entfalten konnten. Mit der Glaubensspaltung setzte sich im Bereich des Kirchlichen, des Religiösen und des Geistigen ein Pluralismus durch, wie ihn das Mittelalter in Europa nicht gekannt hatte. Vorerst hieß die Losung der Partikularkirchen freilich: Konformität nach innen, Abwehr nach außen. Aber selbst unter dem harten Vorzeichen der Polemik war nicht zu vermeiden, daß ein geistiger Austausch einsetzte. Sehr allmählich, über Generationen hinweg, erkannte man, daß andere über wichtige Dinge anders dachten; und diese Kenntnis begann mit den Jahrzehnten langsam, fast unmerklich zu wirken. – Leopold von Ranke hat den Kampf zwischen Martin Luther und seinem Widersacher Johannes Eck nicht ausschließlich theologisch und reformatorisch gedeutet, sondern gelegentlich auch kulturell. Er sah hier bedeutende Kräfte sich miteinander messen, die zur gleichen Zeit auf dem Boden ein und derselben Nation erwachsen waren und so etwas wie einen Reichtum an Möglichkeiten symbolisierten. Aufs Große übertragen, verkörperten ihm Reformation und Papsttum, die germanischen und die romanischen Völker den Reichtum des Potenzials, über das Europa verfügte. Jacob Burckhardt ist für diesen Gesichtspunkt noch konsequenter eingetreten: Im unaufhörlichen Hervorbringen von gegensätzlichen Staats-, Welt- und Religionsentwürfen, in dem Widerstreit bei den geschichtlichen Versuchen, das eine oder das andere oder ein drittes Prinzip zu verwirklichen, erblickte er die unentbehrliche Voraussetzung europäischen Lebens, und zwar auch um der Resultate willen, die sich daraus ergaben: »Aus dem Kampf der Gegensätze entwickelt sich wirklich Neues; neue Gegensätze verdrängen die alten; . . . die Menschen werden bei jedem Kampf anders und geben Zeugnis davon.« Im Streit, im agonalen Prinzip und in der Bereitschaft, Gegensätze konsequent auszutragen, sah er das charakteristische Element europäischen Wesens und insofern auch der Geschichte Europas. Da die abendländische Entwicklung davon getragen sei, habe sie »das echteste Kennzeichen des Lebens«. Und so bezeichnete er das Aufeinanderprallen der Gegensätze im Zeitalter der Glaubens- und Hegemonialkämpfe als Einheit in der Vielfalt; er setzte dafür allerdings eine gewisse Distanz voraus, um die Concordia zu vernehmen. Denn angesichts »der großen Heftigkeit der damaligen Kämpfe« und »der Gelüste nach Zernichtung des Gegners« sahen die Ereignisse für Teilnehmer und Betroffene nicht eben nach Konkordie aus, oder mit Burckhardts Worten: »Vergnüglich und genußreich sind diese Dinge in ihrer Zeit nicht gewesen, sondern Kämpfe auf Leben und Tod.« Was sich in ihnen dokumentierte, worum sie geführt wurden, war – untermischt mit einem Verlangen nach Macht – ein Ringen um das Durchsetzen von Werten und Lebensgütern, die wir heute nur blaß und abstrakt zu umschreiben vermögen mit Begriffen wie Freiheit(en), Recht(e), Religion, die damals jedoch weniger total als vielmehr konkret, partikular, realistisch verstanden wurden, was nicht ausschloß, daß sie auf Überzeugungen und Ideen beruhten. Für dieses auf Wagemut, Wettstreit und Bereitschaft zum Abenteuer beruhende europäische Leben, das sich sowohl der Gier nach Reichtum, Beute, Macht und Genuß hingeben als auch an erhabene Ziele wie die Verwirklichung des Reiches Gottes auf Erden verschwenden konnte, waren große Gegensätze und widerstreitende Interessen unentbehrlich. Sie erst forderten die schlummernden, schöpferischen Kräfte ganz heraus und spornten sie zu höchsten Leistungen an, sei es im Streit der theologischen Schulen, in der Handelskonkurrenz auf den Weltmeeren oder im Ringen miteinander konkurrierender sozialer und politischer Gruppen um die Macht im Staat. – Kampf war letztlich nicht so sehr der Zweck als das Mittel. Sein Ziel blieb stets, eine Gestaltung zuwege zu bringen: ein Weltreich, einen Kathedralbau, ein System der Welterklärung oder eine von einem tragenden Gedanken begründete Herrschaftsordnung. »Europäisch ist: das Sichaussprechen aller Kräfte, in Denkmal, Bild und Wort, Institution und Partei, bis zum Individuum . . .; das Streben des Geistes, von allem, was in ihm ist, Kunde zu hinterlassen . . . (Denn) europäisch ist: nicht bloß Macht und Götzen und Geld, sondern auch den Geist zu lieben« (J. Burckhardt).

Politisch war Europa von jeher auf die Kultivierung partikularer und regionaler Besonderheiten bedacht, ja geradezu versessen; es ließ sich deren Erhaltung sehr angelegen sein. Städte, korporative Bildungen verschiedensten Genres, ständisch organisierte Gruppen und [illegible] führten innerhalb ihrer übergeordneten staatlichen Verbände ein mit diversen Selbständigkeiten privilegiertes eigenes Leben. Als Obrigkeiten taten unter dem Vorzeichen einer variablen politischen Unabhängigkeit Städte, Republiken und Monarchien dasselbe. Intern umschlossen solche Obrigkeiten eine Vielfalt von Rängen und Kräften, die sich gegeneinander regten, und zwar nicht immer friedlich. Sie stritten laufend um punktuelle Sachen, öfter auch um Dinge prinzipiellen Charakters und zogen nicht selten die Obrigkeiten in die Auseinandersetzungen hinein. Trotzdem empfanden sich alle Streitenden an das Recht gebunden und fühlten ihren Kampf im wesentlichen um dessen Auslegung. Um einen Ausgleich zwischen Freiheit und Herrschaft wurde fast überall gerungen: in den Konfessionskirchen; zwischen Kirchen und Staaten; innerhalb der Staaten – nahezu überall mit unterschiedlichem Ergebnis. Nirgends allerdings ging es um den modernen Begriff von politischer Freiheit auf gleichheitlicher Grundlage für das staatsbürgerliche Individuum; man stritt um Freiheiten, welche der einzelne laut Rang, Gruppe, Herkommen oder Verbriefung als ihm zugemessen forderte, oder um Freiheiten, die irgendwelche sozialen und politischen Schichten, Stände, Institutionen oder Korporationen als ihr Anrecht anmeldeten und auf verschiedenste Weise zur Geltung brachten, durch Petitionen oder Verhandlungen oder Aufruhr. – Interne Auseinandersetzungen oder Bürgerkriege führten manchmal dazu, daß ausländische Sympathisanten der einen oder anderen Partei zu Hilfe kamen. Ständische Solidarität oder außerordentliche Erwägungen konnten eine Intervention veranlassen. In der Epoche der Glaubenskämpfe wurde das Motiv der konfessionellen Hilfeleistung zu einer bestimmenden Kraft in der internationalen Politik. Weil in den lebenswichtigen Belangen von Kirche und Konfession, oder was man dafür ansah, nach Praxis und Theorie des 16. Jahrhunderts das religiöse Motiv rechtliche oder vertragliche Abmachungen unter Umständen relativierte, brachte unter bestimmten Voraussetzungen der Konfessionsstreit die zwischenstaatlichen Verhältnisse in Bewegung und griff in das Zusammenspiel der großen Mächte und ihrer Trabanten ein. Es kam vor, daß traditionelle Konstellationen durcheinander gebracht wurden.

Der Krieg um Kleve 1609/10 ist ein Beispiel dafür. Und es gibt weitere: Die Parteinahme für die Katholiken öffnete dem König von Spanien in den Hugenottenkriegen den Zugang nach Frankreich und bahnte ihm fast den Weg zum französischen Königsthron. Die Parteinahme Englands und der Hugenotten für die überwiegend calvinistischen Aufständischen in Holland hinderten den König von Spanien an der vollen Wiedereroberung der beinahe schon zurückgewonnenen niederländischen Nordprovinzen. Die Aussöhnung König Heinrichs IV. von Frankreich mit der katholischen Kirche beseitigte die Abhängigkeit des Papsttums von Spanien. So wirkte das konfessionelle Motiv mit Virulenz in der auswärtigen wie in der inneren Politik. Es trug auch ganz erheblich dazu bei, daß sich um die Zeit der dritten tridentinischen Sessionsperiode Spanien zur ersten Macht in Europa entwickelte. Der König von Spanien, Philipp II., sicherte sich bereits im Frieden mit Frankreich zu Cateau-Cambrésis 1559 eine Führungsposition. Seine Hand lag deutlich spürbar auf dem Konzil. Die Schwäche, in die Deutschland nach dem Rücktritt Karls V. fiel, und die Minderjährigkeitsregierungen in Frankreich nach dem Tod Heinrichs II. bedeuteten, daß Spanien keinen rechten Konkurrenten mehr auf dem Festland hatte. Dazu kam, daß die spanische Monarchie kirchlich geeint war und politisch einigermaßen stabil dastand. Als dann während der letzten Konzilsperiode die Hugenottenkriege ausbrachen und die Religionsfrage Frankreich in Ohnmacht stürzte, gab es keine politische Potenz, die es mit Spanien hätte aufnehmen können. Begünstigt durch die Umstände, die Philipp II. zum beherrschenden Protektor des Papsttums und der katholischen Kirche erhoben, machte der König von Spanien sein Land zur Vormacht Europas.

Spaniens Vormachtstellung zur See unter Philipp II.
Rückseite einer Medaille von Giovanni Paolo Poggini
auf die Hochzeit Philipps II. mit Elisabeth von Valois
am 24. Juni 1559
Mailand, Civico Gabinetto Numismatico

Die spanische Vormacht und Europa

Philipp II. und das Spanien der Großmachtzeit

Philipp II. herrschte über ein Imperium. Die Last der Verantwortung für die Entscheidungen in der Verfassungs-, Bevölkerungs-, Kirchen- und Außenpolitik lag in letzter Instanz allein bei ihm. Er wollte sie unter allen Umständen tragen, doch er trug nicht leicht daran. – Philipp II., am 21. Mai 1527 in Valladolid geboren, war das älteste Kind und der einzige Sohn Karls V. Seine Mutter Isabella, eine portugiesische Prinzessin, eine kluge und schöne Frau, starb, als er gerade zehn Jahre alt war. Durch sie wurde er später der Erbe des Königreiches Portugal. Sein Vater gab sich viel Mühe, ihn auf den Herrscherberuf vorzubereiten und in die Regierungspraxis einzuführen. 1547 belehnte er den Zwanzigjährigen mit dem Herzogtum Mailand, 1555 und 1556 übertrug er ihm in Brüssel die Regierungsgewalt über die Niederlande mit Burgund und über das vereinigte Königreich von Kastilien und Aragonien mit allen seinen Nebenlanden und Kolonien. Als Philipp die Nachfolge seines Vaters antrat, fiel ihm, bedingt durch Frankreichs und Österreichs Schwäche, die Vormacht über Mittel- und Westeuropa sozusagen in den Schoß. Während seiner ungewöhnlich langen Regierungszeit suchte er die ererbte Position zu erweitern, mußte sie aber zugleich verteidigen. Philipp II. führte Spanien auf den Höhepunkt seiner Macht, lernte dabei jedoch auch deren Grenzen kennen.

Zwischen England und Mittelitalien lag damals Europas Industriegebiet. Von dieser blühenden, gewerblich wie kulturell am höchsten entwickelten Zone, die im Rhein ihre Hauptverkehrsader besaß, gehörten ausgedehnte Landstriche zu Philipps Reich: die Lombardei, Luxemburg, Burgund, Holland und Belgien mit Westflandern, Arras und dem Hennegau. Weiter im Süden gebot er über Unteritalien, Sardinien und Sizilien. In Übersee kamen hinzu: am Südostrand Asiens die Philippinen, die seinen Namen tragen, und der amerikanische Kontinent von Feuerland bis Florida und Kalifornien, mit Ausnahme Brasiliens, das den Portugiesen gehörte. In Italien und in der Neuen Welt ließ er sich von Vizekönigen vertreten. Sie regierten in seinem Namen und waren an seine Weisungen gebunden. In den Niederlanden und in Aragonien gab es institutionalisierte Vertretungen des Adels und der Städte. Das machte das Regieren dort schwieriger. Denn die gut organisierten Stände beanspruchten eine mehr oder weniger weitgefaßte Selbstregierung und beriefen sich dafür auf verbriefte Rechte. Sie waren daher nicht bereit, sich unbequemen Anordnungen des Königs stets widerspruchslos zu fügen. Hier gab es also Reibungsflächen. Den Spuren seiner Vorgänger folgend, die ihm hierin kräftig vorgearbeitet hatten, suchte Philipp II. die Kompetenzen seiner fürstlichen Regierung weiter auszudehnen. Das gelang ihm am ehesten in Kastilien. Hier hielt er mit System die mächtigen Feudalherren von der Regierungszentrale fern. Er beschäftigte die Granden hauptsächlich als Offiziere im Heer und in der Flotte, schickte sie als Diplomaten ins Ausland oder machte sie zu Statthaltern, Gouverneuren und Vizekönigen in Italien und Amerika. Auf diese Weise lockerte er ihre Bindungen an ihre Standesgenossen und Grundherrschaften und hoffte damit der Gefahr von Komplotten und regionalen Erhebungen vorzubeugen.

Von der Teilnahme an der Zentralverwaltung schloß Philipp II. den Hochadel so gut wie vollständig aus. Er bediente sich für die Regierung, wie fast alle frühneuzeitlichen Monarchen, eines Staatsrates, des Consejo de Estado. Aus diesem zentralen Regierungsorgan hatten seine Vorgänger im frühen 16. Jahrhundert mehrere Ressorts ausgegliedert und zu selbständigen obersten Ratsgremien entwickelt, darunter als wichtigstes den Kastilien-Rat, den Consejo de la Cámara de Castilla, eine Art Innen- und Justizministerium. Die Organisation des Handels mit Amerika hatte Karl V. dem sogenannten Indien-Rat übertragen, dem Consejo Real y Supremo de las Indias, einer Uni-

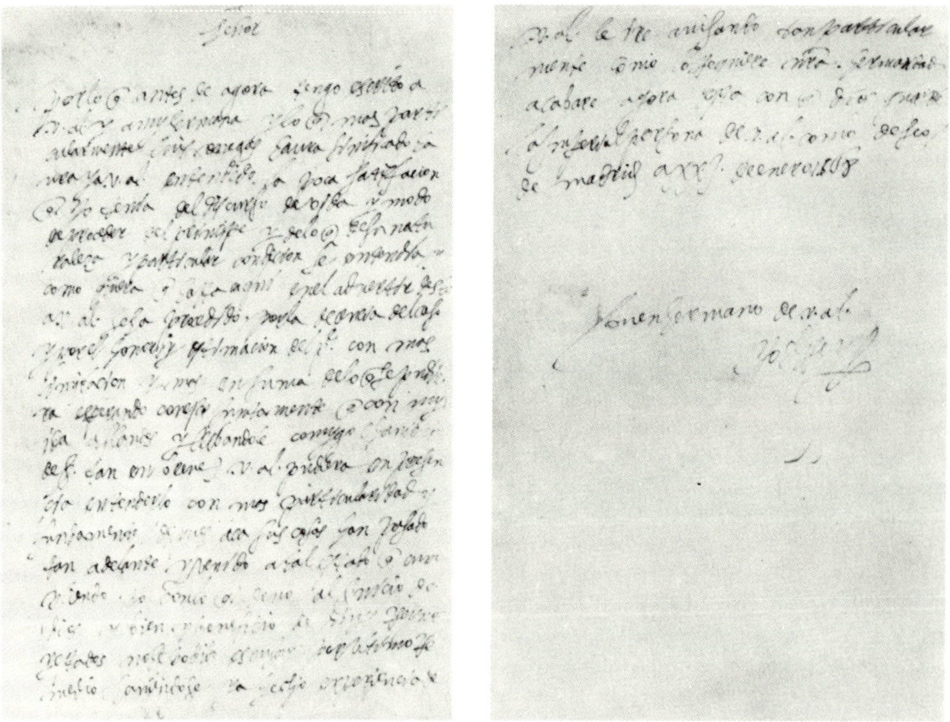

Philipp II. an seinen Vetter und Schwager Maximilian II.:
eigenhändige Mitteilung des spanischen Königs vom 21. Januar 1568 an den Kaiser
über die beabsichtigte Gefangennahme von Philipps Sohn Don Carlos
Wien, Haus-, Hof- und Staatsarchiv, Familienkorrespondenz 2

versalbehörde für die Kolonien von allergrößter Bedeutung. Denn der Indien-Rat leitete und kontrollierte sämtliche Verwaltungs-, Rechts- und Kirchenangelegenheiten in Spanisch-Amerika und ersetzte »das oft willkürliche und grausame Regiment der Konquistadoren durch ein neues, wohl geordnetes Verwaltungssystem. Ein ausgeklügeltes System von Vollmachten und Abhängigkeiten sicherte die Effektivität dieser Verwaltung wie ihre dauerhafte Unterordnung unter die Krone. Daneben kommt dem Consejo de las Indias der Ruhm einer vorbildlichen Sozialgesetzgebung zu; keine der älteren Kolonialmächte hat so viel für die Eingeborenen getan wie Spanien mit der Indianer-Schutzgesetzgebung seines Indien-Rates« (H. Rabe). Die Mitglieder der Ratsgremien bereiteten die königlichen Entscheidungen für ihre jeweiligen Ressorts vor, hatten selbst aber nur beratende Funktion. Der König nahm an den Sitzungen der Ratsgremien für gewöhnlich nicht teil, sondern verkehrte mit ihnen schriftlich, ›aus dem Kabinett‹. Im Kabinett traf er persönlich die fälligen Entscheidungen. Sein leitender Sekretär koordinierte den Geschäftsgang in den Ratsgremien; er entwickelte dadurch sein Amt, das Staatssekretariat, im Laufe des 16. Jahrhunderts faktisch zur obersten Zentralbehörde in der spanischen Monarchie. Philipp II., bedächtig und gewissenhaft, kümmerte sich auch um untergeordnete Dinge. Da in einem Imperium wie dem spanischen laufend ein Stapel von Sachen zu erledigen war, schleppten sich die Entscheidungen oft über Gebühr lange hin; denn trotz fleißiger täglicher Arbeit kam der König mit der Fülle der Eingänge nicht mit. So rissen die Klagen über den zögernden Gang der Geschäfte niemals ab: »Alles geht bei uns von morgen auf übermorgen, und der Hauptentschluß ist, in allem stets unentschlossen zu bleiben«, schrieb 1565 Thomas Granvelle an seinen Bruder Antoine, Philipps Stellvertreter in der niederländischen Verwaltung.

Dennoch ist gar nicht zu bestreiten, daß Philipp II. stramm regierte. Trotz größter Umsicht und Behutsamkeit fällte er gegebenenfalls riskante

Philipp II. von Spanien
Gemälde von Sánchez Coello, vor 1582
Madrid, Museo del Prado

Entscheidungen und konnte auch hart zugreifen: in den Niederlanden, in Frankreich; gegen England, gegen den Papst. Was Spanien außenpolitisch in der zweiten Hälfte des 16. Jahrhunderts tat, trug Philipps Handschrift. Nicht anders stand es mit der inneren Regierung. Der König war für seine Person kein Theoretiker. Er verfuhr in seinem Regiment jedoch dergestalt nach den Grundsätzen sowohl des Staatsinteresses als auch der Alleinherrschaft, daß sich daraus eine Theorie der Staatsräson und des Absolutismus bis zu einem gewissen Grad ableiten ließ. Daß Staatsräson und Absolutismus keinen Freibrief für Willkür darstellten, verstand sich damals allerdings von selbst. Denn zu stark lebte im Bewußtsein der Zeit die Vorstellung von einem alle Menschen bindenden Naturrecht und einem unumstößlichen, durch die Heilige Schrift geoffenbarten göttlichen Recht, dem Ius divinum, als daß ein Fürst sich hätte darüber hinwegsetzen dürfen; er hatte sich vielmehr kraft Amts daran zu halten. Nach allem, was wir über Philipp II. wissen, war dies auch seine Absicht. Die Verantwortung, die sein hohes Amt ihm auferlegte, stand ihm täglich vor Augen; er suchte sie auch seinen Beamten und Bevollmächtigten einzupflanzen. Eine Anweisung von ihm an den Vizekönig von Neapel lautete: »Das Volk ist nicht für den Herrscher da, sondern umgekehrt: der Herrscher für das Volk. Seine erste und höchste Pflicht besteht darin, daß er für das ihm anvertraute Volk arbeite und dafür Sorge trage, daß es in Ruhe und Frieden, in Gerechtigkeit und Ordnung zu leben vermöge. Denn dafür wird ihm, dem Herrscher, schließlich Rechenschaft abgefordert werden.« Herrschaft war für ihn Dienst, nicht Genuß der Macht. Aber er wollte uneingeschränkt herrschen, weil er nach eigener Aussage nicht glaubte, daß ein in seinen Befugnissen eingeschränkter König sein Volk gut regieren könne.

Dieser König, der zu Wasser und zu Lande an vielen Fronten Kriege führte, war eine unmilitärische Natur, mehr ein Bewahrer als ein Eroberer. Doch die Umstände und das, was man den Zwang der Lage nennt, waren stärker als er. Zu den Zwängen, denen er sich glaubte nicht entziehen zu dürfen, gehörten Herrschaftsrechte und dynastische Ansprüche. Ihretwegen ließ sich dieser so bedächtige Monarch mehrmals in gewagte Unternehmungen ein: in Portugal, in England, in Frankreich. Die Geschichtsschreibung hat ihn sehr unterschiedlich beurteilt; sie neigte jahrhundertelang dazu, sein Bild in düsteren Farben zu malen. Die Entstellung seines Bildes ging in erster Linie auf die Publizistik seiner zeitgenössischen politischen und konfessionellen Gegner, insbesondere auf die von seinem erbitterten Feind Wilhelm I. von Oranien in die Welt gesetzte Leyenda negra zurück. Als König einer katholischen Nation teilte Philipp II. deren Ergebenheit gegenüber dem Papsttum und der Kirche. Infolgedessen entlud sich der Zorn, mit dem halb Europa den Papst bedachte, auch über Philipps Haupt. So hat ihn die lang nachwirkende Legende finsterer gezeichnet, als er in Wirklichkeit gewesen ist. Seine spanischen Zeitgenossen scheinen mit ihm überwiegend zufrieden gewesen zu sein. Wie wäre es sonst zu verstehen, daß sie ihn mit dem Beinamen ›el Prudente‹ ehrten, ihn Philipp den Klugen nannten?

Er machte 1561 Madrid zur Haupt- und Residenzstadt. 1586 übersiedelte er mit dem Hof in den Escorial. Diese gewaltige Palastanlage vereinte Kirche, Kloster, Schloß und Grablege und enthielt dazu noch Raum genug für Bildergalerien und wissenschaftliche Institute. Viele Motive bewogen Philipp II. zu diesem Bau. Der stärkste Grund war für ihn: der Erhabenheit der Monarchie über den Adel aller Rangstufen einen sinnfälligen Ausdruck zu verleihen. Diese Residenz sollte jedermann sichtbar zu verstehen geben, wie das Königtum von Gottes Gnaden sich selbst verstand: daß es auf Erden oder mindestens auf der Iberischen Halbinsel seinesgleichen nicht gab. Ein venezianischer Gesandter rühmte 1559 Philipp II. nach, daß er sich freundlich und menschlich zeige »wie kaum ein anderer Fürst«, fügte aber hinzu, daß er bei aller Leutseligkeit und Höflichkeit stets eine ernste königliche Würde wahre. Solcher Würde entsprach es, daß er sich nach außen hin vollendet beherrschte und weiten Abstand hielt. Zu dieser Haltung erzog ihn das höfische Zeremoniell. Es ging auf den hochstilisierten burgundischen Hof zurück und wurde 1548 in Spanien eingeführt. Dieses Hofzeremoniell war von unglaublicher Exaktheit und Strenge. Seinen Riten mußte sich auch der König beugen. Es regulierte nicht nur den Tagesablauf, sondern gab auch den Staats- und Privaträumen einen auf den Monarchen hingeordneten, gleichsam liturgischen Zuschnitt. Selbst die Toilette des Königs war mit einem Baldachin versehen.

Niemand fand Anlaß, an der Frömmigkeit oder Glaubenstreue Philipps II. zu zweifeln. Der König bekannte sich unangefochten zum katholischen Glauben und erblickte in dessen Aufrechterhaltung und Verteidigung eine wesentliche Aufgabe seiner Regierungstätigkeit. Das hinderte ihn nicht, dem Papst gegenüber außerordentlich selbstbewußt aufzutreten. Die spanische Kirche gehorchte dem Heiligen Vater in Dingen des Glaubens anstandslos, in Dingen der kirchlichen Disziplin und der

Der Escorial bei Madrid
Gemälde eines spanischen Künstlers, 17. Jahrhundert
Paris, Musée du Louvre

kirchlichen Verwaltung jedoch fast ebenso selbstverständlich dem König. Es gab deshalb zahlreiche Zusammenstöße zwischen Philipp II. und den Päpsten. Als sich 1556 Paul IV. mit dem König von Frankreich zum Krieg gegen Spanien verbündete, ließ sich Philipp von einigen spanischen Theologen, zu denen ein so luzider Geist wie Melchior Caño gehörte, beraten, wie er sich gegen Seine Heiligkeit verhalten sollte. Die Theologen argumentierten: Da sich Paul IV. mit dem König in Güte nicht habe einigen wollen, sei der König nach göttlichem und menschlichem Recht befugt, den Krieg gegen den Papst aufzunehmen. Auch sonst holte Philipp in schwierigen politischen Fällen, die den kirchlichen Bereich tangierten oder ihm eine Gewissenssache waren, den Rat theologischer Gutachter ein. Die Päpste und die römische Kurie spürten einen permanenten Druck, dem er sie aussetzte – und der ging in der Tat sehr weit: Philipp mischte sich zum Beispiel massiv in die Papstwahlen ein und schröpfte wiederholt die spanische Kirche um gewaltige Summen. »Als weltlicher Souverän«, schrieb Papst Sixtus V. seinem Legaten Caëtani nach Paris, »ist der König von Spanien vor allem darauf bedacht, seine Territorien zu sichern und zu erweitern. Die Erhaltung des katholischen Glaubens, die für den Papst das höchste Ziel ist, bildet für Seine Majestät nur einen Vorwand.« Das war sicher nicht ganz falsch gesehen, nur stellte sich für Philipp das Problem etwas anders, wenn auch deshalb nicht richtiger: Er sah in einer Stärkung und Erweiterung des spanischen Imperiums eine der besten Garantien für die Erhaltung des katholischen Glaubens und meinte deshalb, der Papst könnte in eigener Sache gar nichts Besseres tun, als die spanische Innen- und Außenpolitik zu unterstützen, ja er hielt ihn moralisch dazu für verpflichtet und gab es ihm auch zu verstehen. – Abgesehen von den Querelen mit dem Heiligen Stuhl blieb Philipp II. als Mensch und Persönlichkeit ein frommer Christ. Vor seinem Tod wurde er von schweren körperlichen Leiden heimgesucht. Er konnte sich vor Gicht kaum bewegen. In diesem Zustand bekam er eitrige Geschwüre an den Beinen, die so schmerzten, daß man nicht einmal feuchte Tücher auflegen konnte; weil man sie nicht behandeln konnte, stanken sie entsetzlich und waren bald voller Ungeziefer. Knapp zwei Monate lag der König so da, ohne ein Wort der Klage. Unmittelbar vor seinem Tod ließ er den Thronfolger kommen. Nach des kaiserlichen Gesandten Khevenhiller Worten entblößte er alsdann seinen der Verwesung nahen, »übelriechenden, mit Geschwüren durchlöcherten, mit Läusen bestiegenen Leib«, um dem Nachfolger von der Hinfälligkeit des irdischen Königtums ein unauslöschliches Bild einzuprägen: »Ich wollte Euch diese Szene ersparen, aber ich wünsche, daß Ihr seht, wie die Monarchen der Erde enden.« Dabei legte er dem Sohn ans Herz, der katholischen Kirche treu zu bleiben und die Untertanen gerecht zu behandeln.

Dies waren die letzten Gedanken des Herrschers, unter dessen zweiundvierzigjähriger Regierung die spanische Nation in die Epoche ihrer größten Geltung und Machtentfaltung eintrat, in ihr Siglo de oro, das Goldene Jahrhundert. Spanien brachte in dieser Zeit herausragende Heilige, Theologen, Künstler, Schriftsteller und Dramatiker hervor, um derentwillen die Epoche vom mittleren 16. bis zum ausgehenden 17. Jahrhundert wohl auch künftig noch das Siglo de oro heißen wird. Dessen ungeachtet hatte diese Goldene Zeit auch ihre dunk-

Die konfessionelle Diskrepanz zwischen Philipp II. von Spanien und Moritz von Oranien
Allegorie der durch den Religionszwist belasteten spanischen Politik gegenüber den Niederlanden
Lavierte Zeichnung von David Vinckeboons, Anfang des 17. Jahrhunderts
Düsseldorf, Kunsthandel

len Seiten: Das spanische Reich hatte mit Problemen zu tun, die an seiner Kraft zehrten. Der Religionszwist, der die übrigen europäischen Staaten in Krisen stürzte, spielte zwar in die auswärtige Politik hinein und belastete das Verhältnis zu den Niederlanden, berührte aber Spanien intern noch am wenigsten. Hingegen strapazierten Philipps II. imperiale Politik und Kriegführung Land und Leute über Gebühr. Die Finanzen und die Wirtschaftskraft litten darunter, und die Bevölkerung nahm Schaden. Das Land vermochte auf die Dauer nicht herzugeben, was die Regierung ihm zumutete. Daran war aber nicht ausschließlich eine mangelnde Ertragskraft schuld. Die Ursachen lagen zum Teil auch im System von Philipps II. innerer Politik.

In der inneren Politik verfolgte Philipp II. das Ziel, die königliche Gewalt weiter auszubauen. Armee und Verwaltung waren die Säulen, auf denen seine Regierung ruhte. In Kastilien, in Italien und in Amerika gelang es ihm mit zunehmendem Erfolg, den Führungsanspruch der Monarchie durchzusetzen. Anders sah es in Aragonien und in den Niederlanden aus. Beide Herrschaftsgebiete waren seit unvordenklicher Zeit föderativ organisiert; sie zerfielen in Provinzen, die auf Eigenrechte pochten. Diese Landesteile besaßen eigene politische Institutionen, Gerichtsbarkeiten und Verwaltungen. In den Niederlanden verfügte der höhere Adel traditionsgemäß über die einträglichsten kirchlichen Pfründen. Aragonien besaß ein eigenes Gesetzgebungsorgan. Diese Länder waren nicht gewohnt, daß der König nach Gutdünken in sie hineinregierte, sondern legten Wert darauf, daß er sich mit ihnen über anstehende Dinge vertraglich arrangierte. Darauf ging Philipp allerdings nicht immer ein, sondern ließ es zunächst einmal auf eine Kraftprobe ankommen. – Für Aragonien konnte er sich zu diesem Zweck eines unter Ferdinand II. und Isabella geschaffenen Instruments bedienen: der Inquisitionsbehörde. Diese war ein staatskirchliches Institut im Dienst der Krone. Papst Sixtus IV. hatte sie

›Die Fahne der Inquisition‹
Kupferstich eines Unbekannten,
17. Jahrhundert

seinerzeit auf Wunsch des Königspaares approbiert. Sie stellte damals die einzige Behörde dar, für welche die sonst streng beobachtete Grenze zwischen Kastilien und Aragonien nicht galt. Sie war institutionell die stärkste Klammer, um die beiden Reiche zusammenzuhalten, und deshalb politisch für die Könige von hohem Wert. Die Kompetenzen, die ihr die Krone übertrug, waren gerichtlicher und polizeilicher Natur. Sie bezogen sich auf den Glaubensbereich im weitesten Sinn. Im engeren Sinn gehörte es zu den Aufgaben der Inquisition, für die innere Sicherheit des Staates tätig zu sein. Nach den allgemeinen Vorstellungen der Europäer des 16. Jahrhunderts lagen die unumgänglichen Voraussetzungen für das Gedeihen des Staates in der Einheit der Kirche und in der Reinheit des

Glaubens. Nach spanischer Denkweise war auch die Reinheit des Blutes in hohem Grade wünschenswert; ein rechter Spanier sollte frei sein von maurischem und jüdischem Blut. Unter diesen Umständen wurde die Nachfrage – Inquisition heißt Nachfrage – nach katholischem Glauben und christlicher Abstammung für manchen zu einer brisanten Angelegenheit. Wer sich gegen den Glauben verfehlte oder die gewünschte Abstammung nicht besaß, gefährdete im Prinzip den Staat. Derlei Gefährdung aufzuspüren, zu beseitigen oder unwirksam zu machen, war Aufgabe der Inquisition. Sie machte vor den Vorrechten des Adels nicht halt und durfte schließlich auch Fälle vor ihr Tribunal ziehen, in denen die ordentlichen Gerichtshöfe nicht tätig werden konnten, weil ihnen alte Gesetze oder Privilegien im Weg standen. Da die Beamten, vom Generalinquisitor abwärts, von der Krone eingestellt wurden, handelte es sich um einen staatlichen Zugriff, wenn die Inquisition einschritt. Zwei Dinge belasten namentlich, auch im historischen Rückblick, die Inquisition: die Heimlichkeit des Verfahrens und das zum System ausgebildete Denunziantentum. Das Gerichtsverfahren an sich war nicht schlechter und das Strafmaß nicht grausamer als in den übrigen europäischen Ländern und Staaten jener Zeit. Es scheint im Gegenteil die Folter zur Erzwingung von Geständnissen weniger angewendet worden zu sein. Freilich: Der vom Zeitgeist eingegebene Straftatbestand der Glaubensverfehlung wurde vielleicht in keinem Land von einer staatlichen Institution so systematisch beobachtet, aufgespürt und gerichtlich abgeurteilt wie in Kastilien und Aragonien. Die Skala der von der Inquisition verhängten Strafen reichte von geringen Bußen bis zur Todesstrafe. Die Zahl der Hinrichtungen, die im übrigen bis jetzt noch niemand exakt oder annähernd ermittelt hat, war vermutlich sehr hoch; Schätzungen sprechen von insgesamt zehn- bis fünfzehntausend bis zur Mitte des 17. Jahrhunderts.

Während des Mittelalters hatte auf der Iberischen Halbinsel ein relativ tolerantes Klima geherrscht. Zwischen arabischen Muslimen, Juden und europäischen Christen bestand trotz der Reconquista ein erträgliches Verhältnis. Durch die Eingliederung Granadas vergrößerte sich der muslimische Anteil an der Bevölkerung der spanischen Monarchie auf schätzungsweise eine Million Menschen. Er stieg auf vierzehn Prozent an – bei einer Gesamtbevölkerung von etwa sieben bis höchstens siebeneinhalb Millionen, worunter sich gegen zweihunderttausend Juden und gegen zweihundertundfünfzigtausend Conversos oder Marranos – getaufte Juden – befanden. Der Anteil der Nichtchristen machte also rund ein Sechstel der Gesamtbevölkerung aus. Seit der Eroberung Granadas gingen die katholischen Könige, aus was für Gründen auch immer, religionspolitisch zu einem neuen harten Kurs über. Die Toleranz schlug um in Intoleranz. Abweichend von ihrer bisherigen Praxis setzten sich Ferdinand und Isabella in ihren späteren Jahren die Einführung der Glaubenseinheit zum politischen Ziel: Sie verlangten von ihren jüdischen und maurischen Untertanen, Christen zu werden; wer sich dem Bekenntnis nicht fügte, mußte das Land verlassen. Darauf setzte eine Massenemigration ein; man schätzt, daß etwa einhundertundfünfzigtausend Juden und dreihunderttausend Muslimen das Land verließen. Die Zurückgebliebenen ließen die Taufe über sich ergehen. Man nannte die Getauften, sofern sie arabischer Herkunft waren, ›Moriscos‹ – was soviel bedeuten sollte wie: maurische Neuchristen – und unterschied sie damit auch terminologisch präzis von der altchristlichen Bevölkerung und den aus dem Judentum übergetretenen Conversos. Damit schufen sich die Könige das Morisco-Problem. Es belastete die innere Politik ihres Landes für mehr als hundert Jahre und machte insbesondere Philipp II. schwer zu schaffen. Wie sehr die Moriscos als Fremdkörper empfunden und wie wenig sie in die kirchliche Glaubensgemeinschaft integriert wurden – was die Christianisierung ja eigentlich hatte bezwecken sollen –, mag man daran ablesen, daß sie noch um 1600 in Valencia, wo sie stark vertreten waren, als ›Nation der maurischen Neuchristen‹ bezeichnet wurden. – Im Königreich Aragonien, welches von den für Kastilien bestimmten Verfügungen des katholischen Königspaares nicht betroffen worden war, erließ Karl V. 1525 separat ein entsprechendes Gesetz – mit der Folge, daß die dort ansässige maurisch-arabische Bevölkerung ebenso oberflächlich christianisiert wurde wie diejenige von Granada. Denn die Krone brachte weder den Willen noch das Geld und die entsprechenden Einrichtungen auf, um die Moriscos in der christlichen Religion und in der spanischen Sprache ausreichend zu unterweisen. Andererseits wurde von ihnen verlangt, daß sie sich ihrer spanischen Umwelt assimilierten. Diesem Ansinnen wußte sich die notorisch fleißige, in Landwirtschaft und Gewerbe tätige maurische Bevölkerung geschickt zu entziehen, indem sie sich durch eine hohe Sondersteuer von der Pflicht zur Assimilierung loskaufte.

Die Moriscos durften infolgedessen ihre Sprache und Tracht beibehalten. Sie zeigten sich äußerlich katholisch, blieben in Wirklichkeit aber Anhänger des Islam. »Sie gingen nur zur Messe, um nicht bestraft zu werden. Sie arbeiteten an den kirchlichen Festtagen hinter verschlossenen Türen; sie feierten die Freitage mehr als die Sonntage. Sie wischten den Kindern nach der Taufe das Taufwasser wieder ab; die Knaben wurden beschnitten und erhielten maurische Namen. Die Frauen zogen sich, wenn sie sich in geliehenen christlichen Gewändern hatten trauen lassen, zu Hause um und wiederholten die Zeremonien der Eheschließung in maurischer Kleidung mit den rituellen Tänzen, den Zambras und Leilas nach der Religion ihrer Väter« (T. Davies). Es sprach für ihre Intelligenz, ging jedoch auch auf ihre große Zahl in dichter Siedlung zurück, daß sie sich die Inquisition vom Leibe zu halten verstanden. Philipp II. besaß in Granada eine blühende, im Grunde genommen aber maurische Provinz, deren arabische Bevölkerung ihr Bekenntnis zum Islam nach außen hin durch ein zur Schau getragenes Scheinchristentum tarnte und »mit den Mauren jenseits der Meerenge mehr gemeinsam hatte als mit den Spaniern der Halbinsel«. Mitte der sechziger Jahre, um die Zeit, als der niederländische Aufstand begann, wurde Philipp II. nicht durch die Inquisition, sondern durch den Erzbischof von Granada und durch Papst Pius V. über die in Granada herrschenden Verhältnisse unterrichtet. In spontaner Reaktion erneuerte er daraufhin die Assimilierungsgesetze seiner Vorgänger und hob mit einem Schlag die seit Jahrzehnten geübte Dispenspraxis auf. Er verbot durch einen Erlaß vom 1. Januar 1567 den Gebrauch der arabischen Sprache – mit Wirkung ab 1572 – und befahl, alle arabischen Bücher zu konfiszieren. Außerdem mutete er seinen Untertanen maurischer Abstammung zu, sich eine Überwachung im Stil der Calvinschen Kirchen- und Sittenzucht gefallen zu lassen. Er befahl ihnen, bei Verlobungs- und Hochzeitsfeiern sowie freitags und sonntags ihre Haustüren geöffnet zu halten, damit ihr häusliches Leben von jedermann beobachtet werden könnte.

Der König traf die Moriscos durch diese Bestimmungen in einem Punkt, an dem ihr Herz hing, nämlich in ihrer Religion; er suchte ihnen deren Ausübung unmöglich zu machen. Sie waren seit den nahezu siebzig Jahren ihrer Zugehörigkeit zur spanischen Monarchie daran gewöhnt, ihre Riten und Zeremonien insgeheim zu feiern und in Dingen, die ihrem Leben Sinn und Inhalt gaben, in Ruhe gelassen oder großzügig behandelt zu werden. Deshalb war es fraglich, ob sich der alle Gewohnheiten umwerfende königliche Erlaß widerstandslos würde durchführen lassen. Außer einigen Kennern der Situation riet auch eine so zupackende und befehlsgewohnte Natur wie der Herzog von Alba dem König dringend von einer Durchführung seines Vorhabens ab, weil er sich sonst unfehlbar einen Bürgerkrieg auf den Hals zöge. Allen Warnungen zum Trotz bestand Philipp aber auf der sofortigen Ausführung seines Befehls. Darauf brach, wie Alba prophezeit hatte, ein mörderischer Aufstand aus. Es kostete den König die größten Anstrengungen, sich dieser Rebellion zu erwehren.

Massendeportation der Mauren nach Nordafrika
auf Grund des spanischen Dekrets von 1609
Zeichnung von Vicente Carducho, nach 1609
Madrid, Museo del Prado

Schließlich gelang es ihm, aber erst nach mehreren Jahren und unter unverhältnismäßig starken Opfern, und auch dann noch mit etwas Glück. Der Preis, den die spanische Bevölkerung und Volkswirtschaft zahlen mußten, war gewaltig. Der Krieg ruinierte eine blühende Provinz. Der verlustreiche Sieg des Königs trieb eine ausgesprochen gewerbetüchtige ethnische Minderheit in erbitterte Feindschaft gegen den spanischen Staat und entfremdete sie ihm ganz und gar. Nicht davon zu reden, daß der König durch die Deportation der Moriscos, womit er die Besiegten bestrafen und unschädlich machen wollte, der sowieso defizitären Wirtschaft seines Landes einen Schlag versetzte, von dem sich dieses auf Jahre hinaus nicht mehr erholte.

Philipp II. deportierte die Moriscos allerdings auch aus akuter Sorge um die äußere Sicherheit Spaniens. Denn 1570 stand ein Krieg mit den Türken und ihren nordafrikanischen Verbündeten vor der Tür, und er hatte Grund, die Moriscos in Granada als deren potenzielle Verbündete zu betrachten. So lag ihm daran, seine krypto-muslimischen Untertanen von den Küsten des Mittelmeeres zu entfernen, um sie vor der Versuchung zu bewahren, mit seinen Feinden gemeinsame Sache zu machen. Er befahl also, die gesamte maurische Bevölkerung aus Granada auszusiedeln und sie ins Innere Kastiliens zu verpflanzen. Hier mußten sich die Moriscos in Streusiedlungen innerhalb einer altchristlichen Umgebung niederlassen. Sie wurden ständigen Kontrollen und einengenden Sonderbestimmungen unterworfen. Nachts durften sie zum Beispiel nicht ihre Häuser verlassen. Ihre Kinder unterlagen der Schulpflicht und wurden in altchristliche Familien zur Erziehung gegeben. Kein Wunder, daß sich zahlreiche Moriscos diesem Zustand der Halbsklaverei zu entziehen strebten und außer Landes flüchteten. Diejenigen aber, die in Spanien blieben, nährten einen ständigen Haß gegen dieses Land, gegen seinen König, gegen seine Religion. So kam es auch nach der Deportation zu keiner Assimilierung. Die Moriscos wirkten namentlich in den größeren Städten Kastiliens als ein sozialer Fremdkörper; sie waren zu allem Überfluß mit einer sprichwörtlichen Fruchtbarkeit gesegnet und erregten damit zusätzlich den Neid der Altchristen. Etwas anders sah es in den Ländern der Krone Aragoniens aus. Hier wußte der herrschende Adel die Moriscos als Landarbeiter zu schätzen und stellte sich unter Umständen sogar schützend vor sie. Dennoch empfand der spanische Staat sie auf die Dauer als eine Belastung, der er ledig zu werden trachtete. So beschloß nach dem Ende des niederländischen Krieges, auf Betreiben seines Ministers Lerma, König Philipp III., sich der christlichen Mauren gänzlich zu entledigen, und verfügte 1609, vier Jahrzehnte nach dem großen Aufstand, in einem zweiten Gewaltakt die Vertreibung sämtlicher in den Grenzen der Monarchie ansässigen Moriscos. Auf Grund des Ausweisungsbefehls verließen zwischen 1609 und 1614 etwa neun Zehntel der christlichen Mauren das Land. Wirtschaftliche Gesichtspunkte standen niemals im Vordergrund der spanischen Politik. So nahm es die Monarchie in Kauf, daß die Massenausweisung, von der diesmal auch Aragonien nicht verschont wurde, Spaniens Wirtschaft schwere Wunden schlug und Dauerschäden hinterließ. In der Provinz Valencia bildeten die maurischen Neuchristen das Rückgrat der Landwirtschaft und machten etwa ein Drittel der Bevölkerung aus. Nach ihrer Vertreibung wurde ein großer Teil des Bodens nicht mehr bearbeitet. Der Verlust war um so fühlbarer, als die Spanier für gewöhnlich die positive Einstellung der Moriscos zur Handarbeit nicht teilten, sondern eher dazu neigten, sie als unehrenhaft zu verachten.

Seit der zweiten Hälfte des 16. Jahrhunderts traten Krisenerscheinungen in der gesamteuropäischen Wirtschaft auf. Davon wurden nicht alle Produktionszweige betroffen, und die Entwicklung verlief in den einzelnen Ländern verschieden. Andererseits gab es einige Symptome, die sich in ganz Europa bemerkbar machten: Die Ertragskraft der Städte ließ nach; die Steuern zogen an; der Geldwert sank; die Preise stiegen. Einige negative Erscheinungen traten in Spanien besonders scharf hervor. Weil die Landwirtschaft sich überproportional auf die einträgliche Schafzucht konzentrierte, ließ die Getreideproduktion nach; es wurden Kornimporte notwendig. Die regelmäßigen Silbereinfuhren aus Spanisch-Amerika belebten mehr die ausländische als die spanische Wirtschaft; man verwendete das Silber, um gewerbliche Produkte aus anderen europäischen Ländern einzukaufen. Die in Spanien vorhandenen Kapitalien wurden von ihren Besitzern zunehmend in Grundbesitz angelegt und damit der Wirtschaft entzogen, zum Teil auch dem Fiskus; denn wer vermögend genug war, in die Hidalguía aufzusteigen, kam in den Genuß des Privilegs der Steuerfreiheit. Im Unterschied zu Engländern und Franzosen waren vermögende Kastilier in der Regel nicht sehr bereit, ihr Kapital in wirtschaftliche Unternehmungen zu investieren. Der Krieg in Holland brachte die Außenhandelsroute von Bilbao nach Antwerpen fast zum Erliegen. Im Mittelmeer lief Genua Barcelona den Rang ab und übernahm dessen Rolle im Handel mit Unteritalien und der Levante. Beide Vorgänge setzten der heimischen Wirtschaft arg zu; zum Beispiel ging der Schiffsbau auf den nordspanischen Werften gewaltig zurück. Die Landwirtschaft und das

Gewerbe verloren durch den Ausfall der Moriscos Arbeitskräfte, während die aristokratische Mentalität der Spanier ein weiteres dazu beitrug, daß die Arbeit vernachlässigt wurde, der Bettel hingegen zunahm. Alles zusammen bedeutete, daß Spanien im europäischen Vergleich industriell ins Hintertreffen geriet, auch in solchen Branchen, in denen es zuvor dominiert hatte, wie in der Eisenverarbeitung, im Textilgewerbe und im Schiffsbau.

Die Politik Philipps II. und seiner Nachfolger im 17. Jahrhundert war wenig geeignet, die strukturellen Schwächen der spanischen Wirtschaft auszugleichen. Sie überforderten im Gegenteil, von der dubiosen Morisco-Politik einmal ganz abgesehen, ihre Untertanen laufend durch eine kostspielige und ehrgeizige Außenpolitik, welche von Philipps II. Regierungsübernahme 1556 bis zum Pyrenäen-Frieden von 1659 – mit Ausnahme der kurzen Atempause zwischen 1609 und 1621 – die Nation zu Lande und zu Wasser ununterbrochen unter Waffen hielt. Obwohl die Silberflotte jahraus, jahrein ansteigende Mengen Edelmetalls aus der Neuen Welt nach Kastilien transportierte, obwohl der Asien- und Amerika-Handel ständig einen Teil seiner Gewinne an die Krone ablieferte, obwohl die Steuerschraube in Spanien und den Niederlanden kräftig angezogen und die spanische Kirche geschröpft wurde, reichte alles zusammen nicht aus, um die Flotten auszurüsten und die Armeen zu unterhalten, die die Könige für die Durchführung ihrer europäischen Politik und für den Schutz ihres Weltreiches benötigten. Wie schon Karl V. mußte Philipp II. dazu übergehen, Anleihen aufzunehmen. Sie fraßen mit ihren Zinsen die Staatseinnahmen auf Jahre hinaus auf. Um sie zu reduzieren, erklärte er dreimal den Staatsbankrott, worüber einige internationale Bankhäuser zusammenbrachen. Philipp III. und sein Minister Lerma führten eine auf Ausgleich mit England, Frankreich und den Niederlanden ausgerichtete Friedenspolitik, unterließen aber eine Reform der kranken Staatsfinanzen. An sie ging erst Philipps IV. Erstminister Olivárez heran. Da er aber gleichzeitig die kriegerische Machtpolitik wiederaufnahm und Spanien dadurch in einen vierzigjährigen Krieg mit Holland, Frankreich und einigen anderen Mächten stürzte, machte er alle seine an sich vernünftigen wirtschafts- und finanzpolitischen Ansätze unwirksam. 1659 brach Spanien nicht nur militärisch zusammen, sondern taumelte auch wirtschaftlich und finanziell in den Ruin: Handel und Gewerbe lagen danieder; der Weltmarkt ging den spanischen Waren verloren; die inländischen Märkte litten unter dem heimischen Kaufkraftschwund. Die ländlichen Gebiete entvölkerten sich: Der Niedergang der Agrarwirtschaft führte zu einer katastrophalen Landflucht. Trotz des massenhaften Zulaufs vom Lande nahmen aber auch die städtischen Bevölkerungsziffern ständig ab. Daran hatten der Krieg und die Pest, die Vertreibung der Moriscos und die Auswanderung nach Amerika ihren Anteil. Ganz Europa wurde im 17. Jahrhundert, besonders heftig von den dreißiger bis zu den sechziger Jahren, von Epidemien heimgesucht; es waren die letzten Wellen der seit dem Schwarzen Tod 1349/50 periodisch auftretenden Pest. In den spanischen Städten wirkte sie verheerend. Dort drängten sich arbeitslose, landflüchtige und schlecht ernährte Menschen in großen Mengen zusammen. Brach die Seuche einmal aus, so setzte bei solchen Umständen bald ein Massensterben ein. Man nimmt an, daß der Pest in Spanien während der ersten Hälfte des 17. Jahrhunderts mehr als eine Million Menschen zum Opfer gefallen sind. Gleichzeitig forderte der Krieg einen hohen Blutzoll. Allein von 1635 bis 1659 kostete er dreihunderttausend Menschen das Leben, ungerechnet die zivilen Opfer des großen katalanischen Aufstandes von 1640 bis 1651. Zwischen 1600 und 1650 wanderten etwa einhunderttausend Menschen nach Amerika aus. Bei ihnen und den Kriegsgefallenen handelte es sich vorwiegend um jüngere Leute im zeugungsfähigen Alter, deren Ausfall sich negativ auf die Geburtenziffern auswirkte. Insgesamt schrumpfte die Bevölkerung. Die Einwohnerzahl ging von schätzungsweise achteinhalb Millionen um das Jahr 1600 auf weniger als sieben Millionen um die Jahrhundertmitte zurück, was einer Verminderung um mehr als zwanzig Prozent in der ersten Hälfte des 17. Jahrhunderts entspricht. Wenn gerade die kastilischen Industriestädte in diesem Zeitraum einen exorbitanten Bevölkerungsverlust zu verzeichnen hatten – Toledo und Valladolid büßten zwei Drittel ihrer Einwohnerschaft ein –, dann ging das nicht allein auf Krieg und Pest, sondern auch auf den Verfall der Wirtschaft zurück, durch den das städtische Gewerbe fast zum Erliegen kam. Die Zahl der Wollmanufakturen soll sich in Toledo zwischen 1600 und 1665 um fünfundsiebzig Prozent vermindert haben.

So endete die Epoche der spanischen Hegemonie im Pyrenäen-Frieden von 1659 nicht allein mit einer militärischen Niederlage und einem verlorenen Krieg, sondern, was mindestens ebenso schwer wog, mit einem Verfall von Handel, Gewerbe und Landwirtschaft, mit der Verelendung breiter Bevölkerungsschichten und mit einer totalen Erschöpfung der Finanzen. Das war kein Zufall; es stand in akkuratem, ursächlichem Zusammenhang mit der hegemonialen Politik. Schon Philipp II.

Bauern
Aus dem Gemälde ›Los Borrachos‹ von Diego Velázquez, um 1629
Madrid, Museo del Prado

überforderte die Kräfte seines Landes; er durfte sich das eine Zeitlang leisten, weil genügend Reserven vorhanden waren, die er mobilisieren konnte. Olivárez glaubte unter Philipp IV. bei schwächeren Reserven ein Gleiches riskieren zu sollen. Damit brachte er die Großmacht zu Fall. Spanien gebot über ein starkes Reservoir an Materialien und ein reiches Potenzial an Menschen; beides war jedoch nicht unerschöpflich. Eben dies scheinen die Könige nicht ernst genug bedacht zu haben. Ihre hegemonialen Ambitionen gingen über die realen Kräfte und Mittel hinaus. Weil sie von ihrem Imperium mehr verlangten, als dieses herzugeben in der Lage war, brach es nicht bloß zur See und auf den Schlachtfeldern, sondern auch intern zusammen. – Immerhin: Das Potenzial an Menschen, mit denen Spanien seine imperiale Politik betrieb, war von nicht gewöhnlicher Qualität. Den Geist und die Gesinnung, von denen das Spanien der Hegemonialzeit getragen war, lassen in etwa die Repräsentanten seiner Geistigkeit erahnen. Noch im Jahrzehnt des Zusammenbruchs, zwischen 1648 und 1659, schrieben, dichteten oder malten unter anderen Baltasar Gracián, Calderón de la Barca, Velázquez und Murillo. Wie sich überhaupt das Spanien der Habsburger in den Werken seiner großen theologischen Denker, seiner klassischen Schriftsteller und Dichter und seiner bildenden Künstler, deren Zahl kaum zu überschauen ist, ein den Wechsel der Zeiten überdauerndes Denkmal gesetzt hat. Diese sozusagen innere oder geistige Seite seiner Hegemonialzeit dürfte die Erinnerung an Spaniens große Epoche am längsten und reinsten bewahren. Denn was Spanien hier, zum Beispiel durch El Greco, Cervantes und vielleicht auch durch Teresa de Ávila, die Klassikerin der kastilischen Sprache, hervorgebracht hat, ist inzwischen zum unverlierbaren Besitz der europäischen Menschheit geworden.

Spaniens europäische Politik

Spanien war seit dem Frieden von Cateau-Cambrésis zum mächtigsten Staat in Europa geworden. In den Größenordnungen des 16. Jahrhunderts war die Monarchie Philipps II. eine Weltmacht. In den zweiundvierzig Jahren seiner Regierung suchte der König seine Herrschaft ständig auszuweiten. Er kämpfte gegen Frankreich, England und den Papst und suchte indirekt auch im Reich mitzuregieren, wo seine Vettern aus der deutschen Linie des Hauses Habsburg in Österreich und seinen Kronländern herrschten und mit einem der Ihrigen den Kaiserthron besetzten. Fast immer trat er als Sachwalter der katholischen Religion auf. Seine Interventionen erhielten dadurch in den Augen vieler Zeitgenossen den Glanz einer höheren Legitimation. Alles in allem beabsichtigte er, Westeuropa von Italien bis England und Schottland, soweit es ihm nicht schon unterstand, dem spanischen Einfluß zu unterwerfen. 1580 wurde er durch Erbgang auch noch König von Portugal. Um sein Erbrecht wahrzunehmen und anderweitigen Konkurrenten keine Chance zu lassen, marschierte er mit einer Armee in das Nachbarland ein und sicherte sich mit dem Einzug in Lissabon rasch und glatt die Nachfolge auf dem Thron der portugiesischen Könige. Portugal behielt zwar seine verfassungsmäßigen Einrichtungen und blieb intern bis zu einem gewissen Grad autonom, wurde aber auf föderativer Basis ein Teil des spanischen Reiches. Durch die Vereinigung der beiden Kronen gewann Philipp II. die Herrschaft über die gesamte Pyrenäenhalbinsel und über das portugiesische Kolonialreich mit seinem Schwerpunkt in Ostasien. Der König von Spanien gelangte damit äußerlich auf den Höhepunkt seiner Macht in Europa und Übersee. – Kein Wunder, daß die übrigen Mächte von einem weiteren Vordringen Spaniens für ihre Existenz fürchteten und dessen Machterweiterung so gut entgegenzuwirken suchten, wie sie es vermochten und wie die Gelegenheit es zuließ. Dabei wurden die schwachen Stellen des Imperiums sichtbar. Das verlockte einige der stärkeren Staaten, das spanische Weltreich dort, wo es verwundbar war, zu attackieren: zur See, in Übersee und auf dem Kontinent. Im Kampf mit Spanien stiegen dessen Hauptgegner im Laufe eines Jahrhunderts zu Großmächten auf. Aus dem auf allen Weltmeeren geführten See- und Handelskrieg gegen spanisch-portugiesische Schiffe und Kolonien entstanden die überseeischen Kolonialreiche Englands und der Niederlande. Im Kampf gegen die spanische Hegemonie stieg Frankreich schließlich zur Vormacht Europas auf.

Die Ansätze zu dieser Entwicklung eines europäischen Staatensystems lassen sich bis in die Spätzeit König Philipps II. zurückverfolgen. Aber längst bevor Philipp II. sich mit voller Kraft in Westmitteleuropa engagierte, mußte er sich gegen einen anderen mächtigen Feind wenden: gegen die Osmanen. Sie bestürmten Malta und machten Miene, in das westliche Mittelmeerbecken einzufallen. Seit vielen Jahren bedrohten ihre muslimischen Vasallen in Nordafrika die mediterranen Küsten des spanischen Reiches. Die zwischen Tripolis und Algier ansässigen Barbaresken machten die Schiffahrt von der Adria bis zu den Säulen des Herkules unsicher; sie waren als Piraten und Menschenräuber ein Schrecken der mediterranen Christenheit. Ihr Aufkreuzen machte eine Seereise von Genua nach Barcelona oder gar von Andalusien nach Apulien für die Passagiere zu einem Abenteuer, welches für manch einen nicht am Bestimmungsort, sondern auf einem Sklavenmarkt in Nordafrika sein vorläufiges Ende fand. Süleyman II. blieb bis zum letzten Atemzug ein Eroberer. Nachdem er 1545 den Balkan bis an die Grenzen von Österreich und 1555 Mesopotamien bis zum Persischen Golf unterworfen hatte, gab er der osmanischen Expansion in den sechziger Jahren noch einmal die Stoßrichtung gegen Europa. Er gedachte sich zum Herrn des westlichen Mittelmeerbeckens zu machen. Daß er so unverhältnismäßig weit nach Westen ausgreifen konnte, er-

Freikauf von Sklaven in einer mediterranen Hafenstadt
Lavierte Zeichnung von Jacques Callot, 1619
Paris, Musée du Louvre

möglichten ihm die auf Seeraub spezialisierten muslimischen Barbareskenstaaten Algier, Tunis und Tripolis (Libyen), die zwischen 1519 und 1555 dem osmanischen Reich als Provinzen eingegliedert wurden.

In den letzten fünfzehn Regierungsjahren Karls V. hatte sich die Lage der Spanier im Mittelmeer progressiv verschlechtert. Die Überfälle der Seeräuber auf Küsten und Schiffe nahmen überhand. Philipps II. anfängliche Bemühungen, die Situation zu verbessern, schlugen fehl. Sein Versuch, Tunis und Tripolis zurückzuerobern, endete mit einer Katastrophe der spanisch-italienischen Flotte. Das Geschwader wurde im Golf von Gabès bei der Insel Djerba von den Türken im März 1560 überrascht und total vernichtet. Wenig später holte Süleyman zum Schlag gegen Malta aus. 1522 hatte er dem Johanniterorden die Insel Rhodos entrissen. Karl V. hatte daraufhin den Johannitern die Insel Malta als Wohnsitz und Territorium zur Verfügung gestellt. Jetzt wollte der Sultan dem Orden auch diesen Stützpunkt nehmen, um sich in den Besitz der Schlüsselstellung zwischen Sizilien und Afrika zu setzen. Sein Angriff, 1564 unternommen, scheiterte am Widerstand der vereinigten Spanier und Johanniter. 1565 zogen sich die Türken zurück. Zwei Jahre zuvor gelang es den Spaniern, ihren Brückenkopf Oran zu entsetzen und damit eine Barriere gegen ein weiteres Vordringen der Barbaresken nach Westen aufzurichten.

Dreimal innerhalb einer kurzen Zeit geboten die Habsburger und ihre Verbündeten den Osmanen und ihren Vasallen Halt: in Oran, in Malta und vor Sziget. An der Peripherie ihres Reiches waren die Türken gewichen. Die momentanen Rückzüge bedeuteten aber keineswegs, daß sie den Gedanken an eine weitere Expansion nach Westen aufgegeben hätten. Der Angriff auf Malta war nur der Vorbote eines größeren kriegerischen Unternehmens. Wenige Jahre nach Süleymans Tod drängte der Großwesir Mehmet Sokolli den Sultan, Selim II., den Morisco-Aufstand mit einer großen türkischen Kriegsflotte zu unterstützen. Der Sultan entschied sich jedoch aus ephemeren Gründen dafür, zunächst die Insel Zypern anzugreifen, die den Venezianern gehörte. Die Türken nahmen sie im Winterhalbjahr 1570/71 beinahe mühelos. Das blieb nicht ohne Wirkung auf Spanien und Italien. Der Papst sah jetzt Italien unmittelbar bedroht. Venedig interessierte sich für Verbündete, nachdem es in den Krieg hineingeraten war. Philipp II., der nach der Niederlage von Djerba seine mittelmeerische Flotte systematisch wiederaufgebaut hatte, zeigte sich angesichts der erhöhten Gefahr bereit, eine Offensive gegen die Türken zu wagen. Durch Vermittlung und auf Betreiben Papst Pius' V. schlossen sich Venedig, Spanien und der Heilige Stuhl im Mai 1571 zu einem Angriffsbündnis, einer Heiligen Liga, zusammen, als dessen Zweck die Vertragspartner die Abwehr der Türken durch offensiven Krieg zur See bezeichneten. Sie rüsteten umgehend eine gemeinsame Kriegsflotte von zweihundert leichten und sechs schweren Schiffen aus und unterstellten sie dem Kommando von Philipps Halbbruder Don Juan d'Austria, einem natürlichen Sohn Karls V. Don Juan errang mit dieser Flotte Anfang Oktober 1571 bei Lepanto im Golf von Korinth einen spektakulären Sieg über die bedeutend überlegene türkische Armada, von der sich nur ein kleiner Rest durch Flucht nach Konstantinopel retten konnte.

Die Schlacht bei Lepanto erlöste Spanien und Italien von einem schweren momentanen Druck, und auch das übrige Europa fühlte sich erleichtert. Pius V., der den Sieg der Fürbitte der Gottesmutter zuschrieb, führte zur Erinnerung daran das sogenannte Rosenkranzfest ein und machte den Tag, an dem die Seeschlacht stattgefunden hatte, den 7. Oktober, zu einem kirchlichen Feiertag. Dennoch hielten sich die Nachwirkungen des Sieges in Grenzen. Die muslimischen Korsaren setzten ihre Piraterien fort. Cervantes, der ihre Tätigkeit gelegentlich in seinen Novellen geschildert hat, geriet auf der Rückfahrt von Lepanto – wo ihm im Kampf eine Hand verstümmelt worden war – in die Gefangenschaft der Seeräuber und verbrachte

Die Galeerenschlacht bei Lepanto am 7. Oktober 1571:
Sieg des Don Juan d'Austria und der vom Papst unterstützten Spanier und Venezianer über die Osmanen
Lavierte Zeichnung vermutlich von Palma il Giovane
Budapest, Szépmüvészeti Muzeum

die nächsten fünf Jahre als Christensklave bei den Berbern in Nordafrika. »Mit der Schlacht bei Lepanto wurde weder der osmanischen Seemacht das Rückgrat gebrochen noch Zypern zurückerobert; sie hat auch nicht dazu geführt, daß die Spanier zu Herren des Mittelmeeres wurden. Aber die Schlacht war moralisch ausschlaggebend; denn sie riß Mittel- und Osteuropa aus dem lähmenden Entsetzen, worin es seit 1453 befangen war, und führte der ganzen Christenheit die geradezu unglaubliche Tatsache vor Augen, daß die Türken nicht mehr unbesiegbar waren« (J. F. Fuller). Zwar blieb der Sultan, taktisch besiegt, strategisch der Gewinner, weil die Liga sich auflöste und Venedig ihm im Sonderfrieden von 1573 Zypern abtrat. Dennoch schied er aus anderem Grund für Spanien als ernst zu nehmender Gegner aus: Der letzte bedeutende Großwesir, Mehmet Sokolli, wurde 1579 ermordet. Der Sultan selbst hatte kein Format, ebensowenig seine Nachfolger. Fast gleichzeitig aber erwuchs den Osmanen ein neuer Feind. An ihrer mittelasiatischen Grenze bedrängte sie das wiedererstarkte Persische Reich mit fortgesetzten Angriffen. Sie mußten ihre Kräfte fortan im Osten konzentrieren. Das zwang sie, von weiteren Ambitionen an ihren europäischen Grenzen und im Mittelmeer abzusehen. Sie ließen sich deshalb auf einen Waffenstillstand mit Spanien ein. Er wurde 1578 geschlossen. Die vereinbarte Laufzeit wurde, ähnlich wie die provisorischen Friedensabsprachen der Türken mit Österreich, periodisch verlängert, so daß praktisch so etwas wie ein Friedenszustand daraus resultierte. Das Schwergewicht der Interessen verlagerte sich sowohl bei den Osmanen als auch bei Philipp II. nach entgegengesetzten Richtungen, in Räume, die nur noch wenig miteinander zu tun hatten. Insofern bedeutete die Schlacht bei Lepanto, wenn auch nicht ursächlich, so doch zeitlich, einen historischen Wendepunkt. Die Hinwendung Konstantinopels nach dem Osten befreite Philipp II. von der Gefahr eines muslimischen Großangriffs im westlichen Mittelmeer. Für den König von Spanien kam diese Wendung exakt im rechten Augenblick. Denn wie für den Sultan das Perserreich, so waren für ihn inzwischen die Niederlande zum Hauptproblem geworden, auf das er fortan seine Aufmerksamkeit und seine Kräfte zu konzentrieren hatte: Sie befanden sich im Aufruhr.

Die Differenzen zu beseitigen, die sich zwischen der Regierung in Madrid und den Niederlanden entwickelt hatten, wäre an sich eine innere Angelegenheit der Monarchie gewesen. Mit dem Verfassungsstreit, um den es ursprünglich ging, vermengte sich jedoch der Glaubensstreit. Am Konfessionsproblem war aber aus vielerlei Gründen das umliegende Ausland interessiert, und so wurde binnen Kürze aus dem inneren Problem eine internationale Angelegenheit. Durch den Kampf in den Niederlanden, einem Komplex von Außenprovinzen zwischen England, Deutschland und Frankreich, zu denen Spanien keine direkte Landverbindung besaß, wurde die Politik Philipps II. zwangsläufig zu einer allgemein-europäischen Angelegenheit. Er mochte sich verhalten, wie er wollte – die internationale Resonanz blieb nicht aus. Andererseits griff Philipp um dynastischer oder konfessioneller Zwecke willen in die inneren Verhältnisse anderer Staaten ein. Auch in dieser Hinsicht hatte seine Politik eine hegemoniale Komponente. Der Streit um die Niederlande wurde solchergestalt zu einem Kampf um die Vormachtstellung der spanischen Monarchie. Wer sich ihrer erwehren wollte, unterstützte offen oder heimlich Philipps rebellische Untertanen an der Kanalküste. Wenn der König von Spanien gegen die Osmanen Krieg führte, dann hinderte ihn kein europäisches Land daran; jedes, ausgenommen vielleicht Frankreich, war im Grunde genommen froh, wenn er den Türken einen Schlag versetzte, und gönnte ihm die Aura eines Verteidigers der Christenheit. Anders sah es mit den Niederlanden aus. Was dort geschah, ging viele an. In erster Linie natürlich den Oberherrn der siebzehn Provinzen, doch nicht ihn allein. Denn in diesem europäischen Kultur- und Wirtschaftszentrum zwischen Flandern und Friesland kreuzten und überlagerten sich die verschiedenartigsten Interessen von Staaten, Ständen und Konfessionen.

Der Aufstand in den Niederlanden

Die Niederlande waren spanisches Territorium. Wenn es irgendwo zwischen Maas und Schelde kriselte oder gar zur Rebellion kam, dann war das gewiß eine innere Angelegenheit der spanischen Monarchie. Wenn das im zeitgenössischen Europa zunächst auch nicht bestritten wurde, so ließ sich, was dort vorging, dennoch nicht zu einer rein internen spanischen Sache herabstilisieren. Trotz ihrer politischen Zugehörigkeit zu Kastilien waren die Niederlande schon wegen ihrer geographischen Lage mit den Provinzen Kastiliens und selbst mit den halbselbständigen Reichen Portugal und Aragonien nur entfernt vergleichbar. Sie waren ein territorialer Außenposten, knapp tausend Kilometer Luftlinie von Kastilien entfernt, zu Lande allein auf dem unsicheren Weg durch Frankreich, im Ernstfall praktisch nur auf dem Seeweg über die Atlantik- oder über die Mittelmeer-Route zu erreichen, was in jedem Fall umständlich und meistens auch riskant war. Denn im Mittelmeer kaperten die Barbaresken und in der Biskaya bald darauf die Engländer und Holländer. Durch die Teilung des Habsburger Reiches und die Ausgliederung der deutschen Erblande aus der Gesamtmonarchie trat eine tiefgreifende Änderung in der Situation der Niederlande ein. Einerseits verloren sie die bisher

Die politische Situation der Niederlande zu Anfang des letzten Viertels des 16. Jahrhunderts: die Niederlande als Milchkuh, geplagt von Philipp II. von Spanien, gefüttert von Elisabeth I. von England, gemolken von Wilhelm I. von Oranien, am Schwanz gehalten vom Herzog von Anjou
Gemälde eines flämischen Künstlers, nach 1579, dem Jahr einer in Paris aufgeführten politischen Pantomime
Amsterdam, Rijksmuseum

enge Verbindung mit dem Reich; auf der anderen Seite büßten sie die zentrale Stellung ein, die sie in der universalen Monarchie Karls V. besessen hatten und sanken zum Nebenland einer dezidiert spanischen Monarchie herab, deren Interessen nicht immer die ihrigen waren. Philipp II. residierte in Kastilien, hielt sich als junger Regent zwar einige Jahre in den Provinzen an der Rhein- und Schelde-Mündung auf, war mit ihnen jedoch nicht entfernt so vertraut wie sein Vater. Er kannte ihre Belange nur unvollkommen. Die Bevölkerung verstand ihn um so weniger, je schärfer er die zentralistischen und absolutistischen Züge seiner Regierung hervorkehrte. Ihm fehlte von vornherein die Einsicht, daß dieses nördliche Territorium nicht genauso regiert werden konnte wie die Landesteile von Kastilien. Denn in den Niederlanden war vieles anders als in Spanien. Sie hatten eine ganz andere Geschichte, eine andere politische Verfassung, andere wirtschaftliche Probleme und befanden sich konfessionell in einer Situation, die sich mit der spanischen kaum vergleichen ließ. Moriscos und Muslime gab es an Maas und Schelde nicht. Dafür hatte man rund um das niederländische Territorium mit Anglikanern, Lutheranern, Calvinisten und Sektierern zu tun.

Die siebzehn Provinzen, aus denen die Niederlande bestanden, waren unter den verschiedensten

Parzelliertes Weideland vor Enkhuizen
Gemälde eines Unbekannten, um 1600
Enkhuizen, Rat der Stadt

Rechtstiteln oder durch Eroberungen im Laufe der spätmittelalterlichen Jahrhunderte an die Herzöge von Burgund gefallen. Sie waren durch die Eingliederung in den burgundischen Staat und durch die Unterordnung unter den gemeinsamen Souverän miteinander politisch verbunden, hatten aber, was ihre innere Verfassung anging, von ihrem ursprünglichen Status jeweils ein gutes Stück zu bewahren gewußt. Das kam schon äußerlich im Titel zum Ausdruck: Es handelte sich bei den siebzehn Provinzen um zwei Markgrafschaften, vier Herzogtümer, sechs Grafschaften und fünf Herrschaften. Gewohnheitsrechte und verbriefte Privilegien verbürgten jeder Provinz in bestimmten Grenzen eine regionale Autonomie. Der Souverän regierte nicht uneingeschränkt, sondern mußte die eingesessenen Stände hinzuziehen: Adel, Städte und Prälaten. Jede Provinz hatte eine eigene Regierung. Darüber gab es eine Zentralregierung für die Gesamtheit der Niederlande mit Sitz in Brüssel. Die Leitung der Provinzregierung lag in der Hand eines vom Souverän ernannten Statthalters und eines ihm beigeordneten Gremiums, eines sogenannten Hofes, welcher für die Verwaltung und Rechtsprechung zuständig war. Kraft Gewohnheit wurde der Statthalter aus den Reihen des Hochadels genommen. Die Verantwortung für die Gesamtregierung oblag dem Generalstatthalter. Der Generalstatthalterin – sechzig Jahre hindurch lag das Amt in der Hand von Prinzessinnen aus dem Haus Habsburg – oder dem Generalstatthalter unterstanden zur Ausübung der Regierung drei Behörden: ein Geheimer Rat, ein Finanzrat und ein Staatsrat. Der Geheime Rat erledigte die laufenden Verwaltungsgeschäfte, der Finanzrat befaßte sich mit den Geld- und Steuerangelegenheiten, der Staatsrat behandelte alle politischen Fragen von übergeordneter Bedeutung. Während mit der Arbeit in den Administrations- und Finanzressorts qualifizierte Beamte, meistens juristisch versierte Fachkräfte, betraut wurden, war es ein Vorrecht des hohen Adels, bei der Behandlung aller politischen Sachen hinzugezogen und gehört zu werden. Er stellte deshalb auch die Mitglieder des Staatsrates. Die Generalstatthalter waren an die Richtlinien und Weisungen des Monarchen gebunden, mußten aber auch den örtlichen Gewohnheiten und Freiheiten Rechnung tragen. Für Steuerforderungen

Der Aufzug der Zünfte auf dem Rathausplatz in Brüssel
Gemälde von Denis van Alsloot, 1615
Brüssel, Musées Royaux des Beaux-Arts

mußten sie sich an die Gesamtständevertretung, an die sogenannten Generalstaaten, wenden und deren Zustimmung einholen. Aber selbst dieses Gremium konnte sich nicht über die partikularen Rechte der einzelnen Provinzen hinwegsetzen. Wollte der Souverän eine über den Rahmen des Üblichen hinausgehende Steuer erheben, so mußte er gewöhnlich mit den Ständen, den Staaten, jeder Provinz separat verhandeln und darüber hinaus noch eigens die Zustimmung der größeren Städte erbitten. Jede Provinz verfügte über ein Bündel detaillierter Freiheiten und wachte meistens eifrig darüber, daß ihr von ihren Vorrechten nichts geschmälert wurde. Alles in allem war der territoriale Verband der Niederlande stark föderalistisch organisiert und verfügte über recht weitgehende ständische Mitbestimmungsrechte in Dingen der Steuern und der Verwaltung, bis hinein in die Spitze der Zentralregierung in Brüssel. Die Praxis selbständigen politischen Handelns in den Grenzen regionaler Autonomie war hochentwickelt; das Mitregieren war an der Tagesordnung.

Auch die im Namen des Königs amtierende Zentralregierung in Brüssel war auf ein Einvernehmen mit Adel und Städten angewiesen. Karl V. hatte trotz mancher Spannungen und Reibereien, zumal in Finanzsachen, ein gutes bis leidliches Verhältnis zu den Niederlanden durchweg zu wahren gewußt. Die habsburgische Länderteilung orientierte die Niederlande auf Madrid hin. Damit veränderten sich die Beziehungen zwischen den siebzehn Provinzen und ihrem Monarchen fundamental und wurden, wie sich bald zeigte, zu einer Belastung für das bisher einvernehmliche Verhältnis. Das lag nicht zuletzt daran, daß die Niederlande in jahrhundertealten Kultur- und Handelsbeziehungen zu England, Frankreich und Deutschland standen, vergleichbare Beziehungen zu Spanien aber kaum existierten. Freilich waren die Niederlande, als Ganzes genommen, kein einheitliches, sondern ein heterogenes Gebilde, das von recht gegensätzlichen Kräften getragen und beherrscht wurde. Die Nordprovinzen Seeland, Holland und Friesland lebten zum Beispiel überwiegend von der Seefahrt und vom Fischfang und hatten sich im Nordostsee-Handel eine führende Position erobert. Die großen, reichen Städte im Süden und im Westen betrieben vornehmlich Gewerbe und Fernhandel.

Antwerpen, das größte europäische Handelszentrum, war durch seinen Hafen der wichtigste westmitteleuropäische Umschlagplatz und durch seine Börse ein Mittelpunkt des internationalen Bankverkehrs. – Die Städte, obwohl zu dieser oder jener Provinz, beziehungsweise ehemaligen Herrschaft gehörend, regierten sich weitestgehend selbst. Sie stellten eine politische Kraft von eigenem Gewicht dar. Außerhalb der Städte verfügte vornehmlich im Südwesten, in Flandern, im Hennegau und in Brabant, der eingesessene hohe Adel über eine bedeutende, durch Gewohnheit und Verbriefungen gesicherte politische Macht. Auch in den Städten der Niederlande gab es die zeitüblichen sozialen Spannungen zwischen Arm und Reich, Bevorrechtigten und Benachteiligten, mit allen Zwischenstufen, sowie die Gegensätze zwischen Stadt und Land, zwischen der binnenländischen und der küstenländischen Bevölkerung, zwischen den kommerziellen Interessen des Südens und denen des Nordens. Als Philipp II. die Regierung übernahm, hatte der Süden politisch, wirtschaftlich und kulturell das größere Gewicht.

Von der Abdankung Karls V. bis zu dessen Tod hielt sich Philipp II. in den Niederlanden auf. Danach kehrte er nach Spanien zurück, und zwar für immer. Vor seiner Abfahrt berief er die Generalstaaten nach Gent und gab ihnen dort am 7. August 1559 eine Reihe von Anordnungen bekannt, die sich auf die künftige Regierung und Verwaltung des Landes bezogen. Unter anderem ernannte er seine flämische Halbschwester Margarete von Parma zur Generalstatthalterin und setzte die vornehmsten einheimischen Adelsführer, darunter Egmont, Hoorne, Mansfeld und Oranien, als Provinzstatthalter ein. Von ihnen gab er Egmont mit Flandern und Artois zwei, Oranien mit Utrecht, Seeland und Holland sogar drei Provinzen. Bei gleicher Gelegenheit machte er den jüngeren Granvelle, Bischof von Arras, zum Vorsitzenden des Geheimen Rates und damit zu einer Art Erstminister der Generalstatthalterin. In einem weiteren Erlaß ordnete er eine rationelle Reform der kirchlichen Sprengel an. Die Generalstände nahmen diese Dinge zur Kenntnis, verlangten jedoch ihrerseits den Abzug der spanischen Truppen. Philipp sagte es ihnen zu. Beides, der Truppenabzug und die kirchliche Verwaltungsreform, lief nicht entfernt so glatt über die Bühne, wie es der jeweils interessierte Teil gern gesehen hätte. Das Truppenproblem und das Diözesanproblem standen bei Philipps Abfahrt von den Niederlanden am 24. August 1559 wie zwei Wolken am Horizont, freilich vorerst noch so weit und so tief, daß der König sie kaum bemerkte. Das änderte sich dann aber schnell.

Margarete von Parma
Gemälde von Sánchez Coello
Brüssel, Musées Royaux des Beaux-Arts

Das Ärgernis, das die spanischen Soldaten und die geplanten Bistumsgründungen hervorriefen, nahm der Adel zum Anlaß, sich zu einem Widerstandsbund gegen die königliche Regierung zu organisieren. Doch die eigentlichen Ursachen für seine Opposition lagen tiefer: in der betont katholischen Religionspolitik des Königs und in dem absolutistischen Charakter, den nach der Meinung des Adels seine Maßnahmen mit zunehmender

Deutlichkeit erkennen ließen. Das war gewiß richtig gesehen. Wenn der König die staatskirchlichen Zügel straffer anzog, wenn er einen schärfer zentralistischen Kurs in der inneren Politik steuerte, dann suchte er damit augenscheinlich die Macht der Krone stärker auszubauen. Und eben das war es, was dem auf seine Autonomie erpichten Adel mißfiel. Denn er verfolgte gerade die entgegengesetzte Tendenz, seine eigenen Freiheiten auf Kosten der Krone zu erweitern. Das waren auf beiden Seiten typische, für den politischen Stil der Zeit charakteristische Regungen. Auch in Frankreich, Böhmen, Österreich und anderswo kämpfte der hohe Adel mit dem Landesherrn um die Macht im Staat, allerdings mit dem Unterschied, daß in diesen Ländern zuletzt der Fürst oder der König Meister blieb, während dies dem Landesherrn in den Niederlanden nur bedingt gelang. – Während also Philipp die Krongewalt zu erweitern gedachte, sannen die Stände darauf, sie einzuschränken. Dabei kam ihnen die allgemeine Stimmung im Lande zu Hilfe. Wie Karl V. ließ auch Philipp II. die niederländischen Steuerzahler kräftig zur Ader, um mit ihrer Hilfe den langen Krieg gegen Frankreich zu finanzieren; er machte sich dadurch nicht sonderlich beliebt. Eine Steuerfrage war auch die Stationierung der spanischen Soldaten. Gleich zu Beginn seiner Regierung, 1557, erklärte Philipp den Staatsbankrott und verschaffte sich auf Kosten seiner Gläubiger etwas finanziellen Spielraum. Dieser reichte aber bei weitem nicht aus, um den König finanzpolitisch frei operieren zu lassen. Zur Zeit des Friedensschlusses von Cateau-Cambrésis war die Staatskasse bereits wieder leer. Es fehlten ihm die Mittel, um den Soldaten den längst fälligen Sold auszuzahlen. Das war der Grund, weshalb Philipp zögerte, die spanischen Truppen entgegen seinem Versprechen sofort aus dem Land zu ziehen. Das machte böses Blut. Es bildete sich das Gerücht – und wurde vielleicht sogar gezielt ausgestreut –, der König führe etwas gegen das Land im Schilde; denn wie anders wäre es zu erklären, daß er starke fremde Mannschaften unter Waffen hielt, wo doch in Europa Friede herrschte? Die Anwesenheit des Militärs gab dem Adel Gelegenheit zur Agitation. Er betrieb sie so wirkungsvoll, daß der Vertrauensmann des Königs in der Regierung zu Brüssel, Antoine de Granvelle, nach Spanien meldete: »Die Truppen müssen zurückgezogen werden, und zwar bald, sonst wird das Resultat ein Aufstand sein.« Sie wurden abgezogen; freilich erst im Januar 1561. Die Verzögerung hatte finanzielle Gründe, für den König aber die unliebsame Folge, daß die Bevölkerung gegen ihren Seigneur naturel mißtrauisch wurde.

Noch stärkere Wirkungen erzielte die vom Adel inspirierte Agitation gegen die Reform der kirchlichen Verwaltung. Die Niederlande unterstanden kirchlich zu größeren Teilen der Jurisdiktion ausländischer, nämlich französischer und deutscher Bischöfe. Philipp wollte seine Provinzen kirchlich aus den Abhängigkeiten vom Ausland herauslösen und war darum mit dem Papst übereingekommen, die Diözesangrenzen den politischen Grenzen anzugleichen und die Niederlande ausschließlich der Jurisdiktion von einheimischen Bischöfen zu unterstellen. Ihm schwebte vor, das Gesamtgebiet zu einer sogenannten Kirchenprovinz mit einem Erzbischof an der Spitze zusammenzufassen und jeder Provinz einen Bischof zu geben. Das bedeutete, daß die Jurisdiktionen der vier Bischöfe, die es bisher in den Niederlanden gab – in Tournai, Cambrai, Arras und Utrecht –, jeweils auf das Territorium einer Provinz reduziert und dreizehn neue Bistümer gegründet werden sollten. Als Sitz des Erzbischofs wurde seiner zentralen Lage wegen Mecheln bestimmt, zum ersten Erzbischof der Präsident des Geheimen Rates und Bischof von Arras, Antoine de Granvelle, ernannt. Dieser Plan brachte die Bistumsgrenzen mit den politischen Grenzen in Deckung und nahm damit in Tendenz und Sache die vom Geist der Rationalität getragenen Diözesanreformen Josephs II. und der Französischen Revolution vorweg. Er blieb nicht auf dem Papier, sondern wurde sogleich durchgeführt und »stellte eine großartige Maßnahme dar; seine kühne Logik und Symmetrie sowie sein mutiger Angriff auf Tradition und alte Rechte (waren) charakteristisch für den Geist der Monarchie und seine vernünftig denkenden Beamten« (P. Geyl). Er war, mit anderen Worten, keine bloße administrative Maßnahme, sondern ein höchst brisantes politisches Unterfangen. Die vier ›alten‹ Bischöfe wurden durch die Domkapitel gewählt, die dreizehn ›neuen‹ nominierte kraft Staatskirchenrechts der König. Auf diese Weise bekam Philipp II. die Kirche der Niederlande in seine Hand; er erhielt die Möglichkeit, sie straffer zu regieren und schärfer zu überwachen. Er führte damit aber auch einen Schlag gegen den Adel; denn zur Dotierung der neuen Bistümer zog er das bestehende Kirchengut, die Pfründen und Besitzungen von teilweise sehr reichen Abteien, Stiftskirchen und Klöstern heran. Die niederländische Aristokratie hatte sich aber längst daran gewöhnt, die einträglichen kirchlichen Stellen und Besitztitel als eine Art Vermögensmasse anzusehen, auf die sie einen Anspruch hatte. Die meisten dieser großen Herren lebten in Saus und Braus, waren notorisch verschuldet, wußten die Chance zu schätzen, die ihnen oder ihren Angehörigen die wohldotierten Dom- und Stiftsherrnsitze zur Aufbesserung ihrer Finanzen boten. Verständlich also, daß sie nunmehr in Unruhe gerieten. Doch auch die Äbte, Pröpste und Konventsherren an den zur Dotierung vorgesehenen kirchlichen Einrichtungen reagierten scharf und wehrten sich gegen die Neuordnung mit wirkungsvollen Parolen wie: Die Autonomie sei bedroht; die Privilegien seien in Gefahr; die Einführung der Inquisition stünde bevor. Die spanienfeindliche Stimmung wuchs. Das Gerücht, daß der König mit der neuen Bistumseinteilung die spanische Inquisition in die Niederlande bringen wollte, machte schließlich auch die Bevölkerung unruhig. Aus anderen Gründen wehrten sich die Städte gegen die Einführung der neuen Bischofssitze, so Utrecht, Antwerpen, Geldern. Die protestantische Publizistik schaltete sich mit antispanischen Pamphleten ein. Gran-

Prozession in einem niederländischen Dorf
Gemälde von Pieter II. Bruegel d. J.
Brüssel, Musées Royaux des Beaux-Arts

velle, der mit der Durchführung der kirchlichen Neuordnung betraut worden war, bezeichnete die allgemeine Stimmung als höchst ungemütlich und verwünschte die ganze Kirchenreform. »Hätte man, bei Gott doch niemals an die Errichtung dieser Bistümer gedacht«, schrieb er im September 1561.

Die religiöse Grundstimmung war in den Niederlanden anders als in Spanien. Die Frömmigkeit und das von ihr getragene kirchliche Leben wurzelten geistig sehr stark in der Welt der Devotio moderna und des Thomas von Kempen und waren auch von Erasmus beeinflußt. Die Lehre spielte weniger eine Rolle als die Praxis des christlichen Lebens. Lutherische Gedanken waren wie überallhin, so auch in die Niederlande eingedrungen. Luthers Reformation hatte hier aber nicht Wurzel geschlagen. Karl V. hatte sie als Landesherr von oben her abgewehrt; außerdem kam sie bei der Bevölkerung nicht recht an. Was von ihr blieb, war ein dogmatisch nicht weiter festgelegter Evangelismus, der sich mit dem in Holland praktizierten quasi ›vorkonfessionellen‹ Katholizismus gut vertrug und in diesen vielleicht auch ein paar protestantische Elemente hineinschleuste. Das Täufertum, das seinerzeit in Holland explosiv hochgeschossen war und den Radikalismus der Wiedertäufer zu Münster in Westfalen hervorgebracht hatte, lebte in der Verborgenheit. Nach der Katastrophe von Münster stieß es die utopisch-militanten Elemente ab und verwandelte sich unter der Führung des ehemals katholischen Priesters Menno Simons in die friedfertige kirchliche Sondergemeinschaft der Mennoniten, welche die Verfolgungen überstand und sich durch Arbeitsamkeit auszeichnete. Die im verborgenen lebenden Sekten fielen zahlenmäßig nicht ins Gewicht. Die überwältigende Mehrheit der Bevölkerung hing einem unfanatischen Katholizismus an. Aus der Sicht eines katholischen Landesherrn erforderte die Gesamtlage Aufmerksamkeit, war aber zur Zeit von Philipps Regierungsantritt nicht beunruhigend. Die kirchliche Gesinnung war reformfreundlich, ohne deshalb ketzerisch zu sein. Verfolgungssucht lag den niederländischen Katholiken im allgemeinen fern. Sie hatten deshalb kein sonderliches Verständnis für den katholischen Eifer der Spanier. Die scharfen Ketzergesetze Karls V. mißfielen ihnen. Im Zuge der Konfessionskämpfe drängten dann dogmatisch härtere Richtungen nach oben und traten links und rechts von der Mitte als Calvinismus und tridentinischer Reformkatholizismus in Erscheinung. Sie blieben allerdings stets in der Minderheit und vermochten die Menge der Bevölkerung nicht zu radikalisieren. Selbst nach der vollzogenen Glaubensspaltung dominierte zahlenmäßig bei Protestanten wie bei Katholiken eine starke Mittelströmung, die sich sogar in der Epoche der Glaubenskämpfe durch konfessionelle Konzilianz auszeichnete und darin eine für die Niederlande charakteristische Eigenart bekundete.

Seit Ende der fünfziger Jahre verbreitete sich der Calvinismus sprunghaft über Nordwesteuropa. Er erreichte die Niederlande von Frankreich aus; die großen Städte des Südens bildeten die Einfallstore. Hier entstanden die ersten reformierten Gemeinden und Synoden. Hier verfaßte auch der aus dem Hennegau stammende Reformator Guy de Brès 1561 das Glaubensbekenntnis der niederländischen Calvinisten, die ›Confessio Belgica‹. Die Calvinisten, obwohl nur eine Minderheit, hoben sich von Anfang an durch Intoleranz und Führungswillen hervor. Um dieselbe Zeit formierte sich innerhalb des Katholizismus eine vergleichbar entschlossene Minderheit. Sie hatte ihre Basis ebenfalls in den Städten des Südens, so daß hier überzeugte Katholiken und überzeugte Protestanten militant einander gegenübertraten. Die scharfen Gegensätze zwischen ihnen wurden durch die numerische Majorität der kirchlich konzessionsbereiten Protestanten und Katholiken etwas abgemildert. Während die Entschiedenen auf den äußeren Flügeln links und rechts kein anderes Ziel kannten als die Alleinherrschaft ihres Glaubensbekenntnisses, hielten die Gemäßigten auf beiden Seiten im Zweifelsfall einen Kompromiß für vernünftiger und hatten dafür ihre handfesten politischen und wirtschaftlichen Gründe; das schloß nicht aus, daß eine religiös motivierte Weitherzigkeit oder Liberalität dahinterstand. Jedenfalls gab es genügend Gemäßigte im konfessionellen Mittelfeld, die den verschiedenen Glaubensrichtungen beschränkte Duldung oder paritätische Behandlung zu gewähren für diskutabel hielten und dazu bereit waren. Unzweifelhaft gehörte der König von Spanien nicht zu ihnen. Sein entschiedenes Eintreten für die katholische Sache machte die Calvinisten ebenso wie die gemäßigten Katholiken mißtrauisch und erschwerte seine Position. Er hatte es nur insofern leicht, als er keinen neuen konfessionspolitischen Zustand herbeiführen mußte, weil nach Recht und Gewohnheit vom Willen des Herrschers die Kirche des Landes und das Bekenntnis seiner Bevölkerung abhingen. Er brauchte also nur darauf zu dringen, daß sich an der Alleinherrschaft des katholischen Glaubens in den Niederlanden nichts änderte. So setzte er den konsequent katholischen Kurs Karls V. in einer mittlerweile veränderten Lage fort. Die Ketzergesetze, die sogenannten Plakate, blieben in Kraft, aber die Strafverfolgung hinkte nach. Die Behörden vermochten mit der zügigen Ausbreitung der Calvinisten und der mit dem Protestantismus Sympathisierenden nicht mehr Schritt zu halten und wollten es vielfach wohl auch gar nicht. Mancher Statthalter ignorierte die Plakate oder führte sie nur lässig durch. So war es ein wirkungsvoller Schachzug der Adelsopposition, daß sie vom König deren Aufhebung verlangte.

Lamoral von Egmont
Gemälde von Adriaen Thomasz. Key
Alkmaar, Stedelijk Museum

Kaum hatte Philipp II. die Niederlande verlassen, da begann der hohe Adel gegen ihn zu agitieren. Er opponierte vordergründig wegen der königlichen Kirchen- und Religionspolitik. In Wahrheit scheinen sich die Adelsführer jedoch nicht so sehr für die Kirche und die Religion als für ihre Finanzen und ihre Autonomie interessiert zu haben. Wenn sie die Aufhebung der Plakate forderten oder für den Calvinismus eintraten, dann taten sie es weniger, um den Protestantismus zu fördern, als um dem König Schwierigkeiten zu bereiten und um Verbündete zu finden. Um den König zu treffen, wurden sie gegen dessen wichtigsten Repräsentanten aufsässig: gegen Granvelle, den Vorsitzenden des Geheimen Rates. Als Sprecher des Hochadels richteten die Grafen Egmont und Hoorne im Jahr 1563 wiederholt an den König das Ansinnen, Granvelle abzusetzen. Philipp gab schließlich nach und berief seinen hochbefähigten Mitarbeiter im Januar 1564 ab. Die Folge war, daß der Adel jetzt den Staatsrat beherrschte. Er setzte die Statthalterin ungeniert unter Druck und stellte provokatorische Forderungen. Sein unentwegtes Agitieren gegen die Ketzergesetze machte ihn bei den Protestanten und ihren Sympathisanten volkstümlich, bei den Katholiken wenigstens nicht unbeliebt. Er wußte, daß Philipp II. in diesem Punkt nicht nachgeben konnte, es sei denn, daß er sein Regierungssystem änderte. Eben darauf aber kam es der Opposition an. Philipp II. suchte damals gerade die Königin-Mutter von Frankreich, Katharina von Medici, davon abzuhalten, den Hugenotten

Konzessionen zu machen. Wollte er das Gesicht nicht verlieren, so mußte er dem Begehren des opponierenden Adels widerstehen. Einen Krieg in den Niederlanden vom Zaun zu brechen, lag ihm allerdings fern; er hatte nicht einmal Lust, auch nur ein Truppenkontingent zur Stützung der Regierung nach Brüssel zu schicken. Denn ihn beschäftigten die Türken im Mittelmeer und die Moriscos im eigenen Lande reichlich genug. So beschränkte er sich darauf, seinen Standpunkt in der Ketzerfrage erneut zu bekräftigen. Der Adel ließ jedoch nicht locker; er trieb den Konflikt voran. Ab 1565 weigerten sich einige Statthalter, den Anordnungen des Königs nachzukommen.

Unter den Herren der Hocharistokratie, den Grafen Aremberg, Büren, Hoorne, Ligne, Hoogstraten und anderen Rittern des Goldenen Vlieses, ragten Lamoral Graf von Egmont und Prinz Wilhelm von Oranien als führende Köpfe hervor. Egmont hatte sich seit dem Schmalkaldischen Krieg als Soldat und Heerführer bewährt, hatte 1558 die Schlacht bei Gravelingen gewonnen und dadurch seinem König zu einem günstigen Abschluß des letzten Krieges gegen Frankreich verholfen. Er war in Flandern begütert, von großem Einfluß auf seine Standesgenossen, freigebig, verschwenderisch, verschuldet und, was die kirchliche Gesinnung anging, ein treuer Katholik. Wilhelm I. von Oranien, politisch weiter schauend als Egmont, übertraf alle übrigen durch seine staatsmännische Begabung; er wurde zur Seele des Widerstandes. Er war 1533 als Sohn Wilhelms des Älteren von Nassau geboren worden, entstammte also einem deutschen Grafengeschlecht. Durch den frühen Tod eines kinderlosen Vetters erbte er noch als Knabe die gefürstete Herrschaft Orange im Süden Frankreichs und zwei Herrschaften in Brabant, Breda und Geertruidenberg. Er wuchs im Schloß Dillenburg auf und nannte sich später Prince d'Orange. Unmittelbar nach seiner im altkirchlichen Ritus vollzogenen Taufe wurden seine Eltern lutherisch. In jungen Jahren kam er an den niederländischen Hof Karls V. und galt offiziell als katholisch. Der Kaiser hielt große Stücke auf ihn. Er protegierte ihn, wo er konnte, und besorgte ihm, als er gerade achtzehn Jahre alt geworden war, eine der reichsten Erbtöchter aus dem niederländischen Hochadel, Anna von Büren, zur Ehefrau. Als der Kaiser in Brüssel abdankte, stützte er sich während der feierlichen Zeremonie auf Wilhelms Arm. Karl V. und Philipp II. verwendeten ihn im diplomatischen Dienst und übertrugen ihm die Statthalterschaft von einigen Provinzen. Mit den siebzehn Grafschaften, Herrschaften und sonstigen Gütern, die er teils geerbt, teils erheiratet hatte, gehörte Wilhelm von Oranien zu den mächtigsten niederländischen Standesherren. Als Politiker zeichneten ihn Wendigkeit und Beharrlichkeit aus. Er hatte kühne Pläne und Ideen, galt aber auch als gerissen und verschlagen. Ein Taciturnus, ein Schweiger, wie man ihn nannte, ist er vermutlich nicht immer gewesen; man rühmte ihm vielmehr ein offenes, leutseliges und geselliges Wesen nach. Er war viermal verheiratet und hatte zwölf Kinder. Die Wahl seiner Ehe-

Wilhelm I. von Oranien
Gemälde von Adriaen Thomasz. Key
Den Haag, Mauritshuis

frauen läßt darauf schließen, daß er es sich leisten konnte, in höchste Häuser hineinzuheiraten. Seine erste Frau war katholisch; sie machte ihn steinreich. Seine zweite Frau, eine Prinzessin von Sachsen, ebenfalls Anna mit Namen, die einzige Tochter des Kurfürsten Moritz, war lutherisch. Seine dritte Frau, Charlotte von Bourbon, entstammte wie seine vierte, Luise von Coligny, dem französischen Hochadel; beide waren calvinistisch. Was seine religiösen Überzeugungen anlangte, so bewegte er sich ziemlich frei zwischen den Konfessionen. Man sagte ihm nach, er sei indifferent. Jedenfalls brachte er bei der diplomatischen Vorbereitung seiner zweiten Ehe das Kunststück fertig, Kurfürst August I. von Sachsen glauben zu machen, daß er das lutherische Bekenntnis der Prinzessin Anna voll respektieren und gegen jedermann schützen werde, und gleichzeitig seinen Souverän Philipp davon zu überzeugen, daß er im Begriff sei, eine katholische Ehe einzugehen. Im Jahr 1573 trat er zum Calvinismus über. Als ihn später die Kurfürstin von Sachsen bat, dafür zu sorgen, daß seine Frau bei der reinen Lehre Luthers bliebe, entgegnete er, sie täte besser, anstatt in der Bibel im Amadis zu lesen, und sollte lieber Tanzen als Nähen und Stricken lernen. Anna von Sachsen wurde später katholisch und befolgte darüber hinaus die Empfehlungen ihres Gatten so gründlich, daß ihr Leben zum Skandal wurde. Zu ihren Liebhabern zählte der spätere Vater von Peter Paul Rubens, den sein Verhältnis mit Anna um ein Haar den Kopf gekostet hätte, wenn es Wilhelm nicht für besser gehalten hätte, die Sache auf sich beruhen zu lassen. Anna von Sachsen wurde die Mutter mehrerer Töchter und des ausgezeichneten Feldherrn Moritz von Oranien. Für Wilhelm war sie aber nicht nur ein Hauskreuz, sondern wegen ihrer Trunksucht und ihrer bösen Reden auch ein peinliches Ärgernis. 1570 ließ er sich heimlich von ihr scheiden, später schickte er sie an den Dresdner Hof zurück, wo sie 1577 in geistiger Verwirrung starb. Damit verletzte er die Häuser Sachsen und Hessen so sehr, daß er auf deren moralische oder politische Unterstützung im niederländischen Freiheitskampf fortan nicht mehr zu hoffen brauchte.

Die konfessionell gemischte Situation in den Niederlanden sowie der Wunsch, es mit den überwiegend katholischen Südprovinzen nicht zu verderben, veranlaßten Oranien, in der Religionsfrage vorsichtig zu lavieren. Auch als Calvinist blieb er den anderen Konfessionen gegenüber konziliant; der Fanatismus seiner reformierten Glaubensgenossen lag ihm fern. Genötigt, sich im Kampf um ein konfessionell gespaltenes Land mit auswärtigen Verbündeten zu arrangieren, deren religiöse Überzeugungen ebenfalls differierten, vertrat er als politischer Pragmatiker das Prinzip der Toleranz. Er stritt weder für den Protestantismus noch gar für den Calvinismus, sondern ließ sich in seinem Verhältnis zu Katholiken, Calvinisten und sonstigen Protestanten von Zweck und Notwendigkeit leiten. Darin war er entfernt Elisabeth I. von England ähnlich. Der Sache nach war er der Vorkämpfer eines adlig-fürstlichen Partikularismus. Zunächst wollte er den niederländischen ›Staaten‹ eine größere politische Selbständigkeit verschaffen. Später stellte er sich das Ziel, den Partikularismus der Provinzen durch föderativen Zusammenschluß auf die höhere Stufe souveräner staatlicher Existenz zu heben. Er kannte die potenziell vorhandenen, recht verschiedenartigen Widerstandskräfte, wußte sie zu wecken und faßte sie genial zusammen. Er aktivierte die protestantischen Aversionen gegen die ›Greuel des Papsttums‹ und traf damit Spanien; er mobilisierte den Widerwillen der Kaufleute gegen Steuererhöhungen und machte sie damit ebenfalls gegen Spanien rebellisch. Er verstand es, heterogene Kräfte auf das gleiche Ziel hinzulenken. Dadurch verschaffte er der Opposition gegen das königliche Regiment eine breitere Basis, Nachdruck und Widerhall. Granvelle begriff das als erster. Er kannte Oraniens Fähigkeiten und vielleicht ahnte er schon seine Ziele. Aus der Sicht des Gegenspielers hielt er es für angebracht, seinen König vor ihm zu warnen: »Der Prinz ist ein gefährlicher Mann; raffiniert und berechnend heuchelt er dem

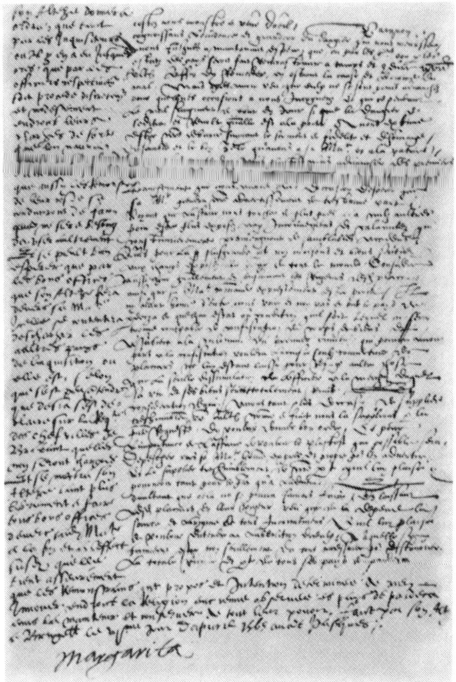

Ersuchen um Aufhebung der Ketzer-Gesetze
Bittschrift des niederländischen Hochadels vom 5. April 1566 an die Statthalterin
und ihre Antwort als Randbeschriftung
Den Haag, Koninklijk Huisarchief

Volk vor, er stünde auf seiner Seite, will aber nur die Gunst des Pöbels gewinnen, indem er sich manchmal als Katholik, manchmal als Calvinist oder Lutheraner ausgibt. Er ist ein Mann, der insgeheim alles unternehmen würde, was ihm sein großer Ehrgeiz und sein übermäßiges Mißtrauen eingeben. Laßt einen solchen Mann besser nicht in Flandern. Gebt ihm ein glanzvolles Amt als Botschafter oder Vizekönig.«

Um die Jahreswende 1565/66 bildete sich, durch Wilhelm I. von Oranien inspiriert, ein konspirativer Widerstandsbund des niederen Adels. Er nannte sich ›Compromis des Nobles‹, machte sich die Forderungen des Hochadels zu eigen und brachte es rasch auf zweitausend Mitglieder. Am 5. April 1566 unternahm er eine Aktion gegen die Generalgouverneurin. Zweihundert Adlige veranstalteten einen Marsch auf Brüssel. Sie zogen vor das Schloß; dort erzwangen sie sich Einlaß und Gehör bei der Statthalterin. Sie verlangten unter anderem die Aufhebung der Ketzergesetze, die, nicht ungeschickt, jetzt immer stärker in den Mittelpunkt des Streites gerückt wurden. Für den Fall, daß ihrem Begehren nicht entsprochen werde, drohte der Sprecher des Demonstrationszuges ganz offen mit einem allgemeinen Aufruhr. Völlig eingeschüchtert versprach die Regentin, das in einer Bittschrift vorgetragene Verlangen der Demonstranten dem

König zur Entscheidung vorzulegen. Ihre Zusage, die Ketzergesetze provisorisch zu ›mildern‹, wurde sofort als Aufhebung verstanden und entsprechend bekanntgemacht. Die Statthalterin vermochte nichts dagegen auszurichten. Der Adelsbund nutzte ihre Wehrlosigkeit und ging über sie hinweg. Die zeitweilige Aufhebung der Ketzergesetze wirkte wie ein Magnet auf die Calvinisten im umliegenden Ausland. Emigranten strömten zurück, französische Hugenotten kamen scharenweise, und heimliche Protestanten standen offen zu ihrem Bekenntnis. Oranien und der Adelsbund, die längst geheime Verbindungen zu den Konsistorien der Reformierten geknüpft hatten, machten ihnen jetzt Mut, sich zu regen und in die Öffentlichkeit zu treten. Die Calvinisten feierten Gottesdienste auf freiem Feld, zu denen jedermann Zutritt hatte, und ignorierten die Verbote der Statthalterin. Die Männer kamen in Waffen zur protestantischen Predigt, bei der sie sich auch für Zwecke der Gegenwehr verständigen und versammeln konnten. Die Calvinisten wurden, sobald ihnen Duldung gewährt war, ihrerseits unduldsam. Für sie war der katholische Gottesdienst und alles, was dazu gehörte, eine Beleidigung Gottes. Duldung und Schonung wären in ihren Augen Frevel gewesen. Calvin hatte gelehrt, daß man vom Weg räumen müsse, was die Ausbreitung des Reiches Christi auf Erden behinderte. Der Kampf gegen die Messe, den die Prediger zum Feldgeschrei machten, war ernst gemeint, keine rhetorische Floskel. Wenn sie das Volk ermunterten, den papistischen Sauerteig auszufegen und sich vom Joch des Papsttums zu befreien, dann lag darin zugleich die Aufforderung, sich vom König von Spanien, dem Paladin des Papstes, zu lösen.

So machten die Prediger den Widerstand populär. Sie glaubten die Pflicht zu haben, zum Sturm auf die katholischen Götzen zu blasen, und der Adel, der das Land beherrschte, hinderte sie nicht daran; er half ihnen vielmehr, zur Tat zu schreiten. Die Agitation trug jetzt ihre Früchte. Mit Unterstützung des Adels organisierten die Protestanten einen großangelegten Angriff: Sie entfachten den berühmt-berüchtigten Bildersturm. Sie begnügten sich allerdings nicht mit der Vernichtung von Bildern, sondern plünderten die Kirchen, raubten sie aus und zerstörten, was darin nicht niet- und nagelfest war. Der Sturm begann auf dem Lande, im Westen Flanderns. Dann griff er vom Land auf die Städte über, von Flandern auf die übrigen südlichen Provinzen und von dort auch zum Teil in den Norden. In den sechs Tagen vom 14. bis 19. August 1566 wurden insgesamt gegen vierhundert Klöster und Kirchen demoliert oder ausgeräumt, darunter mehrere große und herrliche Kathedralen, wie diejenige von Antwerpen. Während die Prediger mehr von der Idee besessen waren, die Anbetungsstätten Gottes von den falschen Götzen zu reinigen, waren ihre Helfershelfer, vorwiegend Gesindel und Kriminelle, wenn man zeitgenössischen Berichten Glauben schenken darf, solcher Gedanken ledig. Außerdem waren es nicht große Mengen von Gläubigen, sondern zahlenmäßig ganz kleine Gruppen und Banden, die das Zerstörungswerk besorgten. Die Behörden waren machtlos oder drückten beide Augen zu; nur in Brügge geboten sie Einhalt. Die adligen Statthalter sahen zu und legten die Hände in den Schoß. Obwohl sie an der Regierungsverantwortung beteiligt waren, lehnten sie es zunächst ab, der Regentin beizustehen. Sie ließen erst einmal zehn Tage verstreichen, bis sie zu sprechen waren, und zeigten sich auch dann noch nicht ohne weiteres bereit, gegen die Bilderstürmer einzuschreiten, sondern nutzten die von ihnen selbst herbeigeführte Situation aus, um von der Regentin Zugeständnisse zu erpressen. Unter dem Zwang der Lage blieb der Generalstatthalterin nichts anderes übrig, als auf die gestellten Bedingungen einzugehen. So erteilte sie die Erlaubnis zum Abhalten evangelischer Gottesdienste und versprach, die Generalstaaten zum Zweck einer neuen Religionsgesetzgebung einzuberufen. Die Adelsführer ließen sich das schriftlich geben. Nachdem sie einen entsprechenden Vertrag in der Tasche hatten, schritten sie schließlich gegen

Der zweite Bildersturm in den Niederlanden, zwölf Jahre nach dem ersten von 1566
Kupferstich von Franz Hogenberg

die Schreckensherrschaft ein, die im Gefolge des Bildersturms um sich gegriffen hatte. Im gleichen Zuge stellten sie im Süden wie im Norden den Protestanten Kirchen für den evangelischen Gottesdienst zur Verfügung.

Der Bildersturm war eine Herausforderung an den König, löste aber auch in der Bevölkerung einen gewaltigen Schock aus. Die Stimmung, die bisher der Adelsopposition nicht ungünstig gewesen war, schlug plötzlich um. Der Abscheu vor der Militanz des Calvinismus trieb die überwältigende Mehrheit der Bevölkerung auf die Seite der Regierung. So konnte die Regentin, gestützt auf die Zustimmung der Einwohner, im Winter 1566/67 mit neugeworbenen Soldaten den letzten Widerstand der von aufständischen protestantischen Truppen gehaltenen Städte brechen. Obwohl Margarete von Parma sich wieder zur Herrin des Landes hatte machen können, hielt Philipp II. die Zeit für gekommen, sie abzulösen und die Statthalterschaft in kräftigere Hände zu legen. Damit begann für die Niederlande die Ära Albas und die Politik einer harten Faust. Der König gedachte, den Bildersturm zum Anlaß zu nehmen, um sich den aufsässigen Adel botmäßig zu machen. Als Herzog von Alba mit einem Kontingent von Elitetruppen im August 1567 in Brüssel einzog, warteten drei Aufgaben auf ihn: Er sollte die Aufrührer bestrafen, die Autorität des Königs wiederherstellen und die Steuerverfassung reformieren. Die ersten beiden Aufträge erfüllte er, am dritten scheiterte er.

Noch bevor Philipps neuer Statthalter eintraf, flüchtete Oranien außer Landes. Egmont und andere unterwarfen sich der Regentin in der irrigen

Die Verhaftung der Grafen Egmont und Hoorne am 9. September 1567 in Brüssel
Kupferstich von Franz Hogenberg

Meinung, das Geschehene damit ungeschehen zu machen. Aber Alba stellte ihn und Hoorne wegen Hochverrats vor Gericht und ließ beide, da der Schuldspruch gegen sie ausfiel, im Juni 1568 hinrichten. Nach dem Willen des Königs sollte der Aufruhr von 1566 nicht vergeben und vergessen sein, sondern ein gerichtliches Nachspiel erhalten. Dafür wurde ein Sondergericht – der Conseil des Troubles, Rat der Unruhen – eingerichtet, welches über Bilderstürmer, Aufständische und deren Komplizen, ohne Rücksicht auf etwaigen privilegierten Gerichtsstand, zu urteilen hatte. Aufruhr, Konspiration und Hochverrat ahndete man damals in ganz Europa mit der Todesstrafe. Das Tribunal erkannte viele Hunderte von Angeklagten dieser Vergehen für schuldig; so wurden wohl an die tausend Menschen zum Tode verurteilt. Elisabeth I. beglückwünschte Philipp II. zur Niederwerfung des Aufstandes. – Im Sommer 1568 rückte Wilhelm von Oranien mit einem in Deutschland geworbenen Heer in die Niederlande ein; er glaubte es mit Alba auf dem Schlachtfeld aufnehmen zu können und vertraute fest darauf, daß sich die Bevölkerung bei seinem Erscheinen auf seine Seite stellen werde. Statt dessen erlebte er ein völliges Fiasko. Eine aktive Unterstützung blieb aus. Alba schlug ihn vernichtend. Wilhelm selbst konnte nur durch die Flucht nach Frankreich sein Leben retten. Hätten sich Alba und sein königlicher Herr damit begnügt, die Autorität der Regierung und einigermaßen geordnete Verhältnisse wiederhergestellt zu haben, wäre dem Aufstand wohl der Boden entzogen gewesen. Doch der König und sein Gouverneur wollten mehr und machten damit das Erreichte zunichte. Ihre Politik der Härte führte zu erneuten Unruhen. Der Aufstand lebte wieder auf und weitete sich zum Befreiungskrieg aus.

Die Entstehung der niederländischen Republik

Im Jahr 1569 wurde eine spanische Flottille, welche die für den Unterhalt der spanischen Truppen bestimmten Geldmittel nach Antwerpen transportieren sollte, im Ärmelkanal von britischen Freibeutern aufgebracht und in englische Häfen verschleppt. Dadurch geriet Alba finanziell in große Schwierigkeiten. Angesichts der leeren Kassen verfiel er auf den Ausweg, die Unterhaltskosten für die Soldaten durch Einquartierung vorübergehend auf die Bevölkerung abzuwälzen. Diese Maßnahme trug wenig dazu bei, die Spanier bei einer Einwohnerschaft beliebt zu machen, der es sowieso nicht leichtfiel, sich mit der spanischen Herrschaft abzufinden. Auf die Dauer suchte Alba die nötigen Gelder durch ein neues Abgabensystem, den sogenannten Tiende Pening, aufzubringen. Das war eine zehnprozentige Umsatzsteuer, die auf den Verkauf aller beweglichen Güter gelegt wurde. Diese Preissteigerung traf alle Käufer ohne Rücksicht auf ihren sozialen Rang, also auch die Privilegierten. Das war ihr politischer Sinn. Am härtesten wurden freilich diejenigen betroffen, die vom Handel und Gewerbe lebten, in erster Linie die städtische Kaufmannschaft. Sie war in den Niederlanden eine zahlenmäßig starke, politisch wie finanziell außerordentlich potente soziale Schicht, deren Angehörige über Erfahrung in der Selbstverwaltung, über Intelligenz und meist auch über weltweite Beziehungen im kommerziellen und kulturellen Bereich verfügten. Gerade diese soziale Gruppe, die bislang, von wenigen Ausnahmen abgesehen, fest zu Spanien gehalten hatte, wurde jetzt renitent. War mit der Einführung des einheitlichen Steuersystems schon Karl V. am Partikularismus der Städte und ›Staaten‹ gescheitert, so scheiterte damit der landfremde, ungeliebte, im Umgang mit den Niederländern unerfahrene Herzog von Alba erst recht. Karls V. Versuch war politisch ohne gravierende Folgen geblieben, aber Albas Versuch, in einem Land unternommen, das kurz zuvor den Aufstand geprobt hatte, führte politisch eine Wende herbei. Als er 1572 Miene machte, das Steuergesetz durchzuführen, schlug die Stimmung um: Im gehobenen Bürgertum, das er bereits durch die Einquartierungen der Truppen und seine Blut- und Eisenpolitik verschreckt hatte, nahm die Neigung zu, sich der Adelsopposition zu nähern. In den Städten fand Oranien bei seinem zweiten militärischen Einfall, 1572, die Bundesgenossen, die ihm vier Jahre zuvor gefehlt hatten. Nunmehr errang er einige militärische Erfolge von strategischer, aber auch politischer Bedeutung. Er gewann im Norden, an den Küsten von Holland und Seeland, die ersten Stützpunkte, in denen er sich hal-

Herzog von Alba als Feldherr
mit dem Orden vom Goldenen Vlies
Aquarell eines niederländischen Künstlers,
um 1580
Düsseldorf, Kunsthandel

ten konnte und von denen aus er mit Hilfe der seemännischen Aufständischen, der sogenannten Wassergeusen, den Spaniern hart zuzusetzen vermochte. Die Wassergeusen wurden vom Ausland protegiert; sie operierten von deutschen, englischen und französischen Häfen aus, wo sie dem Zugriff der Spanier entzogen waren. Ihre Schlupfwinkel reichten bis La Rochelle an der französischen Westküste.

Damit traten die europäischen Dimensionen deutlicher hervor, die der Aufstand inzwischen gewonnen hatte. Elisabeth I. von England unterstützte die Aufständischen ein wenig unter der Hand; der französische Hugenottenführer Gaspard de Coligny wirkte auf seinen jungen König, Karl IX., ein, sich mit den Calvinisten zu versöhnen und gemeinsam mit ihnen und Wilhelm von Oranien in den Niederlanden einen entscheidenden Stoß gegen die spanische Übermacht zu führen. Die Bartholomäus-Nacht vereitelte zwar diesen Plan, jedoch nicht endgültig. Colignys Konzeption wurde nicht vergessen; die französischen Könige kamen im Laufe der Hugenottenkriege immer wieder darauf zurück. Heinrich IV. übernahm sie als unverrückbare Leitlinie. England und Frankreich hörten fortan nicht auf, sich für die Niederlande zu interessieren, und scheuten auch vor Interventionen nicht zurück. Der Aufstand bot ihnen die beste Gelegenheit, die Hegemonievorhaben Philipps II. zu bekämpfen, ohne ihm direkt den Krieg zu erklären. – Unabhängig davon schlug um 1572 auch Philipp eine neue Politik gegenüber den Niederlanden ein. Er verließ die bisher eingehaltene harte Linie, indem er vom Befehlen zum Verhandeln überging und seine Bereitschaft bekundete, die regionale Autonomie zu respektieren. Alba, der ihm die Bevölkerung des Landes sowieso schon genug entfremdet hatte, konnte er für eine solche Politik nicht gebrauchen. »Ich verstehe alle Eure Argumente«, schrieb er ihm, »die dafür sprechen, weiterhin mit Strenge vorzugehen; aber ich sehe, daß eine Grenze erreicht ist, die uns zwingen wird, andere Maßnahmen zu ergreifen.« So berief er ihn ab. Wohin Philipp steuerte, zeigten die ersten Schritte von Albas Nachfolger Don Luis de Requesens: Er schaffte die verhängnisvolle Steuer, den Tiende Pening, ab und erließ einen Generalpardon für alle, mit Ausnahme der Ketzer. Damit war eine Ausgangsbasis gewonnen, auf der sich Spanien mit den Städten, die Alba verprellt hatte, wieder zu arrangieren beabsichtigte; wogegen die Pardonverweigerung für die Ketzer nichts anderes besagte, als daß es dem König von Spanien ebensowenig wie den anderen Staatsoberhäuptern seiner Zeit in den Sinn kam, auf die Anwendung des Cuius-regio-eius-et-religio-Prinzips zu verzichten. Der Kampf in den Niederlanden trat somit in eine neue Phase ein. Einerseits suchte sich der König mit den Provinzen auf der Basis eines Abkommens zu einigen, andererseits weitete sich der Konflikt aus. Der Aufstand wurde international interessant und ein Anziehungspunkt für die englische und französische Außenpolitik. Auch durch die Religionsfrage bekam der Konflikt nunmehr einen stärkeren internationalen Aspekt: Seitdem der Adel 1566 dem Calvinismus die Niederlande geöffnet hatte, griff der Konfessionsstreit im Territorium der siebzehn Provinzen zunehmend um sich. Er vermengte sich mit dem politischen Kampf zwischen Philipp II. und Wilhelm von Oranien und stilisierte diesen zum Religionskrieg.

Die Kriegsziele Philipps II. und Wilhelms von Oranien schlossen sich gegenseitig aus und waren sich dennoch ähnlich. Es handelte sich um zwei konkurrierende Konzepte, die den gleichen politischen Zweck verfolgten: die Gesamtheit der Niederlande mehr oder weniger föderativ zusammenzufassen, den Provinzen jedoch ihre regionale Selbstverwaltung zu belassen. Strittig blieben zuletzt nur zwei Fragen: das Verhältnis der Provinzen zum spanischen Landesherrn und die Konfession. Die erste Frage stellte kein unüberwindliches Hindernis für eine Verständigung dar. Hier galt es lediglich, den Kompromiß zwischen landesfürstlicher Hoheit und provinzialer Autonomie, auf den sich Philipp einzulassen bereit war, für beide Seiten erträglich zu gestalten. An der zweiten Frage schieden sich jedoch die Geister. Hier brachte keine der beiden Seiten die für eine tragfähige Vereinbarung erforderliche Kompromißbereitschaft auf. Die im Dogma und Bekenntnis ruhenden Gegensätze erwiesen sich als unüberbrückbar. Obwohl der Krieg kein Glaubenskrieg war, entschied die Glaubensfrage an erster Stelle über seinen Fortgang und Verlauf; an ihr scheiterte sowohl Philipps als auch Wilhelms gesamtniederländische Konzeption. Und so ging die politische Spaltung der Niederlande vorrangig und unmittelbar auf die Glaubensdifferenzen zurück. Die für beide Seiten unerwünschte, von keiner ursprünglich beabsichtigte politische Lösung bahnte sich in den siebziger Jahren an und zeichnete sich 1579 mit den konkurrierenden Unionsbildungen von Arras und Utrecht in bereits deutlich sichtbaren Konturen ab. – Die Rebellion, die im Süden begonnen hatte, fand seit 1572 ihren festesten Rückhalt im Norden. Die Aufständischen besaßen dort Stützpunkte im Küstengebiet, an den Flußarmen und auf den vorgelagerten Inseln, die praktisch uneinnehmbar waren. Sie verlegten die Kriegführung von jetzt an mit Vorzug auf das Wasser. Sie lebten von der Piraterie, und zwar ausgezeichnet, vornehmlich sogar auf Kosten Spaniens. Oranien legalisierte den Seeraub, indem er den Rebellen Kaperbriefe ausstellte, wozu ihn sein Rang als Souverän von Orange ermächtigte. Das Zentrum des Widerstandes wurden die den Norden beherrschende große Provinz Holland und deren kleine Nachbarprovinz Seeland. Seitdem Wilhelm dort erfolgreich operierte, schlugen sich zahlreiche Städte in den Provinzen Groningen, Geldern und Friesland auf seine Seite. Als die Aufständischen 1574 die Stadt Leiden entsetzt hatten, gründeten sie dort im folgenden Jahr, mitten im Krieg, eine Universität – alles in allem ein Dokument großartiger Zuversicht in die eigene Sache.

In jenen Jahren nahmen Oraniens Zielvorstellun-

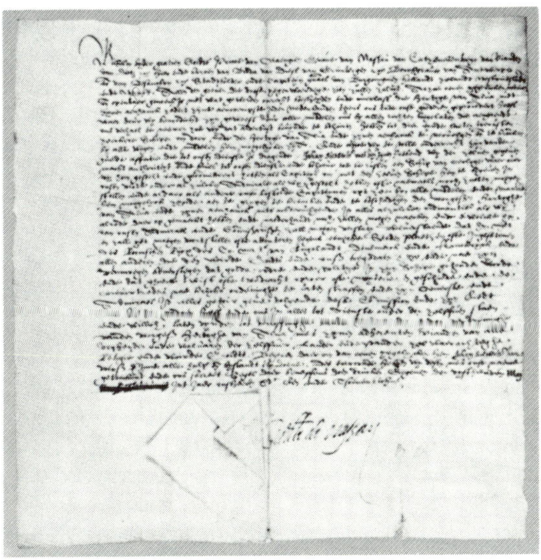

Kaperbrief für Johan Sieuwertsz
Schreiben aus der Kanzlei Wilhelms I. von Oranien vom 15. Mai 1571
Haarlem, Rijksarchief in Noord-Holland

gen deutlichere Formen an. Er dachte an einen festeren politischen Zusammenschluß der Provinzen unter Beibehaltung der relativ weitgehenden inneren Autonomie für die einzelnen Glieder der Föderation. Das bedeutete übrigens noch nicht, daß sich die Union, auf die er zusteuerte, unbedingt von Spanien hätte lösen müssen. Regionale Autonomie, auch wenn sie recht weit ging, schloß die Unterordnung unter einen Oberherrn damals nicht aus. Während Wilhelm von Oranien nach außen recht erfolgreich kämpfte, fand er in den eigenen Reihen nicht immer die erwünschte Zustimmung für sein Föderationskonzept. Die zu begründende Union sollte nach seinem Willen den Angehörigen aller Bekenntnisse die Möglichkeit bieten, ihres Glaubens zu leben. In diesem Punkt machten ihm nun aber die Calvinisten, die sonst zu seinen zuverlässigsten Anhängern gehörten, die größten Schwierigkeiten. Er konnte sie nicht übergehen; denn obwohl sie selbst in ihren Hochburgen Holland und Seeland nur eine Minderheit bildeten, hatten sie kraft ihrer Aktivität in den Städten und ›Staaten‹ die Führung an sich gerissen. Ohne sich an entgegenstehende Abmachungen und Zusicherungen zu halten, rotteten sie den katholischen Gottesdienst aus. Sie gaben ganz eindeutig zu verstehen, daß für sie einzig ein politischer Status erstrebenswert sei, der ihnen die Alleinherrschaft ihres Bekenntnisses garantierte.

Trotz der Probleme, die sich hier anmeldeten, sah es ein einziges Mal für kurze Zeit so aus, als ob sich die Gesamtheit der Provinzen unter Wilhelms Führung würde zusammenfinden wollen. Den Anlaß gab ein Vorfall, der die Bevölkerung des Südens aufs Äußerste erregte. Während einer Vakanz in der Statthalterschaft plünderten 1576 sich selbst überlassene Söldnerhaufen die Stadt Antwerpen und richteten unter deren Einwohnern ein solch grauenhaftes Blutbad an, daß die sonst einigermaßen spanienfreundliche Stimmung vollkommen umschlug und die Südprovinzen erwogen, sich von Spanien abzuwenden. Abgesandte des Südens verhandelten daraufhin mit den Nordprovinzen über die Möglichkeit eines gesamtniederländischen Bundes und brachten auch ein für beide Seiten annehmbares Konzept zustande: die sogenannte Genter Pazifikation von 1576. Selbst in der Religionsfrage hatte man einen Modus vivendi gefunden; man hatte den Calvinisten in Holland und Seeland entsprechende Zugeständnisse gemacht. Die Pazifikation von Gent sollte den Provinzen größere Freiheiten bringen, aber noch nicht die Niederlande von Spanien abtrennen. Philipp II., der ja an einem Vergleich mit seinen schwierigen Provinzen interessiert war, kam der Pazifikation sogar ein paar Schritte entgegen: Er erklärte sich bereit, den Generalstaaten die Versammlungsfreiheit zu gewähren und die spanischen Truppen abzuziehen. Er wollte seine landesherrliche Autorität anerkannt wissen, womit er nichts Unbilliges oder Unerfüllbares verlangte. Aber er lehnte es ab, trotz dringender Gegenvorstellungen von gemäßigten niederländischen Katholiken, in der Religionsfrage Konzessionen zu machen. Da in dieser Sache die Calvinisten des Nordens ebenfalls nicht mit sich reden ließen, scheiterte der Versuch eines spanisch-niederländischen Ausgleichs an der beiderseitigen Intoleranz. Auch die vorgesehene Union der Provinzen ging zugrunde, weil man sich untereinander wegen der Religionsfrage zerstritt. Die konfessionellen Gegensätze traten schärfer heraus als zuvor.

In dieser Zeit erstand dem Prinzen von Oranien in der Person des 1578 zum Generalstatthalter berufenen Alexander Farnese, Prinzen von Parma, ein Gegenspieler, der ihm politisch gewachsen und militärisch überlegen war. Dieser Sohn der früheren Regentin Margarete, ein Enkel Karls V. und Urenkel Pauls III., einer der großen Feldherrn des 16. Jahrhunderts, machte sich mit einer Politik der kleinen Schritte zäh und unbeirrbar an die Aufgabe, die äußeren wie inneren Bedingungen dafür zu schaffen, daß die Niederlande bei Spanien blieben. Er war intelligent genug, um herauszufinden, wo Wilhelm der Schuh drückte: Er begriff, daß dessen große Chance in der Toleranzpolitik lag, weil er mit festen Garantien für die Duldung des im Norden gefährdeten Katholizismus den Süden würde gewinnen können. Er begriff aber auch, daß ihm die Calvinisten, auf deren Gefolgschaft er nicht verzichten konnte, durch ihre exzessive Intoleranz das Geschäft verdarben. Diese entfremdeten ihm die Gemäßigten im Süden. Ihr expansives Vordringen und die brutale Unbekümmertheit, mit der sie sich über bestehende Abmachungen hinwegsetzten, führten dazu, daß sich die wallonischen Landesteile von Oranien abkehrten. Im Bürgertum und Adel bildete sich eine gegen ihn gerichtete Partei der ›Unzufriedenen‹: die Malcontenten. Hier sah der Prinz von Parma eine Chance für den König und ging sogleich daran, sie zu nutzen. Er bot den Provinzen die ständische Selbstregierung an und verlangte als Gegenleistung die Anerkennung des Königs von Spanien sowie die alleinige Geltung des katholischen Bekenntnisses. Die wallonischen Provinzen Artois und Hennegau nahmen das Anerbieten an, ebenso Westflandern. Auf dieser Basis begründete der Generalstatthalter mit ihnen am 6. Januar 1579 die Union von Arras. Brabant und der weitere Süden traten ihr in der Folge bei. Philipp II. erkannte die vom Prinzen von Parma ausgehandelten Bedingungen an und schloß auf ihrer Grundlage mit den in der Union von Arras vereinigten Städten und Provinzen am 17. Mai 1579 Frieden. Damit kehrte der größere Teil des niederländischen Territoriums wieder unter die Oberherrschaft des Königs von Spanien zurück.

Eine vergleichbare Konzentrationsbewegung vollzog sich im Norden. Dort schlossen sich 1579 die Provinzen Holland, Utrecht, Geldern und Seeland mit einer Region von Groningen noch im selben Monat, am 23. Januar, zur Union von Utrecht zusammen. Diese Föderation bezeichnete sich als Verteidigungsbund. Sie bekannte sich zum Prinzip der Religions- und Gewissensfreiheit, dispensierte allerdings Holland und Seeland von der Pflicht zur Toleranz und forderte alle niederländischen Städte, Staaten und Herren zum Beitritt auf. Die Union erweiterte sich im Laufe eines Jahres beträchtlich.

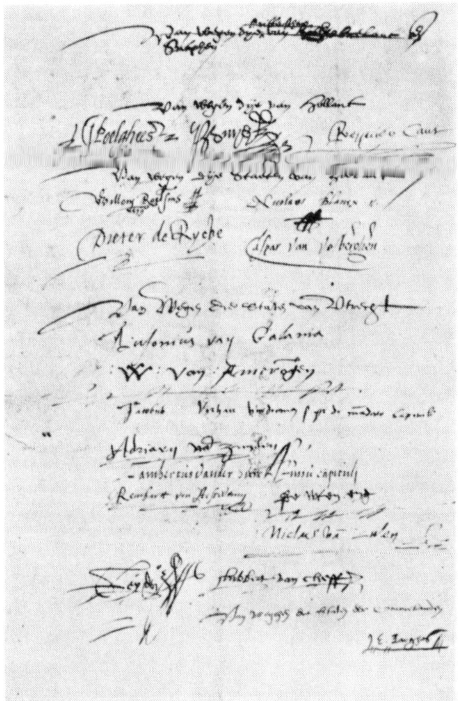

Die Gründung der Union von Utrecht
am 23. Januar 1579
Vertragswerk mit den Unterschriften
der Gründungsmitglieder
Den Haag, Algemeen Rijksarchief

Auch einige große südliche Städte wie Ypern, Brügge, Gent – damals eine calvinistische Hochburg – und Antwerpen schlossen sich ihr an. Wilhelm von Oranien trat ihr als souveräner Herr bei. – Mit der gleichzeitigen Bildung zweier miteinander konkurrierender Unionen begann die Spaltung der Niederlande in einen südlichen (spanischen) und einen nördlichen (freien) Teil. Eine Abgrenzung zwischen ihnen erfolgte allerdings noch nicht. Das hatte zwei Gründe. Einmal: Einige Provinzen blieben unschlüssig und wechselten gelegentlich die Partei. Zum anderen: Beide Unionen wollten die Gesamtheit der Niederlande zusammenschließen; sie führten deshalb miteinander Krieg, und im Verlauf des langen Krieges gewann zeitweilig die südliche Gruppe einen ganz erheblichen Teil des nördlichen Territoriums, oder es geschah das Umgekehrte. Aller Schwankungen ungeachtet schritt die Spaltung rasch fort und verfestigte sich. Der Sache nach bildeten die Vereinigung von Arras und diejenige von Utrecht den Kern der späteren Länder Belgien und Holland.

Für Philipp II. bestand kein Zweifel daran, daß Wilhelm von Oranien die Länder der Utrechter Union von Spanien losreißen wollte. Er glaubte deshalb, den Kampf gegen ihn mit härteren Mitteln führen zu sollen und sprach über ihn die Acht aus. Durch das Ächtungsdekret wurde Wilhelm für vogelfrei erklärt. Philipp setzte sogar einen hohen Preis auf seinen Kopf: Fünfundzwanzigtausend Dukaten, Adelsstand und Gutsbesitz versprach er demjenigen, der die Acht vollstreckte. Oranien schlug sofort zurück. Er wehrte sich, publizistisch wirkungsvoll, mit einer Schmähschrift und schleuderte die ›Apologie du Prince d'Orange‹ gegen ihn: ein Pamphlet im Stil der massivsten Angriffe Luthers und Calvins auf den Papst, worin er den König von Spanien dem zeitgenössischen Europa als Sittenstrolch, Giftmörder und überdimensionales Scheusal vorstellte und jene Schwarze Legende schuf, die Philipps Bild jahrhundertelang bis in die seriöse Geschichtsschreibung hinein verdunkelte. Gleichzeitig proklamierte er in der ›Apologie‹ die Volkssouveränität. Beides, Philipps Ächtungsdekret mit der Kopfprämie und Wilhelms Proklamation, ging auf Strömungen in der politischen Theorie zurück, denen man mehrfach im 16. und 17. Jahrhundert begegnet und in denen etwas von der Härte und Entschiedenheit der Machtkämpfe zwischen Fürstentum und Adel erkenntlich wird.

Über die Erlaubtheit oder Unerlaubtheit des politischen Mordes wurde im 16. Jahrhundert heftig diskutiert. Das Problem wurde von der Salus publica, vom Gemeinwohl, her gestellt, welches unwidersprochen als das höchste Gut angesehen wurde, dem unter Umständen auch das Leben des einzelnen unterzuordnen sei. Die Gedankenkette lief dann weiter: Wer sich gegen die Salus publica offenkundig verginge, müßte beseitigt werden, im Normalfall durch die dafür vorgesehenen ordentlichen, im Grenzfall durch außerordentliche Mittel. Außerordentliche Mittel dürften erwogen werden, wenn anders das Gemeinwohl nicht geschützt werden könnte. Philipp II. ächtete Wilhelm von Oranien »als einen Feind des Menschengeschlechts« und erklärte ihn für vogelfrei, weil er auf dem ordentlichen Wege seiner nicht habhaft werden konnte. In Frankreich wurde das Problem der Salus publica aus akutem Anlaß nicht nur von Monarchen, sondern auch vom ›Volk‹ her gesehen; dort diskutierte man die in den Hugenottenkriegen brisant gewordene Frage, was mit einem ›ungerechten‹ Herrscher, der sich durch ein notorisch böses Regiment gegen das Allgemeinwohl verfehlte, zu geschehen habe. Eine der Antworten lautete: Er dürfte von seinen Untertanen abgesetzt, im Grenzfall – nach Ausschöpfung aller sonstigen Möglichkeiten – auch getötet werden. Diese Theorien von der Mordbefugnis der Obrigkeit und vom Tyrannenmord gehörten zur Gesamtthematik der Staatslehre der frühen Neuzeit. Sie erhielten in den politisch-konfessionellen Kämpfen seit der Mitte des 16. Jahrhunderts aktuelle Bedeutung, und zwar so sehr, daß sie eben keine reine Theorie blieben. Die Frage nach der Erlaubtheit des Tyrannenmordes wurde von den französischen Calvinisten mit besonderer Dringlichkeit nach dem Blutbad der Bartholomäus-Nacht aufgeworfen. Die sogenannte monarchomachische Theorie, die es für zulässig erklärte, einen schlechten Fürsten aus dem Weg zu räumen, wurde von hugenottischen Flüchtlingen in die Niederlande getragen. 1579 wurde in Holland unter dem Titel ›Vindiciae contra tyrannos‹ ein Traktat bekannt, dessen Gedanken weite Kreise zogen. Die Frage, ob es um des Gemeinwohls willen erlaubt sei, ein tyrannisches Staatsoberhaupt zu stürzen, notfalls umzubringen, bildete ein Teilproblem im größeren Komplex der Ständelehre. Im Gegensatz zu den obrigkeitsfreundlichen Theorien von der Unangreifbarkeit der monarchischen Gewalt lehrten die Anhänger der ständischen Gewalt, daß die Befugnis, über die Regierung zu befinden, beim Volk liege und durch dessen Repräsentanten – worunter man die Stände, also Adel, Städte und vielleicht auch noch Prälaten und Bauern, verstand – rechtmäßig ausgeübt werde. Solchen Ideen standen Calvin und calvinistische Staatstheoretiker wie Theodor Beza und Johannes Althusius nicht fern. Sie fielen in Holland auf fruchtbaren Boden. Unter dem Eindruck des Krieges scheint dort die Aversion gegen einen Bruch mit dem Seigneur naturel allmählich geschwunden zu sein. Jedenfalls waren die Holländer bereit, sich von der Vorstellung frei zu machen, daß ihr Oberhaupt unbedingt der König von Spanien sein müßte. Allerdings fiel es ihnen schwer, sich vom Gedanken an ein fürstliches Staatsoberhaupt völlig zu trennen. So versuchten sie zunächst, eine andere Fürstlichkeit zu gewinnen, und verfielen dabei auf den Herzog Franz von Anjou, einen Prinzen von Geblüt, den jüngsten Bruder König Heinrichs III. von Frankreich.

Die Utrechter Union übertrug ihm kraft Volkssouveränität durch einen Vertrag – abgeschlossen im September 1580 zu Plessis-lez-Tours – die Oberhoheit über die niederländischen Nordprovinzen, allerdings nicht ohne seine Gewalt gehörig zu beschneiden und die Autonomie der ›Staaten‹ kräftig zu fixieren. Da sie nicht zwei Herren dienen konnten, trennten sie sich mit diesem Schritt bereits praktisch von Philipp II., und es war nur noch eine Frage der Zeit, daß sie sich offen von Spanien lossagten. Sie taten es offiziell mit der Haager Selbständigkeitserklärung vom 26. Juli 1581. In diesem Manifest, dem ›Placcaet van Verlatinghe‹, bezichtigten die Gliedstaaten der Utrechter Union ihren König, daß er sich gegen ihre Landesrechte und Gewohnheiten verfehlt habe, und entzogen ihm – kraft Widerstandsrechts des Volkes gegen einen ungerechten Herrscher – die Regierungsbefugnis. Sie erklärten ihn für abgesetzt auf Grund der aus der Ständetheorie abgeleiteten These, »daß ein Landesfürst von Gott über seine Untertanen gestellt ist, um sie vor allem Unrecht zu bewahren und zu schützen; und daß die Untertanen nicht von Gott geschaffen sind für den Fürsten, um ihm in allem, was er befiehlt, zu willen zu sein und als Sklaven zu dienen, sondern der Fürst um der Untertanen willen geschaffen ist, um sie nach Recht und Billigkeit zu regieren«. Sie zogen daraus die ebenfalls in die Selbständigkeitserklärung aufgenommene Konklusion: »Wenn er dies nicht tut und sie statt dessen unterdrückt, ihnen ihre alte Freiheit, Privilegien und Gewohnheitsrechte nimmt und sie zu Sklaven herabwürdigt, so soll er nicht für einen Fürsten, sondern für einen Tyrannen angesehen werden. Und deshalb dürfen ihm seine Untertanen nach Recht und Billigkeit durch Beschluß der Landesstände den Gehorsam aufkündigen, ihn verlassen und jemand anderen an seiner Statt zu ihrem Oberhaupt wählen.«

Franz von Anjou, der von seiner Landesherrlichkeit kaum Gebrauch gemacht hatte, starb 1584. Einen Nachfolger zu finden wollte nicht glücken. Der König von Frankreich und die Königin von England lehnten entsprechende Angebote dankend ab. Immerhin empfahl Elisabeth I., es mit ihrem Protegé, Robert Dudley, Earl of Leicester, zu versuchen. Diesen wählten die Provinzen daraufhin zu ihrem Generalgouverneur. Er war aber ein Versager, mit dem nichts Rechtes anzufangen war. Die Holländer atmeten auf, als sie ihn nach ein paar Jahren mit Anstand los wurden. Die Lust, sich einen neuen Herrn zu suchen, war ihnen inzwischen vergangen. Sie verzichteten auf ein fürstliches Staatsoberhaupt und machten sich selbst dazu. Damit etablierte sich die formell seit Franz von Anjous Tod, praktisch seit Philipps II. Absetzung fürstenlose Union der Nordprovinzen als eine Republik, die niemals ausgerufen wurde und zu der es sozusagen aus Versehen gekommen war. Das betraf freilich nur die Staatsform, nicht das souveräne Staatswesen. Dieses trat mit der Selbständigkeits-

Die Tugenden Wilhelms I. von Oranien
Gemälde von Hendrick Gerritsz. Pot
Haarlem, Frans-Hals-Museum

erklärung ins Leben und nahm in kurzer Zeit einen steilen Aufstieg. Sehr bald schon figurierten die Generalstaaten als Partner der großen Mächte auf der politischen Bühne Europas.

In ihrer inneren Verfassung wurde die Republik durch das spannungsgeladene Verhältnis von unitarischen und partikularistischen Kräften sowohl belebt als auch belastet. Das eine Element repräsentierten die Provinzen mit ihren eifersüchtig gehüteten Sonderrechten, um derentwillen sie ja in den Krieg mit Spanien getreten waren; das andere Element verkörperte der Generalstatthalter oder Regent. Wilhelm von Oranien bekleidete als erster dieses Amt. Die Provinzen machten ihn unter verschiedenen Rechten und Titeln zu ihrem Bundeshaupt, übertrugen ihm präzis umrissene Pflichten und Befugnisse. Der Bund verstand sich selbst als eine freie, aber bindende Einung von Provinzen, deren jede über die Autonomie der inneren Regierung und der Steuererhebung verfügte. Ihr gemeinsames Organ besaßen sie in der Versammlung der Generalstaaten. Diese teilten sich mit dem Regenten in die Aufgaben der Gesamtführung wie Krieg und Frieden, Heerwesen, innere und auswärtige Politik. Es war ein aus langer Praxis erwachsener Kompromiß zwischen monarchischer Führung und städtisch-ständischer Selbstregierung, der, auf sein System hin betrachtet, eine Frühform der konstitutionellen Monarchie darstellte.

Derjenige, der den größten Anteil an der Entstehung dieses Staatswesens hatte und geradezu als sein Schöpfer angesehen wurde, Wilhelm von Oranien, erlebte den Aufstieg und die Bewährung seines Werkes nicht mehr. Am 10. Juli 1584 trafen ihn im Treppenhaus seiner Wohnung zu Delft Pistolenschüsse eines Attentäters und töteten ihn. Ein junger burgundischer Handwerker und fanatisierter Katholik namens Baltasar Gérard riskierte auf Grund des Ächtungsdekrets, welches den Oranier für vogelfrei erklärte, den Anschlag und damit auch sein Leben. Der Mörder wurde wie üblich öffentlich, vor den Augen einer schaulustigen Menge, nach den grausamen Regeln des frühneuzeitlichen Strafvollzugs langsam und qualvoll zu Tode gemartert. Einer Zuschauerin ging das so an die Nerven, daß sie zu wimmern begann. Das wäre ihr fast zum Verderben geworden; nur mit Mühe entging sie dem Schicksal, von den Umstehenden gelyncht zu werden. Denn Mitleid mit dem Mörder Oraniens zu zeigen, galt beinahe schon als Verbrechen. Wilhelm von Oranien wurde in der neuen Kirche von Delft beigesetzt. Bei den Bestattungsfeierlichkeiten kam es zu Zank und Streit zwischen den Vertretern der ›Staaten‹ von Holland und den Delegierten der Generalstaaten. Keine Delegation gönnte der anderen die Ehre, an erster Stelle hinter dem Sarg zu gehen.

Oraniens Tod und die Fortschritte der katholischen Liga in Frankreich verschlechterten nach 1584 die Lage der Nordprovinzen zusehends. Seit 1579 eroberte Alexander von Parma schrittweise das Land zurück, zunächst den Süden, seit 1588 aber auch Zug um Zug den Norden. Just um diese Zeit entschloß sich der König von Spanien, in die französischen Thronwirren einzugreifen und dort die Liga im Kampf gegen Heinrich von Bourbon zu unterstützen. Parma stand kurz vor der Unterwerfung der Rest-Niederlande – da beorderte ihn Philipp nach Frankreich, weil er ihn dort nötiger zu brauchen meinte. Dies brachte den Niederlanden im kritischsten Moment die entscheidende Entlastung. Alexander Farnese schlug sich in Frankreich trefflich, starb aber 1592, noch mitten im Krieg, an den Folgen einer Verwundung. Damit verlor Philipp II. eine unersetzliche Kraft. Mit der Sache der Generalstaaten ging es dagegen aufwärts, seitdem der Prinz von Parma den niederländischen Kriegsschauplatz hatte verlassen müssen. Ihr neuer Feldherr, Moritz von Oranien, Wilhelms Sohn, nutzte die Atempause, die Parmas Abgang gewährte, um zur Offensive überzugehen, und leitete die Rückeroberung der von Spanien besetzten nördlichen Territorien ein. Moritz, dessen besondere Fähigkeiten auf dem Gebiet der militärischen Organisation lagen, stellte ein diszipliniertes, stets schlagbereites stehendes Heer auf. Seine Reformen machten im Laufe der Jahre in ganz Europa Schule. Er führte das reguläre Exerzieren ein, gliederte die Truppe in kleinere Einheiten, so daß sie beweglicher wurde, und erhöhte ihre Schlagkraft durch die Einführung von Artillerie- und Pionierverbänden. Er sorgte für pünktliche Auszahlung des Soldes, was damals keine Selbstverständlichkeit war, und machte die Truppe dadurch verläßlicher. Unter seiner Führung wurden die Generalstaaten allmählich wieder zu Herren aller Provinzen nördlich des Rheins. Für Europa wurden sie inzwischen auch als Bündnispartner interessant. England und Frankreich schlossen 1596 mit ihnen eine Tripelallianz. Beide Monarchien hatten ein keineswegs selbstloses Interesse an der Unabhängigkeit der niederländischen Republik; darin lag eine der stärksten Garantien für deren Sicherheit.

Als sich dieses Kräfteverhältnis im europäischen Staatensystem abzuklären begann, starb im Herbst 1598 König Philipp II. Er hinterließ seinem Nachfolger Philipp III., was die niederländisch-spanischen Beziehungen betraf, eine zwar noch ungelöste, scheinbar offene, in Wirklichkeit jedoch schon beinahe erledigte Frage. Denn wenn die an vielen Fronten über ihre Kräfte beschäftigte und finanziell schier erschöpfte spanische Monarchie in Mittel- und Westeuropa Frieden bekommen wollte, dann war fast vorauszusehen, daß sie in irgendeiner Form die Unabhängigkeit der Generalstaaten würde tolerieren müssen. Allerdings brauchte es dazu noch geraume Zeit. Denn erstens fiel es dem Stolz der Spanier schwer, sich mit dem Abfall der Provinzen abzufinden und die gelungene Rebellion obendrein durch eine Anerkennung der Generalstaaten zu legitimieren, und zweitens bildete die Religionsfrage für sie mehr als ein Politikum, weil hier ihre Ehre und Überzeugung angesprochen waren. Ihr Standpunkt gebot ihnen, für die Sicherung des katholischen Bekenntnisses in den Nordprovinzen einzutreten. Damit stießen sie zwangsläufig in Holland und Seeland auf Widerstand. So zog sich der Krieg in die Länge. Wenn sich die Holländer auch zu Lande dem neuen spanischen Oberbefehlshaber, Ambrogio Spinola, nicht immer gewachsen zeigten, brachten sie den Spaniern doch zur See erhebliche Einbußen und Niederlagen bei; sie vernichteten zum Beispiel 1607 eine ganze Flotte bei Gibraltar. Nach wechselvollen Kämpfen traf sich schließlich die Friedensbereitschaft der Generalstaaten mit der Einsicht der spanischen Regierung in die beiderseitigen Kräfteverhältnisse. Die Aussicht, derzeit über den Status quo hinaus nichts mehr herausholen zu können, machte beide Seiten geneigt, den Krieg zu beenden. Weil ein restloser Ausgleich nicht zustande zu bringen war – Madrid verlangte Glaubensfreiheit für die Katholiken und scheute vor einer völkerrechtlichen Anerkennung der Generalstaaten zurück –, einigte man sich nach zweijährigen Verhandlungen auf einen zwölfjährigen Waffenstillstand. Er wurde 1609 zu Antwerpen geschlossen.

Im Zusammenhang mit dem Befreiungskampf nahm die Republik der Niederlande, schon damals kurz Holland genannt, politisch und kommerziell einen unerhörten Aufschwung. Das kleine Land eroberte sich mit seiner Flotte ein überseeisches Kolonialreich und überflügelte im intereuropäischen Seehandel alle übrigen Mächte. Der wirtschaftliche Aufstieg läßt sich an einigen Zahlen ablesen: Die Einwohnerzahl von Amsterdam wuchs von etwa elftausend Menschen im Jahr 1514 auf etwa dreißigtausend um das Jahr 1565 und auf über einhunderttausend im Jahr 1630. Die Bevölkerung der Provinz Holland vermehrte sich im gleichen

Die Belagerung von Ostende durch die Spanier in den Jahren 1601 bis 1604: spanische Truppen zwischen den Forts St. Albert und St. Isabella vor der Stadt
Gemälde eines flämischen Künstlers, 1621
Brüssel, Musées Royaux des Beaux-Arts

Zeitraum von zweihundertfünfundsiebzigtausend (1514) auf sechshundertzweiundsiebzigtausend Einwohner (1622). Die Textilproduktion der Stadt Leiden steigerte sich zwischen 1584 und 1620 von siebenundzwanzigtausend auf einhunderttausend Stück Tuche pro Jahr. Zwischen 1611 und 1620 besorgten die Holländer siebzig Prozent des Handels zwischen Westeuropa und den Ostseeländern. Seit 1585 blockierten sie permanent die Schelde-Mündung. Sie sperrten dadurch Antwerpen von der Nordsee ab und legten seinen Hafen still. Antwerpens Unglück wurde das Glück von Amsterdam. Es trat Antwerpens Erbe als Stapelplatz des europäischen und überseeischen Handels an und übernahm auch seine Nachfolge als Zentrum des internationalen Zahlungsverkehrs. – Im Unterschied zu Spanien, das sich finanziell durch seine Kriege ruinierte, sanierte sich Holland durch den Krieg. Was es für seine Soldaten und Schiffe aufbringen mußte, holten seine Seeleute durch legalisierten Seeraub herein. Holländische Kaufleute, Reeder und Handelskompanien beteiligten sich am gewinnbringenden Geschäft der bewaffneten Handelsschiffahrt und betrieben es bis in die entfern-

Festlichkeit aus Anlaß des zwölfjährigen Waffenstillstandes von 1609 zwischen Spanien und den Niederlanden: die Gastgeber Albrecht und Moritz von Oranien inmitten der höfischen Gesellschaft in Den Haag
Aus einem Gemälde von Adriaen Pietersz. van de Venne, 1616
Paris, Musée du Louvre

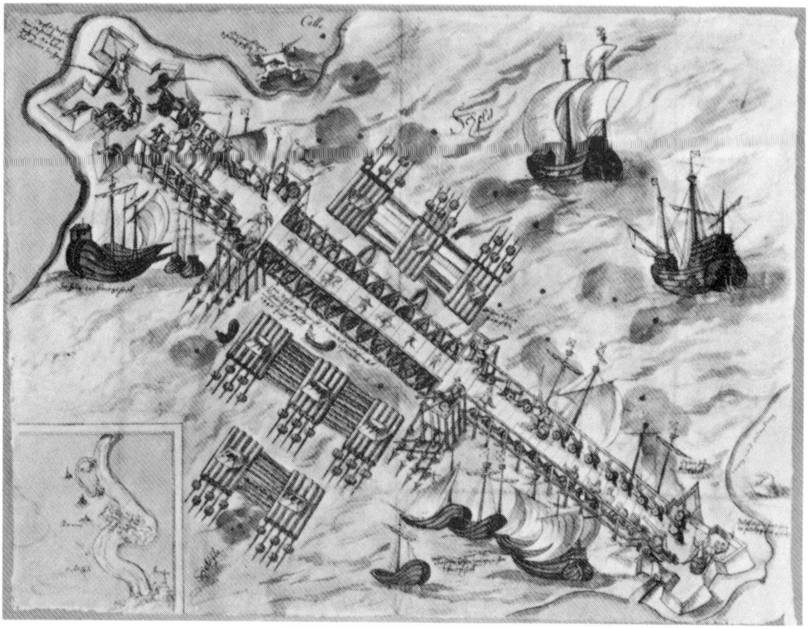

Von den Holländern errichtete Palisade auf der Schelde vor Antwerpen
Aquarell eines Unbekannten, spätes 16. Jahrhundert
Wien, Österreichische Nationalbibliothek

testen Weltteile. Das bekamen vor allem die Portugiesen zu spüren. Durch die Annexion von 1580 waren sie Untertanen des Königs von Spanien geworden; sie wurden dadurch nolens volens die Feinde seiner Feinde und von diesen entsprechend behandelt. Die Holländer griffen portugiesische Schiffe genauso an wie spanische und brachten sie auf, wo sie ihrer habhaft werden konnten. Aber nicht das allein. Sie drangen auch in Portugals Kolonialreich in Ostasien ein und rissen dessen größten Teil nach und nach an sich. 1596 erschienen erstmals niederländische Schiffe vor Java. 1602 wurde in Amsterdam eine Holländisch-Ostindische, 1621 eine Westindische Handelskompanie gegründet. 1606 setzten sich die Holländer im Zentrum der Gewürzinseln auf den Molukken fest.

In der Bevölkerungsstruktur dominierte, infolge der großen Zahl von Städten, das Bürgertum und innerhalb des Bürgertums die im Wirtschaftsleben unternehmerisch tätige Oberschicht. Sie gab auch politisch den Ton an; sie beherrschte die städtischen Magistrate und durch deren Repräsentanten die ›Staaten‹. Sie ergänzte sich in ihren politischen Ämtern durch Kooptation und fungierte praktisch als eine Stadtaristokratie. Diese dominierende Schicht lebte vom Handel und Gewerbe und stand in Verbindung mit aller Welt. Die großen Kaufleute unterhielten geschäftliche Beziehungen zu Juden und Heiden, zu Muhammadanern und Christen. Da Unduldsamkeit dem Handel abträglich war, neigten sie zur Toleranz. Diese bürgerliche Aristokratie trat dafür ein, die niederländischen Städte den Angehörigen aller Konfessionen zu öffnen. Mit solcher Liberalität war nun aber der militante Calvinismus gar nicht einverstanden. Sein Ideal, für das er kämpfte, war ein Staat nach Genfer Muster, in dem allein das reine Wort Gottes gepredigt werden durfte. Toleranz galt den genuinen Calvinisten als ein Übel, das man ausmerzen mußte wie das Abweichen von der reinen Lehre. Sozial hatten die radikalen Calvinisten einen guten Resonanzboden im Kleinbürgertum der Handwerker, Fischer und sonstigen einfachen Leute, welche das Wort der reformierten Prediger sehr viel aufmerksamer hörten als die reichen Mynheern. – Die konfessionellen Gegensätze zwischen Protestanten und Katholiken traten seit der Gründung der Republik in den Schatten der theologischen Richtungskämpfe zwischen dem gemäßigten und dem radikalen Flügel des Calvinismus. Die Meinungsverschiedenheiten im Lager der Reformierten hatten primär dogmatische Gründe, sekundär jedoch auch politisch-soziale Voraussetzungen. Vor allem aber zogen die unterschiedlichen dogmatischen Grundanschauungen praktisch-politische Folgen nach sich. Die innerprotestantischen Glaubenskämpfe vermengten sich mit den internen Machtkämpfen zwischen dem Statthalter und den ›Staaten‹ und führten im 17. Jahrhundert bis an den Rand des Bürgerkrieges.

Seit 1591 besetzte das Haus Oranien fünf der sieben Statthalterposten und eignete sich durch Gewohnheit und Kontinuität eine erbliche, quasimonarchische Gewalt an. Der König von Frankreich beehrte den Statthalter-Fürsten mit dem Titel ›Son Altesse‹. Eine englische Königstochter heiratete in die Familie Oranien ein, eine oranische Prinzessin in das brandenburgische Kurhaus. Dem Zug der Zeit folgend machten auch holländische – also republikanische – Staatstheoretiker des 17. Jahrhunderts ihre Reverenz vor der Fürstengewalt, indem sie die Monarchie als die normale Staatsform bezeichneten. Die tatsächlichen Befugnisse der oranischen Statthalter waren nicht gering. Sie verfügten über das militärische Kommando, ernannten die Offiziere, setzten in den Städten die Bürgermeister und Schöffen ein. Außerdem führten sie die auswärtige Politik, allerdings nicht ganz allein. Denn andererseits verfügten die ›Staaten‹ über hergebrachte Rechte, die der Regent nicht ignorieren durfte. Eine Schiedsinstanz über Statthalter und ›Staaten‹ gab es nicht, so daß Konflikte politisch durch Kampf oder Übereinkunft entschieden werden mußten. Des Statthalters stärkste Gegenkraft war der Ratspensionär von Holland, der als oberster Repräsentant der ›Staaten‹ von Holland deren Regierungsgewalt gegenüber dem Regenten vertrat und zur Geltung brachte. Von 1586 bis 1618 bekleidete mit Johann von Oldenbarnevelt der nach Wilhelm von Oranien bedeutendste niederländische Staatsmann dieses Amt. Im letzten Jahrzehnt von Oldenbarnevelts an bemerkenswerten Ereignissen reicher Amtsführung trieb die Rivalität zwischen den Staaten von Holland und dem Statthalter Moritz von Oranien auf einen offenen Konflikt zu. Es war nun für das Zeitalter höchst charakteristisch, daß sich der Verfassungskampf, um den es der Sache nach ging, mit dem Konfessionsstreit vermengte und sich in den äußeren Formen eines Glaubenskampfes abspielte. Zermürbende innerkonfessionelle Lehrstreitigkeiten kannte man im Luthertum bis zum Überdruß. Jetzt leisteten sich auch die Reformierten einen innercalvinistischen Konfessionskrieg größeren Stils. Daß dabei die Glaubensstreiter auf beiden Seiten politische Unterstützung, zum Teil sogar militärische Hilfe erhielten, verstand sich zwar auch in dem Jahrhundert zwischen der Fürstenreformation in Deutschland und der Puritanerrevolution in England nicht gerade von selbst, war aber für den Charakter der Epoche bezeichnend.

Von Anfang an gab es im niederländischen Calvinismus Differenzen über die Ansprüche, welche die Rechtgläubigen an Kirche und Staat zu stellen hätten. Die entschiedenen Jünger Calvins, die sogenannten Präzisen, duldeten kein Abweichen von ihres Meisters Lehre und lehnten eine Abhängigkeit der Kirche vom Staat ab. Sie verlangten aber vom Staat, daß er nur Mitglieder der rechtgläubigen Kirche zu den öffentlichen Ämtern zulasse. In allen diesen Punkten stießen die Präzisen auf den Widerstand der Gemäßigten, der sogenannten reekelijken Protestanten. Diese wollten die Herrschaft in Kirche und Theologie nicht allein den vermeintlichen Rechtgläubigen überlassen. Wenn sie von diesen verfolgt oder unter Druck gesetzt wurden, wollten sie die Hilfe der Behörden in Anspruch nehmen können. Außerdem hatten sie nichts gegen eine Besetzung der kirchlichen Ämter durch die politischen Magistrate einzuwenden. Die regierende bürgerliche Oberschicht dachte überwiegend so wie die Gemäßigten. Nachdem gerade das spanisch-katholische Kirchenregiment beseitigt worden war, zeigten die großen Herren nicht die geringste Neigung, sich die Herrschaft einer unduldsamen calvinistischen Kirche samt Inquisition gefallen zu lassen. Die Denkweise der Gemäßigten schlug sich auch in der Theologie nieder. Hier trat eine freiere Richtung in Erscheinung, die auf humanistische Traditionen zurückgriff und auf Erasmus als Ahnherrn blickte. Sie sprach sich für die Duldung von Andersgläubigen aus und lehnte die Ketzerverfolgung ab. Sie wurde infolgedessen von dem radikalen Flügel des Calvinismus leidenschaftlich bekämpft. 1604 gerieten an der Universität Leiden zwei namhafte Professoren der reformierten Theologie in Streit über die Prädestinationslehre. Die Interpretation des einen schloß die des anderen aus. Der eine, Franciscus Gomarus, vertrat die Auffassung Calvins in einer ihrer striktesten Versionen, der andere, Jacobus Arminius, wollte aus den Vorgängen, die das ewige Heil oder die ewige Verdammnis betrafen, die menschliche Willensfreiheit nicht gänzlich verbannt wissen, womit er den hellen Zorn aller eingefleischten Calvinisten erregte. Um die Personen der beiden Theologen, mehr noch um die von ihnen vertretenen Lehrmeinungen, bildeten sich zwei Parteien: die Arminianer (oder Remonstranten) und die Gomarianer (oder Kontraremonstranten). Sie suchten sich gegenseitig aus den Kirchen zu verdrängen. Der Streit zog weite Kreise: Er drang aus den Hörsälen der Universität auf die Kanzeln und ins Volk; er erfaßte über Leiden hinaus ganz Holland, griff von Holland auf die benachbarten Provinzen über und rief die politischen Gewalten auf den Plan.

Die Remonstranten fanden Deckung bei den von Oldenbarnevelt geführten ›Staaten‹ von Holland. Diese verpflichteten die Kontraremonstranten zur Toleranz. Doch sie kümmerten sich nicht darum. Oldenbarnevelt gedachte sie zu maßregeln. Da griff Moritz von Oranien ein. Er schlug sich, obwohl dogmatisch notorisch uninteressiert, auf die Seite der Kontraremonstranten und benutzte den Streit, um sich seines innenpolitischen Widersachers Oldenbarnevelt zu entledigen. Zunächst isolierte er die ›Staaten‹ von Holland politisch von den Generalstaaten. Dann riskierte er mit Hilfe der Armee einen Staatsstreich: Er setzte Oldenbarnevelt gefangen, entfernte dessen Parteigänger aus allen höheren Ämtern und ließ eine calvinistische Generalsynode zu Dordrecht zusammentreten. Diese tagte 1618 bis 1619, verabschiedete, ganz im Sinne des Gomarus, unter anderem fünf Lehrkapitel über die Prädestination, deren eines besagte, daß Christus nur für die Prädestinierten gestorben sei; beschloß, alle nicht im Sinne Dordrechts lehrenden Geistlichen abzusetzen und zu maßregeln und begründete die Alleinherrschaft des rigorosen Calvinismus. Inzwischen verurteilte ein vom Statthalter einberufenes Sondergericht Oldenbarnevelt wegen Landesverrats zum Tode. Moritz von Oranien ließ ihn, unmittelbar vor Abschluß der Synode, im Mai 1619, hinrichten. Danach brach auf Grund der Synodalbeschlüsse eine große Remonstranten-Verfolgung aus. Ihre Geistlichen wurden aus den Kirchen und Schulen, ihre Beamten aus den Ämtern verjagt, teilweise sogar eingekerkert oder verbannt. Doch merkwürdigerweise blieb weder des Oraniers noch der Calvinisten Alleinregiment von Bestand. Als Friedrich Heinrich von Oranien nach seines Bruders Tod 1625 dessen Statthalterschaften übernahm, spielte sich allmählich der Dualismus zwischen den Generalstaaten und dem Statthalter ebenso wieder ein wie der Pluralismus der Bekenntnisse.

›Auf der Waagschale‹
Allegorie des theologisch-politischen Konflikts zwischen den Remonstranten und den Kontraremonstranten
Kupferstich eines Unbekannten, 1618/19
Leiden, Rijksuniversiteit, Prentenkabinet

Bis zur Mitte des 17. Jahrhunderts trat mehr als die Hälfte der niederländischen Bevölkerung zum reformierten Bekenntnis über. Die Intoleranten blieben in der reformierten Kirche aber eine Minderheit, die Gemäßigten überwogen. Ein Drittel der Bevölkerung war katholisch. Die gemäßigten Reformierten und die kaufmännische Oberschicht hielten nichts von Ketzerverfolgung, wußten dagegen gewerblich tüchtige Arbeitskräfte zu schätzen. Daher fanden in ihrem Einflußbereich Juden, Täufer, Sektierer und ausländische Glaubensflüchtlinge eine Existenzmöglichkeit. In ihrem eigenen Interesse war die Republik »ein tolerantes Land: nicht aus Prinzip und nicht in der Theorie, aber in der Praxis, weil faktisch das niederländische Volk nach dem Aufstand sich aus Minderheiten zusammensetzte« (J. J. Woltjer). Nach den Eskapaden Moritz von Oraniens wurde dank dem Einfluß der

Reekelijken die Militanz der Präzisen gebremst und die Gewissensfreiheit in der Republik fortan nicht mehr in Frage gestellt. Damit setzte die Republik ein Zeichen. Ob es die Niederländer wußten oder nicht – sie betraten als erste den Weg, auf dem ihnen die großen Staaten samt und sonders folgten. Damit wiesen sie in die Zukunft Europas und nahmen etwas von ihr schon vorweg. Friedrich Heinrich von Oranien öffnete alle Schleusen für die freieren religiösen und theologischen Richtungen. Er machte sein Land nicht nur zum Asyl der Vertriebenen und zum Vorort der Toleranz, er machte es auch zum bedeutendsten geistigen Tauschplatz des Kontinents. Eine europäische Funktion gewann nicht zuletzt das Druckgewerbe. In Amsterdam oder Leiden konnte gedruckt werden, was anderwärts verboten war. Hier konnte der Geist sich tummeln und allen Fragen nachgehen, die ihn bewegten. Wer in seiner Heimat nicht denken durfte, wie er wollte, durfte es in Holland tun. So zog das Land Geister aus ganz Europa an. Es war kein Zufall, daß sich hier die Wissenschaften sämtlicher Sparten zu höchster Blüte entfalteten und daß Gedanken, welche die spätere Aufklärung geistig vorbereiteten, hier zu Papier gebracht und durch den Druck der gebildeten Öffentlichkeit Europas zur Kenntnis gegeben wurden.

Elisabeth I.: Königtum und Kirche

Elisabeth I. aus dem Haus Tudor war sechs Jahre jünger als Philipp II. und starb fünf Jahre nach ihm. Sie kam zwei Jahre später als er auf den Thron; beide regierten mehr als vierzig Jahre lang. Sie war, als Tochter Heinrichs VIII. aus dessen zweiter Ehe mit Anna Boleyn zu Greenwich bei London am 7. September 1533 geboren, beim Tod ihres Vaters knapp vierzehn Jahre alt. Vor ihr hatte ihr jüngerer Bruder, Eduard VI., die englische Krone getragen. Ihre älteste Schwester, Maria I., trat nach Eduards frühem Tod dessen Nachfolge an. Sie korrigierte den calvinistischen Kurs, den Eduards VI. Vormünder kirchenpolitisch gefahren waren, und warf das Steuer völlig herum. Als treue Katholikin unterstellte sie ihr Königreich wieder der geistlichen Jurisdiktion des Papstes zu Rom. Durch ihre Heirat mit Philipp II. führte sie England nicht nur konfessionell, sondern auch in seiner auswärtigen Politik näher an Spanien heran. Beides wurde im Lande nicht gern gesehen, zumal sie in Sachen der Konfession keine Duldung kannte und religiösen Ungehorsam mit dem Tod bestrafte. Dies trug ihr den Namen ›Bloody Mary‹, ›Maria die Blutige‹, ein. Als sie am 17. November 1558 kinderlos starb, blieb für die Nachfolge auf den Thron von Heinrichs VIII. Nachkommenschaft nur noch dessen jüngere Tochter, die gerade fünfundzwanzigjährige Prinzessin Elisabeth, übrig.

Der verfassungsmäßige Zustand, den Elisabeth vorfand, sah in großen Zügen etwa so aus: Der Krone stand für die Regierung ein Staatsrat, der Privy Council, zur Verfügung, dem für die Erledigung der einzelnen Ressorts etwa fünfzehn bis zwanzig Personen angehörten. Die Mitglieder dieses Gremiums berief und entließ der regierende Fürst, der König oder die Königin. Die oberste Gerichtsbarkeit übte in Kriminal-, Verwaltungs-, Finanz- und Handelsangelegenheiten ein königlicher Gerichtshof aus, die Sternkammer. Sie setzte sich aus sieben Richtern zusammen, die zugleich dem Staatsrat angehörten. Eine mit der Sternkammer im Prinzip konkurrierende Gerichtsbarkeit übte das Parlament aus, welches sich ebenfalls als Gerichtshof verstand. Zum regulären, durch Gewohnheit legitimierten Kompetenzbereich des Parlaments gehörte die Gesetzgebung und Steuerbewilligung. Unter Elisabeths Vorgängern zeigten sich die Parlamente recht gefügig. Die Tudors zogen sie heran, regierten praktisch jedoch so gut wie selbständig. Das Parlament bestand aus zwei Häusern. Durch die Reformation verlor das Oberhaus einen Teil seiner geistlichen Mitglieder; denn Heinrich VIII. hob die Klöster auf; mit ihnen verschwanden die Äbte. Ihre Plätze im Oberhaus wurden somit frei. Elisabeth entzog später auch den rebellischen Baronen aus dem Norden ihre Sitze. Die Tudors besetzten die vakanten Stellen mit ihnen gefügigen hohen Regierungsbeamten und anderweitig abhängigen Leuten. Die Bischöfe besaßen Sitz und Stimme im Oberhaus durch ihr Amt. Nach der Trennung von Rom wurden sie vom König ernannt, sie waren seitdem de facto ebenfalls Gefolgsleute der Krone. Die Angehörigen des alten Hochadels gerieten dadurch im Oberhaus in die Minderheit. Es verlor unter den Tudors zusehends an Gewicht. – Eine entgegengesetzte Entwicklung nahm das Unterhaus. Dort saßen die gewählten Vertreter der wirtschaftlich aufsteigenden Schicht der Städte und der Gentry oder des niederen Adels. Diese Gruppen erfüllten sich mit

Das oberste englische Vormundschaftsgericht unter Vorsitz von Lord Burleigh
Gemälde eines Unbekannten, zwischen 1580 und 1590
Chichester, West Sussex, Trustees of the Goodwood Collection

wachsendem Selbstbewußtsein. Sie griffen in ihren Diskussionen in schwebende politische Fragen ein und ließen sich durch die Loyalität, zu der sie sich ständig bekannten, nicht daran hindern, der Krone gegenüber ihre Meinung zu äußern, Kritik zu üben und auf der Redefreiheit zu bestehen. Das Parlament war ein Forum der Meinungsbildung. Es wurde dadurch zum Korrektiv für die Regierung.

Die Kirche unterstand seit der Gesetzgebung Heinrichs VIII. dem Herrscher; er war ihr gesetzliches Oberhaupt. Kraft ihrer verfassungsmäßigen Rechte führte Maria I. die Kirche von England wieder unter die Obedienz des Heiligen Stuhles zurück. Die Kirche und die Bevölkerung waren in Dingen der Religion seit beinahe dreißig Jahren nicht mehr zur Ruhe gekommen. Heinrich VIII. hatte erst den Papst gegen Luther verteidigt, sich dann von Rom losgesagt und sich in der Lehre dem Protestantismus genähert. Einige Jahre später kehrte er dogmatisch dem Protestantismus den Rücken und hinterließ bei seinem Tod eine Kirche, deren Status man am ehesten als romfreien Staatskatholizismus kennzeichnen könnte. Die Regierung Eduards VI. ging daran, diese Kirche calvinistisch zu reformieren. Maria I. machte sie danach wieder römisch-katholisch. Ihre gewalttätige Rekatholisierung trieb viele überzeugte Protestanten in die Emigration. Da Religionszwang herrschte, hatte die Bevölkerung alle konfessionellen Wandlungen, welche die Krone anordnete, mitzuvollziehen. Es ist fraglich, ob und wieweit sie dazu überhaupt in der Lage war. Jedenfalls herrschten Verwirrung, Unsicherheit und, mindestens unter der Oberfläche, eine Pluralität der konfessionellen Gesinnungen, Standpunkte und Wünsche. Nach außen hin fuhr England im Schlepptau Spaniens; dabei ging ihm im Zuge des spanisch-französischen Krieges Calais an Frankreich verloren. Man durfte gespannt sein, wie sich die neue Herrscherin zu den schwebenden Fragen verhalten, vor allem, ob sie die kirchliche und auswärtige Politik ihrer Vorgängerin weiterführen würde oder nicht.

Mit ihren fünfundzwanzig Jahren hatte Elisabeth I. bereits ein ungemein wechselvolles Schicksal hinter sich. Sie war drei Jahre alt, als ihr Vater ihre Mutter Anna Boleyn wegen vermuteten Ehebruchs hinrichten ließ. In der Folge wurde sie zur Thronerbin erklärt und dann wieder von der Thronfolge ausgeschlossen. Ständig gab es Gerüchte um ihre Person, mehrfach wurde sie in Skandale verwickelt, einmal in den Tower geworfen. Immer aber betrug sie sich umsichtig und klug und kam heil aus allen Affären heraus. Namhafte Lehrer vermittelten ihr eine hervorragende Bildung. Sie war gelehrig, mußte aber auch unglaublich viel lernen: mit sechs Jahren Latein, mit zehn Jahren Französisch und Italienisch, später Spanisch, zuletzt Griechisch. Außerdem wurde sie im Rahmen des Triviums und Quadriviums in Musik, Poetik, Philosophie und den übrigen zu den sieben freien Künsten gehörenden Disziplinen unterwiesen, dazu, wie bei Mädchen üblich, in Handarbeiten. Als sie fünfzehn Jahre alt war, sah ihr Tagespensum vor, daß sie vormittags das griechische Neue Testament las und Sophokles oder Demosthenes ins Englische und wieder zurück ins Griechische übersetzte; nachmittags las sie Livius und Cicero, Melanchthons ›Loci communes‹, Cyprian sowie ausgewählte Schriften zur Theologie und Politik. Ihr Erzieher Ascham stand im Briefwechsel mit dem weitberühmten Straßburger Gymnasialrektor Johannes Sturm. Ihm schrieb er einmal über seine hohe Schülerin: »(Sie) spricht Italienisch und Französisch so gut wie Englisch. Sie hat mit mir oft fließend und gut Lateinisch und in geringerem Maße Griechisch gesprochen. Sie liebt Musik und ist in deren Ausübung sehr geschickt. Sie kleidet sich elegant, aber nicht auffallend.« Auch ihr äußeres Auftreten sprach an. Man lobte ihre würdige Haltung, ihre feine Gestalt. Viele Zeitgenossen bewunderten ihr goldrötliches Haar, ihre schönen Augen und ihre auffallend grazilen Hände, deren Eleganz sie gern bewundern ließ; denn sie war nicht frei von Eitelkeit. Noch im höheren Alter scheute sie nicht davor zurück, fremden Gesandten ihre Tanzkünste vorzuführen. Ein Zeitgenosse aus

Deutschland, der an einer Audienz teilnahm, die sie als Fünfundsechzigjährige gab, sah sie, umgeben von hohen Würdenträgern, in den Empfangsraum schreiten und schrieb: »Dann kam die Königin, sehr majestätisch; das Antlitz oval, artig, doch gerunzelt; die Augen klein, jedoch schwarz und angenehm; die Nase ein wenig gebogen; die Lippen schmal und die Zähne schwarz (ein Makel, welchem die Engländer wegen ihres großen Genusses von Zucker unterworfen scheinen); . . . ihr Haar war rötlich, jedoch falsch; auf ihrem Haupt trug sie ein Krönlein, welches aus dem Gold der berühmten Lüneburger Tafel verfertigt sein soll; ihr Busen war entblößt wie bei allen englischen Damen vor der Heirat; ihre Hände waren schmal, die Finger ziemlich lang und ihre Statur weder groß noch klein; ihr Gebaren war stolz und erhaben, ihre Art zu reden milde und gefällig.«

Dank ihrer Sprachkenntnisse verhandelte sie mit den Gesandten der auswärtigen Mächte persönlich. Auf diese Weise umging sie den Staatsrat, so daß dieser nicht immer wußte, was sie gesagt und erfahren hatte. Ihre fraulichen Reize und Fähigkeiten verleugnete sie auch nicht in Dingen der großen Politik. So gewiß sie sie zum Vorteil ihrer Monarchie einsetzte und spielen ließ, so gewiß machte sie damit auch ihrem Selbstbewußtsein eine Freude. Bildung und Charme allein hätten ihr allerdings wenig genützt, hätte sie nicht über ein gerütteltes Maß an politischer Klugheit verfügt. Die Kunst des Umgangs mit Menschen war ihr in hohem Grade zu eigen; sie wußte einfache Leute zu beeindrucken und Diplomaten zu faszinieren. Vor allem aber verstand sie zu regieren. Sie war geizig wie ihr Großvater, Heinrich VII.; und darin lag, nach den Worten ihres englischen Biographen John

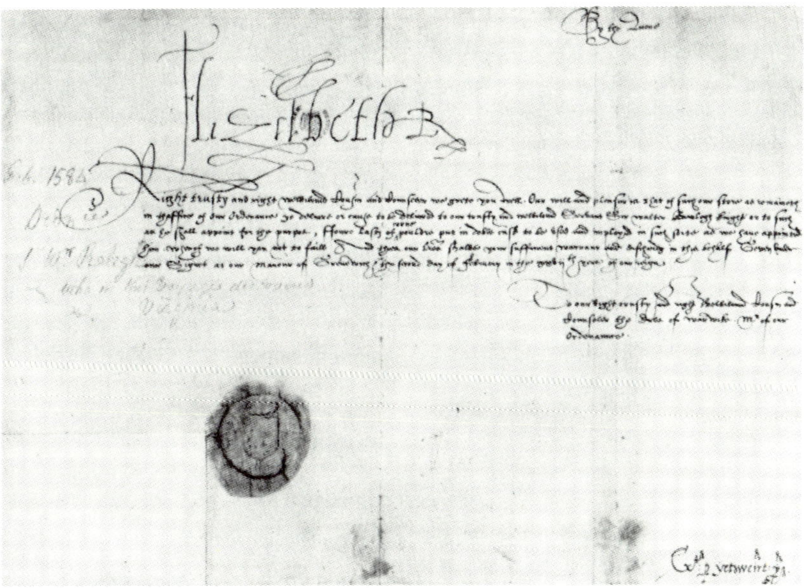

Elisabeth I. von England an den Earl of Warwick:
Befehl vom 2. Februar 1584 zur Lieferung von Schwarzpulver an Walter Raleigh
für die erste, von ihm veranstaltete Expedition nach Nordamerika
London, British Museum

Neale, »eines der Geheimnisse ihres Erfolgs«. Da sie mit den relativ wenigen direkten Kroneinkünften auskommen wollte, mußte sie mit dem Geld haushälterisch umgehen. Es zahlte sich aber aus; sie brauchte das Parlament in Geldsachen nur selten zu bemühen, was den Vorteil hatte, daß sie ihm gegenüber einigermaßen unabhängig blieb. Außerdem steigerte sie durch ihre Zurückhaltung im Anfordern von Steuern ihre Popularität. »Wenn je ein Mensch die Gabe besaß, die Herzen der Menschen zu gewinnen«, schrieb ein zeitgenössischer Chronist, »dann war es die Königin, und wenn sie je von diesen Gaben Gebrauch machte, dann bei dieser Gelegenheit (es handelte sich um eine Fahrt durch London). Hier verband sie Milde mit Majestät und hatte, trotz ihrer Würde, auch für den Allerniedrigsten ein freundliches Wort. Ihr Auge sah den einen an, ihr Ohr hörte einem anderen zu, ihre Kritik galt einem dritten, einen vierten redete sie an: Ihr Geist schien überall zu sein und doch so ganz in ihr selbst zu ruhen, daß er eigentlich nirgendwo sonst sein konnte. Den einen bedauerte sie, den anderen lobte sie; dem einen dankte sie, mit einem anderen scherzte sie; niemanden verachtete sie, keine Pflicht versäumte sie und verteilte ihr Lächeln, ihre Blicke, ihre Anmut so kunstreich, daß das Volk seine Freude daraufhin noch stürmischer äußerte und späterhin das Lob seiner Fürstin in den höchsten Tönen sang.« Solange es ihre Kräfte zuließen, pflegte sie in einer Kutsche und mit großem Hofstaat jährlich im Sommer eine Reise durch das Land zu machen. Dabei konnte sich etwa folgendes ereignen: »Der Friedensrichter einer Grafschaft rief dem Kutscher zu: ›Halt mal deinen Wagen an, lieber Freund, damit ich mit der Königin sprechen kann‹ – worauf die Königin lachte, als hätte man sie gekitzelt. Dann dankte sie ihm sehr leutselig, wie das ihre Gewohnheit ist, und reichte ihm die Hand zum Kuß.« Der spanische Gesandte berichtete über eine solche Reise durch die Grafschaften im Jahr 1568: »Überall wurde sie mit Freude und Beifall empfangen – wie das in diesem Land üblich ist –, worüber sie sich sehr freut, wie sie mir selbst sagte; sie gab mir auch zu verstehen, wie sehr sie bei ihren Untertanen beliebt sei und wie sehr sie das schätze; (sie ließ mich wissen,) daß die Engländer friedlich und zufrieden seien, während ihre Nachbarn ringsherum nur Unruhen kannten. Sie schrieb das alles der wunderbaren Güte Gottes zu. Oft ließ sie ihren Wagen dahin fahren, wo die Menge am dichtesten war, stand dann auf und winkte dem Volk.«

Kaum daß Elisabeth Königin geworden war, merkte auch das diplomatische Corps, daß ein neuer Wind wehte. »Sie erteilt Befehle«, schrieb der spanische Graf von Feria, »und ist in ihrem Wesen genauso absolut wie ihr Vater.« Dasselbe beobachtete ein ihr nahestehender Engländer, Sir John Harington. Er meinte, »ihre Untertanen versuchten wirklich aus Liebe zu tun, was sie befahl«, und fügte hinzu: »Sie sagte, ihr Amt erlege ihr die Pflicht auf zu befehlen, aber sie wisse, daß ihr Volk aus Liebe zu seiner Königin willig gehorchen werde. Gewiß war es sehr klug von ihr, sich auf diese Weise ohne Zwang Gehorsam zu verschaffen. Aber wenn es an Gehorsam fehlte, konnte sie auch so böse werden, daß jedermann erkannte, wessen Tochter sie war.« Mit diesen Eigenschaften behielt sie auch gegenüber ihren stärksten und fähigsten Mitarbeitern wie William Cecil, Lord Burghley und Sir Francis Walsingham stets das Heft in der Hand. Was sie im Staatsrat verschwiegen, holte sie in privaten Gesprächen aus ihnen heraus. »Sie angelt Männerseelen mit einem Köder, dem niemand entgehen kann«, sagte Sir Christopher Hatton, ihr späterer Lordkanzler. Die Männer, die sie zur Mitarbeit heranzog, wählte sie mit Umsicht und Menschenkenntnis. Sie holte sich in den Staatsrat absichtlich Leute von unterschiedlichem Temperament und von gegensätzlichen politischen Auffassungen. Es gehörte zu den Methoden ihrer Regierungskunst, aus den widerstreitenden Meinungen ihrer Berater Gewinn zu ziehen. Sie verstand es, aus divergierenden Gesichtspunkten Maßstäbe für eine von ihr ganz persönlich zu treffende Entscheidung zu gewinnen. Selbst von gegnerischer Seite

Anglikanischer Gottesdienst:
Predigt eines Bischofs vor der St. Paul's Kathedrale in London
in Anwesenheit der königlichen Familie
Gemälde von John Gipkyn, 1616
London, Society of Antiquaries

wurde ihren Führungsqualitäten Lob gezollt. »Sie ist bestimmt eine große Königin«, sagte Papst Sixtus V., der selbst ein exzellenter Regent war, »und wäre sie nur katholisch, so würde sie uns herzlich lieb und wert sein. Seht nur, wie gut sie regiert. Sie ist nur eine Frau, nur Herrin über die Hälfte einer Insel, dennoch fürchten sie alle: Spanien, Frankreich und das Reich.«

Kraft angeborener Fähigkeiten saß Elisabeth schon bald nach ihrem Regierungsantritt fest im Sattel. Sie muß es, aus welcher Ursache auch immer, für gut gehalten haben, die englische Kirche aus der Bindung an Rom zu lösen. Jedenfalls betrachtete sie die Kirchenfrage als das vordringlichste Problem, dem sie sich sofort nach ihrer Thronbesteigung widmete. Am zweiten Tag ihrer Herrschaft, am 18. November 1558, starb, einen Tag nach Maria I., der katholische Primas von England, Kardinal Reginald Pole, Erzbischof von Canterbury. Damit entfielen die vom Stuhl von Canterbury sonst mit Sicherheit zu erwartenden Widerstände bei einer eventuellen Religionsänderung. Das erleichterte der neuen Regentin die Situation ungemein. Um eine Neuregelung der kirchlichen Verhältnisse in die Wege zu leiten, verfuhr sie wie ihr Vater: Sie berief ein Parlament. Es trat 1559 zusammen und rekonstituierte die unabhängige anglikanische Kirche, indem es den ›Act of Supremacy‹ wieder in Kraft setzte und damit die Jurisdiktion des Papstes abschaffte. Gleichzeitig verabschiedete das Parlament mit dem ›Act of Uniformity‹ ein kirchliches Organisationsgesetz, welches den Kultus auf der Grundlage des ›Second Book of Common Prayer‹ von Eduard VI. vereinheitlichte und jeden anderen als den anglikanischen Gottesdienst für unzulässig erklärte. Heinrich VIII. hatte sich seinerzeit zum obersten Haupt der Kirche von England gemacht und sich jurisdiktionell eine dem Papst vergleichbare Befehlsgewalt zuerkennen lassen. Elisabeth verhielt sich klüger; sie schwächte den Supremat vorsichtig ab. Auf ihren Wunsch wurde das königliche Amt der Kirchenführung neu definiert: Statt ›oberstes Haupt‹ führte der Inhaber der Krongewalt fortan den Titel ›oberster Verwalter der Kirche von England‹. Freilich: Die anglikanische Kirche blieb eine Staatskirche unter königlicher Leitung; ihre Bischöfe und höheren Würdenträger wurden von der Krone ernannt. Alles, was die innerkirchliche Ordnung samt der Liturgie betraf, bedurfte der Regelung durch Landesgesetze und fiel damit unter die Zuständigkeit des Parlaments. In dogmatischer Hinsicht übernahm die Kirche mit dem ›Second Book of Common Prayer‹ einige protestantische Elemente; in der Auffassung vom Abendmahl stand sie Calvin nahe. In der Verfassung und im Kult hielt sie an den katholischen Einrichtungen und Gewohnheiten fest; sie wurde von Bischöfen hierarchisch geleitet, feierte den Gottesdienst in den überkommenen liturgischen Formen und behielt den katholischen Heiligenkalender bei. In der gottesdienstlichen Sprache trat das Englische an die Stelle des Lateinischen. Der Geltungsbereich der Kirche erstreckte sich auf England und die ihm unterworfenen Länder. Darin unterschied sich der Anglikanismus von den übrigen zeitgenössischen Konfessionen, von denen sich keine mit den politischen Grenzen eines Territoriums begnügte.

Im Prinzip ließ diese Kirche andersgläubigen Engländern keine Möglichkeit, sich ihr zu entziehen. In der Praxis drückte die Königin ein Auge zu, wenn kirchlich Andersdenkende ausscherten, sofern sie sich politisch loyal verhielten. Sie ahndete das Fernbleiben vom – vorgeschriebenen – Gottesdienst der Staatskirche lediglich mit Ordnungsstrafen in Form von geringen Geldbußen. Über heimlich ausgeübte katholische und calvinistisch-puritanische Gottesdienstfeiern sah sie großzügig hinweg, solange sie dieselben für ungefährlich hielt. Als die ersten Katholikenaufstände ausbrachen, schraubte sie die Taxe für Versäumnis des Gottesdienstbesuchs von einem Schilling auf zwanzig Pfund Sterling herauf. Man hat der Königin nachgesagt, ihr habe wenig daran gelegen, Seelen vor dem Feuer der Hölle zu retten, sehr viel jedoch daran, ihrem Königreich Frieden und Sicherheit zu erhalten. In einer solchen, von Calvin wie von Ignatius meilenweit entfernten, ihr vielleicht vom Humanismus eingegebenen Gesinnung führte sie ihre Religionspolitik. Es lag ihr nicht, um irgendeiner ›reinen Lehre‹ willen Andersgläubige zu verfolgen. Sie war zufrieden, wenn ihre Untertanen die durch Parlamentsbeschlüsse festgelegte Ordnung des kirchlichen Lebens respektierten. Taten sie dies, dann mochten sie christlich glauben, wie sie wollten. Sie war in diesem Punkt Pragmatikerin und kompromißbereit. Mit einiger Wahrscheinlichkeit deshalb, weil sie sah, daß auf dem Festland der Streit um das Dogma eine Kette von nicht enden wollenden Kriegen und Aufständen nach sich zog. England davor zu bewahren, war ein Ziel ihrer Politik. Wenn ihr das nicht ganz so gelang, wie sie wünschte, dann lag es nicht so sehr an ihr als an den Umständen der Epoche, nämlich daran, daß der in ganz Europa zu Aktionen drängende Glaubenseifer des Calvinismus und des erneuerten Katholizismus auch auf ihr Königreich übersprang. Die Exponenten beider Richtungen gaben sich aus unterschiedlichen Gründen mit der anglikanischen Kirche nicht zufrieden und störten die Politik der Königin. Ja, die Absichten der Katholiken gingen sogar noch weiter.

Im Jahr 1559 weigerten sich sämtliche katholischen Bischöfe sowie etwa tausend von den rund achttausend Priestern, den ›Act of Supremacy‹ anzuerkennen. Sie wurden daraufhin ihrer Ämter enthoben. Die Bischöfe warf man ins Gefängnis. Trotz dieses Revirements gab es keine konfessionellen Unruhen. In ihrer Außenpolitik legte Elisabeth I. im ersten Jahrzehnt ihrer Regierung Wert auf gute Beziehungen zu Spanien; desgleichen tat umgekehrt Philipp II. Obwohl es damals so schien, als ob die englischen Katholiken in der anglikanischen Kirche aufgingen, war der englische Katholizismus mit dem Suprematsakt und mit der Entfernung der Bischöfe nicht ganz erloschen. Der Adel im Norden des Königreiches opponierte traditionell gegen das zentralistische Regiment der Tudors. Er blieb katholisch und fand sich offensichtlich mit der durch die Supremats- und Uniformitätsgesetze geschaffenen Lage noch nicht ab. 1569 erhob er sich jedenfalls gegen die Königin. Elisabeth schlug den Aufstand nieder. Um ein Exempel zu statuieren, ließ sie die daran Beteiligten massenhaft enthaupten. Sie verhielt sich also im Prinzip nicht anders als Philipp II. Kurz zuvor hatte sie dem König von Spanien zur Niederwerfung des oppositionellen Adels in den Niederlanden gratuliert. Die Barone im englischen Norden hatten erwogen, Maria Stuart, Königin von Schottland, an Elisabeths Stelle zur Königin von England zu machen. Elisabeth war einer vom Papst für ungültig erklärten Zweitehe Heinrichs VIII. entsprossen; sie konnte daher nach strikter kanonischer Auslegung als Bastard gelten. In diesem Fall fehlte ihr die Berechtigung zur Nachfolge auf dem Thron, so daß sie, strenggenommen, unrechtmäßig regierte. Die rechtmäßige Herrscherin wäre demnach die mit Heinrich VIII. und der kinderlos verstorbenen Maria I. am nächsten verwandte Person aus dem Haus Tudor gewesen. Das aber war, als direkte Nachkommin Heinrichs VII., die Königin von Schottland. Sollten sich die englischen Katholiken diese durch das geltende kirchliche Recht scheinbar gestützte Auffassung zu eigen machen, so durften sie Elisabeth nicht als ihre Herrscherin betrachten. In den Augen der Königin wurden sie wegen ihrer Konfessionszugehörigkeit in eine politische Gesinnung getrieben, die sie zu potenziellen Staatsfeinden machte. Diese Frage, an sich seit 1558 offen, durch den Aufstand von 1569 aufgerührt und in die Diskussion gebracht, erwies ihre volle politische Brisanz, als sich der Papst einmischte. Im Jahr 1570 sprach Pius V. durch die Bulle ›Regnans in excelsis‹ über Elisabeth I. als Häretikerin, Förderin der Häresie und »angemaßte Königin von England« die Exkommunikation aus. Er erklärte sie des Thrones für verlustig und entband alle ihre Untertanen vom Gehorsam gegen sie.

Der Papst repristinierte mit diesem Akt hochmittelalterliche Praktiken und Denkweisen, die längst außer Kurs geraten waren und von den vor-

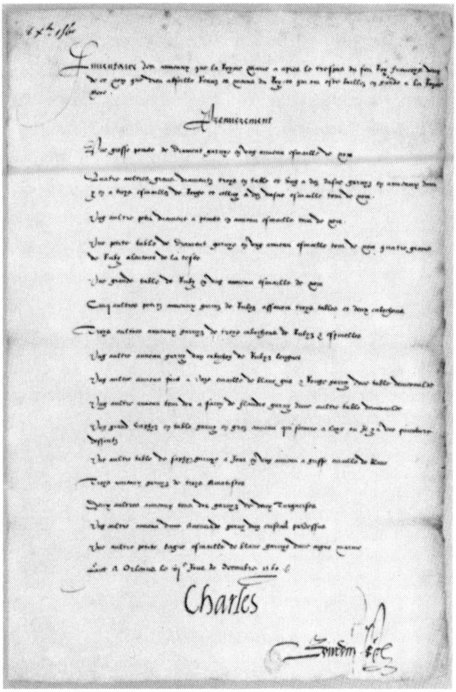

Inventar der Schmuckstücke Maria Stuarts
vom 6. Dezember 1560
Beschreibung aller der Krone gehörenden,
mit dem Tod Franz' II. von Karl IX.
der Königin entzogenen Ringe und Kleinodien
Dokument mit den Unterschriften Karls IX.
und Bourdins
Paris, Bibliothèque Nationale

nehmsten zeitgenössischen katholischen Fürsten wie Kaiser Maximilian II. oder dem König von Spanien sogar mißbilligt wurden. An eine Durchführung des Bannspruchs war überhaupt nicht zu denken. Unter diesem Gesichtspunkt verfehlte er seine Wirkung. Er verbesserte auch nicht die Chancen der Königin von Schottland, die sich überdies seit 1568 in Elisabeths Gewahrsam befand. Den englischen Katholiken aber erwies der Papst einen Bärendienst. Er bescherte ihnen durch die Bannung Elisabeths Gewissenszweifel; denn sie wußten nun erst recht nicht, ob sie ihr gehorchen durften oder nicht, und spalteten sich über dieser Frage. Indirekt raubte er ihnen ihre bisherige bescheidene Existenzmöglichkeit. Er trieb sie in den Untergrund, weil der Staat sie jetzt als Staatsfeinde zu verfolgen begann. Die Königin ließ vom Parlament ein Hochverratsgesetz verabschieden, welches jedem Engländer die härtesten Strafen androhte, der einen Zweifel an der Legitimität ihrer Herrschaft äußerte. Katholische Priester galten fortan eo ipso als Hochverräter, weil sie durch ihr Amt zum Gehorsam gegen den Papst verpflichtet waren und die Behörden ihnen unterstellten, daß sie seine Auffassung teilten. Die Alumnen des englischen Priesterseminars in Rom wußten, daß sie später in ihrer Heimat, sofern sie als Priester erkannt würden, ein qualvoller Tod erwartete. Das Englische Kolleg hieß deswegen schon bald ›Collegium martyrum‹, Schule der Märtyrer. Auf dem Höhepunkt der Verfolgungen, die über die Betroffenen nach einem abgestuften System Geldbußen, Kerker, Ausweisung oder Folter und Tod brachten, erklärte Papst Gregor XIII. den politischen Mord an Elisabeth für erlaubt, rief den König von Spanien zu einem Krieg gegen sie auf und schickte ein päpstliches Heer nach Irland, um die dortigen Katholiken zum Aufstand gegen die englische Fremdherrschaft zu ermuntern. Verständlicherweise lernte die englische Königin, sich vor den Katholiken ihres Landes in acht zu nehmen. Da deren Zahl nicht sehr groß war und sie auch scharf überwacht wurden, stellten sie seit den neunziger Jahren für die Königin anscheinend keine ernste Gefahr mehr dar.

Anders verhielt es sich mit dem Protestantismus calvinistischer Provenienz, der sich unter der Regierung Elisabeths zu der charakteristischen englischen Sonderform des Puritanertums entwickelte. Er war – sozusagen als Gefahr von links – für die Königin gefährlicher als der Katholizismus, weil nicht wie dort eine auswärtige Macht und deren Institutionen, sondern starke Kräfte der auf-

Der Puristen-Führer Peter Vermigli
Gemälde von Hans Asper, 1560
London, National Portrait Gallery

strebenden inländischen Mittelschichten hinter ihm standen. Für die an der Bibel und an der reformierten Theologie orientierten Puritaner war die anglikanische Kirche eine nach Verfassung, Kult und Lehre dreiviertels papistische, wenn nicht ganz und gar widergöttliche Institution. Lange Zeit versuchten die Puritaner die anglikanische Kirche auf dem Weg der Unterwanderung umzugestalten. Aufrichtig reformiert gesonnene Geistliche schlossen sich unter der Hand zusammen, trafen sich während der Parlamentssitzungen zu heimlichen Synoden in London, bauten ein weitverzweigtes Verbindungsnetz auf und verfügten auch bald über Gesinnungsgenossen im Parlament. Sie führten über andersgesinnte Geistliche in schwarzen Listen Buch. Außerdem waren sie die eifrigsten Patrioten. Einige der fähigsten politischen königlichen Berater zählten zu ihren Sympathisanten. Da die Puritaner jedoch eine der Säulen, auf denen das Königtum ruhte, die anglikanische Kirche und deren System, prinzipiell in Frage stellten und für abschaffungswürdig hielten, kannte Elisabeth ihnen gegenüber wenig Gnade. Ihr Erzbischof John Whitgift schritt mit inquisitorischen Methoden gegen die puritanischen Elemente in der Staatskirche ein. Er verlangte unter anderem von jedem Geistlichen die Anerkennung von zwei Artikeln, welche implizit eine Absage an Calvin enthielten. Von den Mitteln aber, deren sich Whitgift bediente, meinte Elisabeths Staatssekretär Burghley, daß sie »die Tücken der spanischen Inquisition beim Fang ihrer Opfer« noch überträfen. 1583 ließ Elisabeth I. ein königliches Glaubenstribunal errichten. Diese High Commission fungierte als eine Gerichts- und Inquisitionsbehörde mit polizeilichen Befugnissen. Sie verfolgte die Puritaner mit System. 1590 zerschlug sie deren heimliche presbyterianische Gemeindeorganisation, die sich innerhalb der anglikanischen Kirche inzwischen über mehr als zwanzig Grafschaften verbreitet hatte. Wegen ihrer Angriffe auf die Bischofsverfassung verurteilte sie einige Puritaner zum Tod und ließ sie hinrichten. In Elisabeths Augen war es ein politisches Verbrechen, den Episkopat anzugreifen – genauso wie es ein Verbrechen war, ein katholischer Priester zu sein. So verhalf die Königin Katholiken und Protestanten zu Märtyrern. Im Unterschied zur Disziplinierung der Katholiken gelang es ihr jedoch nicht, die aus dem Puritanertum aufsteigenden Gefahren zu bannen. Dieses war in der Nation viel zu fest verwurzelt und auch zahlenmäßig zu stark. Sie sah allerdings klar voraus, daß ein konsequentes Puritanertum, falls es sich durchsetzte, die Staatskirche umstürzen und die Monarchie wegen deren untrennbarer Bindung an eben diese Kirche gleichfalls revolutionieren müßte.

Schottland und die englische Außenpolitik während der elisabethanischen Ära

Die Calvinisten hatten dank ihrer Verbindungen zum Parlament die Kirchengesetzgebung von 1559, zum Beispiel in Sachen des ›Common Prayer Book‹, in ihrem Sinne beeinflussen können, mußten danach aber Schritt um Schritt zurückstecken. Ganz anders verhielt es sich im benachbarten Inselkönigreich Schottland. Dort kamen sie voll zum Zuge, und zwar ebenfalls seit 1559. Die Reformation nahm dort anfangs einen ähnlichen Verlauf wie in den Niederlanden. Der Humanismus, Bibelstudien, der Einfluß des Erasmus bereiteten sie vor. Studenten, die nach Marburg, Wittenberg oder Zürich gegangen waren, brachten reformatorisches Gedankengut in ihre Heimat und verbreiteten eine evangelische Gesinnung in der bürgerlichen Bildungsschicht, aber auch in kleineren Kreisen des Adels und der Geistlichkeit. Ein Mittelpunkt evangelischer Bestrebungen wurde die Universitätsstadt Saint Andrews, zugleich Sitz eines der beiden schottischen Erzbischöfe. Regierung und Hierarchie unterdrückten die evangelischen Regungen, wo sie sie bemerkten. Einige Protestanten wurden als Ketzer verbrannt. Aus Rache dafür wurde der Kanzler des Königreiches, der Erzbischof und Kardinal David Beaton, von Sympathisanten der Verurteilten ermordet. Die Mörder flüchteten nach Saint Andrews, verschanzten sich dort und machten die Stadt zu einem Asyl für verfolgte Protestanten. Diese wählten einen ehemaligen katholischen Priester, John Knox, zu ihrem Prediger. Er war eine kraftvolle Natur voll prophetischen Bewußtseins, auch nicht unfanatisch, und wurde der Reformator Schottlands. Wegen seiner Komplizenschaft mit den rebellierenden Protestanten wurde er nach der Einnahme von Saint Andrews durch die mit der Regierung verbündeten Franzosen für zwei Jahre als Strafgefangener auf die Galeeren geschickt, flüchtete nach England und begab sich von dort nach Maria Tudors Thronbesteigung in die Schweiz nach Genf. Hier studierte er als beinahe Fünfzigjähriger Theologie, setzte sich in den Hörsaal Calvins und wurde in seinem kompromißlosen Glaubenseifer dessen treuester Schüler. Nachdem er die Erlaubnis zur Rückkehr erhalten hatte, brachte er seit Mitte der fünfziger Jahre in Schottland die Reformation in Gang. Sie richtete sich gegen die Regierung und

John Knox
Kupferstich eines Unbekannten, 1580
Edinburgh, National Galleries of Scotland

wurde vom Adel vorangetrieben. Beides hing mit der eigentümlichen Verfassung des schottischen Königreiches zusammen.

In Schottland war die Kirche in die jahrhundertealten Rivalitätskämpfe zwischen Adel und Königtum eingespannt. Der Episkopat stützte mit seiner weltlichen Macht und seiner geistlichen Jurisdiktion das Königtum aus wohlverstandenem Eigeninteresse. Der Adel, der in großen Familienverbänden, den sogenannten Clans, lebte, besaß begrenzte Verfügungsgewalt über den Klerus in seinen Stammesherrschaften und wußte sich dort der kirchlichen Güter und Rechte zum eigenen Vorteil zu versichern. Das schottische Parlament, vom Klerus, vom hohen und niedrigen Adel und von den Städten beschickt, stand wie die Kirche zwischen Königtum und Aristokratie. Es konnte sich dem Einfluß der Krone nicht entziehen, besaß andererseits jedoch eigene Kompetenzen in der Beschlußfassung. Die politische Macht der großen Barone war innerhalb ihrer Clans so gefestigt, daß das Königtum – ähnlich wie in Deutschland – nur eine mittelbare Herrschaft über die Adelsuntertanen ausübte. Schottland war seit alters mit England verfeindet. Von den vier zwischen 1406 und 1513 nacheinander regierenden Königen mit Namen Jakob starb kein einziger eines natürlichen Todes. Einer wurde von Adligen ermordet, die anderen fielen im Kampf gegen England oder gegen ihre mit England verbündeten Barone. Die Verfeindung mit England brachte es mit sich, daß sich Schottland traditionell mit Frankreich verbündete. Die besonderen Beziehungen der schottischen Krone zur englischen und französischen Monarchie spielten ebenso wie ihr gespanntes Verhältnis zur einheimischen Aristokratie und zum Parlament in die Geschichte der Reformation hinein.

König Jakob V. heiratete 1538 eine Prinzessin Maria aus dem Haus der lothringischen Herzöge von Guise, die zu den ersten Familien Frankreichs zählten. Seine Tochter Maria Stuart, für die seine Witwe, Maria Guise, mit französischer Unterstützung seit 1554 die Regentschaft führte, wurde 1548 nach Frankreich verbracht und sechzehnjährig mit dem Dauphin und späteren König Franz II. verheiratet. Die Herzöge von Guise, die sich seit 1559 mit der Königin-Mutter Katharina von Medici um die Führung der französischen Politik stritten, dachten an eine spätere Vereinigung der Kronen von Schottland und Frankreich; in kirchlicher Hinsicht steuerten sie einen konsequent katholischen Kurs. In eben den Jahren, in denen Maria Guise für ihre Tochter die Regierung führte, ging der schottische Adel, von Knox inspiriert, zur Reformation über. Damit fuhr auf einmal eine bisher nicht gekannte Kraft vehement in die Opposition. Die politischen Gegensätze zwischen ständisch-feudaler Autonomie und monarchischer Gewalt waren alt; der Calvinismus brauchte sie nicht erst zu schaffen. Aber wenn eine weltliche Regierung sich der wahren Lehre oder dem, was man in Genf darunter verstand, verschloß, dann war Widerstand gegen eine solche Regierung – und sei es eine geheiligte Krongewalt – erlaubt, ja sogar gefordert. Die Calvinisten waren risikofreudig; sie scheuten nicht davor zurück, die Lunte ans Pulverfaß zu legen. Wo der Calvinismus in Ländern, die unter katholischer Obrigkeit standen, zum Zuge kam, gab es politische Umsturzversuche, Aufruhr und Rebellionen. Das war in Holland, Frankreich, Österreich so, und so war es auch in Schottland. Knox lehrte ganz im Sinne Calvins, daß das Papsttum eine gotteslästerliche Einrichtung und die Messe ein Götzendienst sei und daß, wer dergleichen dulde, sich gegen Gott vergehe. Die staatliche Gewalt war nach dieser Lehre mehr als alle übrigen Menschen und Einrichtungen gefordert, dem Gesetz Gottes zur Herrschaft zu verhelfen. Versagte sie oder schützte sie gar den ›papistischen‹ Kult und verfolgte die Bekenner des rechten Glaubens, so entlarvte sie sich als gottwidrige Tyrannei. Der wahre Christ war dann gehalten, ihr zu widerstehen. Wenn die Umstände es zuließen, sollte sie eingeschränkt, bekämpft, im Grenzfall beseitigt werden. Mit derlei Predigt fand Knox bedeutenden Widerhall beim Adel, beim städtischen Bürgertum, auch beim Klerus und Mönchtum. Es blieb nicht bei der Zustimmung. Auf die Gesinnungsbildung folgte die Tat.

Während Knox sich ein zweites Mal, nun als Prediger der englischen Flüchtlingsgemeinde, in Genf aufhielt, schloß sich der Adel zu einem politisch-religiösen Widerstandsbund, zum Covenant von 1557, zusammen. Die Bundesglieder verpflichteten sich, der Gemeinde Satans, das hieß: der katholischen Kirche, abzusagen; Gut und Leben daranzusetzen, um Gottes Wort Raum zu geben und dessen Diener zu schützen, das hieß: um den Calvinismus einzuführen; und die katholische Regierung zu entmachten. Auf Grund dieser Verpflichtung wurden Zug um Zug innerhalb einiger Monate die reformierte Lehre, Gottesdienstordnung und Kirchenverfassung in einigen Gemeinden eingeführt. Im Jahr darauf verlangte der Adel von der Regierung, sie sollte die Reformation nach Genfer Muster im ganzen Land durchführen, den Katholizismus ausrotten und gegen die Verfolgung der Anhänger des ›Evangeliums‹ einschreiten. Die Regentin lehnte das ab. Daraufhin schritt der Adel zur Tat: Er führte die Reformation eigenmächtig durch. Knox, der inzwischen zurückgekehrt war, rief in seinen Predigten zum Religionskrieg gegen das gottlose Königtum auf. Der Covenant siegte in dem Bürgerkrieg – mit diskreter Unterstützung Elisabeths I. Nach dem Tod der Regentin Maria Guise im Juni 1560 benutzten die Stände das Interregnum, um auf eigene Faust ein ›Reformationsparlament‹ einzuberufen. Dieses schaffte den Katholizismus ab und machte den Calvinismus auf gesetzlichem Weg zur Staatsreligion. Allerdings verstand es der Adel, den Kirchenbesitz sich selber anzueignen und der neuen protestantischen Kirche vorzuenthalten, so daß die reformierten Pastoren finanziell von der Freigebigkeit der Barone abhängig wurden.

Maria Stuart verlor im Dezember 1560 ihren Gatten und begab sich als neunzehnjährige Witwe im August 1561 nach Schottland, um dort die Regierung zu übernehmen. Sie erreichte, daß die katholische Messe, die das Parlament bei schwerer Strafe verboten hatte, am Hof erlaubt und im Land streckenweise wieder belebt wurde. Die junge katholische Königin warf einen Aufstand rebellischer calvinistischer Adliger nieder und festigte dadurch ihr Ansehen und ihre Position. Da führten einige skandalumwitterte, bis heute nie ganz aufgehellte Vorgänge an ihrem Hof zu ihrem Sturz. Ihr zweiter Gatte, Lord Darnley, der sich 1566 an einem mißglückten Staatsstreich beteiligt hatte, kam 1567 durch ein Attentat ums Leben. Maria flüchtete mit dem Earl of Bothwell, der möglicherweise den Anschlag veranlaßt hatte, und heiratete ihn ein Vierteljahr nach dem Vorfall. Darauf erhoben sich die Lords unter protestantischer Führung. Sie zwangen die Königin, zugunsten ihres einjährigen Sohnes, Jakobs VI., abzudanken, und nahmen sie gefangen. Im folgenden Jahr flüchtete sie aus der Haft nach England zu ihrer Base Elisabeth I. und erbat deren Beistand, um wieder auf ihren Thron zu gelangen. Elisabeth war davon wenig erbaut: Maria Stuart war für sie eine gefährliche Rivalin. Sie hielt es deshalb nicht für angebracht, ihr zu willfahren, sondern nahm sie vorsichtshalber in Gewahrsam. Die Haft war leicht. Aber seit Maria eingesperrt war, drehte sich, wie Trevelyan einmal plastisch formuliert hat, die europäische Politik um die Angeln ihrer Gefängnistür. Maria Stuart wurde zu einer zentralen Figur auf der politischen Bühne Europas. Nicht weil sie eine große Politikerin gewesen wäre, vielmehr weil man sie aus ihrem Königreich vertrieben hatte und weil sie außerdem katholisch war. Das machte sie zur Märtyrerin des Fürstenstandes und des Katholizismus, ob sie es wollte oder nicht. Weil sie durch ihre Abkunft legitime Ansprüche auf den Thron oder mindestens auf die Thronfolge in England besaß, hingen Schottlands und Englands künftige Geschicke an ihrer Person. Für Elisabeth I. lag etwas ungemein Prekäres darin, daß eine Königin sie um ihren Bei-

Maria Stuart
Gemälde eines französischen Künstlers,
zweite Hälfte des 16. Jahrhunderts
Leningrad, Staatliche Ermitage

stand anflehte, der sie es im Grunde herzlich gönnte, den Thron verloren zu haben. Heimlich hatte sie ja auch bei ihrem Sturz nachgeholfen. Offen mußte sie ihr dagegen jenes Minimum an Solidarität bekunden, das sie sich selbst als Monarchin schuldig war. Wegen mancherlei Imponderabilien, die sich an die Person der schottischen Königin hängten, sah sich Elisabeth veranlaßt, ihr gegenüber höchste Vorsicht walten zu lassen.

Maria Stuart, schön und liebenswürdig, ambitiös, etwas intrigant und auch nicht unerotisch, zeigte sich in ihrer standesgemäßen Haft äußerst anfällig für Komplotte. Sie hatte einen bezaubernden Charme, jedoch nicht die politische Ader, deren es bedurfte, um heikle Situationen zu meistern. Sie gab sich weitreichenden Plänen und kühnen Hoffnungen hin, ließ sich aber mehr von Wunsch, Gefühl und Ehrgeiz leiten als von politischem Instinkt. Hierin war ihr Elisabeth eindeutig überlegen und wurde ihr deshalb zur Verderberin. Maria Stuart ließ sich von Anfang an in Konspirationen ein oder wurde aus der Ferne deren Mitwisserin. Der spanische Gesandte in London förderte unter der Hand subversive Regungen im katholischen Schwertadel Nordenglands und verschaffte den englischen Katholiken durch Mittelsmänner Verbindungen zum spanischen König, zu den Statthaltern in den Niederlanden und später auch zum Papst. Pläne für einen Umsturz in England wurden außerhalb des Landes von verbannten Katholiken wie von gegenreformatorischen Fürsten und Staatsmännern in Erwägung gezogen. Bei allen diesen Vorhaben und Überlegungen spielte Maria Stuart eine Rolle. In den Augen des Königs von Spanien besaß sie einen rechtmäßigen Anspruch auf den englischen Thron; er war im gegebenen Fall nicht abgeneigt, für sie zu intervenieren. In einem Zeitalter der die Staatsgrenzen überschreitenden konfessionellen Solidarität hielten es gegenreformatorische Eiferer nicht unbedingt für abwegig, Maria Stuart durch militärischen Einsatz zur Durchsetzung ihrer politischen Ansprüche behilflich zu sein. Drängte doch der Papst laufend den spanischen König, die Aufstände der Iren gegen ihre englischen Unterdrücker zu unterstützen. Rüsteten doch deutsche calvinistische Fürsten kleine Armeen aus, um den Hugenotten und den Holländern zu Hilfe zu kommen.

Elisabeth I. war ebenfalls nicht untätig. Nahm sich das katholische Ausland der englischen Katholiken an, so stand sie im Ausland den Rebellen bei, die sich gegen eine katholische Obrigkeit wehrten. Sie half den französischen Calvinisten in den Hugenottenkriegen und den niederländischen Aufständischen im Kampf gegen Philipp II., so wie sie die schottischen Calvinisten gegen Maria Stuart unterstützt hatte. Doch verstand sie ihre Hilfe nach außen hin raffiniert zu bemänteln oder zu bagatellisieren, falls sie es nicht für geboten hielt, sie dreist abzustreiten. Mehrfach sah sie sich genötigt, ein doppeltes Spiel zu spielen. Es gab für sie Situationen, aus denen sie sich durch nichts anderes retten konnte, als durch tapferes Lügen. Am 22. September 1562 schloß sie mit den oppositionellen Hugenotten den Unterstützungsvertrag von Hampton Court: Sie handelte sich gegen finanzielle Hilfe an die Aufständischen das Recht auf Stationierung englischer Besatzungen in Le Havre und Calais sowie den Anspruch auf den künftigen Besitz dieser Häfen ein. Dem König von Spanien, der davon Wind bekommen hatte und mit dem sie es damals auf keinen Fall verderben wollte, machte sie diesen Vertrag mit der Begründung plausibel, daß er bloß zum Schutz englischer Kaufleute geschlossen sei und sich ausschließlich gegen die Herzöge von Guise richtete, welche sich die Macht und Autorität des Königs angeeignet hätten; sie habe sich aus Sorge um Frankreich mit den Hugenotten verständigt, ohne den König von Frankreich zu kränken. 1568 gratulierte sie Philipp II. zur Niederwerfung des niederländischen Aufstandes, ließ aber gleichzeitig spanische Schiffe im Kanal beschlagnahmen, gewährte den Wassergeusen Unterschlupf und gestattete den Holländern in England Flugschriften und Pamphlete gegen Spanien zu drucken. 1574 finanzierte sie dem Pfalzgrafen Johann Kasimir die

Ausrüstung von Hilfstruppen für die Hugenotten, schloß jedoch im Moment des Einmarsches der pfälzischen Armee nach Frankreich mit Heinrich III., der sich im Krieg mit den Hugenotten befand, ein Defensivbündnis. Die englische Diplomatie ging in diesen und anderen Fällen auf gewundenen Pfaden einher und bediente sich zuweilen recht obskurer Mittel. In etwa läßt sich daraus erkennen, auf welches Ziel Elisabeth I. hinarbeitete: Allem Anschein nach lag ihr wenig daran, daß sich die chaotischen Zustände im Westen Europas änderten. Sie wollte weder den Hugenotten noch den niederländischen Aufständischen zu einem vollen Erfolg verhelfen; sie wünschte aber auch nicht, daß Philipp II. die Niederlande wieder völlig in die Hand bekam oder daß der König von Frankreich seinen Adel bändigte; sie war überhaupt nicht daran interessiert, daß die eine oder die andere Partei siegte, sondern daran, daß alle weiterkämpften. So bestand Elisabeths auswärtige Politik seit 1572 weitgehend darin, »daß sie in das Feuer blies, wenn es im Haus der Nachbarn brannte« (C. Read).

Elisabeth war weder am Krieg noch an Eroberungen sonderlich interessiert; dafür dachte sie auch als Politikerin viel zu wirtschaftlich. Wenn Frankreich, Englands alter Gegner auf dem Kontinent, und Spanien, die neue Hegemonialmacht, innere Schwierigkeiten hatten und sich gegenseitig noch ein wenig neutralisierten, war England der lachende Dritte. Die Königin fühlte sich durch Spaniens wachsende Macht potenziell bedroht. Sie beobachtete argwöhnisch Philipps Thronübernahme in Lissabon und intrigierte, allerdings vergeblich, gegen die Annexion Portugals. Außerdem versprach sie sich von der offenkundigen Annäherung zwischen Spanien und der Guisischen Partei in Frankreich nichts Gutes. Sie befürchtete Philipps Einmischung in die Aufstände der Iren und fürchtete, daß er sich wieder zum Herrn der Niederlande machen werde. Andererseits kalkulierte sie, daß der König von Spanien angesichts seiner vielfachen Belastungen und Engagements sich nicht so leicht zu einem Krieg gegen England werde hinreißen lassen. Also reizte sie hoch gegen ihn; vor allem ließ sie zu, daß ihre Seeleute auf den Weltmeeren und in den Kolonien seine Geduld auf die Probe stellten. Englands Seehelden John Hawkins, Francis Drake, Humphrey Gilbert und andere betätigten sich als Freibeuter auf den Ozeanen, verletzten immerzu das Handelsmonopol der Spanier und Portugiesen und begründeten – wenn auch zunächst ohne dauernden Erfolg – die ersten Niederlassungen im spanischen kolonialen Hoheitsgebiet in Amerika. Englische Kaufleute und Reeder mitsamt den hinter ihnen stehenden kapitalkräftigen Geldgebern aus der Gentry und den bürgerlichen Oberschichten der Hafenstädte machten aus dem illegalen Überseehandel ein großes Geschäft. Sie drängten auf die Weltmeere und in den Handel mit den iberischen Kolonien. Sie bewaffneten ihre Handelsschiffe und öffneten mit Gewalt die ihnen regulär verschlossenen überseeischen Märkte in Westindien und Südamerika, später auch in Indien und in Ostasien. Die Spanier und Portugiesen setzten sich zur Wehr. Zwischen ihren und den britischen Schiffen fanden infolgedessen laufend Schießereien und Gefechte an den afrikanischen und amerikanischen Küsten statt. Die Engländer waren ohne Zweifel die Angreifer. Trevelyan, der hymnische Lobredner der englischen Weltmachtgeschichte, rechtfertigte dies mit dem klassischen Gedankengang: »Wenn (England) nicht die Offensive ergriffen hätte, dann wäre es gezwungen gewesen, sich vom Handel jedes außereuropäischen Kontinents ausschließen zu lassen, seine ehrgeizigen Pläne in bezug auf das Meer und die Kolonien aufzugeben und seinen Nacken der Eroberung durch Spanien und Rom zu beugen, sobald der Widerstand der Niederlande zusammenbrach.«

Jenseits Europas herrschte nach damals weitverbreiteter Ansicht keine völkerrechtliche Verbindlichkeit. Friedensverträge zwischen einzelnen Staaten galten in Übersee nur mit Vorbehalt; dort waren kriegerische Handlungen aller gegen alle zulässig. Nach dieser Maxime wurde auf den Weltmeeren und in den anderen Erdteilen verfahren. Das

Organisierte Seeräuberei im Stil eines Francis Drake an den Küsten Spanisch-Amerikas
Kupferstich eines Unbekannten, 17. Jahrhundert
Dresden, Deutsche Fotothek

verschärfte die Krise in den englisch-spanischen Beziehungen ungemein. Bevor Francis Drake 1577 zu seiner Weltumsegelung in See stach, gab es eine heftige Auseinandersetzung im Staatsrat. Elisabeths Hauptberater Burghley riet dringend von dem politisch riskanten Unternehmen ab. Francis Walsingham jedoch bestürmte sie, Drake fahren zu lassen, und setzte sich durch. Es war ein Piratenakt ohne gleichen. Drake plünderte die ungeschützten pazifischen Häfen Spanisch-Amerikas von Peru bis Mexiko nach Strich und Faden. Während der drei Jahre von 1577 bis 1580, die er für seine Weltumsegelung benötigte, gelangten Nachrichten über seinen organisierten Seeraub nach Europa. Spanien beschwerte sich auf diplomatischem Weg und verlangte Schadenersatz. Königin Elisabeth kam durch ihre Komplizität mit Drake in so heikle Situationen, daß sie, um sich aus der Klemme zu ziehen, drauf und dran war, jede Teilhaberschaft und Mitwisserschaft zu widerrufen – da lief ihr Pirat mit reicher Beute beladen in Plymouth ein und bewirkte, daß ihre Stimmung umschlug. Nach einigem Zögern rang sie sich dazu durch, seine Leistung öffentlich anzuerkennen und zu honorieren. Sie schlug ihn an Bord seines Flaggschiffes, der ›Golden Hind‹, in Plymouth zum Ritter und überließ ihm persönlich und seiner Mannschaft einen Beuteanteil im Wert von je zehntausend Pfund Sterling damaliger Währung. Sie schätzte, daß Spanien, derzeit genug damit beschäftigt, sich im annektierten Portugal zu etablieren und die Union von Arras auszubauen, wegen dieser Sache keinen Krieg vom Zaun brechen würde, und verweigerte die Herausgabe der Beute. Drakes Weltumsegelung war eine seemännische Leistung höchsten Ranges. Ihre wichtigste Auswirkung bestand darin, daß sie dem nationalen Selbstbewußtsein ungeheuren Auftrieb gab. »Nun schienen die Weltmeere den Engländern offenzustehen; nach Drakes Rückkehr vervielfältigten sich die Pläne für Handels-, Raub- und Kolonisationsunternehmungen. Teils der Furcht vor Spanien, teils dem unwiderstehlichen Drang aufs Meer entsprungen, manifestierte sich in diesen Plänen als treibender Beweggrund ein kommerzieller Nationalismus« (K. R. Andrews). Seit Beginn der achtziger Jahre gingen die Engländer immer ungenierter auf Seeraub aus und füllten damit die Taschen der Londoner Kaufleute und ihrer Compagnons. Es war unvermeidlich, daß sich darüber die Spannungen zwischen England und Spanien bis an die Grenze des Erträglichen verschärften.

Im Jahr 1585 wurde der spanische Gesandte in London wegen konspirativer Tätigkeit ausgewiesen. Dem Sondergesandten, den Elisabeth zu Philipp schickte, um sich dafür zu rechtfertigen, wurde daraufhin eine Audienz verweigert. Gereizt durch die Kaperfahrten der Briten, sperrte Philipp die spanischen Häfen für die Engländer und ließ alle ihre darin befindlichen Schiffe beschlagnahmen. Elisabeth rächte sich, indem sie großzügig an alle englischen Kaufleute Kaperbriefe ausstellte, damit sie sich nach Gutdünken für angebliche Verluste auf spanische Kosten entschädigen könnten. Außerdem rüstete sie Drake vorgeblich für eine Expedition, tatsächlich für eine Raubfahrt, großzügig aus: Mit neunundzwanzig Schiffen und zweitausenddreihundert Mann, darunter zwölf Kompanien regulärer Soldaten, plünderte er Spanisch-Westindien sechs Monate lang systematisch aus. Die Vorgänge auf dem Kontinent waren gleichfalls wenig geeignet, das Klima zu verbessern. 1584 wurde im Vertrag von Joinville Spanien in die von den Guisen begründete Liga zwecks Sicherung einer katholischen Thronfolge in Frankreich aufgenommen. Gleichzeitig schritten die Eroberung Alexanders von Parma im niederländischen Norden voran. Elisabeth entschloß sich daraufhin zur Intervention und unterzeichnete im August 1585 den Beistandspakt von Westminster, worin sie sich zur militärischen Hilfe für die bedrängten Generalstaaten verpflichtete. Damit ließ sie sich, wenn sie es auch geschickt bemäntelte, bereits auf eine direkte Konfrontation mit Spanien auf dem europäischen Festland ein. Ob sie das katholische Europa schon auf dem Vormarsch gegen England wähnte, wie Trevelyan gemeint hat, ist fraglich, obgleich nicht ganz von der Hand zu weisen. Auf jeden Fall aber wünschte sie nicht, daß sich die Spanier an den Rhein-Mündungen und in Holland festsetzten.

In jener Zeit deckten Elisabeths Sicherheitsorgane den Umsturzplan Anthony Babingtons auf. Er zielte darauf ab, Maria Stuart zu befreien und Königin Elisabeth umzubringen. Maria Stuart soll, wie aus ihrem von Walsingham überwachten Briefwechsel angeblich hervorging, das Komplott gekannt haben und mit ihm einverstanden gewesen sein. Elisabeths Staatsräte publizierten das Ergebnis ihrer Ermittlungen und riefen damit eine Welle der Empörung hervor. Babington richtete man hin, benutzte die ganze Sache aber auch, um Maria Stuart den Prozeß zu machen. Ein höchster Gerichtshof verurteilte sie zum Tode. Elisabeth hatte zunächst Hemmungen, die Hinrichtung zu befehlen, weil sie im Grunde genommen die durchgängige Anschauung ihrer Zeit teilte, daß ein

Die Seeschlacht von Gravelingen am 29. Juli 1588:
Sieg der englischen Flotte über die spanische Armada
Gemälde eines Unbekannten
Greenwich, National Maritime Museum

Souverän nur Gott selbst verantwortlich sei und von keiner irdischen Instanz zur Rechenschaft gezogen werden dürfte. Auf der anderen Seite hätte sie Marias Abtreten von der Bühne dieser Welt von beunruhigenden Sorgen befreit: von Umsturzplänen zu ihren Lebzeiten und von der Möglichkeit einer katholischen Thronfolge nach ihrem Tod. In dieser Lage kam ihr der Privy Council zu Hilfe. Er veranlaßte im Februar 1587 von sich aus unter Verwendung des von der Königin unterzeichneten, aber zurückgehaltenen Todesurteils, daß das Urteil vollstreckt und Maria hingerichtet wurde, und gab dadurch Elisabeth Gelegenheit, sich offiziell von der Urteilsvollstreckung zu distanzieren. Freilich nahm ihr diese Version im europäischen Ausland kaum jemand ab. Vielmehr löste die Enthauptung Maria Stuarts, nach allem, was vorhergegangen war, den Krieg mit Spanien aus.

Er begann, ohne daß er jemals erklärt worden wäre, damit, daß Drake noch im gleichen Jahr, 1587, eine spanische Flotte im Hafen von Cádiz vernichtete. Im Sommer 1588 lief eine große Kriegsflotte, die Armada, von Lissabon nach den Niederlanden aus, um dort vom Herzog von Parma bereitgestellte Truppen aufzunehmen und nach England überzusetzen. Das Unternehmen mißlang: Ein nächtlicher Überfall der Engländer versetzte die Flotte bei Calais in Verwirrung, und tags darauf, am 29. Juli 1588, brachten die Engländer der Armada vor Gravelingen eine zwar nicht vernichtende, aber klare Niederlage bei. Die Spanier sammelten sich in der Nordsee, gerieten bei der Fahrt um Schottland und Irland in schwere Stürme und erlitten durch Schiffbruch weitere Verluste. Immerhin kehrten achtzig von den einhundertunddreißig Schiffen in spanische Häfen zurück.

Der Sieg über die Armada hinterließ großen Eindruck auf England und Europa. Er bestätigte vor aller Welt die seemännischen Fähigkeiten der Engländer und weckte in diesen das Bewußtsein, zu einer Seemacht berufen zu sein. Wie bei Lepanto überwog auch bei der Armadaschlacht die moralische Wirkung den realen Effekt; denn die direkten Folgen waren nicht erheblich. Der Seekrieg ging weiter. Bis 1597 unternahmen die Engländer noch vier größere Expeditionen: nach Portugal, Westindien, Cádiz und den Azoren. Cádiz war ein halber Erfolg. Die drei anderen Unternehmungen scheiterten, meistens am Wetter. Spanien erneuerte seine Kriegsflotte und bewies, daß es aus der Niederlage gelernt hatte. Für die Engländer kam nicht mehr heraus als die Einsicht, daß sie mit ihren Kriegsschiffen vorerst den Spaniern »von der See her auch nicht das Geringste anhaben konnten« (C. Read). Die englischen Freibeuter setzten ihre Piraterien allerdings unvermindert fort und fügten damit Spaniern wie Portugiesen große Verluste an Schiffsraum zu. Der Seekrieg ›schlief dagegen ein‹. Seit 1598 wurde auf dem Wasser nicht mehr gekämpft.

Elisabeth I. bremste die Angriffslust ihrer Untertanen, so gut sie konnte, weil sie an die Kosten dachte. Sie war an drei Fronten unausweichlich engagiert: in Irland, in Holland und in Frankreich. Das genügte ihr. In Holland war sie vertraglich verpflichtet, gegen ansehnliche Garantien ein Hilfscorps von sechstausend Mann zu unterhalten. Es operierte bis 1616 mit Moritz von Oranien zusammen und bildete, wegen häufiger Auswechslung des Personals, eine Art praktischer Kriegsschule der Engländer. Sodann hätte es Elisabeth für eine Fahrlässigkeit angesehen, wenn sie der Schlußphase der Hugenottenkriege in Frankreich tatenlos zugeschaut hätte. Ein Sieg der Guise hätte der kontinentalen Hegemonie des Königs von Spanien einen bedeutenden Machtzuwachs gebracht, Holland lebensgefährlich bedroht und England möglicherweise von der festländischen Kanalküste abgeriegelt. Das wollte sie auf jeden Fall verhindern. Deshalb intervenierte sie zugunsten Heinrichs von Bourbon. Wenn sie in die kontinentalen Händel eingriff, dann tat sie es am wenigsten aus Händelsucht; ihre Interventionen hatten vielmehr defensiven oder vorbeugenden Charakter. Sie wollte England aus dem Bannkreis Kontinentaleuropas herauslösen und von den festländischen Händeln unabhängig machen. Das konnte sie nur dadurch, daß sie sich in die bestehenden Konflikte einmischte und einen völligen Sieg der ihr für England am gefährlichsten dünkenden Partei verhinderte. Mit solcher Anschauung entwickelte sie ein Konzept für kommende Generationen.

Die weltbewegenden Leistungen des elisabethanischen Zeitalters sind, nach einem Wort von Conyers Read, im Theater und auf dem Handelsmarkt zu suchen. Kultur, Gesellschaft und Unternehmertum heißen ›elisabethanisch‹, weil die Königin sie durch Gewährenlassen zur Entfaltung brachte. Es gehörte zu ihrem Regierungsstil, Impulse weiterzugeben und die Temperamente zu zügeln. Durch diese Art, die Herrschaft zu führen, machte sie das Elisabethanische möglich. Auf wirtschaftlichem Feld fielen die Peers zurück, während die Middle Classes nach oben stiegen. Die Gentry, der kleine Landadel, drängte nach politischer Betätigung in der grafschaftlichen Selbstverwaltung und im Unterhaus. Die Gentry war, ebenso wie die oberen städtischen Schichten, durch Aufkauf säkularisierten Klostergutes reich geworden und stieg nun mit ihrem Vermögen ins Geschäftsleben ein. In ihr wie in der Kaufmannschaft erwachten ein kräftiger Sinn und die Risikobereitschaft für gewinnbringende Unternehmungen. Solche Unternehmer erwarben zum Beispiel massenhaft Ackerland und verwandelten es in Weideflächen, um den Boden für die ertragreichere Schafzucht zu nutzen – ohne Rücksicht auf die sozial unerwünschten Folgen wie Landflucht und Depopulation. Die stärksten Initiativen entfalteten Kaufmannschaft und Gentry im Überseehandel. Er entwickelte sich praktisch aus der Piraterie. Nach den Armadaschlachten nahm er einen gewaltigen Aufschwung und wurde zum lukrativsten Erwerbszweig überhaupt. Er wurde wie die Freibeuterei finanziell von Unternehmergesellschaften getragen. 1599 privilegierte die Königin die Britisch-Ostindische Handelskompanie zwecks Aufnahme des Handels mit dem Mittleren und Fernen Orient und übertrug ihr das Recht, bestimmte staatliche Hoheitsakte vorzunehmen, beispielsweise Verträge in Übersee abzuschließen. Als die Kompanie im Jahr 1600 ihre erste Expedition nach Ostindien entsandte, vertraute sie das Kommando über die fünf schwerbewaffneten Schiffe einem als Seeräuber berüchtigten Kapitän und Kaufmann an, James Lancaster mit Namen. Im Zuge der rapiden Ausweitung der englischen Handels- und Seemacht wurde der Schiffsbau neben der traditionellen Tuchproduktion zum wichtigsten Industriezweig.

Die Shakespeare-Bühne
Zeichnung des ›Old Swan Theatre‹
von Johannes de Witt, 1596
Utrecht, Bibliotheek der Universiteit

Die elisabethanische Kultur brachte unvergängliche Leistungen in der Lyrik, im Drama und in der Musik hervor. Nach langer Vorbereitung entfaltete sich diese Kultur zu einer knapp vierzig Jahre währenden Blüte, die von etwa 1580 bis etwa 1620 anhielt und mit der Schaffensperiode von William Shakespeare zeitlich fast zusammenfällt. Zu ihren politischen Voraussetzungen gehörte der Aufstieg der Monarchie zur anerkannten zentralen Obergewalt. Denn nun war mit dem Hof ein Mittelpunkt da, auf den der Adel schaute, auf den er zustrebte, der den Ton angab und Maßstäbe setzte. Ihre beiden wesentlichen geistigen Voraussetzungen waren die Rezeption des Humanismus – sie war seit etwa 1500 voll im Gang – und die – ebenfalls mit der frühen Tudor-Zeit einsetzende – Übernahme von Formen und Inhalten der italienischen Renaissance, namentlich auf dem Gebiet der Poesie. Der Hof kultivierte die italienischen Einflüsse. Er prägte den Stil und Geschmack einer adligen Gesellschaft, die er an sich zog und die sich ihrerseits auf ihn hin orientierte. In dieser Atmosphäre bildete sich damals das Leitbild des ritterlichen, höflichen, gebildeten und dem Staat gegenüber loyalen Gentleman. Das eigentliche Elisabethanische aber entstand in der Dichtung und in der Musik, als man daran ging, die heimischen Traditionen durch die Aufnahme der italienischen Formensprache und Klangwelt zu bereichern und zu befruchten. Im Moment dieser Begegnung wurde England mit einigen Genien begnadet, denen es gegeben war, in der Lyrik, im Drama und in den musikalischen Liedgattungen Werke von bleibender Schönheit, Anmut und Gewalt des Ausdrucks hervorzubringen. Zu einer alles beherrschenden Macht gelangte um die Jahrhundertwende für etwa zwanzig Jahre das Theater – ein soziales Sonderphänomen, weil es die Schichten gleichmäßig erfaßte. Schauspielergesellschaften, deren sich eine Menge bildeten, spielten zwischen 1590 und 1610 in Southwark

London im letzten Viertel des 16. Jahrhunderts
Miniatur in einer Beschreibung Englands von William Smith, 1588
London, British Museum

südlich von London in festen Theatergebäuden vor wöchentlich bis zu zwanzigtausend Zuschauern. Die Lyrik, das Drama und die Musik der elisabethanischen Zeit waren Englands Geschenk an die europäische Menschheit und sein unverwechselbarer Beitrag zu deren frühneuzeitlicher Kultur. Unter Jakob I. bereitete der Puritanismus diesem spezifisch englischen Kultur- und Lebensstil ein rasches Ende, weil über Nacht die Voraussetzungen nicht mehr galten, aus denen die Elisabethaner lebten. Sittenstreng, vergnügungs- und theaterfeindlich, kurz: banausisch, wie sie waren, brachten die Puritaner agitatorisch und politisch eine Denkweise und künstlerische Ausdrucksform zum Erliegen, die ihnen ein Greuel waren, weil sie die aristokratische Muße und eine monarchisch geordnete Welt ebenso zur Voraussetzung hatten wie die Freiheit zu religiöser Skepsis und konfessioneller Indifferenz.

Die Königin, die einer Epoche englischer Geschichte ihren Namen gegeben hat, wies, wenn man die Summe ihrer Regierung zieht, ihrer Nation in vielen wichtigen Dingen Wege in die Zukunft. Sie machte den Anfang mit einer Aussöhnung zwischen England und Schottland; sie praktizierte in ihrem Verhalten zu den Staaten des Kontinents die Ansätze zu einer Gleichgewichtspolitik; und sie beflügelte den Unternehmungsgeist, mit dem sich ihre Untertanen auf die Seefahrt und auf den überseeischen Handel warfen. In einer Epoche, in der sich das englische Nationalgefühl mit einem alle sozialen Schichten vereinigenden Nationalstolz erfüllte, wußte sich Elisabeth I. mit ihrem Volk zu identifizieren wie sonst kein Herrscher ihrer Zeit. »Wenn Gott mich auch hoch erhoben hat«, sagte sie in ihrer letzten Ansprache an die Mitglieder des Unterhauses 1601, »so halte ich es doch für einen besonderen Ruhmestitel meiner Krone, daß ich mit Eurer Liebe regiert habe. Deshalb danke ich Gott mit aufrichtigem Herzen nicht nur dafür, daß er mich zu einer Königin gemacht hat, sondern noch viel mehr dafür, daß er mich zur Königin über ein so dankbares Volk gemacht hat . . . Und wenn Ihr auch viele mächtigere und weisere Herrscher auf diesem Thron gehabt habt und noch haben werdet, so habt Ihr doch nie einen gehabt noch werdet Ihr je einen haben, der Euch herzlicher liebt als ich.« Ihre Regierungskunst hatte viele Geheimnisse. Eines davon war die irrationale Verbindung mit den Gefühlen ihres Volkes, ihre Hellhörigkeit und ihre Fähigkeit, im rechten Moment das rechte Wort zu finden und, wenn nötig, rasch zu reagieren. So war ihre persönliche Leistung die Führung einer Nation. Das verstand sich durchaus nicht von selbst. Das Unterhaus machte auch ihr Schwierigkeiten. Sie kam darüber hinweg, weil sie aufkommende Spannungen klug zu entschärfen wußte. Sie hielt das Parlament im Zaum und gab ihm zuweilen nach, wenn es vernehmlich grollte. Aber das Problem, das sich in den Petitionen und dergleichen zu Wort meldete, räumte sie damit nicht aus. – Sie hinterließ ihrem Nachfolger einige Belastungen. Dazu gehörten das Kirchenproblem und das Regierungssystem. Eine Integration der Puritaner und der protestantischen Nonkonformisten in die Kirche von England und damit in das von ihr praktizierte Regierungssystem war ihr nicht gelungen. Diese stand noch aus, als sie am 24. März 1603 die Augen schloß. Ebensowenig hatte sie die Zuständigkeiten zwischen der Krone und dem Parlament hinreichend abgeklärt. Mit diesen Dingen vermachte sie ihrem Nachfolger aus dem Haus Stuart, König Jakob I., ein äußerst delikates und keineswegs leichtes Erbe.

Frankreich zur Zeit der religiösen Bürgerkriege

Die Hugenottenkriege in Frankreich hatten darin ihren Ursprung, daß die Institutionen, die der Calvinismus dort hervorbrachte, und die Ansprüche, die er stellte, mit der herkömmlichen Regierungsweise und Verfassung des Königsstaates nicht vereinbar waren. So kam es zum Zusammenprall. Er stellte das Königtum und den Protestantismus auf die Probe. Und zwar auf eine harte, blutige, grausame Probe, welche das ganze Land und seine Bevölkerung in Mitleidenschaft zog. Die Kriegsära währte sechsunddreißig Jahre. Sie begann im Jahr der Konzilseröffnung, 1562, und endete im Jahr 1598. In diesem Zeitraum gab es eine Folge von acht Kriegen, unterbrochen durch wenig haltbare, meist kurzlebige Friedensedikte. In Wahrheit handelte es sich um einen einzigen großen Kriegszusammenhang. Bei den Religionskämpfen ging es in Frankreich keineswegs nur um die Religion. Vielmehr drängten schon bald ganz andere Kräfte in den Vordergrund der Szene. Von Anfang an stritten sich konkurrierende Adelsparteien um den maßgeblichen Einfluß auf ein momentan schwaches Königtum. Die großen Feudalherren brachten alte Anrechte auf Mitregierung im Königreich zur Sprache und kämpften gegen den Absolutismus der Krone. In Städten und Provinzen lebten alte Aversionen gegen den Zentralismus der königlichen Regierung kräftig wieder auf; der Regionalismus der Provinzen erstand zu neuem Leben: Es kam soweit, daß angesichts der Schwäche des Königtums sich einzelne Landesteile politisch und militärisch in hohem Grad verselbständigten. Diese Vorgänge blieben den europäischen Nachbarn nicht verborgen; sie beobachteten sie im Gegenteil sorgfältig. Denn, was in Frankreich geschah, ging auch den Papst und die Holländer, Philipp II. und Elisabeth I. an. Ja sogar mancher kleine deutsche Reichsfürst fühlte sich davon nicht unberührt. Ganz abgesehen davon, daß sich in Europa Katholiken und Protestanten von der konfessionellen Bewegung in Frankreich mitbetroffen oder sogar herausgefordert empfanden und, soweit sie dazu imstande waren, auch darauf einzuwirken suchten. Dasselbe taten aus innen- und außenpolitischen Erwägungen die Frankreich benachbarten Staaten. Mit einem Wort: Das Ausland war zur Stelle.

Spanien zeigte sich schon 1559 während der Friedensverhandlungen von Cateau-Cambrésis über das Anschwellen der calvinistischen Bewegung in Frankreich besorgt, desgleichen 1563 der Papst und das Trienter Konzil. Philipp II. fürchtete ein Übergreifen der protestantischen Bewegung auf die Niederlande und übte konfessionspolitisch einen gewissen Druck auf die französischen Regierungen aus. Im gleichen Sinne betätigten sich die Päpste Gregor XIII., Sixtus V. und Clemens VIII. Dagegen interessierten sich Wilhelm von Oranien, Elisabeth von England und einige deutsche Reichsstände mehr für den Fortgang des Calvinismus und

Die von der theologischen Fakultät der Pariser Universität verdammten Bücher
im Zeitraum vom 25. Dezember 1543 bis 2. März 1544:
Werke von Calvin, Erasmus, Melanchthon, Luther und Zwingli
Verzeichnis aus dem Jahr 1544
Paris, Archives Nationales

wurden zu dessen Gunsten tätig. Im übrigen kam der religiöse Bürgerkrieg, in dem sich die Franzosen zerfleischten, weder der Königin von England noch dem König von Spanien politisch gänzlich ungelegen. Seit Heinrichs II. Tod fiel Frankreich als Potenz im europäischen Kräftespiel so gut wie aus. Hierin lag eine der Voraussetzungen für Spaniens Hegemonie. England, traditionell mit Frankreich verfeindet, konnte es nur als Erleichterung empfinden, daß dieser Gegner seine politischen Kreise nicht störte. Allerdings beobachtete Elisabeth mißtrauisch alle Annäherungsversuche zwischen der spanischen und der französischen Monarchie und suchte nach Kräften Zwietracht zwischen ihnen zu säen. Frankreich selbst wurde nach außen hin nur wenig aktiv; es regte sich höchstens bescheiden, um Spanien von Zeit zu Zeit Ungelegenheiten in den Niederlanden zu bereiten. Als 1584 durch den unvermuteten Tod des Herzogs von Anjou die Thronfolge zum Problem wurde, gaben es die europäischen Mächte allerdings auf, es mit einer Politik der Hilfestellung sein Bewenden zu lassen; sie gingen nun aufs Ganze und mischten sich massiv in die ebenfalls unter konfessionellem Vorzeichen geführten Thronfolgekämpfe ein. Frankreichs Religionskriege hatten also durchaus ihre europäische Dimension. Sie zeigten aber auch, wie komplex die religiösen Auseinandersetzungen waren. Die noch längst nicht ausgestandenen inneren Konflikte zwischen monarchischer Gewalt und ständischer Autonomie erhielten neuen Zündstoff durch den religiösen Dissens. Die Konfessionskämpfe gingen hier direkt in einen Kampf um die Macht im Staat über. Sodann waren sie ein klassisches Beispiel dafür, wie durch einen internen Konfessionskampf Interventionen des Auslands ausgelöst, ja geradezu herbeigewünscht werden konnten und sich innerstaatliche Religionsstreiterei in eine internationale Verwicklung verwandelte und in einen Krieg umschlug, bei dem es ganz und gar nicht allein um die Herrschaft des einen oder des anderen Bekenntnisses ging. Der Zusammenhang zwischen Hegemonialkrieg und Glaubenskampf trat selten so deutlich in Erscheinung wie im Bündnis Philipps II. mit einer der Bürgerkriegsparteien zwecks Durchsetzung einer katholischen Thronfolge in Frankreich.

Protestantisches Gedankengut gelangte seit Beginn der zwanziger Jahre aus Deutschland und der Schweiz nach Frankreich. Die gebildeten Schichten der Akademiker und die vom Humanismus geprägten Intellektuellen zeigten sich dafür aufnahmebereit. Desgleichen sprachen Kaufleute und Handwerker darauf an. Kirchliche Veränderungen wurden dadurch nicht hervorgerufen. Im großen und ganzen beschränkte sich das Sympathisieren mit der Reformation auf die Lektüre protestantischen Schrifttums, auf Zusammenkünfte in Gesprächszirkeln und auf das Verbreiten einer evangelischen Gesinnung. Wer sich weiter vorwagte, riskierte unter Umständen sein Leben. Denn die Könige Franz I. und Heinrich II. hielten streng an dem bisherigen katholischen Staatskirchentum fest. Auf Grund eines 1516 abgeschlossenen Konkordats mit dem Heiligen Stuhl war der König von Frankreich praktisch der Herr der Kirche von Frankreich. Die Kirche aber war eine Institution, die ihm eine ganz wesentliche politische Macht in die Hand gab. Die Könige hatten nicht das geringste Interesse daran, daß diese Säule ihres Thrones von irgendeiner reformatorischen Theologie oder Bewegung ins Wanken gebracht wurde; sie verfolgten im Gegenteil häretische Regungen mit System. Um ihr Land vor dem Protestantismus abzuschirmen, verschärften sie durch entsprechende Gesetze die Strafen für Ketzerei. Calvin hatte als Student aus Frankreich flüchten müssen, um sich drohender Verfolgung zu entziehen. Doch gerade er war es dann, der etwa ab 1550 in Frankreich eine Reformation, die diesen Namen verdiente, in Gang brachte. Durch ihn erhielt der französische Protestantismus eine klare Glaubenslehre und ebenso klare Organisationsnormen, so daß sich kirchliche Gemeinden bilden konnten. Geistig durch den Reformator von Genf und seine Lehre zusammengehalten, gaben sich die über ganz Frankreich verstreuten Gemeinden auf einer ersten Nationalsynode, zu der sie 1559 ihre Bevollmächtigten nach Paris entsandten, eine Gesamtverfassung von bemerkenswerter Klarheit und Rationalität im institutionellen Aufbau. Der Zusammenhalt der Kirche ging von unten nach oben. Benachbarte Einzelgemeinden wurden zu Kreissynoden, Colloquien oder Klassen, zusammengefaßt. Deren Delegierte bildeten die übergeordneten Gremien der Provinzsynoden. Und aus den Abgesandten der Provinzsynoden setzte sich schließlich die Nationalsynode zusammen, welche als oberstes protestantisches

Kirchenorgan fungierte. Die Nationalsynode tagte heimlich in Paris, mit Wissen und Billigung Calvins. Sie verabschiedete ein im Geist ihres Reformators formuliertes nationales Glaubensbekenntnis und eine Kirchenordnung, welche die abgestufte Synodalverfassung zum Grundgesetz der reformierten Kirche Frankreichs machte.

Diese Kirche hätte sich niemals eine so umfassende Organisation geben können, wenn sie sich nicht auf mehr als tausend Gemeinden in allen Teilen Frankreichs hätte stützen können. Insofern stellte ihre Nationalsynode im Epochenjahr 1559 ein Zeugnis für die enorme Verbreitung dar, die der Calvinismus in den fünfziger Jahren gefunden hatte. In jenen Jahren war infolge der Kriegspolitik König Heinrichs II. die Steuerlast ins Ungemessene gewachsen. Der Staat verschuldete sich durch Anleihen höher, als es seine Einkünfte zuließen. Alle Stände wurden periodisch zu Sonderabgaben herangezogen. Die Verbitterung der Bevölkerung wuchs und machte sich nicht nur in zunehmender Kritik Luft, sondern auch in lokalen Unruhen und allgemeiner Respektlosigkeit. »In allen Städten entwickelte sich«, nach den Beobachtungen von Imbart de La Tour, »der Geist der Unordnung und der Revolution. Man gewöhnte sich daran, Waffen

Reformierter Gottesdienst in einer französischen Kirche
Kupferstich eines Unbekannten, 17. Jahrhundert
Paris, Bibliothèque Nationale

zu tragen.« Hinzu trat eine ständig lauter werdende und vom Calvinismus eifrig geschürte Kritik an der Kirche. Das Konzil war zweimal unterbrochen worden; die Verfassung der französischen Prälatur ließ zu wünschen übrig; ernstere Geister begannen zu zweifeln, ob der Katholizismus sich noch aus eigenen Kräften reformieren können. Alles war in Gärung, ähnlich wie in Deutschland unmittelbar vor der Reformation. In dieser Situation griff der Calvinismus vehement um sich. Die Hoffnungen und Erwartungen vieler richteten sich auf ihn. Er wurde aber auch zum Sammelbecken einer weitverbreiteten Unzufriedenheit und Verbitterung. In ihm begegneten sich die verschiedensten Leute, die angesichts der geistigen und sozialen Krise eine vollständige Erneuerung von Staat und Kirche verlangten. In diesem Klima nahmen die Übertritte zur neuen Lehre rapide zu. Die Geistlichen blieben im allgemeinen der alten Kirche treu; nur vier von einhundertunddreizehn Bischöfen gingen zu Calvin über. Aus den übrigen Schichten des mittleren und höheren Bürgertums hielt der Zuzug an. Vor allem traten seit dem Ende der fünfziger Jahre Angehörige des hohen und höchsten Adels in Scharen zum Calvinismus über. Das geschah vermutlich nicht zuletzt aus oppositioneller Gesinnung gegenüber der zum Absolutismus tendierenden Monarchie. Aber wie dem auch sei: Seitdem sich die Spitzen der Gesellschaft, darunter Prinzen und Hocharistokraten aus der Umgebung des Thrones, zur neuen Lehre bekannten, wurde der Protestantismus politisiert, zumal der Adel sofort seine Führung übernahm. Als eine politische Kraft geriet er, wegen der Bindung des Königtums an die katholische Kirche, unvermeidlich in Opposition zur Krone und wurde zur politischen Partei.

Bei dieser Lage der Dinge starb König Heinrich II. nach einem Turnierunfall im Sommer 1559 eines plötzlichen Todes. Er hinterließ neben zwei Töchtern vier unmündige Söhne, deren ältester, welcher die Krone erbte, Franz II., fünfzehn Jahre alt und bereits seit einem Jahr mit Maria Stuart verheiratet war. Er starb nach anderthalbjähriger Regierung im Dezember 1560. Sein Bruder, Karl IX., war zehn Jahre alt, als er ihm auf den Thron folgte. Es wurde also eine vormundschaftliche Regierung nötig. Um diese Regentschaft gab es Streit. Aus diesem Streit entsprangen die Hugenottenkriege.

Die Ursachen für die Religionskriege lagen vorrangig darin, daß die neue Kirche nicht bloß neben die alte Kirche treten wollte, obwohl sie das zunächst als ihr Ziel angab. Im Grunde genommen wollte sie an deren Stelle treten. Das steckte in der inneren Konsequenz des reformierten Glaubensverständnisses und der daraus abgeleiteten religiösen Forderungen. Unmittelbar nach Franz' II. Tod ließ Calvin durch Mittelsmänner und Agenten dem König Anton von Navarra eine Reihe von politischen Ratschlägen persönlich vortragen. Er schärfte ihm ein, sich für die Reorganisation Frankreichs mit aller Kraft und Klugheit einzusetzen – womit er meinte, daß er die Regentschaft übernehmen und durch schnelles Handeln der Königin-Mutter und den Guise zuvorkommen sollte – und machte ihn darauf aufmerksam, daß es seine größere Pflicht sei, »dafür zu sorgen, daß das Reich Gottes, der wahre Glaube, die reine Lehre von unserem Heil, alles Dinge kostbarer als die ganze Welt, völlig wiederhergestellt werden«. So war die Religionsfreiheit, um die der Kampf geführt wurde, aus hugenottischer Perspektive nicht das endgültige Ziel, sondern nur die unumgängliche Vorstufe für die »völlige Wiederherstellung des Reiches Gottes«. Was man von der Toleranz erwartete, deutete Calvin in einem hochpolitischen Schreiben vom Juni 1560 unmißverständlich an: »Wie die Verhältnisse jetzt in Frankreich liegen, so wird der reine Glaube, wenn man ihm nur geringe Zugeständnisse macht und ihm gewisse Erleichterung verschafft, in kurzer Zeit solche Kräfte sammeln, daß es nicht mehr in der Macht aller Feinde liegen wird, sie zu mindern.« Das religiös begründete Ziel, das Royaume de Dieu, Gottes Königreich, in Frankreich wieder aufzurichten, forderte politisches Handeln, ja zwang schlechthin dazu, weil es nur durch Menschen, die zu politischem Handeln befähigt waren – Prinzen, Magistrate, Ständeversammlungen –, gegen die bestehenden Gewalten erstritten werden konnte. Das aber führte dazu, daß sich die Loyalität der Protestanten gegenüber dem Königtum wandelte. Unter Franz I. und Heinrich II. hatten sie dem König als ihrem obersten Herrn widerspruchslos gehorcht. Seit Heinrichs II. Tod machten sie Vorbehalte; sie stellten Kriterien für rechtes politisches Handeln auf und bestimmten nach diesem Maßstab ihr Verhalten zur Krone. Die Kriterien gewannen sie aus der Religionspolitik der Regierung: Verfolgte sie zum Beispiel Protestanten, dann verfehlte sie sich gegen ihr Amt und gab damit den Hugenotten einen Rechtsgrund, sich von ihr abzusetzen oder sich gegen sie zu wenden. Religiöser Widerstand verwandelte sich solchergestalt in politische Opposition.

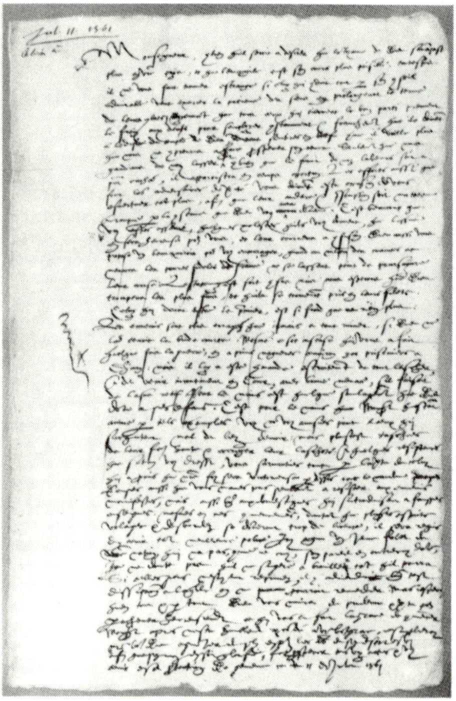

Calvin an Gaspard II. de Coligny:
Kampfesempfehlung gegen eine rechtlich zweifelhafte Vormundschaftsregierung
Briefkonzept von Calvins Sekretär vom 11. Juli 1561
Genf, Bibliothèque Publique et Universitaire

Calvin stand bis zu seinem Tod im Jahr 1564 in engster Fühlung mit den Hugenotten. Ihr Name war vermutlich eine Abwandlung von ›Eidgenossen‹ – Eygenôts – und deutete die Herkunft ihres Bekenntnisses aus der Schweiz an. Calvin sandte den Gemeinden Pastoren aus Genf, beantwortete Hunderte von Anfragen, schlichtete, mahnte, wies zurecht, schrieb Enzykliken und erteilte den Prinzen und höheren Adligen politische Ratschläge. Oft ließ er seine Empfehlungen durch Agenten und persönliche Abgesandte mündlich vortragen; umgekehrt sprachen Vertrauensleute der Hugenotten aus Frankreich in Genf vor. Häufig wurde zwischen Calvin und den französischen Protestanten die Frage eines gewaltsamen Umsturzes durchberaten. Calvin warnte vor Insurrektionen: Er lehnte mit religiösen Argumenten – jedenfalls bis 1561 – eine revolutionäre Selbsthilfe, ja sogar gewaltsamen Widerstand gegen die Verfolger ab. Wohl aber hielt er einen sozusagen geordneten Widerstand der obersten politischen Repräsentanten des Staates, worunter er die Prinzen von Geblüt verstand, gegen eine rechtlich zweifelhafte Vormundschaftsregierung für statthaft. Über einen Ratschlag, den er in diesem Sinn einer Gruppe von Hugenotten erteilt hatte, referierte er einem der Adelsführer, dem Admiral Gaspard II. de Coligny, im Frühjahr 1561 wie folgt: »Ich gab zu: Wenn die Prinzen von Geblüt zum Besten des Landes verlangten, daß ihr Recht (auf die Regentschaft) geschützt und anerkannt würde, und die Parlamente sich ihrer Sache anschlössen, so sei es allen guten Untertanen erlaubt, ihnen bewaffnete Hand zu leihen.« Calvin schränkte seine Zustimmung zunächst ausschließlich auf den Fall ein, daß der dem Rang nach erste Prinz von Geblüt zum Widerstand aufriefe. Er rückte erst davon ab, nachdem er mit

Versammlung der Generalstände zu Orléans im Januar 1561
Kupferstich von Jacques Tortorel, 1570
Dortmund, Institut für Zeitungsforschung

dem Wankelmut des betreffenden Fürsten, des Königs Anton von Navarra aus dem Haus Bourbon, schlechte Erfahrungen gemacht hatte. Im Prinzip teilte er mit den Hugenotten die Auffassung, daß es ein Segen für Frankreich und seine innere Befriedigung wäre, wenn man die Macht der das Königtum beherrschenden Adelspartei der Guise bräche, und neigte auch zu der Ansicht, daß es sich bei dem derzeitigen Regiment um eine unrechtmäßige, dem Land abträgliche Tyrannei handelte. Aber er warnte davor, aus der Unrechtmäßigkeit das Recht zur Gegenwehr und zum Bürgerkrieg abzuleiten. Die Entwicklung ging dann aber mit dem ersten Hugenottenkrieg 1562/63 über diesen Standpunkt hinweg, desgleichen die Argumentation. Das hing sowohl mit der Aristokratisierung der hugenottischen Bewegung als auch mit der durch die Vormundschaftsregierung ausgelösten Krise der Monarchie zusammen. Hierin lag die zweite Ursache der Religionskriege.

Die 1560 und 1561 tagenden Versammlungen der Generalstände zeigten, daß Adel und Städte überwiegend einen den Reformierten günstigen Standpunkt vertraten. Der französische Protestantismus bot das Bild einer Optimatenpartei: Fürstlicher Adel, gehobene Edelleute und Stadtmagistrate gaben ihr das Gepräge. Ein Mitglied des königlichen Hauses, Ludwig I., Prinz von Condé, stand mit dem Titel eines ›Protecteur général des églises de France‹ an der Spitze der Hugenotten. Überquellende Mengen von Edelleuten aus der Normandie und aus den südlichen und westlichen Regionen, aus der Dauphiné und der Gascogne, aus Anjou und den Cevennen, aus Poitou und aus dem Languedoc gingen zu ihnen über. Die Anziehungskraft, welche der Calvinismus auf den Adel ausübte, mag viele Ursachen gehabt haben; eine davon lag mit Gewißheit im außerreligiösen Bereich. Die Feudalherren hatten keinen Gefallen an den absolutistischen Tendenzen, die das Königtum zuletzt noch unter Heinrich II. verfolgt hatte. Die Schwäche, in welche die Monarchie durch die raschen Thronwechsel und die Minderjährigkeit der jungen Könige fiel, gab der Aristokratie die Chance, die Zentralgewalt zu beeinflussen sowie ältere Autonomie-Ansprüche und regionale Freiheiten wieder zur Geltung zu bringen. Eine theoretische Handhabe boten dem Adel Calvins Ständelehre, seine Lehre vom ›geordneten‹ Widerstand gegen eine zweifelhafte Obrigkeit und seine Forderung nach der Ausbreitung des Royaume de Dieu. Das legitimierte den Angriff auf die katholische Kirche. Und da die konfessionelle Stoßrichtung gegen die Staatskirche ging, traf sie auch das Königtum. Solchergestalt kam der Calvinismus den Ständen und Provinzen in ihrem Widerstreben gegen einen weiteren Ausbau der königlichen Zentralgewalt sehr gelegen. Mochte er für die katholische Kirche ein religiöses Problem sein, für die französische Krone war er eine hochpolitische Angelegenheit. Seine Gegnerschaft wurde ihr um so gefährlicher, je besser er sich organisierte. Mit seiner von unten ausgehenden Synodalorganisation schuf er relativ selbständige kirchliche Bezirks- und Provinzialverbände. Von ihnen ging eine dezentralisierende Tendenz aus, welche mit den regionalen und föderalistischen Tendenzen der provinzialen Ständeversammlungen parallel lief und gleich ihnen der zentralisierenden Politik des Königtums entgegenwirkte. Es ist gar nicht anders denkbar, als daß ältere regionale Institutionen oder autonome Korporationen Ansatzpunkte und Basen für die Organisation des calvinistischen Widerstandes boten. Denn sonst hätten in den Provinzen wohl kaum protestantische Armeen unter adliger Führung in kürzester Zeit zusammengestellt, ausgerüstet und finanziert werden können.

Es ist sehr schwierig, sich ein Bild davon zu machen, ob und wie stark sich eine tiefere religiöse Überzeugung mit den oppositionellen politischen Bewegungen verband. In den Hugenottenkriegen haben Edelleute so oft das Bekenntnis gewechselt, daß die Religion für manche zeitweilig nur eine untergeordnete Rolle gespielt zu haben scheint. Es gibt Interpreten, welche meinen, die Aristokraten hätten für den Calvinismus aus politischem Ehrgeiz optiert, die reichen Bürger aus kommerziellen Erwägungen und die einfachen Leute, um ins Paradies zu kommen. Da der Calvinismus in Frankreich nicht bloß eine religiöse, sondern auch eine eminent politische Bewegung war, konnten die Probleme, die er aufwarf, nicht allein auf kirchlich-theologischem Weg – etwa durch Religionsgespräche zwecks dogmatischer Verständigung – gelöst werden; der politische Weg wurde unerläßlich. Seit Heinrichs II. Tod kämpften eine katholische und eine protestantische Partei darum,

Louis I. de Condé
Zeichnung eines Unbekannten
Paris, Bibliothèque Nationale

die Regierung für den minderjährigen König in die Hand zu bekommen. Zwischen beiden stand die Königin-Mutter Katharina von Medici. Sie hatte ebenfalls den Ehrgeiz zu regieren und bekam, indem sie sich teils mit der einen, teils mit der anderen Partei verbündete, gar nicht selten für eine Weile das Heft in die Hand. Sie schwankte in ihren politischen Grundsätzen und Zielen, war intrigant, skrupellos und machtbesessen und verstand sich ungewöhnlich lange zu halten, weil es ihr periodisch gelang, den regierenden König unter ihren Einfluß zu bekommen.

Die Protestanten standen unter der Führung der Brüder Anton von Navarra und Ludwig Condé aus dem Haus Bourbon. Sie waren Prinzen von Geblüt und konnten deshalb dem Herkommen nach einen Anspruch auf Mitregierung anmelden, solange der König nicht volljährig war. Als Aristokraten höchsten Ranges besaßen neben ihnen der Admiral Coligny und seine beiden Brüder maßgebenden Einfluß am königlichen Hof und in der calvinistischen Partei. Calvin adressierte an sie seine Empfehlungen, Warnungen und Bitten. Die Bourbonen verhielten sich konfessionell labil, König Anton mehr als Prinz Condé, und neigten politisch zur Kompromißbereitschaft. Der König von Navarra war als ausgesprochener Opportunist für die Hugenotten nicht viel wert; er fiel später vom Calvinismus ab. Coligny war dagegen ein stetiger Charakter und religiös standfest. Nach Condés Tod – er fiel 1569 – übernahm Coligny die politische Führung der Hugenotten, gewann zeitweise beherrschenden Einfluß auf Karl IX. und die Königin-Mutter und entwickelte zukunftsweisende politische Konzepte. Die Paladine Heinrichs II. aus dem Haus Lothringen, Herzog Franz von Guise und sein Bruder Karl, Erzbischof von Reims, der ›Kardinal von Lothringen‹, vertraten eine dezidiert katholische Kirchen- und Religionspolitik im Stil Franz' I. und Heinrichs II. und hielten diese Linie strikt durch. Herzog Franz hatte sich als Feldherr hervorgetan, dank seiner militärischen Macht saß er fest im Sattel und war das anerkannte Haupt der katholischen Partei, während sein Bruder, der Kardinal, ein hochbefähigter Politiker, die Staatsgeschäfte führte und als Chef der französischen Bischöfe 1562/63 die Krone Frankreichs auf dem Trienter Konzil vertrat. Die Guise, wie sie schon von den Zeitgenossen kollektiv genannt worden sind, wurden von protestantischer Seite, von Calvin, Elisabeth I., den Hugenotten und später auch von der französischen Partei der mittleren Linie, den Politiques, heftig kritisiert, geschmäht und angegriffen, weil sie praktisch an Stelle des Königs regierten und eine Politik der konfessionellen Intoleranz führten, welche Frankreich entzweit und in Unfrieden gestürzt habe. Die Guise blieben, jeweils ein Brüderpaar, durch zwei Generationen die politischen Führer der französischen Katholiken. Sie hatten einen starken Anhang und eine militärisch durchorganisierte Partei hinter sich. Trotz mancher Schwankungen in der Gesamtlage und in den personellen Konstellationen am Hof gelangte

Gaspard II. de Coligny
Zeichnung von François Clouet
Paris, Bibliothèque Nationale

nach kürzeren Unterbrechungen die politische Führung Frankreichs immer wieder in ihre Hand. In den dreißig Jahren zwischen Heinrichs II. Tod und Heinrichs IV. Regierungsbeginn, also zwischen 1559 und 1589, stellten sie die stärkste und auch die beständigste politische Potenz in dem von Parteiungen zerrissenen Frankreich der religiösen Bürgerkriege dar. Das hatte seinen hauptsächlichen Grund darin, daß die überwiegende Mehrheit der Franzosen katholisch blieb und die Politik der Guise guthieß. Speziell kam noch hinzu, daß die Bevölkerung von Paris sich hinter die Guise stellte und daß zwei so hochangesehene Institutionen wie das Parlament und die Sorbonne ihre politische Linie unterstützten.

Gingen die Ziele der Guise und der calvinistischen Partei auch diametral auseinander und vertraten sie in der auswärtigen Politik auch unterschiedliche bis entgegengesetzte Vorstellungen, so gab es zwischen ihnen doch manche Berührungspunkte. Denn in der Tendenz, die königliche Gewalt zugunsten städtischer Freiheiten und provinzialer, altadliger Autonomie einzuschränken, stimmten sie überein. In dieser zentralen Frage staatlicher Existenz unterschied sich von beiden konfessionell fixierten Richtungen eine Partei in der Mitte, die gewöhnlich mit der Person des Kanzlers Michel de l'Hôpital in Verbindung gebracht wurde und als Partei der Politiques – der Politiker – in die Geschichte einging. Sie begriff die Glaubensauseinandersetzungen von vornherein als politischen Konflikt und suchte das Religionsproblem deshalb nicht konfessionell, sondern verfassungspolitisch zu lösen, indem sie sich dafür einsetzte, beiden Religionsgemeinschaften ein gesetzlich zu sicherndes Existenzrecht in Frankreich zu gewähren. Sie forderte einen starken Staat und als dessen Chef einen starken König, weil sie darin die beste Garantie für die Wiederherstellung und Aufrechterhaltung des inneren Friedens erblickte. Die ›Politiker‹ wollten den Staat aus seiner traditionellen Bindung an die katholische Kirche befreien und ihn zur schlichtenden und regulierenden Instanz über die zerstrittenen Konfessionen machen. Doch dazu waren in den sechziger Jahren, in denen die Konfessionen quer durch Europa ihre Bekenntnisse ausformulierten und sich institutionell straffer zu organisieren begannen, nur die wenigsten bereit. Die Calvinisten hätten ihre Reich-Gottes-Politik aufgeben und die Katholiken alle gewohnten Grundsätze von den kirchlichen Pflichten eines Staatsoberhauptes über Bord werfen müssen. Aber daran war nicht zu denken. So ungewohnt das Programm der ›Politiker‹ den Zeitgenossen vorkommen mochte, ganz neu waren ihre Ideen nicht. Erasmus von Rotterdam, Sebastian Castellio, Georg Cassander und andere Ireniker hatten dergleichen bereits mehrfach verkündet, wenn sie zum Beispiel die Frage aufwarfen, ob man Ketzer verfolgen sollte oder dürfte; sie hatten dafür jedoch manches harte Wort hören und sich schmähen lassen müssen. Wilhelm von Oranien vertrat seit den siebziger Jahren ein den ›Politikern‹ verwandtes Konzept, stieß damit aber auf den Widerstand der Konfessionalisten. Ähnlich war es in Frankreich. Das Programm der Politiques kam vorerst nicht zum Zuge. Es wurde erst nach der notvollen Erfahrung eines nicht enden wollenden Bürgerkrieges als Lösungsmöglichkeit von weiteren Kreisen ernsthaft in Betracht gezogen.

Seit Heinrichs II. Tod im Sommer 1559 verschärfte sich die innere Lage zusehends. Die Vorgänge trieben allmählich auf einen Bürgerkrieg zu. Der Calvinismus bekam vermehrten Auftrieb. Die Ketzerverfolgungen wurden heftiger und grausamer. Sie nahmen teilweise gesetzlose Formen an, weil der Pöbel sich daran beteiligte und Gewalttaten verübte. Als Reaktion darauf verschworen sich hugenottische Adlige und ihre Prediger zu Amboise in der Absicht, Franz von Guise zu ermorden und den königlichen Hof zu überwältigen. Sie wollten Franz II. nötigen, die neue Lehre zu tolerieren, und ihn außerdem zur Einberufung der Generalstände veranlassen, damit diese die protestantischen Prinzen von Bourbon als Regenten einsetzten. Der Plan wurde noch vor der Ausführung

Michel de l'Hôpital
Kupferstich eines Unbekannten
Paris, Bibliothèque Nationale

im März 1560 entdeckt und vereitelt. Dennoch ging, obwohl die Beteiligten sofort abgeurteilt wurden, von der Verschwörung eine werbende Kraft aus: Die Zahl der organisierten calvinistischen Gemeinden wuchs rapid auf über zweitausend an. Der katholische Gottesdienst schien in den Landschaften des Südens und Westens auf weite Strecken hin wie weggefegt. Das führte zu einem vorübergehenden Einlenken der Königin-Mutter. Sie distanzierte sich von den Guise, verwies diese mit Colignys Hilfe vom Hof und näherte sich den Hugenotten. Die Verfolgungen wurden gemildert. Die Tagung der Generalstände, die inzwischen einberufen worden waren, öffnete der Königin die Augen über die Stimmung, die im Land herrschte, und über die Animosität, die mittlerweile gegen die Regierung aufgekommen war. Um zu beschwichtigen, erließ sie im Januar 1562 auf Anraten l'Hôpitals ein Toleranzedikt, worin sie den Hugenotten Gewissensfreiheit und beschränkte Kultusfreiheit gewährte. Coligny ließ die Erwartung durchblicken, daß der katholische Götzendienst mit königlichem Beistand demnächst in ganz Frankreich ausgerottet werde. Den Umschlag zugunsten der Hugenotten, durch deren Begünstigung sie sich gereizt fühlte, gedachte die katholische Partei möglichst bald wieder rückgängig zu machen. Zu diesem Zweck schlossen sich Franz von Guise, der Marschall Saint-André und der Connétable Anne de Montmorency zu einem Triumvirat zusammen, welches in der Tat bald der Königin-Mutter die Herrschaft entriß und die Regierung übernahm. Die drei Männer brachten den Hof unter ihre Kontrolle – er mußte von Fontainebleau nach Paris umziehen – und hoben im Namen des gerade zwölfjährigen neuen Königs, Karls IX., das Toleranzedikt auf. Zuvor hatten Gefolgsleute des Herzogs von Guise ein scheußliches Massaker verübt: Sie überfielen in der kleinen Stadt Vassy in der Champagne eine hugenottische Gemeinde beim Gottesdienst und richteten unter ihr ein Blutbad an. Das war das Signal zum Bürgerkrieg der Religionsparteien.

Beide Seiten führten ihn leidenschaftlich und grausam. Die Gesetze schienen außer Kraft zu sein. Die konfessionellen Gegner gingen zu Selbsthilfe und Eigenmächtigkeiten über und taten sich gegenseitig das Schlimmste an. Auch Hugenotten verübten verschiedentlich Massenmorde an Katholiken. Totschlag, Plünderung und Raub blieben bei der langsam um sich greifenden Anarchie weithin ungesühnt. Beide Parteien sahen sich nach ausländischer Hilfe um und erhielten sie. Fremde Söldner – aus Spanien, Deutschland, Savoyen, Italien und der Schweiz – rissen an sich, was sie brauchten, desgleichen die französischen Truppen der Kriegführenden. Bewaffnete Banden, die von fremdem Gut lebten, zogen raubend und stehlend, sengend und brennend durch die Provinzen. L'Hôpitals Ideen schienen unterzugehen. Denn Katholi-

Das Blutbad von Vassy im März 1562
Kupferstich von Jean Perrissim, nach 1562
Paris, Bibliothèque Nationale

ken wie Hugenotten bekannten sich zur Praxis der Intoleranz. Auf einer ihrer Nationalsynoden verwarfen die Calvinisten Castellios Schriften gegen die Ketzerverfolgung als religiöse Verirrung. Beide Parteien legten Wert darauf, den König in ihre Hand zu bekommen, um seine Amtsgewalt ihren Interessen und Zielen dienstbar zu machen. Aber auch die Königin-Mutter würfelte mit um die Macht. Als Karl IX. vierzehn Jahre alt geworden war, setzte sie durch, daß er für volljährig erklärt wurde. Danach brachte sie den labilen Knaben dahin, daß er so gut wie alle seine Regentenbefugnisse auf sie übertrug. Was dem königlichen Namen an Autorität und Vollmacht noch verblieben war, das zog Katharina von Medici an sich.

Der erste Hugenottenkrieg ging infolge finanzieller Erschöpfung beider Seiten nach Jahresfrist zu Ende. Ein neues, jetzt aber konzessionsärmeres Duldungsgesetz – das Toleranzedikt von Amboise vom 19. März 1563 – war das Ergebnis dieser Situation. Es schuf jedoch keine Basis für einen dauerhaften Frieden. Beide Parteien waren im Grunde nicht gewillt, den Kompromiß durchzuhalten. Weit entfernt von Vertragstreue, erfüllten sie die Bedingungen lässig oder gar nicht und fielen bei der nächsten Gelegenheit wieder übereinander her. In Wirklichkeit gab es auch zwischen den Kriegen keinen Frieden. Die Vorgänge der nächsten Jahrzehnte erwiesen es. Frankreich bot in dieser Zeit ein verwirrendes Bild. Vor dem Hintergrund regionaler Kämpfe und Aufstände, wechselnder innerstaatlicher Bündnisgruppierungen, ausländischer Interventionen und herrischer Forderungen ständischer Gruppen nach Freiheit und Autonomie siechte die Macht der Krone langsam dahin. Ihre kümmerlichen letzten Träger aus dem Haus Valois gaben dem jeweils stärksten Druck nach, kam er nun von Spanien, Coligny, den Guise oder einer anderen Adelsgruppe – wenn sie es nicht vorzogen, sich dem Druck der einen sie beherrschenden Partei dadurch zu entziehen, daß sie auf die andere Seite flüchteten. Militärisch gesehen waren die Kriege ziemlich unbedeutend; große und entscheidende Schlachten wurden bis 1590 kaum geschlagen. Aber ihre moralischen und sozialen Folgen waren verheerend; moralisch, weil die Leute verwilderten und sich daran gewöhnten, gesetzlos zu leben; sozial, weil sie unvorstellbares Elend verbreiteten. Viele, die in Armut, Krankheit, Verkrüppelung und Heimatlosigkeit gestoßen worden waren, mußten entweder betteln gehen oder zur Selbsthilfe greifen.

Auf beiden Seiten kämpften Adlige aus den ältesten und angesehensten Familien Frankreichs, gefolgt von mächtigen oder weniger mächtigen Edelleuten, die ihrerseits über eine zuverlässige Anhängerschaft verfügten, welche mit ihnen in den Krieg zog und ihre Schlachten schlug. Die großen Adelshäupter kannten keine Schonung für ihre Person, sondern nahmen jede Gefahr auf sich. Die Herzöge Franz und Heinrich von Guise, Vater und Sohn, erhielten wegen ihrer Verwundungen im Gesicht den Übernamen ›Balafré‹. Anton von Bourbon, Saint-André und der ältere Montmorency fielen in den Schlachten der sechziger Jahre. Condé wurde einmal gefangengenommen; es ist ungewiß, ob er 1569 den Tod in der Schlacht oder durch Mord fand. Coligny, ebenfalls als Heerführer kämpfend, wurde ermordet, desgleichen drei Guise, die zwei Balafrés und der jüngere Kardinal. Die Blutopfer, die der hohe Adel brachte, waren nicht gering. – Das Auf und Ab von Friede und Krieg, Toleranz-

Gemetzel in Nîmes, einer der Hauptfestungen der Hugenotten, im Jahr 1567
Kupferstich von Jean Perrissim, nach 1567
Dortmund, Institut für Zeitungsforschung

gewährung und Toleranzentzug hatte eine wesentliche Ursache in der damaligen militärischen Verfassung und Finanzlage. Keine Partei verfügte über ein ständig parates Heer. Die Söldner mußten bezahlt werden. Die Edelleute und ihre Hintersassen stellten zwar die Reiterei, aber auch deren Unterhalt kostete Geld. Die Staatskasse laborierte am Rande des Bankrotts. Ausländische Subventionen flossen unregelmäßig. Kaum hatte man losgeschlagen, mußte man daran denken, die Kampfhandlungen Geldmangels wegen wieder einzustellen. Hatte man aber etwas verschnauft, so wurde bei nächstbestem Anlaß erneut losgeschlagen. Je länger dieser periodisch unterbrochene Krieg dauerte, um so mehr zersplitterte er sich in regionale Partikularkämpfe. Trotz der Wechselfälle blieb die katholische Partei aufs Ganze gesehen bis 1589 die erfolgreichere.

Aus den Ereignissen des sechsunddreißigjährigen Bürgerkrieges hat sich der grauenhafte Exzeß der Pariser Bartholomäus-Nacht tief in das Gedächtnis der europäischen Menschheit eingegraben. Es handelte sich um ein möglicherweise kühl vorausgeplantes politisches Verbrechen, das wegen der Bedenkenlosigkeit der dabei angewendeten Mittel gen Himmel schrie und dessen vielleicht mit Vorbedacht aufgehetzte Akteure allem Anschein nach so vom Blutrausch erfaßt wurden, daß sie hemmungslos Wahnsinnstaten verübten. Der Vorgang und seine Veranlassung sind bis heute noch nicht mit letzter Sicherheit aufgehellt worden. Man hält im allgemeinen die Königin-Mutter Katharina von Medici für die Urheberin. Nach der am meisten vertretenen Meinung ging es ihr, in großen Zügen gesprochen, darum, die Annäherung, die zwischen dem Hugenottenführer Coligny und Karl IX. stattgefunden hatte, zu hintertreiben und der Protestantenpartei durch Ermordung ihrer Elite einen vernichtenden Schlag zu versetzen. – Seit 1570 war der mittlerweile zwanzig Jahre alte König zunehmend unter den Einfluß der Persönlichkeit Gaspard de Colignys geraten und hatte sich von dessen politischen Ideen einnehmen lassen. Coligny vertrat schon lange den Gedanken einer national-französischen, in erster Linie gegen Spanien gerichteten auswärtigen Politik. Durch Ablenkung aller politischen und militärischen Energien nach außen hoffte er, die inneren Gegensätze abzuschwächen. Um Protestanten und Katholiken auf eine gemeinsame große Aufgabe hinzulenken, betrieb er die Wiederaufnahme des Krieges gegen Philipp II. Die Gelegenheit dazu schien ihm günstig. Er beabsichtigte, Spanien in den Niederlanden zu treffen, und empfahl deshalb, den dortigen Aufstand tatkräftig zu unterstützen. Auch England gedachte er in die gemeinsame Front gegen Frankreichs großen Rivalen auf dem Kontinent einzureihen. Er nahm damit die spätere Konzeption Heinrichs IV. und Richelieus vorweg. Karl IX. zeigte sich von solchen Plänen begeistert und schien gewillt, Coligny zu deren Ausführungen zu bevollmächtigen. Der Admiral und der König hielten es jedoch für unumgänglich, zuvor den protestantischen und den katholischen Adel miteinander auszusöhnen. Die Versöhnung der Bekenntnisse sollte an höchster Stelle weithin sichtbar vorgenommen werden: Man kam überein, daß der nächste Verwandte des Königs, der achtzehnjährige protestantische Heinrich von Navarra aus dem Haus Bourbon, des Königs katholische Schwester, Margarete von Valois, heiraten und daß die Hochzeit im allergrößten Rahmen im August 1572 in Paris gefeiert werden sollte. Während der tagelangen Festlichkeiten oder kurz zuvor muß ein – wohl durch Katharina von Medici herbeigeführter – Umschwung der politischen Meinung am Hof stattgefunden haben. Jedenfalls fiel Coligny mit seinem Plan, die Niederlande anzugreifen, in einer Sitzung des Staatsrates glatt durch. Wie stark sich der Admiral von Frankreich fühlte und was sich der hugenottische Adel herausnehmen durfte, ging aus Colignys Ankündigung hervor, daß er den Krieg gegen Spanien auf eigene Faust führen und mit seinen und seiner Partei Mitteln finanzieren werde. Soweit kam es jedoch nicht. Karl IX. ließ sich in jenen Tagen durch seine Mutter oder wen auch immer völ-

Karl IX. von Frankreich
Zeichnung vermutlich von François Clouet, um 1570
Paris, Bibliothèque Nationale

lig umstimmen und ganz und gar gegen den Admiral einnehmen. Nur so wurde das Folgende möglich: Nachdem der hugenottische Adel der großen Hochzeit wegen bereits zu Tausenden nach Paris geströmt war, arrangierte der königliche Hof einen Anschlag auf Coligny. Ein vermutlich von der Königin-Mutter gedungener Mörder sollte ihn aus sicherer Entfernung und Position am 22. August erschießen. Es steht dahin, ob der geplante Mord als Signal für weitere Bluttaten gedacht war. Das Attentat wurde unternommen, ging aber fehl. Coligny wurde nur verwundet. Anderthalb Tage später, in der Nacht vom 23. auf den 24. August 1572, fand dann, entweder vorausgeplant oder überstürzt angezettelt, ein entsetzliches Massaker an den Hugenotten statt, grauenhaft nach Art und Ausmaß, ausgeführt vom Pariser Pöbel – vielleicht im anfänglichen Zusammenwirken mit der Polizei und dem königlichen Militär – und von Paris überspringend auf die Provinzen. Auch Katholiken wurden erschlagen. Habgier und Privatrache vermengten sich mit Konfessionshaß und politischen Leidenschaften.

Der Hof verbreitete zur eigenen Rechtfertigung die Version, die Hugenotten hätten sich zum Umsturz des Königtums verschworen. Neuerdings glaubt man erkannt zu haben und sogar nachweisen zu können, daß sich an dem Blutbad nicht bloß ein konfessionell fanatisierter Pöbel, sondern vor allem auch terroristische Kleingruppen beteiligt hätten, welche sich sämtlichen Ordnungsbefehlen der Polizei und selbst des Königs widersetzten und tagelang unterschiedslos wohlhabende Katholiken und Protestanten in ihren Wohnungen massakrierten und sich deren Besitztümer aneigneten. Aber wie dem auch sei: Die Pariser Bluthochzeit – oder, weil am Vorabend des Bartholomäus-Tages begonnen, gewöhnlich Bartholomäus-Nacht genannt – hatte als politisches Verbrechen zu ihrer Zeit nicht ihresgleichen. Ihre Opfer gingen in Paris und in den Provinzen hoch in die Tausende. Den Massenmord religiös zu motivieren oder als einen Akt staats- und konfessionspolitischer Notwehr zu tarnen, wie es in der Meldung an Papst Gregor XIII. geschah, ja überhaupt ein Blutbad ohnegleichen mit Religion in Verbindung zu bringen, war nur in einer Epoche denkbar und möglich, in der ein ursprünglich positiver Eifer für den rechten Glauben derart ins Fanatische gesteigert wurde, daß er, mit Blindheit für die Werte geschlagen, die er zu vertreten hatte, den Andersgläubigen lediglich Haßgefühle, Abscheu und Vernichtungswut entgegenzubringen vermochte. Solches menschliche Verhalten, das auch im niederländischen Bildersturm oder in den Massenexekutionen Maria Tudors, in Täuferverfolgungen, Hexenverbrennungen und unzähligen Glaubensprozessen durchschlug, wurde wenigstens von einer Minderheit von Zeitgenossen nicht gebilligt. Das zeigte sich in Frankreich schon unmittelbar nach der Bartholomäus-Nacht.

Mit der Autorität der Krone ging es bergab. Der

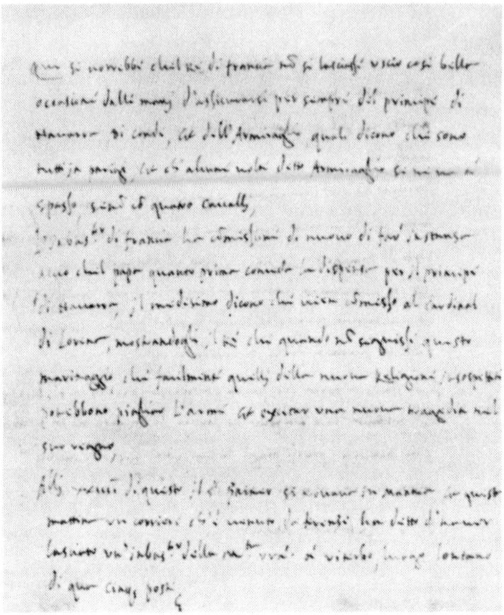

Über den beabsichtigten Handstreich
gegen die in Paris weilenden Hugenotten-Führer
Bericht des kaiserlichen Gesandten in Rom
vom 31. Juli 1572 an Maximilian II.
Wien, Haus-, Hof- und Staatsarchiv,
Rom-Berichte 42, 1572, fol. 66

Glaube an ihr göttliches Recht wurde erschüttert, ja noch mehr: Er begann zu zerfallen. Begreiflicherweise zuerst bei den Calvinisten. Aber auch für die Katholiken sank das Königtum der Valois von einer geheiligten Ordnungsmacht und Schiedsinstanz herab zu einer Partei, und das hieß: zu einer politischen Größe minderen Ranges, die bei divergierenden Zielen bekämpft, bei anfechtbarem Verhalten sogar als Tyrannei beseitigt werden durfte. Die politische Theorie der Hugenotten lief jetzt entschieden in diese Richtung. Die zahllosen Flugschriften und Traktate, die sie nach 1572 auf den literarischen Markt warfen, fanden guten Absatz und brachten mit der Vertragstheorie einen Sprengsatz in den bestehenden frühabsolutistischen französischen Königsstaat. Gegen die Entschliessungsformel, welche die Könige unter ihre Edikte zu setzen pflegten: ›Car tel est notre plaisir‹ – ›Denn solches ist unser Wille‹ –, spielten die Calvinisten mit der imperativischen Formel ›Salus publica suprema lex esto‹ das Gemeinwohl aus: ›Des Volkes Wohlfahrt soll das oberste Gesetz sein!‹ Theodor Beza, Calvins Freund und sein Nachfolger in Genf, brachte in seinem berühmten, 1574 erschienenen und bis 1600 sechzehnmal aufgelegten Traktat ›Über das Recht der Obrigkeit‹ die Antithese auf die einprägsame Kurzformel: Die Könige sind vom Volk ernannt worden und nicht umgekehrt. Die politische, von den Calvinisten rezipierte und popularisierte Lehre von der Monarchomachie, von der Überprüfbarkeit monarchischer Regierungs- und Gesetzgebungsakte, die unter dem Gesichtspunkt der allgemeinen Wohlfahrt in letzter Konsequenz auch den Tyrannenmord erlaubte, unterhöhlte den Thron und zersetzte die Loyalität.

Das Hugenottentum politisierte sich nun vollends. In den Provinzen, in denen es dominierte, im Languedoc, in Guyenne, in der Provence, in der Dauphiné, organisierte es sich zu Verbänden von regionaler Eigenstaatlichkeit. Es verwandelte sich in eine feudale, partikulare Gegenmacht im Staat und brachte es in deren Institutionalisierung ziemlich weit. Die protestantischen Stadtobrigkeiten und Edelleute schufen in den süd- und westfranzösischen Landschaften politische Gemeinwesen mit ständischen Versammlungen, die über eine eigene Verwaltung, über ein durchorganisiertes Justiz- und Finanzwesen und über ein eigenes Militär verfügten. Im Jahr 1576 unternahmen protestantische Heeresverbände, verstärkt durch deutsche Truppen und gestützt auf ein momentanes Zweckbündnis mit des Königs aufsässigem Bruder Franz von Anjou, einen Marsch auf Paris und erzwangen sich gewaltige Zugeständnisse. Heinrich III., der 1574 auf Karl IX. gefolgt war, gewährte ihnen auf unbefristete Zeit eine große Anzahl von sogenannten Sicherheitsplätzen – exklusiv hugenottischen Festungen und Garnisonen – und eine fast unbeschränkte Kultfreiheit. Auch wenn der König, von der anderen Seite in die Zange genommen, alsbald das meiste von dem widerrief, was er gerade konzediert hatte – und auch in den kommenden Jahren konjunkturbedingt Konzessionen machte und wieder zurücknahm –, so reichte sein Arm doch nicht bis in die hugenottische Provinz hinein. Er vermochte nichts daran zu ändern, daß weit ausgedehnte Gebiete im Westen und Süden sich fest in der Hand der Protestanten befanden. Hier bildeten sie einen Staat im Staate.

Auch die entschiedenen Katholiken organisierten sich, den Protestanten vergleichbar, unter der Führung des hohen Adels auf regionaler Basis zu starken Verbänden. Sie beherrschten die Stadt Paris, die Ile-de-France, die nördlichen und östlichen Provinzen. Ihre örtlichen Vereinigungen bildeten die Basis eines politisierten Katholizismus, der in der katholischen Liga seine Spitze hatte. Die Liga hatte ihre Leitung nominell dem König übertragen. In Wirklichkeit lag ihre Führung bei dem jüngeren Herzog von Guise, Heinrich Balafré. Ihre Mitglieder, die an regionaler Autonomie und ständischen Freiheiten nicht weniger interessiert waren als die Hugenotten, setzten sich in konfessioneller Hinsicht für die Wiederherstellung der katholischen Religionseinheit ein und kämpften dafür mit politischen und militärischen Mitteln. Der nach dem Tridentinum einsetzende, bis über die Jahrhundertwende anhaltende Schwung der allgemeinen Gegenreformation in Europa trug auch sie. Die Liga war vom Geist der militanten Rekatholisierung ganz und gar erfüllt und scheute vor der Anwendung von Feuer und Schwert ebensowenig zurück wie ihre protestantischen Gegner. Sie vertrat religionspolitisch mit dem König, gegebenenfalls an seiner Statt, im Grenzfall auch gegen ihn, die quasi normale Linie der Zeit, so wie sie beispielsweise der Kurfürst von Brandenburg, Joachim II., in seiner Kirchenordnung für den Kurstaat formuliert hatte: »Es gebührt den christgläubigen Fürsten, darauf zu sehen, daß die heilsame Lehre in ihren Landen ausgebreitet und, was dem entgegen(steht), abgetan und gute christliche Ordnung dem göttlichen Wort gemäß aufgerichtet und gehalten werde« – wofür er als Begründung vorbrachte, daß ein Fürst als Gottes Haushalter für den wahren Glauben seiner Untertanen zuständig und vor Gott verantwortlich sei. In diesem Sinn zwang die Liga dem König eine kompromißlose katholische Konfessionspolitik auf. Sie konnte sich dafür auf gleichlautende Beschlüsse der Generalstände berufen, welche 1576/77 und 1588 auf ihren Versammlungen zu Blois entsprechende Entscheidungen getroffen hatten. Im übrigen bekam Heinrich III. die Aufsässigkeit der in der Liga vereinigten katholischen Städte und Edelleute in voller Wucht zu spüren: Sie nahmen ihn weitgehend unter ihre Kontrolle.

Im Jahr 1584 starb des kinderlosen Königs kinderloser letzter Bruder Franz von Alençon, Herzog von Anjou. Durch diesen Tod wurde, weil es außer Heinrich III. keinen Valois mehr gab, die

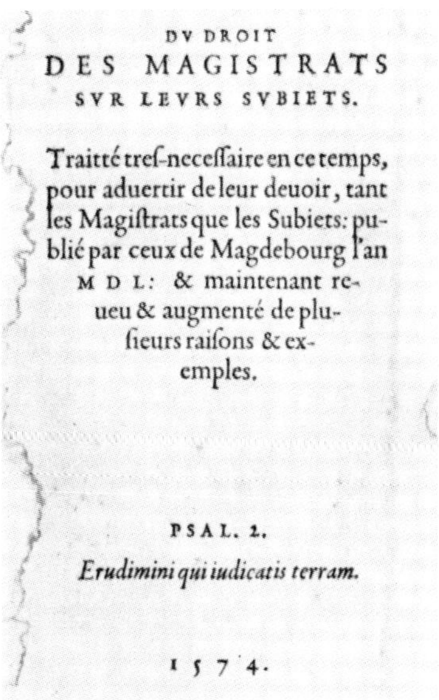
DV DROIT
DES MAGISTRATS
SVR LEVRS SVBIETS.
Traitté tres-necessaire en ce temps, pour aduertir de leur deuoir, tant les Magistrats que les Subiets: publié par ceux de Magdebourg l'an M D L: & maintenant reueu & augmenté de plusieurs raisons & exemples.
PSAL. 2.
Erudimini qui iudicatis terram.
1574.

›Über das Recht der Obrigkeit‹
Titelseite des 1574 erschienenen Traktats
von Theodor Beza
Genf, Bibliothèque Publique et Universitaire

Thronfolge zum Problem, und zwar zu einem Problem, für dessen Lösung sich halb Europa interessierte und engagierte. Denn der nächste Anwärter nach geltendem Erbrecht war ein Hugenotte. Das rief den Papst und den König von Spanien auf den Plan, ließ die Königin von England nicht gleichgültig und weckte in den Niederlanden Erwartungen. Die französischen Religionskriege bekamen jetzt ihre volle europäische Dimension; sie traten in ihre internationale Phase; das innerstaatliche Problem, um das es sich bislang überwiegend gehandelt hatte, weitete sich aus zu einem Problem des europäischen Staatensystems.

Die katholische Liga, die unter Heinrichs Guise Führung schon beinahe die Regierungsgewalt ausübte, setzte sich mit aller Energie und allen Mitteln für eine katholische Thronfolge ein. Sie verbündete sich zu diesem Zweck am Silvestertag 1584 im Vertrag von Joinville mit Spanien und veranlaßte 1588 die Generalstände von Blois zu einer folgenschweren Stellungnahme in dieser Sache. Die Generalstände erklärten, daß nur ein Fürst katholischen Bekenntnisses den französischen Thron besteigen dürfte. Da aber im vorliegenden Fall der protestantische Thronkandidat nach salischem Recht seinen einwandfreien Anspruch dokumentieren konnte, entschieden die Generalstände, daß zur Beseitigung jeder Unklarheit die katholische Religionszugehörigkeit des Königs als ein Grundgesetz der französischen Monarchie zu betrachten sei und deshalb im Fall einer Kollision als übergeordnetes Recht den Vorrang vor dem salischen Erbfolgegesetz besäße. Darüber hinaus wurde der Throneid so formuliert, daß ihn nur ein Katholik schwören konnte. König Heinrich III. selbst trug das wenigste zu dieser politischen Klärung bei. Sie wurde ohne ihn vorgenommen, aber er wurde genötigt, sie anzuerkennen. Jenseits der konfessionellen Probleme arbeiteten die Liga und die Generalstände, nicht anders als die Reformierten, systematisch darauf hin, den König zu entmachten. Die Generalstände beraubten ihn seiner letzten Finanzquellen und unterstellten ihn ständischer Aufsicht. Einen letzten Rest von Selbständigkeit nahm ihm

Die auf Befehl Heinrichs III. von Frankreich am 23. Dezember 1588 ermordeten Liga-Führer Heinrich und Ludwig von Guise
Kolorierter Holzschnitt auf einem in Nürnberg erschienenen Flugblatt
Paris, Bibliothèque Nationale

Prozession der Liga
Gemälde eines französischen Künstlers, Anfang des 17. Jahrhunderts. Versailles, Musée National

ein Volksaufruhr in der Hauptstadt. Die Bürger von Paris bauten Barrikaden. Als Heinrich III. sich ihren Forderungen nicht fügte, entwaffneten sie die königlichen Truppen, stellten eine militärische Bürgerwehr auf und organisierten eine kommunale Selbstverwaltung. Hinter der Revolte stand der Herzog von Guise als der wahre Herr von Paris und als möglicher Anwärter auf den französischen Thron. Der König flüchtete vor den Aufständischen aus der Stadt, beschloß aber, sich dieses Gegners, der ihn so tief gedemütigt hatte, auf irgendeine Weise zu entledigen: Er bestellte Herzog Heinrich und dessen jüngeren Bruder, Kardinal Ludwig von Guise, zu einer Unterredung auf sein Schloß nach Blois. Als sie dort am 23. Dezember 1588 eingetroffen waren, ließ er sie in sein Audienzzimmer bitten und durch seine Leibwache niederstechen – eine Verzweiflungstat, der er vom Nebenraum aus durch ein Loch in der Tapete zusah. – Nach diesem Vorfall erklärte die Liga dem König den Krieg. Die Sorbonne bezeichnete ihn als einen Tyrannen, den man wegen seiner Verbrechen gegen das Gemeinwohl umbringen dürfte. Ganz Frankreich, soweit es katholisch war, lehnte sich gegen seinen König auf. Heinrich III. flüchtete daraufhin in das Feldlager seines hugenottischen Gegners und Vetters Heinrich von Bourbon. Er söhnte sich mit ihm aus, indem er ganz auf dessen politische Linie einschwenkte. Er rief die Franzosen zum Krieg gegen die Liga und das mit ihr verbündete Spanien auf und bekannte sich zu einer Politik der Toleranz. Dann wurde er, acht Monate nach der Ermordung der Guise, selbst ein Opfer des politischen Mordes, der nach den Lehren der Sorbonne und der Monarchomachen im Grenzfall als zulässig galt. Ein junger Dominikaner, Jacques Clément, wußte sich am 1. August 1589 Zugang zu ihm zu verschaffen und erstach ihn. Damit erlosch das Haus Valois. Durch diesen Tod verwandelte sich der letzte Hugenottenkrieg in eine internationale Auseinandersetzung.

Fortan standen sich Heinrich von Navarra, der sich sogleich nach des Königs Tod Heinrich IV. nannte, und die Liga im Kampf um die Neugestaltung Frankreichs gegenüber. Die Stärke der Liga beruhte darauf, daß der größere Teil der Franzosen hinter ihr stand. Es galt als ausgemacht, daß die Liga und die Mehrheit der Franzosen sich einen protestantischen König nicht würden gefallen lassen. Und es sprach für die Kraft und Leidenschaft der konfessionellen Erregung, daß das durch die Liga repräsentierte katholische Frankreich lieber einen katholischen Ausländer als einen nichtkatholischen Franzosen zum König haben wollte. Eine Schwäche der Liga lag darin, daß sie nach Heinrichs Guise Ermordung keinen überlegenen Führer mehr besaß und auch keinen überzeugenden Thronkandidaten präsentieren konnte. Denn alle Bemühungen liefen zuletzt auf eine Kandidatur Philipps II. von Spanien – als Gatten einer Tochter Heinrichs II. – oder, was beinahe dasselbe war, auf die Thronbewerbung seiner Tochter Isabella Clara Eugenia hinaus, einer Enkelin Heinrichs II. Der König von Spanien kämpfte für diesen Anspruch schon seit seinem Bündnisvertrag mit der Liga von 1584. Papst Sixtus V. unterstützte ihn indirekt: Um Frankreich eine katholische Thronfolge zu sichern, verhängte er 1585 über Heinrich von Bourbon als rückfälligen Ketzer den Bann und erklärte ihn aller Ansprüche auf den französischen Thron für verlustig. Dem Herzog von Guise war Philipps Hilfe im ›Krieg der drei Heinriche‹ – Guise, Navarra und Valois – politisch und militärisch willkommen gewesen. Nach seiner Ermordung nahm sein jüngster Bruder, Karl von Mayenne, ebenfalls die spanische Unterstützung gern in Anspruch. Doch war mit einer spanischen Kandidatur auf die Dauer kein Staat zu machen. Der Bourbone gewann dagegen Zug um Zug an Boden. Das geschah nicht von ungefähr. Heinrich von Navarra war zwar Hugenotte, jedoch mehr politisch orientiert als konfessionell gebunden. Vor allem war er von der extremen antimonarchischen und partikularistischen Richtung des protestantischen Feudaladels weit entfernt. Er stand jener Mittelpartei der Politiques nahe, deren Gesichtspunkte in den sechziger Jahren der Kanzler l'Hôpital als einer der ersten formuliert hatte. Diese Partei gewann nach der Bartholomäus-Nacht zusehends an Stärke und Resonanz. Ihre geistige Grundeinstellung ließ sich auf die zwei Sätze zurückführen, daß erstens die in der Taufe begründete Gemeinsamkeit von Katholiken und Protestanten als Christen gewichtiger sei als der konfessionelle Unterschied, daß zweitens das Gewissen durch Gewalt nicht gezwungen werden könnte. Staatstheoretisch vertraten die Politiques den Standpunkt, daß der Staat von seinen Bürgern in erster Linie die Beachtung der staatlichen Gesetze, nicht aber das Bekenntnis zu einem religiösen Dogma zu fordern habe, und daß es die Aufgabe des Monarchen sei, den inneren Frieden zu sichern. Auf die zeitgenössische Situation angewendet hieß das: Der Staat müßte sich aus dem Streit der Religionsparteien heraushalten und seinen Bürgern eine Möglichkeit geben, auch bei Religionsverschiedenheit in gesichertem Frieden miteinander zu leben; der König hätte deshalb die Pflicht, Toleranz zu üben. Dies anzunehmen fiel manchem überzeugten Calvinisten und Katholiken schwer. Dennoch rangen sich Angehörige beider Bekenntnisse aus pragmatischen Gründen dazu durch. Eine einzige Religion im Königreich, sagte der Protestant Philippe Duplessis-Mornay, ist gewiß das Beste; »da wir zu unserem Unglück aber deren zwei haben, so ist es wahrlich besser, sie zu dulden, als uns (durch Religionskrieg) zu ruinieren«. Nicht sehr viel anders argumentierte der katholische Staatstheoretiker Jean Bodin in seinem Traktat ›De la république‹, wo zu lesen ist, daß der Staat zwar grundsätzlich die Aufgabe hätte, die ›Sekten‹ zu bekämpfen, daß ihm in Frankreich praktisch aber keine andere Wahl bliebe, als die Calvinisten ihrer großen Zahl wegen zu tolerieren, weil man eine Million Menschen ja nicht einfach aus der Welt schaffen könnte. – Ihrer beruflichen und sozialen Provenienz nach sammelte sich in der Partei der ›Politiker‹ die Elite Frankreichs: Diplomaten, Militärs, Juristen, Geistliche und Gelehrte aus beiden Konfessionen. Sie organisierte sich, wie die Liga und die Hugenotten, politisch und militärisch. Zu ihrer Spitzengruppe gehörten die Brüder Montmorency. Heinrich von Navarra, der mit ihr sympathisierte, nannte sich seit den siebziger Jahren ›Schirmherr der reformierten Kirche und der verbündeten Katholiken‹. Je länger die Religionskriege dauerten, desto mehr setzte sich die Erkenntnis durch, daß die Waffen ein ungeeignetes Mittel seien, um die Religionseinheit wiederherzustellen. So neigte man dazu, die Religionsspaltung als etwas Unabänderliches hinzunehmen, ersehnte aber vor allem ein Ende des Krieges. Dieser Neigung kam Heinrich von Navarra entgegen.

Im letzten Religionskrieg, der 1585 begonnen hatte und sich zum Thronfolgekrieg zuspitzte, lag des Bourbonen Chance darin, daß er ein Franzose war. Denn einen solchen hätte Frankreich lieber auf seinem Thron gesehen. Heinrich begriff dies und zog daraus die religiös fragwürdige, politisch jedoch einleuchtende Konsequenz, zum Katholizismus überzutreten. Es war ein Protestant, sein Freund und späterer Minister Sully, der ihm zu diesem Schritt riet. Auf seine Bereitschaft hin, dem Protestantismus feierlich abzuschwören, nahm ihn nach langen Verhandlungen der Erzbischof von Bourges 1593 zu Saint-Denis vorbehaltlich der Zustimmung des Papstes, wieder in die katholische Kirche auf, und nach noch längeren Verhandlungen löste ihn Papst Clemens VIII. vom Bann. Heinrich IV. begründete seinen Übertritt mit dem denkwürdigen Spruch: »Paris ist eine Messe wert.« Mit dieser Maxime hatte er Erfolg: Er bot sich den Franzosen nunmehr als Kandidat an, der katholisch, erbberechtigt und Franzose war, und grub damit Philipp II. von Spanien das Wasser ab. Denn die Liga hatte jetzt keinen durchschlagenden Grund mehr, sich ihm zu widersetzen. Ihre Mitglieder gingen scharenweise zu ihm über. Paris öffnete ihm seine Tore. Die nationale Parole, die er ausgab, als er sagte, er kenne keine Katholiken und Protestanten, sondern nur Franzosen, tat das ihrige, um Angehörige aller Parteien unter seiner Fahne zu versammeln. Desgleichen zog die begründete Aussicht auf einen einigermaßen gesicherten inneren Frieden die Leute auf seine Seite. Die allgemeine militärische und wirtschaftliche Erschöpfung machte das Land reif dafür, von einem König, der die Zügel wieder anzog, den Frieden um den Preis eines religiösen Kompromisses entgegenzunehmen. Die Erfahrung eines über dreißigjährigen Krieges hatte die praktische Undurchführbarkeit einer intoleranten Konfessionspolitik gezeigt. Das Land war in allen Himmelsrichtungen verheert worden. Der Krieg hatte nicht nur massenhaft Blutopfer gefordert, er hatte auch unzählige Familien um Hab und Gut, um Haus und Hof gebracht. In seinem Gefolge griffen Hungerkrisen, Pest und Anarchie um sich. Banditen machten die Handels- und Verkehrswege unsicher. Recht und Ordnung ließen zu wünschen übrig. Dazu trieben es in einzelnen Regionen die Grundherren mit der Ausbeutung ihrer Hintersassen so weit, daß sich, wie im Limousin, die Bauern gegen ihre adligen Herrschaften zum Aufruhr zusammenrotteten. Die Wiederherstellung gesetzlicher und sozial leidlicher Verhältnisse war ein so elementares Erfordernis, daß jede Obrigkeit akzeptiert wurde, die sich diese Aufgaben angelegen sein ließ.

Heinrich IV. nahm sie in die Hand, auf der Basis einer differenzierten Toleranzpolitik, für welche er 1598 im Edikt von Nantes die gesetzlichen Grundlagen schuf. Er gewährte darin den etwa 1,2 Millionen Hugenotten Gewissensfreiheit und staatsbürgerliche Gleichberechtigung, womit sie prinzipiell den Zugang zu sämtlichen öffentlichen Ämtern und ferner das Recht erhielten, außerhalb von Paris und in bestimmten geographischen und sozialen Grenzen den reformierten Gottesdienst auszuüben. Schließlich durften sie mehr als hundert Sicherheitsplätze behalten, deren Garnisonen der König besoldete, obwohl sie ausschließlich unter hugenottischem Kommando standen. Hier entäußerte sich der Staat, aus einer zeitgebundenen Notsituation heraus, eines Teils seiner hoheitlichen Rechte zugunsten der militärisch-politischen Organisation des Hugenottentums. Heinrich IV. hielt diese Konzessionen, obwohl er dadurch einen Staat im Staate sanktionierte, unter den gegebenen Umständen für unumgänglich. Richelieu holte dreißig

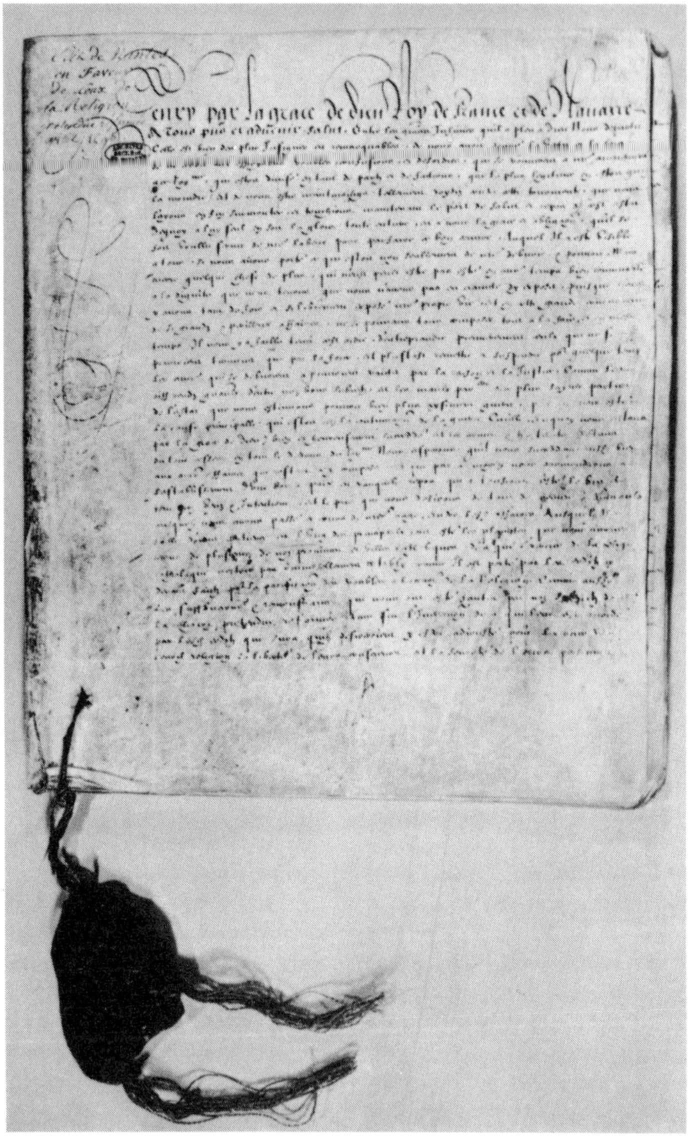

Gewissensfreiheit und Gleichberechtigung für die Hugenotten:
das Edikt von Nantes vom 13. April 1598
Die erste Seite des von Heinrich IV. von Frankreich unterzeichneten Gesetzes
Paris, Archives Nationales

Jahre später diesen Hoheitsverlust des Staates wieder auf. Im übrigen blieb Frankreich ein katholischer Staat. Die Toleranz war ein Privileg, das der König einer näher bezeichneten Gruppe von Untertanen in definierten Grenzen verlieh, so daß von einer Gleichberechtigung der Konfessionen nicht die Rede sein konnte. Im Rahmen der Epoche bedeutete das Edikt von Nantes jedoch einen gewaltigen Schritt über den konfessionellen Dirigismus der staatlichen Obrigkeiten hinaus. Freilich hing diese scheinbare Großzügigkeit ein wenig mit der Schwäche der Monarchie zusammen. Denn je mehr sich das Königtum kräftigte, um so mehr fiel es in die Praxis und Theorie des konfessionellen Dirigismus zurück; die spätere Entwicklung unter Ludwig XIII. und Ludwig XIV. offenbarte es.

In den letzten Hugenottenkriegen mischten sich außer Spanien und der Kurie auch England und die Niederlande ein. Für die Seemächte war der Thronfolgestreit eine glänzende Gelegenheit, durch – maßvolle – Hilfeleistungen für Heinrich IV. ihren spanischen Hauptgegner zu schwächen und an dessen Übermacht zu rütteln. So ging der französische Bürgerkrieg in seiner Schlußphase in den Kampf Europas gegen die spanische Hegemonie über. Auf seine Weise beteiligte sich das Papsttum ebenfalls daran. Sobald Clemens VIII. vom beabsichtigten Übertritt Heinrichs IV. zum Katholizismus erfuhr, erwog er vorsichtig eine Option für den Bourbonen. Die harten, nahezu brutalen Pressionen, denen er daraufhin durch Philipp II. ausgesetzt wurde, bewiesen, daß der

Die Belagerung einer von spanischen Truppen aus den Niederlanden gehaltenen französischen Stadt durch Heinrich IV. von Frankreich im Jahr 1597
Gemälde eines französischen Künstlers, nach 1597
Versailles, Musée National

König von Spanien eine etwaige Lösung des Bourbonen vom Bann als einen Schlag gegen seine Hegemonie empfand – und es war auch ein Schlag gegen ihn. Wie der Beginn der französischen Religionskriege zeitlich mit dem Anfang der spanischen Hegemonie zusammenfiel, so signalisierte der Abschluß der Religionskriege, daß die spanische Monarchie den Zenit ihrer Macht überschritten hatte. Seit Heinrich IV. katholisch geworden war, gab es keinen einleuchtenden Grund mehr dafür, daß sich die Armeen Philipps II. in Frankreich aufhielten. Der König von Spanien zog sie dennoch nicht zurück, auch nicht, als längst klar war, daß er seine Thronkandidatur nicht mehr aufrechterhalten konnte. So führte Heinrich IV. weiter gegen ihn Krieg. Er verdrängte ihn, von den Seemächten unterstützt, langsam, aber stetig – bis 1598 – vom französischen Boden. So endete der letzte Hugenottenkrieg, der 1585 als der Bürgerkrieg der drei Heinriche begonnen hatte, als eine auswärtige Auseinandersetzung zwischen der spanischen und der französischen Monarchie. Er fand seinen Abschluß, durch Papst Clemens VIII. vermittelt, im Ausgleichsfrieden von Vervins. Es war ein Erschöpfungsfrieden. Philipp II. gab seine französischen Eroberungen wieder heraus und einigte sich mit Heinrich IV. auf dem Status von Cateau-Cambrésis. Dem Anschein nach veränderte sich also 1598 nichts gegenüber 1559. In Wirklichkeit aber trat eine Gewichteverschiebung im europäischen Staatensystem ein. Vordergründig betrachtet, betraf sie das Verhältnis von Spanien und Frankreich, tatsächlich bedeutete sie weit mehr.

Mit dem Frieden von Vervins, mit dem Edikt von Nantes und dem Ableben Philipps II. wurde das Jahr 1598, ohne daß es einen epochalen Einschnitt brachte, ein Jahr der Wandlungen für Europa. Zu sehr war Spaniens Vormachtstellung an die Person König Philipps II. gebunden, als daß sein Tod nicht darauf zurückwirkte. In den zweiundvierzig Jahren seiner Regierung hatte er die Macht wahrgenommen, über die er durch seine Länder und deren Menschen und Mittel gebot, hatte von ihr Gebrauch gemacht, zwar vorsichtig, doch entschieden und, wenn es darauf ankam, hart und mit der Bereitschaft, sie bis aufs Äußerste einzusetzen. Von diesem Willen und dieser Zügelführung ging einiges auf die Erstminister der späteren Regierungen über, aber so gut wie nichts auf die nachfolgenden Könige selbst. Ob Spanien seine Vormacht besser behauptet hätte, wenn seine Regenten die Durchsetzungskraft Philipps II. besessen hätten, steht dahin. Als Philipp II. im September 1598 starb, gab es zwar keinen Staat, der es mit seinem Weltreich aufnahm; aber Frankreich, England und die niederländische Republik, ja selbst Rom vermochten sich gegenüber Spanien jetzt freier zu bewegen, als es ihnen 1559 zur Zeit des Friedens von Cateau-Cambrésis möglich gewesen war. Obgleich Philipp II., abgesehen von den umkämpften nördlichen Niederlanden, nichts verloren, vielmehr Portugal und seine Kolonien dazugewonnen hatte, war ihm nicht gelungen zu erreichen, was er sich vorgenommen hatte: weder in den Niederlanden noch in England und Schottland noch in Frankreich. An den Zielen, die er sich gesetzt, jedoch verfehlt hatte, zeigte sich, für jedermann sichtbar, daß Spanien wohl kaum den Status, den es besaß, würde noch überhöhen können; mit anderen Worten: Es befand sich bereits seit längerem an den äußersten Grenzen seiner Macht. Philipp III. und sein Minister Lerma, der für ihn regierte, zogen daraus den naheliegenden Schluß, daß es an der Zeit sei, Spaniens Beziehungen zu seinen europäischen Nachbarn zu bereinigen, von weitergehenden Eroberungen und Annexionen abzusehen und auf der Basis des Status quo friedliche Verhältnisse herzustellen. Philipp II. hatte diese Linie mit dem im Mai 1598 unterzeichneten Friedensvertrag von Vervins vorgezeichnet. Sein Nachfolger blieb dabei und hielt diese Politik ohne nennenswerte Schwankungen zwei Jahrzehnte lang durch. 1604 schloß er mit England Frieden, 1609 mit der niederländischen Republik einen zwölfjährigen Waffenstillstand. Beim Tod Philipps III. stand Spanien

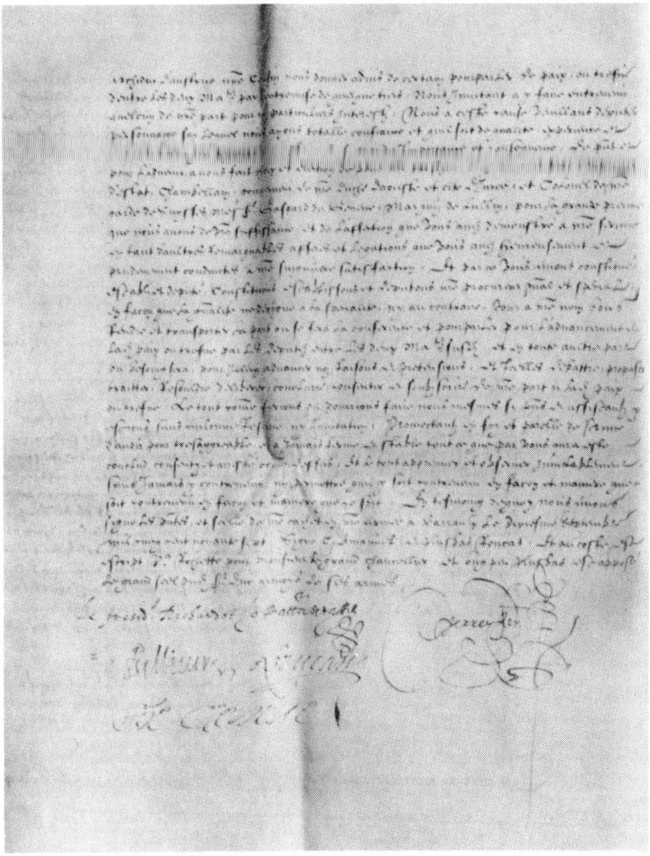

Der Ausgleichsfriede zwischen Frankreich und Spanien:
der Vertrag zu Vervins vom 2. Mai 1598 zwischen Heinrich IV. und Philipp II.
Schlußseite des Abkommens der für Frankreich bestimmten Ausfertigung mit den Unterschriften
Paris, Ministère des Affaires Etrangères

1621 international nicht schlechter da als beim Ableben Philipps II. Das Jahr 1621 wurde dann allerdings zu einem Wendepunkt, weil nach dem Regierungswechsel die spanische Monarchie unter Philipp IV. und unter der Ministerschaft des Grafen von Olivárez zur kriegerischen Hegemonialpolitik zurückkehrte. Der Krieg mit Holland lebte wieder auf, und die Beziehungen zu England und Frankreich, die bis dahin recht gut gewesen waren, verschlechterten sich zusehends. Der Entschluß, in den Großen Krieg in Deutschland einzugreifen, leitete einen vierzigjährigen Endkampf um die Behauptung der Prépondérance ein, der die Kräfte des Weltreiches überstieg.

Für Frankreich dagegen bedeutete der Friede von Vervins den Anfang einer Regeneration des Staates. Das Land begann sich zu erholen, und das machte sich auch nach außen geltend: Die Inter-

Das Wahrzeichen der katholischen Welt: St. Peter zu Rom
Radierung von Israel Silvestre, vor 1646
Wien, Graphische Sammlung Albertina

ventionsmacht zog sich zurück. Der König war wieder Herr in den Grenzen seines Staatsgebietes. Obwohl schwer angeschlagen und erschüttert, hatte Frankreich die Krise der Monarchie und die Bürgerkriege überstanden und schickte sich zu neuer Sammlung seiner Kräfte an. Die militärischen Erfolge über Spanien, die zum Frieden von 1598 führten, waren ein erstes Zeichen dieser Sammlung. Von jetzt an trat die französische Monarchie unter Heinrichs IV. Führung auch nach außen hin kräftiger auf. Wie denn überhaupt mit diesem König der Aufstieg Frankreichs in Europa seinen Anfang nahm.

Italien: das Papsttum

Das Papsttum war durch die Glaubensspaltung nolens volens zur Partei geworden; denn sein Anspruch, die ganze Kirche Christi zu repräsentieren, änderte nichts an der Tatsache, daß sich halb Europa zu oppositionellen Konfessionskirchen gegen die römische Kirche zusammengeschlossen hatte. Daraus ergaben sich, verglichen mit dem Mittelalter, ganz neue Aufgaben für den Inhaber des Stuhles Petri. Nachdem sich die katholische Kirche durch Sammlung ihrer positiven Kräfte allmählich wieder gefangen und durch das Konzil von Trient einem strikten Reformprogramm unterworfen hatte, ging sie jetzt aus langer Defensive zur Offensive über. Das hieß allerdings nicht, daß es nichts zu verteidigen gegeben hätte. Aber auch die Verteidigung führte sie mit neuem, frischerem Elan. Seit Trient stellte sich das durch das Konzil enorm aufgewertete Papsttum an die Spitze der Erneuerungsbewegung. Was die Päpste und die mittlerweile sich regenden Träger der Reform »wesentlich gehoben haben muß, war wohl«, nach einem Wort Jacob Burckhardts, »das Bild einer erneuten, gereinigten, auf religiöse Kräfte orientierten Kirche, welches sie im Geiste vor sich sahen. An persönlicher Aufopferung waren sie den Gegnern reichlich gewachsen. Und nun konnte die alte Kirche in vielen Ländern wieder ganz und völlig gerettet werden und ihren vollständigen neuen

Stil entwickeln.« Das geschah weder lautlos noch idyllisch, sondern inmitten von Weltkriegen, »in welchen die beiden Religionen das Pathos und Feldgeschrei« wurden. Die Kirche erhielt die Hilfe mächtiger oder wenigstens selbstbewußter katholischer Staaten, vor denen sie sich dann oft in acht nehmen mußte. Wer hier Leitungsfunktionen ausübte, durfte kein Schwächling sein. Jacob Burckhardt sprach deshalb von den »furchtbaren Päpsten« seit Paul IV., nannte sie aber »unentbehrlich, für die Kurie vor allem, weil diese ohne einen wahren Terrorismus aller Reformen gespottet hätte«. Damit ist in etwa der Umkreis der Probleme angedeutet, mit denen sich, unabhängig von der Individualität, jeder der Päpste zwischen dem Tridentinum und dem Dreißigjährigen Krieg konfrontiert sah. Ihre Aufgabe bestand darin, die katholische Kirche zu erhalten, wo sie bestand; vor weiterem Einsturz zu bewahren, wo sie gefährdet war, wiederherzustellen, wo sie verdrängt wurde; und ihren Glauben dorthin zu tragen, wo sie noch nie existiert hatte. Dahinter stand das Bewußtsein der Katholiken, die wahre Kirche Christi und sein mystischer Leib zu sein, ein Bewußtsein, das sich, nach mancher Periode der Verunsicherung, jetzt mit gesteigerter Kraft erhob. Den ›Terrorismus‹, bei dem es sich der Sache nach um die Durchsetzungskraft zur Herstellung einer strikten hierarchischen Disziplin handelte, übten die Päpste hauptsächlich, um das eigene Haus auszufegen. Es ging ihnen darum, ihre Superiorität in allen Rangstufen der Kirche in Erinnerung zu bringen und zu praktizieren. Über die Disziplin hinaus zielten ihre Anstrengungen auf eine Reform des innerkirchlichen Bereichs, beispielsweise der gottesdienstlichen Praxis, der Seelsorge und der Klerusausbildung – ein mühsames Geschäft, das Zähigkeit, Geduld und Regsamkeit verlangte.

Kein Papst hätte damals ohne das Einverständnis der weltlichen Obrigkeiten derartige Programme durchführen können. Denn beinahe immer hing es von den fürstlichen oder republikanischen Regierungen oder von halbautonomen Machthabern unterhalb der Landesobrigkeit ab, ob in ihren Einflußbereichen die katholische Kirche existieren und reformiert werden durfte oder nicht. Was blieb da den Päpsten anderes übrig, als sich mit solchen Regierungen auf erträglichen Fuß zu stellen? Und was lag näher, als daß sie die katholischen Monarchen konfessionell bei der Stange zu halten suchten? Jedenfalls brachten die Päpste ihnen bei passender Gelegenheit den Pflichtenkatalog einer christlichen Obrigkeit in Erinnerung. Sie ließen ihnen auch direkte Empfehlungen in Sachen anstehender politischer Entscheidungen zukommen. Auf der anderen Seite hatten sie begründeten Anlaß, darauf zu achten, daß sich die weltlichen Mächte nicht zu stark in den innerkirchlichen Bereich drängten und dort das Kommando übernahmen. Das Beispiel protestantischer Staatsoberhäupter, die als Summepiscopi die Kirche an der Leine führten und sich ihrer Güter und Rechte bedienten, hatte auch für die katholischen Staatsoberhäupter etwas Verlokkendes und reizte zur Nachahmung. Die Päpste schluckten das Staatskirchentum, weil damals an dessen Beseitigung überhaupt nicht zu denken war, und schickten sich in das Unvermeidliche. Von dem, was an Spielraum übrigblieb, suchten sie zu retten, was zu retten war. In Summa kam es dennoch zu einer Kooperation von Kirche und Staat auf breiter Basis, weil ein beiderseitiges Interesse an der Erhaltung und Reform des Katholizismus bestand. Ein solches Zusammenspiel beider Partner erfolgte auf der ganzen Linie der gemeinsamen Interessen: im innerkirchlichen Bezirk; im innerstaatlichen Raum und auf dem weiten Feld der zwischenstaatlichen Beziehungen, in der auswärtigen Politik und gegebenenfalls in der Kriegführung. Die Analogie zum Protestantismus war in diesem Punkt vollkommen.

Bedroht vom Protestantismus, in ständiger Fühlungnahme mit katholischen Obrigkeiten und von diesen nicht selten unter Druck gesetzt, gingen die nachtridentinischen Päpste daran, die Ausführung des Reformprogramms von Trient in Gang zu bringen. Das Ziel war innerkirchlich. Um es zu erreichen, bedurfte es aber staatsmännischen Handelns und manchmal sogar, wie in den Verhandlungen über die Rekonziliation Heinrichs IV., einer recht handfesten Politik. Das Papsttum war sich dessen bewußt und scheute nicht davor zurück. – Fünf Päpste regierten in dem halben Jahrhundert

Pius V.
Vorderseite einer Medaille
von Gian Federico Bonzagna, 1572
Einsiedeln, Münzsammlung

zwischen dem Tridentinum und dem Dreißigjährigen Krieg auf dem Stuhl Petri – wenn man vier kurzlebige Pontifikate in den Jahren 1590 bis 1592 und 1605 übergeht, die zu keiner geschichtlichen Wirkung gelangten.

Ihre Reihe eröffnete 1566 Pius V. Dieser Asket brachte die Liga gegen die Türken zuwege, welche mit ihrer Flotte die Seeschlacht bei Lepanto gewann, und half damit, Italien aus einer akuten Gefahr zu retten. Politisch hatte er sonst keine sehr glückliche Hand. Seine Bedeutung lag dezidiert auf innerkirchlichem Feld: Er gab das ›Missale‹, das ›Brevier‹ und den ›Catechismus Romanus‹ auf Grund der Konzilsbeschlüsse neu heraus und schuf auf diese Weise das Fundament für den Gottesdienst der Katholiken in der Neuzeit. Seine Persönlichkeit verkörperte jenen strengen religiösen Typus, der mit Reform und Gegenreformation aufkam und gegen die unbekümmerte Weltfreudigkeit der Renaissance-Prälaten kraß abstach, welche bis über die Jahrhundertmitte hinaus die römische Kurie belebte. Michele Ghisleri mit ursprünglichem Namen, 1504 geboren und bereits mit vierzehn Jahren Dominikaner, gehörte dem Alter nach in die engere Generation Karls V. und Calvins. Paul IV. erhob ihn zum Kardinal und machte ihn zum Präsidenten der römischen Inquisitionsbehörde, die mit der spanischen nichts zu tun hatte. Ihm eignete jene ausgeprägt dogmatische Denkweise, die ein Charakteristikum des nachtridentinischen Katholizismus wurde. Wie Calvin erblickte er in Glaubensabweichungen eine Beleidigung Gottes und schritt gegen Häresie und Häretiker scharf ein. Als Exponent des sich in Verteidigung und Angriff zur Wehr setzenden Katholizismus exemplifizierte er ein Verhalten, das gemeinhin als gegenreformatorisch bezeichnet wird. Auch als Papst behielt er, was man lange nicht mehr erlebt hatte, den strengen Rhythmus mönchischen Lebens bei und war nicht nur hart gegen andere, sondern auch gegen sich selbst. Sofern das bei einem Papst möglich ist, hatte er etwas Puritanisches. Selbst der Kunst zwang er seine religiösen Maßstäbe auf. Zum Beispiel ließ er die nackten Gestalten in Michelangelos ›Jüngstem Gericht‹ in der Sixtinischen Kapelle übermalen. Auf die Zeitgenossen hinterließ er einen äußerst starken Eindruck. Manche hielten ihn für einen Heiligen. Ranke, der ihn kritisch sah, meinte, daß sein bloßer Anblick Protestanten bekehrt habe.

Von wesentlich anderem Zuschnitt war sein Nachfolger. Keine zwei Wochen nach Pius' V. Tod – er starb am 1. Mai 1572 – wählte das Konklave den Kardinal Ugo Buoncompagni zum Papst. Er nannte sich Gregor XIII. und regierte dreizehn Jahre, bis 1585. Wäre es nach den Kardinälen gegangen, so wäre Alessandro Farnese, der Enkel Pauls III. und Erbauer der Kirche Il Gesù, Papst geworden. Doch das verhinderte ein brutaler Machtspruch Philipps II., den Kardinal Granvelle, Bischof von Arras und seinerzeit Präsident des niederländischen Staatsrates, in letzter Minute einbrachte. Buoncompagni, 1502 geboren und somit zwei Jahre älter als sein Vorgänger, war von Beruf Jurist und hatte als Professor an der Universität in Bologna gelehrt. Sein Vorleben war, bevor er Priester wurde, keineswegs so [illegible] wie dasjenige Pius' V.; doch erwarb er sich als Bischof und Kardinal einen guten Ruf. Er war ein Mann der Praxis und in der Verwaltung erfahren. Persönlich galt er als milde und gutmütig. Sein Pontifikat wurde durch die Umstände, in die es geriet, bedeutend. Er fand einen dank seinem Vorgänger und dank dem Konzil sich kräftig regenerierenden Katholizismus und eine sich bewußt zur zentralen päpstlichen Führung bekennende Kirche vor. Gregor XIII. leitete sie mit einigermaßen sicherer Hand. Er war kein Zögerer, sondern trotz seines Alters ein Aktivist. Das gab seiner Regierung einen lebhaften, sogar stürmischen Zug. Der Zeitgeist war umgeschlagen, die Epoche hatte die Lässigkeit der Renaissance aufgegeben. Ganz Europa war jetzt konfessionell aktiv, dogmatisch hart, religiös leidenschaftlich und in der Behandlung Andersgläubiger barbarisch. Gregors XIII. Denkweise und Handlungen bewegten sich ebenfalls in diesem Stil. Um das Bedenklichste vorwegzunehmen: Als er über höchste geistliche Würdenträger von verschiedentlich beabsichtigten Anschlägen auf das Leben der Königin von England hörte, äußerte er sich beifällig; weil er überzeugt war, daß diese ›Jezabel des Nordens‹ die Schuld am Abfall einiger Millionen Seelen vom wahren Glauben trüge, meinte er, »daß jeder, der sie in der aufrichtigen Absicht aus der Welt schafft, Gott damit einen Dienst zu tun, nicht nur nicht sündige, sondern sich ein Verdienst erwerbe«. Bekanntlich stand er

Verfolgung fliehender Hugenotten unter dem Pontifikat Pius' V.
Rückseite einer Medaille auf den Papst von Gian Federico Bonzagna, 1572
Venedig, Ca' d'Oro

nicht allein, wenn er in Grenzfällen den politischen Mord für diskutabel hielt. Doch ein anderes war es, ob es einem Papst wohl anstand, solchen in seiner Zeit diskutierten Gedanken einfach nachzugeben. – Innerkirchlich scheute Gregor XIII. keine Anstrengung, um die im Fluß befindliche Reform noch mehr in Schwung zu bringen. Er kam ihr mit praktischem Sinn und großzügiger Munifizenz entgegen. Der katholischen Kirche fehlte es nicht an Geistlichen, wohl aber an qualifizierten Priestern. Um diesem Mangel abzuhelfen, gründete Gregor XIII. quer durch Europa Kollegien, Priesterseminare und Hochschulen, allein in Deutschland deren sieben; in der Stadt Rom gleich mehrere, darunter die Universität, die bis heute seinen Namen trägt. Er traf damit einen Nervus rerum. Der durchschnittliche Geistliche brauchte bis zum Tridentinum kein akademisches Studium zu absolvieren; der Klerus befand sich bildungsmäßig in einem argen Rückstand. Diesem rückte Gregor mit seinen Schulgründungen zuleibe. Er sah, was die Jesuiten auf diesem Feld bisher geleistet hatten, und zog deren Orden deshalb für den Aufbau und die Leitung der neuen Schulen systematisch heran. Kein Papst hat jemals die Gesellschaft Jesu so gefördert wie Gregor XIII.

In seiner auswärtigen Politik beschränkte sich Gregor XIII. nicht darauf, durch Kontakte und Verhandlungen seine reformerischen Vorhaben zu sichern, sondern hielt es auch für angebracht, katholische Fürsten zu auswärtigen Unternehmungen, etwa zum Schutz unterdrückter katholischer Minderheiten, anzuregen. Summarisch gesprochen drängte er sie, sich für die Belange der Rekatholisierung und der kirchlichen Reform politisch einzusetzen. England, das er seit Pius' V. Bannbulle getrost als verlorenes Terrain ansehen durfte, hätte er, in merkwürdiger Verkennung der wahren Lage der Dinge, am liebsten mit Gewalt wieder zur römischen Kirche zurückgeführt. In dieser Sache war er hartnäckig und unbesonnen und ließ kein Mittel unversucht. Er drängte Philipp II., den Kirchenbann an Elisabeth I. durch eine militärische Invasion zu vollstrecken, und unterstützte einen dilettantisch vorbereiteten irischen Aufstand, welcher dann fehlschlug und das schlechte Renommee des Papsttums in England noch verschlimmerte. Einen wirklichen Dienst erwies er dem englischen Katholizismus dagegen durch die Gründung eines englischen Priesterseminars in Rom, weil die dort ausgebildeten Geistlichen jahrzehntelang die Seelsorge der englischen Katholiken im Untergrund wahrnahmen und deren Verbindung mit der kirchlichen Zentrale in Rom aufrechterhielten. Was Gregors XIII. Verhältnis zu Frankreich anlangte, so fiel er gleich zu Beginn seines Pontifikats auf die Falschmeldung herein, daß durch die Bartholomäus-Nacht ein Anschlag auf das Königtum vereitelt und eine politische Machtübernahme der Calvinisten abgewehrt worden sei. Voreilig ließ er einen Dankgottesdienst veranstalten, was ihm wenig Ruhm eintrug. Der deutschen Katholiken nahm er sich tatkräftiger an, als es alle Päpste vor ihm getan hatten. Er gründete an der Kurie in Rom eine ›Congregatio Germanica‹, in welche er ausschließlich deutsche oder mit den deutschen Verhältnissen

Die Schlüsselübergabe an Gregor XIII. im Jahr 1572
Rückseite einer Medaille auf den Papst von Gian Federico Bonzagna, 1572
Hamburg, Kunsthalle, Münzsammlung

besonders vertraute Kardinäle berief. Diese hatten sich mit den deutschen Angelegenheiten unter dem Gesichtspunkt der Rekatholisierung und Kirchenreform zu befassen und einschlägige Maßnahmen anzuregen. Daneben unterhielt Gregor XIII. enge Kontakte mit dem Kaiser und mit zahlreichen Reichsfürsten. Es ist zuletzt auf seine Aktivitäten zurückzuführen, daß der deutsche Katholizismus seinen Tiefpunkt, auf dem er sich etwa seit der Jahrhundertmitte befand, überwand und sich soweit kräftigte, daß er dem einheimischen Protestantismus gegenüber konkurrenzfähig wurde und fortan mit einigem Erfolg um seinen Besitzstand zu kämpfen lernte. Die Rekatholisierungsideen dieses Papstes gingen im übrigen weit über England und das Reich hinaus bis in den hohen Norden und entbehrten nicht einer imponierenden Zuversicht. In seinen kühnsten Plänen dachte er daran, Schweden und Rußland kirchlich mit Rom zu vereinigen: Schweden durch Konversion seines Königs, Rußland durch Reunion mit der Orthodoxie. Diese Pläne schlugen zwar fehl. Was aber sein Legat Antonio Possevino in den zehn Jahren seiner Sondergesandtschaft, 1578 bis 1588, anbahnte, war dennoch beträchtlich: nämlich eine Union der dem ostkirchlichen Ritus angehörenden Ruthenen mit Rom. Sie wurde endgültig allerdings erst unter dem Pontifikat Clemens' VIII. im Jahr 1596 auf der Synode von Brest in Polen vollzogen.

Jahrhunderte hindurch hatten sich die Päpste bei den Herrschern Europas durch reisende Diplomaten vertreten lassen. Die Notwendigkeit regelmäßiger Berichterstattung drängte dazu, festere Formen zu finden. Gregor XIII. tat hier, was auf der Hand lag: Er richtete ordentliche Gesandtschaften, ständige, ortsgebundene Nuntiaturen ein; in Deutschland gleich deren drei: in Köln, Graz und Luzern. Den permanenten Geschäftsträgern der Kurie an den Fürstenhöfen oder an den Brennpunkten kirchenpolitischer Entscheidungen wie in Deutschland übertrug er zusätzlich zu den rein gesandtschaftlichen Aufgaben noch besondere Vollmachten in Sachen der kirchlichen Reform. Zum Beispiel erteilte er ihnen die Befugnis, die Bischöfe ihres Gesandtschaftsbereichs zu überwachen oder gegebenenfalls Visitationen und gottesdienstliche Funktionen wahrzunehmen. Mit einem Wort: Sie sollten sich um die Durchführung der Trienter Dekrete kümmern. Die Nuntien wurden zu wichtigen konfessionspolitischen Ratgebern des Papstes. Sie unterrichteten ihn aus dem Reichsgebiet über die örtlich vorgefundenen Zustände, etwa in den Domkapiteln, machten ihn auf geeignete Leute zur Besetzung von Bischofsstühlen aufmerksam oder gaben Empfehlungen für die Behandlung der zuständigen Landesherren.

Am weitesten bekannt wurde Gregor XIII. durch die Kalenderreform. Sie war schon länger fällig, weil zwischen dem seit Caesar gültigen Julianischen Kalender und dem astronomischen Jahr infolge ungenauer Berechnung der Schalttage eine Differenz von mittlerweile zehn Tagen klaffte. Seit dem dreizehnten Jahrhundert hatte man immer wieder vergeblich versucht, den Kalender zu korrigieren. Das Konzil übertrug diese Aufgabe dann dem Papst, und Gregor XIII. griff sie an. Er bildete eine Gelehrtenkommission. Sie erarbeitete, unter anderem mit Hilfe von eingeholten Fachgutachten aus ganz Europa, die notwendigen Grundlagen, so daß der Papst am 24. Februar 1582 die Reform verkünden konnte. Die maximale Annäherung an das astronomische Jahr wurde durch den Ausfall von drei Schalttagen in vier Jahrhunderten und durch einen akuten Zehntagesprung erreicht. Dieser fand im Herbst 1582 dergestalt statt, daß der Kalender vom 4. auf den 15. Oktober übersprang. Weil die Reform vom Papst ausging, war es den Protestanten Europas unmöglich, sie mitzumachen. Selbst seriöse Theologen witterten dahinter einen Fallstrick des Teufels zur Betörung der Gläubigen und warnten davor. So hatte Europa jetzt auch einen konfessionell gespaltenen Kalender und einen Dissens der Feiertage. Während sich die Protestanten noch auf Weihnachten vorbereiteten, hatten die Katholiken das Fest längst hinter sich und befanden sich bereits im Januar. Erst unter dem Einfluß der

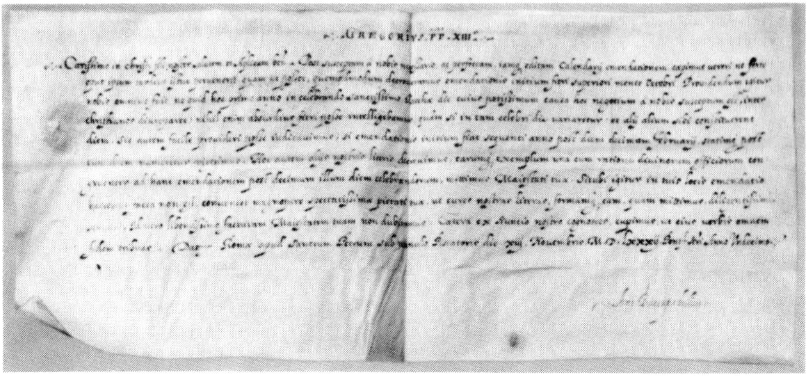
GREGORIVS PP XIII

Die am 7. November 1582 ausgegebene Einführung des ›Gregorianischen Kalenders‹
Mitteilung Gregors XIII. vom 13. November 1582 an Rudolf II.
Wien, Haus-, Hof und Staatsarchiv, Reichsakten in specie Fasz. 1

Aufklärung, rund einhundertundfünfzig Jahre später, nahmen die protestantischen Länder Europas den Gregorianischen Kalender an.

Von seinem munifizenten Vorgänger Gregor XIII. und seinem verschwenderischen Nachfolger Clemens VIII. hob sich Papst Sixtus V., ein Experte in sparsamer Wirtschaft, als Kontrastfigur ab. Felice Peretti, als kleiner Leute Kind 1521 geboren, trat jung in den Franziskanerorden ein und stieg durch diesen auf. Pius V. schätzte ihn und machte ihn zum Kardinal. Weil er mit Gregor XIII. persönlich verfeindet war, ging er unter dessen Pontifikat freiwillig ins Exil. Kaum gewählt, zeigte er, daß er über Herrscherqualitäten verfügte. Er wurde als Bändiger der Straßenräuber im Kirchenstaat berühmt. Diese hatten sich unter milde regierenden Päpsten angewöhnt, das Patrimonium Petri unsicher zu machen. Unter Gregor XIII. waren sie üppig gediehen. Ihre heimlichen Verbindungen reichten bis in die Häuser von Baronen und Prälaten. Sixtus V. bedrohte solche hochgestellten Helfershelfer mit der Engelsburg, Landesverweisung und Güterkonfiskation und beließ es nicht bei der Drohung. Geschnappte Banditen ließ er sofort hängen; wer aber einen Komplizen verriet oder zur Strecke brachte, rettete damit sein sonst verwirktes Leben. Das System hatte Erfolg. – Sixtus V., ›der eiserne Papst‹, besaß ganz ungewöhnliche Energien. Leopold Ranke respektierte ihn sehr, Wilhelm Raabe bewunderte ihn. Dieser Nachfolger Petri stattete Rom mit einem Obelisken, mit Wasserleitungen, Gartenanlagen, Palast- und Bibliotheksgebäuden auf dem Quirinal, am Vatikan und Lateran aus, ließ die Kuppel des Petersdoms vollenden, schuf Straßendurchbrüche und wurde mit der Summe seiner Nutz- und Prachtbauten zum Schöpfer des barocken Roms. Er besaß den Mut zum Dreinschlagen, konnte mit Geld umgehen und war ein Organisator von hohen Gaben. Gregor XIII. hatte durch seine Freigebigkeit die Kassen des Kirchenstaates über dessen Verhältnisse strapaziert. Sixtus V. füllte sie wieder binnen Kürze. Die Kurienreform, ebenfalls eine bleibende Leistung, war seinem Verwaltungsgenie zu verdanken. Er koordinierte die Geschäftsbereiche, machte sie überschaubar und räumte mit der umständlichen älteren Gewohnheit auf, wonach der Papst zur Beratung von wichtigeren Entscheidungen sämtliche in Rom anwesenden Kardinäle jedesmal zu einem Konsistorium zusammenrief. Sixtus V.

schuf statt dessen eine Anzahl ständiger Kardinalskommissionen mit definiertem Arbeitsbereich – den Ressortkollegien oder Ministerien vergleichbar – und gab damit der Kirchenleitung eine Grundstruktur, die für einige Jahrhunderte den Geschäftsgang und Regierungsstil der Kurie bestimmte. In den innerkirchlichen Reformprozeß griff er kaum ein, dagegen nahmen ihn die auswärtigen Angelegenheiten recht in Anspruch.

Lange Zeit liefen die päpstlichen Interessen an England mit den spanischen parallel. Gregor XIII. und Sixtus V. setzten auf Maria Stuart und begrüßten alle Versuche, Königin Elisabeths Stellung zu unterminieren – ein Punkt, in dem Sixtus V. später eine vorsichtige Kurskorrektur vornahm. Zunächst drängte er Philipp II. zum Krieg und bewilligte ihm dafür Einkünfte aus der spanischen Kirche. Als der König nach der Hinrichtung Maria Stuarts 1587 die Armada ausrüstete und eine Invasion vorbereitete, verbündete sich der Papst mit ihm und stellte ihm ansehnliche Summen für den Fall in Aussicht, daß spanische Soldaten auf englischem Boden kämpften. Da es dazu nicht kam,

Sixtus V.
Gemälde von Tarquinio Sassoferrato
Città del Vaticano, Pinacoteca Vaticana

zahlte Sixtus V. auch keine Gelder aus. Die Niederlage der Armada rief in ihm geteilte Gefühle hervor. Einerseits mußte er seine Hoffnungen auf eine Rekatholisierung Englands fahren lassen. Andererseits nahm er mit Erleichterung zur Kenntnis, daß der König von Spanien nicht unbesiegbar sei. Er erkannte, daß England im europäischen Staatenverband ein gewisses Korrektiv für Spanien darstellte, und suchte, weil es ihm nicht unlieb war, an diesem Korrektiv nichts mehr zu ändern. Dem venezianischen Gesandten gestand er, daß er sich Philipp II. gegenüber vorkomme wie eine Fliege neben einem Elefanten, und ließ die Bemerkung fallen, daß »die großen Fürsten eines Gegengewichts bedürften, damit sie nicht allzu mächtig würden«.

An der Vormachtstellung Spaniens in der katholischen Welt änderte sich durch die Niederlage der Armada nur wenig. Erst der französische Thronfolgestreit brachte hier eine deutliche Gewichteverschiebung. Solange es ungewiß war, ob ein katholischer oder ein calvinistischer Kronprätendent das Rennen machen werde, setzte sich Sixtus V. für die mit Philipp II. verbündete Liga ein und unterstützte sie in ihrem Kampf für eine katholische Thronfolge. In der Absicht, König Heinrich III. und die Katholiken der Mittelpartei der Politiques von den Hugenotten zu trennen, erklärte er in feierlicher Verlautbarung durch eine Bulle vom 9. September 1585 die Thronansprüche Heinrichs von Navarra und seines Vetters Condé wegen notorischer Ketzerei für verwirkt. Die Reaktion, die er daraufhin zu hören bekam, lehrte ihn bald einsehen, daß er danebengegriffen hatte: Viele Franzosen faßten den Spruch des Papstes als eine unangebrachte Einmischung auf, das Parlament reagierte scharf, alles, was gallikanisch dachte, empörte sich gegen Rom. Sixtus V. entschloß sich zu einer Kurskorrektur auch in diesem Fall. Es war ihm wohl kaum zuzumuten, völlig neutral zu bleiben; doch war er klug genug, um zu begreifen, daß sich nach der Ermordung Heinrichs III. eine tiefgreifende Wende anbahnte. So ließ er mit sich reden, als katholische

Parteigänger Heinrichs von Navarra in Rom vorsprachen und ihm glaubhaft versicherten, daß die katholische Kirche in Frankreich unter dem Bourbonen nicht schlecht fahren werde. Sobald Philipp II. davon Wind bekam, wurde er massiv. Sein Gesandter Olivárez ließ den Papst wissen, was sein Herr von ihm erwartete, und legte ihm dessen Wünsche im Detail vor: Philipp II. forderte den Papst auf, den französischen Unterhändler, einen Herrn von Luxemburg, aus Rom auszuweisen, dem König von Navarra die Regierungsfähigkeit abzuerkennen und alle Katholiken zu exkommunizieren, die sich auf seine Seite schlügen. Sollte sich der Papst diesen Wünschen versperren, so drohte ihm Philipp ein Schisma der spanischen Kirche an. Sixtus V. ließ sich nicht einschüchtern; er zahlte in gleicher Münze zurück. Seine Antwort lautete, daß er den König von Spanien zu exkommunizieren erwäge, weil er das Oberhaupt der Kirche durch seinen Gesandten beleidigt hätte. – Philipps Verhalten machte deutlich, was für Spanien auf dem Spiel stand. Um ihrer Selbsterhaltung willen hatte sich die römische Kirche seit der Jahrhundertmitte an Spanien anlehnen und sich von der politischen Vormacht des Katholizismus einiges gefallen lassen müssen. Jetzt eröffnete sich eine ernsthafte Chance, aus dieser Abhängigkeit durch Annäherung an Frankreich herauszukommen. Die Fortschritte Heinrichs von Navarra auf den Schlachtfeldern Frankreichs bestärkten Sixtus V., den Kurswechsel vorzunehmen. 1589/90 ging er auf Distanz zu Spanien und legte damit die kirchenpolitische Linie für seinen Nachfolger fest. Spanische Prediger in Madrid schmähten ihn deshalb von den Kanzeln herab als einen Förderer der Ketzerei. Noch in seinem letzten Konsistorium, am 13. August 1590, beklagte sich Sixtus V. darüber. Dann starb er, von Malariaanfällen heimgesucht und anscheinend völlig überarbeitet, am 27. August 1590.

Die nächsten Papstwahlen, deren nicht weniger als vier in einem Zeitraum von knapp anderthalb Jahren notwendig wurden, boten ein eindrucksvolles Beispiel dafür, wie weit sich der König von

Clemens VIII.
Zeichnung von Agostino Carracci, um 1600
London, British Museum

Spanien in die Kurie hineinzuregieren angewöhnt hatte. Es war schon lange zum Gewohnheitsrecht geworden, daß die tonangebenden Mächte bei einer Sedisvakanz den Kardinälen diejenigen Persönlichkeiten benannten, deren Wahl sie nicht wünschten. Das war die sogenannte Exklusive, von der zum letzten Mal durch Österreich 1903 Gebrauch gemacht wurde. In den Jahren von 1590 bis 1592 ging Philipp II. über diese negative Auslese hinaus, indem er dem Konklave eine Liste mit positiven, bindenden Vorschlägen vorlegen ließ. Die zur Wahl versammelten Kardinäle wagten nicht, sich darüber hinwegzusetzen. Von den auf Sixtus V. folgenden Päpsten regierten Urban VII. zwölf Tage, Gregor XIV. zehn Monate und Innozenz IX. acht Wochen und sechs Tage. Im Januar 1592 wählte das zum vierten Mal nach Sixtus' Tod zusammengetretene Konklave aus der von Philipp II. eingereichten Siebenerliste den an letzter Stelle genannten Mann, der dem König gerade noch tragbar erschien. Dies war der Kardinal Ippolito Aldobrandini. Er nannte sich Clemens VIII., war sechsundfünfzig Jahre alt, kränklich, umständlich und repräsentationsfreudig. Er galt als fromm, war nachgiebig gegen seine Familie und zögernd im Entschluß – als Persönlichkeit also eher blaß und gewiß nicht aus dem gleichen Holz geschnitzt wie Sixtus V. Dennoch gelangte er durch die Führung seines Pontifikats zu wirklicher Bedeutung.

Einerseits zeigte sich an ihm, daß das Führungsamt in Zeiten der Entscheidung auch einem persönlich nicht überragenden Amtsträger folgenreiche Handlungen abzuverlangen vermochte. Andererseits befand sich das Papsttum in den neunziger Jahren zwischen den europäischen Mächten in einer Lage, in welcher durch kluges Zögern manches zu gewinnen war. Clemens VIII. war dafür wie geschaffen. Das galt ebenso für den innerkirchlichen Bereich, in dem der große Gnadenstreit zwischen dem Jesuiten Luis de Molina und den an Thomas von Aquin orientierten Dominikanern ausbrach. Er spaltete die katholischen Theologen in zwei feindliche Lager, die kein Erbarmen füreinander kannten. Auf offener Kanzel verunglimpften sie sich mit Ketzernamen wie ›Lutheraner‹, womit die Dominikaner, und ›Pelagianer‹, womit die Jesuiten gemeint waren, mit Namen also, die für katholische Ohren recht anrüchig klangen. Auf Empfehlung des Nuntius in Madrid zog Clemens VIII. den Streit, der in Spanien ausgebrochen war, vor sein Forum nach Rom und zögerte, nach endlosen Disputationen und Anhörungen, seine Entscheidung bis an sein Lebensende hinaus. Paul V. machte dann daraus ein System. Er entschied sich, sich nicht zu entscheiden; das heißt: Er vertagte seinen Spruch auf unbestimmte Zeit und ließ beide Lehrmeinungen, mit dem strikten Verbot einer gegenseitigen Verketzerung, bis zu einer künftigen päpstlichen Stellungnahme gelten. Diese Stellungnahme ist bis heute noch nicht erfolgt.

Eine gewisse Liberalität bewies Clemens VIII. auch in der französischen Thronfolgesache. Er behandelte sie auf der von Sixtus V. angedeuteten Linie klug, geschickt und mit verhältnismäßig glücklichem Ergebnis. Er wies die Annäherungsversuche Heinrichs von Navarra keineswegs zurück, übereilte aber nichts. Nachdem der Erzbischof von Bourges den Bourbonen am 25. Juli 1593 zu Saint-Denis in Gegenwart zahlreicher Bischöfe bedingungsweise in die katholische Kirche aufgenommen hatte, wartete der Papst noch über zwei Jahre mit seinem Entscheid und nutzte die bis dahin kostbare Zeit, um sich von Heinrich IV. bindende Zusicherungen über den künftigen Status der katholischen Kirche in Frankreich geben zu lassen. Erst nach befriedigender Klärung der komplizierten Fragen, die sich für die Praxis aus den durch den religiösen Bürgerkrieg geschaffenen Tatsachen ergaben, löste ihn Clemens VIII. vom Bann. Dies geschah in einer feierlichen Zeremonie am 17. September 1595: Zwei hohe französische Prälaten legten in der Vorhalle des Petersdoms an des Königs Statt das tridentinische Glaubensbekenntnis ab und gelobten loyale Erfüllung der vereinbarten Bedingungen. Der Papst hob daraufhin trotz der Einsprüche und Gegenvorstellungen, mit denen ihn Philipp II. bombardierte, den Bann auf. Daß er sich vom König von Spanien nicht imponieren ließ, entsprach dem Umschwung der allgemeinen Lage. Das Monopol der Macht, das Philipp II. politisch in Westeuropa und als weltlicher Protektor der römischen Kirche ausübte, wurde in beiden Bereichen während der neunziger Jahre durch ein Zusammenspiel der Gegenkräfte eingegrenzt. Die Schlüsselfiguren im Zusammenspiel waren der König von Frankreich und der Papst. Die kirchliche Absolution Heinrichs IV. hatte deshalb auch eminente politische Folgen: Die Liga löste sich auf; die Katholiken bekannten sich zu dem neuen König; Philipp II. mußte seine Ambitionen in Frankreich aufgeben. Auf der anderen Seite bewirkte der politische Wiederaufstieg Frankreichs, daß sich die Fesseln lockerten, mit denen Spanien den Papst im innerkirchlichen Raum gebunden hatte. Heinrich IV. verhielt sich Rom gegenüber loyal; ungeachtet aller Vertragstreue vielleicht auch mit dem verständlichen Nebengedanken, sich nach viermaligem Konfessionswechsel die Reputation eines zuverlässigen Katholiken zu verschaffen, was aus politischen Gründen für ihn nur vorteilhaft sein

Die Villa Borghese auf dem Pincio in Rom
Gemälde von Guglielmo Baur, 1630, fünfzehn Jahre nach Fertigstellung der Prunkvilla
Rom, Galleria Borghese

mochte. Frankreich blieb für den Papst, was es schon immer gewesen war: ein wegen seines Gallikanismus schwieriges Land. Wenn andererseits das Papsttum im 17. Jahrhundert bis zum Westfälischen Frieden zur Frankophilie neigte, dem Haus Habsburg dagegen öfter die kalte Schulter zeigte, wodurch besonders Urban VIII. im Dreißigjährigen Krieg dem Kaisertum schadete, so ging das nicht zuletzt auf die Erfahrung mit den Erpressungen zurück, die die Päpste, solange Frankreich schwach war, sich beinahe wehrlos von Philipp II. hatten gefallen lassen müssen.

Clemens VIII. starb nach dreizehnjähriger Regierung am 3. März 1605. Auf ihn folgte das einmonatige Pontifikat Leos XI. aus dem Haus Medici. Danach wurde Paul V. gewählt. Der neue Papst, zuvor Kardinal Camillo Borghese, 1552 geboren, tat sich durch mancherlei reformerische Aktivitäten hervor. Er machte die Kapuziner durch vollständige Trennung von den Franziskanern zu einer selbständigen Ordensgemeinschaft und gab diesem nächst den Jesuiten wichtigsten Orden der inneren kirchlichen Erneuerung damit die Chance, sich voll nach seinem eigenen Gesetz zu entfalten. Er verschärfte sodann die bischöfliche Residenzpflicht und trieb auf vielen Feldern die tridentinische Reform weiter voran. Nach Sixtus V. war er es, der das meiste tat, um Rom barock umzugestalten. Auf sein unentwegtes Drängen hin wurde der Umbau der Peterskirche zu einem Langhaus in die Wege geleitet und 1617 durch Carlo Maderno vollendet. Indirekt gehen auf sein Mäzenatentum die Villa Borghese und ihre berühmten Sammlungen zurück. Kirchenpolitisch erreichte er, daß trotz Ablehnung durch die Generalstände die Trienter Dekrete auf komplizierten Wegen von den französischen Diözesen 1615 rezipiert wurden. Dies war für den Katholizismus vermutlich das wichtigste

Ereignis seines Pontifikats. Den meisten Staub aber wirbelte er auf, als er sich mit der Markus-Republik anlegte und es zu einem Kompetenz-Konflikt zwischen Staat und Kirche kommen ließ. Der Streit rief die Großmächte auf den Plan. Nur ihrem Eingreifen verdankte es Paul V., daß er eben noch mit heiler Haut aus dem Streit herauskam. Der Konflikt spielte sich als eine Art Musterprozeß ab, worin die traditionellen, aber überholten päpstlichen Kompetenzansprüche mit den aus der Souveränität abgeleiteten Hoheitsansprüchen des neuzeitlichen Staates zusammenprallten. Der Grundsatzkonflikt wurde, nachdem sich die Stellungnahmen verhärtet hatten, nicht ausgetragen, weil es keine Schiedsinstanz über den Parteien gab. Da den Großmächten daran lag, einen Krieg zu verhindern, kam es durch ihr Einschreiten zu einer pragmatischen Kompromißlösung. Der Konflikt war wie ein Wetterleuchten vor kommenden Entladungen. Im Ansatz ließ er bereits die schweren Angriffe der katholischen Staaten auf die katholische Kirche im 18. Jahrhundert erkennen, ja er nahm sie modellhaft vorweg.

Streitfragen gab es genug zwischen Venedig und dem Kirchenstaat. Paul V. hob in gut mittelalterlicher Weise auf die uneingeschränkte Straf- und

Paul V.
Vorderseite einer Medaille, 1618
Einsiedeln, Münzsammlung

Befehlsgewalt des Papstes ab und verlangte vom Dogen die Zurücknahme von Verordnungen und Gesetzen, die zum Beispiel den Grundbesitz geistlicher Anstalten und dessen Veräußerungen betrafen. Venedig trieb dagegen die staatskirchliche Position auf die Spitze. In dieser Situation führte ein gar nicht weltbewegender Vorfall zum Zusammenstoß zwischen Rom und der Markus-Republik: Venedig hatte zwei Geistliche wegen krimineller Handlungen verurteilt und eingesperrt. Die Kurie verlangte unter Berufung auf ihre Alleinzuständigkeit für die Aburteilung von Personen geistlichen Standes die Auslieferung der Delinquenten. Venedig lehnte unter Berufung auf die aus seiner staatlichen Souveränität fließende Zuständigkeit die Auslieferung ab. Rom gedachte ein Exempel zu statuieren. Venedig aber auch. Darüber kam es zum Eklat. Der Papst exkommunizierte den Dogen und die Senatoren und verhängte über die Republik das Interdikt. Das bedeutete, daß im ganzen Staatsgebiet keine kirchlichen, insbesondere gottesdienstlichen Handlungen wahrgenommen und keine Sakramente gespendet werden durften; zuwiderhandelnde Geistliche machten sich im höchsten Grade schuldig. Der Papst fuhr also mit schwerem Geschütz auf. Die Republik stand ihm jedoch nicht nach. Sie verbot das Interdikt zu verkündigen, verlangte von den Geistlichen, nach wie vor – bei Strafe der Ausweisung – den Gottesdienst zu halten, und erklärte die von Rom verhängte Kirchenstrafe für ungültig, weil auf Mißbrauch beruhend.

Den Streit begleitete eine lebhafte kirchen- und staatstheoretische Publizistik. Unter den Autoren befanden sich die besten Köpfe der Zeit: Robert Bellarmin, Francisco Suarez, Paolo Sarpi und Edmond Richer. Venedig, literarisch vertreten durch den Staatsschreiber Paolo Sarpi, einen Mönch aus dem Servitenorden, relativierte die päpstliche und verabsolutierte die staatliche Gewalt: Direkt von Gott eingesetzt und niemandem unterworfen, sei der staatlichen Gewalt in ihrem Territorium alles unterworfen, auch das geistliche Wesen. Der politische Konflikt spitzte sich zu, weil keine Seite nachzugeben bereit war. Protestantische Staaten nahmen mit Wonne für die Republik Partei. England machte ihr ein Bündnisangebot. Spanien trat dem Papst zur Seite. Kaiser Rudolf II. und Heinrich IV. waren sogleich zur Stelle, militärisch parat, aber mehr zum Frieden als zum Krieg geneigt. Schließlich gelang es Heinrich IV. und der überaus taktvoll agierenden französischen Diplomatie, Venedig unter allen möglichen Klausulierungen zum Einlenken zu bringen und einem Kompromißfrieden geneigt zu machen. Die Markus-Republik beharrte zwar auf ihrem grundsätzlichen Standpunkt, war aber bereit, in Einzelfragen nachzugeben. So hob sie die vom Papst beanstandeten Gesetze ebensowenig auf wie die staatliche Gerichtsbarkeit über geistliche Personen, lieferte aber die eingesperrten Kleriker an Paul V. aus und sagte eine milde, zurückhaltende Anwendung der umstrittenen Gesetze zu. Sie half damit Paul V., das Gesicht zu wahren.

Venedigs Einlenken wurde von den großen Mächten erzwungen. Der Papst allein wäre dazu nicht in der Lage gewesen. Darin lag etwas Bezeichnendes. Das Papsttum erhob Ansprüche, für die die Zeit abgelaufen war. In den Gewichteverhältnissen zwischen Kirche und Staat hatte sich einiges geändert. Mit geistlichen Zensuren konnte das Papsttum den Staaten, auch den katholischen, nicht mehr beikommen. Denn mit Ausnahme der Jesuiten, Kapuziner und Theatiner, die neugegründete Reformorden waren, hatte sich der gesamte Welt- und Ordensklerus von Venedig hinter die Staatsgewalt gestellt und dem Papst den Gehorsam verweigert. Hierin lag eins der erstaunlichsten Phänomene: Es zeigte sich, daß der Papst bei Konflikten mit katholischen Obrigkeiten auf den katholischen Klerus nicht mit Sicherheit zählen konnte. Auch auf die Untertanenschaft war mittlerweile das Bewußtsein von einer gottunmittelbaren Souveränität der Staatsgewalt übergesprungen, die der Weisungsgewalt des Papstes komplett entzogen sei. Mit Ansprüchen, wie sie Rom gegen Venedig erhob, fand das Papsttum fortan kein Gehör mehr. Es sank deshalb nicht sofort zur Bedeutungslosig-

Papstprozession in Rom
Zeichnung von Stefano della Bella, nach 1630
Wien, Graphische Sammlung Albertina

keit herab, wurde aber allmählich in eine Nebenrolle auf der politischen Bühne Europas abgedrängt. Das schloß nicht aus, daß gemeinsame konfessionelle Interessen auch weiterhin zu Zweckbündnissen einzelner Staaten mit dem Papst führten. Paul V., dessen Pontifikat bis in den Dreißigjährigen Krieg hineinreichte, lieh Ferdinand II. und der von Bayern geführten Liga seine finanzielle Hilfe im Krieg gegen Böhmen. Doch mit dem Ausklingen der Glaubenskämpfe zeigten die weltlichen Regenten zunehmend weniger Neigung, kirchliche Interessen politisch wahrzunehmen, es sei denn aus Eigennutz. Außerdem machte die fortschreitende politische Neutralisierung der Konfessionsprobleme das Papsttum als kirchenpolitische Weisungsmacht überflüssig. Dieser Prozeß vollzog sich im Dreißigjährigen Krieg und fand seinen vollendeten Ausdruck in den Bekenntnisregelungen des Westfälischen Friedens. Mit dieser Entwicklung fand das Zeitalter der Glaubenskämpfe im Prinzip seinen Abschluß. Aber schon ein Menschenalter früher, unter dem Pontifikat Pauls V., deutete sich die Wende an. Mit diesem Papst und seinem sehr bedeutenden, obgleich nur zwei Jahre regierenden Nachfolger, Gregor XV., ging die kämpferisch-schöpferische Epoche des gegenreformatorischen Papsttums zur Neige.

Polen, Schweden und Rußland: Kampf um den Ostseeraum

Die skandinavischen Königreiche und die weiträumigen Staaten des europäischen Ostens wurden von den Macht- und Glaubenskämpfen im Westen, die das weitere Schicksal des Kontinents bestimmten, nur wenig berührt. Erst mit dem Dreißigjährigen Krieg traten sie in das allgemeine europäische Kräftespiel ein. Die zwischen dem Osten und dem übrigen Europa hin- und herlaufenden Verbindungen wurden hauptsächlich vom Handelsverkehr getragen. Europa war als Ganzes ein ausgewogenes Wirtschaftsgebiet, in welchem der Osten unentbehrliche Funktionen ausübte. Die ›Industriezone‹ zwischen Mittelitalien und den Niederlanden konnte sich nicht selbst ernähren. Sie war auf Getreideeinfuhren angewiesen, desgleichen England, Spanien und Süditalien. Sie ergänzte ihren Bedarf an Fleisch und Korn aus den Überschüssen Ostmitteleuropas. Denn von der Elbe bis zum Baltikum und bis in die östlichen Regionen Polens wurde mehr Getreide erzeugt als verbraucht. Es gelangte auf der Oder und Weichsel nach Stettin und Danzig und wurde von dort über die Ostsee nach Amsterdam verschifft; den gleichen Weg nahmen die für den Schiffsbau begehrten Rohstoffe Holz, Hanf und Pech. Unter den weiteren Importgütern waren besonders Felle und skandinavische Erze begehrt. Der Osten und teilweise auch Skandinavien bezogen im Austausch dafür aus dem Westen über Antwerpen, Amsterdam, London und Lübeck Kolonialprodukte und Fertigwaren jeder Art. Den Warenverkehr zwischen Ost- und Nordsee durch den Sund besorgten bis zum 16. Jahrhundert vorwiegend hansische Kaufleute. Seit der Mitte des 16. Jahrhunderts drängten sich die Niederländer an ihre Stelle; sie nahmen ihnen schließlich fast den ganzen intereuropäischen Zwischenhandel weg. Die Verkehrswege zu Lande führten zwangsläufig durch das Reich, das über Tausende von Kilometern hinweg den einzigen westlichen Grenznachbarn für Polen und Ungarn bildete. Für den Warenaustausch nach Deutschland bevorzugte man die Landverkehrswege. Es gab da feste Routen, zum Beispiel von Krakau über Breslau nach Leipzig, oder, weiter nördlich, eine vielbenutzte Handelsstraße, die von Posen über Frankfurt an der Oder nach Berlin und Magdeburg verlief. Diese Wege belebten sich um so mehr, je riskanter in Zeiten kriegerischer Auseinandersetzungen zwischen Polen und Schweden die Schiffahrt über die Ostsee wurde. Im Dreißigjährigen Krieg wurde dann wieder der Seeweg bevorzugt, weil er sicherer war. Die riesigen Weidezonen Rußlands, Polens und Ungarns lieferten Vieh für den Fleischbedarf Mittel- und Westeuropas. Große Rinderherden wurden periodisch aus den östlichen Regionen

Jahresbeiträge der Hansestädte
Eintragungen aus der Zeit um 1620
im Rechnungsbuch der Hanse
Münster, Stadtarchiv

über die Umschlagplätze Wien, Breslau und Frankfurt an der Oder nach Westen getrieben und von dort zu den Absatzmärkten in der ›Industriezone‹ gebracht.

Engere Verbindungen zwischen West-, Mittel- und Osteuropa erwuchsen sodann aus dem Humanismus und den konfessionellen Bewegungen. Die Anregungen kamen freilich stärker aus Alteuropa; der Osten war mehr der Nehmende. Doch er nahm gern und bereitwillig auf und rezipierte auf seine Weise. Krakau machte sich als Zentrum humanistischer Gelehrsamkeit und Wissenschaftspflege einen Namen. Debreczin wurde mit seiner calvinistischen ›Universität‹ ein kleines ›Genf in Ungarn‹. Südpolen wurde ein Asyl für die Sozinianer. Andererseits zog es seit der Reformation bis über den Dreißigjährigen Krieg hinaus Scharen von studierwilligen Böhmen, Schlesiern, Ungarn an die reformierten Universitäten in der Schweiz und in den Niederlanden. Im übrigen hing das Schicksal der Konfessionen, wie überhaupt der Verlauf der Reformation und Gegenreformation hochgradig von zwei außertheologischen, aber für den Osten charakteristischen Faktoren ab: von der Nationalitätenvielfalt und von der aristokratischen Sozialverfassung. Das politische Herrschaftssystem gründete auf dem Adel. In diesen Dingen unterschieden sich die östlichen Verhältnisse recht bemerkenswert vom Westen und vom Reich.

Alle drei mittelöstlichen Königreiche, Ungarn, Böhmen und Polen, als Staatsgebilde etwa gleichen Alters, waren großflächige, im Innern administrativ noch wenig durchorganisierte Reiche, deren Bevölkerung – mit Ausnahme der wenigen, nicht sehr großen Städte – vom Ackerbau lebte. Die Gesellschaftsform war agrarisch und aristokratisch. Der Adel herrschte mit Übermacht. Kraft gutsherrschaftlicher Verfassung drückte er den Bauern zum gutsuntertänigen, leibeigenen Landarbeiter herab und ließ ihm nur wenige, zum Teil gar keine Rechte. Der Prozeß der bäuerlichen Entrechtung vollzog sich vom ausgehenden 15. bis zum beginnenden 17. Jahrhundert. Innerhalb des Gesamtrahmens der gutsherrschaftlichen Agrarverfassung entwickelten sich zahllose regionale Spielarten. Die bäuerlichen und ritterschaftlichen Rechte sahen zum Beispiel in Mähren, Schlesien, Kurland, Groß- und Kleinpolen jeweils etwas anders aus, unterschieden sich jedoch gemeinsam vom System der Grundherrschaft, welche die Fundamentalstruktur der westdeutsch-westeuropäischen Agrarverfassung bildete. In Ungarn und Polen gab es viel Kleinadel. Über ihm existierte der Hochadel der Magnaten, welcher in der Regel Besitzungen sein eigen nannte, die sich über Tausende von Quadratkilometern erstreckten und nicht selten den Umfang eines deutschen Fürstentums übertrafen. Der ungarische Hochadel war mit weitgehenden Rechten versehen, der polnische weniger. – In allen osteuropäischen Reichen bildete der Adel die tragende Institution. Er verfügte über umfangreiche Kompetenzen und beherrschte die Land- und Reichstage und die Königswahlen. Seine Macht erweiterte sich vom Spätmittelalter an stetig Schritt um Schritt. Gegen den Adel waren die Monarchen kaum in der Lage, Gesetze zu erlassen oder auch nur zu regieren. Innerhalb der ländlichen Regionen nahmen die Magnaten herrschaftliche Befugnisse wahr, bis hin zum Recht der Steuererhebung. Auch die Gerichtsbarkeit lag in ihren Händen. Bei verhältnismäßig ähnlichen Strukturen unterschieden sich die drei östlichen Königreiche durch ihren politischen Status. Böhmen gehörte dem Reichsverband an; es wurde seit 1526 von den Habsburgern regiert und stellte einen Annex der einzigen Großmacht im Römischen Reich Deutscher Nation dar. Von Ungarn, seit 1301 ein Wahlkönigtum, gerieten die Stefanskrone und die nördlichen Randzonen von der Slowakei bis Kroatien gleichfalls 1526 an die Habsburger. Das Kerngebiet des ehemals großen Reiches, die Donau-Theiß-Ebene, machten die Osmanen nach der Eroberung zu einer türkischen Provinz. Ostungarn bis zu den Karpaten erhielt von ihnen als ›Großfürstentum Siebenbürgen‹ den Status eines von der Hohen Pforte abhängigen Vasallenstaates. Diese Dreiteilung blieb konstant bis zu den Türkenkriegen des Prinzen Eugen im ausgehenden 17. Jahrhundert. Polen bildete zusammen mit dem Großfürstentum Litauen ein Doppelreich.

Keines dieser Reiche hatte eine homogene Bevölkerung. In Böhmen wohnte eine starke deutsche Minderheit entlang dem Sudetenrand . Im dreige-

Bauern beim Tanz
Kupferstich von Daniel Hopfer, vor 1536
Berlin, Staatliche Museen Preußischer Kulturbesitz, Kupferstichkabinett

Danzig um die Mitte des 16. Jahrhunderts
(mit Koggenbrücke und -tor, Rathaus und Marienkirche)
Miniatur in der Celler Chronik eines vermutlich aus Danzig stammenden Schreibers, zwischen 1553 und 1556
Celle, Bibliothek des Oberlandesgerichts

teilten Staatsgebiet Ungarns lebten an größeren Minderheiten Slowenen und Kroaten im Nordwesten, Slowaken im Norden, Deutsche überall, Serben im Süden und Rumänen im Osten. Im polnisch-litauischen Großreich, dem mit annähernd einer Million Quadratkilometern damals größten rein europäischen Staatsgebilde, stellten die Polen etwas weniger als die Hälfte der schätzungsweise acht bis zehn Millionen Einwohner. Eine zahlenmäßig geringere, dennoch starke Nationalität bildeten als zweites Staatsvolk die Litauer. Neben ihnen existierten als ethnische Großgruppen Weißrussen und Ukrainer. Eine jeweils beachtliche Minderheit repräsentierten die Deutschen – allein über eine halbe Million in Preußen, Kur- und Livland –, die Juden, die Esten und die Letten. Entsprechend groß war die Vielfalt der Verkehrssprachen: voran das Polnische, danach Ruthenisch, Russisch, Litauisch, Estnisch, Lettisch. Die Juden sprachen ein mit Hebraismen und Slawismen angereichertes Mittelhochdeutsch, das Jiddische. Deutsch wurde nicht nur von den Deutschen gesprochen, sondern erfüllte als Lingua Franca eine übergeordnete Funktion im gesamten europäischen Osten.

Das polnisch-litauische Königreich war in vieler Hinsicht das bemerkenswerteste östliche Staatswesen. Erstens hatte es seiner geographischen Lage wegen mehr Außenbeziehungen als jeder andere Staat im Norden und Osten, deswegen aber auch eine außerordentlich bewegte Geschichte. Zweitens stellte es eine Adelsrepublik dar, die formell eine Monarchie war und ohne Beispiel in Europa dastand. Und drittens drang in keinem anderen östlichen Land die Gegenreformation so vollkommen durch wie hier. – Die städtische Bevölkerung nahm im 16. Jahrhundert beträchtlich zu. Dennoch blieben die Stadtgemeinden nach Zahl und Größe weit hinter denen in West- und Mitteleuropa zurück, mit einziger Ausnahme des Hauptausfuhrhafens an der Weichsel-Mündung: der überwiegend deutsch bevölkerten Hansestadt Danzig. Mit nahezu siebzigtausend Einwohnern um 1600 gehörte sie in die Größenordnung der volkreichsten deutschen Städte wie Augsburg, Hamburg, Köln, Straßburg oder Breslau. In Polen gab es dafür keine Parallelen. Die nächstfolgenden Städte Krakau und Wilna mochten fünfundzwanzigtausend bis achtundzwanzigtausend Einwohner zählen, Warschau und Posen wurden von rund zwanzigtausend, Elbing, Thorn, Lemberg, Lublin von schätzungsweise zehntausend Menschen bewohnt. Verglichen mit seiner Bodenfläche, die etwa so groß war wie diejenige von Spanien und Frankreich zusammen, war Polen arm an Städten. Das schlug auf die politische Verfassung und auf die Regierungsweise des Königs zurück. Die wenigen Städte, die sich im übrigen nach innerer Organisation und Stadtrecht nur wenig von den mittel- und westeuropäischen Stadtgemeinden unterschieden, waren nicht in der Lage, das Gewerbe zu einem größeren Produktionszweig zu entwickeln; ihre Abgaben fielen dementsprechend bescheiden aus. Bezeichnenderweise waren, mit Ausnahme Krakaus, die Städte auf dem Reichstag gar nicht vertreten. Und das bedeutete wiederum, daß der König mit ihnen keine Politik gegen den Adel betreiben konnte. Die Aristokraten saßen in jeder Be-

Sejm unter Vorsitz von Sigismund II. August von Polen
Holzschnitt in dem 1570 in Krakau erschienenen Werk ›Statuta i przywileje karonne‹ von Jan Herburt
Krakau, Biblioteka Jagiellońska

ziehung am längeren Hebel. Sie hatten es kraft ihres Wahlrechts in der Hand, einen König auszusuchen, den sie wollten. Zudem verfügten sie über das Steuerbewilligungsrecht. Schließlich brachten sie 1505 durch die Nihil-novi-Konstitution auch noch die Gesetzgebung vollständig in ihre Hand; sie wandten diese fortan konsequent und rigoros zu ihrem Vorteil an. Dem König verblieben lediglich die vollziehende Gewalt, die Heerführung und ein paar Ernennungsrechte. De facto vermochte er nur zu regieren, wenn er mit dem Adel gleichzog.

Der Reichstag, der Sejm, war kein Ständeparlament, sondern eine reine Adelsvertretung. Er bestand aus zwei Häusern: der Landbotenstube und dem Senat. Er tagte überaus häufig – mehr als zweihundertunddreißigmal in den dreihundert Jahren seines Bestehens (1493 bis 1793). Im Senat versammelten sich die Bischöfe, die Woiewoden oder Provinzgouverneure, die Kastellane oder Burgvögte und die obersten Kronbeamten; in die Landbotenstube entsandten die Landtage der einzelnen Landesteile ihre Repräsentanten. Im Jahr 1569 wurden durch die Union von Lublin die bislang in Personalunion regierten Reiche Litauen und Polen in eine Realunion umgewandelt und damit zu einem einheitlichen Staatswesen verschmolzen. Für den Reichstag hatte das zur Folge, daß ihn nunmehr auch Litauen mit seinen entsprechenden Gouverneuren und Repräsentanten beschickte. Dadurch erhielt die Landbotenstube – mit einhundertundsiebzig Deputierten – ein zahlenmäßiges Übergewicht gegenüber dem Senat – mit einhundertundvierzig Senatoren –, das sie zuvor nicht besessen hatte. Ungeachtet der Machtverschiebung zwischen ›Oberhaus‹ und ›Unterhaus‹ im Sejm war das eigentlich Bemerkenswerte, daß das unter anderem mit dem exklusiven Gesetzgebungs-, Königswahl- und Steuerbewilligungsrecht ausgestattete politische Entscheidungsorgan der polnischen Monarchie total von der Aristokratie beherrscht wurde. Die Entscheidungen dieses ›Parlaments‹ ließen dem König in der Regel in seinen auswärtigen Unternehmungen einen gewissen Spielraum und begünstigten kirchenpolitisch die Rekatholisierung und die Trienter Reform. Innenpolitisch bauten sie dagegen die Position des Adels gegen Bauern, Bürger und König einseitig aus. Schon im Petrikauer Statut von 1496 hatte der Reichstag den Bürgern den Zugang zu den fünf wichtigsten Domkapiteln gesperrt, den Erwerb von Grundbesitz untersagt und das freie Abzugsrecht der Bauern rigoros auf einen Bauern pro Dorf im Jahr reduziert.

Die Aristokratie war in Polen so wenig ein einheitlicher Stand wie in Deutschland, Frankreich oder Spanien. Sie gliederte sich sozial in mehrere Ränge, Schichten oder Stufen. Nach Vermögen und Macht, die der Besitz mit den daran haftenden Rechten verlieh, standen einige Dutzend Magnatenfamilien an der Spitze der Adelspyramide. Diese Edelleute besaßen Latifundien, die oft mehrere Hunderte von Dörfern und kleinen Städten umschlossen, und geboten darüber wie Fürsten. Sie waren hauptsächlich im Osten des Reiches beheimatet. Ähnlich stand es in Ungarn, was die geringe Zahl und den schier unermeßlichen Besitz der großen Familien anging. Unterhalb dieses Großadels rangierte in gewaltigem Abstand die große Gruppe der kleinen Edelleute, die höchstens drei Dörfer besaßen und der Masse des ritterschaftlichen Adels oder der Junker im deutschen Osten zu vergleichen waren. Darunter befand sich die zahlenmäßig stärkste Schicht des armen Adels, der sein Land selbst bebaute und pro Familie nicht mehr Äcker zu bestellen hatte als ein Bauer. Mehr als die Hälfte aller polnischen Edelleute gehörte dieser Klasse an. Unterhalb ihrer gab es nur noch die Impossessionati, die (Land-)Besitzlosen, die sich in einer Art Grauzone zwischen Adel und sozialer Unterschicht bewegten. Entweder fristeten sie ihr Leben durch Bearbeitung gepachteten Landes oder sie verdienten sich ihren Unterhalt durch Betätigung in der Administration oder sie wanderten in die Städte und in den bürgerlichen Stand ab, wodurch sie gewissermaßen von der Aristokratie nach unten hin abgegeben oder abgestoßen wur-

Die Standesunterschiede im Zeitalter des beginnenden Absolutismus:
genau abgestufte Adelshierarchie; undifferenzierte und unterrepräsentierte Minderschichten
Kupferstich von G. Altzenbach, Mitte des 17. Jahrhunderts
Nürnberg, Germanisches Nationalmuseum

den – ein Vorgang, für den es auch in West-, Süd- und Mitteldeutschland Parallelen gab. Es war in der Tat für einen gänzlich verarmten Edelmann das beste, aus seinem Stand zu verschwinden und sich durch irgendwelche Arbeit eine kleine solide Existenz unter bürgerlichen Vorzeichen aufzubauen. Der Anteil des Adels an der Bevölkerung im polnischen Großreich schwankte je nach Landschaft. In Lettland und Masowien stieg er auf über zwanzig Prozent, im Durchschnitt ging er nicht über zehn Prozent hinaus. Die Größe des Besitzes und der Umfang der politischen Rechte brauchten sich übrigens nicht zu entsprechen. Durch die große Zahl seiner Deputierten in der Landbotenstube gelangte der niedere Adel, die Schlachta, politisch in eine starke Position.

Der Bevorzugung der Edelleute entsprach die sukzessive Benachteiligung der Bauern. Sie entartete in Polen zu Formen schlimmster Unterdrükkung und Ausbeutung. Dies hing mit dem System der Gutsherrschaft zusammen. Ihr Charakteristikum war unter wirtschaftlichem Aspekt die alleinige Verfügungsgewalt des Gutsherrn über die auf seinem Grund und Boden lebenden Menschen.

Zwischen dem 15. Jahrhundert und dem Dreißigjährigen Krieg baute der östliche Adel durch Verkleinerung der Bauernstellen, Vermehrung der bäuerlichen Lasten und fortlaufende Verringerung der bäuerlichen Rechte sein Latifundium systematisch zu einem Staat im Staat und seine mit Gerichts- und Polizeirechten versehene Gutsherrlichkeit konsequent zu einer Lokalmonarchie aus. Ihre bis zur absoluten Gewalt gesteigerte Herrschaft über die Bauern begründeten die adligen Herren auf der – ursprünglich nahezu harmlosen – Frondienstpflicht für den Gerichtsherrn. Da sie kein Appellationsgericht über in eigener Sache gefällte Entscheidungen zu fürchten hatten, setzten sie die pro Mann für die herrschaftlichen Güter zu leistenden Frondiensttage willkürlich fest und erhöhten sie laufend. In Polen hatte der Bauer um 1500 wöchentlich zwei, um 1550 wöchentlich drei und um 1580 wöchentlich sechs Tage seine Arbeitskraft seinem Gutsherrn gratis zur Verfügung zu stellen; das war innerhalb von achtzig Jahren eine Zunahme von einhundertundvier auf dreihundertundzwölf Tage im Jahr. Theoretisch blieb dem Bauern nur der Sonntag zur Bearbeitung seines kärglichen Eigenlandes. Aber die Praxis sah oft anders aus: Während der Erntezeit beanspruchte die Gutsherrschaft den Bauern auch an den Sonn- und Feiertagen, dafür gab sie ihm im Winter, wo es zwecklos war, ein paar Tage mehr frei. Die soziale Struktur und Rechtsnatur des polnischen Reiches wie der übrigen östlichen Staaten wurden durch die Sonderstellung des Adels bestimmt. In Preußen, Österreich und Rußland wurde der Adel wenigstens von oben her durch den Landesherrn diszipliniert und konnte so ein staatstragendes Element werden. In Polen dagegen bändigte der Adel den König. Durch seine auf die Spitze getriebene, in individuelle Willkür umschlagende Freiheit zerstörte dieser Adel – allerdings zu einem viel späteren Zeitpunkt – schließlich seinen Staat.

Die Wellen der Gegenreformation drangen in den europäischen Osten bis nach Siebenbürgen und Litauen vor. Die Rekatholisierung verlief aber in keinem Land so mühelos und hinterließ nirgendwo so wenige Wunden wie in Polen. Dabei gelangten seit der Reformation fast alle wichtigeren evangelischen Strömungen ins Land. Nicht nur die Lutheraner und später die Calvinisten, auch die Böhmischen Brüder, die Antitrinitarier und andere Sekten fanden bereitwillig Aufnahme. Infolge der durch den Humanismus erzeugten geistigen Aufgeschlossenheit, die auch die Atmosphäre am Königshof bestimmte, herrschte in der Bildungsschicht eine gewisse Toleranz. Wenigstens fehlte jener kompromißunfähige Konfessionshaß, der im Westen zu den furchtbaren Exzessen der Glaubenskämpfe führte. Verglichen damit verhielten sich die verschiedenen religiösen Gemeinschaften in Polen beinahe friedlich zueinander. Auch König Sigismund II. August, für seine Person katholisch, war in konfessionellen Dingen einigermaßen tolerant. Um die Jahrhundertmitte schien es, als ob Polen calvinistisch werden könnte. Calvin gab sich Mühe, den König, mit dem er in Briefwechsel stand, für seine Sache ganz zu gewinnen. Desgleichen setzte er sich mit Dutzenden von Standespersonen, Geistlichen und Gelehrten in Verbindung, um ihnen eine Reformation der Kirche im Sinne von Genf nahezulegen. Berechtigte Hoffnungen setzte er auf den Fürsten Nikolaus den Schwarzen von Radziwiłł, der zu den ersten Männern der Monarchie zählte. Dieser litauische Magnat war Herr über riesige Besitzungen und Großkanzler des Doppelreiches. Er ließ auf seinen und des Königs Gütern, über die er kraft Amts gebot, den Gottesdienst nach Genfer Art begehen. Seinem Beispiel folgten zahlreiche Standesgenossen. Bis um 1570 waren die meisten Spitzenstellungen in der Monarchie mit calvinistischen Edelleuten besetzt. In Kleinpolen und Litauen gab es vierhundertundvierzig Gemeinden mit reformiertem Gottesdienst. Fürst Radziwiłł ließ die Bibel ins Polnische übersetzen und auf eigene Kosten in einer von ihm eigens dafür eingerichteten Offizin drukken. Sie wurde 1563 als ›Brester Bibel‹ veröffentlicht. Doch fast ebenso rasch, wie der Protestantismus aufgeschossen war, fiel er zusammen; er hinterließ kaum bleibende Spuren. Die calvinistischen Gemeinden gingen bis 1600 etwa auf ein Viertel zurück, und auch dieser Rest verschwand bis zur Mitte des 17. Jahrhunderts. Ähnlich erging es den polnisch-lutherischen Gemeinden und den einst blühenden Sondergemeinschaften. Die Antitrinitarier, von den Katholiken verfolgt, von den übrigen Protestanten zuletzt ebenfalls bekämpft, wanderten ab; ein Reichstagsbeschluß löste ihre Gemeinschaft 1658 auf. Um sich gemeinsam gegen den Katholizismus zu schützen, hatten sich Calvinisten, Lutheraner und Böhmische Brüder 1570 im Consens von Sandomir zu einer lockeren Union zusammengeschlossen, welche mit der Formel von der Einheit des Glaubens in der Dreiheit der Bekenntnisse ökumenische Konzepte einer noch fernen Zukunft vorwegnahm. Sie blieb über viele Jahrzehnte von Bestand, richtete sich aber letztlich im dogmatischen Streit zwischen Lutheranern und Calvinisten auf dem sogenannten liebreichen Religionsgespräch zu Thorn 1645 zugrunde. Abgesehen von den deutschen lutherischen Gemeinden, die in Westpreußen, Kurland und anderswo überall dem Luthertum treu blieben, ging der Protestantismus im Laufe eines Jahrhunderts unter. Verfolgung, Verbote, Zersplitterung und mangelnde Organisation hatten ihren Anteil daran, zumal seit sich der Reichstag entschlossen hatte, die Sache des Katholizismus zu seiner eigenen zu machen. Ein anderer Grund mag darin gelegen haben, daß der Protestantismus nicht sehr tief einwurzelte, während der Katholizismus sich rasch und kräftig regenerierte. Beides hing mit der aristokratischen Landesverfassung zusammen. Diese wirkte als der bei weitem stärkste außertheologische Faktor in die Konfessionsbewegung hinein.

Wenn, vereinfacht gesagt, Reformation und Rekatholisierung gewiß hochgradig ein Werk des polnisch-litauischen Adels waren, so standen doch jeweils geistige Strömungen, religiöse Bewegungen und spezifische Aktivitäten dahinter. Es kam hinzu, daß sich König Sigismund II. August bei aller Aufgeschlossenheit für den Protestantismus doch nicht entschließen mochte, den Calvinismus als zweite Staatskonfession zu legitimieren oder die alte Kirche zu zerschlagen. Er ließ sich im Gegenteil für eine Reform der katholischen Kirche nach dem Abschluß des Trienter Konzils gewinnen, zumal eine solche Reform durchaus auf der Linie seiner humanistischen Vorstellungen lag. Der Bischof von Ermland, Kardinal Stanislaus Hosius, setzte im Verein mit dem päpstlichen Nuntius Commendone unmittelbar nach dem Abschluß des Konzils durch, daß dessen Reformdekrete 1564 vom Reichstag rezipiert wurden. Reichstag, König und Bischöfe waren sich kirchenpolitisch im wesentlichen darin einig, die katholische Kirche zu stützen und zu schützen. Die tatkräftigen Könige Stefan IV. Báthory und Sigismund III. Wasa setzten die Reform der katholischen Kirche gleichfalls auf ihr Regierungsprogramm und verfuhren entsprechend. Stanislaus Hosius, dessen Eltern aus Pforzheim stammten, Bischof von Ermland, einer der Präsidenten des Trienter Konzils in dessen letzter Sessionsperiode – nach Brandi eine Gestalt von weltgeschichtlichem Rang –, wurde als Theologe, Seelsorger, kirchlicher Organisator und Politiker zum Initiator der kirchlichen Reform. Er brachte die polnischen Bischöfe dazu, das konziliare Reformprogramm nicht nur anzunehmen, sondern auch durchzuführen. Sie hielten Synoden ab, ordneten Visitationen an, gründeten Schulen und kümmerten sich um die Seelsorge. Sie wurden darin tatkräftig von den Nuntien assistiert, wie überhaupt die kirchliche Erneuerung im engsten Kontakt mit Rom vor sich ging. Mit besonderem Erfolg betätigten sich die Jesuiten. Hosius holte sie 1564 ins Land und ebnete ihnen die Wege. Er übertrug ihnen zunächst im Ermland einen Wirkungsbereich. Landauf, landab waren höhere Schulen gefragt, aber nicht vorhanden. Diese Lücke füllte die Gesellschaft Jesu aus. Sie baute ein exzellentes Gymnasialwesen auf. Die bildungswilligen Söhne des calvinistischen Adels besuchten die Schulen der Jesuiten und wurden später Vorkämpfer des Katholizismus, unter ihnen die Söhne des Fürsten Nikolaus des Schwarzen von Radziwiłł. Der Orden fand allenthalben ein so günstiges Echo und bekam einen so starken Zulauf, daß er 1575 eine polnische Ordensprovinz konstituierte und um die Jahrhundertwende bereits eine zweite. Wie in Schottland – um an ein Gegenbeispiel zu erinnern – Adel, Klerus und Volk sich wie von einer Zeitströmung ergriffen dem Calvinismus zuwandten, so scheint ein anderslaufender Trend in Polen und Litauen die Bevölkerung, den Adel, die Geistlichkeit und die Staatsgewalt auf den Katholizismus hingelenkt und dezidiert für ihn eingenommen zu haben. Das einhellige kirchenpolitische Zusammenwirken von Staatsgewalt, Aristokratie und Episkopat bildete die elementare Voraussetzung für die Rekatholisierung. Zu ihrer durchschlagenden Wirkung trug wesentlich bei, daß die Katholiken dank den Jesuiten mit einem reicheren und qualitativ vorzüglichen Bildungsangebot aufwarteten und damit die gehobenen Stände ansprachen. Der starke Nachwuchs, den die Gesellschaft Jesu aus Polen erhielt, bezeugte, daß die Kirchenreform Resonanz fand und von breiteren Schichten akzeptiert wurde.

In der Außenpolitik hatte Polen die wenigsten Reibungen mit seinen Nachbarn im Westen, den zum Reich gehörenden Fürstentümern Pommern, Brandenburg und Österreich. Im Süden grenzte das Großreich an das Osmanische Reich und dessen Vasallenstaaten Siebenbürgen und das Chanat der Krim-Tataren. In diesem staatlich noch kaum erschlossenen Gebiet mit fließender Grenze, welches auf polnischer Seite am Unterlauf des Dnjepr von Kosaken bevölkert wurde, kam es gelegentlich zu Differenzen mit der Hohen Pforte wegen selbständiger Plünderungszüge sowohl der Tataren im polnischen als auch der Kosaken im türkischen Hoheitsbereich. Öfter und heftiger geriet die Grenze nach Osten gegen Rußland in Bewegung. Am nachhaltigsten wurde aber um das Baltikum und um die Beherrschung der Ostsee gekämpft. Hier entwickelte sich zwischen 1560 und 1660 Schweden zum härtesten und mächtigsten Gegner.

Rußland, dessen Moskauer Großfürsten den Zarentitel führten, wurde von diesen extrem absolutistisch regiert. Ihre Autokratie entbehrte des Gegengewichts von organisierten Ständen und regionalen Körperschaften und wurde auch nicht durch das Herkommen eingeschränkt. So schlug die Selbstherrschaft, wenn es ein Zar darauf absah, in Willkür um. Iwan IV. hatte das zuletzt mehrfach bewiesen. Trotz ihrer unvergleichlichen Machtposition ließen es sich die Zaren angelegen sein, die schwachen Rechte, über die der Geburtsadel der Bojaren noch verfügte, schrittweise zu beseitigen. Die Aristokratie wurde politisch völlig entmachtet; mit anderen Worten: Sie konnte nur im Dienst des Zaren zu Macht und Einfluß im Staat gelangen. Sozial und wirtschaftlich wurde sie dagegen, ebenso wie die orthodoxe Staatskirche, horrend privilegiert. Die Gesetzgebung des Zaren gestattete dem Adel, sich der bäuerlichen Arbeitskräfte uneingeschränkt zu bedienen. Die Entwicklung lief zeitlich mit derjenigen in Polen und Ostdeutschland parallel. In einem Prozeß, der vom ausgehenden 15. Jahrhundert bis in die Mitte des 17. Jahrhunderts verlief, der 1497 mit Iwans III. Gesetzbuch begann und 1649 mit dem ›Neuen Gesetzbuch‹ Aleksejs abschloß, wurde die bäuerliche Freizügigkeit zunehmend eingeengt und zuletzt die volle Leibeigenschaft konstituiert. Von Anfang an regierten die Zaren durch eine erstaunlich leistungsfähige Administration. Hierfür wie für das Militär zogen sie systematisch den Dienst- und Geburtsadel heran.

Das Moskauer Großfürstentum befand sich seit seinen ersten bescheidenen Anfängen in einer beharrlichen Expansion und scheint diese als sein Lebensgesetz betrachtet zu haben. Die Zaren führten immer irgendwelche Kriege und bedurften daher ständig einer gut ausgerüsteten Truppe. Deshalb kam es unter Iwan IV., also im 16. Jahrhundert, durch entsprechende organisatorische Maßnahmen schon ansatzweise zur Bildung eines stehenden Heeres. Im 17. Jahrhundert gingen die Zaren dazu über, ihre Armeen nach europäischen Vorbildern

Russisches Staatssiegel mit den Wappen der dreizehn zu Iwans IV. Reich gehörenden Länder
Umzeichnung des Siegels von 1583/84
Moskau, Staatliches Historisches Museum

zu organisieren und zu modernisieren. Peter der Große übernahm ein Heer, das seine Vorgänger bereits zu sechzig Prozent auf den westlichen Entwicklungsstand gebracht hatten. Seit Iwan IV. befanden es die Zaren für gut, diesen oder jenen zivilisatorischen Fortschritt des Westens mitzumachen. Zu diesem Zweck zogen sie europäische Fachleute aus den verschiedensten Berufen in ihr Land: Ingenieure und Architekten, Offiziere, Ärzte, Metallhandwerker und Fernhändler. Parallel zur Erschließung Amerikas durch die Spanier, Portugiesen, Engländer und Franzosen erkundeten und eroberten die Russen zwischen 1558 und 1648 Sibirien vom Ural bis zur Amur-Mündung und zum Pazifik. 1618 erschien erstmalig eine russische Gesandtschaft beim Kaiser von China in Peking.

Nach Iwans des Schrecklichen Tod begann 1584 eine längere Zeit der Wirren. Iwans Söhne Fjodor und Dmitrij waren nicht regierungsfähig. Fjodor war geisteskrank, Dmitrij erst ein Jahr alt. Dmitrij wurde mit seiner Mutter ins Innere Rußlands verbannt und kam 1591 auf ungeklärte Weise ums Leben. Für Fjodor regierte sein Schwager Boris Godunow, ein Bruder der Zarin Irina. Im Jahr 1598, also im selben Jahr, das mit dem Frieden von Vervins, mit dem Edikt von Nantes und mit dem Tod Philipps II. in Westeuropa eine Tendenzwende herbeiführte, starb Zar Fjodor. Mit ihm erlosch das Haus Rurik. Damit begann für das Moskowitische Reich eine Periode von bürgerkriegähnlichen Unruhen, während derer sich mehrere Thronanwärter rasch nacheinander ablösten. Zunächst wählte eine Landesversammlung zum neuen Zaren den Bruder von Fjodors Witwe, Boris Godunow. Boris tat sich schwer, mit der sozialen Krise fertigzuwerden, die durch die restriktive Agrargesetzgebung heraufbeschworen worden war und sich 1606/07 in einem großen Bauern- und Kosakenaufstand entlud. Denn er war nicht frei in seinen Handlungen: Weil er nicht dem älteren Bojarenadel entstammte, mußte er ständig mit der Feindschaft der Hocharistokraten rechnen und ihnen gegenüber seine Stellung zu sichern versuchen. Das gelang ihm nicht. Jedenfalls fand er keinen Rückhalt, als sich 1603 in Litauen Dmitrij ge-

Boris Godunow an Rudolf II.:
Antwort des Zaren auf den Bericht des Kaisers
über die Unterwerfung
des Woiewoden von Siebenbürgen
und die Entsendung Maximilians III.
nach Siebenbürgen
Schreiben vom Mai 1599
Wien, Haus-, Hof- und Staatsarchiv,
Russica 4, 1599, fol. 46

gen ihn erhob, der in Wirklichkeit ein falscher Demetrius war und unter diesem Namen in die Geschichte einging. Boris starb am 16. April 1605, noch bevor der falsche Demetrius, unterstützt von Kosaken, Polen und Katholiken, in Moskau einzog, dort auf den Thron erhoben und gekrönt wurde – nicht ohne Mithilfe der Fürsten Schujskij, Golizyn und anderer Bojarenfamilien, die ihn dazu mißbrauchten, sich der Erben des Boris Godunow zu entledigen. Danach inszenierten die Schujskij einen Pogrom gegen die Polen, in dessen Verlauf auch der falsche Demetrius beseitigt wurde. Unmittelbar darauf machten sie den Bojaren Wassilij Schujskij als Wassilij IV. zum Zaren. Gegen ihn revoltierte ein zweiter Pseudo-Demetrius. Zugleich befehdete ihn eine mit den Schujskijs verfeindete Gruppe von altmoskauer Hocharistokraten unter Führung des Patriarchen Filaret aus dem Haus Romanow. Um sich solcher Gegnerschaft zu erwehren, nahm Wassilij ein keineswegs uneigennütziges Hilfsangebot der Schweden an. Das führte unverzüglich zu einer polnischen Intervention und hatte zur Folge, daß sich jetzt die beiden Zweige der Dynastie Wasa an den Thronkämpfen beteiligten. Zeitweilig schien es in der Nachfolge-Frage nur noch die Alternative zu geben, ob ein Schwede oder ein Pole den Zarenthron besteigen werde. Nowgorod ging zu den Schweden über und war bereit, einen der Söhne König Karls IX. zum russischen Herrscher zu wählen, während König Sigismund III., von anderen Kräftegruppen bevorzugt, 1610 in Moskau seine Residenz aufschlug, nachdem er sich den Weg dorthin mit seinen Truppen erkämpft und den Zaren Wassilij gestürzt hatte. Wahrscheinlich hätte er oder sein Sohn Władisław die Zarenkrone gewinnen können, wenn er sich gegenüber den Wünschen der mit ihm sympathisierenden Adelsgruppen etwas zugänglicher gezeigt hätte. So aber schlug die Stimmung um. Eine nationalrussische Bewegung, in der sich Bojaren, Kosaken und Städte sammelten, vertrieb 1612 die polnische Besatzung aus der Hauptstadt und brachte 1613 durch eine rasch einberufene Landesver-

Sitzung der Landesversammlung
Miniatur in einer Handschrift ›Die Zarenwahl Michail Romanows‹, 1673
Moskau, Staatliches Historisches Museum

sammlung den sechzehnjährigen Michail Romanow, einen Sohn des Patriarchen Filaret, auf den Thron. Er wurde der Stammvater der bis 1917 regierenden Dynastie.

Im Westen setzte nach Iwans des Schrecklichen Tod – abgesehen von einer vorübergehenden Rückgewinnung Ingermanlands während der schwedischen Thronkrise 1595 – die russische Expansion für längere Zeit aus. Einem weiteren Vordringen nach Westen standen vorerst die um 1600 recht stabilen Nachbarreiche der Schweden, Polen und Türken im Weg. Da diese sich aber im Laufe des 17. Jahrhunderts gegenseitig durch permanente Kriege schwächten, wurden sie schließlich nacheinander einzeln von ihrem östlichen Nachbarn bekämpft, zurückgeworfen und teilweise elend zur Strecke gebracht. Polen sicherte sich 1618 im Vertrag von Deulino, der den Krieg um den Zarenthron beendete, mit Smolensk und Tschernigow einen bedeutenden Gebietszuwachs bis über den Dnjepr hinaus, verstrickte sich aber über Jahrzehnte hinweg in verlustreiche Kriege im Norden, Westen und Südosten, so daß es seit der Mitte des 17. Jahrhunderts seinem russischen Grenznachbarn kräftemäßig nicht mehr gewachsen war und Zug um Zug die östlichen Regionen seines Reiches an ihn verlor.

Der von Iwan IV. eröffnete Livländische Krieg (1558 bis 1582/83) wurde zum Vorspiel eines zweihundertjährigen Machtkampfes zwischen Rußland, Schweden und Polen um die Vorherrschaft im europäischen Norden und Osten, welcher erst im 18. Jahrhundert sein Ende fand und mit dem Frieden von Nystad und den polnischen Teilungen die bis zur Gegenwart durchgehaltene Hegemonie der Russen über Europa zwischen den preußisch-baltischen Küsten und der Donau-Mündung begründete. Im engeren Sinn war es ein Ringen um die Hegemonie im Ostseeraum. Weil Iwan IV. mit seinem Angriff auf das Ordensland in das Ostseegebiet einbrach, wurde sein Vorstoß als eine Sache betrachtet, die nicht nur den Ordensstaat oder das polnische Reich etwas anging. Die skandinavischen Königreiche sahen ebenfalls ihre unmittelbaren Interessen berührt und bedroht. Deshalb erschienen sie nach dem Einbruch der Russen und dem freiwilligen Anschluß des Ordenslandes an Polen sofort auf dem Plan; sie versuchten, in eigener Sache zu handeln.

Dänemark betrieb ebenso wie Schweden eine expansive auswärtige Politik. Meistens bekämpften sich die nordischen Könige gegenseitig. Teilweise weiteten sie ihr Herrschaftsgebiet auf Kosten der nichtskandinavischen Ostseestaaten Rußland und Polen sowie des Reiches aus. Dänemark hielt mit Sund und Belt die Schlüssel zur Ostsee in der Hand. Es war die skandinavische Vormacht. Zu seinem Herrschaftsbereich gehörten Island, Norwegen, Südschweden und größere Teile von Schleswig und Holstein. Es tendierte dahin, sich durch Aneignung säkularisierter Fürstbistümer seine territoriale Basis in Norddeutschland zu verbreitern. Schweden, dessen Hoheitsgebiet auch Finnland umfaßte, strebte offenkundig danach, den Machtvorsprung Dänemarks aufzuholen. Sein Begehr richtete sich vor allen Dingen auf die gegenüberliegenden Ostseeküsten und deren Hinterland, vom Finnischen Meerbusen bis zur Rigaer Bucht. Mit den Eroberungen wuchs der Appetit. Die Schweden verlangten nach Kurland und Preußen, Pommern und Mecklenburg. Mit diesem, innerhalb eines Jahrhunderts voll entfalteten und in beachtlichem Grad verwirklichten Programm steuerten ihre Könige von Erik XIV. bis zu Karl X. Gustav auf das Dominium maris Baltici, auf die Vorherrschaft im Ostseeraum, zu. Bei einer solchen Politik, welche die königlichen Regierungen ohne bemerkenswerte Abweichungen durchhielten, konnte es nicht ausbleiben, daß

Der Reichsapfel Eriks XIV. von Schweden
Goldschmiedearbeit von Cornelius ver Weiden
und Frantz Beijer mit einer Email-Karte,
zwischen 1561 und 1568
Stockholm, Skattkammaren

es zu einer Serie von Konflikten mit den davon Betroffenen kam. Die Betroffenen waren Dänemark, weil es seine Herrschaft über den Sund gefährdet sah, Polen und Rußland, weil Schweden ihnen den Zugang zur Ostsee einengte oder absperrte, der Kaiser und einige deutsche Reichsfürsten, weil Schweden ihnen Teile ihres Territoriums wegnahm. Da diese Mächte aber auch untereinander allerlei Differenzen auszutragen hatten und sich bekriegten, kam es nur selten vor, daß sie alle sich zu einer Allianz gegen einen gemeinsamen Feind zusammenfanden. Viel öfter gelang es Schweden, sich mit dem einen oder anderen zeitweilig gegen einen Dritten zu verbünden oder in Zeiten besonderer Anspannung, wie im Dreißigjährigen Krieg, den einen oder anderen seiner natürlichen Gegner durch entsprechende Verträge vorübergehend zu neutralisieren, wie zum Beispiel Polen oder Brandenburg. – Der Hundertjährige Krieg, den Iwan der Schreckliche mit seinem Einbruch in Livland auslöste, spielte sich von 1558 bis 1660 als eine Folge von langwierigen, teilweise parallel geführten Kämpfen Schwedens mit Polen und Rußland unter zeitweilig lebhafter Beteiligung Deutschlands und Dänemarks ab. Er galt vor allem der Eroberung der Ostseeküsten und ihres Hinterlandes zwischen Ingermanland und der Lübecker Bucht. Zwar ist fraglich, ob Polen, das in Livland sein formelles Staatsgebiet verteidigte, dieses zur Basis einer Herrschaft über das Baltische Meer hätte machen können oder auch nur wollen. Unfraglich aber bildete das Baltikum für Schweden den wichtigsten Ansatzpunkt, um eine Hegemonie im Ostseeraum zu begründen. Denn es konnte von dort aus, zumal in der Verbindung mit Ingermanland, Rußland und bis zu einem gewissen Grad auch Polen domestizieren.

Das baltische Ordensland war ein Machtvakuum. Das offenbarten der russische Überfall 1558 und die lange Dauer des Krieges unmißverständlich. Alles stürzte sich darüber her, um sich einen Anteil an der Beute zu sichern. Das Baltikum war das souveräne Gebiet des Deutschen Ritterordens in Livland mit den Territorien der dortigen fünf Bistümer – Reval, Riga, Ösel, Dorpat, Kurland – und der Stadt Riga, welches mit fünfundneunzigtausend Quadratkilometern seinem Umfang nach etwa die Größe Portugals oder Böhmens mit Schlesien erreichte oder diejenige der Eidgenossenschaft um mehr als das Doppelte übertraf. Seit dem 16. Jahrhundert bürgerten sich für den nördlichen, mittleren und südlichen Landesteil die Namen Estland, Livland (im engeren Sinne) und Kurland ein. Auf sich allein gestellt, konnte sich das Ordensland nicht verteidigen. Das Reich, unter dessen Oberlehnsherrlichkeit es stand, versagte sich dem Hilferuf des Ordensmeisters Gotthard von Ketteler. Er wandte sich darauf an Sigismund II. August von Polen und erhielt, wenigstens verbal, den erbetenen Schutz; allerdings mußte er als Gegenleistung sein Land der polnischen Lehnsoberhoheit unterstellen. Hierin lag der Keim der künftigen Konflikte. Denn Polen, obwohl selbst nicht fähig, das Land zu verteidigen, betrachtete es fortan als sein Hoheitsgebiet. Das aber wollten die anderen Ostseemächte nicht gelten lassen. So wurden die baltischen Länder im Nu zum Zankapfel, um den sich Mächtigere stritten.

Dänemark war sofort zur Stelle und besetzte die Insel Ösel. Es wollte sich außerdem der Stadt und des Bistums Reval bemächtigen, aber da kam ihm Erik XIV. von Schweden zuvor: Er marschierte in Nordestland ein. Aus der Konkurrenz zwischen Schweden und Dänemark entwickelte sich separat zwischen den beiden Mächten der siebenjährige Erste Nordische Krieg (1563 bis 1570), der mit einem Remisfrieden zu Stettin endete. Während sich Polen und Schweden mit wechselndem Glück um Livland und Nordestland stritten, gingen der polnisch-russische und der schwedisch-russische Krieg im Baltikum weiter. Sie endeten nach knapp fünfundzwanzig Jahren dank den glänzend geführten Feldzügen König Stefan Báthorys und einer überaus erfolgreichen Offensive der Schweden in Estland mit dem Ergebnis, daß sich die Russen aus dem Baltikum gänzlich zurückzogen und Iwan IV. die Eroberungen seiner Gegner sanktionierte. Im Vertrag von Jam Zapol'skij 1582 überließ er Livland dem polnischen König und trat im Vertrag an der Pljussa 1583 König Johann III. Estland, Ingermanland und ein Stück Karelien ab. Obwohl der Streit dann für eine Weile ruhte, war er keineswegs bereinigt. Denn Polen hielt seinen Anspruch auf Oberhoheit über ganz Livland aufrecht, Schweden erkannte ihn jedoch für Estland ebensowenig an wie Dänemark für Ösel. Die ungeklärte Grundsatzfrage hatte zur Folge, daß der Konflikt latent weiterschwelte.

Er bekam kräftige neue Nahrung, als der schwedische Thronfolger, König Johanns III. Sohn Sigismund III. Wasa, 1587 zum polnischen König ge-

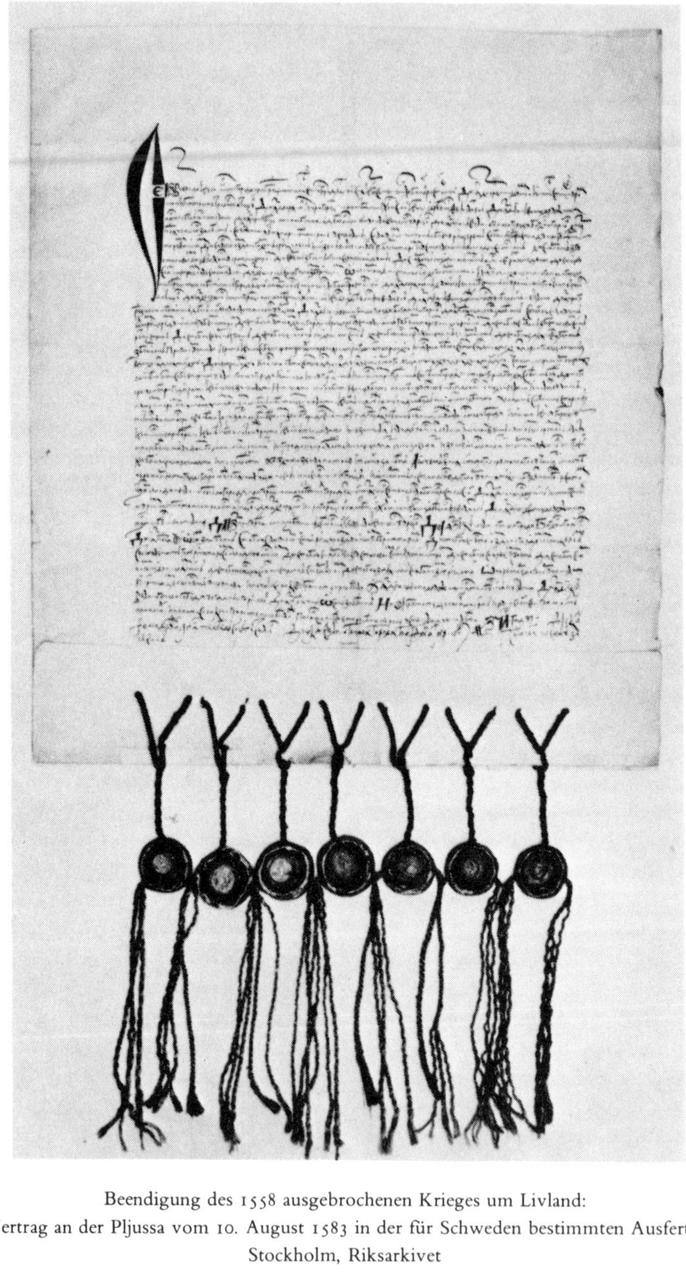

Beendigung des 1558 ausgebrochenen Krieges um Livland:
der Vertrag an der Pljussa vom 10. August 1583 in der für Schweden bestimmten Ausfertigung
Stockholm, Riksarkivet

wählt und gekrönt wurde und bei dieser Gelegenheit, auch in seines Vaters Namen, die Rückgabe Estlands an Polen versprach. Die dynastische Krise, welche sich aus Sigismunds Wahl zum polnischen König ergab, verdrängte zwar vorübergehend die Spannungen im Baltikum, brachte sie aber später um so heftiger zur Entladung. König Johann III. war seit 1562 mit der katholischen polnischen Prinzessin Katharina, einer Schwester des letzten Jagiellonen Sigismund II. August, vermählt, und hatte den präsumptiven Thronerben in der Konfession seiner Mutter erziehen lassen. Von König Johann III. ging die Sage, daß er ein heimlicher Katholik wäre oder mindestens einer Art von Kryptokatholizismus huldigte. Antonio Possevino, des Papstes Legat für den europäischen Osten, stand mit ihm in Verbindung und hielt sich mehrfach in Stockholm auf. Johann III. machte der katholischen Kirche einige Konzessionen. Auf seine Veranlassung wurde zum Beispiel die Liturgie der schwedischen Staatskirche 1576 modifiziert und dem katholischen Ritus vorsichtig angenähert. Die Kunde von Sigismunds Wahl zum polnischen König rief Mißtrauen und Befürchtungen in manchen Adelsgruppen und im weiteren Umkreis der königlichen Familie hervor. An einer eventuellen späteren Vereinigung mit Polen-Litauen, die jetzt in den Bereich des Möglichen rückte, bestand aus vielen Gründen kein großes Interesse. Dazu kam die Vermutung, daß der katholische Kronprinz, wenn er einmal auf den Thron gelangt sein werde, Schweden dem Katholizismus öffnen könnte. Das mußte nach menschlichem Ermessen das rein lutherische Königreich in unübersehbare innen- und außenpolitische Schwierigkeiten stürzen. Die gegenreformatorische Woge war bis nach Polen gerollt. In Schweden wollte man sich dagegen abschirmen. Diese und andere Beweggründe führten dazu, daß sich unter der Führung des Herzogs Karl von Södermanland, König Johanns jüngsten Bruders, eine oppositionelle Partei bildete. Sie versammelte sich 1588 zu Kalmar und formulierte dort vorsorglich ein politisches Programm, das sich gegen den mutmaßlichen politischen Kurs des Thronerben richtete und als Kernstück die drei Forderungen enthielt, daß Schweden ein selbständiges Reich bleiben, die für die Staatskirche verbindliche Religion das Luthertum sein und der König sich mit einem politisch und sozial privilegierten Adel in die Regierung teilen müßte. Die vom Herzog Karl geführte Oppositionsgruppe übernahm nach Johanns III. Tod 1592 praktisch die Regierung. Karls erste Regierungshandlung bestand darin, daß er eine Synode nach Uppsala berief und durch diese die lutherische Kirche wieder in ihren alten Stand restituierte. Als der junge König Sigismund III. Wasa 1593 in sein schwedisches Reich kam, wurde er sogleich genötigt, die Synodalbeschlüsse von Uppsala anzuerkennen. Das hielt ihn jedoch nicht davon ab, katholische Schulen einzurichten und, was bis dahin verboten war, den ka-

Sigismund III. Wasa
Gemälde von Peter Paul Rubens
Kreuzlingen, Sammlung Heinz Kisters

tholischen Gottesdienst zu gestatten. Im Streit dreier Größen, deren jede – Herzog Karl, der König und der im Reichsrat repräsentierte Hochadel – die Macht an sich zu reißen gedachte, revoltierte Herzog Karl 1595 sowohl gegen den Adel als auch gegen den König, indem er eigenmächtig den Reichstag berief und sich von den dort vertretenen Bauern, Bürgern und Geistlichen zum Reichsverweser ernennen und Vollmachten bewilligen ließ, welche den Adel ins Abseits drängten und den König entmachteten. So beschloß der Reichstag zum Beispiel, daß königliche Befehle erst ausgeführt werden dürften, wenn sie der Reichsverweser gebilligt und bestätigt hatte.

Sigismund III. Wasa, auf dessen Seite sich nun ein großer Teil des Adels schlug, wollte sich das nicht gefallen lassen und rüstete zum Krieg. Er landete mit einem Heer in Schweden, wich dann aber angesichts der vortrefflichen Truppe seines Oheims einer Entscheidung auf dem Schlachtfeld aus und zog sich nach Polen zurück. Damit resignierte er praktisch, obwohl er seine Ansprüche auf den schwedischen Thron noch jahrzehntelang aufrechterhielt. Herzog Karl warf Sigismunds Anhängerschaft in Südschweden und Finnland militärisch nieder und vollzog ein hartes Strafgericht am oppositionellen Hochadel. Durch einen Reichstag zu Linköping ließ er 1600 Sigismund III. und seine Nachkommen vom Thron ausschließen. 1604 nahm er als Karl IX. den Königstitel an. Sigismunds Doppelkönigtum war nicht nur äußerst problematisch, sondern in sich unmöglich gewesen, solange die polnischen und schwedischen Staatsinteressen auseinanderliefen.

Sigismund Wasas dynastischer Kampf um die schwedische Krone 1598/99 leitete unmittelbar zum schwedisch-polnischen Krieg über, der sich mit Unterbrechungen von 1600 bis 1660 abspielte. Dieser Krieg entzündete sich daran, daß Sigismund 1600 das teilweise von ihm beherrschte Estland gemäß dem Versprechen seines Vaters offiziell an Polen übergab. Karl IX. ging darauf zum Kampf um Livland über. Sein Sohn Gustav II. Adolf setzte ihn fort und brachte nach wechselvollen Kämpfen das Baltikum, mit Ausnahme Kurlands, 1621 in schwedische Hand. Zuvor, im Frieden von Stolbowo 1617, hatte er Ingermanland und Karelien von Rußland gewonnen. Danach ging er dazu über, sich die kurländischen, preußischen und polnischen Flußmündungen und Häfen samt Hinterland nach und nach anzueignen. Mitten in diesem Geschäft traf ihn 1629 die Kunde vom Lübecker Frieden zwischen Dänemark und dem Kaiser und von der Besetzung der mecklenburgischen Herzogtümer durch die kaiserliche Armee unter Wallenstein. Nun konnte er, wenn er seine unmittelbaren Kriegsziele in Ost- und Westpreußen erreichen wollte, in Norddeutschland einen katholischen Verbündeten Polens vom Renommee Kaiser Ferdinands II. ganz und gar nicht gebrauchen. Noch mehr störte es aber seine Kreise, daß sich eine gut gerüstete Großmacht wie Österreich in den Besitz des Ostseeterritoriums Mecklenburg setzte. Als er sich mit dieser Lage konfrontiert sah, erreichte ihn ein Kooperationsangebot Frankreichs. Der Leiter der französischen Politik, Kardinal Richelieu, koordinierte seit längerem schon die Feinde und potenziellen Gegner des Hauses Habsburg in Deutschland und Europa und setzte sie gezielt für Frankreichs Zwecke ein, welche positiv darin bestanden, Frankreich die politische Führung über Europa in die Hand zu spielen, negativ aber vor allem darauf gerichtet waren, die Macht des Hauses Habsburg zu zerstören. Richelieu steuerte, ohne Frankreich ins direkte Kriegsgeschehen zu verwickeln, die Aktionen gegen den Kaiser mit meisterlicher Hand aus der Ferne. Er lenkte Gustav Adolfs Aufmerksamkeit von den preußischen Küsten auf die weiter südlich gelegenen Territorien Pommern und Mecklenburg und animierte ihn, sich mit finanzieller Beihilfe Frankreichs an dem Großen Krieg in Deutschland zu beteiligen. Er machte ihm den Entschluß recht schmackhaft, indem er ihm einen äußerst vorteilhaften, zunächst sechsjährigen Waffenstillstand mit Polen vermittelte, welcher ihm außer dem Besitz von Livland die

Die ›Schwedische Rettung der christlichen Kirchen‹
Propagandistisches Flugblatt schwedischer Provenienz
auf das Eintreten Gustavs II. Adolfs für den
Protestantismus, 1630

Besetzung der preußischen Küsten mit Häfen, Hinterland und Zöllen zugestand. Gustav Adolf ging darauf ein und deklarierte seine mit Richelieu abgesprochene Invasion als einen Krieg fürs Evangelium. In Wirklichkeit war es die große Chance, das schwedische Dominium maris Baltici bis zur Lübecker Bucht hin auszuweiten und eine ansehnliche schwedische Territorialmacht auf deutschem Boden zu begründen. Die Feldzüge des Königs und seiner Generale in Schlesien, Böhmen, Bayern, Mitteldeutschland und am Rhein und die kompakten Gewinne, die sein Kanzler Oxenstierna im Westfälischen Frieden und zuvor, quasi nebenher, im Frieden von Brömsebro 1645 unter Dach und Fach brachte, ließen erkennen, daß Schweden aus dem Rahmen einer im engeren Sinne nördlichen oder östlichen Macht heraustrat. Als Mitkontrolleur der Sund-Durchfahrt, als Garant des Westfälischen Friedens und als Partner Frankreichs, Englands und der Niederlande im Kräftespiel des Staatensystems, als deutscher Reichsstand und als Überwacher der Mündungen von Oder, Elbe und Weser stellte sich Schweden um die Mitte des 17. Jahrhunderts als voll entfaltete Großmacht dar. Und wie, nach einem Wort Gustav Adolfs, die Dinge um 1630 einen solchen Verlauf genommen hatten, daß aus den vielen Einzel-Kriegen in allen Himmelsrichtungen ein einziger zusammenhängender Großer Krieg geworden war, so war, was sich um 1650 und danach im Osten und Norden ereignete, nicht mehr wie 1550 oder noch 1600 eine Sache der Ostseeregion, sondern eine Angelegenheit Europas. Skandinavien hatte sich in den Kontinent integriert. Rußland tat dasselbe ein halbes Jahrhundert später, und zwar ausgerechnet durch Überwältigung der skandinavischen Großmacht Schweden. Polen ging geschwächt, mit Verlusten aus den Kriegen hervor, in die es sich eingelassen hatte, wurde jedoch, wenngleich mehr in einer passiven Rolle, in die gesamteuropäischen Überlegungen der großen Mächte einbezogen, wie die durch Richelieu vermittelten polnisch-schwedischen Waffenstillstände von 1629 und 1635 beweisen.

Gesellschaft, Wirtschaft und Kultur im Reich

Das Römische Reich Deutscher Nation hielt in den dreiundsechzig Jahren zwischen dem Augsburger Abschied von 1555 und dem Böhmischen Aufstand nach außen hin Frieden. Es beteiligte sich weder in Frankreich und den Niederlanden noch im Ostseeraum an den schweren Kämpfen, die dort geführt wurden, und verlor darüber das baltische Ordensland, welches de jure zum Reichsverband gehörte. Von Zeit zu Zeit bewilligte der Reichstag eine finanzielle Türkenhilfe, ließ sich aber sonst auch im Südosten auf kein kriegerisches Engagement ein. Deutschland lebte in jenen Jahrzehnten des scheinbaren Friedens in einem ambivalenten Zustand von Ruhe und Unruhe zugleich. Denn zwischen den Territorien herrschte zwar Frieden, jedoch keine Einigkeit. Als lockere Föderation von vielen ziemlich selbständigen Territorialstaaten, die sich untereinander bekämpften und den Konfessionsstreit politisierten, war das Reich ein Klein-Europa. Die Reichsstände befehdeten einander aus ähnlichen Motiven wie die größeren Mächte im Osten, Norden und Westen. Allerdings: Die Auseinandersetzungen spielten sich in einem außerordentlich verkleinerten Maßstab ab. Und so herrschten, obwohl es fast immer irgendwo im Reich kriselte, dennoch überwiegend Friede und Ruhe; für die Territorien existierte die Möglichkeit eines geordneten Umgangs miteinander. Nicht zuletzt deshalb wuchs die wirtschaftliche Produktion und nahmen Handel und Verkehr eine relativ günstige Entwicklung.

Die Bevölkerung war in ganz Europa in langsamer Zunahme begriffen; nur in Frankreich ging sie seiner langen Bürgerkriege wegen etwas zurück, wuchs aber nach 1600 wieder an. Im Reich vermehrte sich die Einwohnerzahl zwischen 1500 und 1620 von etwa sechzehn auf etwa zwanzig Millionen. Schweden hatte zum Vergleich um 1600, ohne das Baltikum, rund eine Million, Spanien zusammen mit Portugal etwa zehn Millionen, England gegen fünf, Schottland gegen eine, Italien vermutlich dreizehn und Frankreich schätzungsweise sechzehn Millionen Einwohner. In den Generalstaaten und in den südlichen Niederlanden lebten je anderthalb Millionen Menschen. Die Gesamtbevölkerung von Europa dürfte etwa neunzig Millionen betragen haben; die Schätzungen schwanken zwischen achtzig und hundert Millionen. Deutschland war neben Frankreich das volkreichste Land, hatte zahlreiche große Städte, aber bei weitem nicht die größten. Außer Paris, Rom und Mailand überschritten nur die großen Hafenstädte mit ihren Einwohnerzahlen die Hunderttausendergrenze. London, Amsterdam, Neapel und Venedig gehörten dazu; aber 1650 rückten auch Wien und Madrid in diesen Rang auf. Die Einwohnerzahlen der größten deutschen Stadtgemeinden lagen zwischen vierzig- und sechzigtausend. Zu dieser Größenordnung zählten Handelszentren und Hafenstädte wie Köln, Augsburg, Hamburg und Breslau. Nach damaligen Begriffen stellten Gemeinden mit mehr als zehntausend Bewohnern eine Großstadt dar. Es gab deren im deutschen Sprachgebiet etwa fünfundzwanzig bis dreißig. Wenn man eine Bevölkerungszahl zwischen zweitausend und zehntausend als Indiz für eine Mittelstadt ansieht, so gehörten über zweihundert in diese Kategorie. Konstanz, Zürich, Dresden, St. Gal-

Der Altermarkt zu Köln um die Mitte des 17. Jahrhunderts
Kupferstich von Johann Toussyn, um 1660
Köln, Stadtmuseum, Graphische Sammlung

len, Wittenberg rangierten in dieser Größenordnung. Kleinstädte mit eintausend bis zweitausend Einwohnern gab es wohl gegen tausend, Kleinstädte mit weniger als eintausend Einwohnern noch sehr viel mehr. Die Einwohnerzahlen schwankten zum Teil recht stark unter dem Einfluß der Pestepidemien, der konjunkturellen Entwicklungen und der konfessionellen Bewegungen. Aufs Ganze gesehen nahmen die städtischen Einwohnerzahlen bis zum Dreißigjährigen Krieg eher zu als ab. Der Große Krieg brachte dann überproportionale Verluste. Sie schwankten in Süddeutschland und am Oberrhein zwischen fünfzig und achtzig Prozent. Am ärgsten wurden die Landstriche zwischen Nürnberg, Augsburg und Stuttgart heimgesucht. Österreich blieb dagegen fast gänzlich verschont.

Handel und Verkehr nahmen entsprechend dem allgemeinen Wirtschaftswachstum zu. Die Orientierung auf den Atlantik brachte es mit sich, daß Hamburg Lübeck überflügelte. Der Seeverkehr entwickelte sich stärker als der Landverkehr, nicht zuletzt wegen der großen Fortschritte im Schiffsbau. Immerhin wurde auch das binnenländische Verkehrswesen verbessert, und zwar in erster Linie durch eine gute Organisation des Transportwesens. Dem praktischen Verkehr dienten wissenschaftlich vermessene Straßenkarten mit Meilenangaben. 1579/80 erschien unter dem Namen ›Itinerarium orbis christiani‹ der erste europäische Stra-

Verzeichnis der von Nürnberg in verschiedene Länder ausgehenden Straßenzüge mit Angabe der wichtigen Stationen an den Straßen und der Entfernungen in Meilen
Einblattdruck von Johann Schermer, 1612
Nürnberg, Germanisches Nationalmuseum

ßenatlas. Im Aufbau des Postwesens lag Deutschland an der Spitze Europas. Da sich der internationale Nord-Süd- und Ost-West-Verkehr, soweit er nicht über den Seeweg lief, in Deutschland kreuzte, wickelte sich im Reich ein lebhafter Warenumschlag ab. Das Handelsvolumen verdreifachte sich zwischen 1550 und 1600. Die Zunahme der Getreide-, Rohstoff- (Eisen, Flachs, Hanf, Teer) und Industriewarenexporte zwischen Ost und West läßt sich an den Sund-Zollregistern ablesen. Die Steigerung des Waren- und Geldverkehrs begünstigte die Gründung von öffentlichen Banken. Italien fing damit im 16. Jahrhundert an, die Niederlande und Deutschland folgten im 17. Jahrhundert. In Hamburg (1619) und Nürnberg wurden die ersten deutschen Institute gegründet. Die öffentlichen Banken erleichterten nicht nur den internationalen Zahlungsverkehr, sondern erwiesen sich auch als geeignete Instrumente, um die staatlichen Finanzen zu stützen. Aus dem Bedürfnis, das Transportrisiko zu mindern, entstand das Versicherungswesen; in Hamburg und Antwerpen konnte man zum Beispiel Schiffe gegen Schäden durch Piratenüberfälle versichern. Seit dem 16. Jahrhundert fand auch das ländliche Feuerschädenversicherungswesen weitere Verbreitung. Unmittelbar mit dem Wachstum des Handels nach Volumen und räumlichen Entfernungen hing die Entstehung von Außenhandelsgesellschaften auf Kapitalbasis zusammen. Dem Fernhandel eröffneten sich nach der Entdeckung der überseeischen Länder und der entsprechenden Seewege verlockende Aussichten. Weil aber hinsichtlich der Investitionen und der Risikobereitschaft die Kapazität eines Einzelunternehmers selten ausreichte, schlossen sich deren mehrere mit reinen Kapitalgebern genossenschaftlich zusammen. So bildeten sich in England und den Niederlanden regional orientierte Handelskompanien: 1555 die Englische Moskau-Kompanie oder 1621 die Niederländisch-Westindische Handelsgesellschaft. In ihrer Struktur gingen diese Kompanien – als zeitlich befristete oder unbefristete Zusammenschlüsse von kapitalgebenden Interessenten für gebundene Zwecke – unter anderem auf das Modell der deutschen Bergwerksgesellschaften mit dividendenberechtigten Anteilscheinen zurück.

Im spätmittelalterlich-frühneuzeitlichen Europa

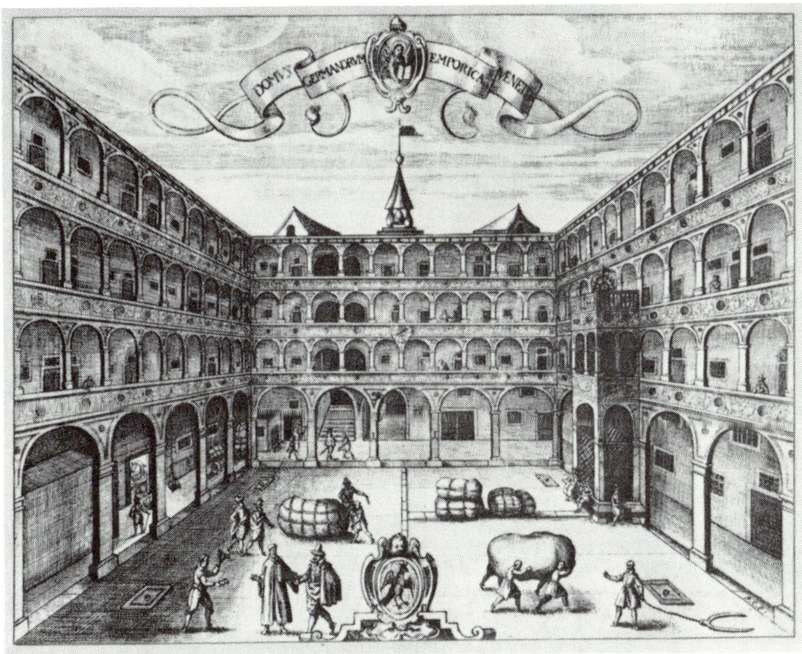

Der Innenhof des Deutschen Hauses in Venedig
Kupferstich von Raphael Custos, 1616
Nürnberg, Germanisches Nationalmuseum

gab es nach den schweren Rückschlägen des ›Schwarzen Todes‹ von 1349/50 einen um die Mitte des 15. Jahrhunderts anhebenden langfristigen Konjunkturaufschwung, welcher bis in die zwanziger Jahre des 17. Jahrhunderts anhielt und während des Dreißigjährigen Krieges in eine ebenfalls langfristige Depression umschlug. Die Konjunktur verlief unterschiedlich in den einzelnen Ländern, Regionen und Erwerbszweigen und war von inflationären Erscheinungen begleitet. Im ganzen aber nahm der Wohlstand zu. Das galt für Europa und ohne wesentliche Abstriche auch für Deutschland. Handel, Gewerbe und Landwirtschaft warfen Gewinne ab. Sie kamen nicht bloß den Kaufleuten und Produzenten – Handwerkern, ›Verlegern‹, Landwirten – zugute, sondern auch den auf oberer und niederer Stufe daran Beteiligten: Fürsten, grundherrlichem Adel, städtischen und ländlichen Lohnarbeitern. Nach Ausweis der wirtschaftlichen und kulturellen Quellenbefunde lebte man zwischen 1550 und 1620 in Deutschland recht gut, bis hinab zu den einfacheren Schichten. Üppigkeit in der Kleidung wie im Essen und Trinken war geradezu ein Charakteristikum dieser Epoche. Vom Alpenrand hinauf bis nach Schleswig-Holstein entstanden exzellente Schloßbauten. Bürgerliche Repräsentationsgebäude und die reiche Innenausstattung solider Bauernhöfe in Holstein, Niedersachsen und Westfalen zeugten ebenfalls von ansehnlichem Wohlstand. In den Städten nahmen die Steinbauten zu. Schmuck und Luxus wurden, in bestimmten Grenzen, zur Selbstverständlichkeit.

Saal im Stil der mitteleuropäischen Renaissance
Gemälde von Bartholomäus van Bassen, erste Hälfte des 17. Jahrhunderts
Darmstadt, Hessisches Landesmuseum

Etwa vierundneunzig Prozent der Bevölkerung lebten auf dem Lande und von der Landwirtschaft. Dem Anstieg der Bevölkerungszahlen entsprach das Wachstum der Agrarproduktion. Die Grenzlinie zwischen der gutsherrlichen und der grundherrlichen Agrarverfassung, welche das agrarische Europa in eine Westhälfte und eine Osthälfte teilte, lief mitten durch Deutschland, in etwa der Elb-Linie entlang. Die ostdeutschen Gutsbetriebe erhöhten ihre Produktion durch systematische Erweiterung der Anbauflächen. Dies geschah sowohl durch Ankauf der Bauernstellen als mehr noch durch Kultivierung von Ödland und Waldgebieten. In den westdeutschen Regionen der grundherrschaftlichen Bodennutzung pflegte die adlige Grundherrschaft zwar den Bauern mit allerlei Abgaben, die sie direkt vereinnahmte oder an Kirche, Gerichts- und Landesherrn weiterleitete, zu belasten, tastete aber seine persönliche Freiheit nicht an. Zur Latifundienbildung kam es hier nicht. Einen Widerpart fand der Grundherr nicht selten im Landesfürsten. Denn sofern diesem an einer gesunden Ertragsfähigkeit der bäuerlichen Höfe lag, hinderte er den Grundherrn daran, lebensfähige Bauernstellen durch Ankauf zu zerstückeln, indem er deren Veräußerung durch entsprechende Gesetze verbot. Unter den landwirtschaftlichen Produktionszweigen brachte der Getreideanbau die größten Gewinne. Dies hing mit den branchenspezifischen Bewegungen in der Lohn- und Preisentwicklung zusammen. Innerhalb des Konjunkturverlaufs erhöhten sich die Kornpreise vom ausgehenden 15. bis zum frühen 17. Jahrhundert um das Vierfache. Sie stiegen auf vierhundert Prozent des Ausgangspreises an und übertrafen damit alle anderen Produktionssparten in Gewerbe und Landwirtschaft. Ihnen folgten die Preise für Vieh und tierische Erzeugnisse mit einem Anstieg auf zweihundertundfünfzig Prozent. Die Preisentwicklung für ›industrielle‹ Erzeugnisse und gewerblich benötigte Rohstoffe wie Baumaterialien blieb merklich dahinter zurück: Sie bewegte sich zwischen einhundertfünfundzwanzig und einhundertundfünfzig Prozent, brachte also Steigerungen um ein Viertel bis zur Hälfte. Die Lohnkurve hielt sich etwa in der Mitte. Die Löhne stiegen steiler aufwärts als die Preise im Gewerbe, kamen aber mit der Getreidepreisentwicklung nicht mit und erhöhten sich im gesamten Konjunkturverlauf bei Landarbeitern, Webern und Maurern auf etwa zweihundertundsechzig Prozent. In den Preis-Lohn-Relationen verminderten sich die Gestehungskosten in der Kornerzeugung also am stärksten. Auch bei kurzfristigen Konjunkturrückschlägen schnitten die Landwirte am vorteilhaftesten ab. Denn bei Geldmangel konzentrierte sich die Nachfrage der ärmeren städtischen Schichten auf Nahrungsmittel und unter diesen auf das damals mit Abstand wichtigste, nämlich das Brot. In Summa machten alle Branchen ein mehr oder weniger gutes Geschäft, doch lag die Landwirtschaft ganz deutlich vor dem Gewerbe und innerhalb des Agrarsektors die Getreideerzeugung vor der Viehzucht und der Viehverwertung. – Nicht nur die langfristige Konjunkturkurve, sondern auch die kurzfristigen Schwankungen gingen quer durch den Kontinent, von Karelien bis Sevilla. Schlechte Ernten im Osten riefen 1571 eine Teuerung hervor, die noch im selben Jahr bis nach Spanien und Italien durchschlug. Der Rückgang der Konjunktur setzte in den zwanziger Jahren des 17. Jahrhunderts ein. Verschiedene Momente beschleunigten ihn. Es gehörte zum damaligen Lebens- und Wirtschaftsstil, daß man – weithin – die erzielten Gewinne konsumierte, nicht aber investierte. Das mochte die Krise beschleunigen. In den dreißiger Jahren dezimierten Krieg, Hunger und Pest die Bevölkerung und trugen zu einem raschen Konjunkturabfall bei. Seit 1640 erfolgten Absatzkrisen, weil trotz der kriegsbedingten geringeren Produktion das Angebot den Bedarf immer noch überstieg. Damit setzten Preisverfall und Verarmung ein, die noch weit über den Westfälischen Frieden hinaus anhielten. Sie waren die in Deutschland besonders sichtbaren Symptome einer langfristigen – und wohl durch den Großen Krieg mitbedingten – De-

Rechenmeister am Rechenbrett und Alphabet-Tafel
Sogenannter Schuldpfennig, zweite Hälfte des 16. Jahrhunderts
Nürnberg, Germanisches Nationalmuseum

pression, welche spätestens 1650 auf ganz Europa übergriff.

Auf dem ›industriellen‹ Sektor breitete sich, betriebsorganisatorisch charakteristisch für das Großgewerbe der frühen Neuzeit, das Verlagssystem aus, wogegen die Zünfte ihre ältere Gewerbeverfassung nicht weiterentwickelten, sondern relativ unfruchtbar, privilegienerpicht und neuerungsfeindlich an dem einmal erreichten Stand festhielten. Nach dem Verlagssystem, dessen Grundstruktur schon im Mittelalter konzipiert worden war, arbeitete in erster Linie das Textilgewerbe – der wichtigste Industriezweig der damaligen Welt –, um mit der wachsenden Nachfrage nach preisgünstiger Massenware mitzukommen. Die Tuche wurden in arbeitsteiligen Großbetrieben hergestellt, welche über den lokalen Absatz hinaus entferntere Regionen mit günstigen Marktchancen gezielt versorgten und einen Teil ihrer Rohstoffe ebenfalls von entfernteren preisgünstig anbietenden Märkten bezogen. Produktion und Verkauf waren hier also mit dem Fernhandel kombiniert und wurden gewöhnlich von unternehmerischen Großkaufleuten in die Hand genommen. Die Herstellung erfolgte in getrennten Arbeitsgängen – Spinnen, Weben, Färben und so weiter –, zum Teil durch Heimarbeit und weithin auf dem Lande. Der Verleger belieferte seine Mitarbeiter mit den Rohstoffen und nahm gewöhnlich die Letztfertigung in eigene Regie, ebenso den Verkauf, sofern er ihn nicht im Kompaniegeschäft mit einem Fernhändler betrieb. Fernhandel und Großgewerbe waren überhaupt eng miteinander verklammert. Nürnberger Großkaufleute bauten zum Beispiel in Sachsen und Schlesien eine ganze Industrie auf, die Tuchherstellung, und brachten sie zum Blühen. Als soziale Folge des Verlagssystems entstand ein zunftfreies, aber unternehmensabhängiges Lohnarbeitertum. Vergleichbare Folgen zeitigte auch das in seiner Betriebsverfassung etwas anders organisierte Montanwesen. Beide Produktionszweige arbeiteten als Großgewerbe mit einem menschlichen Arbeitspotenzial, das sich teilweise kümmerlich von kärglichem Lohn ernährte und die städtischen und ländlichen Unterschichten vermehrte. Auf lange Sicht änderte sich dadurch das Sozialgefüge der Stadt.

Vom Beginn des 16. Jahrhunderts bis zum Pyrenäen-Frieden von 1659 wurden Deutschland, Österreich und die Schweiz, aber auch Frankreich, Polen und Spanien von Bauernerhebungen und schweren Aufständen heimgesucht. Die Kriege rissen nicht ab, Reformationen aller Spielarten zogen Umwälzungen in Kirche und Staat nach sich – dennoch blieb die soziale Grundstruktur in Deutschland und Europa stabil. Natürlich entwikkelte, verschob und veränderte sich manches, aber all diese Wandlungen waren nur graduell und vollzogen sich in einem überschaubaren Rahmen. So wandelten sich die letztlich sozial begründeten Beziehungen zwischen Adel und Fürsten, zwischen Bürgern und Adel, zwischen Städten und Fürsten. Die Gewichteverlagerungen brachten einmal den einen, einmal den anderen Partner innerhalb von Zweierbeziehungen in Vorteil. Und was sich dergestalt in Deutschland tat, war nur ein Spiegel Europas. Gewöhnlich erhoben sich die Fürsten über ihren Adel, über Städte, Ritterschaften, Prälaten und sonstige Stände. Doch es gab auch gegenläufige Entwicklungen: In Braunschweig wies die Hauptstadt ihren Herzog in die Schranken; in

Wollfabrikation
Gemälde von Mirabello Cavalori, vor 1572
Florenz, Palazzo Vecchio, Studiolo des Francesco de' Medici

Gesellschaftsleben in den freien Städten:
Tafelrunde bei dem Nürnberger Bürger Jobst Friedrich Tetzel
Miniatur in dem sogenannten Willkommbuch vom Schloß Kirchsittenbach, 1593
Nürnberg, Germanisches Nationalmuseum

Schlesien wahrten Städte und Stände ihrem Landesherrn, dem Kaiser, gegenüber Eigenrechte und Freiheiten; in Mecklenburg und Württemberg zeigten die Stände ihrem Fürsten ebenfalls seine Grenzen; in Ostfriesland machten sie sich ihn nahezu untertan; in Ostelbien konnte sich der landbebauende Adel viel, in Westfalen nur wenig gegen die Bauern herausnehmen.

Wie in den politisch-sozialen so verlief auch in den im engeren Sinne ständisch-sozialen Beziehungen manches gegenläufig. Verarmte Adlige sanken in Süd- und Westdeutschland in kleinstädtisch-bäuerliche Schichten hinab. Andererseits stiegen Großbürger in den Freiherrnstand auf und wurden in einzelnen Fällen – wie die Fugger oder Thurn und Taxis – später sogar Reichsfürsten. Es gab soziale Fluktuationen; der Kaiser und andere Fürsten begünstigten sie durch Nobilitierungen. Es gab aber auch unübersteigbare Schranken. Der alte Schwertadel, bestimmte Domkapitel, Standesherren und Magnaten duldeten keine Aufsteiger in ihren Reihen. Wallenstein, die große Ausnahme, wurde unter den Fürsten nicht warm. Fluktuationen waren im Bildungs- und Berufsbereich ebenfalls keine Seltenheit. Adlige und Bürgerliche gingen in fürstlichen Regierungsdienst und konnten dort bei Eignung aufsteigen. Der Militärdienst bot ähnliche Chancen. Georg Derfflinger, einfacher Leute Kind aus Österreich und Schneiderlehrling, brachte es zum schwedischen Stabsoffizier, dann zum brandenburgischen Feldmarschall und wurde Reichsfreiherr. Söhne aus Adel und Bürgertum besuchten

Das Charakteristikum einer frühneuzeitlichen Stadt:
die ständisch-sozialen Unterschiede im Alltagsleben der Einwohner von Augsburg
Gemälde von Heinrich Vogtherr d. J., um 1541
Augsburg, Städtische Kunstsammlungen

renommierte evangelische Gymnasien, etwa Goldberg in Schlesien, und die Bildungsanstalten der Jesuiten. Stärker als die Fluktuation aber war die Abgrenzung, auf den kürzesten Nenner gebracht: die Abhebung auf das Standesgemäße. Es wurde in Hunderten von Formen und Zeichen ausgedrückt: in Kleidung und Gebärden, in den Riten bei der Begrüßung und bei den Mahlzeiten. Die Anordnung der Sitze in Kirchen und weltlichen Räumen, die Reihenfolge bei öffentlichen Aufzügen und Auftritten, die Erziehung und der Zeitvertreib – alles hatte im Ständisch-Sozialen seine Basis, seinen Halt, seine Begründung und seinen Anspruch. Das Geburtsständische erhielt darüber hinaus noch spezielle Färbungen durch den ausgeübten Beruf. Die Gelehrten, die Handwerksmeister, die Studenten hatten ihre Standestracht, ja selbst den Dirnen aus dem städtischen Frauenhaus wurde vorgeschrieben, wie sie sich zu kleiden und welche Farben sie zu tragen hatten. Weiteres Kolorit brachten regionale und nationale Herkunft in das ständisch geprägte Bild. Ein Pole kleidete sich anders als ein Italiener, eine englische Dame anders als eine Spanierin. Auch die bäuerlichen Trachten unterschieden sich nach der Provenienz. Ein Schwarzwälder trug andere Gewänder als ein Salzburger.

Die Gesellschaft wurde durch Privilegien abgestuft und hielt in der Regel zäh daran fest. Durchgängig galt die Maxime, daß jeder sich mit seinem Stand zu begnügen und sich ihm entsprechend zu verhalten habe. Sie wurde meistens ohne Widerwillen, oft sogar mit innerer Zustimmung befolgt.

Denn die Standeszugehörigkeit gab Halt, ›Stand‹ und Sicherheit im Verhalten. Viele waren stolz auf ihren Stand, wie sie stolz waren auf ihre Heimat, ihren Beruf und vielleicht auch auf ihr Vaterland, das Reich. Stand und Beruf deckten sich nicht zwingend, hatten jedoch eine enge Beziehung zueinander, indem bestimmte Berufe bestimmten Ständen verschlossen waren. In Deutschland und einigen anderen europäischen Ländern sollte ein Adliger keinen Handel treiben. Er verging sich gegen seinen Stand, wenn er ein Handwerk ausübte. Typische Beschäftigungen waren für ihn dagegen die Jagd, der Krieg, der Dienst im Sold eines Fürsten, Funktionen am Hof und in katholischen Landstrichen der hohe Kirchendienst. Andere Standesmerkmale lagen in der Steuerfreiheit, in einer überbetonten Ehrempfindlichkeit und einem ganzen Codex von Riten zur Wiederherstellung einer wirklich oder angeblich verletzten Ehre mit Satisfaktion, Duell und so weiter sowie in der Ausgrenzung aller unteren Stände aus diesem Ritual als ›nicht satisfaktionsfähig‹.

Das in Deutschland bis ins 16. Jahrhundert hinein nur schwach entwickelte Verhältnis zur Bildung und zur geistigen Arbeit besserte sich: In der Epoche der Glaubenskämpfe setzte ein deutlich erkennbarer Bildungsanstieg ein. Westeuropa war darin den Deutschen vorausgegangen und konnte als Schrittmacher dienen. In England und Frankreich schickten die Edelleute ihre Kinder auf höhere Schulen, »nicht damit sie Geistliche würden, sondern weil sie Adlige waren und ein Amt und eine Beschäftigung erwarteten und weil Landbesitz, Rechtsstreit und Bildung zusammengingen. Zu Jagen und Spielen gesellten sich jetzt Latein und Griechisch als notwendige Vorbereitungen auf das Leben« (D. Hay). Auf Grund gehobener Bildungsvoraussetzungen strömte der Adel ab 1600 in größerer Menge an die fürstlichen Höfe, um dort verantwortliche Posten im Regierungsapparat zu übernehmen. – Die Geistlichkeit, in Frankreich und anderswo ein eigener erster Stand, hatte mit einem gewissen Ehrenvorrecht in Deutschland ihren Platz beim Adel. Die Aristokratie differenzierte sich nach Herkunft, Rang, Vermögen, politischen Freiheiten und speziellen Privilegien in zahllose ›Stände‹ im Stand. Nicht anders sah es bei den Bürgern aus. Ein ungeheurer Abstand trennte den patrizischen Stadtadel und die etablierten Meister einer Zunft von den Stadtarmen. Eine ganze Skala von sozialen Rängen lag dazwischen, die wieder untereinander geschieden waren nach abgestuften Rechten, Anspruch und Besitz. Die Stadt lebte vom Gewerbe und vom Handel. Sie war in der Regel bildungsfreundlich. Einfache Schulen für den Elementarunterricht, sogenannte deutsche Schulen, denen von privaten Winkelschulen Konkurrenz gemacht wurde, gab es wohl in jeder noch so kleinen Stadtgemeinde. Etwas gehobenere Kommunen richteten nach Möglichkeit eine Lateinschule ein, zu deren Hauptunterrichtsfächern Musik und Religion gehörten. Denn solche Schulen dienten nicht zuletzt dem ganz praktischen Zweck, in den – auch im Luthertum regulär gefeierten – lateinischen Gottesdiensten den Gesang zu bestreiten, dessen Pflege sich auf bemerkenswerter Höhe befand. Mittel- und Großstädte, die etwas auf sich hielten, leisteten sich Gymnasien und versahen sie teilweise mit einem akademischen Überbau für die obligatorischen philosophischen Vorstudiengänge. Alte traditionsreiche Gymnasien hatten zum Beispiel Hamburg, Lübeck, Köln und Bremen oder in Süddeutschland Straßburg, Augsburg und Nürnberg.

Die Städte waren administrativ vorbildlich durchorganisiert. Sie regierten und verwalteten sich im wesentlichen selbst, auch wenn sie von einem Landesfürsten abhingen, und hatten gelernt, eine Fülle von Lebensvorgängen wahrzunehmen und aufeinander abzustimmen – von der Marktpolizei bis zur Sozialfürsorge, von der Straßenreinigung bis zur Bewirtschaftung der stadteigenen Forsten und Weinberge, von der Gesundheitspolitik bis zur Steuererhebung und Gerichtspflege. Andererseits trennten sich die Städter deshalb noch längst nicht von ihren älteren agrarischen Gewohnheiten. Die meisten von ihnen besaßen etwas Feld vor den Mauern der Stadt und bestellten es als Ackerbürger; sie hielten sich Vieh, ließen es auf den Straßen herumlaufen oder trieben es vors Tor auf die Weide. Bis ins späte 17. Jahrhundert säumten Misthaufen die Straßen der kurfürstlichen Haupt- und Residenzstadt Berlin. Das äußere Erscheinungsbild vieler deutscher Städte spiegelte in seinen repräsentativen öffentlichen und privaten Bauten den Wohlstand der Bürgerschaft. Die im Stil der ausklingenden Spätgotik und der deutschen Renaissance zwischen 1550 und 1620 errichteten Gebäude verliehen dem Gesamtbild der frühneuzeitlichen Stadt seine unverwechselbaren Merkmale. Man denke nur an die Bauten des Elias Holl in Augsburg.

Über die bäuerliche Lage läßt sich etwas allgemein Zutreffendes selbst in der gröbsten Vereinfachung nicht aussagen. Sie unterschied sich fundamental nach den beiden Haupttypen der Agrarverfassung: der Guts- und der Grundherrschaft. Drei Grundzüge bestimmten im östlichen Raum die frühneuzeitliche Entwicklung der Gutsherrschaft: erstens die Vermehrung des adligen Eigenlandes durch Ödlandkultivierung; zweitens die Erweiterung des gutsherrlichen Eigenbetriebs; drittens die Vereinnahmung bäuerlichen Landes und die Einführung der Leibeigenschaft durch den Rittergutsbesitzer. Die mißliche Lage des Bauern und deren fortschreitende Verschlechterung wurden direkt durch das zuletzt genannte Entwicklungsmerkmal, indirekt durch die beiden zuerst genannten hervorgerufen, weil durch sie ein Prozeß in Gang gesetzt wurde, der den Bauern im Effekt an die Wand drückte, ihn wirtschaftlich konkurrenzunfähig und damit kaputt machte. Im Westen, Süden und Südosten plagten den Bauern weniger die Unfreiheit oder die Konkurrenz mit dem Grundherrn als die Abgaben und die dinglichen Lasten. Die regionalen Differenzierungen in einem Gebiet, das von der Steiermark bis Ostfriesland und von der Eidgenossenschaft bis Dithmarschen und Schleswig reichte, waren im übrigen schier unübersehbar und jeweils von so vielen, wechselnden Faktoren abhängig, daß sich eine gemeinsame Charakterisierung verbietet.

Der durchschnittliche Mensch lebte bis zu einem gewissen Grade in Formen, welche von der Kirche geprägt und in Grenzen, welche von der Obrigkeit gezogen worden waren. Denken, Empfinden und Phantasie wurden sehr stark von der christlichen Religion geleitet oder orientierten sich an ihr. Kirchlichkeit, Frömmigkeit, Glaube, Aberglaube, Wahn und eine manchmal überzogene Konfessionalität beherrschten in verschiedenen Mischungen und mit Varianten den größten Teil der damaligen Menschheit und trieben sie zu mancherlei Handlung an. Kirchenordnungen, Katechismen, Liturgien, Predigten, Gebete und Choräle, die in Fülle auf uns gekommen sind, deuten so etwas wie eine mittlere Linie an und dokumentieren, was man damals als eine Norm des kirchlich eingefaßten Glaubenslebens ansah. Dieses sozusagen Normale war trotz aller konfessionellen, polemisch überbetonten Verengung erstaunlich reich und weit. Die Glaubensbereitschaft war so grenzenlos, daß man willig annahm, was aus einer magischen Vorstellungswelt, aus heidnisch-vorchristlichem Brauchtum und aus einer populären Phantasie, welche wie selbstverständlich mit Engeln, Teufeln und Dämonen umging, in die christlichen Glaubensvorstellungen einfloß. Auch Luther und Calvin glaubten, gelegentlich den Teufel gesehen zu haben. Neben dem dogmatischen Glauben wohnten Aberglauben, naive religiöse Kurzschlüssigkeit, allerlei Wahn und abstruse Vorstellungen. Weil die Gläubigkeit ungebrochen war, sah man das Diesseits und das Jenseits ständig ineinander übergehen, und schloß schon bei schwachen Indizien von einem aufs andere. Wie sonst hätte der Hexenglaube entstehen und sich verbreiten können. Calvin fand es völlig in Ordnung, daß zwanzig ›zauberische‹ Personen zum Tode verurteilt wurden, die unter der Anschuldigung vor Gericht standen, die Pest verbreitet zu haben; er wunderte sich nur, daß sie hartnäckig leugneten, Salben auf Haustüren ver-

Okkulte Praktiken auf einer Hexenversammlung
Gemälde von Frans Francken II., um 1607
Wien, Kunsthistorisches Museum

schmiert zu haben, und selbst unter der Folter ihr vorgebliches Vergehen nicht zugeben wollten. Man glaubte an das ständige Eingreifen guter und böser überirdischer Mächte in das tägliche Leben und meinte aus allen möglichen Vorfällen Gottes Willen unfehlbar herauslesen zu können. Besonders Geistliche wähnten darüber im Bilde zu sein. Viele von ihnen exzellierten darin, Unglücksfälle, Teuerungen, Hunger oder Mißwuchs als Zeichen göttlichen Zorns zu deuten, und wurden gern recht konkret: Als Herzog Barnim von Pommern 1603 gestorben war, predigte der Propst Joachim Riccius in Gartz an der Oder, daß der »Tod des Fürsten und Feuersbrünste Strafen des Himmels für die Schwelgerei und Genußsucht, aber auch dafür (wären), daß sich der Schultheiß im Dorf über den Pastor erhöbe, daß man den Geistlichen jeden Bissen ins Maul zählte und den Predigern ihre schmalen Einkünfte mißgönnte«. Dieserart konkrete Rückschlüsse zogen keineswegs nur schlichte Dorfpastoren, sondern auch prominente Zeitgenossen, an deren Bildungshorizont nicht zu zweifeln war. Als 1553 Zürichs oberster Geistlicher Heinrich Bullinger König Heinrich II. dazu bringen wollte, die Protestantenverfolgungen in Frankreich einzustellen, argumentierte er mit Beispielen aus dem Leben Kaiser Karls V. und rechnete dem König vor, daß jeder Verfolgungsakt prompt seine himmlische Strafe gefunden hätte: Kaum erließ Karl V. ein Ketzermandat, »gleich erleidet er bei Algier einen unersetzlichen Verlust. Ich will gar nicht erwähnen, mit welchen Leibesplagen der arme Mann geplagt ist. Das alles spricht doch dafür, daß hier Gottes Zorn am Werk ist«. Bullinger gab noch weitere Beispiele dieser Art dem Adressaten zur Warnung. Aus ähnlicher Perspektive beurteilte 1570 der päpstliche Nuntius Melchior Biglia die Nachricht vom Tod einer einflußreichen protestantischen Predigers in Wien, indem er meldete, der Kaiser habe gegen den Prädikanten einzuschreiten gedacht, aber Gottes Güte habe Besseres vorgesehen: »Gott tat seine Hand auf und ließ ihn sterben.«

Während der durchschnittliche Christ unbefangen mit Himmel und Hölle lebte, waren seine Kenntnisse von dem, was die Heilige Schrift und die Kirche darüber vermittelten, erstaunlich gering; auch die Geistlichkeit machte da keine Ausnahme. Petrus Canisius berichtete um 1560 von den katholischen Geistlichen in Bayern und Österreich, daß die meisten von ihnen weder die Konsekrationsworte aus dem Kanon der Messe noch die Absolutionsformel für die Beichte beherrschten. In evangelischen Territorien waren die Geistlichen auf dem Lande ebenfalls oft recht ungebildet. Visitationsprotokolle berichten über das einfache Volk noch ganz andere Dinge. Im Ulmer Landgebiet erwiesen sich die meisten Leute, wie bei zwei 1602 und 1615 durchgeführten Visitationen festgestellt wurde, als unfähig, das ›Vaterunser‹ aufzusagen. Ganz unsinnige Glaubensvorstellungen förderte eine im Herzogtum Gotha 1641/42 durchgeführte Prüfung der populären Katechismuskenntnisse zutage. Wenn auf die Frage: »Was sollen wir tun, wenn wir gegen Gott gesündigt haben?« laut Protokoll zur Antwort gegeben wurde: »Wir sollen ihm herzlich dafür danken!« so war das ein charakteristisches Beispiel für ein populäres Unverständnis, das in allen möglichen Varianten anzutreffen war. Das ungesicherte Glaubenswissen reicherte sich mit einem überaus gehaltvollen Aberglauben an, mit dem Glauben an Geister aller Art, an Zauberei, Hellseherei und Astrologie. Man glaubte Blut vom Himmel regnen zu sehen; es liegen zahllose Aufzeichnungen, auch von geistlicher Hand, darüber vor. Kometen, die man anscheinend häufig sah, veranlaßten die Leute zu Zukunftsspekulationen. Man achtete auf den Stand der Gestirne, wenn man vorhatte zu säen oder zu pflanzen, ein Geschäft abzuschließen oder eine Reise anzutreten; man tat es beim Aderlaß, beim Haar- und Nägelschneiden und bei der Wahl der Tage für Hochzeiten, Verlobungen oder Taufen. Der Glaube an die Zauberkunst war allgemein und felsenfest und machte subtile Unterscheidungen nach Art und Gegenstand; man unterschied Liebeszauber, Fernzauber, Gegenzauber, Bosheitszauber und so weiter. Es gibt eine gerichtliche Beurkundung, daß gegen Herzog Friedrich III. von Holstein Fernzauber ausgeübt wurde. In nahezu allen Landstrichen lebten Kristallgucker, Segenssprecher und Kräuterweiblein, die mit Kräutern und Sprüchen Vieh und Menschen heilten. Ein städtischer Aufseher im Landgebiet von Ulm wurde von seiner Behörde der Lässigkeit bezichtigt, weil er von keinen Segenssprecherinnen in seinem Bezirk zu berichten wußte.

Daß in einer solchen Umwelt der Glaube an Hexen und Hexerei wuchern konnte, war kein Wunder. Am Zauber und an der Möglichkeit, Zauberkräfte durch Umgang mit dem Teufel zu erwerben und dadurch zur Hexe zu werden, wurde so wenig gezweifelt, daß man selbst die staatliche Justiz in den Dienst der Hexenbekämpfung stellte. Sie arbeitete gegen die angeblichen – weiblichen und männlichen – Hexen mit Verfolgung, Gerichtsverfahren, Urteilsspruch und Strafvollstreckung. Die Hexenrichter leisteten oft ein Übersoll, indem sie auf der Folter nicht nur Geständnisse, sondern auch Denunziationen erpreßten, die Denunzierten wiederum auf die Folter spannten und zum Eingeständnis der eigenen Hexerei sowie zu weiterem Denunzieren zwangen. Massenwahn und Gerichtseifer arbeiteten Hand in Hand. Auch theologische Fakultäten und juristische Gremien stellten sich in den Dienst des Wahns: Sie gaben Gutachten ab, aus denen hervorgeht, daß sie den Hexenglauben teilten. Dieser Glaube zeitigte die schrecklichsten

Wirkungen. In Frankreich im späteren Mittelalter entstanden, wanderte er von dort in die Alpenländer und pflanzte sich von ihnen aus bis in den Osten und den äußersten Norden, nach Polen und nach Skandinavien, fort, im Nordwesten bis nach England und Schottland und über die Britischen Inseln bis nach Nordamerika. Lediglich der europäische Süden blieb davon verschont. Die Hexenverfolgungen und -verbrennungen erreichten ihren

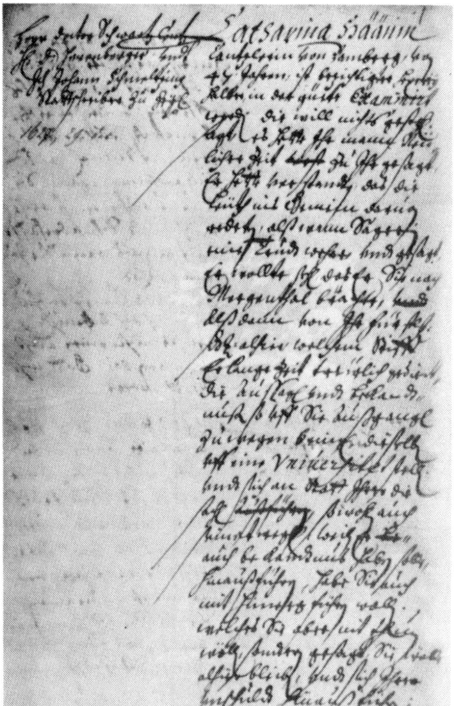

Hexenjagd in Bamberg
unter Bischof Johann Georg Fuchs von Dornheim
Die erste Seite im Verhörsprotokoll
der Katharina Haan,
Frau des fürstbischöflichen Kanzlers zu Bamberg,
vom 29. Dezember 1627
Bamberg, Staatsarchiv

Höhepunkt im Jahrhundert zwischen dem Augsburger und dem Westfälischen Frieden. Nur wenige mutige Männer – Johannes Weyer, Friedrich von Spee, der Pastor H. Schmidt – widersetzten sich in dieser Epoche den Hexenverurteilungen. Die ersten Obrigkeiten, die den Hexenprozeß verboten, waren Königin Christine von Schweden (1649) und der Kurfürst Johann Philipp Schönborn von Mainz (1669). Erst die Aufklärung versetzte dem Wahn den entscheidenden Stoß. Die letzten Hexenhinrichtungen erfolgten in Polen und in der Schweiz zur Zeit der Französischen Revolution. Es waren die ungeheuerlichsten Wirkungen, die ein aus ungeläutertem Dämonenglauben und wuchernder Phantasie aufsteigender Massenwahn zeitigte – eine ebenso signifikante wie makabre Kulturerscheinung der frühen Neuzeit, deren volle Deutung noch im dunkeln liegt und die Fähigkeiten des Historikers übersteigt.

Eine Kulturerscheinung ganz anderer Art, doch gleichfalls signifikant, brachte das deutsche Fürstentum hervor: mit der weiteren Ausbildung seiner Hofhaltung. Die vielen kleinen italienischen Residenzen, der Vatikan und die Höfe der Könige in Westeuropa waren schon längst zu bedeutenden Kulturzentren geworden. Das traf auf die deutschen reichsfürstlichen Höfe um 1550 nur in wenigen Ausnahmefällen zu. Mit dem Aufstieg des Territorialstaates zu größerer politischer Selbständigkeit wuchs nun aber auch das Repräsentationsbedürfnis der Reichsfürsten. Sie bauten sich neue Schlösser – in Aschaffenburg, in Gottorp – oder modernisierten ihre alten, burgähnlichen Residenzen und erweiterten sie im Stil der deutschen Renaissance, wofür Heidelberg nicht das einzige, aber das bekannteste Beispiel ist. Sie beschäftigten unter ihrem personell sich ständig vermehrenden Hofgesinde auch Angehörige gelehrter und künstlerischer Berufe, welch letztere damals schlicht als Handwerksmeister eingestellt und mit Bau- und Ausstattungsaufträgen im weitesten Sinn des Wortes betraut wurden. Durch die Beschäftigung von Malern, Musikern und Gelehrten wurde der mittlere und größere deutsche Reichsfürst zum Mäzen und wuchs in eine Rolle hinein, die mit der Entfaltung des deutschen Kulturlebens bis in das frühe 19. Jahrhundert untrennbar verbunden ist. Die Anfänge davon wurden im Laufe des 16. Jahrhunderts allmählich sichtbar.

Nicht immer und überall handelte es sich damals um ein bewußtes Mäzenatentum. Manch ein Herzog oder Reichsgraf wollte nur zeigen, daß er hinter den anderen nicht zurückzustehen gewillt war, wenn für ihn nicht überhaupt bloß die naive Lust am Repräsentieren überwog. Allenthalben drängte ihn sein gesteigertes Majestätsbewußtsein, sich in der engeren Umgebung mit etwas mehr Glanz zu umgeben und auf Abstand zu halten, was sich bei einem voluminöseren Hofstaat viel leichter praktizieren ließ als bei einem, der auf weniges Personal beschränkt war. Im deutschen Fürstenstand gab es andererseits auch rohe Gesellen, für die das Jagen und die in Völlerei umschlagenden Bankette den eigentlichen Lebensinhalt bildeten. Herzog Christian von Holstein dankte nach einem Besuch bei Herzog Franz von Pommern im Jahr 1604 seinem Gastgeber für die ›guten Räusche daselbst‹. Markgraf Georg Friedrich von Ansbach und Pfalzgraf Johann Kasimir in Heidelberg waren den Freuden eines Wettsaufens nicht abgeneigt. Daß es bei solcher Gelegenheit oftmals zu Tätlichkeiten kam, war ganz unvermeidlich. Am Hof zu Dresden wurde einmal bei einem Umtrunk auf den Landgrafen von Hessen ein schwerer Leuchter geworfen, worauf eine Schlägerei unter den hohen Herren entstand. Der Aufwand an Speise und Trank, der aus zahlreichen Aufzeichnungen bekannt ist, übersteigt unser heutiges Vorstellungsvermögen. Wenn viele Regenten mit vierzig oder fünfzig Jahren starben, so lag das auch an ihrer Unmäßigkeit. Die deutschen Fürsten waren im Ausland verschrien dafür. Besonders abstoßend war solch rohes Wesen, wenn es sich, wie bei Pfalzgraf Johann Kasimir, mit konfessionellem Eifer verband. Dieser famose Herr setzte sich in den Kopf, seine Gattin, eine kursächsische Prinzessin lutherischen Bekenntnisses, zur Calvinistin zu machen. Zu diesem Zweck sperrte er sie ins Gefängnis und traktierte sie mit ausgesuchten Quälereien. Die Dame wurde nicht calvinistisch, sondern starb. Auch der äußere Aufwand erreichte bei einigermaßen vermögenden Herren erstaunliche Ausmaße. Wilhelm von Oranien entließ zum Beispiel gleich achtundzwanzig Köche auf einen Schlag, als er sich aus irgendwelchen Gründen einschränken mußte.

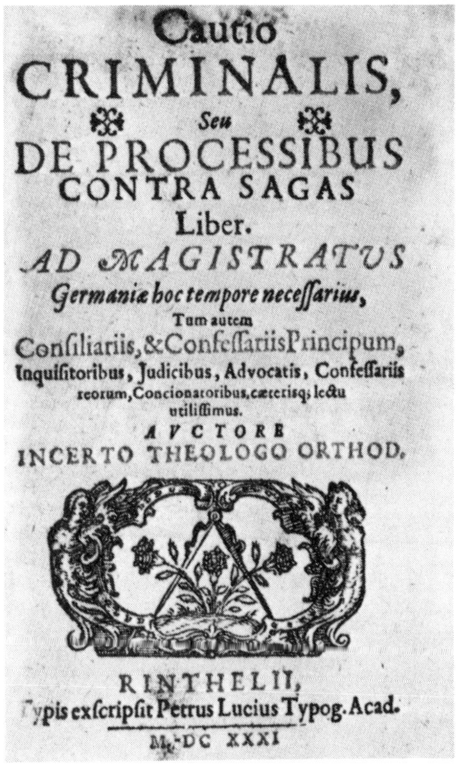
Cautio
CRIMINALIS,
Seu
DE PROCESSIBUS
CONTRA SAGAS
Liber.
AD MAGISTRATUS
Germaniæ hoc tempore necessarius,
Tum autem
Consiliariis, & Confessariis Principum,
Inquisitoribus, Judicibus, Advocatis, Confessariis
reorum, Concionatoribus, cæterisq; lectu
utilissimus.
AUCTORE
INCERTO THEOLOGO ORTHOD.
RINTHELII,
Typis exscripsit Petrus Lucius Typog. Acad.
M. DC XXXI

Gegen den Massenwahn
der Hexenverfolgungen in Deutschland
Titelseite der 1631 in Rinteln
anonym erschienenen Schrift ›Cautio...‹
des Jesuiten Friedrich von Spee
Göttingen, Niedersächsische Staats-
und Universitätsbibliothek

Aufführung einer Motette (Psalm 150)
von Orlando di Lasso
Gemälde von Peter de Witte
Haarlem, Frans-Hals-Museum

Jagden und Bankette blieben bis zum Ende des Ancien régime ein Hauptzeitvertreib, wurden mit der Zeit aber stilvoller und traten neben anderen Formen heiteren oder ernsten Genusses ein wenig zurück. Aus der Musikpflege an fürstlichen Höfen erwuchsen durch Kompositionsverpflichtungen die großen chorischen und instrumentalen Werke der deutschen Musik. Sie entstanden von Orlando di Lasso – am Hof zu München im 16. Jahrhundert – und von Heinrich Schütz – am Hof zu Dresden im 17. Jahrhundert – bis zu Joseph Haydn – am Hof der Fürsten von Esterházy im 18. Jahrhundert – als Auftragsmusik. Gegebenenfalls nahmen auch große Städte wie Leipzig oder Hamburg vergleichbare Aufgaben wahr und erteilten Aufträge. Den bildenden Künstlern hätten ebenfalls ohne die Fürsten die wichtigsten Brotherren gefehlt. Entfernt Vergleichbares galt für die Wissenschaft. Mechaniker, Geographen und Geometer, Physiker, Astronomen, Bibliothekare, Hofhistoriographen und Archivare wurden benötigt und beschäftigt. Johannes Kepler und Tycho Brahe befanden sich zeitweilig am kaiserlichen Hof Rudolfs II. zu Prag. Gottfried Wilhelm Leibniz, 1646 geboren, wirkte im Dienst des Hofes zu Hannover, gründete Akademien für Kaiser und Könige und bezeugte so das Weiterwirken der im 16. Jahrhundert gewonnenen Ansätze. Unsere älteren renommierten Opernhäuser, Museen und Bibliotheken sind aus den gleichen Anfängen erwachsen. Was der Fürst auf hoher Ebene begonnen hatte, übernahm seit dem 17. Jahrhundert auf der nächst ihm höchsten sozialen Stufe der geistliche und weltliche Adel. Es zeigte sich darin die kulturelle Auswirkung eines primär verfassungs- und sozialpolitischen Vorgangs: Der deutsche Fürst strebte zum Absolutismus und ordnete sich, selbst wenn er die Landtage bestehen ließ und den Ständen bescheidene Rechte einräumte, den Adel unter. Dies war das Ergebnis einer innerterritorialen Auseinandersetzung, die sich zwischen 1550 und 1650 abspielte. Die Aristokratie fand sich damit ab. Sie lernte, fortan ihre Bestimmung darin zu sehen, unter dem Fürsten und im Dienst seiner etablierten Majestät als erster Stand die erste Rolle im Land zu spielen. Sie eignete sich die Bildung der Zeit an, nicht zuletzt, um es mit den bürgerlichen Kräften im Regierungsapparat aufzunehmen. Sie beanspruchte im Heer und in der Landesverwaltung die Führungspositionen. Sie setzte ihr Vermögen dafür ein, um ihre Magnatensitze zu Spiegelbildern der fürstlichen Residenz und ihrer kulturellen Repräsentanz zu machen.

Deutschland: Reich und Territorien zwischen dem Religionsfrieden und dem Dreißigjährigen Krieg

Den Rahmen, in dem sich nach 1555 die Reichs- und Territorialgeschichte abspielte, zog der Augsburger Religionsfriede. Er war so haltbar, wie unter den gegebenen Umständen irgend möglich, aber nicht so fest, daß er den Krisen, die mit der Epoche der Glaubenskämpfe heraufzogen, immer standzuhalten vermochte. Die Belastungen, die seit den neunziger Jahren des 16. Jahrhunderts in immer dichterer Folge auf das Reich zukamen, machten den Frieden allmählich brüchig. Als der Reichstag infolge von Differenzen über die Auslegung des Religionsfriedens im Jahr 1608 funktionsunfähig wurde, hielt das Reich auch ohne ihn noch ein Jahrzehnt zusammen. Dann kam 1618 der Böhmische Aufstand, und in seinem Gefolge brach der Große Krieg aus: als ein Bürgerkrieg der Reichsstände unter konfessionellen Vorzeichen.

Die katholischen und lutherischen Reichsstände waren 1555 übereingekommen, sich gegenseitig innerhalb ihrer Territorialgrenzen in Ruhe zu lassen. Konfessionspolitisch mochte jeder Reichsstand verfahren, wie er es für gut und richtig hielt. Theoretisch hätten demnach die Konfessionsprobleme das Reich nicht mehr zu berühren brauchen und die Beziehungen der Territorien untereinander nicht stören müssen. Praktisch kam es trotzdem zu Mißhelligkeiten, Spannungen und Streit. Die Scherereien, die sich die Stände gegenseitig machten, hatten viele Quellen. Es gab gemeinsame Reichsinstitutionen. Eine fundamentale Institution dieser Art war das Reichskammergericht. Seine Richterstellen wurden von den Ständen besetzt. Jeder Konfession lag daran, eine Mehrheit zu bekommen; denn davon hing in vielen Streitfällen der Ausgang der Prozesse ab. Auch vor das wichtigste Reichsorgan, vor den Reichstag, kamen laufend Angelegenheiten, die die katholischen Stände wesentlich anders beurteilten als die evangelischen und derentwegen sie sich überwarfen. Eine weitere Quelle unaufhörlichen Streitens floß aus der Bestimmung des Reichstages von 1555, daß der Religionsfriede exklusiv auf ›Augsburgische Konfessionsverwandte‹, das heißt auf Lutheraner und auf Katholiken, begrenzt sei. Als der Kurfürst von der Pfalz, der Graf von Nassau, und einige kleinere Reichsstände zum Calvinismus übertraten, verlangten die Katholiken, sie aus dem Religionsfrieden auszuschließen, während die Lutheraner, um ihre Partei nicht zu schwächen, die Behauptung der Calvinisten, auf dem Boden der ›Confessio Augustana‹ zu stehen, gelten ließen, obwohl ihnen nicht sehr wohl dabei war und ihre Theologen in diesem Punkt eine ganz andere Sprache redeten. Weitere Querelen ergaben sich regelmäßig, wenn durch Übernahme einer Vormundschaft – wie in Baden-Baden durch Bayern – oder bei einem Regierungswechsel – wie 1582 in Köln – der neue Regent konfessionspolitisch eine Schwenkung machte, also den Katholizismus einem Land mit protestantischer Bevölkerung oder umgekehrt den Protestantismus einem katholischen Land gewaltsam aufzudrängen versuchte. Darüber kam es gelegentlich sogar zum Krieg. Wenn katholische geistliche Obrigkeiten kraft des Cuius-regio-Prinzips die Bevölkerung ihres Fürstentums Würzburg, Mainz, Fulda und so weiter vor die Wahl stellten, katholisch zu werden oder auszuwandern, regten sich die evangelischen Reichsstände ebenso darüber auf wie die katholischen Reichsstände, wenn die norddeutschen Domkapitel evangelische Bischöfe wählten und diese in ihrem Bistumsland den Katholizismus drangsalierten. Dieserart Streitfälle gingen auf die unterschiedliche Auslegung einiger Ausnahmeregelungen zurück, die im Text des Religionsfriedens unscharf formuliert waren. Strittige Vorgänge und anfechtbare Entscheidungen verschlechterten aber das Klima zwischen den Territorien. Oft weigerten sich die betroffenen Stände, einen ihnen unangenehmen Spruch des Kammergerichts zu respektieren. Eine Zwangsgewalt zur Vollstreckung solcher Urteile gab es nicht. Auch der Kaiser fiel als schlichtende Instanz aus. Die Reichsstände mußten dann versuchen, irgendwelche Schiedsgremien ad hoc zu bilden. Dieses System erwies sich aber in der Praxis als untauglich. In einem bestimmten Fall übertrug der Kaiser, was zulässig war, die Exekution der Reichsacht über eine Reichsstadt, nämlich Donauwörth, dem zuständigen Reichskreis. Dessen Vorsitzender, Herzog Maximilian I. von Bayern, machte kurzen Prozeß. Er marschierte in die Reichsstadt ein, besetzte sie und schlug sie später zu seinem Territorium. Auf Grund dieses Vorgangs machten katholische und protestantische Reichsstände Front gegeneinander und gingen zur militärischen Parteibildung über. Die Evangelischen schlossen sich unter kurpfälzischer Führung 1608 zu einem bewaffneten Kampfbund, der ›Union‹, zusammen, die Katholiken unter bayerischer Führung im Jahr darauf zur ›Liga‹.

Kursachsen hatte bis dahin eine ausgleichende Funktion ausgeübt und Jahrzehnte lang eine Vermittlerrolle gespielt. Sachsen war die lutherische Vormacht im Reich, hielt politisch aber gewöhnlich zum Kaiser. Das hatte viele Gründe. Unter anderem wußten die Kurfürsten zu Dresden die Rükkendeckung an der langen österreichisch-sächsischen Grenze in Böhmen zu schätzen. Zudem waren sie wegen der Hoffnungen, die sie sich auf die Lausitz machten, auf Österreichs Wohlwollen angewiesen. Dem Reich bekam dies Verhältnis gut. Das Zusammenspiel zwischen Österreich und Sachsen dämpfte die Gegensätze, hielt das Reich im Gleichgewicht und sicherte seinen Gliedern den Frieden. Unter anderen Umständen hätte der Religionsfriede vielleicht noch länger gehalten. Was ihn aber in der Zeit, da er galt, untergrub, war die Dynamik der konfessionellen Bewegung. Sie machte es den katholischen und evangelischen Ständen unmöglich, den anderen das Ihre und jedem das Seine zu lassen. Die Kraft des religiös-konfessionellen Engagements trieb die Stände dazu, den Religionsfrieden lediglich als eine Notlösung anzusehen. Sie unterliefen ihn, indem sie danach trachteten, ihn zugunsten der jeweils eigenen Konfession zu verändern. Daß auf dem Umweg über die Konfession die politische Macht des eigenen Territoriums erweitert werden sollte, verstand sich dabei von selbst. So oder ähnlich dachten allem Anschein nach die Führer der Union und der Liga. Hierin lag nicht die einzige, aber eine der wesentlichen Voraussetzungen für den künftigen Krieg.

Hand in Hand mit den reformatorisch-gegenreformatorischen Kämpfen, zu denen es durch das Einströmen des Calvinismus und des Jesuitenor-

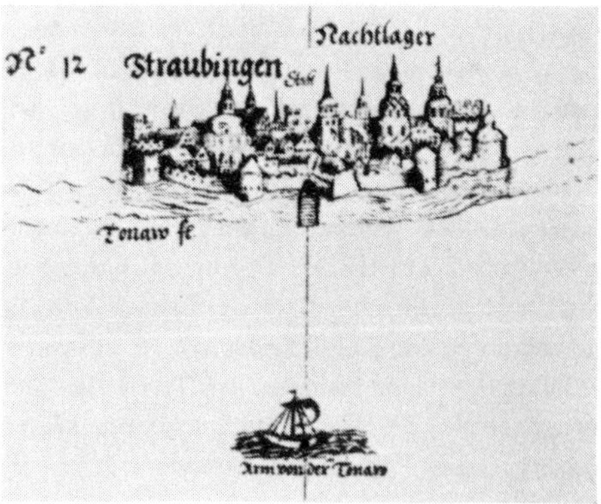

Die letzten Stationen auf der Reise Augusts I. von Sachsen zum Kurfürstentag in Regensburg im Jahr 1575
Zeichnungen auf der ›Wegekarte‹ für den Kurfürsten
Dresden, Sächsische Landesbibliothek

Audienz Maximilians II. auf dem Reichstag zu Speyer im Jahr 1570
Holzschnitt eines Unbekannten auf einem Flugblatt zum Lob des Kaisers
Nürnberg, Gemanisches Nationalmuseum

dens kam, gingen die Landesherren daran, sich in kraftvollen, gewaltsamen Aktionen zu Herren über die Zwischengewalten in ihren Territorien aufzuschwingen. Sie entrissen den adligen, ritterschaftlichen, städtischen und geistlichen Ständen ihres Landes Vorrecht um Vorrecht und entmachteten sie, soweit es sich irgend machen ließ. Sie zeigten damit, daß sie gewillt waren, ihren Landständen eben das zu verweigern, was sie als Reichsstände dem Reich gegenüber in Anspruch nahmen: den Genuß und den Ausbau ständischer und korporativer Rechte. Sie dämmten die Freiheiten ihrer Landstände ein und machten sie sich schärfer untertan, als sie es zuvor gewesen waren. Sie begannen zum Beispiel ihre Städte zu kontrollieren, in sie hineinzuregieren, ihre Schlüsselstellungen zu besetzen. Im Prinzip verfuhren sie nicht anders als die Könige im Norden und Westen. Der Wille zum Absolutismus schlug bei den Landesherren unverkennbar durch. Allerdings hatten sie noch manchen Widerstand zu überwinden, bis sie in den Besitz der uneingeschränkten Gewalt gelangten. So mancher Landesherr stand sich in eigener Person im Wege, wenn er liederlich lebte, ruinös wirtschaftete und sich selbst nicht in die Pflicht nahm. Hindernisse lagen ferner in der Gewohnheit der Erbteilung, welche das Land zerstückelte. Gelegentlich widersetzte sich auch ein kraftvolles, organisiertes Ständetum. Einige Fürsten kapitulierten vor solcher Gegnerschaft, und zwar nicht immer bloß aus Schwäche; rechtliche Bedenken, Rücksichten auf umliegende Reichsstände, finanzielle Nöte oder konfessionelle Konstellationen veranlaßten sie unter Umständen, statt des Kampfes den Kompromiß zu wählen und sich friedlich mit ihren Ständen zu arrangieren. Durchschnittlich scheuten größere oder mittlere Territorialherren allerdings vor Kraftproben nicht zurück. Sie brachten hier und da die niedere Gerichtsbarkeit, die von Lokalpotentaten ausgeübt wurde, unter ihre Kontrolle und machten ihre größeren Städte für ihre Wirtschaftspolitik dienstbar. Halbselbständige Städte wie Paderborn, Lüneburg oder Trier mußten sich eine straffere Zügelführung durch ihre Landesherren gefallen lassen; allenthalben wurde ihre Selbstverwaltung beschnitten. Der Fürst zog die Besetzung der wichtigeren städtischen Stellen an sich. So ernannte der Herzog von Bayern seit der Mitte des 16. Jahrhunderts den Stadtrichter von München. Einige Fürsten gingen dazu über, Steuern auszuschreiben, ohne darüber mit den Landtagen zu verhandeln. Während die Stände in Württemberg sich ihrem Herzog deutlich in Erinnerung brachten und ihn gelegentlich fühlbar korrigierten, kamen sie in beiden badischen Markgrafschaften und in der Kurpfalz kaum noch zum Zuge; in Ansbach und Bayreuth schrumpften sie zur Bedeutungslosigkeit zusammen. In Salzburg und Bayern setzten sich die Landesherren glatt über sie hinweg.

Vielfach gerieten die Landstände deshalb ins Hintertreffen, weil sie sich keine größeren politischen Ziele und Aufgaben stellten. In diesem Punkt wurden sie von den Landesfürsten überspielt, die in der Regel ein ganzes Bündel von Aufgaben in Angriff nahmen. Kraft Reichsgesetz oblag ihnen die Sorge für Kirche und Religion. Sie nahmen also das Kirchenregiment in ihre Hand, reformierten nach Maßgabe ihres Bekenntnisses, übten direkt oder indirekt die geistliche Jurisdiktion aus und rissen die oberste Verfügungsgewalt über den Besitz und über die Rechte der Kirche ihres Landes an sich. Der Fürst schaute nicht nur auf das Glaubensbekenntnis seiner Untertanen, sondern auch auf deren Verhalten bei Tag und Nacht; er interessierte sich für den Aufwand der einzelnen Stände an Nahrung und Kleidung, für den Ablauf von Kindtaufen, Hochzeiten und Leichenschmäusen, für die Trennung der Geschlechter in den Spinnstuben während der Winterszeit und dergleichen mehr. Seine Verordnungen regulierten Handel und Verkehr, Münzen, Maße und Gewichte; sie griffen tief in das gewerbliche Leben ein, mit Privilegierungen, Verboten und Strafen. Kirchen-, Handwerks-, Schul-, Apotheken- und Hebammenordnung waren Symtome dafür, daß es nichts gab, wofür sich ein Landesherr nicht interessierte. Sein Territorialstaat war ein Polizei- und Verordnungsstaat erster Güte. Der Fürst berief sich zur Rechtfertigung seines Tuns auf seine Verantwortung vor Gott und auf die Salus publica und war nicht anders als die Könige der größeren Staaten im Westen davon überzeugt, sehr viel besser als die Untertanen zu wissen, was zu deren Wohlfahrt gehörte oder ihr bekömmlich sei. Das fürstliche Selbstbewußtsein wuchs zusehends und empfand Kritik immer stärker als Majestätsbeleidigung. Als die Bauernschaft des Pinzgaus beim Fürsterzbischof Wolfdietrich von Salzburg um Minderung der Steuern petitionierte, erklärte der energische Herr dies für Rebellion, sperrte die beiden Sprecher der Bauernschaft ein und ließ sie köpfen.

Dem Territorialstaat, als Typ betrachtet, eignete eine bemerkenswerte Vitalität. Er trieb sogar auswärtige Politik. Zwar in kleinem bis kleinstem Maßstab, aber der Intention und Sache nach eben doch Außenpolitik. Sie spielte sich in der Regel innerhalb des Reiches ab, aber es gab auch Ausnahmen von dieser Regel. Neben der vorherrschenden Tendenz, den Frieden zu wahren, die damals in vielen Maximen formuliert wurde, brach ganz unbefangen der Wille zur Macht durch. Alle Landesherren wollten ihren Territorialbesitz arrondieren. Um dieses Ziel zu erreichen, schlugen sie die verschiedenartigsten Wege ein. Meistens führten sie Rechtstitel ins Feld, die sie aus Vogteibesitz, Heimfall, Erbansprüchen und dergleichen ableiteten. Indirekt bedeutete auch die Vormundschaft

Die Landesväter der lutherischen Kirche:
August I. von Sachsen und
Johann Georg von Brandenburg
Schaumünze von Tobias Wolff
auf die Einführung der Formula concordiae
in der evangelisch-lutherischen Kirche, 1581
Frankfurt am Main, Peus-Auktion 286, 1975

über den unmündigen Regierungsinhaber eines reichsunmittelbaren Landes eine recht ansehnliche Machterweiterung. Wo mit Rechtsansprüchen nichts zu holen war, versuchte es manch ein Landesherr mit der Gewalt, wendete Repressalien an, sicherte sich durch Bündnisse, riskierte einen Übergriff oder auch einen kleinen Krieg. Eine konsequent geführte territoriale Außenpolitik konnte auf solche Weise manches erreichen. Kursachsen und Bayern lieferten dafür einige Beispiele, die vereinigten Herzogtümer Kleve-Jülich-Berg nach dem Aussterben der dortigen Dynastie ein Modell, an dem sich Motive, Praktiken, Möglichkeiten und Grenzen territorialer Arrondierungspolitik im Reich exzellent beobachten ließen. Das waren allerdings nur Vorspiele, verglichen mit dem, was im Großen Krieg in Deutschland zutage trat. Von seinen europäischen Dimensionen abgesehen, spielte er sich aus der Perspektive des Reiches als ein Bürgerkrieg der Reichsstände, aus der Perspektive des Territorialstaates als ein Kampf der Landesfürstentümer um Gebietserweiterungen und Machtgewinn ab und wurde von den kräftigeren unter ihnen, von Österreich, Sachsen, Bayern, Hessen, Pfalz, Hannover (Braunschweig-Lüneburg) und Brandenburg auch ganz bewußt in diesem Sinne geführt.

Die konfessionellen Bindungen und Verpflichtungen, in denen das deutsche Territorium seit den Reichsabschieden von Speyer 1526 und Augsburg 1555 stand, streifte es im Großen Krieg zu einem guten Teil ab, bekannte sich formell aber immer noch ausdrücklich dazu. In den sechzig Friedensjahren und noch im ersten Jahrzehnt des Krieges wirkten sich diese Bindungen konstitutiv auf die Politik der Territorien aus. Die persönlichen Gesinnungen der Landesfürsten waren oft stark durch konfessionelle Momente geprägt. In ihrem speziellen Herrschaftsbereich machten sie die Ausübung der Religion zur Untertanenpflicht, erweiterten ihre Regentenverantwortung zur Herrschaft über die Seelen, wurden de facto zum Papst ihrer Landeskinder und machten aus der Sorge für die Konfession ein Instrument zur Ausübung politischer Macht. War es einem solchen Fürsten mit seiner Religion ernst, so galt sie ihm auch für seine Regierungsführung samt der auswärtigen Politik als Leitlinie. Es gab genügend Landesherren, denen ihre konfessionellen Bindungen zur Gewissenssache wurden. Fast alle hielten sich geistliche Ratgeber und besprachen sich mit ihnen laufend oder von Fall zu Fall; zum Teil auch über ganz konkrete Fragen. So wollte der Herzog von Pommern wissen, ob er sich dem glaubensverwandten Reichsfeind Gustav Adolf anschließen dürfte. Der lutherische Hofprediger Matthias Hoe von Hoenegk legte dem Kurfürsten von Sachsen dar, daß er sich getrost mit dem katholischen Kaiser gegen den calvinistischen Pfälzer Kurfürsten verbünden könnte. Entsprechende Probleme wurden genauso von katholischen und reformierten Fürsten mit ihren

Theologen erörtert. Die religiösen Bindungen brachten es mit sich, daß sich ein Landesherr in seiner Politik unter Umständen von theologischen Gesichtspunkten beeinflussen ließ. Folgte er den Weisungen seines Hofpredigers oder Beichtvaters, so bestimmte in Grenzfällen das Mitglied irgendeines Konsistoriums oder irgendein Jesuit durch seine Direktiven die Landespolitik. Mochte das nun bedenklich sein oder nicht – das Phänomen des geistlichen politischen Ratgebers ist ein Charakteristikum des deutschen Territorialstaates im konfessionellen Zeitalter, das sich merkwürdig gegen dessen sonstige Physiognomie abhebt und mit seinem rücksichtslosen Drang zur Macht kontrastiert.

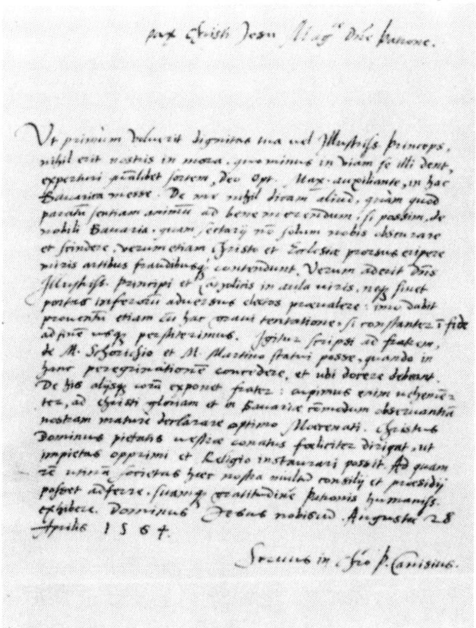

Zuspruch zur Wiederherstellung
des römisch-katholischen Glaubens
Brief von Petrus Canisius an Simon Eck,
den Kanzler Albrechts V. von Bayern,
vom 28. Mai 1564
München, Bayerisches Hauptstaatsarchiv

Der Anspruch auf Hoheit, der den Fürsten erfüllte, trieb ihn und seinen engsten politischen Mitarbeiterstab dazu, eine intensive Tätigkeit auf den Gebieten der Verwaltung, der Justiz und der Finanzen zu entfalten. Eben sie gab der Entwicklung des Territoriums die Richtung auf den ›Staat‹. Kein Fürst hätte die ehrgeizigen Aufgaben, die er sich stellte, auch nur einigermaßen erfüllen können, wenn er sich nicht dafür eines geeigneten Instrumentars hätte bedienen können. Dieses Intrumentar, im Ansatz bereits um 1550 vorhanden, wurde im Zuge der vermehrten Staatstätigkeit erweitert und verbessert. Ursprünglich regierte der deutsche Landesherr mit einer einzigen kollegialen Behörde am Hof: dem Rat. Aus ihm gliederte er, seitdem die Aufgaben anwuchsen und sich differenzierten, zentrale Behörden für die Finanzen – die Kammer – und für die auswärtige Politik – den Geheimen Rat – aus. Dem Rat alten Stils verblieb nunmehr als spezielle Obliegenheit die Justiz, welche in der Regel mit der allgemeinen Administration verknüpft war. Unter dem Namen eines Konsistoriums, Kirchenrates oder Geistlichen Rates fungierte als weiteres Zentralorgan eine Behörde für den gesamten Komplex der kirchlichen Regierung. Größere Territorien richteten außerdem noch ein Ressort für das Militärwesen ein, gewöhnlich Kriegsrat genannt. – Die reichsständischen Territorien unterhöhlten einerseits das Reich, auf der anderen Seite nahmen sie im überschaubaren Bereich ihrer Landesherrschaft staatliche Aufgaben wahr und entwickelten mit der Behördenorganisation, gewissermaßen am kleinen Modell, einen für ihre Zeit modernen Staatstyp, dessen Organe Funktionen der Staatlichkeit mit System und einiger Präzision ausübten. Maximilian I. von Bayern, von dem das Wort stammt, ein Fürst müsse sich verzehren wie eine brennende Kerze, um anderen zu leuchten, belehrte nach vierzigjähriger Regierungszeit seinen Nachfolger darüber, daß nächst Gott eine gute Finanz, ein Heer, gute Festungen und das Vertrauen der Untertanen die vier Säulen seien, auf denen die Macht eines

Fürsten ruhte. Heil, Sicherheit und Wohlfahrt der Untertanen galten diesem bedeutenden Landesherrn unverrückbar als Regierungszweck. Um ihn zu erreichen, erweiterte er jedoch in erster Linie seine politische Macht und wandte in seiner Regie[illegible] Staat planend und ordnend in den Griff zu bekommen und nach außen zu vergrößern. Eben das gehörte seit dem Dreißigjährigen Krieg zur Physiognomie des vom Reich (fast) emanzipierten größeren deutschen Territorialstaates.

Als einer der größeren politischen Machtkämpfe im Reich, bei dem es um das brisante konfessionelle Problem ging, ob eines der rheinischen geistlichen Kurfürstentümer am Schnittpunkt wichtigster Handelsstraßen evangelisch werden sollte, spielte sich 1582/83 der sogenannte Kölner Krieg ab. Er wurde zum Testfall für das Wiederaufleben des Katholizismus in Deutschland und für das überterritoriale Zusammenwirken politischer Kräfte im Reich unter dem Zeichen des Konfessionskampfes. Der Sache nach ging es dabei um folgendes: Der Landtag, das Domkapitel und die Reichsstadt Köln achteten stets darauf, daß das Kurfürstentum katholisch blieb. Zwischen 1546 und 1584 trat in Köln viermal ein Erzbischof zu Lebzeiten vom Amt zurück, weil er heiraten oder protestantisch werden oder beides wollte. Erzbischof Gebhard Truchseß von Waldburg gedachte ein Stiftsfräulein, Agnes von Mansfeld, zu heiraten. Zu diesem Zweck wurde er Weihnachten 1582 evangelisch und gab das evangelische Bekenntnis für sein Kurfürstentum frei. Graf Johann von Nassau, Bruder Wilhelms von Oranien, der durch seinen Anhang im Domkapitel von beträchtlichem Einfluß war, bestärkte ihn in dieser Absicht. Ähnliches war in norddeutschen Bistümern öfter vorgekommen. In Köln aber regte sich spontaner Widerstand. Papst Gregor XIII. setzte den Erzbischof, Kaiser Rudolf II. den Kurfürsten ab; der Landtag übertrug die weltliche Regierung des Stifts dem Domkapitel. Dieses stieß seine evangelischen Mitglieder aus und wählte einen bayerischen Prinzen, Ernst von Freising, zum neuen Erzbischof. Der abgesetzte Kurfürst setzte sich zur Wehr, die Kurpfalz eilte ihm mit einer Armee zu Hilfe, aber die Generalstaaten, auf die er gehofft hatten, versagten sich ihm, weil sie selber bedrängt waren. Dagegen half der Herzog von Bayern, Wilhelm V., seinem Bruder mit bewaffneter Hand, desgleichen, von den Niederlanden her, Alexander von Parma. Und so wurde Gebhard mit leichter Mühe verjagt. Die evangelischen Kurfürsten August I. von Sachsen und Johann Georg von Brandenburg, die noch der Generation der Friedensmacher von 1555 angehörten, weigerten sich, Gebhard zu unterstützen – zumal er offenkundig den Geistlichen Vorbehalt verletzt hatte. 1585 erkannte das Kurkolleg die Neuwahl an. – So kurz der Krieg war und so rasch sich die Verhältnisse wieder beruhigten, so symptomatisch war er. Er machte sichtbar, wie eine konfessionelle Affäre unmittelbar in einen politisch-militärischen Konflikt umschlagen konnte. Er zeigte den Anfang von Kräftezusammenballungen und Parteibildungen, die fortan den Gang der deutschen und bald auch der europäischen Geschichte bestimmen sollten: Der Kaiser und die größeren katholischen Stände, mit dem Papst und den spanischen Niederlanden im Hintergrund, taten sich zusammen, um den Katholizismus in einer gefährdeten Region zu verteidigen, und schlugen zu; die Sache des Protestantismus verfochten territorien-übergreifend die calvinistischen Reichsstände unter Führung von Pfalz und Nassau in potenzieller Verbindung mit den Niederlanden. Die lutherischen Reichsstände hielten sich heraus und suchten, unter sächsischer Führung, den Frieden zu halten.

Diese Konstellation bestimmte anfänglich auch den größeren Konflikt, der ein Menschenalter später, ebenfalls am Niederrhein, wegen der Erbfolge in den vereinigten Herzogtümern Kleve-Jülich-Berg entstand. Er zog weitere Kreise, weil sich die allgemeine Szene in Deutschland und Europa inzwischen verändert und verdüstert hatte. Im Reich hatten die rivalisierenden Konfessionsparteien die Verfassungsinstitutionen lahmgelegt und sich zu Militärbündnissen zusammengeschlossen. Im westlichen Europa ging es derzeit etwas ruhiger zu, doch brodelte es unter der Oberfläche auch dort. England und Spanien suchten unter ihren friedenswilligen Königen Jakob I. und Philipp III. miteinander auszukommen. Holland und Spanien schlossen gerade einen zwölfjährigen Waffenstillstand. Frankreich erholte sich von den Religionskriegen und war immer darauf bedacht, sich gegen die spanischen und deutschen Habsburger, die König Heinrich IV. als seine Todfeinde betrachtete, abzusichern oder gar einen Vorteil zu verschaffen. Eine solche Gelegenheit schien der Erbfolgestreit zu bieten, auf den man sich am Niederrhein schon länger vorbereitete. Johann Wilhelm von Kleve war der letzte seines Stammes. Man konnte mit Sicherheit voraussehen, daß sich nach dem Tod des kinderlosen, geistesschwachen Herzogs verschiedene Prätendenten mit Ansprüchen auf die Nachfolge zur Stelle melden würden. Die Erbfolge war schon Jahrzehnte zuvor durch ein kaiserliches Privileg geregelt worden, sah aber äußerst kompliziert aus: Beim Erlöschen des Mannesstamms sollte das Land unteilbar bleiben, das Erbrecht auf etwa vorhandene Töchter des letzten Herzogs übergehen, von diesen aber sofort an ihre männliche Nachkommenschaft übertragen werden und nur von dieser wahrgenommen werden dürfen. Des verstorbenen Herzogs Vater hatte vier Töchter, von denen lediglich die älteste keinen Sohn, sondern nur einen Schwiegersohn präsentieren konnte: den Kurfürsten Johann Sigismund von Brandenburg. An diesen delegierte sie, wohl nicht ganz korrekt, ihre Anwartschaft. Die anderen Töchter taten dasselbe mit ihren Söhnen. Die Sache wurde dadurch nicht leichter, daß der Kurfürst von Sachsen ebenfalls Ansprüche anmeldete und die Habsburger ihn darin unterstützten. Die Bevölkerung der vereinigten Herzogtümer war konfessionell gemischt. Das machte die Nachfolgefrage besonders delikat, auch für das angrenzende Ausland: Die Generalstaaten wünschten einen protestantischen, der Regent der spanischen Niederlande, Erzherzog Albrecht, einen katholischen Nachfolger, desgleichen der Kaiser. Der König von Frankreich hätte dagegen das Land am liebsten für einen seiner Söhne zu Lehen genommen. Während die präsumptiven Erben sich noch mitten in der Diskussion von Tausch- und Teilungsplänen befanden, starb im Frühjahr 1609 Herzog Johann Wilhelm. Die politisch kräftigsten unter den Prätendenten, der Kurfürst von Brandenburg und Pfalzgraf Wolfgang Wilhelm von Pfalz-Neuburg, ältester Sohn der zweiten Herzogstochter Anna, hatten sich vorsorglich nach Bundesgenossen umgesehen: der Brandenburger, obwohl lutherisch, bei den Calvinisten, der Kurpfalz und den Generalstaaten; der Neuburger, obgleich ebenfalls lutherisch, bei den katholischen Mächten in Wien, Madrid und Brüssel. Sie gingen für ihre territorialen

Johann Sigismund von Brandenburg
Kupferstich von Crispin de Passe d. Ä.

Querelen beim Ausland hausieren und lockten es damit ins Reich. Auf die Kunde vom Tod des Herzogs marschierten beide Fürsten sofort ein, setzten sich via facti in den Besitz des Landes – und nannten sich fortan die Possedierenden. Da der eine über den anderen nicht Herr zu werden vermochte, einigten sie sich auf eine provisorische Gemeinschaftsregierung im Dortmunder Vertrag vom 10. Juni 1609. Die Landstände gaben dazu ihr Plazet, nachdem beide Fürsten ihnen als Gegenleistung ihre Privilegien bestätigt und die Bekenntnisfreiheit für alle drei Konfessionen garantiert hatten.

Der Kaiser, dessen Absichten der Brandenburger und der Neuburger zuvorgekommen waren, erklärte den Vertrag für nichtig, ließ ein Truppenkontingent in Jülich einmarschieren, richtete dort eine kommissarische kaiserliche Regierung ein und befahl den Possedierenden, das besetzte Land zu räumen. Diese gingen darauf nicht ein, sondern sahen sich nach Verbündeten um und fanden solche in der Union und in Frankreich. England und die Niederlande versprachen ihnen gleichfalls Hilfe. Der Kaiser wandte sich dagegen an Spanien und an die deutsche katholische Liga. König Heinrich IV. schloß Kriegsbündnisse mit Savoyen und der Union zur Bekämpfung der Habsburger in den Niederlanden und Italien. Mit einer provokatorischen Forderung nach Durchmarscherlaubnis durch spanisch-niederländisches Gebiet für eine Armee, die die Habsburger aus Jülich verjagen sollte, war er im Begriff, einen Krieg vom Zaun zu brechen – da wurde er in seinem Reisewagen, der ihn zur Front bringen sollte, am 14. Mai 1610 in Paris ermordet.

Durch diesen eindeutig politischen Mord, der sich gegen Heinrichs katholikenfeindliche Außenpolitik richtete, brach die antihabsburgische Front zusammen; es wurde ein Krieg im Moment seines Ausbruchs verhindert. Die Königin-Regentin Maria von Medici legte, wohl aus konfessionellen Überzeugungen, einigen Wert auf gute Beziehungen zum spanischen Hof in Madrid. Damit trat eine merkliche Entspannung in den zwischenstaatlichen Beziehungen ein. – Wenn sich die west- und mitteleuropäische Szene nun auch beruhigte, so wurden damit die innerdeutschen Probleme am Niederrhein noch längst nicht gelöst. Sie wurden im Gegenteil noch komplizierter, weil die Possedierenden sich jetzt entzweiten: Keiner gönnte dem anderen das Erbe, beide trachteten danach, sich in den ungeteilten Besitz des Erbes zu bringen. Diesen Zwist wendeten sie, Überzeugung hin, Überzeugung her, umgehend ins Konfessionelle. Dadurch verlängerten sie ihn in das Reich hinein. Der Neuburger wurde katholisch, der Brandenburger trat zum Calvinismus über. Daraufhin nahmen die Generalstaaten sofort für Johann Sigismund von Brandenburg Partei und setzten sich für seine Ansprüche ein. Die Liga, Spanien und die südlichen Niederlande, denen in erster Linie an einem katholischen Nachfolger lag, verfochten die Sache des Neuburgers, desgleichen Kaiser Matthias, Rudolfs II. Bruder und Nachfolger. Die geteilten Niederlande nahmen die Klevische Sache zum Anlaß,

Wolfgang Wilhelm von Pfalz-Neuburg
Kupferstich von Lucas Vorsterman

sich miteinander auf deutschem Boden zu messen und dort Fuß zu fassen. 1614 marschierten Spinola aus dem Süden und Moritz von Oranien aus dem Norden ins Rheinland ein. Den drohenden Zusammenstoß verhinderte im letzten Augenblick eine Intervention der größeren Mächte: England und Frankreich, jetzt beide zum Frieden geneigt, geboten Einhalt. Sie nötigten die Prätendenten, sich zu vertragen, und veranlaßten die Schlichtung des Streites durch eine internationale Konferenz. Diese trat in Xanten zusammen, wurde von den Westmächten und den Reichsständen beschickt und teilte das Territorium auf: Brandenburg erhielt Kleve, Mark und Ravensberg, der Pfalzgraf bekam Jülich und Berg. Der Xantener Vertrag vom 12. November 1614, der diese Regelung fixierte, wurde in französischer Sprache abgefaßt und von den Bevollmächtigten Englands und Frankreichs, der Generalstaaten, der Kurfürsten und der Reichsstände unterzeichnet. Beides zeigte, daß der innerreichische Territorialstreit keine bloß deutsche Angelegenheit mehr war. Er wurde entschieden und beendet durch den Willen des Auslands. Darin bildete er ein Modell für den am weiteren Horizont heraufziehenden Großen Krieg. Er war aber auch ein Vorspiel oder eine Generalprobe desselben, weil hier die künftigen Kriegsteilnehmer und ihre Verbündeten nahezu vollständig gegeneinander aufmarschierten: Österreich mit dem Kaiser, Spanien und der Liga auf der einen Seite, die reformierten Reichsstände, Frankreich und die Generalstaaten auf der anderen. Der Kampf um Kleve offenbarte, wie rasch ein innerdeutscher Konflikt das Ausland ins Reich ziehen und wie blitzschnell eine politische Sache ins Konfessionelle, eine konfessionelle Sache ins Politische umschlagen konnte.

War jene Krise am Niederrhein nur ein grelles Wetterleuchten, so war das, was sich seit geraumer Zeit in den Territorien der deutschen Habsburger abspielte, dem dumpfen Grollen vergleichbar, durch das sich ein schweres Gewitter ankündigt. Österreich war das mit Abstand größte Territorium und dem Reich insofern besonders eng verbunden, als es traditionell den Kaiser stellte. Dadurch, daß der Kaiser die starke Hausmacht seiner Dynastie hinter sich hatte, wurde er besonders von den kleinen und kleinsten Reichsständen, -städten, -städtchen und -abteien im Süden respektiert und auch gern als Schutzmacht angerufen. Im Norden, zwischen Ostfriesland und Pommern, war seine Macht weniger präsent als in Schwaben, Franken und am Rhein. Mit den Kaisern Ferdinand I. und Maximilian II. standen Persönlichkeiten an der Spitze des Reiches, die auf Grund ihrer reichspolitischen Erfahrungen den Religionsfrieden zu schätzen wußten und in diesem Punkt mit den wichtigeren katholischen und evangelischen Reichsfürsten übereinstimmten. Auf Maximilian II. folgte 1576 als ältester von seinen fünf Söhnen Rudolf II., ein schwieriger und etwas wunderlicher Junggeselle, unter dessen sechsunddreißigjähriger Regierung die anfänglich geringen Spannungen im Reich und in Österreich stiegen und die habsburgische Monarchie in eine schwere innerdynastische Krise geriet. In Spanien bei seinem Oheim Philipp II. streng katholisch erzogen, hauste er zu Prag auf dem Hradschin, lebte dort seinen Neigungen als Kuriositätensammler und Freund der Alchimie, zog unter anderen so bedeutende Astronomen wie Johannes Kepler und Tycho Brahe an seinen Hof und soll sich periodisch wüsten Ausschweifungen hingegeben haben. Mit dem Egoismus des Eigenbrötlers ganz seinen Liebhabereien zugewandt, verhielt er sich politisch passiv bis zur Uninteressiertheit. Er ließ die Regierungsgeschäfte im Reich und in Österreich schleifen und räumte einigen untergeordneten Subjekten Vertrauensstellungen ein, hielt aber an seinen Herrschaftsvollmachten eigensinnig fest. Dadurch geriet er in Differenzen mit seinen agileren jüngeren Brüdern, die sich sehr viel lebhafter für das Schicksal des deutschen Habsburger-Staates interessierten und sich auch mehr darum zu sorgen schienen als der regierende Kaiser. Als er durch seine Passivität den Staat an den Rand des Verderbens treiben ließ, entmachte-

Festmahl am Hof Rudolfs II. in Prag im Beisein des Kaisers
sowie der Erzherzöge Ferdinand, Karl und Ernst
Miniatur in einer Prunkhandschrift für den Kaiser, vor 1612
Wien, Österreichische Nationalbibliothek

ten sie ihn sukzessiv. Das geschah in der Endphase des großen Türkenkrieges (1593 bis 1606).

Drei Probleme bewegten die Dynastie der Habsburger vor allen anderen: die Türken, die Stände und die Protestanten. Zu allen drei Kräften stand die Landesherrschaft in Spannung, Gegensatz oder offener Feindschaft. Weil die Stände sich weithin mit dem Protestantismus identifizierten, ergab sich auf der Gegenseite fast zwangsläufig ein Bündnis zwischen der Landesherrschaft und dem Katholizismus. Wenn die Habsburger ihre Landesgrenze gegen die Türken halten wollten, waren sie auf militärische wie finanzielle Hilfe seitens der erbländischen Stände angewiesen und brauchten gewöhnlich noch zusätzlich etwas Unterstützung vom Reich. Die Landstände und das Reich handelten sich für ihre Finanz- und Truppenhilfe fast ausnahmslos konfessionelle und politische Zugeständnisse ein. Die Konzessionsverträge, welche die Habsburger den Ständen ihrer Länder – Mähren, Böhmen, Ungarn – und Ländergruppen – Innerösterreich, Donau-Österreich – zwischen 1560 und 1618 gewährten, sind kaum zu zählen. Die Türken waren der Hebel, den die Stände gegen den Landesfürsten ansetzten, um ihn gefügig zu machen. Das ging so lange, bis den Osmanen in eigenem Interesse ein haltbarer Friedenszustand an der ungarischen Grenze wünschenswert erschien. Dieser Zeitpunkt trat 1606 ein, als Österreich und das Osmanische Reich ihre gegenseitigen Beziehungen anläßlich der Beendigung des dreizehnjährigen Krieges im Frieden von Zsitva-Torok bereinigten. Mit dem Abschluß eines zwanzigjährigen – später periodisch verlängerten – Waffenstillstandes vereinbarten sie ein haltbares Provisorium. Durch dieses Abkommen wurde das Türken-Problem für das Haus Habsburg auf längere Sicht vorläufig gelöst. – Stärker waren das ständische und das konfessio-

Der Friede von Zsitva-Torok zwischen dem Sultan und dem Kaiser am 11. November 1606
Eine Seite des Unterhändlerinstruments in türkischer Sprache
Wien, Haus-, Hof- und Staatsarchiv, Türkische Urkunden

Rudolfs II. Verzicht auf das Königreich Ungarn samt Krone, Ornat und Urkunden
zu Gunsten seines Bruders Matthias
Urkunde vom 25. Juni 1608 mit der Unterschrift des Kaisers
Wien, Haus-, Hof- und Staatsarchiv, Urkundenreihe

nelle Problem miteinander verschränkt. Die gut durchorganisierten Stände der Erb- und Kronländer – Ritterschaften, Städte, Hochadel – bekundeten ihrem Territorialherrn unmißverständlich, daß sie zu den Freiheiten, auf die sie Anspruch erhoben, insbesondere die Freiheit der Religionsausübung zählten. Die österreichischen Landesherren und die regierenden Erzherzöge wurden durch die Umstände mehrfach genötigt, religiöse und politische Konzessionen zu machen und alle möglichen Privilegien, Freiheiten und Sonderrechte zu gewähren. Als Landesherren verfolgten sie jedoch grundsätzlich das Ziel, die Macht der Stände zu brechen. Wie die übrigen Territorialherren wünschten sie die Bevölkerung zu vereinheitlichen und sich den Adel zu unterwerfen. Sie beriefen sich hierbei auf den Augsburger Religionsfrieden. Dieser bildete den Rechtsboden für die Rekatholisierung, die, von der Steiermark und ihrer Hauptstadt Graz ausgehend, ansatzweise auch in Donau-Österreich und Böhmen durchgeführt wurde. Eine entgegengesetzte Politik verfolgten die Stände in Böhmen und Mähren, Ungarn, Ober- und Niederösterreich. Sie lief darauf hinaus, die konfessionelle Gleichberechtigung des Protestantismus mit dem Katholizismus zu erkämpfen und vertraglich festzulegen. Für diese Absicht kam ihnen der Bruderzwist im Haus Habsburg wie gerufen.

Während des großen Türkenkrieges brach 1605 ein Aufstand in Ungarn aus. Er griff auf die angrenzenden habsburgischen Länder über und machte deren Stände so rebellisch, daß die Dynastie Anlaß hatte, für ihren Bestand zu fürchten. Des Kaisers Brüder und die Erzherzöge der steirischen Linie begriffen, daß sie die Rebellen nur durch handfeste Zugeständnisse würden beruhigen und verhandlungsbereit machen können. Rudolf II. sperrte sich dagegen. Daraufhin wählten sie Erzherzog Matthias zum Chef der Dynastie und übertrugen ihm Regierungsvollmachten. Matthias gelang es um den Preis weitgehender Konzessionen, sich mit den Ungarn im Frieden von Wien 1606 zu versöhnen. Unter anderem mußte er die erb- und kronländischen Stände als Garanten des Friedens anerkennen und ihnen damit stillschweigend ein Mitspracherecht an den außenpolitischen Entscheidungen Österreichs einräumen. Rudolf II. unterlief diese Politik seiner Brüder, indem er gegen hohe Zugeständnisse, die er durch den Majestätsbrief vom 9. Juli 1609 in Kraft setzte, die Unterstützung der böhmischen Stände gewann. Er gestattete beispielsweise den Protestanten, sich politisch zu organisieren. Im Gegenzug sicherte sich Matthias, um Rudolfs Handlungsfreiheit einzuschränken, die Gefolgschaft der Stände von Mähren und Ungarn, indem er sie gleichfalls mit überaus weitgehenden Konzessionen honorierte. In Summa gingen sowohl die Stände als auch der von ihnen protegierte Protestantismus mit hohem Gewinn aus dem Bruderstreit hervor. Rudolf II. hatte 1608 auf Österreich, Mähren und Ungarn verzichten müssen. 1611 verlor er infolge einer militärischen Kurzschlußhandlung noch Böhmen, sein letztes unmittelbares Herrschaftsgebiet, so daß ihm lediglich das Kaisertum als Herrschaftstitel blieb. In dieser Situation verfiel er auf sehr persönliche Rachegedanken: Er wollte sich mit der Union gegen seinen Bruder Matthias verbünden und die junge Witwe des 1610 verstorbenen calvinistischen Kurfürsten Friedrich IV. von der Pfalz, heiraten. Dazu kam es dann nicht, weil er am 10. Januar 1612 starb.

Die Konzessionspolitik der habsburgischen Brüder beruhigte den landesherrlich-ständischen Gegensatz zwar für den Augenblick, entschärfte ihn aber nicht. Matthias, 1612 zum Kaiser gewählt, bemühte sich zweifellos aufrichtig, die Eskalation der gegnerischen Kräfte im Reich zu bremsen. Doch die von ihm eingeschlagene, an sich nicht unvernünftige Politik der ›Kompositionen‹ – der Beilegung der Beschwerden beider Konfessionsparteien durch Verständigung – schlug ebenso fehl wie alle seine Bemühungen, den Reichstag wieder funktionsfähig zu machen. Der Verfassungsstreit schwelte weiter. Und da er sich einer friedlichen Regelung entzog, wurde die Aussicht auf eine bewaffnete Auseinandersetzung immer größer. Ähnlich stand es innerhalb des habsburgischen Gesamtterritoriums. Das Landesfürstentum gab seinen Anspruch auf Herrschaft nicht preis, die Stände aber befanden sich unaufhaltsam im Vormarsch. Am weitesten gingen sie in Böhmen: 1618 stürzten sie die landesfürstliche Regierung. Das führte zum Ausbruch des Großen Krieges.

Die Habsburg im Aargau, der Stammsitz der Familie
Miniatur in dem ›Ehrenspiegel des Hauses Österreich‹ von Johann Jakob Fugger, 1555
Wien, Österreichische Nationalbibliothek

Epoche des Dreißigjährigen Krieges

Der Dreißigjährige Krieg begann als Revolution in Böhmen. Unterschiedliche Ursachen trugen dazu bei, daß er sich über seine Ursprungsregionen hinaus mehr und mehr ausweitete, und bewirkten, daß er so bald keinen Abschluß fand. Dieser Krieg brach zu einem Zeitpunkt aus, als kirchlicher Eifer und Staatsräson noch dicht beieinander lagen und sich vielfach gegenseitig stützten, sich gelegentlich allerdings auch überschnitten oder in Widerstreit miteinander gerieten; zu einem Zeitpunkt, in dem die kämpferische Auseinandersetzung zwischen politischem Ständetum und fürstlicher Regierung in ganz Europa voll im Gang und es noch offen war, welche von beiden Kräften siegen werde. Er entzündete sich durch ein Vorpreschen des politisch organisierten Ständetums gegen die Monarchie in Böhmen. Im Zuge des Aufstandes unternahm der calvinistisch inspirierte Protestantismus einen Vorstoß gegen die katholische Dynastie der Habsburger in Deutschland. Das Ringen um die politische Verfassungsform – das Herrschaftssystem – und um die kirchliche Ordnung – den wahren Glauben und die reine Lehre – war eine gesamteuropäische Erscheinung. Dieser Vorgang spielte sich jedoch in den einzelnen Staaten, Ländern und Landschaften recht unterschiedlich ab. Die Reformation war in Österreich erst um 1560, also sehr viel später als im Reich zu voller Entfaltung gekommen. Der Protestantismus gelangte dort um 1600 auf seinen Höhepunkt und wurde von der katholischen Dynastie als eine staatsgefährdende Bedrohung angesehen. Desgleichen hatte sich die politische Opposition der Stände in den Erb- und Kronlanden mit solcher Kraft erhoben, daß ein zeitgenössischer Beobachter, der venezianische Gesandte in Wien, meinte, die Stände würden sich möglicherweise durch einen Gewaltakt zu einer Föderation nach dem Muster der Schweiz oder der Niederlande zusammenschließen und die Dynastie unter ihre Kontrolle bringen.

Innerhalb des Reiches bildete Österreich mit Böhmen und Nordwestungarn das Landesfürstentum des Kaisers. Jedenfalls in der Regel, und wenn man von den innerdynastischen Teilungen und Streitigkeiten, zum Beispiel unter Rudolf II., absieht. Im Reich hatte der Kaiser den Dauerkonflikt zwischen Reichsständen und Reichsoberhaupt durchzustehen. Andererseits befand er sich in dem Interessenkonflikt zwischen katholischen und protestantischen Reichsständen als Parteigänger auf der Seite der Katholiken. Die Querelen im Reich wirkten automatisch auf Österreich und seine Kronlande zurück. Die oppositionellen Kräfte der habsburgischen Ländergruppe fanden im Reichsgebiet Sympathie und erfuhren von dort aus auch manche Unterstützung. Nun regierte aber die habsburgische Dynastie – was für den Anfang und weiteren Verlauf des Krieges eine große Rolle spielte – nicht nur in den deutschen Erblanden nebst Böhmen und Ungarn, sondern auch in Spanien und Portugal, im größten Teil von Italien, in Burgund und in den südlichen Niederlanden. Die spanische und die deutsche Linie der Dynastie wirkten in der Regel eng zusammen, in auswärtigen, in konfessionspolitischen, zum Teil auch in innerstaatlichen Angelegenheiten. Die Krone Spaniens besaß ein Interesse daran, die Krone Frankreichs nicht mächtig werden zu lassen. Umgekehrt betrachtete es die Krone Frankreichs seit König Franz I. als eines ihrer hauptsächlichen Ziele, sich aus der vorgeblichen oder tatsächlichen Umklammerung durch die Länder der habsburgischen Dynastie zu befreien. So wurde Österreich durch seine dynastischen Verbindungen zwangsläufig von den Spannungen zwischen den großen europäischen Mächten mitbetroffen. Aber auch die Umkehrung galt: Was sich in Österreich ereignete, das wirkte nicht nur auf das übrige Reich, sondern ebenso auf die internationalen Beziehungen in Europa zurück. Darin lag eine der Voraussetzungen dafür, daß der 1618 ausgebrochene Konflikt innerhalb der Länder der deutschen Linie des Hauses Habsburg kein regionaler Vorgang blieb, vielmehr über sie hinausgriff und zum Großen Krieg in Deutschland wurde.

Die böhmische Revolution und die Internationalisierung des Krieges

In den Erb- und Kronlanden der deutschen Habsburger gärte es seit den neunziger Jahren des 16. Jahrhunderts. Zerwürfnisse zwischen Kaiser Rudolf II., einem mißtrauischen, schwierigen Junggesellen, und seinen gegen ihn rebellierenden Brüdern bedrohten das Land in seinem staatlichen Bestand und brachten es zeitweilig an den Rand des Abgrunds. Ein langer Krieg mit den Türken (1593 bis 1606) belastete Nordungarn und Österreich. Der habsburgische Teil von Ungarn, das sogenannte Königliche Ungarn, befand sich permanent in Unruhe. Die meisten der dortigen Magnaten sympathisierten mit den Türken. Denn diese gewährten ihnen mehr ständische und konfessionelle Freiheiten als das Haus Habsburg. Innerhalb der deutschen und böhmischen Länder meldeten die in starken Landesverbänden zusammengeschlossenen [illegible] regierung an. Die Konflikte zwischen dem Landesherrn und dem eingesessenen Adel verschärften sich durch den konfessionellen Gegensatz, besonders in Böhmen, Nieder- und Oberösterreich. Die Stände waren in der Mehrzahl evangelisch und forderten deshalb Religionsfreiheit; sie verlangten, den Gottesdienst ungehindert nach ihrem Bekenntnis ausüben zu dürfen. – Eine Schwächung des Kaisertums erstrebten auch die meisten deutschen Reichsstände. In diesem Punkt liefen ihre Wünsche mit denen der österreichischen Landstände parallel. So war es kein Wunder, daß sich die Verbindungen zwischen den Ständen im Reich und in den habsburgischen Ländern verdichteten. In der Hochspannung dieser Situation stand seit 1612 die Frage der Nachfolge des Kaisers Matthias zur Debatte. Sie wurde ein politisches Problem ersten Ranges und führte dazu, daß die Krise sich zuspitzte. Matthias, Rudolfs II. Bruder, 1612 nicht mehr ganz jung, war kinderlos, desgleichen seine Brüder. Das hieß: Vom Beginn seiner Regierung an war die Erbfolge ein akutes Problem. Die Kinderlosigkeit aller fünf Söhne Maximilians II. führte, nach komplizierten Vorverhandlungen innerhalb des habsburgischen Gesamthauses, zu der unkonventionellen Regelung, daß, unter Übergehung der zunächst erbberechtigten Brüder des Kaisers, ein Vetter von ihnen, der knapp vierzigjährige Erzherzog Ferdinand von Steiermark, zum Nachfolger von Matthias bestimmt wurde.

König Philipp III. von Spanien hatte sich in diese Verhandlungen eingemischt und sich, unter Berufung auf seine engste Verwandtschaft mit Matthias, Rudolf II. und Maximilian II., um die Nachfolge im Kaisertum beworben. Er zog seine Kandidatur später zurück, allerdings um den Preis einiger Gegenleistungen: Ferdinand verpflichtete sich,

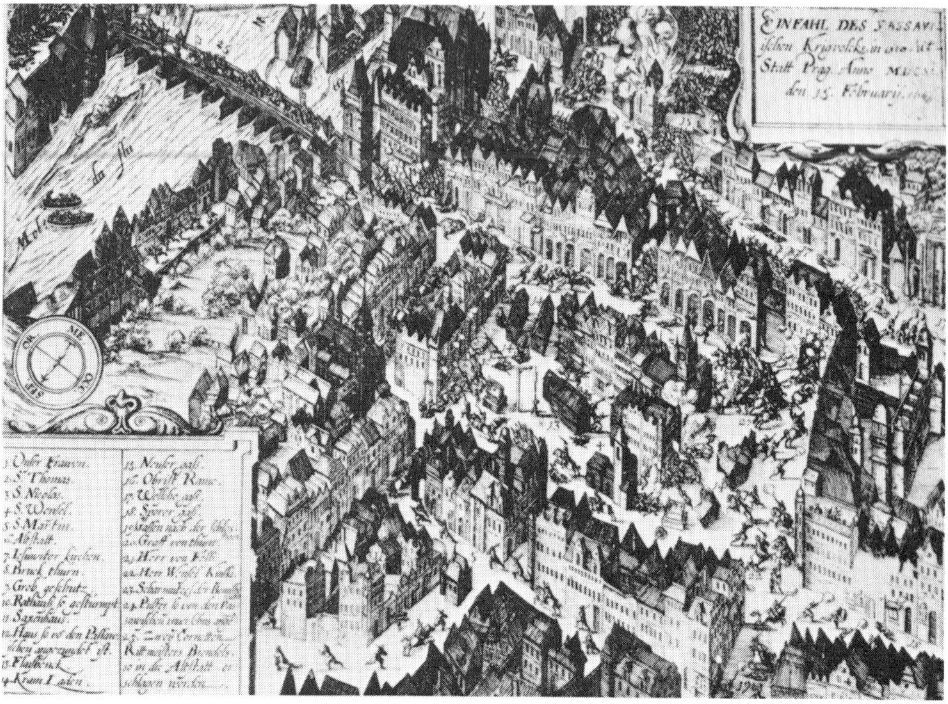

Militärisches Geplänkel zwischen den Truppen Rudolfs II. und dem ›Kriegsvolk‹ Matthias' in Prag am 15. Februar 1611
Kupferstich eines Unbekannten
Prag, Muzeum Hlavního Města

den spanischen König mit zwei italienischen Fürstentümern zu belehnen und ihm österreichische Territorien im Elsaß und am Oberrhein abzutreten. Dies war der Inhalt des Oñate-Vertrages, eines Geheimvertrages, so benannt nach Oñate, dem spanischen Gesandten in Prag, der diese Konzessionen für seinen König im Sommer 1617 aushandelte. Der Vertrag sollte mit der Regierungsübernahme Ferdinands in Kraft treten. Er wurde nie ausgeführt, war aber wichtig als Symptom. Spanien besaß ein Interesse daran, seinen Territorialbesitz in Mitteleuropa zwischen der Nordsee und Italien abzurunden. Frankreich aber war daran interessiert, dies zu verhindern, und statt dessen, wie sich allerdings erst einige Jahre später unter Richelieu zeigte, seinen eigenen Besitz dort zu erweitern und eine Rhein-Front aufzubauen. Daher die unversöhnliche Haltung der Krone Frankreichs gegen das Haus Österreich von Richelieu bis zu Ludwig XIV. Für das Reich war als unmittelbares Resultat des Oñate-Vertrages von Belang, daß es mit Ferdinand als dem künftigen Herrn von Österreich den präsumptiven Kaiser erhielt. Während Kaiser Matthias den Übergang der Regierung an seinen Nachfolger schrittweise vorbereitete, wurde Ferdinand durch die zuständigen Gremien nacheinander zum König von Böhmen (1617) und Ungarn (1618) gewählt.

Böhmen hatte im Mittelalter unter verschiedenen Dynastien gestanden. 1526 war es zusammen mit Ungarn an das Haus Habsburg gefallen. Es war ein Wahlreich, in dem die Stände den Herrscher wählten und ihm nach erfolgter Wahl zu huldigen pflegten. Doch stand seit 1526 so gut wie fest, daß der in den österreichischen Erblanden regierende Landesfürst zum böhmischen König gewählt wurde. Was die kirchlich-religiöse Situation anging, so gab es in Böhmen zu Beginn des 17. Jahrhunderts fünf größere Konfessionen: Utraquisten, Böhmische Brüder, Calvinisten, Lutheraner und Katholiken. Unter den Ständen nahm der hohe Adel eine führende Position ein. Ein beträchtlicher Teil des Adels und der städtischen Bürgerschaften war evangelisch, und zwar meist utraquistisch oder lutherisch. Eine nicht geringe Zahl unter denen, die zur politischen Führungsspitze gehörten, war calvinistisch. Der König hatte keine uneingeschränkten Befugnisse. Er mußte vielmehr auf die Stände Rücksicht nehmen und die von diesen protegierten Religionsbekenntnisse respektieren. Kaiser Rudolf II. hatte das 1609 im Böhmischen Majestätsbrief getan. Auch Kaiser Matthias hatte den Ständen Zugeständnisse in Dingen der Religionsfreiheit, des Kirchenbaus und des Kirchenbesitzes gemacht: Es durften sich beispielsweise alle Bewohner Böhmens der utraquistischen Konfession anschließen. Unter bestimmten Voraussetzungen erlaubte er den Protestanten, evangelische Kirchen zu errichten. – 1617 bauten böhmische Protestanten auf einem Grundstück, das der katholischen Kirche gehörte, eine evangelische Kirche. Das gab Anlaß zum Streit. Die Katholiken reagierten mit rechtlichen und politischen Schritten und erwirkten, daß die Kirche wieder abgerissen wurde. Die Protestanten fühlten sich herausgefordert und antworteten mit einer großen politi-

Prag aus Richtung Wischehrad
(Lorenziberg, Hradschin und Moldau-Brücke)
Zeichnung von Wenzel Hollar, 1636
Wien, Graphische Sammlung Albertina

schen Aktion: Sie beriefen die evangelischen Stände zu einer Protestversammlung nach Prag. Der Kaiser verbot die Versammlung. Die Stände kehrten sich nicht daran. Im Gegenteil: Sie erhoben sich gegen ihren König und gegen den Kaiser und organisierten eine eigene ständische Regierung. Diese Entscheidung bedeutete Revolution und Krieg.

Der Aufstand begann mit dem Prager Fenstersturz am 23. Mai 1618. Zwei hohe kaiserliche Regierungsbeamte, Jaroslaw Martinitz und Wilhelm Slawata, wurden mit ihrem Sekretär von den Empörern aus ihren Büros auf dem Hradschin durchs Fenster in die Tiefe geworfen, kamen aber bekanntlich mit dem Leben davon, weil sie auf einen Misthaufen fielen. Die revoltierenden Stände übernahmen daraufhin die Macht. Ein von ihnen einberufener Landtag konstituierte ein ›Regiment‹ von dreißig Direktoren und übertrug ihm die Landesverwaltung. Außerdem stellte es sofort ein Heer auf. Das Kommando darüber vertraute es einem eingesessenen Magnaten an, dem Grafen Matthias von Thurn. Im Frühjahr des folgenden Jahres, am 20. März 1619, starb Kaiser Matthias. Seinen Tod nahmen die Rebellen zum Anlaß, noch einige Schritte weiterzugehen. Sie schlossen sich im Juli 1619 auf einer Versammlung zu Prag mit den Ständen der zur Krone Böhmens gehörenden Nebenländer Mähren, Schlesien, Ober- und Niederlausitz zu einer Art von ständischem Bundesstaat, Konföderation genannt, zusammen und gaben sich mit der Konföderationsakte vom 31. Juli 1619 eine Verfassung. Die Akte regelte die anstehenden kirchlichen und politischen Grundfragen und traf zum Zweck der Landesverteidigung Bestimmungen über das Heerwesen und seine Finanzierung. Sie begünstigte die Evangelischen, worunter alle Nichtkatholiken verstanden wurden, in weitestem Maße und richtete sich einseitig gegen die Katholiken. Außerdem beschränkte sie die politischen Rechte des Königs und band ihn in allen einigermaßen wichtigen Entscheidungen an das Votum der Stände. Einen halben Monat später, am 16. August, verbündeten sich die Konföderierten mit den Ständen von Ober- und Niederösterreich. Danach erklärten sie die 1617 erfolgte Wahl Ferdinands für ungültig: Sie setzten ihn am 22. August 1619 ab. Um den nach ihrer Auffassung vakanten böhmischen Königsthron neu zu besetzen, sahen sie sich nach einem geeigneten Kandidaten um. Sie glaubten einen solchen in der Person des calvinistischen Kurfürsten Friedrich V. von der Pfalz gefunden zu haben; nicht zuletzt vielleicht deshalb, weil dieser den englischen König Jakob I. zum Schwiegervater hatte und über gute dynastische Beziehungen zu verfügen schien. Kurfürst Johann Georg I. von Sachsen, den die Mehrheit der Böhmen bevorzugte, hatte bei entsprechenden Sondierungen wissen lassen, daß man mit ihm auf keinen Fall rechnen dürfte. Den Herzog von Savoyen, Karl Emanuel I., der sich um die Krone bewarb, wollten dagegen die Stände nicht haben. So wählten sie vier Tage nach der Absetzung Ferdinands, am 26. August 1619, den Pfälzer zum König. Dieser nahm die Wahl an, begab sich nach Prag und wurde dort am 4. November gekrönt. – Am selben Tag, an dem Friedrich V. zum König gewählt wurde, brach Bethlen Gábor, der Fürst von Siebenbürgen, allen Anhaltspunkten nach mit dem Wissen und wohl auch mit Zustimmung der böhmischen Stände, in den habsburgischen Teil von Ungarn ein. Städte und Adel Oberungarns gingen fast ausnahmslos zu ihm über und schlossen sich mit ihm dem Aufstand der Konföderierten und der mit ihnen verbündeten österreichischen Stände an. Inzwischen aber war, zwei Tage nach der Wahl des neuen Böhmenkönigs, der Landesherr all dieser rebellierenden Länder, Ferdinand II., mit den Stimmen der Kurfürsten, außer der des Pfälzers, in Frankfurt zum Kaiser gewählt worden.

Was in den drei Tagen vom 26. bis 28. August 1619 in Ungarn, Prag und Frankfurt geschah, hat der klassische Darsteller der deutschen Geschichte dieser Epoche, Moriz Ritter, den »Umschwung der Dinge« genannt und die zukunftsweisende Bedeutung dieser Ereignisse treffend hervorgehoben: »Ferdinand war römischer Kaiser, Friedrich V.

Friedrich V. von der Pfalz mit seiner Gemahlin Elisabeth beim Ausritt
Gemälde von Adriaen Pietersz. van de Venne, 1628
Amsterdam, Rijksmuseum

war böhmischer König geworden, und Ungarn war in den allgemeinen Aufstand der von Matthias hinterlassenen Lande eingetreten. Je nachdem nun der Österreicher (Ferdinand) sein Kaisertum, der Pfälzer sein Königtum, die Ungarn ihre Verbindung mit den cisleithanischen Landen zur vollen Geltung brachten, mußte im Reich und seiner Nachbarschaft eine Umwälzung der kirchlichen und politischen Verhältnisse eintreten. Wie weit und nach welcher Seite hin aber die entgegengesetzten Bestrebungen zur Geltung gelangten, das hing davon ab, wie weit die im Kampfe Begriffenen zu den äußersten Anstrengungen, die zur Bundesgenossenschaft mit den Kämpfenden Neigenden zu entscheidenden Beschlüssen sich aufzuraffen vermochten. Die wahre Bedeutung jener drei Entscheidungen mußte sich also in ihren Folgen zeigen.« Auf der einen Seite verschärfte der Aufstand in Oberungarn die Staatskrise in den österreichischen Erb- und Kronlanden. Andererseits wiesen alle Anhaltspunkte, die man damals wahrnehmen konnte, darauf hin, daß Ferdinand II. die Änderungen in Böhmen nicht sang- und klanglos hinnehmen werde.

Als Kaiser, Kriegsherr und Chef des habsburgischen Hauses wurde Ferdinand von Steiermark, 1578 geboren, in den knapp zwanzig Jahren, die er von 1619 bis 1637 an der Spitze des Reiches stand, zu einer der wichtigsten, bestimmenden Gestalten der deutschen Geschichte im 17. Jahrhundert. In Österreich setzte mit ihm und durch ihn eine entscheidende Wendung ein: Er wandelte die Erb- und Kronlande in ein für seine Zeit relativ einheitliches Staatswesen um; er beendete das labile Gleichgewicht zwischen Krone und Ständen und verstärkte die Macht der monarchischen Zentralgewalt im Sinne des Absolutismus. Auch die konfessionelle Einheit Österreichs als eines verhältnismäßig geschlossen katholischen Landes ging zu erheblichen Teilen auf Ferdinand II. zurück. Keiner der vorangegangenen Kaiser seit Karl V. hatte die Idee einer notfalls gewaltsamen katholischen Restitution so entschieden zum Leitgedanken seiner Politik gemacht wie er. Seine persönliche Lebensführung wie seine Regierungsführung erhielten die stärksten Impulse von seiner Religiosität. Seine Religiosität aber war geprägt durch den Geist des im Gefolge der Reformation neuerwachten, hart disziplinierten und nach außen hin militanten Katholizismus der Gegenreformation. Sein Vater hatte ihn bei den Jesuiten in Ingolstadt erziehen lassen. Dort war er aufgewachsen im Geist der mediterran inspirierten Kirchlichkeit und Frömmigkeit der katholischen Reform. Gottesdienstbesuch, geistliche Lesungen und Übungen der Devotion gehörten Zeit seines Lebens zu seinem Tagespensum. Er faßte sein weltliches Regentenamt als Auftrag und Aufgabe im Dienst der Religion auf und suchte es entsprechend zu führen. So unterwarf Ferdinand auch seine politischen Handlungen dem religiösen Gesichtspunkt. Wenn er zu verstehen gab, daß er keine Zugeständnisse machen wolle, die der Religion – das heißt im Verständnis des 17. Jahrhunderts: der Konfession – Nachteil brächten, so stand er mit dieser Maxime nicht allein. Aber er gehörte zu denen, die sich relativ streng daran hielten. Latente Egoismen von der Art, daß der Kirche dienlich sei, was dem Hause Habsburg nütze, mögen bei ihm ebensowenig auszuschließen sein wie deren entsprechende Abwandlungen bei Gustav II. Adolf oder Richelieu.

Sein Vater, Erzherzog Karl von Steiermark, hatte schon in den letzten Jahrzehnten des 16. Jahrhunderts begonnen, die Bevölkerung der österreichischen Alpenländer zu rekatholisieren, und hatte aus Graz ein Zentrum der Gegenreformation gemacht. Ferdinand setzte diese Linie fort. Einer seiner Ratgeber, Bischof Georg III. von Lavant, riet ihm, konfessionspolitisch in seinem Landesfürstentum wie die protestantischen Fürsten zu verfahren: nämlich die andersgläubigen Untertanen notfalls mit Gewalt zu seiner Konfession zu zwingen oder des Landes zu verweisen. Ferdinand II. hielt sich daran und machte im Verlauf von dreißig Jahren Innerösterreich zu einem katholischen Land. – Manche Historiker halten Ferdinand II. für mäßig begabt und unbedeutend, für einen Mann, der von seinen Ratgebern abhängig gewesen sei. Aber auch solche, die ihn als Persönlichkeit recht gering einstufen, geben zu, daß er »in schwierigen und gefährlichen Lagen von unerschütterlicher Folgerichtigkeit und Ausdauer« gewesen sei und daß mit seinem Regiment überall eine neue Periode beginne. Nach den Wirkungen seiner Politik beurteilt muß Ferdinand II. Energien und Zielstrebigkeit besessen haben. Er wußte, was er wollte. Dadurch kamen, im Unterschied zur Ära Rudolfs II., Zug und Linie in die österreichische Politik. Schwierige und gefährliche Lagen gab es mehr als genug, seit Ferdinand II. zum König und Kaiser gewählt worden war. Er brachte die Erfahrung aus

Ferdinand II.
Gemälde aus der Werkstatt des Justus Sustermans,
nach 1623/24
Wien, Kunsthistorisches Museum

einer dreiundzwanzigjährigen landesfürstlichen Regierungspraxis mit, als er die neuen Ämter übernahm. Hatte er bislang den Kampf des Landesherrn gegen opponierende Stände unter dem Vorzeichen von Reformation und Gegenreformation in Innerösterreich zu führen gehabt, so nötigte ihn die Position, zu der er aufgerückt war, diesen Kampf gegen die Stände in nahezu allen habsburgischen Erb- und Kronlanden aufzunehmen oder aber, falls er davor zurückscheute, sich seiner landesherrlichen Prärogative zu begeben und eine von den Ständen abhängige Regierung zu führen.

Obwohl es um seine militärische Rüstung zu Beginn des Aufstandes nicht eben gut bestellt war, zögerte er nicht, den Fehdehandschuh aufzunehmen. Er war nicht gewillt, als böhmischer König abzudanken. Vielmehr sann er auf Mittel, der Rebellion zu wehren und sich das, was er als sein Recht verstand, zurückzuerobern. Das war keinesfalls leicht zu bewerkstelligen. Das Reich als Ganzes war konfessionell gespalten und dadurch zur Neutralität gegenüber den aufständischen Böhmen genötigt. Die Reichsstände hatten praktisch die Freiheit, den Aufständischen zu Hilfe zu eilen oder nicht. Während die niederösterreichischen Stände Ferdinand unter Druck setzten, rückten die Böhmen mit einer kleinen Armee im Juni 1619 bis vor Wien, zogen allerdings bald wieder ab, weil sie nicht stark genug waren, die Stadt zu belagern. Mit spanischer und südniederländischer Hilfe konnte sich Ferdinand militärisch mühsam halten. Das alles war jedoch nur ein Vorspiel. Sowohl die Böhmen als auch Ferdinand sahen sich nach Verbündeten um. Damit griff der Aufstand über den habsburgischen Bereich hinaus und leitete den Dreißigjährigen Krieg ein.

Ferdinand II. hatte von vornherein zu erkennen gegeben, daß er nicht gewillt sei, die Dinge treiben zu lassen. Die Ratgeber Friedrichs V. entwickelten auf diplomatischem Feld einen beachtlichen Einfallsreichtum und knüpften nach vielen Seiten Verbindungen an. Allein, die kaiserliche Diplomatie zeigte sich der böhmisch-pfälzischen überlegen; jedenfalls erzielte sie die besseren Erfolge. Zunächst hatte sich Ferdinand II. der Unterstützung Spaniens, der – damals halbselbständigen – südlichen Niederlande und des Papstes versichert. Papst Paul V. unterstützte ihn finanziell, der König von Spanien desgleichen. Der Statthalter der Niederlande, Erzherzog Albrecht, entsandte spanisch-niederländische Truppen, zunächst ein kleines Kontingent nach Südböhmen und Niederösterreich, später stärkere Abteilungen an den Mittelrhein. Ferner gelang es den Habsburgern, den angesehensten evangelischen Reichsfürsten, Kurfürst Johann Georg I. von Sachsen, auf ihre Seite zu ziehen. Gegen die Zusicherung territorialen Gewinns schlug er sich auf die Seite des Kaisers. Dieser versprach, ihm dafür die beiden lausitzischen Markgrafschaften abzutreten. Ebenso verbündete sich die unter bayerischer Führung stehende politisch-militärische Vereinigung der katholischen Reichsstände, die Liga, mit Ferdinand. Ihr Gegenstück, die von evangelischen Reichsständen getragene Union, suchte sich den drohenden Auseinandersetzungen zu entziehen. Ihre Mitglieder vermochten keine einheitliche politische Willensbildung zustande zu bringen; nur einige wollten sich für die aufständischen Böhmen einsetzen, andere, wie Nürnberg und Bayreuth, vertraten eine strikte Neutralitätspolitik, und wieder andere schwankten zwischen Sympathie für die Böhmen und Loyalität gegenüber dem Kaiser. In dieser Situation hielten sie es für geraten, sich mit der Liga zu verständigen. So vereinbarten die Union und die Liga im Ulmer Vertrag vom 3. Juli 1620 ein Stillhalteabkommen des Inhalts, daß man sich gegenseitig im Reich nicht angreifen wollte, innerhalb Böhmens aber jeder Reichsstand sich verhalten dürfte, wie er es für gut hielt. Das bedeutete, daß die Union ihr Bundeshaupt, den Kurfürsten von der Pfalz, im Stich ließ. Wenn auf der anderen Seite Bayern sich bereit erklärte, dem Kaiser Militärhilfe zu leisten, so vor allem deshalb, weil Herzog Maximilian I. darin eine Chance sah, seine Territorialmacht ganz er-

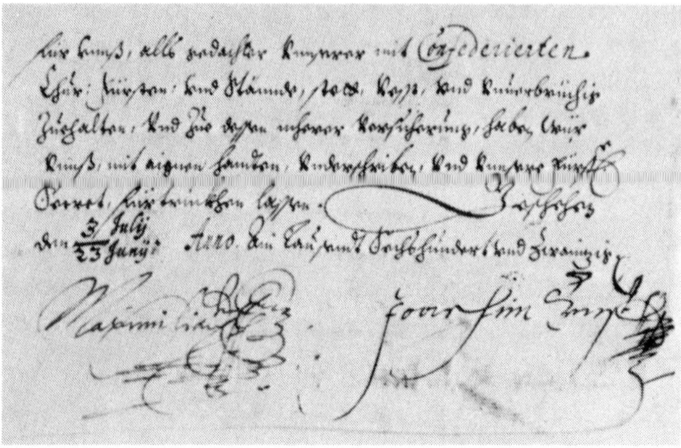

Der Ulmer Vertrag vom 3. Juli 1620
Seite 7 des Vertragswerkes mit den Unterschriften der Vertreter von Union und Liga
München, Bayerisches Hauptstaatsarchiv

heblich zu erweitern. Denn er knüpfte seine Beteiligung am Krieg auf des Kaisers Seite an harte Bedingungen. Sie betrafen volle Kostenerstattung für alle über die Verteidigung Bayerns und der Territorien der Liga hinausgehenden Ausgaben sowie eine von Österreich unabhängige Führung des Heeres; ferner Verpfändung österreichischen Landes bis zur Erstattung der aufgelaufenen Kosten, Übertragung der Kurwürde von der pfälzischen auf die bayerische Linie der Wittelsbacher und territoriale Erweiterung Bayerns. Ferdinand II. ließ sich darauf ein, wenn auch nicht leichten Herzens. Es blieb ihm nichts anderes übrig, weil er auf Unterstützung gegen Böhmen angewiesen war. Freilich war an eine Erfüllung der bayerischen Forderungen nur zu denken, wenn der Kaiser und die Liga den böhmischen Aufstand niederwarfen. Eben dieses gemeinsame Interesse bewirkte, daß sie gemeinsam und entschieden handelten.

Friedrich V. hatte ein nur durch wenige auswärtige Söldnerführer verstärktes Heer und stand fast ohne Bundesgenossen da, als die gut ausgerüstete ligistische Armee des Herzogs von Bayern unter Führung des Generals Tilly und ein kaiserliches Kontingent im Spätherbst 1620 nach Böhmen marschierten. Sie stießen am 8. November 1620 auf die Truppen der Rebellen und des Winterkönigs und schlugen diese beinahe mühelos, in etwas mehr als einer Stunde, vor den Toren Prags am Weißen Berg. Durch die Schlacht am Weißen Berg änderte sich die politische Gesamtlage in Böhmen, Österreich und Deutschland mit einem Schlag. Die Folgen dieser Schlacht reichten sehr weit. Ihr Ausgang setzte den Kaiser in die Lage, für die nächste Zukunft zusammen mit der Liga den Gang der Politik und Kriegführung in Deutschland ganz wesentlich mitzubestimmen. Außerdem entschied er den bis dahin offenen Kampf zwischen den Landesfürsten und den Landständen in Böhmen und Mähren, Nieder- und Oberösterreich zugunsten des Landesfürsten. Es war ein Sieg der Monarchie über die halbautonomen Zwischengewalten. Er machte Ferdinand II. nicht nur wieder zum Herrn von Böhmen und Österreich, sondern erlaubte ihm auch, seine landesfürstliche Stellung in Richtung auf den Absolutismus hin zu erweitern, zu vertiefen und zu befestigen. Für die habsburgischen Erb- und Kronlande bedeutete die Schlacht am Weißen Berg einen Sieg des Katholizismus und der Gegenreformation über den mit dem Ständetum sympa-

Die Schlacht am Weißen Berg bei Prag am 8. November 1620:
Niederlage der pfälzisch-böhmischen Armee durch die bayerisch-kaiserlichen Truppen
Gemälde von Peter Snayers
Brüssel, Musées Royaux des Beaux-Arts

thisierenden, teilweise sogar eng verflochtenen Protestantismus aller Spielarten. Dadurch bekamen der Kaiser und der Katholizismus auch im Reich neuen Auftrieb. Diesen Auftrieb begünstigte ebenfalls der Fortgang des Krieges in Süd- und Norddeutschland. Jedenfalls zunächst.

Nachdem die militärisch unbedeutende, politisch dagegen unerhört folgenreiche Schlacht am Weißen Berg der Herrschaft des Winterkönigs ein Ende bereitet und die habsburgische Dynastie wieder in den Besitz der Regierungsmacht gebracht hatte, ließ der Kaiser über diejenigen Anführer des Aufstandes, deren er habhaft werden konnte, ein Strafgericht ergehen. Vierzig hohe Adlige, darunter beinahe alle Direktoren der ständischen Revolutionsregierung von 1618, wurden des Hochverrats für schuldig befunden, zum Tode und zum Totalverlust ihrer Besitzungen verurteilt. Eine Anzahl von ihnen war geflohen, Thurn zum Beispiel bis Konstantinopel. Andere hatten die Sache nicht für so schlimm angesehen und waren in Prag geblieben. Wer so unbedacht gewesen war, nach Sachsen zu flüchten, wurde von Kurfürst Johann Georg I. an den Kaiser ausgeliefert. Einige Standesherren, die bis zur Schlacht am Weißen Berg zu den Rebellen gehalten hatten, waren rasch zur Partei des Siegers übergelaufen und konnten dadurch nicht nur ihr Leben, sondern auch Hab und Gut retten. So schlug sich ein recht beträchtlicher Teil der in Böhmen und Mähren eingesessenen Magnaten auf die Seite der Habsburger und zeigte sich bereit, sich in die neu herzustellende Ordnung einzufügen. Die Besitzungen derjenigen, die sich in den Augen der Sieger politisch kompromittiert hatten, wurden je nach dem Maß der Schuld, das man ihnen anlastete, gänzlich, zur Hälfte, zu einem Viertel oder auch zu einem noch geringeren Teil konfisziert. An denjenigen Hocharistokraten allerdings, die sich eindeutig exponiert hatten, mußte der kaiserlich königliche Statthalter in Prag, Fürst Karl von Liechtenstein, auf Ferdinands II. Befehl ein Exempel statuieren: Siebenundzwanzig Adlige wurden am 21. Juni 1621 vor dem Altstädter Rathaus mit dem Schwert hingerichtet. Um unter der Menge der Zuschauer keine Unruhe aufkommen zu lassen, wurde Wallenstein mit einem Infanterieregiment auf dem Richtplatz postiert – an derselben Stelle, an der zwölf Jahre später, am 12. Februar 1633, derselbe Wallenstein, inzwischen Generalissimus, nach der Schlacht bei Lützen, über fahnenflüchtige Offiziere seiner Armee ein zweites Prager Blutgericht ergehen ließ. – Liechtenstein, der die Urteile auf Befehl von Wien vollstrecken ließ, aber als Statthalter Ferdinands in den Geruch

Das ›Blutbad‹ von Prag am 21. Juni 1621:
Hinrichtung von siebenundzwanzig Adligen
Kupferstich eines Unbekannten
Prag, Muzeum Hlavního Města

kam, ihr Urheber zu sein, klagte noch einige Jahre später über die Meinung, die sich über ihn gebildet hatte, in einem Brief an den Beichtvater des Kaisers: »Wer hat eine solche scharfe Exekution ohne Rumor noch Gefahr des Wesens vollbracht und dadurch sich vieler Leute und Geschlechter Feindschaft, ja weil anderwärts dergleichen nicht geschehen, einen Namen der Tyrannei, als wäre es nicht Ihrer Majestät, sondern mein Wille und Lust gewesen, bei der Posterität auf sich geladen?«

In den folgenden Jahren gingen Böhmen und Mähren ihrer Autonomie verlustig und wurden politisch der Amtsgewalt des Monarchen direkt unterstellt. In kirchlicher Beziehung wurden beide Länder rekatholisiert. Innerhalb der Gesellschaftsordnung traten durch Konfiskationen und Emigrationen recht beträchtliche Umschichtungen ein. Ferdinand II. hatte seinerzeit in Steiermark das seit 1555 reichsrechtlich sanktionierte Religionsbestimmungsrecht des Landesfürsten praktiziert. Er wendete es nunmehr auch in Böhmen und Mähren an, und zwar etappenweise. Der staatliche Befehl, entweder katholisch zu werden oder auszuwandern, erging zunächst an die Calvinisten, dann an die Anhänger der anderen evangelischen Konfessionen. Diese Anordnung traf nicht alle gleichzeitig, sondern, wie damals weithin üblich, zunächst die Geistlichen und die Schulmeister, danach erst die übrigen, doch auch diese nicht unterschiedslos, sondern gestaffelt, mit Rücksicht auf ihren beruflichen, rechtlichen oder sozialen Status. Zuletzt, 1627, nötigte Ferdinand sogar den nichtaufrührerischen evangelischen Adel überzutreten oder zu emigrieren. Durch die 1621 einsetzende Konfiskation großer Güterkomplexe und die nachfolgenden Emigrationen traten Veränderungen in der obersten Adelsschicht ein. Manche Besitzungen fielen an Einheimische, darunter, wie gar nicht zu vermeiden, gelegentlich an zwielichtige und geschäftstüchtige Leute, zu denen man mit Vorbehalt auch Wallenstein rechnen darf; andere gerieten an katholische Adlige aus aller Herren Länder, sofern sie der österreichischen Monarchie ergeben waren. Auf diese Weise vollzog sich eine durch die habsburgische Herrschaft begünstigte Veränderung in der Zusammensetzung der oberen sozialen Ränge. Besitzwechsel, Bekenntniswechsel, Emigrationen und Immigrationen bewirkten, daß eine neue katholische Oberschicht entstand. Verglichen mit den vor 1620 dominierenden Ständen war sie regierungstreu, und ihrer Herkunft nach hatte sie einen stärkeren internationalen Einschlag. Sie verdankte der habsburgischen Monarchie ihre Stellung und hielt ihrerseits zur Monarchie in Dingen der Konfession und der allgemeinen Politik.

Seit Menschengedenken hatten die Stände der böhmischen Kronländer bedeutende Rechte und Freiheiten genossen. Kaiser Rudolf II. hatte sie ihnen zuletzt im Majestätsbrief garantiert. Alle diese Privilegien galten infolge des Aufstandes von 1618 als verwirkt. Mit der Rebellion brach die ständische Herrschaft und mit ihr die traditionelle politische Struktur in den Ländern der böhmischen Krone zusammen. 1627/28 erließ Ferdinand II. die sogenannte Verneuerte Landesordnung. Dieses Gesetzgebungswerk mit verfassungsstiftendem Charakter machte Böhmen samt Nebenländern aus einem Wahlkönigreich zu einem der österreichischen Monarchie eingegliederten Erbkönigreich: Es bestätigte die schon 1547 von Ferdinand I. verfügte Aufhebung des Wahlrechts und erklärte das Erbrecht erneut für bindend. Die Landesordnung entzog den Ständen das Gesetzgebungsrecht, verpflichtete sie zur Erbhuldigung und beließ ihnen lediglich das Recht, die Steuern zu bewilligen. Über die Exekutive und das Heer verfügte allein der Monarch. An die Stelle ständischer Mitregierung trat fortan die vom Kaiser abhängige staatliche Administration. Zwischen das von den Ständen repräsentierte Land und die Krone schob sich eine neugeschaffene Exekutivinstanz: die böhmische Hofkanzlei in Wien. – In Summa handelte es sich um den Abbau der politischen Selbständigkeit Böhmens, um eine Minderung der Rechtsstellung des Adels und der Städte und um Stabilisierung des Katholizismus. Das alles machte den Herrscher

Die Ankunft Friedrichs V. von der Pfalz in Vlissingen, der ersten Station seines Exils
Gemälde von Hendrick Cornelisz. Vroom, 1623
Haarlem, Frans-Hals-Museum

zum beinahe absoluten Herrn seines Landes. Ein letzter Schritt zur Zentralisation fehlte freilich noch: Die habsburgischen Landesfürsten ließen ihre drei Hauptkomplexe Böhmen, Ungarn und Österreich als getrennte Verwaltungskörper bestehen. In zwei von diesen drei Ländergruppen galt fortan allein der Wille des Herrschers. Eine bescheidene ständische Mitverwaltung blieb in den deutschen Landesteilen zwar noch lange Zeit bestehen, war aber, ebenso wie das böhmische Steuerbewilligungsrecht, der Regierungsgewalt des Landesherrn gegenüber bedeutungslos. Der Kaiser hatte als Herr der Landesverwaltungen die österreichischen und böhmischen Länder in der Hand; er stand zugleich an der Spitze des Heeres und der Außenpolitik. In dieser Eigenschaft führte er eine gesamtstaatliche Politik. Die Einheitlichkeit dieser Außenpolitik wirkte auf die inneren Verhältnisse zurück. So ergab es sich wie von selbst, daß die getrennte innere Verwaltung doch einheitlich den Bedürfnissen der gesamtstaatlichen auswärtigen Politik untergeordnet wurde.

Auch die allgemeinen deutschen Verhältnisse gerieten durch die Schlacht am Weißen Berg in Bewegung. Es kam zu teilweise einschneidenden Neuerungen. Kurfürst Friedrich V. war aus Böhmen nach Norddeutschland, dann nach Holland geflohen. In Den Haag entzog er sich für seine Person den Folgen, die er durch seine Politik angerichtet hatte. Er kämpfte auch nicht für seine Stammländer. Dies taten an seiner Statt einige seiner fürstlichen Söldnerführer. Und so ging der Krieg in Deutschland weiter. Herzog Christian von Braunschweig, evangelischer Bischof von Halberstadt – allgemein ›der tolle Christian‹ genannt –, Graf Ernst von Mansfeld und Markgraf Georg Friedrich von Baden verteidigten die Oberpfalz und die pfälzischen Kurlande am Rhein. Sie setzten den Krieg mehr oder weniger auf eigene Faust in Süddeutschland fort, konnten sich dort aber nicht sehr lange halten. Nach und nach wurden sie, wo sie sich zum Kampf stellten, von bayerisch-ligistischen Truppen unter Tilly und von spanischen Truppen unter Spinola und Córdoba geschlagen und aus den pfälzischen Territorien nach Norddeutschland abgedrängt. Die schutz- und herrenlosen Gebiete fielen den Siegern in die Hand: Spanien besetzte die linksrheinische, Bayern die rechtsrheinische Kurpfalz und die Oberpfalz. Bei dieser Gelegenheit machte Herzog Maximilian I. wertvolle Bestände der Heidelberger Universitätsbibliothek Papst Gregor XV. zum Geschenk: die Abteilung Palatina in der heutigen Vatikanischen Bibliothek. Der Verlust mag von den Betroffenen wohl als sehr schmerzlich empfunden worden sein. In der Rückschau hat die räuberische Transaktion jedoch insofern etwas Tröstliches, als die Palatina auf diese Weise bei der Zerstörung der Pfalz durch die Franzosen im Jahr 1689 und bei der Brandschatzung des Heidelberger Schlosses der Vernichtung entging.

Kurfürst Friedrich V. von der Pfalz verlor im übrigen nicht nur Böhmen und die pfälzischen Territorien. Der Kaiser verhängte über ihn als einen Friedensbrecher auch die Reichsacht. Außerdem wurde ihm als einem Geächteten die Kurwürde genommen. Ferdinand II. übertrug sie 1623 einem anderen Reichsfürsten aus dem Gesamthaus Wittelsbach, dem der Pfälzer angehörte, nämlich dem Herzog Maximilian I. von Bayern – als Dank und Anerkennung für seine Hilfestellung. 1624 erhielt Maximilian ferner die bis dahin zur wittelsbachischen Rheinpfalz gehörende Oberpfalz. Sie war altbayerisch besiedelt, grenzte nördlich von Regensburg an Niederbayern, erstreckte sich längs des Bayerischen Waldes bis an die Markgrafschaft Bayreuth und bedeutete eine respektable Erweiterung des bisherigen herzoglich-bayerischen Territoriums. Die Oberpfalz hatte jahrzehntelang heftige Kämpfe zwischen Lutheranern und Calvinisten erlebt. Jetzt wurde sie rekatholisiert. – Nach Holland, wohin sich der geächtete Kurfürst begeben hatte, flüchteten auch seine Söldnerführer Ernst von Mansfeld und Christian von Braunschweig. Friedrich V. hatte zunächst daran gedacht, den Krieg fortzusetzen. Jetzt erlebte er, daß sich viele ehemalige Sympathisanten zurückzogen. Kaum einer unter den Reichsfürsten war geneigt, ihm die Kastanien aus dem Feuer zu holen. Kurfürst Georg

Belehnung Maximilians I. von Bayern mit der pfälzischen Kurwürde
durch Ferdinand II. am 25. Februar 1623 auf dem Kurfürstentag zu Regensburg
Aus dem Kupferstich eines Unbekannten, 1623. Regensburg, Museum

Wilhelm von Brandenburg, Calvinist gleich ihm, distanzierte sich von ihm; sein Schwiegervater, Jakob I. von England, legte Wert auf gute Beziehungen zu Spanien und zögerte deshalb, sich für ihn einzusetzen, obwohl das Parlament ihn dazu drängte. Die Generalstaaten, die Friedrich V. gern unterstützt hätten, weil seine Feinde zu einem Teil auch die ihrigen waren, wollten ihm ebenfalls keine aktive Hilfe leisten. Auf die Union, die ihn 1619/20 in Böhmen hätte unterstützen dürfen, es aber vorgezogen hatte, neutral zu bleiben, konnte er schon gar nicht rechnen. Sie löste sich überdies auf. Bei solcher Lage wäre es eigentlich normal gewesen, daß der Kaiser und der Pfälzer auf einer die Überlegenheit des Kaisers und der Liga berücksichtigenden Basis miteinander einen Frieden ausgehandelt hätten. Obwohl es nahelag, kam es nicht dazu. Denn in diesem Moment begannen sich die größeren westeuropäischen Mächte zu regen. Sie griffen vorerst zwar noch nicht unmittelbar in den Krieg in Deutschland ein, aber sie bewirkten durch ihre Initiativen, daß er fortgesetzt wurde und sich ausweitete. Damit begann – nach der böhmisch-pfälzischen – die niedersächsisch-dänische Phase des Großen Krieges in Deutschland.

Das umliegende Ausland hatte Anlaß gefunden, sich für die Vorgänge im Reich zu interessieren, weil die Sache des Kaisers und der Liga überraschend erfolgreich verlief und die Niederlage und Flucht des Winterkönigs Veränderungen im Reich erwarten ließen. Christian von Braunschweig und Ernst von Mansfeld hatten im Süden das Feld geräumt und sich nach Norddeutschland zurückgezogen. Tilly stieß ihnen mit dem Heer der Liga nach. Beide Generale des abgesetzten Kurfürsten, die mit ihren plündernden Haufen zu einer Geißel der Bevölkerung geworden waren, hätten sich wohl kaum lange gegen die Liga halten können. Aber ehe sie gänzlich aufgaben und der Augenblick eintrat, in dem sich der Krieg hätte beenden lassen, setzte die Einwirkung des Auslands ein. Vermutlich war sie eine Reaktion auf die als bedrohlich empfundene Machtausweitung Spaniens; denn Spanien stand ja mit Bayern, der Liga und dem Kaiser im Bund, nahm an deren Erfolgen teil und war in gewisser Weise sogar der Anlaß dieser Erfolge. 1621 lief der zwölfjährige Waffenstillstand zwischen Spanien und den Generalstaaten ab. Beide Partner waren nicht sonderlich daran interessiert, ihn zu verlängern. Denn beide hofften, durch eine Wiederaufnahme des Krieges Vorteile für sich herauszuschlagen.

Spanien, seit einem Jahrhundert an imperiale Politik gewöhnt, pflegte gute Beziehungen zur Königin-Regentin Maria von Frankreich und gewann – bei dem Schwächezustand des französischen Staates nach 1610 – einigen Einfluß auf ihre politischen Entscheidungen. Mit England stand die Krone Spaniens in leidlich gutem Einvernehmen. Mit Österreich war sie verbündet. Nach dem Thronwechsel von 1621, durch den König Philipp IV. an die Regierung kam, führte Gaspar de Guzmán, Herzog von Olivárez, als leitender Minister eine ausgesprochen ehrgeizige Hegemonialpolitik. Er hielt den Augenblick für gekommen, die Generalstaaten für das Imperium zurückzugewinnen, und gedachte außerdem, die spanische Vormachtstellung gegenüber Frankreich stärker auszubauen. Spanien unterstützte Österreich und Bayern in ihrer konfessionspolitischen Zielsetzung, eine ausschließliche Katholizität innerhalb der Staatsgrenzen herzustellen, voll und ganz. Es verfolgte dieses Ziel nicht nur seit eh und je in seinen eigenen Territorien, sondern half auch dort nach, wo es als Verbündeter oder militärischer Sieger Fuß faßte – so am Mittelrhein oder in Nordwestdeutschland. Von der Nordsee bis nach Italien hatte Spanien starke Positionen inne. Es besaß die südlichen Niederlande, zu denen noch Luxemburg und erhebliche Teile von Frankreich zählten, zum Beispiel Arras und Westflandern; ihm gehörten die Freigrafschaft Burgund, Mailand und Neapel-Sizilien; es besaß die Anwartschaft auf die deutsch-habsburgischen Lande im Elsaß; es stand als Besatzungsmacht in der linksrheinischen Pfalz und war gerade

Die von Spinola im Pfälzischen Krieg (1620/21) eroberten wichtigsten deutschen Städte, Schlösser und Dörfer
Kupferstich eines Unbekannten in dem ab 1590 in Frankfurt erschienenen Werk
›Relationis historicae semestralis continuatio‹
Münster, Landesmuseum für Kunst und Kulturgeschichte

dabei, über das Veltlin und Graubünden eine direkte Landbrücke zwischen dem deutschhabsburgischen Tirol und dem spanischen Oberitalien herzustellen. Frankreich fühlte sich dadurch eingeengt und eingekreist.

Diese Einkreisung zu sprengen und Frankreich zu einer unabhängigen europäischen Großmacht zu machen, setzte sich der 1624 zum leitenden Minister der Krone Frankreichs berufene Bischof von Luçon, Armand Jean du Plessis, Herzog von Richelieu, der spätere Kardinal, zum Lebensziel. Seine auf dieses Ziel gerichtete Politik machte ihn bei der damaligen Lage der Dinge zum Gegner des Hauses Habsburg in Spanien und Österreich. Insbesondere suchte er dessen Positionen längs der französischen Ostgrenze, in Italien und im Reich zu schwächen und zu untergraben. So mußte sich seine Politik in ihrer Konsequenz nicht nur zum Schaden des Kaisers, sondern auch Deutschlands auswirken. Vorerst hatte Richelieu freilich noch genug zu tun, um die Autorität der Krone in Frankreich selbst wieder zur Geltung zu bringen, so daß er in den zwanziger Jahren des 17. Jahrhunderts der auswärtigen Politik nur verminderte Aufmerksamkeit schenken konnte. Aber was er tat, lag auf der Linie der größeren Konzeptionen, die man bei ihm seit 1630 deutlich wahrnehmen konnte. Daß Frankreich und Holland sich miteinander verständigten, ging auf ihre gemeinsame Gegnerschaft zu Spanien zurück und hatte Tradition.

Frankreich und England standen sich damals vorübergehend nahe. 1625 heiratete der junge englische König Karl I. die französische Prinzessin Henriette, eine Schwester König Ludwigs XIII. und Tochter Heinrichs IV. Kurz vorher, 1624, hatten sich beide Königreiche mit den Generalstaaten zu einer Defensivallianz zusammengeschlossen. Gleichzeitig richtete Richelieu sein Augenmerk auf Skandinavien und die deutschen Reichsstände. Die Ambitionen des dänischen Königs, Christians IV., der als Herzog von Holstein zugleich deutscher Reichsfürst war und sich für die evangelischen Bistumslande in Nordwestdeutschland interessierte, waren ihm ebenso bekannt wie die Gegensätze zwischen den Reichsständen und dem Kaiser. Diese brachte er in das diplomatische Spiel. Die Alliierten luden einige norddeutsche Reichsfürsten ein, sich ihrem Bündnis anzuschließen. Zugleich traten sie mit den skandinavischen Höfen in Verbindung und suchten sowohl Dänemark als auch Schweden für eine Unternehmung in Deutschland zu gewinnen. Das gelang nur zu einem Teil. Denn beide Königreiche waren miteinander zu sehr verfeindet, als daß sich eine Koordination zwischen ihnen herbeiführen ließ. König Gustav Adolf von Schweden versagte sich dem Angebot. Christian IV., den damals die im niedersächsischen Reichskreis zusammengeschlossenen deutschen Fürsten zu ihrem Kreisobersten wählten, ging darauf ein. Er versprach, den Krieg gegen die mittlerweile bis an die Elbe und an den Harz vorgerückten kaiserlich-ligistischen Truppen aufzunehmen.

Eine der tieferen Ursachen für die regionale Ausweitung und das internationale Interesse, das der Krieg jetzt gewann, lag in den ungelösten Problemen der Reichsverfassung, über die sich die Stände schon seit Rudolf II. auf den Reichstagen zerstritten hatten. Dabei ging es namentlich um die unterschiedliche Interpretation des Geistlichen Vorbehalts und einiger anderer das Säkularisationsrecht der Landesfürsten betreffenden Artikel des Augsburger Religionsfriedens von 1555. Eine weitere Ursache lag in der nahezu klassischen Anfälligkeit der deutschen Reichsstände für ausländische Angebote, sofern diese ihnen die Aussicht eröffneten, eine größere politische Unabhängigkeit gegenüber dem Kaiser zu gewinnen.

Christian IV. von Dänemark
Gemälde von Abraham Wuchters, um 1638
Frederiksborg, Nationalhistoriska Museum

Was die politische und militärische Lage in Europa anging, so stand es Mitte der zwanziger Jahre trotz der antihabsburgischen Allianz der Westmächte um die Sache der spanisch-österreichischen Partei gar nicht so schlecht. Österreich und das Osmanische Reich erneuerten im Jahr 1625 ihren langfristigen Waffenstillstand. Das benahm dem Großfürsten von Siebenbürgen, Bethlen Gábor, den Mut, sich der westlichen Allianz anzuschließen. Spanien operierte in den Niederlanden unter günstigen Anfangsbedingungen und errang mit der Eroberung von Breda einen bedeutenden militärischen Erfolg. Frankreich beschäftigten seine inneren Probleme sowie die Affären im Veltlin und in Oberitalien so sehr, daß es sich in Norddeutschland nur zurückhaltend engagierte und sich lediglich auf geringfügige Subventionszahlungen einließ. England trieb unter Karl I. eine zerfahrene, konzeptionslose Außenpolitik. Sie erschöpfte sich zunächst in einigen fruchtlosen Unternehmungen zur See gegen Spanien; danach richtete sie sich gegen Frankreich und suchte, wohl auch ein wenig konfessionell motiviert, den Hugenotten, allerdings ohne Erfolg, im Kampf gegen Richelieu beizustehen. Daß die englisch-französische Allianz unter diesen Umständen zerbrach, war kein Wunder. So trat, gestützt durch Subventionen und durch Verträge mit den westlichen Mächten, dem Kaiser und der Liga als einziger auswärtiger Potentat schließlich nur noch König Christian IV. mit bewaffneter Macht entgegen – alles in allem mehr ein ehrgeiziger Dynast als ein besonnener Politiker. Immerhin stand er in Norddeutschland nicht ganz allein. Denn auch einzelne Reichsstände regten sich, freilich etwas lustlos und eher defensiv, um sich gegen ein weiteres Vordringen des Kaisers in ihre Interessensphäre zu wehren. Christian IV. führte dagegen eine offensive Politik. Ihm ging es darum, einige Fürstbistümer zu vereinnahmen und dadurch sein Reich tiefer nach Norddeutschland hinein auszudehnen.

Die mittel- und norddeutschen Fürsten vertraten im übrigen alles andere als eine gemeinsame politische Linie; ganz im Gegenteil: Sie verhielten sich dem Kaiser gegenüber sehr unterschiedlich. Kursachsen, schon lange mit ihm verbündet, hoffte an der Seite Österreichs am besten zu fahren. Andere Fürsten trugen Bedenken, sich gegen den Kaiser zu stellen, und wendeten sich ihm im Grenzfall lieber zu – so einige der welfischen (Teil-)Dynastien. Wieder andere wollten neutral bleiben und suchten sich auf dieser Linie so gut zu halten, wie sie eben konnten – zum Beispiel Kurbrandenburg. Schließlich gab es einige, die es riskierten, sich dem Kaiser entgegenzustellen – so die Herzöge von Mecklenburg, andere Zweige des Welfenhauses oder der Landgraf von Hessen-Kassel. Angesichts der Truppenansammlungen in Norddeutschland beschlossen die Mitglieder der Liga, auch ihrerseits weiter zu rüsten. Durch begreifliche Umstände veranlaßt, in erster Linie um sich nicht in die Abhängigkeit von der Liga zu begeben, fühlte sich auch Ferdinand II. genötigt, eine eigene kaiserliche Armee aufzustellen. Er begann damit in den ersten Monaten des Jahres 1625 und hatte sie bereits im April zusammen. Das war im wesentlichen das

Die Übergabe von Breda an die Generale Spinola und Leganés im Jahr 1625
Zeichnung von Jusepe Leonardo
für die Hauptgruppe des 1634 für den Königssaal im Palast Buen Retiro gemalten Bildes
Madrid, Museo del Prado

Albrecht von Wallenstein
Gemälde von Anthonis van Dyck, um 1630
München, Bayerische Staatsgemäldesammlungen

Werk eines böhmischen Adligen, Offiziers und Geschäftsmanns, auf dessen Angebot, ihm ein Heer zu beschaffen, Ferdinand eingegangen war. Dieser Mann, der in den nächsten Jahren noch viel von sich reden machte, hieß Albrecht von Wallenstein.

Wallenstein, ein schwer durchschaubarer Charakter, hatte einen bewegten Lebenslauf hinter sich. In diesem ruhelosen Emporkömmling, welcher der Generation Ferdinands II. und Richelieus angehörte, mischten sich maßloser Ehrgeiz, Berechnung, Skrupellosigkeit, Sternenglaube und eine stark entwickelte Imaginationskraft zu einer eigentümlichen Einheit. Seine Eltern waren altadliger Herkunft, aber hinsichtlich ihrer Lebensführung recht bescheidene Leute. Sie gehörten der evangelischen Böhmischen Brüdergemeinde an. Im Milieu dieser Brüdergemeinde genoß Wallenstein seine erste Erziehung. Später besuchte er, allerdings nur sehr kurz, die berühmte Lateinschule Goldberg in Schlesien und 1599/1600 die lutherische Universität Altdorf im reichsstädtisch-nürnbergischen Landgebiet. Von der Universität wurde er bald verwiesen, weil er sich mehrfach an blutigen Raufhändeln beteiligt hatte und auch mit seiner sonstigen Lebensführung Anstoß erregte. Danach begab er sich, knapp siebzehnjährig, auf die Kavalierstour, deren Kanon sich damals für die Söhne adliger Familien herauszubilden begann. Sie entwickelte sich zu einer Bildungsreise, die über Deutschland nach Westeuropa und Italien führte und Aufenthalte an Universitäten, auf Adelssitzen und in einigen großen Städten vorsah. Wallenstein begnügte sich mit Frankreich und Italien. Nachdem er diesen Bildungsgang absolviert hatte, wurde er Soldat. Er trat 1604 als Fähnrich in ein böhmisches Regiment ein, nahm auf kaiserlicher Seite am Türkenkrieg teil, der 1606 zu Ende ging, und brachte es in kurzer Zeit bis zum Hauptmann. Er trat um diese Zeit – spätestens 1606 – zur katholischen Kirche über, heiratete 1609 eine steinreiche kinderlose Witwe aus mährischem Adel und wurde nach deren Tod im Jahr 1613 Alleinerbe ihrer großen Besitzungen. Fortan gehörte er zu den großen Herren in Mähren. Er war ein hervorragender Volkswirt und verstand seine zahlreichen Güter vorbildlich und ideenreich zu verwalten. Er betätigte sich im Bereich seines Großgrundbesitzes als Gegenreformator und verlangte von seinen Untertanen, daß sie stramme Katholiken würden. Er pflegte näheren Umgang mit Jesuiten und Kartäusern und interessierte sich auch für theologische Fragen. Später ließ dieser Eifer nach; seine ehedem jesuitenfreundliche Einstellung schlug um in eine feindlich-abweisende Gesinnung gegen den Orden des heiligen Ignatius. Ob Wallenstein eine abergläubische Natur war, darf dahingestellt bleiben. Auf die Astrologie hielt er jedenfalls große Stücke. Sie stand damals ganz allgemein hoch im Kurs und wurde weithin für eine seriöse Wissenschaft angesehen. Im kommerziellen Bereich war Wallenstein geschäftstüchtig bis zur Rücksichtslosigkeit. Beim Aufstand in Böhmen stellte er sich auf die Seite des Kaisers. Als nach der Schlacht am Weißen Berg die Güter der Rebellen konfisziert und zu Schleuderpreisen veräußert wurden, griff er zu, raffte zusammen, was er konnte, und gelangte zu beispiellosem Reichtum. Zudem arbeitete er durch Münzverschlechterungen, die er als Mitglied der kaiserlichen Münzkommission vornahm, und durch Handel mit wohl gestohlenem oder beschlagnahmtem Wein in der unübersichtlichen Situation des Winters 1620 kräftig in die eigene Tasche.

In den zwanziger Jahren erhob ihn Kaiser Ferdinand II. in den Fürstenstand und verlieh ihm den Titel eines Herzogs. In dieser Eigenschaft gab Wallenstein seiner Herrschaft Friedland eine vorzügliche Verfassung. Er führte dort eine Wirtschaftspolitik im Stil des späteren Merkantilismus, indem er die Bedürfnisse von Ackerbau, Viehzucht, Gewerbe, Innen- und Außenhandel gleichermaßen berücksichtigte und deren unterschiedliche Belange aufeinander abstimmte. Aus Gitschin, der Hauptstadt seines kleinen Musterstaates, suchte er ein Kultur- und Wirtschaftszentrum zu machen. Die spätere industrielle Entwicklung Nordböhmens geht teilweise auf die Aktivitäten Wallensteins zurück. Als er die Erlaubnis erhielt, auf eigene Kosten und Gefahr für Kaiser Ferdinand II. ein Heer aufzustellen, sah er eine glänzende Laufbahn vor sich. Nun zeigte sich, daß Wallenstein ein befähigter Kommandeur war. Er hielt Disziplin, besaß Führungsqualitäten und hatte strategisches Geschick. Schließlich war er immer gut bei Kasse – nicht zuletzt deshalb, weil er nach dem damals neuen Grundsatz verfuhr, daß der Krieg den Krieg ernähren müsse. Das hieß in der Praxis: Wallenstein preßte den Sold für seine Soldaten aus der Bevölkerung heraus und dehnte dieses System auf alle Regionen aus, in denen er operierte. Feldherr und Kaiser blieben dadurch finanziell einigermaßen unabhängig; dafür wurde das Land, ohne Unterscheidung von Freund und Feind, systematisch ausgesaugt. Die ältere Methode, nach welcher noch Tilly verfuhr, war insofern um einiges milder, als sie durch reguläre sogenannte Heeresordinanzen die Bevölkerung nur für die Verpflegung der Soldaten aufkommen ließ.

Johann von Tilly
Gemälde von Anthonis van Dyck, um 1630
München, Bayerische Staatsgemäldesammlungen

Nachdem sich Wallenstein dem Kaiser als billiger Geldgeber empfohlen hatte und dadurch zum Heerführer aufgestiegen war, griff er bald darauf in das Kriegsgeschehen ein. Im Herbst 1625 rückte er von Österreich und Süddeutschland her an den Harz vor und besetzte südlich davon das Gebiet zwischen Elbe und Weser. Tilly nahm mit seinen Truppen gleichzeitig etwa auf derselben Höhe das Gebiet beiderseits der Weser ein. Dadurch sperrte er dem König von Dänemark, der von Norden her bis an den Mittellauf des Flusses bei Holzminden vorgedrungen war, ein weiteres Vorgehen. Während einer kurzen, phantastischen Diversion bis in den Balkan hinein, zu der sich Wallenstein durch Ernst von Mansfeld gezwungen sah, nahm Tilly den Kampf mit dem König von Dänemark auf. Er brachte Christian IV. mit den vereinigten Truppen der Liga und des Kaisers bei Lutter am Barenberg eine so schwere Niederlage bei, daß dieser sich Hals über Kopf bis an die Grenzen von Holstein zurückzog. Im darauffolgenden Jahr, 1627, nahm Wallenstein dem König seine letzten Positionen in Schlesien und in Niederdeutschland und drängte ihn bis auf die dänischen Inseln zurück. Damit war der Krieg gegen Dänemark entschieden. Die Friedensverhandlungen zogen sich überaus lange hin, weil die Hauptbeteiligten, Christian IV. und Ferdinand II., sich über die Bedingungen nicht so leicht einigen konnten. Ferdinand wollte sich in Jütland mit Unterstützung der Hansestädte eine habsburgische Flottenbasis schaffen, ließ sich jedoch, nicht zuletzt durch Wallenstein, dazu bewegen, von solch hochfliegenden Plänen abzusehen. Der Friede von Lübeck, welcher dann am 22. Mai 1629 zustande kam, warf Dänemark territorial in seine Ausgangslage zurück: Er ließ Christian IV. in seinem Königreich unbehelligt, zwang ihn aber, auf sein Bündnis mit den niedersächsischen Reichsständen und auf seine Ansprüche in Sachen der norddeutschen Bistümer zu verzichten. Freie Hand in Norddeutschland erhielt dagegen der Kaiser und bis zu einem gewissen Grad auch die mit ihm verbündete Liga.

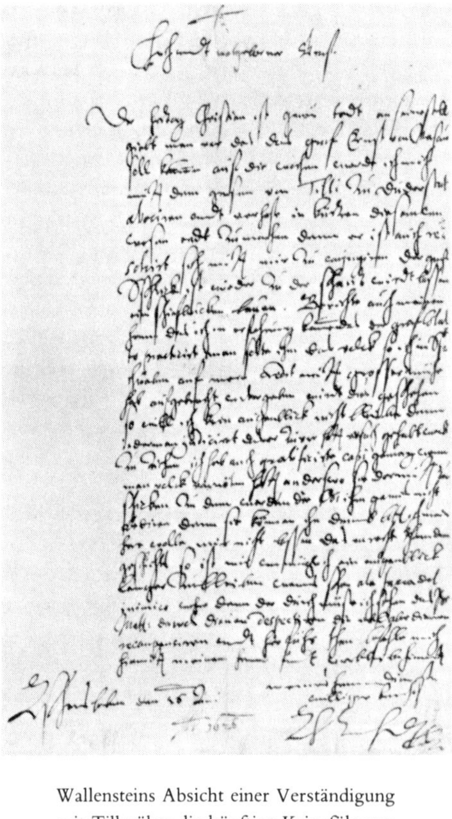

Wallensteins Absicht einer Verständigung mit Tilly über die künftige Kriegführung
Schreiben Wallensteins vom 26. Juni 1626 an Maximilian von Trauttmannsdorff
Wien, Haus-, Hof- und Staatsarchiv, Kriegsakten 68, fol. 183a

Während sich die meisten Reichsfürsten nach den ersten Erfolgen der Liga und des Kaisers nach und nach von Christian IV. getrennt hatten, blieben die Herzöge von Mecklenburg bis zuletzt als Verbündete an seiner Seite. Dies bildete die Voraussetzung für einen von der Gesamtheit der Reichsstände nicht sehr gern gesehenen Eingriff des Kaisers in die Reichsverfassung: Er ächtete die mecklenburgischen Herzöge und übertrug ihren Titel auf den Herzog von Friedland. Wallenstein hatte seine Standeserhöhung selber am eifrigsten betrieben und außerdem durchgesetzt, daß er zum ›General des Baltischen und Ozeanischen Meeres‹ ernannt wurde. Mit dem Titel übertrug Ferdinand II. seinem Generalissimus auch das Herzogtum: Wallenstein erhielt es zum Pfandbesitz. Nach Abschluß des Lübecker Friedens belehnte der Kaiser ihn mit (Gesamt-)Mecklenburg und erhob damit einen Parvenü in den Reichsfürstenstand. Dies war ein Vorgang, zu dem es bisher keine Parellelen gegeben hatte. Denn die Erhebung von Angehörigen der Familien Fugger oder Geizkofler in Süddeutschland in den Rang von Reichsunmittelbaren vollzog sich in einem sehr viel bescheideneren Rahmen und tat kaum einem Reichsfürsten weh. Wal-

Die Schlacht bei Lutter am Barenberg am 27. August 1626:
Sieg der kaiserlich-ligistischen Truppen unter Tilly über Christian IV. von Dänemark
Kupferstich eines Unbekannten in dem ab 1643 in Frankfurt erschienenen ›Theatrum Europaeum‹
Münster, Landesmuseum für Kunst und Kulturgeschichte

lensteins Erhöhung dagegen verletzte die Fürsten aus alten Häusern. Sie war der Preis, den Ferdinand II. für die Leistungen und immensen Vorschüsse zahlte, die sein Feldherr Wallenstein erbracht und durch die er sich ihm unentbehrlich gemacht hatte.

Die schwedische Großmachtpolitik und ihre Chancen in Deutschland

Wallensteins Erhöhung stand im Zusammenhang mit einem großen Revirement, welches der Kaiser angesichts seiner militärisch abgestützten starken politischen Position sich vorzunehmen getraute. Denn als seine Hauptaufgabe betrachtete es Ferdinand II., die reichskirchlichen Verhältnisse in Norddeutschland unter Berücksichtigung des Augsburger Religionsfriedens neu zu ordnen. Über die Anwendung des Geistlichen Vorbehalts hatten die Reichsstände nach 1555 viele Jahrzehnte erbittert gestritten. Die Auslegung dieses Artikels war kontrovers. Den Artikel im Sinne der Auslegung anzuwenden, wie sie die katholischen Reichsstände für richtig erachteten, sah Ferdinand jetzt die Stunde gekommen. Das aber kam bei der damaligen Lage der Dinge einer gründlichen Umwandlung der politischen Verhältnisse und einer Neuverteilung der politischen Gewichte im Reich gleich. Die umstrittene gesetzliche Grundlage hatte Ferdinand zwei Monate vor dem Lübecker Frieden durch den Erlaß des Restitutionsedikts vom 6. März 1629 geschaffen.

Der Augsburger Religionsfriede bestimmte in einem seiner Artikel, daß die reichsunmittelbaren Bistümer, Abteien, Stifter und Propsteien katholisch bleiben sollten. Er drückte es allerdings nicht so direkt, sondern komplizierter und verklausuliert aus: nämlich, daß es einem geistlichen Fürsten, Bischof oder Abt unbenommen sein sollte, zum Protestantismus überzutreten. Für den Fall, daß er es täte, müßte er jedoch von der Regierung seines geistlichen Fürstentums zurücktreten. Das zur Wahl befugte betreffende Domkapitel oder Stiftskapitel, ein aus den Dom- oder Stiftsherrn und den Dignitären gebildetes Kollegialorgan, sollte alsdann einen neuen Mann zum Fürstabt oder Fürstbischof wählen dürfen. Diesen Vorbehaltsartikel für die geistlichen Fürstentümer hatten die katholischen Reichsstände nach zähen Verhandlungen gegen den Widerstand der protestantischen Stände seinerzeit in den Religionsfriedensvertrag eingebracht, um dem Katholizismus, der sich 1555 fast durchweg in der Abwehr gegen den allenthalben vordringenden Protestantismus befand, wenigstens noch einige Positionen zu retten. Daß der für einen zum Protestantismus übergetretenen Bischof oder Abt neuzuwählende geistliche Fürst katholisch sein mußte, ergab sich aus der Logik der Sache, stand jedoch nicht expreß im Friedenstext. Die protestantischen Reichsstände behaupteten nun, es könnte infolgedessen auch ein evangelischer Kandidat zum geistlichen Fürsten gewählt werden, damit er ein geistliches Fürstentum legitim regiere. Jedenfalls verfuhren sie danach dort, wo sie die Macht dazu hatten; das hieß: vorwiegend im norddeutschen und mitteldeutschen Raum.

Als der Dreißigjährige Krieg ausbrach, befanden sich von den Bistümern zwischen dem Niederrhein

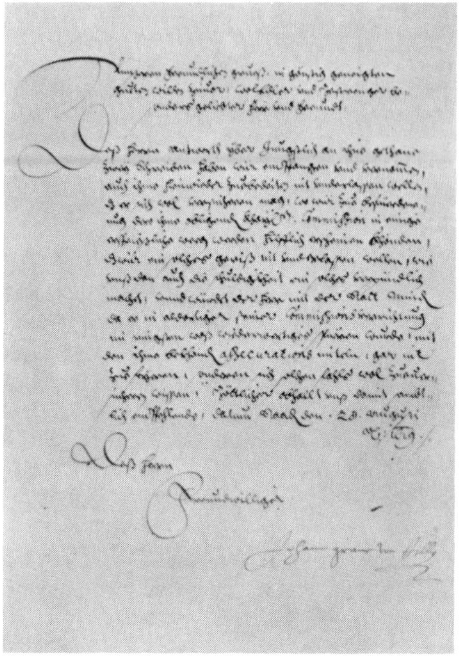

Tillys Hilfsangebot an den kaiserlichen Kommissar für den westfälischen Kreis bei der ›Vindizierung‹ ehemals katholischer Besitzungen auf Grund des Restitutionsedikts
Schreiben Tillys vom 28. August 1629 an Johann von Hyen
Wien, Haus-, Hof- und Staatsarchiv, Kriegsakten 84, fol. 191

und der östlichen Reichsgrenze jenseits der Oder, die am Ostrand Hinterpommerns und der brandenburgischen Neumark verlief, außer Köln nur noch Paderborn, Münster, Hildesheim und Breslau in katholischer Hand. Alle übrigen Reichs- und Landesbistümer hatten evangelische Bischöfe. Diese stammten meistens aus einer der in Nord- oder Mitteldeutschland regierenden territorialfürstlichen Dynastien. Die Fürsten waren nicht anders als Christian IV. von Dänemark daran interessiert, ihr weltliches Territorium auf diesem Umweg, gewissermaßen im Kalten Krieg, zu vergrößern, und sie waren auf dem Weg zu diesem Ziel schon ein gutes Stück vorangekommen. Reichsstifter gab es in beträchtlicher Zahl. Von den größten geistlichen Territorien, den Bistümern, lagen in Norddeutschland mehr als ein Dutzend, darunter die Erzbistümer Bremen und Magdeburg und die Bistümer Osnabrück, Halberstadt, Minden, Verden und Lübeck, Schleswig, Ratzeburg, Schwerin und Cammin. Darüber hinaus gab es im Territorialbereich der Kurfürstentümer Brandenburg und Sachsen noch sechs weitere Bistümer, deren Reichsstandschaft umstritten war und deren man je drei zur politischen Einflußzone jedes der Kurfürstentümer rechnete. So gehörten Meißen, Naumburg und Merseburg in die Interessensphäre Sachsens, Havelberg, Lebus und Brandenburg in diejenige Kurbrandenburgs.

Nachdem der Kaiser und die Liga, an ihrer Spitze der Kurfürst von Bayern, durch die Wechselfälle des Krieges unversehens nach Norddeutschland gelangt waren und dort Fuß gefaßt hatten, hielten sie die Gelegenheit für gekommen, eine durchgreifende Revision in der Besetzung der Bistümer vorzunehmen. Beide siegreichen Fürsten hatten dabei freilich auch handfeste politische Interessen im Auge. Denn wenn es sich durchsetzen ließ, die bischöflichen Stühle mit Katholiken zu versehen, dann lag es nahe, einen Teil davon durch Angehörige der Dynastien Habsburg und Wittelsbach zu besetzen. In diesem Punkt gedachten Maximilian I. und Ferdinand II. es mit dem geistlichen Reichsgut nicht anders zu halten, als es die protestantischen Fürsten getan hatten. Mit dem Restitutionsedikt, welches die geistlichen Reichsfürstentümer als katholische Institutionen wiederherstellen sollte, griff der Kaiser dank seiner neugeschaffenen Machtposition also in das seit Jahrzehnten am meisten umstrittene Interpretationsproblem des Religionsfriedens ein. Er ordnete an, alle im Widerspruch zum Geistlichen Vorbehalt durchgeführten Säkularisationen rückgängig zu machen. Auch Süddeutschland wurde davon betroffen, besonders Württemberg wegen der großen Zahl der dort säkularisierten Klöster. Norddeutschland, hauptsächlich das mittlere, traf diese Verfügung aber sehr viel mehr. Geschützt durch Waffen der beiden Armeen ging die siegreiche Partei unmittelbar nach dem Lübecker Frieden daran, die Restitution durchzuführen. Nach einem Wort von Ranke wurde damit die Axt an die Wurzeln des deutschen Protestantismus gelegt.

Von dem Vorgehen des Kaisers und der ihm verbündeten Liga fühlte man sich auch außerhalb Deutschlands betroffen. König Gustav Adolf von Schweden wurde unruhig. Er sah seine weitausgreifenden Ostsee-Reichspläne durch eine neue, rivalisierende Macht, eben durch den Kaiser und die Liga, gefährdet. Zudem fürchtete er für das Luthertum, welches ihm am Herzen lag; anders gesagt: Er fürchtete ein Vordringen des Katholizismus nach Norddeutschland und fühlte sich dadurch nicht nur konfessionell, sondern auch politisch bedroht, zumal Schweden mit einer anderen katholischen Ostsee-Macht, mit Polen, nahezu traditionell im Krieg lag. Unruhig wurde auch Frankreich, obschon aus anderen Gründen: Richelieu befürchtete von einem Erstarken der Macht des Hauses Habsburg nachteilige Rückwirkungen auf Frankreich. Und aus wieder anderen Gründen beunruhigte sich, so paradox es klingt, sogar einer der politischen Führer der siegreich vordringenden kaiserlich-ligistischen Partei und der Hauptverbündete des Kaisers selbst, nämlich Kurfürst Maximilian I. von Bayern, und zwar in seiner Eigenschaft als Reichsfürst. Alles zusammen führte schon im Jahr darauf, 1630, eine völlige Wende des Krieges herbei. Sie wurde sichtbar vor allem in zwei Ereignissen: im Regensburger Kurfürstentag und in der Invasion des Königs von Schweden.

Nach dem Lübecker Frieden befand sich Kaiser Ferdinand II. auf dem Höhepunkt seiner Macht. Er und die Liga schienen Herren der Lage in Deutschland zu sein. Aber gerade zwischen Kaiser und Liga erhob sich nun allerlei Zwist. Sie stritten sich um die Verteilung der Beute. Aus der Rekatholisierung der norddeutschen Bistümer, Stiftskirchen und Abteien suchten beide Gewinn zu ziehen. Der Kaiser verlangte den Löwenanteil, der Kurfürst wünschte ebenfalls nicht zu knapp dotiert zu werden; vor allem wollte er den Kaiser nicht zu mächtig werden lassen. Stärker als der Konfessionspolitiker regte sich in Maximilian jetzt der Reichsfürst, der auf seine Libertät bedacht war und es für gut hielt, Ferdinand II. in seine Schranken zu weisen. Ganz besonders war ihm des Kaisers Werkzeug, der neugebackene Herzog von Mecklenburg, ein Dorn im Auge. Ihm das Handwerk zu legen und den Kaiser dieser Stütze seiner Macht zu berauben, setzte er sich fortan zum Ziel. Er betrieb Wallensteins Entlassung und machte sie zu einer Art von Kabinettsfrage, insofern er andernfalls dem Kaiser die Unterstützung der Liga zu entziehen androhte. – Aber auch sonst erwies sich die Restituierung in Norddeutschland für die Sieger als eine heikle Angelegenheit. Nach dem Buchstaben des Religionsfriedens von 1555 sollten auf Grund des Restitutionsedikts außer den Bistümern etwa fünfhundert Kirchen dem katholischen Kultus wieder zugeführt werden. Die überwiegend evangelische Bevölkerung reagierte darauf höchst unfreundlich, zuweilen leistete sie aktiven Widerstand. Aber auch zwischen denen, die die Restitution durchführten, kam es zu Mißhelligkeiten. Wallenstein und die kaiserlichen Kommissare restituierten ohne viel Rücksicht auf anderweitige Interessenten. Die Jesuiten gedachten eine Reihe von ehemaligen Prioraten und Abteien älterer Orden für eigene Zwecke zu vereinnahmen; darüber gerieten sie dann in manchen Streit mit den Betroffenen. So brachte die Restitution für die siegreiche katholische Partei interne Scherereien mit sich und rief nach außen hin Groll und Verbitterung hervor.

In dieser Situation verwandelte sich Maximilian I. von Bayern aus einem Verbündeten des Kaisers zu dessen Gegenspieler. Er wurde für kurze Zeit zur zentralen Figur des Geschehens in Deutschland und erwies durch sein Verhalten den ausländischen Feinden Ferdinands II. den denkbar größten Gefallen. Maximilian entstammte einer Dynastie, die sich mit ihm schon in der dritten Generation für die Regeneration der katholischen Kirche einsetzte. Er war in jungen Jahren zur Regierung gekommen, weil sich sein Vater nach knapp zwanzigjähriger Regierung freiwillig aus der Politik zurückzog, um nur noch seinem Seelenheil zu leben. Herzog Wilhelm V., der Fromme, hatte die bereits von seinem Vater Albrecht V. ins Werk gesetzte Gegenreformation planmäßig fortgeführt und wie dieser ein diszipliniertes Frömmigkeitsleben seiner Familie zum Maßstab gesetzt. Mit den aktiven Rekatholisierungsbestrebungen hatte er an den Grenzen von Bayern nicht haltgemacht. Er hatte seine reichsständischen Nachbarn in Süddeutschland und Österreich im Sinn einer allgemeinen katholischen Reform beraten und beeinflußt und beispielsweise erreicht, daß sein Neffe, Ferdinand von Steiermark, der spätere Kaiser, den Jesuiten in Ingolstadt zur Erziehung anvertraut wurde. Seinem jüngeren Bruder Ernst, Fürstbischof von Freising, hatte er dazu verholfen, Kurfürst und Erzbischof von Köln zu werden. Während er seit 1597 im politischen Leben selbst überhaupt nicht mehr hervortrat, fungierten Angehörige seiner Familie an exponierter Stelle im Dienst sowohl einer expansiven bayerischen Machtpolitik als auch der Rekatholisierung im Reich. Sein jüngerer Sohn, Ferdinand von Bayern, wirkte als Kurfürst von Köln und Inhaber mehrerer Bistümer im Nordwesten jahrzehntelang als kirchlicher Reformer im Rheinland und in Westfalen. Sein ältester Sohn, Herzog Maximilian I., den er gleichfalls bei den Jesuiten in Ingolstadt hatte erziehen lassen, führte im Geist dieser Erziehung als Innenpolitiker die katholische Reform und Gegenreformation geradlinig und systematisch fort. Maximilian war ein besonnener, fleißiger, tätiger und wohl auch harter Fürst. Man hat ihn gelegentlich den Großen Kurfürsten von Bayern genannt. In seinen ›Monita paterna‹ von

1639, einer Handreichung zur Regierungsführung für seinen Sohn und Nachfolger, Ferdinand Maria, hob er neben praktischen Ratschlägen dezidiert auf persönliche Rechtschaffenheit, sittliche Lebensführung und Frömmigkeit ab. Da heißt es: »Gott ist der alleinige Herrscher; aus seiner Hand allein kommt Macht, Ruhm und Sieg . . . Glaube ja

Maximilian I. von Bayern vor der Madonna
Rückseite eines Doppeldukaten, 1647
München, Staatliche Münzsammlung

nicht, daß Gott jemals aufhören werde, Zeuge und Richter deiner Handlungen zu sein . . . Es ist eine unbezweifelte Wahrheit, daß von der Frömmigkeit und Gottesfurcht des Fürsten sein eigenes Glück abhängt. Frömmigkeit aber besteht in der klaren Erkenntnis der göttlichen Dinge, in Gottesfurcht, Gottesliebe und Gottesverehrung. Du wirst die rechte Gotteserkenntnis haben, wenn du in nichts von der reinen Lehre der heiligen römischen Kirche abweichst . . . Ein hartes Gericht ergeht über die Herrscher; denn nicht nur über sich selbst, sondern auch über ihre Untertanen werden sie eine strenge Rechenschaft ablegen müssen.«

Glaubensbindungen und Frömmigkeit hinderten weder Maximilian noch seine fürstlichen Zeitgenossen oder deren Minister, sich auf politischem Feld für die Interessen ihres Staates, so wie sie sie verstanden, mit Nachdruck einzusetzen. Hier traten das Religiöse und das Staatsegoistische in Grenzfällen auseinander. Die Fürsten und Staatsmänner besaßen aber meist noch genügend Naivität, um auch bedenkliche Handlungen als religiös motiviert oder mindestens religiös legitimiert hinzustellen. Die Historiker beider Konfessionen räumen ein, daß Maximilian eine politische Begabung war, mit Sinn für das Erreichbare wie für die Grenzen des Möglichen. Mazarin, der selbst verschlagen, intrigant und wohl auch etwas korrupt war, nannte Maximilian listig, verschlagen und auf seinen Vorteil bedacht. Und in der Tat verfolgte dieser bayerische Kurfürst seinen Vorteil als Territorialherr. Wenn er der römischen Kirche gebührenden Respekt erwies, so immer vorbehaltlich seiner fürstlichen Rechte. Als Grundpfeiler der fürstlichen Macht nannte er seinem Sohn nächst Gott folgende vier: ein hinreichendes Heer; eine genügend gefüllte Staatskasse; Burgen und Festungen (gegen äußere Feinde und aufständische Untertanen); und das Wohlwollen der Untertanen. Letzteres bezeichnete er sogar als ›potissimum praesidium‹, die kräftigste Stütze. Maximilian war grundsätzlich reichs- und kaisertreu, legte jedoch auf Selbständigkeit im Rahmen seiner Reichsstandschaft größten Wert. Vierzigjährige Regierungserfahrung veranlaßte ihn, seinen Nachfolger davor zu warnen, sich in Kriege einzulassen: »Am Wort ›Krieg‹ hängt der Inbegriff allen Übels. Beginne ihn nicht, bevor du alle friedlichen Mittel erschöpft hast. Solltest du, was Gott verhüten möge, gezwungen werden, Krieg zu führen, so ergreife die Waffen mit Gottes Beistand (nur), wenn es gilt, die Religion zu schützen, dem Kaiser den Treuedienst, den Verbündeten die versprochene Hilfe zu leisten, oder wenn es darum geht, das Vaterland und die Untertanen zu verteidigen, Angriffe der Feinde abzuwehren und dem Recht Geltung zu verschaffen.« Um auf den Verteidigungsfall vorbereitet zu sein, hielt er es für nötig, über ein gutausgerüstetes Heer zu gebieten. Dies hatte ihn von Anfang an in die Lage versetzt, dem Kaiser als Partner gegenüberzutreten, und zwar als ein starker Partner. Niemals ließ er sich in die Rolle eines Trabanten hinabdrükken. So hatte er sich zum Beispiel in den zwanziger Jahren allen Angeboten widersetzt, mit Österreich und Spanien einen Dreibund zu bilden.

Nach dem Lübecker Frieden sah es so aus, als ob der Kaiser eine starke Machtposition gewinnen würde. Was für Ferdinand II. eine Chance war, empfand Maximilian für seine eigene reichsfürstliche Stellung als Gefahr. Ihr suchte er rechtzeitig zu begegnen. Um Rückendeckung zu bekommen, ließ er sich auf engere Kontakte mit Frankreich ein. Dabei bemerkte er nicht deutlich genug, daß Richelieu ihn als Werkzeug benutzte, gewissermaßen als deutschen Sturmbock gegen das Haus Österreich. Denn nichts konnte dem leitenden Staatsmann Frankreichs angenehmer sein als eine ernstliche Spannung zwischen dem Kaiser und seinen Verbündeten. Er legte seine nächsten Schritte äußerst geschickt darauf an, die anläßlich des Restitutionsedikts aufkommenden Differenzen zu vertiefen. Die Entwicklung im Reich kam Richelieus Absichten entgegen. Er erkannte sie und nahm die Gelegenheit tatkräftig wahr.

Wie nach dem Sieg Karls V. im Schmalkaldischen Krieg die katholischen Reichsfürsten sich vom katholischen Kaiser distanzierten, weil sie dessen Machtzuwachs fürchteten, und auf die politische Linie der protestantischen Reichsfürsten einschwenkten, so geschah es auch nach dem siegreich beendeten dänischen Krieg. Über die konfessionellen Grenzen hinweg begriffen die Reichsstände, daß sie politisch im Prinzip dieselben Interessen zu verteidigen hatten, und gingen gemeinsam in Opposition gegen den Kaiser. Dies wurde beim Regensburger Kurfürstentag im Sommer 1630 offenbar. Ferdinand II. wollte in Regensburg seinen Sohn, den nachmaligen Kaiser Ferdinand III., durch die Kurfürsten zum römischen König wählen lassen. Dies bot den Kurfürsten gute Gelegenheit, Gegenforderungen zu präsentieren, und ver-

Gustav II. Adolf von Schweden
Farbige Zeichnung von Lorenz Strauch, 1632
Würzburg, Mainfränkisches Museum

half Maximilian, der als ihr Sprecher fungierte, zu einem großen Auftritt. Er verlangte, daß der Kaiser Wallenstein absetze und einen großen Teil seines Heeres entlasse, und forderte ein Mitspracherecht der Reichsstände in Sachen der kaiserlichen Heerführung und Außenpolitik. Nachdem die Kurfürsten alles erreicht hatten, fühlten sie sich stark genug, dem Kaiser die Wahl seines Sohnes zu verweigern. Sie fügten Ferdinand damit eine zweifache Niederlage zu: Er gab sein halbes Heer auf und ließ Wallenstein fallen. Doch er verfehlte den Zweck, für den er dieses Opfer gebracht hatte. Auf eben dieses für die Habsburger so schmerzliche Ergebnis hatte der Erstminister Frankreichs zielstrebig hingearbeitet. Er hatte die Regensburger Beratung für so wichtig gehalten, daß er gleich zwei Diplomaten dorthin entsandte, darunter den Kapuziner Père Joseph, seine Graue Eminenz. Beide beauftragte er, die Kurfürsten im Sinne der von Maximilian angestrebten Entscheidung zu bearbeiten. Welche Tragweite diese Entscheidung besaß, übersah der Kurfürst von Bayern, der sie herbeigeführt hatte, in der reichsständischen Beschränktheit seiner Politik, sehr viel weniger als Richelieu. Denn während die Kurfürsten in Regensburg den Kaiser eines Teiles seiner militärischen Macht beraubten, verbreitete sich die Nachricht, daß der König von Schweden, Gustav Adolf, mit einer Armee in Pommern gelandet sei. Richelieu hatte ihm den Weg nach Deutschland geöffnet und die Invasion von langer Hand vorbereitet. Der Kurfürst von Bayern aber tat dem König von Schweden mit der erzwungenen Absetzung Wallensteins und der Reduzierung der kaiserlichen Armee ahnungslos den allergrößten Gefallen.

Mit Gustav Adolf griff eine Herrscherpersönlichkeit von ungewöhnlichem Zuschnitt in den Krieg in Deutschland ein. Er war noch nicht ganz vierzig Jahre alt, hatte sich bereits seit zwei Jahrzehnten als Heerführer und Eroberer hervorgetan und war dazu noch ein erfahrener Regent. Sein Vater, Karl IX., hatte ihn in sehr jungen Jahren in die Praxis des Kriegführens und der inneren Regierung eingewiesen und als Fünfzehnjährigen erstmals mit einem selbständigen Kommando im Krieg betraut. Die Kriegskunst der Epoche, wie sie allen voran die Holländer unter Moritz von Oranien entwickelt hatten, war ihm vertraut. Er beherrschte sie glänzend. Aber nicht nur das Kriegswesen, auch die Staatsführung lag ihm im Blut. Jene merkwürdige Doppelbegabung, der man in der Weltgeschichte immer wieder einmal begegnet, besaß in ausgeprägter Weise auch dieser König von Schweden. Darüber hinaus verfügte Gustav Adolf, ohne sich übertrieben volkstümlich zu geben, über einen untrüglichen Sinn für das Populäre und für das, was die Menschen ansprach. Dadurch fand er Resonanz in seinem Heer und seinem Land und weckte Anhänglichkeit und Liebe.

Gustav Adolfs Angriff galt dem Kaiser, richtete sich damit aber auch gegen das Reich und dessen Glieder. Seine Landung in Deutschland und sein Eingreifen in den Krieg standen im Zusammenhang mit dem sehr viel weiterreichenden Plan, ein Imperium in Nordeuropa aufzubauen. Schweden befand sich seit einigen Jahrzehnten in einer Phase kräftiger Expansion. Es weitete seine Grenzen nach allen Himmelsrichtungen aus und lag deshalb laufend im Streit mit seinen Nachbarn, auf deren Kosten es sein Territorium vergrößerte. Mehrmals hatte Schweden seit der Mitte des 16. Jahrhunderts mit Dänemark und Polen-Litauen, gelegentlich auch mit Rußland, Krieg geführt. Sein letztes Ziel war das Dominium maris Baltici. Nach der Eroberung des Baltikums kämpfte Gustav Adolf jahrelang mit Polen um die Oberherrschaft über die Häfen an der preußischen Ostseeküste; hier suchte er die Kontrolle über die Weichsel-Mündung zu gewinnen und sich der Hafenzölle für die schwedische Staatskasse zu bemächtigen. Die Niederlage Dänemarks im Lübecker Frieden kam ihm zwar durchaus gelegen; andererseits beunruhigte ihn das Erscheinen einer kaiserlichen Armee am Südrand der Ostsee. Empfand er dies schon als einen Einbruch in seine Interessensphäre, so schreckte ihn insbesondere der Gedanke an ein mögliches Bündnis zwischen Polen und dem Kaiser. Mit alledem verquickte sich die konfessionelle Frage. In Polen-Litauen regierte Gustav Adolfs katholischer Vetter Sigismund III. Wasa. Er war ehedem schwedischer Kronprinz und König gewesen, dann aber von Gustav Adolfs Vater verdrängt worden. Karls IX. Kampf um den Thron gegen Sigismund Wasa war zugleich ein Kampf gegen den Katholizismus gewesen. Seitdem herrschte in Schweden eine hart antikatholische Stimmung. Der schwedische Reichstag hatte zuletzt 1617 zu Örebro ein Aufenthaltsverbot für Katholiken auf schwedischem Staatsgebiet erlassen. – Was die Staatsorganisation Schwedens betraf, so war es ihr Charakteristikum, daß Krone und Stände die Macht unter sich teilten. Die Zentralverwaltung war nach holländischem Vorbild aufgebaut. Ihre Spitzenstellungen wurden ausschließlich durch Männer aus dem hohen Adel besetzt. Die Grundlage für die schwedische Großmachtpolitik bildete das Heer. Die Könige hatten es seit Beginn des 17. Jahrhunderts modernisiert. Die Aushebung der Soldaten, die durch den Reichstag bewilligt werden mußte, geschah nach einer Methode, die man eine Frühform der allgemeinen Wehrpflicht nennen könnte. Die Armee war gut bewaffnet und vorzüglich ausgebildet, stellte jedoch steuerlich eine große Last dar. Gustav Adolf hatte begriffen, daß die Rivalität der Häuser Habsburg und Bourbon den Kern des Konflikts ausmachte, um den es in diesem Krieg ging, und daß sich die verschiedenartigsten politischen Interessen und Ambitionen der einzelnen Staaten um jenen Konfliktkern gruppierten. Seiner Überzeugung nach war es um 1630 soweit gekommen, daß alle Kriege, wo immer sie in Europa geführt wurden, in einem wechselseitigen Zusammenhang stünden und in Wirklichkeit einen einzigen großen Krieg darstellten. So befreundete er sich, seit der Kaiser und die Liga in Norddeutschland Terrain gewonnen hatten, mit dem Gedanken des ›Prävenire‹. Alle Anzeichen deuteten darauf hin, daß der Kaiser und die Liga ihre einmal errungene Stellung in Norddeutschland weiter ausbauen würden. Dieser Entwicklung gedachte der König von Schweden nicht tatenlos zuzuschauen, sondern beschloß, ihr zuvorzukommen und den Kaiser in Deutschland anzugreifen.

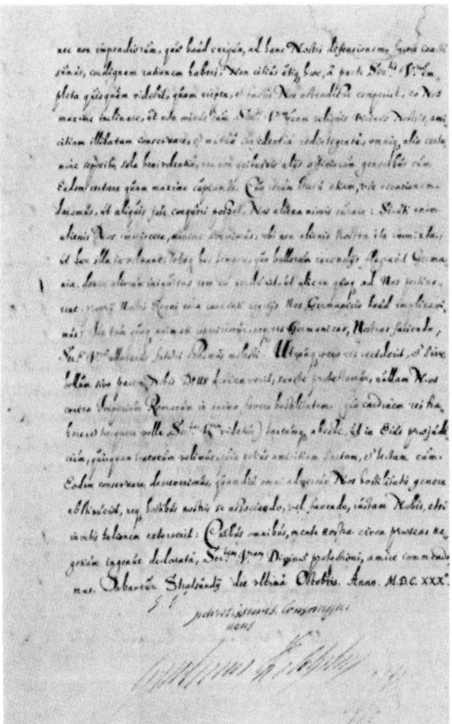

Gustav II. Adolf an Ferdinand II.:
Zusicherung friedlicher Absichten
bei der Landung der schwedischen Truppen
auf dem Boden des Reiches
Schreiben vom 10. November 1630
mit der Unterschrift des schwedischen Königs
Wien, Haus-, Hof- und Staatsarchiv,
Kriegsakten 89, Oktober, fol. 100 v.

Auf sich allein gestellt, hätte er dieses Vorhaben allerdings kaum durchführen können, weil seine Kosten Schwedens Wirtschaftskraft überforderten. Zwar hatte der König Bedeutendes getan, um die Ertragskraft seines Landes zu steigern und höhere Staatseinnahmen zu erzielen. Er förderte den Seehandel und schuf für die Städte durch entsprechende Privilegierung Anreize zu stärkerer ökonomischer Betätigung. Er belebte die Kupfererzgewinnung. Auch die hohen preußischen Zolleinkünfte trugen erheblich dazu bei, die Staatskasse zu füllen. Auf der anderen Seite verschlangen das Heer und die jahrelangen Kriege mehr, als das Land aufbrachte. Wollte er sich am Krieg in Deutschland beteiligen, so blieb ihm nichts anderes übrig, als sich nach fremder Finanzhilfe umzusehen. Wohl oder übel ließ er sich deshalb auf eine Verbindung mit Frankreich ein. Richelieu, der die Lage, in der sich Gustav Adolf befand, sehr gut begriff, half nicht ungern, die Hindernisse zu beseitigen, die einem Angriff auf den Kaiser vorerst noch im Weg standen. Als erstes brachte er einen – zunächst auf sechs Jahre befristeten – Waffenstillstand mit Polen zustande, der Schweden militärisch an der baltisch-preußischen Front entlastete. Sodann erklärte er sich zur Zahlung von Subventionen bereit, die Schweden in die Lage versetzten, ein hinlänglich

Der pommersche Hafen Stralsund zu Anfang des 17. Jahrhunderts
Gemälde eines Unbekannten
Stralsund, Kulturhistorisches Museum

starkes Heer in Deutschland zu unterhalten. Eine feste vertragliche Regelung darüber nahm er allerdings erst nach erfolgter Invasion vor. Dies war die politische und militärische Ausgangslage, aus der heraus Schweden nach Deutschland übergriff. Der Kriegsplan wurde im schwedischen Reichstag gründlich beraten. Ein Reichstagsausschuß, dem er in Stockholm im Frühjahr 1630 vorgelegt wurde, billigte ihn. So wußte sich Gustav Adolf bei seinem gewagten Unternehmen von der Zustimmung seiner Stände getragen.

Verschiedene Intentionen vereinigten sich beim Einfall der Schweden nach Deutschland. Bei der offenkundigen Schwäche Dänemarks bot sich die Gelegenheit, das südlichste Ufer der Ostsee zum schwedischen Machtbereich zu schlagen. Politisch bestand hierin der eigentliche Zweck des Feldzuges. Nicht zufällig hatte Schweden 1629 den pommerschen Hafen Stralsund, als ihn Wallenstein belagerte, von der See her unterstützt. 1630 war der Zeitpunkt für eine Invasion außerordentlich günstig. In Mecklenburg waren die regierenden Herzöge vertrieben und abgesetzt worden. In Pommern stand das Herzogshaus vor dem Aussterben; dort war man also auf einen Dynastiewechsel gefaßt. Die Fürsten im Reich betrieben Wallensteins Absetzung und haderten mit dem Kaiser. Gustav Adolf hatte demnach kaum mit einem geschlossenen Widerstand zu rechnen. Frankreichs Hilfestellung für Schweden machte deutlich, daß es sich aus europäischer Perspektive weniger um Pommern und Mecklenburg als um das Haus Habsburg handelte und daß das Unternehmen letztlich darauf abzielte, die Stellung des Kaisers im Reich zu unterminieren. Der Vertrag von Bärwalde, ein Dokument der schwedisch-französischen Komplizenschaft, sprach dies denn auch ungeniert aus. Schwedisch bezahlte Publizisten agitierten in den späteren Kriegsjahren in Flugschriften gegen das Haus Habsburg und behaupteten, daß erst mit der völligen Entmachtung des Kaisers zugunsten der Fürsten die wirklich glücklichen Zeiten für

Deutschland anbrechen würden. – Im Juli 1630 landete Gustav Adolf unbehelligt an der pommerschen Ostseeküste im Oder-Delta. Er befolgte das bewährte Prinzip, von den Flußmündungen aus das umliegende Land zu okkupieren. Bis zum Jahresende brachte er größere Strecken Landes längs der Oder fest in seine Hand. Am 23. Januar 1631 schloß er zu Bärwalde in der Neumark, zwischen Stettin und Frankfurt an der Oder gelegen, jenen berühmt-berüchtigten Vertrag. Frankreich verpflichtete sich darin zu Geldzahlungen von einer Million französischer Livres pro Jahr, während Schweden als Gegenleistung versprach, in Deutschland ein Heer von sechsunddreißigtausend Mann zu unterhalten und damit gegen den Kaiser Krieg zu führen.

Wie die Existenz der Gustav-Adolf-Vereine zeigt, wob sich um den Schwedenkönig die Legende, er sei aus religiösem Antrieb nach Deutschland geeilt, um den bedrängten Protestantismus zu retten. Daran ist richtig, daß Gustav Adolf aufrichtig dem lutherischen Glauben anhing und daß ihm viel daran lag, den Protestantismus in Deutschland wiederherzustellen. Dieses Anliegen war bei ihm vorhanden, und er selber betonte es auch. 1631 erschienen, herausgegeben vom Präsidenten des schwedischen Feldkonsistoriums, Johann Botvidus, vierzehn Kriegsgebete Gustav Adolfs. Eines davon trägt die Überschrift: »Des Königs zu Schweden Gebet, so er durch sein Feldlager (hat) tun lassen, wie er das Volk von den Schiffen zu Land gesetzt«; und bezieht sich auf die Invasion in Pommern. Es lautet: »Ach Gott, der du wie über den Himmel also auch über die Erden und das wilde Meer herrschest, wie soll ich dir danken, daß du mich die gefährliche und beschwerliche See-Reise so gnädiglich beschützet hast. Ach, ich danke. Ich danke dir von Innerstem meines Herzens und bitte, weil du weißt, daß dieser Zug und mein Intent ja nicht zu meinen, sondern einzig und allein zu deinen Ehren und deiner armen bedrängten Kirchen zu Trost und Hülfe angesehen und gemeinet. So wollest du mir auch, wo ferne das Stündlein, das von dir bestimmet, vorhanden, darin du deinem Volk und Auserwählten Hülfe senden willst, ferner Gnad und Segen, auch sonderlich gut Wetter und Wind verleihen und bescheren, daß ich meine hinterlassene Armada, die ich aus so mancherlei Nationen und Völkern versammelt, mit fröhlichen Augen bald bei mir sehen und dein heiliges Werk fortsetzen möge.« – Der religiös-konfessionelle Einschlag in seinem Unternehmen war gewiß unleugbar. Unverkennbar war aber auch, daß sich völlig andersartige Motive damit vermengten. Er wollte nicht nur dem Protestantismus aufhelfen, sondern Territorien erobern und mit der Steuerkraft der zu besetzenden Länder die schwedische Staatskasse füllen. Ja, es ist fraglich, ob er sich ohne solch handfeste Aussichten auf sein konfessionelles Rettungswerk überhaupt eingelassen hätte. Gustav Adolf wurde zu einer legendären Figur, weil man seine harten politischen Absichten unterschlug, ignorierte oder bagatellisierte. So kam es, daß der Eroberungszug eines Machtpolitikers den Glorienschein eines Kreuzzugs zur Rettung des Evangeliums erhielt. Die staatlich gelenkte schwedische Propaganda arbeitete von vornherein in dieser Richtung. Sie hütete sich, an Sachverhalte zu rühren, auf die man in Deutschland scharf reagiert hätte. Sie verschwieg die Zusammenarbeit mit dem Hugenottenbekämpfer und Kardinal der römischen Kirche, Richelieu, ebenso beharrlich wie die beabsichtigten Annexionen von Pommern und Mecklenburg. Statt dessen beteuerten die in schwedischem Sold schreibenden Publizisten, der König habe den Krieg aufgenommen im deutschen Interesse: um den Protestantismus zu stützen, die Tyrannei des Kaisers zu beseitigen, den Reichsfürsten zu größerer politischer Freiheit zu verhelfen.

Diese politische Propaganda täuschte über die wahre Sachlage hinweg. Der Protestantismus war zwar in den Bistumslanden zwischen Weser und Elbe gefährdet, nicht aber in den weltlichen Fürstentümern östlich der Elbe, in Schleswig-Holstein, Pommern, Brandenburg und Kursachsen. Den besten Beweis lieferten die dortigen Fürsten.

Der Herzog von Pommern und die Kurfürsten von Brandenburg und Sachsen zeigten wenig Neigung, sich von Gustav Adolf ›retten‹ zu lassen. Sie wollten neutral bleiben. Deshalb sträubten sie sich gegen einen Anschluß. Gustav Adolf rückte andererseits, ohne sie um Erlaubnis zu fragen, in ihre Territorien ein und behandelte sie nicht eben kollegial, sondern sprang mit ihnen um wie ein großer Herr mit kleinen Leuten. Empört darüber, daß sie sich ihm nicht freiwillig anschlossen, setzte er sie massiv unter Druck. Sie bekamen rasch seine harte Hand zu spüren und sahen ihre reichsfürstliche Freiheit und ihren territorialen Besitz im übrigen gar nicht so sehr vom Kaiser als vom ungebetenen Retter aus dem Norden angetastet. Als erster gab der Herzog von Pommern nach. Auf Anraten seiner Geistlichkeit ging Bogislaw XIV. auf Gustav Adolfs Bündnisangebot ein. Während die Pastoren und das Volk den König enthusiastisch begrüßten, verlor der Herzog praktisch seine Handlungsfähigkeit, weil sein Land mittlerweile zu einem schwedischen Brückenkopf geworden war und sich fest in der Hand der Okkupanten befand. Etwas später zwang Gustav Adolf den Brandenburger, sich mit ihm zu verbünden. Kurfürst Georg Wilhelm, wegen eines unheilbaren Beinleidens ein körperlich gebrechlicher Mann, war zehn Jahre zuvor ohne sein Zutun Gustav Adolfs Schwager geworden. Seine energische Mutter hatte, ohne ihn zu fragen, ihrer Tochter die Erlaubnis gegeben, den Heiratsantrag des Königs von Schweden anzunehmen, und ihr heimlich über die braunschweigische Grenze zur Reise in das Land ihres Bräutigams verholfen. Georg Wilhelm versuchte im Krieg neutral zu bleiben, war jedoch nicht stark genug, um diese Politik durchzuhalten. Er wurde je nach Lage der Dinge bald hierhin, bald dorthin getrieben. Auf Gustav Adolf war er nicht gut zu sprechen, da die-

Geschehnisse nach der Landung Gustavs II. Adolfs in Deutschland
Kupferstich auf einem Flugblatt unbekannter Provenienz, 1630

ser ihn um seine pommersche Erbschaft zu bringen gedachte. Es gab ein seit Generationen bestehendes, rechtlich gesichertes Erbabkommen, demzufolge das Herzogtum Pommern nach einem eventuellen Erlöschen der Greifen-Dynastie an das Kurhaus Brandenburg fallen sollte. Bogislaw XIV., der letzte Herzog aus dem Greifen-Geschlecht, besaß keine Nachkommenschaft im Mannesstamm. So mußte der Erbfall in absehbarer Zeit eintreten. Bogislaw starb 1637. Gustav Adolf machte keinen Hehl daraus, daß er sich über diesen Erbvertrag hinwegsetzen wollte. Um sein Erbe zu sichern, trat Georg Wilhelm später auf die Seite des Kaisers.

Nach Otto Hintze, dem Historiker Preußens und der Hohenzollern, gehörte Georg Wilhelm, der von 1619 bis 1640 regierte, zu den schwächsten Fürsten aus dem Haus Brandenburg. Was die Bedeutungslosigkeit der Persönlichkeit anlangt, so stand dem Brandenburger sein sächsischer Kurkollege Johann Georg I. jedoch nicht viel nach. Dieser regierte von 1611 bis 1656 und gehörte wie Maximilian I. von Bayern und Ferdinand von Köln zu den wenigen größeren deutschen Territorialherren, die den Krieg von Anfang bis Ende miterlebten. In den Wirren, die der Krieg über Deutschland brachte, wechselte Johann Georg I. ähnlich wie Georg Wilhelm von Brandenburg mehrfach die Partei, und zwar nicht immer freiwillig. Er legte Wert darauf, als Kurfürst von Sachsen die evangelische Vormacht in Deutschland zu repräsentieren. Bei dem traditionell schlechten Verhältnis zwischen Kursachsen und der Pfalz war es nicht verwunderlich, daß er sich seinerzeit von dem böhmischen Abenteuer Friedrichs V. von der Pfalz distanzierte und schließlich sogar mit dem Kaiser und der Liga gemeinsame Sache gegen die böhmischen Rebellen machte. Auch der lutherisch-calvinistische Gegensatz spielte in diese Dinge hinein. Johann Georg I. stand unter dem Einfluß seines Hofpredigers Matthias Hoe von Hoenegk, eines begabten und vielgeschäftigen, geschäftskundigen, mitunter heftigen und intriganten Mannes. Dieser griff durch seinen Einfluß auf den Kurfürsten in viele Landesangelegenheiten ein. Als für damalige Begriffe guter orthodoxer Lutheraner war er ein eifriger Calvinistenfresser. Er soll es einmal als Unterlassungssünde bezeichnet haben, daß er »schon seit zwei Jahren nichts wider die Calvinisten geschrieben« habe. Die Aversion gegen den Calvinismus brachte es mit sich, daß man auf sächsischer Seite ein politisches Bündnis mit dem katholischen Kaiser für weniger verabscheuungswürdig hielt als eine Verbindung mit einer reformierten Macht. Abgesehen davon war Kursachsen mit seiner habsburgfreundlichen Politik bislang immer recht gut gefahren. So hatte Johann Georg bei der Kaiserwahl 1619 Ferdinand II. seine Stimme gegeben und protestantische Einwände mit der klassischen Antwort beiseite geschoben: »Ich weiß, es wird nichts Gutes daraus. Ich kenne Ferdinand. Aber ein Mann ist besser als kein Mann. Man muß die Sache Gott anheimstellen.« Hatte der Kurfürst – mit den Übernamen ›Bierkönig‹ oder ›Bierjörge‹ – ungünstige oder törichte Zugeständnisse in politischen Dingen gemacht oder in Aussicht gestellt, so bestritten seine Räte die Gültigkeit des kurfürstlichen Wortes mit der bündigen Erklärung: Das habe Seine Gnaden im Suff gesagt. Seine in den Grundzügen kaisertreue Politik brachte ihm am Ende den Besitz beider Lausitzen ein. Mit diesen Markgrafschaften arrondierte er das Territorium seines Kurfürstentums ganz beträchtlich und wurde in den fünfundvierzig Jahren seiner Regierung wenigstens in diesem Punkt ein Mehrer seines Landes.

Nach dem Einbruch Gustav Adolfs propagierte die sächsische Politik den Gedanken einer dritten Partei in Deutschland und fand damit Anklang. In ihr sammelten sich diejenigen meist evangelischen Territorialherren, die zwischen Schweden und dem Kaiser neutral zu bleiben wünschten. Sie mißtrauten den Versprechungen Gustav Adolfs, für die fürstliche Libertät einzutreten. So kam denn auch die Bildung einer solchen dritten Partei, deren Interessenten sich im Frühjahr 1631 auf einem Konvent in Leipzig versammelten, dem schwedischen König ungelegen. Richelieu dagegen begrüßte den Zusammenschluß. Er beabsichtigte, wie seinerzeit in Regensburg den bayerischen Kurfürsten, so jetzt Gustav Adolf als Sturmbock gegen den Kaiser zu benutzen. Andererseits suchte er einem weiteren Ausgreifen des Königs in Deutschland vorzubeugen. Schon der Bärwalder Vertrag enthielt eine darauf abzielende Bestimmung. Richelieu hatte ursprünglich verlangt, daß sich Gustav Adolf ausschließlich mit dem Kaiser schlüge, die Liga aber schonte. Der König hatte sich nur mit Vorbehalt darauf eingelassen und sich damit eine freiere Hand gesichert, als Richelieu lieb war. Es war das Ziel des französischen Erstministers, alle gegen das Haus Habsburg gerichteten Kräfte in Europa zu sammeln, nach Möglichkeit zu koordinieren und durch sie sowohl den spanischen als auch den deutschen Zweig dieser Dynastie zu bekampfen. In Deutschland sollte der König von Schweden dem Kaiser möglichst solange zusetzen, bis dessen Länder aufgeteilt würden. Aber er sollte sich aus den inneren Angelegenheiten Deutschlands heraushalten. Um dem König in diesem Punkt vorsorglich entgegenzuwirken, unterstützte Richelieu alle Bestrebungen zur Bildung einer dritten Partei in Deutschland. Die im Leipziger Konvent zusammengetretenen Fürsten hoffte er unter der Flagge der Neutralität mit Bayern und der Liga zusammenzuschließen. Ein solcher von Frankreich protegierter Neutralitätsblock sollte jene politische Kraft gegen Gustav Adolf in Deutschland bilden, die Richelieu brauchte, um den Schwedenkönig zu zügeln.

Der beabsichtigte Bund kam nicht zustande. Mehrere Gründe trugen dazu bei. Das Restitutionsedikt machte eine Verständigung selbst der gemäßigten protestantischen Kräfte mit der katholischen Liga nicht eben leicht. Der übereilte Vormarsch Tillys, des Feldherrn der Liga, ins mittlere Norddeutschland im Frühjahr 1631 verschärfte die ohnehin schon vorhandenen Spannungen beträchtlich. Kursachsen, grundsätzlich an einem guten Verhältnis zum Kaiser interessiert, durchkreuzte schließlich die Absichten Frankreichs wie diejenigen des Kaisers. Ferdinand verprellte den Kurfürsten Johann Georg durch überspannte Forderungen und trieb ihn damit Gustav Adolf in die Arme: Sachsen verbündete sich mit ihm im September 1631 im Vertrag von Coswig. Damit zerschellte Richelieus Plan einer überkonfessionellen Allianz der deutschen Territorialmächte. Die Schlappe, die der Kardinal erlitt, war der Vorteil Gustav Adolfs. Politisch und militärisch gedeckt durch Bündnisse mit den umliegenden Fürsten kontrollierte er nunmehr Nord- und Mitteldeutschland zwischen Oder und Elbe, von der Ostsee bis Kursachsen. Den Durchbruch nach Süden suchte ihm Tilly zu verwehren und stellte sich ihm bei Breitenfeld, nicht weit von Leipzig, zum Kampf. Die Schlacht am 17. November 1631 wurde zu einem großen Sieg für die Schweden. Tilly, auf der ganzen Linie geschlagen, gab sämtliche Plätze auf, die er in Norddeutschland bis dahin gehalten hatte, und zog sich mit seinen Truppen schleunigst nach Süden zurück. Gustav Adolf verfolgte die zurückflutenden Kontingente des Kaisers und der Liga bis an den Main und den Rhein. Er machte sich mit einem Schlag zum Herrn von Deutschland: von Mecklenburg bis Würzburg und Mainz. In zahllosen diplomatischen Aktionen bemühte sich Richelieu fieberhaft, einen Neutralitätsvertrag oder Waffenstillstand zwischen Schweden und der Liga herbeizuführen; er sah die französische Interessensphäre am Oberrhein unmittelbar gefährdet und setzte alles daran, um einen Einbruch der Schweden nach Südwestdeutschland in letzter Minute zu verhindern. Allein, Gustav Adolf fühlte sich jetzt als Herr der Lage und setzte sich über Frankreichs Vorbehalte hinweg. Ohne sich um Richelieus Empfehlungen zu kümmern, wandte er sich im Frühjahr 1632 nicht gegen den Kaiser, sondern marschierte durch Schwaben nach Bayern und griff dort die Liga an. Nachdem er ihre Armee bei Rain am Lech geschlagen hatte, wobei der siebzigjährige Tilly tödlich verwundet worden war, rückte er auf München vor und zog ohne nennenswerten Widerstand in die bayerische

Die Schlacht bei Breitenfeld am 17. November 1631:
Sieg der Schweden unter Gustav II. Adolf über die kaiserlich-ligistischen Truppen unter Tilly
Kupferstich eines Unbekannten

Hauptstadt ein. Entgegen der sonst von ihm geübten disziplinierten Kriegführung gab er die Dörfer in Ober- und Niederbayern der Raub- und Mordlust seiner Soldaten preis und richtete ein grauenhaftes Sengen und Brennen an. Kurfürst Maximilian befahl darauf seinen Untertanen, jeden Schweden, den sie erwischten, totzuschlagen. Mittlerweile löste sich die Liga auf. Maximilian I., von Frankreich im Stich gelassen und von Schweden zu Boden geworfen, bekam die Quittung für den Mangel an Weitsicht, durch den er beim Regensburger Kurfürstentag diese Entwicklung der Dinge mitherbeigeführt hatte.

Der Einbruch nach Süddeutschland und der Zug nach München brachten Gustav Adolf auf den Höhepunkt seiner Macht im Reich. Für die politischen Pläne, Vorhaben und Absichten dieses einfallsreichen Staatsmannes gibt es einige Anhaltspunkte. Nachdem er 1631 bis an Rhein und Main vorgedrungen war, richtete er zu Würzburg eine provisorische schwedische Regierung für Deutschland ein. Allem Anschein nach dachte er daran, die großen Fürstbistümer am Main zu säkularisieren. Er wollte sie den Herzögen von Mecklenburg und Pommern übertragen, um sie für den Verlust ihrer angestammten Herzogtümer an der Ostsee zu entschädigen; denn diese sollten seinem eigenen Königreich einverleibt werden. Selbstverständlich beabsichtigte er das Restitutionsedikt aufzuheben – hatte er es doch überall, wohin er mit seinen Truppen gekommen war, sogleich außer Kraft gesetzt. Er plante ferner, die evangelischen deutschen Fürsten zu einem Corpus Evangelicorum, worunter man sich wohl einen reichsständischen Staatenbund vorzustellen hat, zusammenzuschließen, und beabsichtigte dessen Führung in eigener Person zu übernehmen; denn er begehrte ein ›absolutes Directorium‹ darüber. Die Ausführung dieses Planes wäre – nach einer Formulierung von Georg Mentz »einer schwedischen Oberherrschaft über das ganze protestantische Deutschland gleichgekommen« und hätte trotz religiöser Übereinstimmung Fremdherrschaft bedeutet. Außerdem hätte die Libertät der deutschen Fürsten darunter nicht weniger zu leiden gehabt als unter einem kaiserlich-habsburgischen Absolutismus.

Wenn nächst Ferdinand II. ein deutscher Fürst von der Wendung der Dinge auf das Äußerste getroffen wurde, dann war es der Kurfürst von Bayern. Der ganze Sinn und Zweck, auf den hin er seinerzeit die Liga aufgebaut und in dessen Zeichen er sich am Krieg beteiligt hatte, nämlich Sammlung der katholischen Kräfte, Verteidigung und Ausbreitung der katholischen Interessen im Reich unter bayerischer Führung, waren auf einmal dahin. Das von 1620 bis 1630 Gewonnene war teils verloren, teils in Frage gestellt. Maximilian zog daraus die Lehre, die ihm als Staatsmann Ehre machte: Er schloß sich erneut an den Kaiser an. Ferdinand II. aber berief in der Not jener Tage und Wochen abermals den Feldherrn, den er 1630 hatte verstoßen müssen: Er beauftragte Wallenstein, noch einmal eine kaiserliche Armee aufzustellen und sie gegen Gustav Adolf zu führen. Wallenstein tat dies. Er operierte mit seinen Truppen seit April 1632 vorsichtig und geschickt in Böhmen und Franken. Indem er dadurch die Verbindungen der Schweden mit ihren mitteldeutschen Verbündeten bedrohte und zugleich die kaiserlichen Lande deckte, hielt er den König von einem Vorstoß nach Österreich ab, den er gegebenenfalls von Bayern aus hätte führen können. Im Sommer 1632 schlug er einen Angriff Gustav Adolfs auf das kaiserliche Heerlager bei Nürnberg ab und nötigte ihn, sich südwärts an die Donau zurückzuziehen. Im Herbst marschierte Wallenstein nordwärts, nach Sachsen, suchte Winterquartier für seine Soldaten und bedrängte den Kurfürsten Johann Georg so sehr, daß dieser den schwedischen König zu Hilfe rief. Auf die sächsischen Alarmrufe hin eilte Gustav Adolf nach Mitteldeutschland. Er traf dort bei Lützen, zwischen Merseburg und Leipzig, nicht sehr weit von Breitenfeld, auf die kaiserliche Armee und nahm am 16. November 1632 den Kampf mit ihr auf. In dieser Schlacht, die mit leichtem Vorteil für die Schweden ausging, jedoch nur ein Sieg mit Vorbehalt war, weil auch die Kaiserlichen das Feld behaupteten, fand Gustav Adolf den Tod. Wallenstein hatte nicht gewonnen, aber auch nicht verloren. Der Kaiser behielt durch ihn seine Armee beisammen. Auf kaiserlicher Seite war ein General von Rang gefallen: Graf Gottfried Heinrich zu Pappenheim. Der Verlust, den die Schweden erlitten, wog sehr viel schwerer. Denn was sie verloren, war außer der Einheit des militärischen Kommandos und der politischen Führung die unwägbare

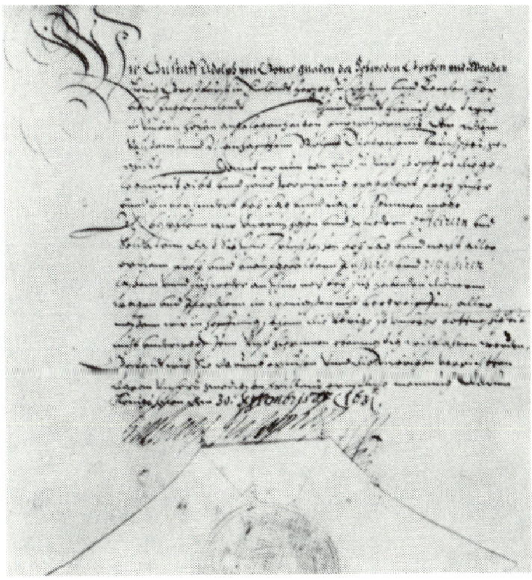

Passierschein für Wolf Dietrich Truchseß
Amtsschreiben vom 30. September 1631
aus Königshofen mit der Unterschrift
Gustavs II. Adolfs
Bamberg, Staatsarchiv

Macht der Sympathie und Autorität, über die Gustav Adolf verfügte, sowie sein staatsmännisches und militärisches Führungstalent. Dadurch wurde nicht bloß ein großartiger Siegeslauf jäh abgebrochen – auch die militärische Situation in Deutschland und die politische Lage in Europa änderten sich rasch und bedeutend.

Breitenfeld hatte nächst der Schlacht am Weißen Berg die bedeutendsten Veränderungen im bisherigen Kriegsverlauf hervorgerufen. Die Lützener Schlacht machte die Wirkungen von Breitenfeld zwar keineswegs zunichte, reduzierte sie aber auf ein überschaubares Maß. Die schwedische Politik schlug vom Dynamischen um ins Beharrende. Sie steuerte fortan nicht mehr auf unabsehbare Ziele zu, sondern befolgte die Parole: Behalte, was du hast, und suche es mit allen Mitteln des Krieges und der Politik zu sichern. Gustav Adolf hatte im Zusammenwirken mit Richelieu tatsächlich die große Wende herbeigeführt: Schweden hatte im Reich interveniert und sich mit Vehemenz in die innerdeutschen Auseinandersetzungen eingeschaltet. Die Interventionsarmeen blieben vorerst im Land und hielten den Krieg am Leben als Gustav Adolfs bleibende Hinterlassenschaft. Hingegen sanken mit dem König großartige und sehr viel weiterführende Konzeptionen ins Grab. Daß – wäre er länger am Leben geblieben – noch manches von ihm zu erwarten gewesen wäre, vermuteten schon die Zeitgenossen; indirekt sprach es auch sein großer Verbündeter aus, den er mit seinen Vorstößen an den Rhein so tief erschreckt hatte: Richelieu pries den Tod des Königs als einen Glücksfall. Seine letzten Ziele gingen gewiß über Deutschland hinaus, jedoch bildeten die Eroberungen und Eroberungsziele in Deutschland einen wesentlichen Bestandteil seiner Gesamtkonzeption. Allem Anschein nach hat er wohl nicht, wie gelegentlich vermutet worden ist, nach der römischen Kaiserkrone greifen wollen. Wenn wir seinem Kanzler Axel Oxenstierna trauen dürfen, schwebte ihm jedoch vor, so etwas wie ein Kaiser von Skandinavien zu werden und die Küstenlandschaften des Ostseebeckens samt Norwegen zu annektieren. Aus dem Zentralgedanken eines geschlossenen Imperiums maris Baltici leitete Oxenstierna sämtliche Kriege Gustav Adolfs verhältnismäßig einleuchtend und mit einer gewissen inneren Wahrscheinlichkeit ab.

Nach Gustav Adolfs Tod ging die schwedische Regierung, weil Königin Christine noch unmündig war, an Axel Oxenstierna über. Er war von Anfang an des Königs vertrauter Ratgeber gewesen und setzte im Rahmen des Möglichen die Politik Gustav Adolfs in ihren Grundzügen fort. Sein Werk war es auch, daß die schwedischen Armeen in Deutschland blieben und zäh darum kämpften, das Eroberte zu halten. – In den wissenschaftlichen Kontroversen gibt es manchen müßigen Streit. Gelegentlich geht eine Kontroverse jedoch über ein bloßes Gelehrtengezänk hinaus und wird zu einem Zusammenprall von Überzeugungen, die ihren Sitz im Leben oder in den leitenden Ideen

Axel Oxenstierna
Zeichnung von Daniel Dumonstier, 1633
Stockholm, Swenska Vitterhetsakademien

von Generationen oder ganzen Generationsreihen haben. Zu den historischen Persönlichkeiten, an denen sich solcher Ideenkampf entzündet hat, gehört auch Gustav Adolf. Und zwar deshalb, weil er durch sein Eingreifen in den Krieg zwei elementare Kräfte der deutschen Geschichte ansprach: den Protestantismus und das Nationalgefühl; und weil er, in Umkehrung dazu, zwei andere Kräfte herausforderte: den Katholizismus und ein in Grenzen vorhandenes Reichsgefühl. So konnte es nicht ausbleiben, daß er auf der einen Seite Sympathien gewann, auf der anderen Seite Kritik auf sich zog und schließlich bei besonnenen Geistern, die ihn aus größerer zeitlicher Distanz betrachteten, gemischte Gefühle hervorrief. Unter dem Gesichtswinkel seiner Bedeutung für die deutsche Geschichte wurde er seit jeher unterschiedlich beurteilt. Protestantisch gestimmte Historiker ließen sich in ihrer Urteilsbildung vordringlich von Sympathien für den Retter der evangelischen Kirche leiten und versuchten, das vom Standpunkt der Nationalgeschichte Problematische an ihm entweder zu übersehen oder durch kühne Konjekturen ins Positive zu wenden. Stärker national und liberal gesonnene Interpreten waren vom Standpunkt des Nationalgedankens aus unzufrieden mit ihm. Noch schärfer gingen betont katholische Interpreten mit ihm ins Gericht, zumal sie zusätzlich ebenfalls an das Nationalgefühl appellieren konnten. Insgesamt war die Einwirkung religiöser Gefühle und Gesinnungen auf das historische Urteil im Fall Gustav Adolfs der Erkenntnis eher hinderlich als förderlich, weil sie den Blick von anderen Faktoren ablenkten, die für ihn gleichfalls maßgeblich waren. Denn Gustav Adolf war nicht nur ein Glaubensheld, sondern auch ein Staatsmann, der weitgesteckten politischen Zielen nachjagte; ein angreiferischer Feldherr und Eroberer, ein befähigter Diplomat und ein gewiegter Taktiker und Propagandist. Wenn ihm aus Anlaß seines dreihundertsten Todestages nachgerühmt wurde, daß er eine Gleichberechtigung der Konfessionen angestrebt und gegen einen habsburgischen übernationalen Imperialismus den Gedanken nationaler deutscher Freiheit vertreten habe, dann wurde er allerdings für Lieblingsideen des 19. und frühen 20. Jahrhunderts eingespannt, die ihm mit Sicherheit fernlagen.

Sachlich erregte es unter dem Gesichtspunkt der seit dem 19. Jahrhundert hoch im Kurs stehenden Nationalhistorie Anstoß, daß Gustav Adolf sich deutsches Reichsland anzueignen beabsichtigte. Daß er ungerufen und ungebeten kam, machte die Sache kaum besser. Obwohl es nicht ganz leicht ist, den protestantischen mit dem liberalen und nationalen Standpunkt zu kombinieren, hat es an solchen Versuchen bis ins mittlere 20. Jahrhundert nicht gefehlt. Sie gingen vermutlich auf eine innere Nähe des Nationalliberalismus als politischer Gesinnung zum liberalen Protestantismus als geistiger Haltung zurück. Freilich wurde dabei mit gewagten und anfechtbaren Argumenten gearbeitet. Um Gustav Adolf von allen Makeln reinzuwaschen und seine Eroberungen zu legitimieren, verstiegen sich selbst einige besonnene und bedeutende Historiker (G. Ritter, F. Hartung) vor und nach dem Zweiten Weltkrieg zu so dubiosen, mit ethischen Argumenten unterbauten Thesen, daß es unbillig wäre, dem Befreier des Protestantismus seine redlich erkämpfte Beute nicht zu gönnen, ja daß es »selbstverständlich« gewesen sei, daß der König »für die Opfer, die er Schweden auferlegen mußte, auch eine Entschädigung verlangte«. Auch der in diesem Zusammenhang angestellte Versuch, die schwedische Invasion damit zu rechtfertigen, daß Deutschland ausländischer Hilfe bedurft habe, um aus seinen politischen und konfessionellen Gegensätzen herausgerissen zu werden, dürfte nur noch interessant sein als ein Beispiel für die Einwirkung konfessioneller Standpunkttreue auf die Interpretation historischer Sachverhalte. Das Argument selber, falls man es ernst nähme, würde alle ausländischen Interventionen legitimieren, also auch diejenigen Richelieus, des Papstes und der Spanier, und damit eben diejenigen Mächte rechtfertigen, denen die Verehrer Gustav Adolfs in der Regel den

Vorwurf gemacht haben, daß sie sich zum Schaden der Nation in die deutschen Affären eingemischt hätten.

Merkwürdig deutlich und klar hebt sich gegen die Glorifizierungen und Ehrenrettungen des schwedischen Königs die distanziert-unbefangene kritische Bewertung Jacob Burckhardts ab. Im zweiundneunzigsten Abschnitt seiner ›Historischen Fragmente‹ findet sich die Überlegung, was denn von Gustav Adolf übrig bliebe, wenn man das konfessionelle Motiv ausklammerte? Burckhardt meinte: sehr viel. Denn der deutsche Protestantismus hätte auch ohne die schwedische Invasion den Krieg überlebt. Außerdem hätte »keine deutsche Regierung oder Partei den Gustav Adolf rufen helfen, sondern es war das Ausland, Richelieu und sein Anhang, Holland und ein wenig England. Gustav Adolf selber wünschte am stärksten, sich in Deutschland aufzudrängen«. Würde man sich Gustav Adolf wegdenken, so wäre unter Wallensteins Kommando das Restitutionsedikt wegen dessen paritätischer Gesinnung und konfessioneller Indifferenz nicht exakt ausgeführt worden; nach Wallensteins Entlassung aber wären die verbliebenen Ligatruppen nicht stark genug gewesen, es gründlich zu exekutieren. Was die Ansatzpunkte der schwedischen Invasion betrifft, so warf Burckhardt eine Frage auf, die, obwohl ins Reich der Spekulation führend, neue Gesichtspunkte in die Diskussion brachte. Seine Frage lautete: Würde der schwedische König auch nach Deutschland aufgebrochen sein, wenn Ferdinand II. auf dem linken Ufer der Elbe haltgemacht hätte? Seine Antwort: »Er wäre daheimgeblieben.« Auf die Gegenfrage: Wenn ein protestantischer Kaiser oder ein konfessionell indifferenter Wallenstein »den Südrand der Ostsee unterworfen hätte oder hätte unterwerfen wollen«, antwortete Burckhardt: »Dann wäre Gustav Adolf gegen ihn aufgebrochen.« Die spekulativen Fragen und Antworten waren insofern lehrreich, als sie Gesichtspunkte aufdeckten, die möglicherweise mitgesprochen haben. Denn sie lenken den Blick auf die außerkonfessionellen Realien der Macht, für die Gustav Adolf keinesfalls unansprechbar war, was Burckhardt in bezug auf Deutschland auf die knappe Formel brachte: »Der Schwede so gut wie der Franzose konnte es überhaupt nicht ausstehen, wenn die deutsche Reichsgewalt irgendwie zu Kräften kam.«

Gustav Adolfs einziges Kind, seine 1626 geborene Tochter Christine, war bei seinem Tod sechs Jahre alt und demgemäß noch nicht regierungsfähig. So bestand für Schweden die dringlichste Aufgabe darin, eine handlungsfähige Regierung zu bilden. Die Umstände legten es nahe, daß bei der traditionellen politischen Kooperation von Krone und Hochadel die Regentschaft durch die vom Adel gestellten Inhaber der fünf obersten Reichsämter wahrgenommen wurde. Drei Oxenstiernas bekleideten damals als Kanzler, Drost und Schatzmeister je eines der fünf Reichsämter. Die Leitung des Regentschaftsrates fiel dem Kanzler zu. Damit war die Kontinuität in der Kriegführung und Außenpolitik gesichert. Axel Oxenstierna fungierte fortan als Schwedens politischer Führer, solange Königin Christine unmündig war, und gab auch nach deren Regierungsübernahme 1644 die Richtlinien der schwedischen Politik weiterhin an. Der Kanzler war mit Gustav Adolfs Plänen vertraut. Was dessen Vorhaben in Deutschland anging, so begrenzte er sie auf ein realistisches Maß. Er formulierte sie zu einem Programm, welches er trotz zahlloser situationsbedingter Schwankungen bis zum Westfälischen Frieden, also immerhin sechzehn Jahre lang, konsequent durchhielt. Es lautete: Schweden gebühre eine Entschädigung oder ein Ersatz in Land und Geld für die Auslagen und Anstrengungen, die es für den Krieg habe leisten müssen. Zunächst gelang es ihm, die Zustimmung des schwedischen Reichstages dafür zu gewinnen, den Krieg fortzusetzen, um dadurch eine Entschädigung herauszuschlagen. Danach suchte er durch einschlägige außenpolitische Schritte Schwedens Stellung in Deutschland zu festigen. Er steuerte auf eine politisch-militärische Verbindung mit den deutschen

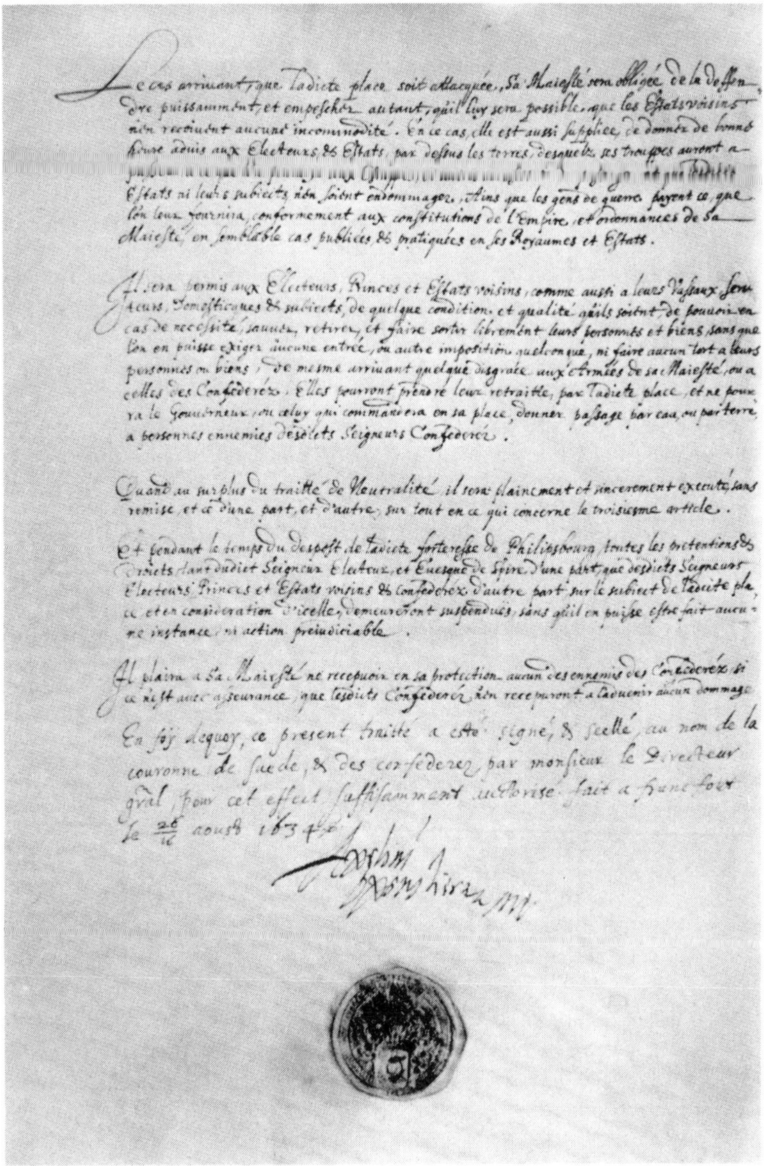

Le cas arrivant que ladicte place soit attacquée, Sa Maiesté sera obligée de la deffen-
dre puissamment, et empescher autant, qu'il luy sera possible, que les Estats voisins
n'en recoivent aucune incommodité. En ce cas, elle est aussi suppliée de donner de bonne
heure advis aux Electeurs & Estats, par dessus les terres desquelz ses trouppes auront a
[illegible]
Estats ni leurs subiects n'en soient endommagez, Ains que les gens de guerre payent ce que
l'on leur fournira, conformement aux constitutions de l'Empire, et ordonnances de sa
Maiesté, en semblable cas publiées & pratiquées en ses Royaumes et Estats.

Il sera permis aux Electeurs, Princes et Estats voisins, comme aussi a leurs Vassaux, Servi-
teurs, Domestiques & subiects, de quelque condition et qualité qu'ils soient, de pouvoir en
cas de necessité, sauver, retirer, et faire sortir librement leurs personnes et biens, sans que
l'on en puisse exiger aucune entrée, ou autre imposition quelconque, ni faire aucun tort a leurs
personnes ou biens; de mesme arrivant quelque disgrace aux Armées de sa Maiesté, ou a
celles des Confederez, Elles pourront prendre leur retraitte par ladicte place, et ne pour-
ra le Gouverneur, ou celuy qui commandera en sa place, donner passage par eau, ou par terre,
a personnes ennemies desdits Seigneurs Confederez.

Quant au surplus du traitté de Neutralité il sera plainement et sincerement executé sans
remise, et ce d'une part, et d'autre, sur tout en ce qui concerne le troisiesme article.

Et pendant le temps du depost de ladicte forteresse de Philipsbourg, toutes les pretentions &
droicts, tant dudict Seigneur Electeur et Evesque de Spire d'une part, que desdicts Seigneurs
Electeurs, Princes et Estats voisins & Confederez d'autre part sur le subiect de ladicte pla-
ce, et en consideration d'icelle, demeureront suspendues, sans qu'il en puisse estre fait aucu-
ne instance, ni action preiudiciable.

Il plaira a Sa Maiesté ne recepvoir en sa protection aucun des ennemis des Confederez, si
ce n'est avec asseurance, que lesdits Confederez n'en recepvront a l'advenir aucun dommage.

En foy dequoy, ce present traitté a esté signé, & seellé, au nom de la
couronne de Suede, & des confederez, par monsieur le Directeur
gnal pour cet effect suffisamment authorisé. fait a Francfort
le 26/16 aoust 1634.

Das Frankfurter Abkommen zwischen Frankreich, Schweden und den deutschen Konföderierten
Das für Frankreich bestimmte Dokument vom 26. August 1634 mit der Unterschrift von Oxenstierna
Paris, Ministère des Affaires Etrangères

protestantischen Reichsständen auf breiter Basis zu und brachte 1633 tatsächlich eine entsprechende Vereinigung zustande: den Heilbronner Bund. Ein Jahr später wurden die Schweden jedoch bei Nördlingen von der kaiserlichen Armee unter Gallas und Erzherzog Ferdinand, dem späteren Kaiser, vernichtend geschlagen. Daraufhin sprangen die meisten deutschen Fürsten vom Bündnis ab. Sie zeigten sich jetzt in großer Mehrheit geneigt, untereinander und mit dem Kaiser Frieden zu schließen. Für Schweden hörten 1635, mit dem Ablauf des polnischen Waffenstillstandes, die für seine Reichsfinanzen lebenswichtigen preußischen Hafenzolleinnahmen auf. Zudem hatte sich in Schweden selbst eine starke Partei gebildet, die den Krieg zu beenden wünschte. Noch nie hatten seit Kriegsbeginn die Ereignisse so nahe an die Möglichkeit eines Friedensschlusses herangeführt. Dennoch kam es nicht dazu. Deutschland war inzwischen so sehr in die internationalen Interessen und Verflechtungen hineingezogen worden, daß die Reichsstände und der Kaiser nicht mehr allein über das Reich zu bestimmen vermochten. Die Beharrlichkeit Oxenstiernas und der unbeugsame Wille Richelieus vereitelten die gemeinsamen Anstrengungen der Deutschen, den Krieg im Reich zu beenden.

Damit vollendete sich die Wendung, die der Krieg unter heftigen Schwankungen seit 1630 durch das Einwirken Frankreichs und durch die schwedische Invasion genommen hatte. Sie bestand darin, daß ausländische Mächte, um die Bildung einer stärkeren Reichsmacht zu verhindern, die Fortsetzung des Krieges in Deutschland erzwangen. Sie setzten Geld und Truppen ein, um – scheinbar – Partei für eine der innerdeutschen Kräftegruppen zu nehmen. De facto schürten sie die politische Zwietracht im Reich und förderten dessen Partikularisierung. Sie hofften, auf diese Weise am leichtesten zu Territorialgewinnen in Deutschland zu kommen und ihre eigene Stellung in Europa zu stärken. Um fremder Zwecke willen also wurde der Krieg in Deutschland weitergeführt. Oxenstierna weigerte sich, um seine eigenen Worte zu gebrauchen, sein »Vaterland mit Verlust von Reputation, Respekt, Interesse, Freundschaft und allem aus dem Krieg herauszuschmuggeln«. Richelieu aber verstand es meisterhaft, den Habsburgern anderweitige Feinde auf den Hals zu hetzen, die letzten Endes, wie zum Beispiel Bernhard von Weimar, im Reich oder anderswo die Geschäfte Frankreichs besorgten. Eine Wende zeigte sich auch im Hinblick auf die Motive, derethalben Krieg geführt wurde. Eroberungswille und Machtentwicklung traten als Antriebskräfte staatlichen Handelns immer deutlicher in den Vordergrund. Die konfessionellen Motive und religiösen Impulse, die seinerzeit so kräftig den Ausbruch des Krieges hatten herbeiführen helfen, büßten ihre ursprüngliche Kraft ein. Zwar entfielen sie keineswegs, spielten gegenüber dem Motiv der Staatsräson aber eine immer geringer werdende Rolle.

In den Jahren zwischen 1630 und 1635, in denen der Krieg eine neue Signatur erhielt, vollendete sich das Schicksal Wallensteins. Seine persönlichen Ambitionen verleiteten ihn, sich auf einen Konflikt mit der kaiserlich-habsburgischen Staatsgewalt einzulassen. In diesem Zusammenstoß, den er selbst heraufzubeschwören riskierte, unterlag er, weil er in einem schier grenzenlosen Ehrgeiz das Augenmaß verlor. In glatter Überschätzung seiner Stellung als gehobener Standesherr und Generalissimus sowie in Verkennung der Schranken, die ihm gezogen waren, versuchte er aus Motiven, die bis heute strittig sind, so etwas wie eine Macht gegen den Kaiser aufzubauen. – Nachdem Gustav Adolf aus dem Kriegsgeschehen und der internationalen Politik ausgeschieden war, bestimmten und überschatteten Wallensteins zwielichtige Persönlichkeit und seine zuletzt undurchsichtigen Unternehmungen den Gang der Ereignisse auf der kaiserlichen Seite. Sein Ehrgeiz trieb ihn dazu, eine selbständige Rolle in der europäischen Kriegführung und Politik spielen zu wollen. Er ließ sich in allerlei dubiose Vorhaben ein, zum Beispiel in geheime Verhandlungen mit Schweden und mit den Ministern protestantischer deutscher Höfe. In der

Heerführung suchte er sich vom Kaiser weitestgehend unabhängig zu machen und führte die Befehle seines Souveräns nur unvollkommen aus. Das machte ihn dem Hof zu Wien verdächtig. Die Wiener Regierung trennte daraufhin durch geschicktes Vorgehen Wallenstein von seinem Offizierskorps und versicherte sich akkurat der Loyalität seiner Generale und Obersten, ohne daß es Wallenstein bemerkte. Danach erging der Befehl, ihn als Hochverräter lebend oder notfalls tot dem Kaiser auszuliefern. Wenig später wurde er von einigen seiner Offiziere getötet.

Zweimal in seinem Leben hatte sich Wallenstein von dem großen Astronomen Johannes Kepler, der sich nebenher als Astrologe sein Brot verdiente, das Horoskop stellen lassen. Keplers erste Deutung lautete, Wallenstein habe ein unruhiges Gemüt, strebe mit neuen und teilweise außerordentlichen Mitteln nach oben und werde über seine zahlreichen Feinde meistens siegen. Das sagte Kepler 1608. Jahre später, 1626, sagte er voraus, wegen wunderbarer Kreuzstellung der Planeten werde der März 1634 für ihn von Unglück sein. Diese Voraussage war ziemlich genau: Am 25. Februar 1634 wurde Wallenstein zu Eger in Böhmen durch kaisertreue Angehörige seiner eigenen Armee ermordet – unter äußeren Umständen, die oft bis ins Detail beschrieben worden sind. – Das böse Ende, das ihm bereitet wurde, hat Wallenstein selber allem Anschein nach mitverschuldet. Er hatte sich in eine heikle Position hineinmanövriert, von der er gar nicht ahnte, wie übel sie war,

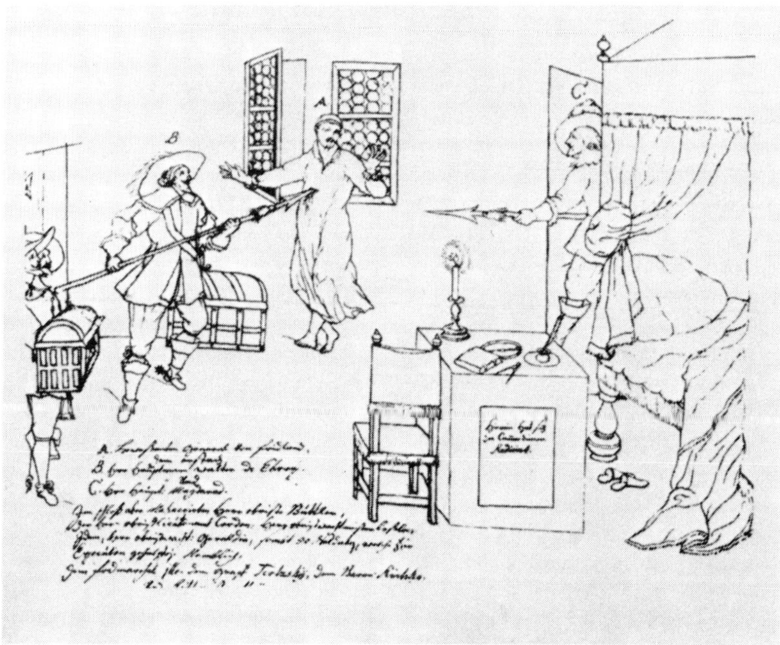

Die Ermordung Wallensteins im Stadthaus zu Eger am 25. Februar 1634
Zeichnung eines Unbekannten
Eger, Chebské Muzeum

weil er sich selbst, seine Reputation und seine Chancen viel zu hoch einschätzte. Er glaubte es sich leisten zu dürfen, als Condottiere des Kaisers eine eigene große Politik zu treiben. Nun hat es in der Weltgeschichte zwar immer wieder einmal Generale gegeben, die eigene staatsmännische Ziele verfolgten und für deren Verwirklichung ihre Armee als Machtinstrument einsetzten. Caesar und Napoleon sind die bekanntesten Beispiele dafür, und entfernt mag man auch an Wallensteins jüngeren Zeitgenossen Oliver Cromwell denken. Sie alle waren jedoch Männer des festen Entschlusses und der Tat und konnten sich auf ihr Heer verlassen. Zudem handelten sie unter begünstigenden äußeren Umständen. Das alles fiel bei Wallenstein weg. Er hatte sein Heer eben nicht so in der Hand, wie er vermeinte. Er war merkwürdig tatenscheu, in Pläne und vage Möglichkeiten versponnen. Zögernd unternahm er erste kleinere Schritte; verharrte dann jedoch wieder in Entschlußlosigkeit und mied ängstlich jede klare Bindung. Durch seine Verhandlungen mit Schweden, Sachsen, vermutlich auch mit Frankreich und durch seine Kontaktaufnahme mit böhmischen Emigranten handelte er sich kaum einen realen Vorteil ein; er stellte sich vielmehr der kaiserlichen Seite gegenüber peinlich bloß und geriet in den begründeten Verdacht des Hochverrats und des im zeitgenössischen Absolutismus durchweg mit der Todesstrafe bedrohten Crimen laesae Majestatis, des Verbrechens der schweren Majestätsbeleidigung, wofür im damaligen Europa kein Fürst Pardon gab. – Die Monarchie Ferdinands II. hatte sich nach den vielen Staatskrisen, die seit Rudolf II. über Österreich gekommen waren, im Laufe von knapp fünfzehn Regierungsjahren enorm gefestigt. Der Kaiser war der inneren Unruhen, die ihm von Böhmen, von den Ständen, von den Bauern bereitet worden waren, Herr geworden und hatte die Macht der Krone sichtbar stabilisiert. Wer gegen eine derart im Aufstieg befindliche Monarchie etwas Ernsthaftes unternehmen wollte, der mußte schon – anders als Wallenstein – mit einem zügigen Programm, mit einer sicheren Gefolgschaft und mit einer gut ausgerüsteten Truppe auftreten. Wäre Wallenstein der Hochverrat gelungen, hätte er tatsächlich sein Heer vom Kaiser zu trennen und den Schweden zuzuführen vermocht, so ist immer noch fraglich, ob er sein Friedensprogramm, soweit dieses überhaupt ausgereift und praktikabel war, hätte durchführen können, oder ob er nicht viel eher von Richelieu und Oxenstierna, als ein Instrument ihrer Politik, elend mißbraucht und an die Wand gedrückt worden wäre.

Über den Motiven, die Wallenstein dazu brachten, vom Kaiser abzufallen, liegt Dunkel. Die Geschichtswissenschaft hat sie bis heute nicht völlig bloßlegen können. Ihre Interpretation ist umstritten. Zwei profunde wissenschaftliche Darstellungen aus dem zweiten Drittel unseres Jahrhunderts repräsentieren die Spannweite der Deutungsmöglichkeiten. Auf der einen Seite idealisierte ihn der Österreicher Heinrich von Srbik zum großen (potenziellen) Friedensbringer und stellte ihn in seiner Heldenverehrung als den Mann dar, der in eminentem Maße berufen gewesen sei, Deutschland, ja ganz Mitteleuropa und dem Abendland eine neue politische Daseinsform zu geben. Auf der anderen Seite beurteilte ihn sein tschechischer Landsmann Josef Pekař sehr viel handfester und realistischer als einen Mann, der darauf aus war, am Kaiser, der ihn unter fremdem Zwang schlecht behandelt, und vor allem am Kurfürsten von Bayern, der seinen Sturz betrieben hatte, Rache zu üben, angetrieben von menschlich verständlichen, aber dubiosen Motiven, nicht von idealen Impulsen. Eine mittlere Linie zwischen diesen Extremen, die sich allerdings mehr auf Pekař als auf Srbik hinbewegt, hat einige Wahrscheinlichkeit für sich. Zugunsten Wallensteins haben sein tragisches Ende und das anfechtbare Verhalten seiner Gegenspieler, des bayerischen Kurfürsten und des Kaisers, vermutlich immer mitgesprochen. Klammert man den Gesichtspunkt der natürlichen Sympathie aber aus, so bleiben nicht genug Anhaltspunkte, um in Wallenstein einen Politiker von größerem staatsmän-

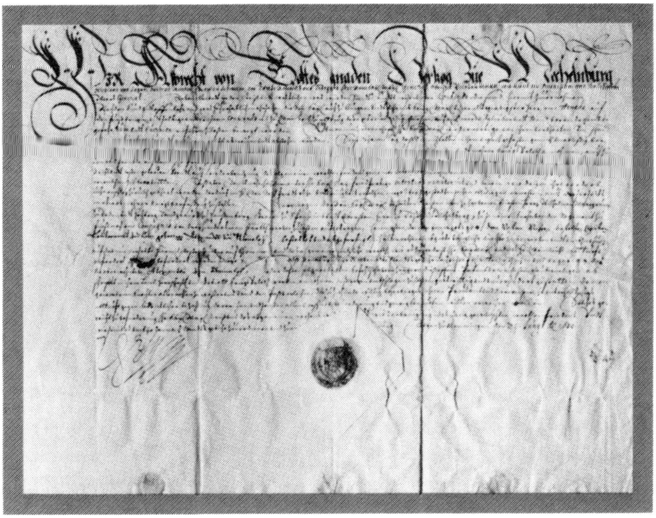

Anwerbung von Soldaten für Wallenstein
Patent vom 24. Juni 1630 mit der Unterschrift Wallensteins
Sigmaringen, Staatsarchiv

nischem Format zu vermuten. Gewiß, er war ein tüchtiger Regent in seinem abhängigen Kleinstfürstentum Friedland und ein brillanter, wenn auch anrüchiger Geschäftsmann. Es ist aber schon zweifelhaft, ob er sich angesichts der geschlossenen Ablehnung durch die Reichsfürsten auch nur als Herzog von Mecklenburg hätte länger halten können. Die Idee, sich gegen Ferdinand zum König von Böhmen wählen zu lassen, mag vage in ihm gespukt haben. Doch er durfte wohl nicht im Ernst daran denken, dieses Ziel jemals zu erreichen, es sei denn, die Schweden hätten ihn als ihre Kreatur auf den böhmischen Thron gesetzt und damit vollständig von sich abhängig gemacht. Ein weniger greifbares, als Antrieb aber kräftiges Streben zur politischen Macht darf mit großer Gewißheit in Wallenstein vermutet werden. Doch wohin es ihn letztlich getrieben hätte, ist nicht auszumachen. Wo in Dichtung und Geschichtsschreibung Wallenstein Sympathien entgegengebracht worden sind, fallen gewöhnlich dunkle Schatten auf den Kaiser. Aus der Perspektive der Staatsführung dürften sich Licht und Schatten freilich anders verteilen. Was in solcher Sicht vor hundert Jahren Jacob Burckhardt bemerkt hat, besitzt heute noch seine Berechtigung: Hätte der Kaiser Wallenstein das Handwerk nicht gelegt, so würde er sich in ganz Europa lächerlich gemacht haben. Geschichtliche Bedeutung wird Wallenstein trotzdem behalten – nicht als utopischer Friedensbringer und Konzipient eines Toleranzstaates, sondern als der Mann, der durch seine Qualität als Heerführer die kaiserliche Macht militärisch und insofern auch politisch fundierte, erweiterte und in einem gefährlichen Augenblick Gustav Adolf Paroli bot. Er wird interessant bleiben als historische Persönlichkeit, in deren Lebensgang der Aufstieg Österreichs zu einem absolutistischen Fürstenstaat sich exemplarisch spiegelte und an deren Schicksal sich das Erlöschen eines Phänomens der frühesten Neuzeit – des Söldnerführertums – beobachten läßt – jenes Condottieretyps, bei dessen Vertretern sich Selbständigkeit und Gehorsam, militärische Führungsaufgaben und merkantiles Unternehmertum merkwürdig mischten.

Das frühmoderne europäische Fürstentum hatte bis zum 17. Jahrhundert so viele staatliche Funktionen an sich gezogen, daß es sich schließlich mit dem Staat selbst identifizierte. In der Turbulenz der Glaubenskämpfe und Hegemonialkriege hatten die verantwortlichen Repräsentanten von Staat und Konfession gemeint, in Fällen extremer Existenzbedrohung zum Mord als letztem Mittel greifen zu dürfen. Theoretiker diskutierten das Problem der obrigkeitlichen Mordbefugnis und des Tyrannenmordes und lehrten, daß eine solche Befugnis in bestimmten Fällen existiere. Diese Theorie und ihre Praktizierung waren eine düstere Begleiterscheinung des Fürstentums in der Ära seines Aufstiegs zur Vollgewalt und für unsere gegenwärtigen Begriffe eine klare Kompetenzüberschreitung hoheitlicher Macht. Wallenstein und Wilhelm von Oranien fielen ihr zum Opfer. Daß es katholische Fürsten waren, welche hier die Theorie von der Mordbefugnis in die Tat umsetzten, wirkte über Jahrhunderte belastend auf die katholische Kirche. Zeitgeschichtlich gesehen war die Theorie jedoch weitverbreitet und ein Symptom für die Härte, mit der das Fürstentum seinen Status einzuhalten und zu demonstrieren gewillt war. Im Fall Wallensteins hatte Ferdinand II. den Mord nicht direkt befohlen, sondern durch Mandat angeordnet, den Herzog lebend oder tot auszuliefern. Der Oberst Walter von Butler und seine Helfer hielten es dann für den sichereren Weg, ihn umzubringen, und verfuhren danach.

Wallenstein tat auf dem engeren militärischen Sektor im übrigen Wesentliches, um das Söldnertum alten Stils in die Organisationsform des stehenden Heeres umzuwandeln. Seine Regimenter bildeten, nachdem er ermordet worden war, unter neuem Oberbefehl den Grundstock der kaiserlichen Armee und blieben als Formation teilweise über den Westfälischen Frieden hinaus bestehen. – Nach Wallensteins Ende gelangte das Heer erst wirklich in die Hand des Kaisers. Es operierte so erfolgreich gegen die Schweden, daß deren deutsche Bundesgenossen von ihnen abfielen und Kursachsen Friedensverhandlungen mit dem Kaiser aufnahm. Sie wurden zu Leitmeritz in Nordböhmen begonnen und im November 1634 zu Pirna abgeschlossen. Die meisten Reichsfürsten schlossen sich im folgenden Jahr zu Prag dem Vertrag von Pirna an. Dadurch bekam der kaiserlich-kursächsische Vertrag Gültigkeit nahezu für das ganze Reich.

Die Prager Friedensabmachungen vom 30. Mai 1635 kamen dadurch zustande, daß sich alle Beteiligten zu Zugeständnissen und Kompromißlösungen bereit fanden. Um die konfessionellen Streitfragen aus dem Weg zu räumen, einigte man sich darüber, das Restitutionsedikt aufzuheben. Um den Kaiser zu schonen, der in diesem Punkt am weitesten zurückweichen mußte, vermied man, offiziell von Aufhebung zu sprechen, und begnügte sich damit, das Edikt für vierzig Jahre außer Kraft zu setzen. Andererseits wurde der Geistliche Vorbehalt anerkannt. Inhaltlich wichtiger war für alle Beteiligten, daß man für den Konfessionsstand einen bestimmten Zeitpunkt zur Norm erhob und diese Norm für verbindlich erklärte; das hieß, daß in Pfarreien, Klöstern, Stifts- und Domkirchen der Gottesdienst fortan so gehalten werden sollte, wie er zum vereinbarten Zeitpunkt faktisch gehalten worden war, und daß die kirchlichen Rechte und Besitzungen in der Hand derjenigen verbleiben sollten, die sie am Stichtag tatsächlich innegehabt hatten. Als Normaljahr legten die Vertragschließenden das Jahr 1627 fest. Auch darin äußerte sich der Wille zum Kompromiß: Denn 1627 hatten der Kaiser und die Liga ihre größten Erfolge noch längst nicht errungen und die Protestanten noch nicht die schwersten Einbußen erlitten. So war das Normaljahr für Protestanten wie für Katholiken halbswegs erträglich. Die Calvinisten, obgleich nicht eigens in den Frieden aufgenommen, wurden nicht ausdrücklich ausgeschlossen – wohl aus Rücksicht auf Kurbrandenburg. Um das

Reichskammergericht aus dem Konfessionsstreit herauszuhalten und dadurch wieder funktionsfähig zu machen, wurde bestimmt, daß es künftig paritätisch mit Katholiken und Protestanten zu besetzen sei.

In territorialer Hinsicht schnitten die beiden wichtigsten Reichsfürsten, Bayern und Kursachsen, am vorteilhaftesten ab. Der Prager Friede sanktionierte den Verbleib der pfälzischen Kurwürde und der eroberten ehemals pfälzischen Territorien bei Bayern. Kursachsen erhielt die beiden Lausitzen vom Kaiser und durfte außerdem das Fürsterzbistum Magdeburg mit einem sächsischen Prinzen besetzen. Dem Kaiser machten die Reichsstände für die Konzessionen und Abtretungen, zu denen er sich durchgerungen hatte, bedeutende Zugeständnisse hinsichtlich seiner verfassungsrechtlichen Stellung: Indem sie weitgehend auf das Ius foederis, das Bündnisrecht, und auf das Ius armorum, auf das Aufstellen eigener territorialer

Friedenssehnsucht und Kriegsanklage
Flugblatt aus Nürnberg, Ende der dreißiger Jahre des 17. Jahrhunderts
Nürnberg, Germanisches Nationalmuseum

Armeen, verzichteten, gestatteten sie dem Kaiser, eine Reichsarmee aufzustellen und den Oberbefehl über die in das Reichsheer einzugliedernden territorialfürstlichen Truppen zu führen. – Die reichsständischen Rebellen, etwa die Pfalz, wurden aus dem Frieden ausgeschlossen. Nur wenige Stände, so Sachsen-Weimar und Hessen-Kassel, blieben ihm fern: Die überwältigende Mehrheit trat ihm bei und stellte sich hinter ihn. Politisch bezeugte die Tatsache dieses Friedensschlusses, daß noch so etwas wie ein deutsches Reichseinheitsbewußtsein, ein Reichsgefühl, ein überterritorialer Reichspatriotismus existierte: Dieser Friede, heißt es im Vertragstext, sei zum Abschluß gebracht worden, »damit die werte deutsche Nation zu voriger Integrität, Tranquillität, Libertät und Sicherheit reduziert« werde, Haupt und Glieder »ohne Unterschied der katholischen Religion und Augsburgischen Konfession‹ bei ihren Rechten und Pflichten erhalten blieben. Im ganzen dokumentierte er eine relative Überlegenheit des Kaisers. Wie alle größeren konfessionellen Auseinandersetzungen im Reich seit Regierungsbeginn Karls V. war auch der Dreißigjährige Krieg ein Kampf um die Reichsverfassung. Der Prager Friede räumte zum letzten Mal einem Kaiser ein solches Maß an verfassungsmäßiger Macht ein, daß er in der Lage war, eine Regierungsgewalt im Reich auszuüben. Zugleich stellte dieser Friede den letzten Versuch einer vom Ausland unabhängigen, rein innerdeutschen Lösung des Verfassungsproblems dar.

Daß dieser Lösung keine Dauer beschieden war, lag nicht so sehr an den daran beteiligten Deutschen als daran, daß der Krieg in Deutschland inzwischen längst zu einer europäischen Angelegenheit geworden war. Eine innerdeutsche Lösung, wie immer sie ausfallen mochte, tangierte auch das Ausland. Und dieses war in der Lage, eine innerdeutsche Regelung zu unterminieren. Andererseits waren die Prager Abmachungen nicht ganz unrealistisch. Sie bezweckten, Schweden durch die vereinigten Kräfte des Kaisers und der Stände zum Rückzug aus dem Reich zu nötigen. Nach dem Abfall seiner deutschen Verbündeten schätzte Schweden selbst seine Chancen, den Krieg zu gewinnen, kaum noch hoch ein. Jedenfalls streckte die schwedische Diplomatie vorsichtige Friedensfühler nach Österreich, Sachsen und Brandenburg aus. Auf sich allein gestellt wären die schwedischen Armeen aller Voraussicht nach langsam aus Deutschland hinausgedrängt worden. Das in Prag gesteckte Ziel war im Hinblick auf Schweden sogar so realistisch, daß Frankreich befürchtete, es werde erreicht werden. Das war für Richelieu der Grund, nun aus der Reserve herauszutreten, die er bis dahin äußerlich gewahrt hatte. Um zu verhindern, daß Schweden sich aus dem Krieg zurückzog, griff Richelieu in das Kriegsgeschehen ein.

Frankreich: Stabilität und Expansion

Heinrich IV. von Frankreich hatte nach dem großen Aderlaß der Hugenottenkriege seinem Land durch das Edikt von Nantes zu einem relativen inneren Frieden verholfen. Während er die innenpolitischen Verhältnisse zu stabilisieren vermochte, verschaffte er der französischen Monarchie nach außen hin Geltung und Ansehen. Frankreich sprach wieder mit in den internationalen Angelegenheiten und wurde infolge seiner selbständigen auswärtigen Politik zu einer Kraft gegen die spanische Vormacht. Papst Clemens VIII., mit dem Heinrich IV. gute Beziehungen unterhielt, begrüßte diese Entwicklung; denn ihm lag aus kirchenpolitischen Gründen daran, sich gegebenenfalls gegen Spanien an eine andere große katholische Monarchie anlehnen zu können. 1608 vermittelte Heinrich IV. einen Vergleich im Konflikt zwischen dem Kirchenstaat und der Republik Venedig und geriet durch diesen diplomatischen Erfolg in den Ruf eines verläßlichen, um das Wohl der Kirche bemühten katholischen Monarchen. Als sich in Deutschland zwischen den konfessionell zerstrittenen Reichsständen 1609 ein Krieg um die Erbfolge im Herzogtum Kleve anbahnte, trat er, wie es Frankreichs Traditionen entsprach, mit den pro-

Heinrich IV. von Frankreich bei der Übergabe der Regierung an seine Gemahlin Maria von Medici vor seinem beabsichtigten Aufbruch in den Krieg um die Erbfolge im Herzogtum Kleve
(In der Mitte: der spätere Ludwig XIII.)
Gemälde von Peter Paul Rubens, zwischen 1622 und 1625
Paris, Musée du Louvre

testantischen Reichsständen in Verbindung und erbot sich, zu ihren Gunsten am Niederrhein einzugreifen. Die Ausführung dieser Absicht vereitelte in letzter Minute ein Attentäter, François Ravaillac mit Namen: Er ermordete den König, unmittelbar bevor dieser zu seiner Armee an den Rhein aufbrach. Sein Vorhaben wurde dadurch hinfällig, das Konzept aber, das er vorgezeichnet hatte, blieb. Es lautete: Kampf gegen das katholische Haus Habsburg, ohne die geringste Rücksicht auf die Konfession. Allerdings verging noch einige Zeit, bis Richelieu diesen Grundsatz wieder zum Leitmotiv der französischen Außenpolitik machte. Unter der Königin-Mutter Maria von Medici und dem jungen Ludwig XIII. schlug Frankreich zunächst einen entgegengesetzten auswärtigen Kurs ein. Am französischen Königshof gab es eine dezidiert katholisch gesinnte Partei. Diese nahm nach Heinrichs IV. Tod an Stärke und Einfluß zu. Sie verwarf im Zeitalter der innerkirchlichen katholischen Erneuerung aus konfessionell-religiösen Gründen einen Krieg zwischen den beiden größten katholischen Monarchien in Europa und setzte sich für eine wie auch immer geartete Kooperation mit Spanien ein. Ebendiese Partei übte auf Heinrichs IV. Witwe, Maria von Medici, und auf ihren noch unmündigen Sohn, Ludwig XIII., einen so starken Einfluß aus, daß der Grundsatz einer internationalen katholischen Solidarität vorerst das Verhalten der französischen Außenpolitik bestimmte.

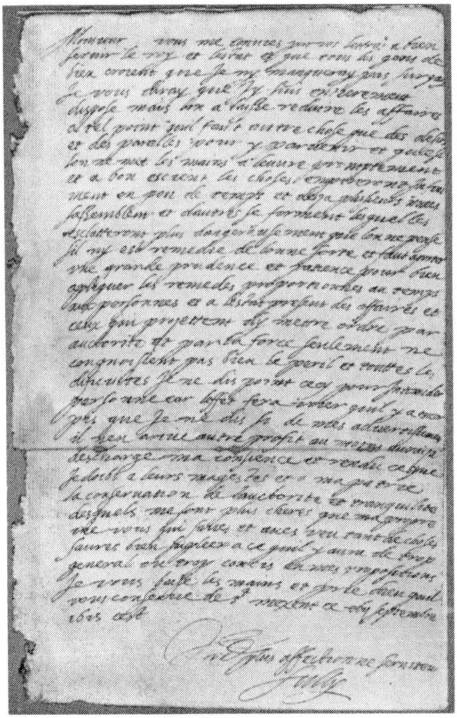

Sully an Villeroi:
über die Problematik der stark
wachsenden Staatsausgaben
Brief vom 17. September 1615
Paris, Bibliothèque Nationale

Seit Heinrich IV. Frankreich 1598 den inneren und äußeren Frieden gegeben hatte, suchte er tatkräftig die Wunden zu heilen, die der lange Krieg geschlagen hatte. Er setzte alle Hebel in Bewegung, um Frankreich wirtschaftlich auf eine gesunde Basis zu bringen. Hierfür stand ihm in der Person des Maximilien de Béthune, Herzogs von Sully, ein hervorragender Fachmann zur Seite. Sully, seit 1606 Herzog, war in den Hugenottenkriegen sein Kampfgenosse gewesen. Er versah als sein vertrauter Ratgeber unter verschiedenen Titeln das Ressort eines Finanz-, Verkehrs- und Wirtschaftsministers. Er brachte im Einvernehmen mit dem König durch Neuorganisation der Steuerverwaltung, sparsame Ausgabenpolitik und eine – soweit das im Rahmen der Zeit möglich war – strenge Überwachung der Steuereingänge und des Etats den bislang ständig am Rande des Bankrotts lavierenden Staat finanziell in eine vergleichsweise gute Verfassung. Ja, er wirtschaftete so viel Überschüsse heraus, daß Heinrich IV. sich davon einen Staatsschatz anlegen konnte. Dieser lagerte in der Bastille. Ein englischer Diplomat, Sir George Carew, erzählt, der König habe sich, wenn er zwischen Waffenarsenal und Bastille auf und ab ging, gerühmt, »niemand sonst habe eine solche Allee zum Spazierengehen: am einen Ende die fertige Ausrüstung für vierzigtausend Mann und am anderen das Geld, um sie bis zum Ende eines langen Krieges zu bezahlen«. Die Höhe des Staatsschatzes belief sich um 1610 auf zwölf bis dreizehn Millionen Livres. – Durch Meliorationen und die Anlage von neuen Straßen und Kanälen förderte Sully den Verkehr und damit den Handel. Insbesondere brachte er durch einschlägige Maßnahmen, die durch die langen Kriege schwer angeschlagene Landwirtschaft wieder auf einen grünen Zweig. Heinrich IV., der laut Carew wirtschaftlichen Verstand und guten Geschäftssinn besaß und »kein

Mittel unversucht ließ, um sein Königreich ökonomisch zu heben«, kümmerte sich hauptsächlich um die Luxusgewerbe und brachte zum Beispiel die Fabrikation von Gobelins, Seidenteppichen und Textilien zum Blühen. Die französischen Luxuswaren dominierten bis ins 18. Jahrhundert auf den ausländischen Märkten und wurden zu einem so einträglichen Exportzweig, daß sie die Goldgrube Frankreichs genannt wurden. Sully steigerte, gemessen an den Erträgen vor 1598, die staatlichen Bruttoeinkünfte zwar nur um elf Prozent, die Nettoeinkünfte jedoch, durch Überwachung der Verwaltung und Kürzung der Ausgaben für den Hof, um fünfzig Prozent. Dieses Gebaren trug dem König den Ruf eines Geizkragens ein. Heinrich IV. reagierte darauf mit einem der für ihn typischen Bonmots: »Die Leute sagen«, lautete sein Dictum, »ich sei knauserig; aber ich tue drei Dinge, die mit Geiz nichts zu tun haben: Ich führe Krieg, ich liebe und ich baue.« Das traf in der Tat zu. Trotz aller Sparmaßnahmen ließ er sich nicht davon abhalten, den königlichen Haushalt mit recht erheblichen Ausgaben für seine Mätressen zu belasten, deren er eine ganze Schar besaß. Was aber das Bauen anlangt, so begann er, seine Hauptstadt, die durch den letzten und längsten Hugenottenkrieg besonders arg gelitten hatte, gründlich umzugestalten. Sein Hofdichter François Malherbe schrieb 1608 an einen Freund in der Provence, daß Paris seit 1595 sein Gesicht völlig verändert habe. Der König hatte inzwischen den Louvre, die Tuilerien und den Pont Neuf bauen, die Place Royale und die Place Dauphine anlegen und von Häusern und Arkaden umsäumen lassen; sein Architekt Pierre Le Nostre schuf die Gärten um den Louvre und die Tuilerien.

Unter Heinrich IV., der mehrmals die Konfession gewechselt hatte, bahnte sich ein Wandel in der allgemeinen Denkweise und Weltorientierung an. Obwohl das Hugenottentum noch immer religiös und politisch eine eigenständige Potenz darstellte und andererseits der Skeptizismus aller Schattierungen in der Schicht der Gebildeten viele Anhänger besaß, wuchs in Frankreich das Ansehen der Krone und der katholischen Kirche. Die antimonarchische Tendenz des Calvinismus war gebrochen, der Royalismus bekam durch die Regierungsführung Heinrichs IV. Auftrieb. Während die ›Vindiciae contra tyrannos‹ von 1579 dazu aufforderten, Fürsten, die sich gegen die Maßstäbe einer gerechten Regierungsweise verfehlten, abzusetzen, lehrte jetzt Malherbe, die Untertanen täten gut daran, sich nicht in Dinge der Staatsführung einzumischen. Er ließ es nicht bei der politischen Führungsrolle des Monarchen bewenden, sondern machte ihn auch konfessionell zur Leitfigur: ›La religion des Princes était la religion des honnêtes hommes‹. Dahinter stand ein erneuerter Glaube an die von Gott gestiftete Einrichtung der absoluten Monarchie.

So sehr sich Heinrich IV. und Sully darum mühten, den allgemeinen Wohlstand zu heben – es gelang ihnen bei weitem nicht, die Gesamtheit der sozialen Schichten in der Hauptstadt und in den Provinzen zu erfassen und die Ärmsten zu erreichen. Die Briefe und die karitative Tätigkeit eines Mannes wie des heiligen Vinzenz von Paul bezeugen das ebenso glaubwürdig wie eindringlich; und sie sind längst nicht die einzigen Zeugen. Obwohl Heinrich IV. wünschte, daß jeder Bauer sich sonntags ein Huhn im Topf leisten könnte, befand sich die Masse der Bevölkerung in erbärmlicher Lage. Sir Dudley Carleton, ebenfalls ein englischer Diplomat, berichtete 1610 über den Kontrast zwischen dem strahlenden Bild, das Paris mit seinen glanzvollen Bauten und Straßen darbot, und dem beklagenswerten »ärmlichen Aussehen der Leute (in Frankreich) und dem Elend, welches so groß war, daß man Glück nur im Vergleich kannte«. Carew bemerkte: »Die gemeinen Leute halten es für ein echtes Staatsprinzip in Frankreich, daß sie durch ungesetzliche Forderungen und Unterdrükkung kurzgehalten werden.« In solcher Lage und in der Stimmung, die sie erzeugte, steckte Zündstoff für Revolten und Erhebungen. Der Gouverneur der Guyenne machte Heinrich IV. darauf aufmerksam, daß der harte Steuerdruck die Leute seiner Region bis zum Aufruhr treiben könnte. Die Zustände wurden unter Ludwig XIII. und unter dem Regiment der Erstminister Richelieu und Mazarin nicht besser, im Gegenteil: Sie verschlimmerten sich, sogar ganz erheblich, so daß man die Herrschaft Heinrichs IV. rückschauend in goldener Verklärung sah.

Maria von Medici ist der Nachwelt durch Peter Paul Rubens in Erinnerung geblieben. Der flämische Maler erhielt den Auftrag, die Innenräume des Palais du Luxembourg zu dekorieren, welches sich die aus Florenz stammende Königin nach dem Vorbild des Palazzo Pitti bauen ließ. Die zusammenhängende Folge von großen Wandgemälden stellte eine Apotheose der Königin und ihres Gemahls in barocker Manier dar und verherrlichte in

Der Profos der Kaufleute und die Schöffen von Paris bei ihrer Huldigung vor dem jungen Ludwig XIII. von Frankreich
Radierung von Louis Bobrun, 1620
Wien, Graphische Sammlung Albertina

beiden Personen die französische Monarchie. Im Innern des Landes verschlechterten sich derweil die Zustände. Während Sully den Staatshaushalt ausgeglichen hatte, wurde er unter Maria und ihrem Sohn defizitär. Die Gründe dafür lassen sich ermitteln. Nach Heinrichs Tod und Sullys Entlassung (1611) nahmen unter der Regentschaft Marias von Medici Günstlinge der Königin und Prinzen des königlichen Hauses die einflußreichsten Posten ein und brachten wiederum Leute aus ihrem Anhang auf wohldotierten Stellen unter. Es war unvermeidlich, daß sich innerhalb dieser Hofgesellschaft Cliquen bildeten und Intriganten ihre separate Politik trieben. Richelieu erhielt damals als Protegé eines zeitweilig mächtigen Mannes den Posten eines Staatssekretärs; er verlor ihn jedoch umgehend, als sein Patron gestürzt wurde.

Heinrich IV. hatte kraft seiner Persönlichkeit und Regierungskunst die Gegensätze mildern und meistern können, die Frankreich in der Ära der Hugenottenkriege zerrissen hatten. Nach seinem Tod flammten sie wieder auf, allerdings unter veränderten Vorzeichen. Die katholische Kirche hatte sich in Frankreich inzwischen in einem solchen Grad institutionell gefestigt und religiös erneuert, daß ein Angriff von protestantischer Seite für sie keine Gefahr mehr bedeutete. Nicht verändert hatte sich dagegen die oppositionelle Gesinnung des Hochadels, der Hugenotten, der Parlamente, Städte und Provinzen. Die Hugenotten bildeten den Kristallisationskern all derjenigen politischen Kräfte, die gegebenenfalls bereit waren, sich gegen die Krone aufzulehnen, um ihre ständische, kooperative oder regionale Autonomie zu verteidigen. So stieß die Krone auf Widersetzlichkeit und Ungehorsam und mußte sich auf harte Kämpfe einlassen, die jahrzehntelang die innere Szene Frankreichs beherrschten. Die Monarchie zeigte sich aber, trotz momentaner Schwächeanwandlungen, den Widerständen gewachsen. Und wenn die Träger der Krone schwach und unmündig waren, dann fanden sich Minister, welche die Belange der Monarchie wahrnahmen und Zug um Zug das Staatswesen der Verfügung des Herrschers unterstellten. Die Monarchie kämpfte in diesem Ringen weniger ums Überleben als vielmehr um den Alleinbesitz der Macht. Sie war nicht gewillt, sich mit irgendeiner anderen Kraft darein zu teilen, sondern erhob den Anspruch, die Autorität des Staates exklusiv zu repräsentieren. Wenn unter diesem Leitgedanken das Königtum seinen Tätigkeitsbereich und seine Kompetenzen tatsächlich immer mehr ausweitete und zuletzt eine nahezu uneingeschränkte Machtvollkommenheit gewann, dann lag dies aber auch daran, daß die Zeitgenossen mit zunehmender Bereitschaft die monarchische Regierung akzeptierten. Sie ließen sie sich nicht nur gefallen, sondern betrachteten sie schließlich als die beste, gottgewollte Form der Staatslenkung. Diese innenpolitische Entwicklung setzte nicht nur in Frankreich ein, sondern auch in Europa, sieht man von England, Polen, Ungarn und den wenigen Republiken ab. Aber fast in jedem Land vollzog sie sich auf eine spezielle Weise. In Frankreich geschah dies inmitten von regionalen Aufständen und sozialen Rebellionen, inmitten von Finanznot, höfischen Intrigen, Religionskonflikten und Adelsrevolten. Diese Vorgänge erfüllten die Jahrzehnte nach Heinrichs IV. Tod.

Die Nöte der Bauern und das rebellische Verhalten vieler Adliger hatten eine gemeinsame Ursache in den fallenden Preisen für landwirtschaftliche Produkte. Beim Adel kam noch hinzu, daß er weit über seine Verhältnisse zu leben und daher tief in Schulden zu stecken pflegte. So verkaufte der Landadel Zug um Zug Grundbesitz an wohlhabende Kaufleute und Beamte in den Provinzen und wurde allmählich immer ärmer. Dieser Adel drängte zwar auch zu den höheren Staatsämtern, aber nicht so sehr, um sie sachkundig zu verwalten, als um in den Genuß ihrer Einkünfte zu gelangen. Dies glückte ihm aber um so weniger, je mehr die Zeit voranschritt. Denn die Ämter mußten zunächst einmal gekauft werden, und da waren die Begüterten im Vorteil; sie kamen häufig aus dem arrivierten Bürgertum oder der Noblesse de robe, dem Amtsadel bürgerlichen Ursprungs. Solange man bei den Käufern von Können und Bildung absah, blieb die Ämtervergabe in erster Linie eine Finanzoperation oder eine Form der persönlichen Patronage – sehr zum Nachteil einer funktionsfähigen Verwaltung. Bestimmte Ämter brachten dem Inhaber den Adel ein und enthoben ihn eines Teils der Steuern, die er in seinem früheren Stand hatte zahlen müssen. Um so mehr mußten die unteren Stände aufbringen. Im Effekt bürdeten die Nobilitierungen den Bauern erhöhte Lasten auf. Seit dem Tod Heinrichs IV. ging die Krone dazu über, sich laufende Einkünfte aus den vergebenen Ämtern zu sichern. Sie beteiligte sich seit den zwanziger Jahren an den Einnahmen, die die Ämter abwarfen, und zwar mit achtunddreißig Prozent.

Im Jahr 1624 trat ein knapp vierzigjähriger Prälat als Minister in den Königlichen Rat ein: Armand Jean du Plessis, Herzog von Richelieu, Bischof von Luçon, seit 1622 durch Protektion der Krone Kardinal. Er gewann rasch beherrschenden Einfluß auf den König und auf den Staatsrat und nahm sogleich, obwohl er erst 1629 zum Leitenden Minister ernannt wurde, die politische Führung Frankreichs in seine Hand. Als er Minister wurde, sah er den König und die Königin-Mutter von Hocharistokraten und Prinzen aus königlichem Geblüt umgeben, die durchweg gewillt waren, sich an der Regierung zu beteiligen; die Provinzen waren unruhig; der kleine Landadel war verschuldet; die Bauern wurden von Abgaben gedrückt und neigten zur Empörung; die Parlamente in den Provinzen und aus Paris gebärdeten sich widerspenstig; das politisch hochprivilegierte Hugenottentum, gegen welches der König kurz zuvor einen Krieg in Navarra geführt hatte, bildete einen Staat im Staate. Richelieu fand die Finanzen in einem ruinösen Zustand vor und sah sich, was seine Person betraf, sehr bald von vielen Feinden umgeben, die ihm das Handwerk zu legen suchten und nicht müde wurden, seinen Sturz zu betreiben.

Richelieu
Zeichnung von Claude Mellan
Stockholm, Nationalmuseum

Richelieu, 1585 geboren, entstammte einer wenig begüterten Adelsfamilie im Poitou. Er konnte sich noch daran erinnern, wie die Besitzungen seines Vaters im letzten Hugenottenkrieg von den Truppen der von Spanien unterstützten Liga überfallen worden waren. Der geistliche Stand, in den er in jungen Jahren eingetreten war, gab ihm Gelegenheit, seine Begabung zu entfalten und andere auf sich aufmerksam zu machen. Als noch nicht zwanzigjährigem Studenten wurde ihm die Ehre zuteil, vor Papst Clemens VIII. disputieren zu dürfen. Mit zweiundzwanzig Jahren wurde er Bischof, in erster Linie dank seiner adligen Abstammung. Er erhielt 1606 das kleine französische Bistum Luçon und verwaltete es, auch in geistlicher Beziehung, vortrefflich. Unter anderem verfaßte er einen Katechismus, der viel benutzt und oft aufgelegt wurde. Die Zugehörigkeit zum Episkopat verschaffte ihm die Möglichkeit, in die Politik einzusteigen. Sein Ehrgeiz und der Drang nach politischer Betätigung veranlaßten ihn, von der kirchlichen Laufbahn in die staatliche überzuwechseln und dort seine Karriere zu machen. Der Klerus bildete in Frankreich einen der drei Stände des Königreichs und war des-

Maria von Medici
Zeichnung von Peter Paul Rubens, vor 1625
London, British Museum

halb auch eine politische Korporation. Auf der Versammlung der Generalstände im Jahr 1614 – der letzten vor 1789 – trat Richelieu als Sprecher der Geistlichkeit auf und machte dadurch von sich reden. Die Königin-Mutter wurde auf ihn aufmerksam. 1616 gelang ihm der Sprung in die hohe Politik, als er im Kielwasser des Marquis d'Ancres, eines Protegés der Maria von Medici, Staatssekretär wurde. Der Sturz und die Ermordung d'Ancres' machten 1617 seiner Karriere vorläufig ein Ende. Richelieu verstand es jedoch, sich bereits 1620 dem Hof wieder in Erinnerung zu bringen und dort jene Beziehungen zu knüpfen, die ihm 1624 erneut zur Berufung in den Königlichen Rat verhalfen.

Als er 1624 mit der Übernahme seines Ministeriums praktisch die Leitung der Staatsgeschäfte in Frankreich übernahm, befand sich die französische Krone auf einem Tiefpunkt ihrer Macht. Die Königin-Mutter, Günstlinge, Prinzen, Cliquen und Minister stritten sich um den maßgebenden Einfluß auf den schwachen jungen König, und gleichzeitig machte sich soziale Unzufriedenheit in Empörungen Luft. Der Adel rebellierte am Hof und in den Provinzen. Das Parlament von Paris berief Prinzen- und Pairsversammlungen; es verlangte ein Mitspracherecht in allen Angelegenheiten des Königreiches und protestierte gegen konkrete Maßnahmen der königlichen Regierung in Steuer-, Finanz- und Verwaltungssachen. Adel, Parlamente und Hugenotten spielten ihre auf Herkommen oder Vertrag beruhenden Vorrechte gegen die Monarchie aus. Nach alter ständischer Tradition betrachteten sie sich als Partner der Krone. Wenn die Krone aber Wert darauf legte, unbeeinträchtigt zu regieren – und sie legte, seit Richelieu Minister war, gesteigerten Wert darauf –, durfte sie diese Art Unabhängigkeiten auf die Dauer nicht dulden. Blieb die Monarchie hart, dann stand ein Machtkampf mit den Privilegierten vor der Tür. Richelieu scheute sich nicht, ihn aufzunehmen. Er führte ihn als Exponent der Monarchie und gestützt auf das Vertrauen Ludwigs XIII., welches er sich bis zu seinem Tod zu sichern wußte. Den Widerstand des Adels und der Parlamente bekämpfte er gezielt, ohne Erbarmen; er vermochte ihn jedoch trotz zahlreicher Einzelerfolge nur von Fall zu Fall zu dämpfen – ihn endgültig zu brechen gelang ihm nicht. Hingegen gelang es ihm, der Hugenotten Herr zu werden.

Die seit 1598 durch das Edikt von Nantes mit politischen und militärischen Sonderrechten ausgestatteten französischen Calvinisten hatten sich inzwischen zu einer organisierten Macht im Staat entwickelt, die regional mit dem Königtum in Konkurrenz trat. Seit 1614 standen sie, unter Führung des Herzogs Heinrich von Rohan, des Schwiegersohns von Sully, mit dem opponierenden katholischen Adel in Verbindung. Von ihren Hauptstützpunkten im Süden und Westen aus rebellierten sie fortwährend gegen die königliche Staatsführung und wurden allmählich zu einer Gefahr für den Bestand der Monarchie. Wiederholt kam es zu militärischen Zusammenstößen zwischen den Soldaten des Königs und denen der Hugenotten. 1620 bis 1622 fand im äußersten Südwesten ein regelrechter Religionskrieg statt. Ludwig XIII. wollte im protestantischen Stammland der Bourbonen, im Béarn, entgegen dem bisher praktizierten Status die Freiheit der Religionsausübung für die Katholiken einführen. Dies verweigerten ihm die Reformierten. Darüber kam es zu einem bewaffneten Konflikt. Der König erwies sich zwar als der Stärkere, hatte aber Mühe, sich gegen die Protestanten zu behaupten. Obwohl er ihnen im Frieden von Montpellier achtzig Sicherheitsplätze entzog, vermochte er ihre politische und militärische Macht nicht zu brechen. Für jeden inneren oder äußeren Feind des Königs stellte das organisierte Hugenottentum potenziell einen idealen Verbündeten dar. Umgekehrt konnten die Reformierten, wenn sie sich auflehnten, darauf hoffen, bei den oppositionellen Kräften im Land Rückhalt, gegebenenfalls sogar aktive Unterstützung zu finden. So bildeten sie einen Kristallisationskern für die unzufriedenen Elemente, deren es damals in Frankreich mehr als genug gab. Wenn der hugenottische Adel den politischen Kampf für seine Freiheiten in den Mantel des Glaubenskrieges hüllte, durfte er des Beistandes des um die gleichen Privilegien kämpfenden, nichtprotestantischen Adels sicher sein. – Richelieu blieb das nicht verborgen. Er ging davon aus, daß es ihm nicht möglich sein werde, den französischen Adel dem König botmäßig zu machen, solange die politischen Sonderrechte des Hugenottentums existierten. Er hielt es deshalb für politisch notwendig, sie zu beseitigen. Als 1625 im Languedoc ein Aufstand ausbrach, der sich rasch über den Südwesten ausdehnte, sah er den Zeitpunkt gekommen, die fällige Flurbereinigung vorzunehmen. Er steckte seine außenpolitischen Vorhaben für den Moment zurück und zog, nach gründlicher Vorbereitung, gegen die Hugenotten zu Feld. Zwei Jahre wurde im Westen und Süden ein harter Krieg geführt, in den Cevennen und um die Seefestung La Rochelle. 1629 ging Richelieu aus den Kämpfen als Sieger

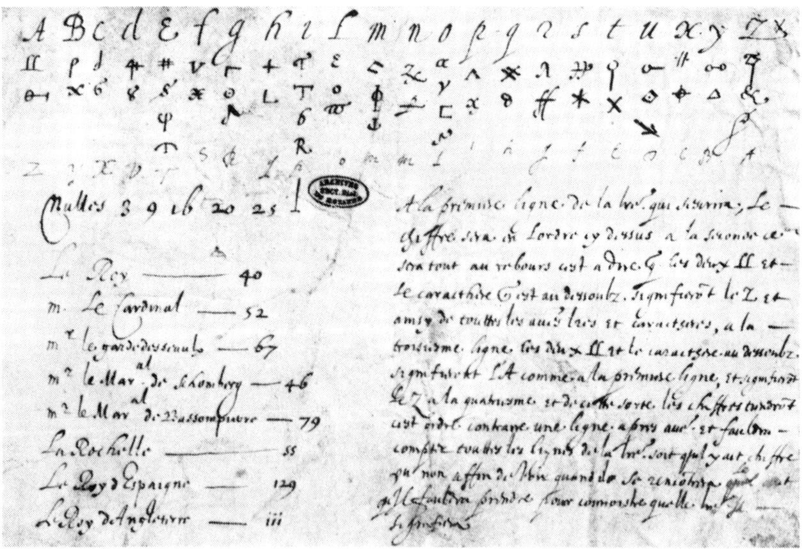

Geheimalphabet der Hugenotten
aus den Monaten der Belagerung ihrer befestigten Stadt La Rochelle durch Richelieu, 1627/28
Paris, Archives Nationales

hervor. Er nahm den Hugenotten ihre politischen und militärischen Sonderrechte und unterwarf sie dadurch voll und ganz dem König. Andererseits besaß er genügend Weitblick, um zu sehen, daß mit einer permanenten Feindschaft der Hugenotten gegen den französischen Staat nicht gewinnen war. Er tastete deshalb ihre Konfession nicht an, sondern veranlaßte den König, ihnen im sogenannten Gnadenedikt von Alaìs – im Juni 1629 – die volle Freiheit der Religionsausübung zuzusichern und ihnen ihre bisherigen staatsbürgerlichen Rechte zu belassen. Die wirtschaftlichen Folgen des erbittert geführten Krieges waren allerdings verheerend: Die für den Handel mit der Levante unentbehrliche Textilindustrie kam zum Erliegen und erholte sich nicht; der Hafen von La Rochelle verkümmerte.

Das alte Regime mit seinen vielfältig abgestuften sozialen Organismen war für Richelieu die selbstverständliche, jeder Diskussion entzogene staatliche Wirklichkeit Frankreichs. Die königliche Gewalt innerhalb dieser ständischen Ordnung so zu festigen, daß sie, unabhängig von allen halbautonomen Kräften wie Kirche, Adel, Parlamenten und Provinzen, zur Ausübung der vollen Regierungsgewalt gelangte, war das hauptsächliche Ziel seiner Innenpolitik. Er verwirklichte dieses Programm nur unvollkommen, aber selbst das, was er erreichte, erreichte er nur unter unsäglichen Anstrengungen. Um sich einigermaßen zu halten und schrittweise vorwärtszukommen, bedurfte er einer exzeptionellen Intelligenz und Standhaftigkeit. Andererseits griff er, soweit es in seiner Macht stand, mit harter Hand zu, handelte eiskalt und bediente sich der schärfsten Waffen. Ein Beispiel, das für viele steht, möge das verdeutlichen: Richelieu hatte das Duellieren verboten und unter Strafe gestellt. Nachdem François von Bouteville, ein Graf aus dem Haus Montmorency, mehrfach dagegen verstoßen hatte, ließ ihn der Kardinal 1627 in Paris festnehmen, aburteilen und enthaupten. Danach schrieb er dem Herzog Heinrich von Montmorency am 24. Juni 1627 den folgenden Kondolenzbrief: »Der Unfall, der Herrn von Bouteville zugestoßen ist, läßt mich die Feder ergreifen, um Ihnen auszusprechen, daß niemand mehr als ich den Schmerz mitfühlt, den Sie über den Verlust einer Person, die Ihnen so nahe stand, empfinden. Dem König hat es mehr leid getan, als ich Ihnen sagen kann, hierbei zum Äußersten schreiten zu müssen. Die so häufigen Rückfälle aber, denen jener sich freien Willens hingab, in einer Angelegenheit, die geradewegs des Königs Ansehen untergrub, haben es bewirkt, daß der König – um die Wurzeln des in seinem Reich so unausrottbaren Übels abzuschneiden – glaubte vor seinem Gewissen und vor Gott und vor den Menschen verpflichtet zu sein, bei diesem Anlaß der Gerechtigkeit freien Lauf zu lassen. Bei jedem anderen (Anlaß oder Vorfall), wo es nicht um das Wohl seines Staates geht, werden Sie zweifellos die Beweise seines guten Willens empfangen. Ich selbst, mein Herr, beschwöre Sie, zu glauben, daß alles, was Sie von meiner Zuneigung wünschen werden, Ihnen klarer als meine Worte zeigen wird, daß ich, so sehr man es sein kann, Ihr sehr ergebener Diener bin.« Hinter den höflichen Wendungen teilte Richelieu knapp und deutlich mit: Wo es um den Staat geht, gibt es kein Pardon. Und zwar um einen Staat, wie ihn sich der Minister, nicht wie ihn sich die feudale Gesellschaft vorstellte. Richelieus Worte enthielten, im Rückblick betrachtet, einen unheimlichen Klang und hören sich wie eine prophetische Drohung an den Adressaten an. Denn fünf Jahre später ließ ihn der Kardinal wegen Teilnahme an einem Aufruhr in Toulouse enthaupten – und löschte damit das Haus der Herzöge von Montmorency aus, das seit dem 10. Jahrhundert zu Frankreichs großen Geschlechtern gehört hatte.

Richelieus Verhältnis zur katholischen Kirche, in der er einen der höchsten Ränge bekleidete, war komplex und problematisch. Er war durch politische Protektion Kardinal geworden und versah als Bischof wie als Kardinal ein politisches Amt, hinter dem seine sonstigen geistlichen Ämter völlig zurücktraten. Ungeachtet seiner hohen kirchlichen Würde vertrat er mit Vorrang die staatlichen Interessen Frankreichs. So betrachtete er auch konfessionelle Probleme unter der Perspektive der französischen Innen- oder Außenpolitik. Das brachte ihn in Schwierigkeiten mit der dezidiert katholischen Partei am Hof, den sogenannten Devoten. Nach Heinrichs IV. Ermordung hatte sich, nicht unbeeinflußt von ihrer Umgebung, die Königin-Regentin Maria von Medici, aus konfessioneller Solidarität der katholischen Führungsmacht Spanien politisch genähert und ihren Sohn Ludwig XIII. mit einer spanischen Infantin, Anna von Österreich, Tochter König Philipps III., verheiratet. Die von Italien und Spanien ausgehende innerkirchliche katholische Erneuerungsbewegung griff mit Beginn des 17. Jahrhunderts kräftig nach Frankreich über. Die religiöse Erneuerung drang bis zum königlichen Hof vor und wurde dort in Gestalten wie dem Kardinal Pierre Bérulle oder durch verschiedene Mitglieder der Familie Marillac glaubwürdig repräsentiert. Der Einfluß von heiligen Männern wie Franz von Sales oder später Vinzenz von Paul reichte bis zur königlichen Familie und zu den Spitzen der Adelsgesellschaften, die sie umgab. Diese katholische Partei widersetzte sich der gegen das katholische Haus Habsburg gerichteten Politik des Erstministers und bald auch seiner aus dieser Politik entspringenden Kriegführung. Richelieu wollte sich mit dieser Partei, weil sie mächtig war, nicht um jeden Preis verfeinden, sondern suchte sie eher für sich zu gewinnen oder ihr wenigstens seine Ziele plausibel zu machen. Dies gelang ihm zwar nie vollkommen. Aber durch den Krieg gegen die Hugenotten wußte er immerhin die katholische Stimmung für sich einzunehmen. Wenn auch immer noch Reibungsflächen genug blieben, so vermochte er doch den katholischen Eifer bis zu einem gewissen Grad für die Sache des französischen Staates zu mobilisieren und den Krieg gegen die katholischen Habsburger als eine konfessionell neutrale Sache hinzustellen. Unter seinen zuverlässigsten späteren Mitarbeitern befanden sich zahlreiche von der katholischen Bewegung ergriffene Männer. René d'Argenson, einer seiner Intendanten, sprach für viele, wenn er als das Ziel seines Wirkens bezeichnete: den Ruhm Gottes; den Dienst für den König; die Zufriedenstellung des Kardinals.

Obwohl Richelieu nicht im eigentlichen Sinn ein Mann der Kirche war, waren ihm kirchliche Dinge keineswegs gleichgültig. Er wurde unter anderem Abt von Cluny und Abt von Cîteaux, unternahm kirchliche Reformen in seiner Diözese und im Benediktinerorden, konferierte gelegentlich mit Vinzenz von Paul und half ihm, das Kolleg der Bons-Enfants, ein Seminar für die Heranbildung künftiger Landpfarrer, zu gründen. Recht oft vertrat er katholische Belange in Frankreich wie in Deutschland. Aber er ging unter Umständen auch rücksichtslos über sie hinweg, wenn etwas nach seinem Dafürhalten den Interessen des Staates widersprach. Gewissensbisse oder Schuldgefühle scheinen ihn dabei nicht geplagt zu haben. Die Monarchie hatte ein Charisma. Der Glaube an ihre Einsetzung durch Gott war eine Grundlage des politischen Denkens in Frankreich. Das genügte ihm, um politische Schritte gegen den Papst, gegen die Habsburger, gegen katholische Eiferer und gegen die Jansenisten als gerechtfertigt anzusehen.

In der Innenpolitik gab es Richelieu bald auf, sich ernstlich mit den Reformen zu beschäftigen, die im Bereich von Finanzen und Steuern dringend erforderlich gewesen wären. Auch um den mittelbar davon betroffenen Gesamtbereich der Wirtschaft kümmerte er sich wenig. Er konnte sich niemals auf einen durchorganisierten und funktionsfähigen Verwaltungsapparat stützen, ja, er besaß nicht einmal einen genauen Überblick über seine finanziellen Hilfsquellen. Das Schatzamt befand sich bei seinem Amtsantritt in chaotischer Verfassung. Der Staat war mit zweiundfünfzig Millionen Livres verschuldet; für kurzfristige Anleihen wurden damals dreißig Prozent Zins verlangt; sie mußten dennoch aufgenommen werden, weil im Staatshaushalt die Mittel für den Schuldendienst fehlten. An dieser schlimmen Finanzlage änderte sich unter Richelieu nicht viel zum Besseren. Abgesehen davon, daß er die Autorität der Krone stärkte und ihre Kompetenz gegenüber den oppositionellen Kräften eisern wahrte, erreichte er innenpolitische Erfolge nur auf zwei Feldern: Erstens schuf er, neben den Anfängen einer Flotte, ein starkes königliches Heer von über einhundertzwanzig tausend Mann Fußtruppen und einigen Tausend Reitern. Zweitens stärkte er die Position des Königs in den Provinzen durch die Einsetzung von hohen Kronbeamten, denen er weitreichende Befugnisse verlieh, um sie gegen die hochadligen Gouverneure widerstandsfähig zu machen. – Anfangs befanden sich die Armeen in miserablem Zustand: Die Soldaten waren undiszipliniert und

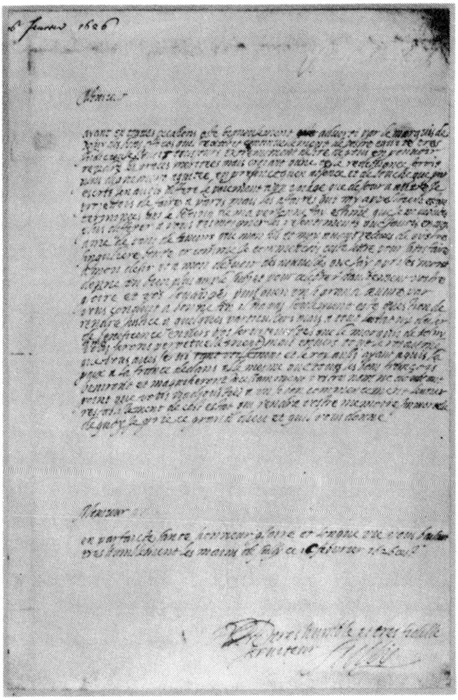

Sully an Richelieu:
Unterwürfigkeitsbezeigung
Eigenhändiger Brief vom 16. Februar 1626
Paris, Bibliothèque Nationale

plünderten, wenn sie Hunger hatten; es fehlte für ihre Versorgung an Geld und Organisation; der Nachschub funktionierte nicht. So mißglückte beispielsweise ein Feldzug nach Flandern, weil den Soldaten Musketen, Säbel und vor allem Stiefel fehlten. Seit etwa 1640 verbesserte sich das Heerwesen zusehends. Die Intendanturen – Verwaltungspräsidien für die Provinzen, aber mit diesen geographisch nicht immer identisch – schuf Richelieu aus purer Not. Er brauchte Vertrauensleute und Vollstrecker seiner Politik in den Provinzen; er bedurfte ihrer, um der regionalen Aufstände Herr zu werden, die in den dreißiger Jahren vielerorts aufflammten: Die Intendanten mußten rechtzeitig militärische Einheiten anfordern und waren für die Niederwerfung der Aufrührer verantwortlich. Vor allem aber erhielten sie Vollmachten, Steuern einzutreiben und gegebenenfalls auch Zwangsanleihen anzuordnen und durchzuführen, um dem Staat Geld zu beschaffen. Richelieu gelang es, eine Elite von befähigten Amtsträgern aus der Noblesse de robe heranzuziehen, die sich politisch loyal verhielt und ihm die erwarteten Dienste leistete. Er nahm Intendantenposten aus dem chaotischen ›System‹ der Ämtervergabe heraus. Sie konnten nicht mehr gekauft werden, warfen keine lukrativen Einkünfte ab und wurden nur noch an geeignete Leute vergeben. Die Qualität der französischen Regionalverwaltung im späteren 17. und im 18. Jahrhundert ging weithin auf die Intendanten und ihr sachgerechtes Wirken zurück.

Richelieus Innenpolitik war ganz wesentlich darauf abgestimmt, die für seine auswärtige Politik benötigten Gelder herbeizuschaffen. Ohne Rücksicht auf soziale Folgen verfuhr er vordergründig praktisch, nur um zu Geld zu kommen. In einer seiner außenpolitischen Denkschriften setzte er dem König auseinander: »Wenn der König sich für den Krieg entscheidet, so muß man jeden Gedanken an die Wirtschaft und an innenpolitische Reformen fahrenlassen.« Er meinte im übrigen, daß sich der König für den Krieg entscheiden müsse. Es handelte sich damals, 1629, um einen Feldzug nach Oberitalien. Richelieu finanzierte diesen Krieg wie schon seine früheren Feldzüge durch Ämterverkauf und durch Anleihen bei den Pariser Bankiers. Er war auf die Bankiers angewiesen, weil sie allein ihm die benötigten Mittel in gewünschter Höhe flüssigmachen konnten. Sie verlangten dafür Sicherheiten – Richelieu gewährte sie, indem er ihnen die Eintreibung bestimmter Steuern erlaubte. Die Agenten dieser Finanzleute durften die Steuer bis zu siebenundvierzig Prozent heraufsetzen, mit anderen Worten: die Bevölkerung ausbeuten. Das taten sie denn auch, und hierin lag einer der wesentlichen Gründe für die verschiedenen regionalen Aufstände. Was den Ämterverkauf anlangt, hatte Richelieu keine Hemmungen, immer neue Stellungen zu schaffen, deren Vergabe ihm Geld einbrachte. Er ließ es jedoch nicht bei der einmaligen Kaufsumme bewenden. Vielmehr bat er auch die Inhaber der bereits vergebenen Ämter laufend zur Kasse, indem er ihnen Gebühren abverlangte und sie zu Zwangsanleihen heranzog. Die Folgen dieser momentan wirksamen, aber im Grunde fragwürdigen Beschaffungspolitik waren für die Währung wie für die Staatsfinanzen verheerend; ihre ruinösen Auswirkungen trafen ganz besonders den Bauernstand und den Landadel, zumal seit 1630 eine Serie von Mißernten einsetzte und die Preise für Agrarprodukte fielen. Richelieu ging darüber hinweg, weil die Machtpolitik für ihn Vorrang besaß. Die Innenpolitik stand ihm im Dienst der Außenpolitik und der von ihr veranlaßten Kriegführung, nicht umgekehrt. Und so nahm er die schweren finanziellen, wirtschaftlichen und sozialen Schäden als unvermeidliche Folgen der Kriegführung hin.

Richelieu war, wie Bismarck, ein luzider Geist, hatte starke Gedanken und eine schöpferische Phantasie. Als geborener Politiker war er ein Mann der Empirie und nicht der Theorie. Das schloß nicht aus, daß er sich über Welt und Staat seine Gedanken machte. Was den Staat anging, so waren seine Vorstellungen darüber letztlich eingebettet in ein übergreifendes christliches Weltbild, worin die Res publica Christiana und Frankreich als das Herz der Christenheit recht gut miteinander harmonierten. Selbst das, was er unter ›Staatsräson‹ verstand, hatte darin seinen Platz. ›Staatsräson‹ galt ihm als das dem Staat innewohnende Lebensprinzip, so wie er unter ›Räson‹ auch das gottgewollte Wesen der menschlichen Natur verstand. Für ihn floß die Staatsräson aus der göttlichen Vernunft und befand sich in Übereinstimmung mit dem christlichen Sittengesetz. Merkwürdigerweise machte es ihm keine Schwierigkeit, auch den Krieg, den er aus Staatsräson betrieb und jahrzehntelang im Gang hielt, in der Idee von der aus der göttlichen Vernunft hervorquellenden Staatsräson unterzubringen. Obwohl ihm das ungeheuerliche Elend, das der Krieg über die europäische Menschheit und ganz besonders auch über Frankreich brachte, nicht unbekannt war, nahm er ihn als etwas unabänderlich zur Welt Gehörendes hin und rechnete ihn schlicht unter die Plagen, mit denen es Gott gefallen habe, die Menschen heimzusuchen. Als Vinzenz von Paul 1639 angesichts des vom Krieg verursachten unbeschreiblichen Elends in Lothringen bei Richelieu um Frieden für dieses Land bat, erhielt er zur Antwort: »Ich wünsche diesen Frieden ebensosehr wie Sie. Aber der Frieden hängt nicht allein von mir ab.« Das war gewiß nicht unrichtig und stimmte doch nicht ganz. Denn gleichzeitig trieb er den Krieg an allen Fronten voran aus Gründen einer ehrgeizigen Außenpolitik, die er als Staatsräson ausgab. Allerdings stand er mit dieser Einstellung zu Krieg und Frieden nicht allein, sondern folgte in seinem Handeln einer weitverbreiteten Denkweise seiner Zeit. Andererseits rangierten für ihn, nach eigener Aussage, unter den Pflichten des Königs von Frankreich die religiösen Pflichten an der Spitze, und eine gute Politik hatte, wie er in seinem ›Politischen Testament‹ schrieb, ihr Fundament in der Gottesverehrung. Deshalb bezeichnete er es auch als ein letztes und höchst wünschbares Ziel, daß in Frankreich die rechte Gottesverehrung wiederhergestellt werden möge.

Wenn Richelieu für den Vorrang der Krone

›Palais Cardinal‹ in Paris, der Wohnsitz Richelieus
Radierung von Israel Silvestre, nach 1647
Wien, Graphische Sammlung Albertina

kämpfte und sich dabei verzehrte, dann kämpfte er recht eigentlich für den Staat, der im König seine Spitze hatte. Er identifizierte sich nicht mit dem Staat, aber er sah dessen Wohl und Wehe an seine Person und Wirksamkeit auf das engste gebunden. Dafür setzte er auch nach außen hin unübersehbare Zeichen. So verwendete er einen nicht geringen Teil seines immensen Vermögens, um grandiose Bauten ausführen zu lassen. Ludwig XIII., weniger verschwenderisch als seine Eltern, begnügte sich damit, Fontainebleau durch Deckengemälde und eine Treppe zu erneuern und sich in Saint-Germain-en-Laye ein kleines Schlößchen errichten zu lassen. Richelieu dagegen baute für sich in den dreißiger Jahren, das heißt in einer Zeit, als der Staat nicht wußte, wie er seine Kriege finanzieren sollte, als die Steuern unerträglich stiegen und die Bevölkerung darbte, das Palais Cardinal in Paris, einen Landsitz in Rusil bei Saint-Germain, auf seinem väterlichen Grundbesitz im Poitou das Palais Richelieu und legte vor dessen Toren die Stadt Richelieu an. Diese bevölkerte er mit seiner Klientel; die reichsten Häuser an ihrer Hauptstraße gehörten seinen Anhängern, seinem Kronrat und den Finanzleuten, die das Regime unterstützten und zugleich ausbeuteten. Richelieus Bauten in Paris und Rusil standen nicht weit von denen des Königs entfernt und übertrafen diese an Pracht und Größe. Das Palais Luxembourg der Königin-Mutter hatte geringere Ausmaße als Richelieus Palast im Poitou. Pierre Corneille war sich nicht zu schade, das Palais Cardinal in überschwenglichen Versen zu rühmen, ja zu feiern: »Hier scheint eine ganze Stadt, prunkvoll erbaut, wie durch ein Wunder aus einem alten Graben aufgetaucht zu sein, und ihre herrlichen Dächer legen den Gedanken nahe, daß all ihre Bewohner Götter oder Könige sein möchten.« Doch auch die Gegenstimmen fehlten nicht. Sie kritisierten angesichts der steuerlichen Erpressung und der durch Hungersnot hervorgerufenen Bauernaufstände den Aufwand des Kardinals. Sie bezeugten aber auch, wie verhaßt sich Richelieu bei manchen Zeitgenossen gemacht hatte. Ein auf seinen Palast gemünztes Gedicht sprach die Hoffnung aus, daß »dieses prächtige Gebäude vom Dach bis zu den Fundamenten einstürzen und der höllische Dämon das Palais Cardinal in das Grab Seiner Eminenz verwandeln möge«.

Soweit es in seiner Macht stand, räumte Richelieu alles aus dem Weg, was sich seiner Politik widersetzte. Die Betroffenen schützte weder ihr Rang noch ihr Stand. Nicht einmal die königliche Familie blieb verschont. 1630 veranlaßte er den König, seine Mutter zu verbannen. Maria von Medici ging 1631 ins Exil und starb 1642 verarmt in Köln. Er schuf sich durch sein rücksichtsloses Vorgehen Feinde über Feinde. Aber er nahm auch keine Rücksicht auf sich selbst, wenn es um den Staat ging, dem er sich verschrieben hatte, und verachtete die Gefahren, von denen er beinahe täglich umlauert war. Gerade das machte auf die Zeitgenossen großen Eindruck. Selbst seine Feinde verwehrten ihm dafür nicht ihre Hochachtung. Vincent Voiture, ein kultivierter Höfling aus der Umgebung Gastons von Orléans, der ein Bruder des Königs und ein erbitterter Gegner des Kardinals war, also ein Mann, der Richelieu mehr als distanziert gegenüberstand, rühmte seine Standhaftigkeit und seinen Mut, als er 1636 in einem Brief schrieb: »Unsere Feinde sind fünfzehn Meilen von Paris entfernt, seine sind mitten darin. Jeden Tag gibt es Nachrichten, daß man Ränke spinnt, um ihn zu

Triumphzug der Anna von Österreich für den dargestellten Richelieu
Zeichnung von Claude Deruet, Studie für die Komposition ›Erde‹
in Richelieus Schloß, um 1640
Paris, Musée du Louvre

vernichten. Frankreich und Spanien sind sozusagen gegen ihn allein verschworen. Welche Haltung hat dieser Mann bei alledem bewahrt! . . . Er hat deswegen keinen Schritt rückwärts getan. Er hat an die Gefahren des Staates, nicht an die eigenen gedacht, und die ganze Veränderung, die man in jener Zeit an ihm beobachtet hat, war, daß er – anstatt wie gewöhnlich beim Ausgang von einer Wache von zweihundert Mann begleitet zu werden – täglich nur mit fünf oder sechs Edelleuten spazierenging. Man muß gestehen, daß ein mit soviel Haltung und soviel Kraft ertragenes widriges Schicksal mehr wert ist als viele glückliche Ereignisse und Siege. An dem Tag, als er in La Rochelle einzog, erschien er mir weder so groß noch so siegreich als da. Und die Reisen, die er von seinem Haus zum Arsenal (in Paris) machte, schienen mir für ihn ruhmreicher als diejenigen, die er über die Alpen gemacht hat und von denen er mit Pinerolo und Susa zurückgekommen ist.« – Wie sehr Richelieu, dieser Mann, der ein Prälat der Kirche war und die Gottesverehrung für die wichtigste Tugend des Königs von Frankreich hielt, sich mit dem Staat eins wußte und sich in seinem Tun und Denken als dessen Exponenten empfand, bezeugte er in seinem ›Politischen Testament‹, als er dieses mit den an den König gerichteten Worten beschloß: »Ich verspreche Eurer Majestät, daß nicht ein Tag meines Lebens hingehen soll, wo mir nicht im Geiste das lebendig ist, was mir in meiner Todesstunde vor die Augen treten wird: die Interessen des Staates, die es Euch gefallen hat mir anzuvertrauen.«

Ohne Rücksicht auf die schweren Belastungen, die dem Staat aus den Problemen der inneren Staatsführung erwuchsen, nahm sich Richelieu der auswärtigen Angelegenheiten ununterbrochen mit größter Aufmerksamkeit an. Er war ein Genie der Staatskunst, für Deutschland allerdings ein verhängnisvoller Meister der Politik. Es war eine seiner leitenden Überzeugungen, daß Frankreich vom Haus Habsburg, und zwar insonderheit von dessen spanischer Linie, permanent bedroht werde und deshalb seine Kräfte darauf konzentrieren müsse, sich durch offensive Außenpolitik und aggressive Verteidigung schrittweise von dieser Bedrohung zu befreien; das hieß für ihn, daß Frankreich mit allen verfügbaren Mitteln Spanien, Österreich und deren Verbündete bekämpfen und schwächen, am besten niederwerfen müsse. Es lag in der Logik dieser Konzeption, daß sich die Politik Frankreichs – nicht nur, aber auch – gegen das Reich als die Einfluß- und Herrschaftssphäre des Kaisers und Landesherrn von Österreich richtete. Die Erinnerung an die Zurückdrängung Frankreichs durch Karl V. und Philipp II. mochte nachwirken oder noch frisch genug sein, um das Gefühl der Bedrohung wachzuhalten: Richelieu war dreizehn Jahre alt, als Philipp II. starb. Sein Grundkonzept war einfach. Es lautete, in einer seiner eigenen Formulierungen, in einer Denkschrift von 1629: »Es muß stets unser Ziel sein, der Ausbreitung der spanischen Macht Einhalt zu gebieten«, was – ins Positive gewendet – hieß: Unser Ziel muß die Größe und Machterweiterung des französischen Staates sein. Von diesem unbeirrbar angesteuerten Ziel her gesehen handelte er folgerichtig und planvoll. Die Aktionen, die er im einzelnen unternahm, bewiesen einen schier unerschöpflichen Einfallsreichtum, kombinatorisches Geschick, Situationsgefühl und eine realistische Einschätzung des jeweils Möglichen. Begabt mit einem genialen Vermögen, Chancen zu erspähen, ließ er sich in ein nuancenreiches diplomatisches Spiel mit nahezu allen Mächten ein, von Skandinavien bis zum Kirchenstaat, von Polen bis England.

Richelieu glaubte die Erfahrung gemacht zu haben, daß der katholische Einfluß auf die auswärtige Politik Frankreich in den Jahren vor seiner Ministerschaft geschwächt habe. Deshalb lautete seine erste Maxime: Die auswärtige Politik müsse konfessionell neutralisiert werden. So machte sich der Kardinal der römischen Kirche kein Gewissen daraus, durch seine Komplizenschaft mit Schweden die Erfolge der katholischen Kirche in Nordwestdeutschland auszulöschen und die katholischen Regionen im Reich in konfessioneller Hinsicht existenzbedrohend zu gefährden. Seine zweite Maxime hieß: Außenpolitik geht vor Innenpolitik. Folgerichtig unterstützte er auswärtige Bundesgenossen, unter der Voraussetzung, daß sie gegen die Habsburger Krieg führten. Ohne Rücksicht auf die Kassenlage gewährte er Subsidien – während die Untertanen seines Königs in ganzen Regionen Hunger litten. Zwischen 1630 und 1640 stiegen die Steuerlasten um ein Vielfaches. Als sich die Bewohner der Normandie 1639 in einem der größten Aufstände der Ära Richelieu gegen ihre Aussaugung durch das Regime wehrten, ließ der Kardinal die Empörung brutal niederschlagen. Zur gleichen Zeit machte er enorme Summen flüssig, um damit den Abfall Portugals von Spanien (1640) zu unterstützen und deutsche Söldnerführer zu finanzieren, die im Elsaß den Kaiser bekriegten. Er subventionierte seit 1640 den großen, viele Jahre anhaltenden Aufstand der Katalanen gegen die Krone Spaniens und brachte jahraus, jahrein die Gelder auf, um den Unterhalt der schwedischen Armeen in Deutschland sicherzustellen. Seine dritte Maxime hieß: Bundesgenossen suchen und zum Krieg gegen das Haus Habsburg anstiften. Er wurde niemals müde, diplomatische Fäden mit den tatsächlichen oder potenziellen Gegnern der habsburgischen Dynastie zu knüpfen. Nach und nach bezog er mehr als halb

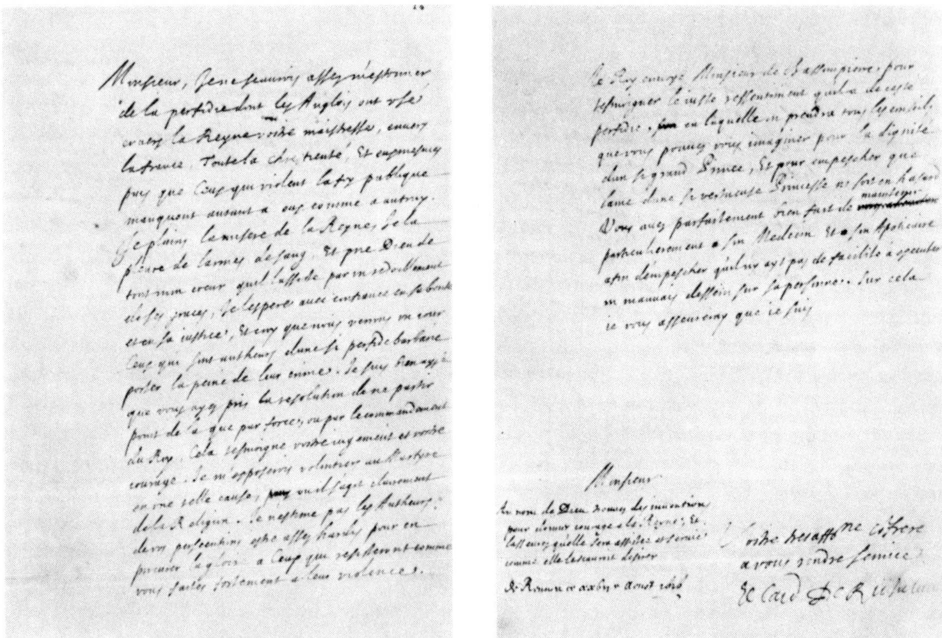

Richelieu an de La Mothe-Houdancourt:
Empörung des Kardinals über Buckinghams Intrigenspiel
gegen die Gemahlin Karls I. von England
Eigenhändiger Brief vom 27. August 1626
Paris, Bibliothèque Nationale

Europa in seine Hilfsangebote und Allianzversuche ein. Die Generalstaaten, Schweden und ein Teil der deutschen protestantischen Fürsten erwiesen sich als die verläßlichsten Partner, und zwar deshalb, weil sie alle sich von einer Niederlage Spaniens und des Kaisers einen Vorteil versprachen. Seine vierte Maxime bestand darin, Frankreich selbst bis an die Grenze des Möglichen aus dem Krieg herauszuhalten. Er ließ seine Alliierten für Frankreich kämpfen; gewöhnlich verpflichtete er sie vertraglich dazu und zahlte ihnen nur unter dieser Voraussetzung Subsidien. Dies war Richelieus sogenannte verdeckte Kriegführung. Er selber charakterisierte sie rückblickend gegen Ende seines Lebens in einer an den König gerichteten Passage seines ›Politischen Testaments‹ mit den folgenden Sätzen: »Wenn es Zeichen einer einzigartigen Klugheit ist, zehn Jahre hindurch alle Kräfte der Feinde Ihres Staates durch die Ihrer Alliierten gebunden zu haben, indem Sie die Hand an den Geldbeutel, nicht an die Waffen legten und (erst dann) in den offenen Kampf eintraten, als Ihre Verbündeten sich nicht mehr allein halten konnten, so zeugt es zugleich für Ihren Mut und Weitblick. Das Ergebnis rechtfertigt vollkommen Ihr Verfahren, die Ruhe Ihres Königreiches dadurch zu sichern, daß Sie wie die vorsichtigen Geschäftsleute handelten, die mit aller Umsicht ein Vermögen anhäufen, aber auch klug sind, es zur rechten Zeit auszugeben, um sich vor größeren Verlusten zu bewahren.«

Soweit das Konzept, die Grundsätze und Methoden. Richelieu hat sich über die konkret anzusteuernden Nah- und Fernziele seiner auswärtigen Politik mehrfach in Denkschriften geäußert. Dies waren Gutachten zur Lage, in denen er die jeweilige Situation scharfsinnig analysierte und sorgfältig abgewogene Empfehlungen formulierte. Nachdem er 1629 das Hugenotten-Problem gelöst hatte, empfahl er als Leitlinie außenpolitischen Verhaltens: »Frankreich muß darauf bedacht sein, im Innern stark zu werden und Tore zu bauen und zu öffnen, um in alle seine Nachbarstaaten eintreten und sie vor der Bedrückung durch Spanien schützen zu können, wenn die Gelegenheiten sich bieten.« Nahziel war, Festungen in der Schweiz einzurichten und Genf zu einem »Außenwerk Frankreichs« zu machen und weiter südlich die zum Herzogtum Savoyen gehörende Markgrafschaft Saluzzo auf dem Verhandlungsweg oder durch Waffengewalt zu vereinnahmen. Vor allem aber sollte Frankreich »darauf bedacht sein, sich in Metz zu befestigen und, wenn möglich, bis Straßburg vorzurücken, um einen Eingang nach Deutschland zu gewinnen – was mit viel Zeit, großer Umsicht und durch ein vorsichtiges und verdecktes Verhalten geschehen« müßte. Als Fernziel schwebte ihm die Eroberung der Franche-Comté und (Spanisch-) Navarras vor. 1634 bezog er Deutschland schon sehr viel konkreter in seine unmittelbaren Hegemonialziele ein, und zwar bereits unter der Perspektive des offenen Krieges. Seine Überlegungen gingen davon aus, daß die verbündeten Schweden und deutschen Protestanten Frankreich für dessen Eintritt in den Krieg einen Preis zahlen müßten. Fest davon überzeugt, daß sie dazu bereit sein würden, legte er Ludwig XIII. dar, wie er sich diesen Preis vorstellte: »Die Protestanten sollen, was sie links des Rheins besetzt halten, dem König von Frankreich überlassen, nämlich Mainz und sein linksrheinisches Stiftsterritorium (mit Bingen ...), das gesamte linksrheinische Territorium der Pfalz mit den Hauptorten Bacharach, Kreuznach, Oppenheim, Frankenthal ..., ferner alles, was zum Elsaß und zum Bistum Straßburg gehört ... Sie sollen helfen, Breisach und Philippsburg zu nehmen, und Caub und Mannheim, die zur rechtsrheinischen Pfalz gehören, dem König übergeben. Sie sollen weder Frieden noch Waffenstillstand noch irgendeinen Vertrag je ohne die Einwilligung Frankreichs abschließen ... Unter der Voraussetzung dieser Bedingungen würden die deutschen Protestanten nichts anderes vom König verlangen, als daß er sich verpflichtete, offen mit dem Haus Habsburg zu brechen – sei es in Deutschland, Italien oder Flandern –, und daß er, falls er außerhalb Deutschlands den Bruch herbeiführe, im Elsaß eine

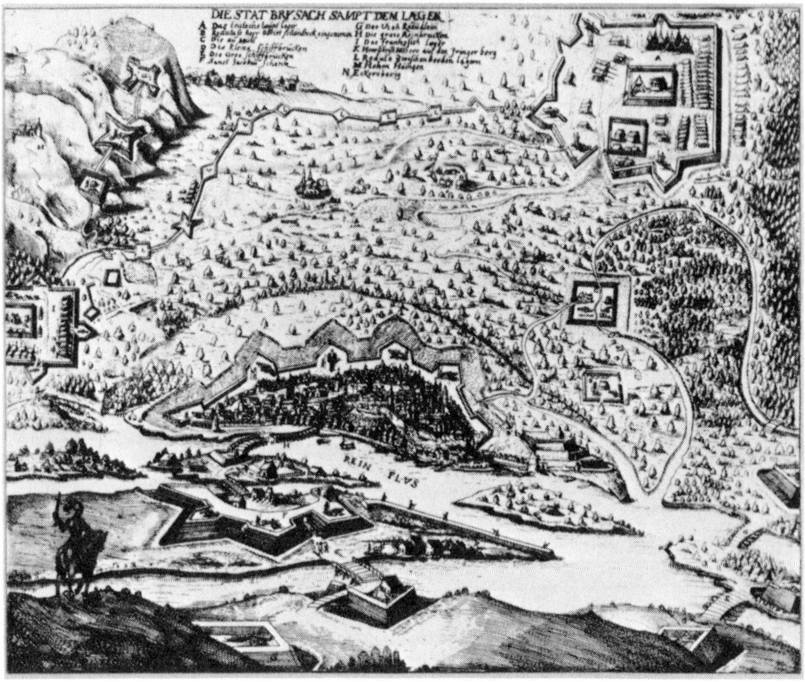

Breisach während der Belagerung durch Bernhard von Weimar und Henri de Turenne in den Monaten April bis Dezember 1638
Kupferstich eines Unbekannten
Nürnberg, Germanisches Nationalmuseum

Armee bereithielte, um ihnen, wenn sie dessen bedürften, zu helfen . . . Es scheint, daß der Vorteil für den König unter diesen Umständen groß, die Gefahr aber klein wäre . . . Er könnte sein Königreich ohne Schwertstreich bis an den Rhein ausdehnen; denn er brauchte ja nur feste Plätze zu übernehmen, die er nicht erobert hätte, und mit solchen Pfändern in der Hand würde er Schiedsrichter über Krieg und Frieden sein, worüber man ohne ihn nicht beschließen könnte wegen der Pfänder, die er im Besitz hielte. Diese würden ihm großen Einfluß auf Straßburg, die Franche-Comté und Luxemburg geben und ihn in die Lage versetzen, den Herzog von Lothringen in solcher Weise zu zügeln, daß seine Bosheit nicht mehr schaden könnte. Die Gefahr, das Haus Habsburg allein auf dem Hals zu haben, kann man schwerlich auf andere Weise (das heißt: ohne Eintritt in den Krieg) vermeiden. Denn es ist sehr wahrscheinlich, daß ohne diese Haltung Frankreichs der deutsche Friede und der holländische Waffenstillstand geschlossen würden.«

Die außenpolitischen Absichten Frankreichs wurden zwar defensiv begründet, sahen aber Eroberungen vor. Richelieu nannte konkret die Eroberungsziele und stufte sie ab, indem er zwischen ersten Schritten und wünschbaren Fernzielen unterschied. Seine Zukunftsperspektiven enthielten ziemlich genau das von Mazarin und Ludwig XIV. sukzessiv erfüllte Expansionsprogramm. Er selbst verwirklichte nur einen geringen Teil davon. Aber alle seine offensiven ›Verteidigungs‹-Schritte lagen auf der Linie des von ihm skizzierten territorialen Erweiterungsplans. Als ein genialer Politiker handelte er zielstrebig, jedoch nie doktrinär. Vielmehr verhielt er sich pragmatisch und flexibel, stets bereit, seine Entschlüsse dem anzupassen, was er die Umstände oder die Verhältnisse nannte. Davon zeugte die Praxis seiner Außenpolitik. Sie verbesserte, von 1624 an, die Stellung Frankreichs in Europa Zug um Zug – mit Rückschlägen im einzelnen, aber Fortschritten im ganzen.

Die Erfolge des Kaisers und der Spanier in den Anfangsjahren des Dreißigjährigen Krieges beunruhigten ihn. Er suchte ihnen seit 1625 durch Bündnisse mit Holland, England, Dänemark, Schweden und norddeutschen Fürsten entgegenzuwirken; es ging ihm darum, Widerstandskräfte in Deutschland und den Niederlanden zu sammeln und aufzubauen. Die von Oberitalien über die Bündner Pässe bis zu den Niederlanden führenden militärischen Verbindungslinien der Habsburger sah er als eine unmittelbare Bedrohung Frankreichs an und suchte sie deshalb zu unterbrechen. Hierauf konzentrierte er seine ersten außenpolitischen Aktionen. Darüber hinaus bekämpfte er mit außerordentlichem Geschick die Habsburger im westlichen Oberitalien. Ein Erbfall im Haus Gonzaga, der 1627 eingetreten war, bot Richelieu Gelegenheit, sich 1629 in die Nachfolge im Herzogtum Mantua-Montferrat einzumischen. Er drückte dort gegen den Kaiser, welcher die Oberlehnsherrschaft besaß, den französischen Kandidaten durch. Dann erweiterte er, zum Teil im Zusammenwirken mit Venedig und Papst Urban VIII., die französische Einflußzone in Oberitalien. Nachdem er 1629 vom Herzog von Savoyen die Durchmarscherlaubnis für französische Truppen erzwungen hatte, nötigte er diesen 1630 durch Waffengewalt, Pinerolo, das Einfallstor nach Italien, an Frankreich abzutreten. 1630/31 erreichte er durch ein raffiniertes diplomatisches Spiel, daß der Kaiser Frankreichs Favoriten, Herzog Karl von Nevers, mit Mantua belehnte und seine Truppen aus den Bündner Pässen zurückzog, ohne die dafür zugesagte französische Gegenleistung zu erhalten, welche in Frankreichs vertraglicher Verpflichtung bestehen sollte, keinen Angriff auf Österreich und das Reich zu unterstützen. Während er solchergestalt den Fuß nach Italien setzte, verhinderte er in den Niederlanden durch seine diplomatische Intervention, daß der Waffenstillstand zustande kam, der sich zwischen Spanien und den Generalstaaten anbahnte. Er ließ den Holländern Geldmittel zufließen, damit sie den Krieg fortsetzten, legte ihnen dafür aber die Verpflichtung auf, mit Spanien keinen Frieden abzuschließen »ohne vorherige Benachrichtigung Ludwigs XIII.«.

Ungleich größere Ziele als in Italien und den Niederlanden faßte Richelieu im Norden ins Auge. Sein großangelegter Plan sah vor, den König von Schweden aus seinen anderweitigen kriegerischen Verwicklungen herauszulösen und durch ihn den Kaiser bekämpfen zu lassen. Er bereitete dieses Unternehmen umsichtig vor, indem er den polnisch-schwedischen Krieg durch Vermittlung eines sechsjährigen Waffenstillstandes im September 1629 vorläufig beendete und auf der anderen Seite Ferdinand II. im Reich isolierte. Mit bayerischer Hilfe trennte er den Kaiser von seinem Feldherrn Wallenstein, unterstützte auf dem Regensburger Treffen 1630 die Opposition der Kurfürsten und vereitelte dadurch die Wahl des Erzherzogs Ferdinand zum römischen König. Er krönte diese Isolierungspolitik am 30. Mai 1631 mit dem Abschluß eines bayerisch-französischen Bündnisvertrages zu Fontainebleau, nachdem er schon einige Monate zuvor, am 23. Januar 1631, den für den weiteren Verlauf des Krieges entscheidenden Bündnisvertrag von Bärwalde mit Schweden vereinbart hatte. Freilich vermochte er nicht zu verhindern, daß der König von Schweden unvermutet bis nach Südwestdeutschland vorrückte, den Rhein überschritt und gegen Frankreichs Bundesgenossen Bayern zu

Felde zog – wodurch er den Kurfürsten Maximilian dem Kaiser in die Arme trieb. Richelieu sah es fortan als seine Aufgabe an, den König von Schweden zu zügeln. Seine darauf abzielenden Bemühungen, die deutschen Fürsten zur Bildung eines überkonfessionellen Neutralitätsbündnisses zu veranlassen, schlugen jedoch fehl. Daraufhin scheint er sich mit dem Gedanken einer unmittelbaren Beteiligung am Krieg näher befaßt zu haben. Er meinte jedenfalls, daß Frankreich gut daran täte, seine Truppen bis an den Rhein rücken zu lassen und sich mit einzelnen deutschen Territorialherren direkt ins Benehmen zu setzen, und entfaltete im deutsch-französischen Grenzbereich zwischen Luxemburg und der Eidgenossenschaft eine erhöhte politische Aktivität. Im Dezember 1631 besetzte er im Zuge seiner verdeckten Kriegführung das Bistum Metz. Anfang Januar 1632 zwang er den Herzog von Lothringen, Karl IV., im Vertrag von Vic, alle seine politischen Verbindungen, sofern sie für Frankreich von Nachteil waren, aufzukündigen, und setzte sich in den Besitz der lothringischen Festung Marsal. Anschließend suchte er sich auf dem Verhandlungsweg Besatzungsrechte an der Mosel sowie am Mittel- und Oberrhein zu beschaffen. Seine Vorstöße bei den geistlichen Kurfürsten hatten immerhin bei Philipp von Sötern, Erzbischof von Trier und Fürstbischof von Speyer, einigen Erfolg. Philipp stellte seine Länder gegen die anmarschierenden Schweden unter französischen Schutz. Die Festung Philippsburg wehrte sich dagegen. Trier und die Festung Ehrenbreitstein öffneten jedoch ihre Tore und erhielten eine französische Besatzung. Als sich Richelieu, um diese Faustpfänder noch besser zu sichern, dazu verstieg, seine Wahl zum Koadjutor des Erzstifts Trier mit dem

Feldlager während des Dreißigjährigen Krieges
Gemälde von Benjamin Gerritsz. Cuyp, zweites Viertel des 17. Jahrhunderts
Stuttgart, Staatsgalerie

Recht der Nachfolge zu betreiben, erlitt er allerdings Schiffbruch. Wohl erreichte er noch, daß ihn Philipp von Sötern 1634 zum Propst von Trier ernannte und zum Koadjutor von Speyer proklamierte, aber er kam letztlich nicht zum Zuge, weil ihm das Kapitel die Zustimmung und der Papst die Bestätigung versagten. Auch Oxenstierna lehnte sein Ansinnen ab, Frankreich die von den Schweden besetzten elsässischen Städte samt Breisach und der linksrheinischen Pfalz zu überlassen, zeigte sich allerdings bereit, den Vertrag von Bärwalde zu erneuern. Der schwere Schlag, der 1634 seinen Verbündeten bei Nördlingen traf, und der Prager Friede ließen es Richelieu dann geraten erscheinen, gemäß den in seinen Denkschriften festgehaltenen Gesichtspunkten »offen mit den Habsburgern zu brechen«, also Frankreich direkt am Krieg zu beteiligen.

Das französische Interesse am Krieg und seiner Ausweitung

Frankreichs Eintritt in den Krieg lag in der Konsequenz der Richelieuschen Politik. Der Kardinal hatte ihn für den Fall vorgesehen, daß die verdeckte Kriegführung allein nicht mehr ausreichte. »In der gegenwärtigen Lage mußte es das erste Ziel des Königs (Ludwigs XIII.) sein, durch Geld, was es auch kosten mochte, den Krieg in Holland und Deutschland fortzusetzen, ohne selbst genötigt zu sein, offen daran teilzunehmen – unter der Voraussetzung, daß keiner der Verbündeten ohne die Zustimmung des Königs von Frankreich einen Waffenstillstand oder Frieden schließt.« Diese Voraussetzung schien 1634 nicht mehr zuzutreffen.

Der Gedanke an die Möglichkeit eines Friedens zwischen einzelnen im Krieg befindlichen Staaten beunruhigte den Kardinal wie ein Alptraum: »Sobald die Kriegsmüdigkeit der deutschen Protestanten, die verschiedenen Interessen Oxenstiernas und der Schweden und die Neigung des Prinzen (Friedrich Heinrich) von Oranien zur Ruhe mit Grund befürchten lassen, daß es zu einem Friedensschluß kommen könnte . . ., müßte überlegt werden, ob der König von Frankreich nicht besser daran täte, im Bündnis mit den deutschen und holländischen Protestanten mit dem Haus Habsburg zu brechen, als sich der Gefahr auszusetzen, daß der Krieg beendet oder ein Waffenstillstand abgeschlossen würde, ohne daß er darin inbegriffen wäre. Denn wenn der Friede in Deutschland und der Waffenstillstand in Holland oder eines von beiden zustande käme, dann wird Frankreich mit Sicherheit einen Verteidigungskrieg, den man bis tief in sein Inneres hineintragen würde, auszuhalten haben und nicht vermeiden können.« Richelieu, der es dazu auf keinen Fall kommen lassen wollte, ging von dem unbewiesenen Grundgedanken aus, daß die Habsburger, falls sie mit den deutschen Protestanten, Schweden und den Generalstaaten Frieden geschlossen hätten, Frankreich mit Krieg überziehen würden. Auf dieser Annahme baute er seine Argumentation auf, mit der er Frankreichs Eintritt in den Krieg begründete. Sie lautete: Da ein Friedensschluß der Verbündeten Frankreich unfehlbar einen Krieg mit den Habsburgern auf den Hals ziehen werde, müsse der König dem zuvorkommen; das heißt: selber zu den Waffen greifen, um einen schädlichen Frieden zu verhindern. Um sein Land zu schonen und eine mögliche Verbindung der inneren Opposition mit den äußeren Feinden zu verhindern, wollte Richelieu den Krieg auf jeden Fall im Ausland führen und nicht nach Frankreich hineintragen lassen. Auch aus diesem Grund plädierte er für ein rechtzeitiges Eingreifen. Allerdings läßt sich nicht verkennen: Während Richelieu von Verteidigung redete, dachte er bereits an Hegemonie. 1629 sprach er von Schritten, die Ludwig XIII. unternehmen müßte, »wenn er sich zum mächtigsten Monarchen der Welt und zum angesehensten Fürsten machen will«. Und als er 1632 die Chancen und Risiken eines Offensivbündnisses mit Gustav Adolf gegeneinander abwog, meinte er, es möchte die Chance darin liegen, »daß man das ganze Haus Habsburg absolut ruinieren und sich damit für immer von der Furcht, von der Eifersucht und von den Ausgaben befreien könnte, zu denen seine Größe seit langer Zeit Frankreich nötigte; daß man aus seinen Trümmern Nutzen ziehen und daß der König sich zum Chef aller katholischen Fürsten der Christenheit und infolgedessen zum mächtigsten Herrscher Europas machen könnte«.

Kampf zwischen Wegelagerer und Reiter
Radierung von Hans Ulrich Franck, nach 1643
Nürnberg, Germanisches Nationalmuseum

Anscheinend stand er mit dieser Vision nicht allein. François de La Rochefoucauld, literarisch als Verfasser der Maximen weltberühmt, politisch als Mitglied der Fronde einer der entschiedenen Gegner des Kardinals, wußte in der Rückschau Richelieu dennoch im Blick auf die Größe, die er besessen und zu der er Frankreich geführt hatte, eindrucksvoll zu würdigen: »Die Eroberung Roussillons und die Niederwerfung des großen Adelsaufstandes 1642, die Aufeinanderfolge so vieler glücklicher Erfolge, solcher Gewinne an Autorität und befriedigter Rache hatten den Kardinal in Spanien und Frankreich in gleicher Weise furchtbar gemacht. Er kam wie im Triumph nach Paris zurück ... Wie groß (nach seinem Tod am 4. Dezember 1642) die Freude seiner Gegner auch war ..., die Folge hat gelehrt, daß dieser Verlust für den Staat höchst nachteilig war und daß nur er allein, der ja die Regierungsweise dieses Staates so vielfach verändert hatte, in der Lage gewesen wäre, sie mit Nutzen zu handhaben, wenn seine Amtszeit und sein Leben länger gedauert hätten. Niemand hatte bis dahin so wie er die Machtmittel des Königreiches erkannt, und er hatte sie vollständig in der Hand des Herrschers zusammengefaßt. Viel Blut war in der Zeit seines gestrengen Ministeriums geflossen, die Großen des Reiches waren gedemütigt, das Volk war mit Abgaben überlastet worden; aber die Eroberung von La Rochelle, die Vernichtung der Hugenotten als Partei, die Erniedrigung des Hauses Österreich, die Größe seiner Absichten und die Geschicklichkeit, mit der er sie ins Werk setzte, sollten allen privaten Groll ersticken und sein Gedächtnis mit dem Ruhm kränzen, den es gerechterweise verdient.« Und wenn die Friedensschlüsse 1648 und 1659 Frankreich einen nicht einmal ganz geringen Teil dessen einbrachten, was Richelieu als wünschenswerte territoriale Erwerbungen bezeichnet hatte, dann zeigte sich auch darin, daß sich der französische Staat nach innen und außen in solchen Richtungen weiterentwickelte, die der Kardinal vorausgesehen und vorgezeichnet hatte.

Mit den Abmachungen von Prag trafen die am Krieg beteiligten deutschen Staaten untereinander einen Vergleich, der den Frieden hätte wieder herstellen können. Der Friede ließ sich dann aber nicht verwirklichen, weil der Krieg in Deutschland sich unterdessen zu einer Angelegenheit nahezu aller mittel- und westeuropäischen Kontinentalstaaten ausgewachsen hatte. Die Interessen Spaniens, Hollands, Frankreichs, Schwedens standen in Deutschland so sehr auf dem Spiel, daß diese Mächte glaubten, es sich leisten zu können, der Friedensentwicklung in Deutschland tatenlos zuzusehen. Schweden allein hätte sich in einem nach den Grundsätzen von Prag befriedeten Deutschland auf die Dauer wohl kaum halten können. Sein Rückzug nach Skandinavien wäre die quasi natürliche Folge von Prag gewesen, wenn ihm nicht anderweitig der Rücken gesteift worden wäre. Dieses besorgte mit Umsicht und außerordentlichem Geschick Kardinal Richelieu, dessen große Stunde als Leiter der französischen Außenpolitik jetzt heraufzog. Zehn Jahre lang hatte er den Krieg aus dem Hintergrund verdeckt geführt, beeinflußt und gesteuert. Nun entschloß er sich zum offenen Eintritt. Er gab damit der letzten, insgesamt dreizehnjährigen Phase des großen Kampfes in Deutschland die Signatur. Fortan durchzogen neben den schwedischen auch französische Armeen das Land. Jetzt erst erreichten die Schrecken der Bevölkerung ihren Höhepunkt und nahm die Vernichtung von Gut und Leben die schlimmsten Ausmaße an. Und nun erst geriet die kaiserliche Sache ernstlich ins Wanken. An alledem hatte Richelieu den größten Anteil.

Die erste Wirkung des Prager Friedens auf Schweden war eine Art Schock gewesen und ein Schwächeanfall Oxenstiernas. Er hatte einen Augenblick lang sogar daran gedacht, Pommern an Brandenburg abzutreten, falls dessen Kurfürst sich bereit erklärte, vom Prager Frieden abzustehen. Dann aber schwenkte er auf die entgegengesetzte Linie ein und ließ über den Kurfürsten Johann Georg von Sachsen, der sich als Vermittler angeboten hatte, in Wien sondieren, ob der Kaiser gegen bloße Erstattung der Kriegskosten mit sich darüber verhandeln lasse, einen schwedisch-deutschen Frieden abzuschließen. Es ist zwar strittig, ob und wieweit dieses Angebot ernsthaft gemeint gewesen ist; alles in allem zeigte sich aber, daß Schweden geneigt war, über einen ehrenvollen Frieden selbst unter reduzierten Forderungen mit sich reden zu lassen. Dieses Projekt zerschlug sich jedoch bereits in einem frühen Stadium. Zwei recht konträre Kräfte wirkten einer Verständigung entgegen: der Kaiser und Frankreich. Ferdinand II. drückte die Forderungen herunter und verlangte den sofortigen Abzug der schwedischen Truppen – unter anderen Voraussetzungen wollte er nicht in Verhandlungen eintreten. Richelieu dagegen bemühte sich zu demonstrieren, daß Frankreich für Schweden ein brauchbarer Bundesgenosse sei. Nach seinen von langer Hand vorbereiteten Plänen griff er in das Kriegsgeschehen ein und veränderte dadurch die politische Gesamtlage immerhin so weit, daß Oxenstierna aufatmen konnte und Veranlassung fand, die Dinge in einem wesentlich anderen Licht zu sehen als kurz zuvor. Noch ehe Ri-

Gefangennahme
Radierung von Hans Ulrich Franck, nach 1643
Nürnberg, Germanisches Nationalmuseum

chelieu Frankreich in den Krieg führte, war er diplomatisch wie militärisch zu einer beherzten Offensive übergegangen: Zu Beginn des Jahres 1635, am 8. Februar, hatte er ein Bündnis mit den Generalstaaten geschlossen. Es besaß offensiven Charakter; denn beide Partner waren darin übereingekommen, die südlichen, zu Spanien gehörenden Niederlande anzugreifen. Sechs Wochen nach dem Prager Frieden, am 11. Juli 1635, erfolgte in Rivoli ein französischer Bündnisvertrag mit Savoyen; ihm schlossen sich die italienischen Potentaten von Parma und Mantua an. Das Bündnis richtete sich gegen das zur Krone Spaniens gehörende Herzogtum Mailand und setzte sich zum Ziel, Frankreich territorial nach Oberitalien hin zu erweitern. Nachdem Frankreich derartig massiv gegen Spanien vorgeprellt war, ließ sich, wie Richelieu richtig voraussah, ein Zusammenstoß mit der deutschen Linie des Hauses Habsburg nicht mehr vermeiden. Er glaubte, daß jetzt der Moment gekommen sei, den Kaiser herauszufordern. Nachdem er im September 1634 Lothringen, das er schon seit 1632 besetzt hatte, förmlich annektiert und französische Garnisonen ins Elsaß verlegt hatte, entsandte er französische Truppen bis an den Rhein. Es war kein Wunder, daß Ferdinand II. diese Provokationen nicht schweigend hinnahm: Am 18. September 1635 erklärte er dem König von Frankreich den Krieg.

Richelieu riskierte den Krieg, um Schweden zu stützen. Gleichzeitig bemühte er sich, Frankreichs Risiko unter anderem durch Verträge mit Schweden und deutschen Fürsten zu mindern. Er ging schrittweise zu einer engeren Zusammenarbeit mit Oxenstierna über. Zunächst hielt er es für zweckmäßig, den schwedisch-polnischen Waffenstillstand von 1629, welcher 1635 ablief, zu erneuern, noch bevor es zwischen den beiden traditionell miteinander verfeindeten Königreichen im europäischen Nordosten zu einem Wiederausbruch der Feindseligkeiten kam. Und in der Tat gelang es ihm, im Herbst 1635 den Waffenstillstand durch den Vertrag von Stuhmsdorf um weitere sechsundzwanzig Jahre zu verlängern. Schwedens Kräfte blieben dadurch für den Krieg in Deutschland frei, und darauf kam es Richelieu zunächst einmal an. Gleichzeitig aber manövrierte er die Schweden in Südwestdeutschland aus ihren Stellungen am Rhein und Main hinaus, indem er die ihnen kraft Allianzvertrags zustehenden französischen Hilfsgelder sperrte und ihnen damit die Möglichkeit nahm, die Garnisonen in Frankfurt, Worms und Mainz zu halten. Von den deutschen Fürsten verpflichtete er sich zwei, die dem Prager Frieden nicht beigetreten waren und jeweils über ein kleines Heer verfügten: den Herzog Bernhard von Weimar, der seinerzeit Unterfeldherr bei Gustav Adolf gewesen war, und den Landgrafen Wilhelm V. von Hessen. Herzog Bernhard erhielt die ihm vertraglich zugesagten Mittel, um seine Armee von zehntausend Mann beisammenzuhalten, durfte sein Heer aber nicht mehr in eigener Souveränität kommandieren, sondern laut geheimem Zusatzabkommen nur als bestallter Feldherr Ludwigs XIII. Außerdem mußte er sich verpflichten, seine Truppe gegen jeden ihm von Frankreich bezeichneten Feind zu führen. Diese weitreichende Bindung versuchte Richelieu dem Herzog von Weimar dadurch schmackhaft zu machen, daß er ihm eine treffliche Belohnung in Aussicht stellte, nämlich ein Land, welches Frankreich gar nicht besaß: Der französische König erbot sich, Bernhard die Herrschaft über die österreichischen Besitzungen im Elsaß zu übertragen. Dem Landgrafen von Hessen, der mit dem Kaiser nicht hatte einig werden können, gewährte Richelieu am 21. Oktober

Richelieus Verbündeter:
Bernhard von Weimar als Feldherr
des französischen Königs
vor der Festung Breisach
Radierung von Jacob von der Heyden, um 1640
Wien, Graphische Sammlung Albertina

1636 die Geldmittel, um eine Armee von ebenfalls zehntausend Mann unter Waffen zu halten, verbot ihm aber, entsprechend dem Typus der französischen Bündnisverträge, mit dem Kaiser ohne Zustimmung des Königs von Frankreich Frieden zu schließen.

Der Sinn dieser Verträge lag auf der Hand. Die deutschen Fürsten wurden zu Trabanten Frankreichs gemacht. Aber sie wurden nicht nur gegen den Kaiser ausgespielt, sondern ebenso gegen Schweden. Soweit sie nämlich im deutschen Südwesten als Platzhalter Frankreichs fungierten, demonstrierten sie, daß ein Festsetzen der Schweden in diesem Frankreich am nächsten gelegenen Teil Deutschlands sowohl unnötig als auch unerwünscht sei. Erst als sich Schweden zeitweilig dem Kaiser näherte, rückte Richelieu wieder mit dem Angebot von Subsidienzahlungen heraus. Doch diesmal war es Schweden, das sich zierte. 1638 kam es dennoch in Hamburg zu einem erneuten schwedisch-französischen Bündnisabschluß, weil beide großen Mächte begriffen, daß sie, um in Deutschland ans Ziel zu gelangen, auf ein Zusammenwirken angewiesen und eben deshalb wechselseitig voneinander abhängig waren. So verpflichteten sie sich denn in einem neuen Übereinkommen, nur gemeinsam mit dem Kaiser Frieden zu schließen. Dieser Vertrag wurde 1641 erneuert und blieb bis zum Ende des Krieges in Kraft.

Die Gegenwirkung Österreichs auf Richelieus diplomatische Offensive ließ nicht lange auf sich warten. Der Kaiser schloß sich zum Zweck gemeinsamer Kriegführung jetzt fester mit Spanien zusammen. Ferdinand III. entsandte als erstes ein Hilfscorps nach den belgischen Niederlanden, gleichzeitig ließ er andere Truppenteile in Burgund einmarschieren. Bis 1638 erzielten die Kaiserlichen und die Spanier recht gute Erfolge: Der frankophile Erzbischof und Kurfürst von Trier, Philipp von Sötern, wurde gefangengenommen und nach Wien verbracht; seine Hauptstadt geriet in spanische Hand; die Truppen der Franzosen und Herzog Bernhards wurden im Elsaß wie am Mittelrhein zurückgedrängt. Die Schweden ihrerseits zogen sich auf Mecklenburg und Brandenburg zurück. Dort gelang allerdings ihrem General Johan Banér Anfang Oktober 1636 ein großer Sieg über sächsische und brandenburgische Truppen in der Schlacht bei Wittstock an der Dosse. Schweden verfügte fortan ungehindert über einen mächtigen deutschen Brückenkopf. Der Hafen Wismar und die Skandinavien gegenüberliegende deutsche Ostseeküste nebst ihrem Hinterland, Mecklenburg und Pommern, dazu die Kurmark Brandenburg und die Altmark bildeten das Terrain, auf dem sich die schwedischen Truppen häuslich niederließen und von wo aus sie jährlich Streifzüge oder größere militärische Feldzüge durch Mitteldeutschland bis tief in den Süden unternahmen. Ihre Armeen bestanden nur zu geringen Teilen aus schwedischen Mannschaften; allerdings waren dies Elitetruppen. Sie bildeten das Rückgrat ihrer Streitkräfte. Die große Menge der im schwedischen Sold stehenden Soldaten war deutscher Herkunft. Der Rest kam von überall her. Die schwedischen Kernzellen in der Armee hatten die Aufgabe, das militärische Können auf der Höhe zu entfalten, auf die es Gustav Adolf gebracht hatte, und die Neulinge in die Truppen einzugliedern. Das gelang auch. Schweden verfügte damals über zahlreiche überdurchschnittlich befähigte Truppenführer aus Gustav Adolfs Schule; von ihnen lösten sich als Befehlshaber in Deutschland nacheinander ab: die Generale Gustav Karlsson Horn, Johan Banér, Lennart von Torstensson, Karl Gustav von Wrangel und Hans Christoffer von Königsmarck. Von ihrer nordostdeutschen Basis aus unternahmen sie kühne Vorstöße nach Schlesien und nach Böhmen, nach Bayern bis Regensburg und nach Österreich bis an die Donau. Sie hausten furchtbar in Deutschland und wurden zu einem Begriff des Grauens und Entsetzens. Seit 1646 vereinigten sie sich mehrfach mit den vom Westen zur Mitte vordringenden Franzosen – und hinfort wurde sichtbar, daß der Kaiser den Sieg in diesem Krieg nicht werde erringen können.

Richelieu starb Anfang Dezember 1642. Er erlebte das Ende des Krieges nicht mehr, hatte aber immerhin bewirken können, daß dieser Krieg, in den er Frankreich hineingesteuert hatte, über seinen Tod hinaus politisch nach den von ihm aufgestellten Gesichtspunkten weitergeführt wurde. Die Franzosen, denen bis 1645 bayerische Kontingente unter dem lothringischen General Franz von Mercy und dem niederrheinischen Reiterführer Johann von Weerth noch manche Niederlage beibrachten, kamen nach 1646 unter befähigten Heerführern wie Henri de Turenne disziplinär allmählich besser in Schuß und militärisch immer erfolgreicher zum

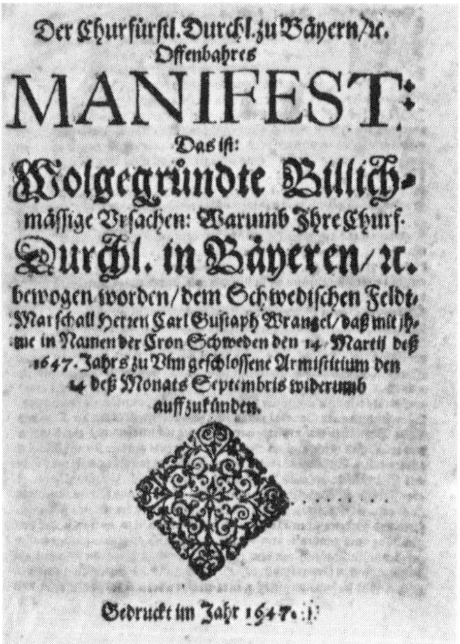
Der Churfürstl. Durchl. zu Bäyern/ rc.
Offenbahres
MANIFEST:
Das ist:
Wolgegründte Billichmässige Ursachen: Warumb Ihre Churf. Durchl. in Bäyeren/ rc.
bewogen worden/ dem Schwedischen Feldt-Marschall Herrn Carl Gustaph Wrangel/ daß mit jhme in Namen der Cron Schweden den 14. Martii deß 1647. Jahrs zu Ulm geschlossene Armistitium den 14 deß Monats Septembris widerumb auffzukünden.
Gedruckt im Jahr 1647.

Aufkündigung
des bayerisch-schwedischen Waffenstillstandes
durch Maximilian I.
Titelseite des ›Kurfürstlichen Manifests‹
von 1647
Hamburg, Dr. Ernst Hauswedell
und Ernst Nolte

Zuge; sie setzten Süddeutschland und dem Rheinland, aber auch Lothringen und Flandern besonders hart zu. Nach der für beide Teile mit schweren Verlusten verbundenen Schlacht bei Donauwörth, in welcher Mercy fiel, war die Widerstandskraft der bayerisch-kaiserlichen Heere wo nicht gebrochen, so doch entscheidend angeschlagen. Fortan versuchten Schweden und Franzosen gemeinsam von Schlesien, Böhmen, Sachsen und Bayern her in konzentrischen Anmärschen auf Österreich vorzurücken, kamen aber nie bis nach Wien, weil die fortgeschrittene Jahreszeit sie jedesmal zwang, sich in die Winterquartiere zurückzuziehen. Ein Vorstoß Wrangels nach Prag 1647 blieb ohne Bedeutung. Im Jahr drauf konnte dann allerdings General Königsmarck, noch unmittelbar vor Abschluß der Westfälischen Friedensverhandlungen, Prag auf der Kleinseite im Handstreich einnehmen.

Die üble Lage des Kaisers ging zum Teil darauf zurück, daß ganz im Gegensatz zu den Abmachungen des Prager Friedens einzelne Reichsstände separat ihren Frieden beziehungsweise ihren Waffenstillstand mit den ausländischen Mächten machten. Der erste bedeutendere Landesherr, der sich aus dem Bündnis mit dem Kaiser löste, war der junge Kurfürst von Brandenburg, Friedrich Wilhelm, dessen Land den schwedischen Truppen als ständiges Quartier und Durchmarschgebiet diente. Da er sein Land und seine Untertanen angesichts der permanenten Besatzung dem Ruin ausgeliefert sah, suchte er einen Modus der Verständigung. Das geschah 1641 im Waffenstillstandsvertrag von Stockholm. Am 24. Juli. 1645 ließ sich aus ähnlichen Überlegungen Kursachsen zu einem separaten Waffenstillstand herbei und 1647 selbst des Kaisers nunmehr getreuester Verbündeter Maximilian I.; allerdings schwenkte der Kurfürst von Bayern ein halbes Jahr später wieder zurück. Er hatte mit seinem Bruder, dem Erzbischof Ferdinand von Köln, am längsten auf der kaiserlichen Seite ausgeharrt und stellte, von Spanien abgesehen, den einzigen namhaften Bundesgenossen des Kaisers

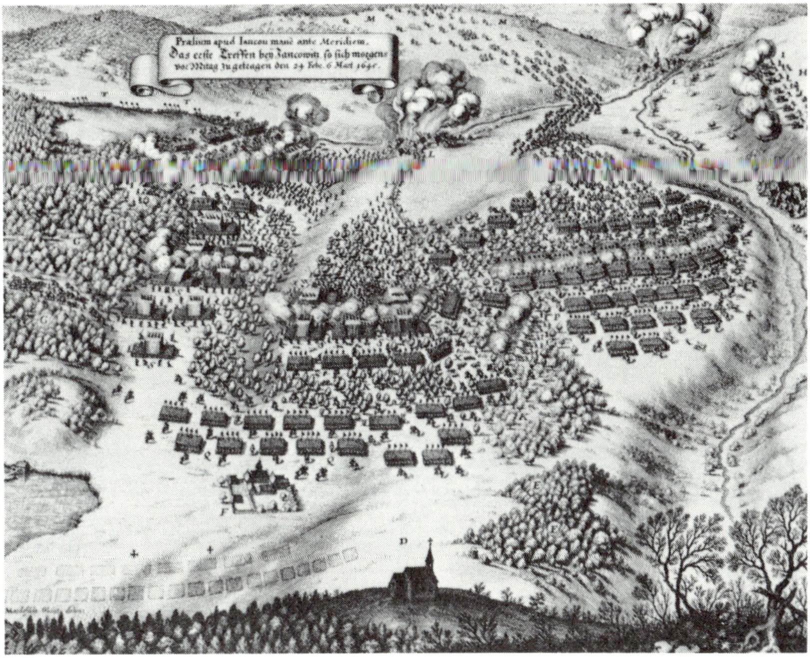

Die Schlacht bei Jankau am 6. März 1645:
Niederlage einer kaiserlich-bayerischen Armee
durch das auf Prag vorstoßende schwedische Heer unter Lennart von Torstensson
Kupferstich eines Unbekannten in dem ab 1643 in Frankfurt erschienenen ›Theatrum Europaeum‹
Münster, Landesmuseum für Kunst und Kulturgeschichte

dar. Spanien, obwohl es den Krieg noch bis 1659 im Lande durchhielt, erlitt seit 1640 überaus schwere Verluste. Unter Förderung des Auslands, vor allem durch Frankreich unterstützt, erhoben sich die Katalanen und die Portugiesen. Als Folge davon verlor König Philipp IV. von Spanien sein Königreich Portugal an Johann IV. aus der Dynastie Braganza. Seine militärische Macht, einst die erste in Europa, war ganz offensichtlich im Rückgang begriffen. Über die Unterstützung der Spanier durch deutsche Truppen ereiferten sich, in Äußerungen heftigen Unmuts, die Reichsstände gegen den Kaiser Überhaupt griff in den vierziger Jahren der Krieg regional noch weiter aus: Frankreich und Schweden verbanden sich mit dem Großfürsten von Siebenbürgen und ermutigten diesen zum Angriff auf Ungarn. Oxenstierna fühlte sich mittlerweile stark genug, um neben der Fortführung des Krieges in Deutschland den Machtkampf um den Sund mit Dänemark erneut aufzunehmen. Schwedische Truppen, zur See von den Holländern unterstützt, setzten 1643 nach Jütland über und stießen von dort bis Norddeutschland vor. Der von Frankreich vermittelte Friede zu Brömsebro vom 13. August 1645 verschaffte Schweden territoriale Gewinne in Norwegen und am Sund, dazu den Besitz der Inseln Gotland und Ösel; er verdrängte den dänischen Einfluß auf Mittelnorddeutschland und ent-

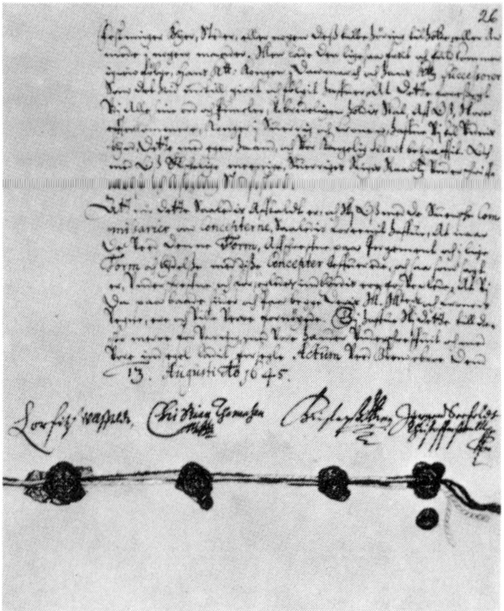

Beendigung der Vormachtstellung Dänemarks:
der Friede von Brömsebro vom 13. August 1645
Schlußseite des für Schweden bestimmten Vertragsdokuments mit den Unterschriften der Friedensunterhändler
Stockholm, Riksarkivet

schied den Hegemonialkampf um die Ostsee eindeutig für Schweden.

Zur selben Zeit machte sich in Deutschland auf politischem Feld eine gewisse Einmütigkeit der Reichsstände bemerkbar, wie man sie seit dreißig Jahren nicht mehr erlebt hatte. 1640/41 tagte ein regulärer Reichstag in Regensburg. Obwohl er dem Kaiser eine ansehnliche Summe zur Verteidigung bewilligte, waren die Symptome einer allenthalben um sich greifenden Kriegsmüdigkeit unverkennbar. Wenn man sich etwas wünschte, so war es Frieden, selbst um einen hohen Preis. Die Reichsstände verlangten auf dem Reichstag von 1640/41 energisch danach. Papst Urban VIII. und König Christian IV. von Dänemark boten sich um diese Zeit als Friedensvermittler an. Verhandlungen um den Frieden liefen dann in der Tat, wenn auch nur sehr langsam und zögernd, an und begleiteten mit zunehmender Intensität die letzten acht Jahre des Krieges. Jene tastenden Versuche wurden zur vorbereitenden Phase des Westfälischen Friedens. Allerdings dauerte es sehr lange, bis sich nach endlosen Vorverhandlungen ein allgemeiner Friedenskongreß konstituierte. Dieser Kongreß begann in den westfälischen Bischofsstädten Münster und Osnabrück zu tagen, als der Krieg noch voll im Gang war, und wurde von Siegen und Niederlagen der Parteien auf den Kriegsschauplätzen beeinflußt. Bis die Texte unterschriftsreif ausformuliert vorlagen, bedurfte es einiger Jahre. Mit der Unterzeichnung der Dokumente fand am 24. Oktober 1648, dreißig Jahre und fünf Monate nach dem Ausbruch des böhmischen Aufstandes, der Große Krieg in Deutschland sein Ende.

Der Krieg und die Bevölkerung

Die Kriege wurden unbekümmert auf dem Rücken der Bevölkerung ausgetragen. Sofern diese auf dem Lande wohnte, war sie seinen unmittelbaren Wirkungen schutzlos ausgesetzt. Aber nicht nur das. Sie mußte ihn auch finanzieren. Obwohl die Armeen, mit denen ein Fürst, ein König, eine Republik Krieg führten, nach Ausrüstung und zahlenmäßiger Stärke, gemessen an den Massenheeren und dem Rüstungspotenzial des 19. oder gar des 20. Jahrhunderts, bescheiden waren, so waren sie immer noch groß genug, um auf der Bevölkerung schwer zu lasten. Das unvollkommene und ungleiche Besteuerungswesen brachte es mit sich, daß die Lasten auf die sozial schwächsten Glieder der Gesellschaft abgewälzt wurden, und zwar vielfach ohne Rücksicht auf deren tatsächliche Leistungsfähigkeit. Abgesehen davon, daß die gesamtwirtschaftliche Entwicklung in den ersten Jahrzehnten des 17. Jahrhunderts infolge des langfristigen Konjunkturabschwungs und des Preisverfalls die Landwirtschaft besonders stark benachteiligte, litt die Agrarproduktion zusätzlich unter den Verwüstungen, die der Krieg überall dort anrichtete, wo Truppen durchmarschierten oder Quartier nahmen.

Richelieu holte, lange bevor er Frankreich in den Krieg führte, gewaltige Summen aus den französischen Bauern heraus, um die Kriegführung der Holländer, Dänen, Schweden und anderen Bundesgenossen zu subventionieren. Noch härter lastete seine Hand auf der Bevölkerung, seit Frankreich selber an vielen Fronten zugleich Krieg führte. So stark war der Druck, daß nach 1620 kaum ein Jahr ohne Revolten auf dem Lande oder in den Städten verging. Es waren primär keine politischen Auflehnungen, sondern elementare Verzweiflungsakte. Wenn von 1630 bis 1640 in Frankreich die Steuern um das Vierfache stiegen, dann war das eine ganz massive Wirkung des Krieges auf die Bevölkerung. Wiederholt schlug die Erbitterung in Selbsthilfe um. Während des Aufstandes der Croquants im Poitou 1636 kam es vor, daß Bauern die örtlichen Steuereintreiber umbrachten und zerstückelten. Folgen des ständig steigenden Steuerdrucks waren es auch, daß einzelne Gewerbezweige regional total ruiniert wurden, zum Beispiel die Gerberei und die Textilherstellung in der Normandie, und daß ganze Dörfer verfielen, weil die Bevölkerung abwanderte. Der Landstrich von Dijon bis zur damaligen Ostgrenze entvölkerte sich vollständig und wurde später niemals wieder in der ursprünglichen Dichte besiedelt. Schon die Subventionierung von fremden Kriegen in fremden Ländern brachte über große Teile Frankreichs eine Verelendung von heute unvorstellbaren Ausmaßen. Dudley Carleton, ein englischer Diplomat, der 1625 den Allianzvertrag zu Den Haag mit Holland und Dänemark unterzeichnet hatte, berichtete 1626, daß die Bauern in Frankreich Holzschuhe trügen, kein Fleisch zu essen hätten und aussähen wie Gespenster. Wiewohl regional verschieden, erhielten sich diese trostlosen Zustände über Jahrzehnte hinweg. Sie zu beheben war der Zweck der Ordensgründungen und Fürsorgeorganisationen des Vinzenz von Paul, in dessen Briefen und Berichten sich das Elend der Bevölkerung in den französischen Provinzen detailliert und grausig spiegelt. Noch 1660 ernährten sich nach John Lockes Beobachtungen die Bauern hauptsächlich von Roggenbrot und Bohnensuppe und lebten in einer Armut, die »einen Unterschied zwischen Fleischtagen und Fasttagen unmöglich machte«.

Krieg und Mißernten verschlechterten die schon vor 1629 erbärmlichen ländlichen Zustände in Frankreich bedeutend. Auf die erste große Mißernte von 1630 folgte eine Serie von schlechten Jahren. Die bald einsetzende Hungersnot machte die entkräfteten Menschen für die seit 1626 wieder stärker grassierende Pest anfällig und zog Seuchen nach sich. Die Sterblichkeit nahm zu. In Lothringen, das 1632 in den Krieg hineingezogen und bis in die vierziger Jahre von französischen, schwedischen und kaiserlichen Truppen jahraus, jahrein verwüstet wurde, fraßen die Menschen Gras und Kada-

Unterdrückung und Ausbeutung des Bauerntums durch die Soldateska während des Dreißigjährigen Krieges
Kupferstich auf einem Flugblatt aus Deutschland, 1642
Nürnberg, Germanisches Nationalmuseum

ver, ja sie gruben sogar, wie die Mitarbeiter des Vinzenz von Paul nach Paris meldeten, die Toten wieder aus und wurden in Grenzfällen zu Kannibalen. In Metz drangen nachts Rudel von Wölfen in die Stadt, um die in den Straßen herumliegenden Toten zu fressen, und in Toul, das gleichfalls furchtbar heimgesucht wurde, war es nicht viel anders. Die grauenhaften Zustände, die allenthalben im Gefolge des Krieges eintraten, machten diejenigen verhaßt, die man als deren Urheber ansah. Bis in die höchsten Kreise am Königshof regte sich wiederholt, wenn auch vergeblich, Widerstand gegen die ehrgeizige Kriegspolitik Richelieus und Mazarins. Weil sie die Schäden voraussahen, warnten Michel de Marillac und andere besonnene Männer aus der Umgebung des Königs schon 1630 davor, einen Krieg zu beginnen. Und als um 1648 der Kanzler Pierre Séguier, ehemals ein enger Mitarbeiter Richelieus, eine neue drückende Steuerausschreibung mit der Staatsnotwendigkeit begründete, griff ihn ein andersgesinnter Politiker, Omer Talon, mit dem Argument an: Die Armut des Volkes fiele schwerer ins Gewicht als die Staatsnotwendigkeit. Vinzenz von Paul sagte um die gleiche Zeit, am 13. Januar 1648, in einer Sitzung des Pariser Parlaments: »Die Armen – Millionen von Unschuldigen, die von Haferbrot und Kleie leben müssen – besitzen nichts mehr, ausgenommen ihre Seele, und diese nur, weil man sie ihnen nicht versteigern kann.«

Die Steuern drückten in Deutschland nicht so gleichmäßig wie in Frankreich, weil sie der Vielstaaterei wegen nicht zentral eingetrieben werden konnten. Außerdem wurde hier die Steuer nicht verpachtet und das System des Ämterverkaufs nicht praktiziert, was beides in Frankreich auf eine Sonderbelastung der Nichtprivilegierten hinauslief. Davon abgesehen litt in Deutschland die Be-

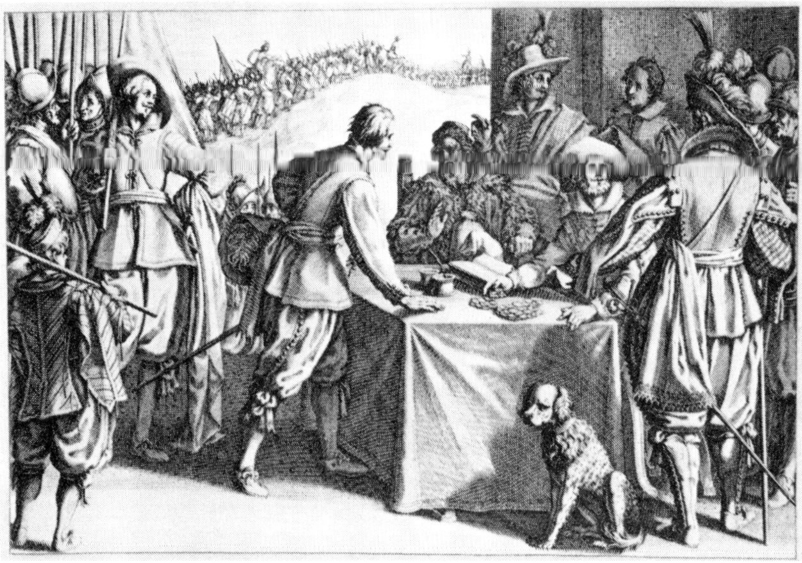

Anwerbung von Soldaten
Kupferstich von Jacques Callot, vor 1620
Wien, Graphische Sammlung Albertina

völkerung ebenso furchtbar wie in Frankreich, Lothringen und den südlichen Niederlanden unter dem Krieg und seinen Begleiterscheinungen. Jacques Callot hat auf graphischen Blättern, Christoph von Grimmelshausen im ›Simplicissimus‹ das Gesicht dieses Krieges über die Zeiten hinweg in Szenen von unvergeßlicher Eindringlichkeit festgehalten. Die konfessionelle Orientierung der Anfangsjahre verflüchtigte sich bald. Die Soldaten und Heerführer waren auf allen Seiten etwa desselben Schlages. Menschliches Empfinden und Unmenschlichkeit, rechtschaffene Charaktere und Raubgesindel konnte man bei den Kaiserlichen antreffen wie bei Schweden und Franzosen. Nur selten rekrutierte ein kriegführender Staat sein Militär exklusiv aus Landeskindern. Die Heere setzten sich vielmehr aus Söldnern internationaler Provenienz zusammen; da sie auch konfessionell gemischt waren, war das Erscheinungsbild der französischen, schwedischen, kaiserlichen, bayerischen, sächsischen und sonstigen Armeen, die gegen Ende des Krieges in Deutschland hausten, allenthalben fast gleich. Es war keine Ausnahme, daß Söldner, Offiziere und Generale die Partei wechselten.

Nach zeitlicher Dauer und dem Ausmaß der Zerstörungen übertraf dieser Krieg alles zuvor Bekannte, zumal wenn man in Rechnung stellt, daß er sich für Frankreich und Spanien über das Jahr 1648 hinaus bis 1659 hinzog und daß Schweden nach dem Westfälischen Frieden den lange Zeit sistierten Krieg gegen Polen wiederaufnahm. Wenn sich der Große Krieg in der Hauptsache auf deutschem Boden abspielte, dann trug daran die politische Zersplitterung des Reiches die Hauptschuld; denn erst sie machte es möglich, daß der Kaiser und sämtliche mittleren und größeren Territorialstaaten auf deutschen Gebieten gegeneinander kämpften. Wollte ein Staat neutral bleiben, so wurde er nicht selten von einer der starken Kriegsparteien gegen seinen Willen und teilweise auch gegen seine Interessen zur Bundesgenossenschaft gezwungen, zum Beispiel der brandenburgische Kurfürst Georg Wilhelm von Gustav Adolf, von dem er sich danach nicht wenig mußte gefallen lassen. Bisweilen wechselten die deutschen Teilnehmer die Partei, so daß man eindeutig überhaupt nicht wußte, wofür man eigentlich kämpfte. Der Krieg traf die einzelnen Regionen unterschiedlich hart; nur wenige verschonte er ganz. Es gab, was die Kriegsschauplätze, die Quartiere und die Durchmarschzonen betraf, Schongebiete und ausgesprochene Verlustgebiete. Zu den Schongebieten gehörten das westliche Niederdeutschland – etwa von Lübeck bis Holland – und die Alpenländer. Zu den am ärgsten heimgesuchten Verlustgebieten zählten Südwestdeutschland beiderseits des Oberrheins, Württemberg und die Pfalz, Franken, Hessen und Thüringen, das mittelelbische Gebiet mit Anhalt und Magdeburg, sowie Brandenburg und Pommern: ein breiter Diagonalstreifen, der sich von der deutschen Ostseeküste bis nach Augsburg, Breisach und den Vogesen hinzog. Zeitweilig wurden auch Westfalen und das Rheinland, Böhmen und Schlesien hart betroffen. Andererseits gab es auch in den am stärksten heimgesuchten Regionen Zonen relativer Geborgenheit: Die Städte waren im allgemeinen günstiger dran als das offene Land; größere Städte kamen meistens besser davon als kleinere; straßenferne Dörfer wurden viel eher verschont als straßennahe Siedlungen. Ausnahmen gab es überall. Magdeburg, eine große, befestigte Stadt, wurde zerstört, Prag erobert und geplündert. Aufs Ganze aber erlitten die straßennahen Landgebiete im Diagonalstreifen die schwersten Verluste.

Eine ständige materielle Sonderbelastung erwuchs der Bevölkerung durch das seit Wallenstein praktizierte Kontributionssystem, das sich auch die Schweden und Franzosen zu eigen machten. Ihm zufolge wurden die Truppenführer angehalten,

Plünderung und Verwüstung eines Dorfes während des Dreißigjährigen Krieges
Gemälde von Pieter de Molyn, 1630
Haarlem, Frans-Hals-Museum

Sold und Verpflegung aus der Bevölkerung herauszuholen. An den französischen Marschall Turenne erging beispielsweise 1644 ein entsprechender Befehl. Wo die Truppen ein Standquartier hatten und die Summe dessen, was für das Heer an Geld, Sachen und Leistungen aufgebracht werden mußte, gleichmäßig auf einen größeren Bezirk verteilt war, galt die Kontribution als erträglich. Das war aber längst nicht immer der Fall. Die Soldaten gingen mit dem, was sie requirierten, weder sorgfältig noch ökonomisch um. Nachdem die Franzosen im Jahr 1642 in Köln und seiner Umgebung Getreide für zwei Jahre aufgetrieben hatten, verschleuderten sie es – einer Nachricht Mazarins zufolge – innerhalb von sechs Wochen. Bei Durchmärschen, Streifzügen, größeren Truppenbewegungen oder nach dem Zusammenstoß feindlicher Heermassen erging sich die Soldateska im Rauben, Plündern, Brandstiften und in ausgesuchter Quälerei der Bevölkerung. Schlimmere Diebe und Räuber als die Soldaten, obwohl diese schon genug stahlen und an sich rissen, was ihnen unter die Finger kam, waren oft die höheren Offiziere, Heerführer und Generale. Wenn eine größere Stadt, in der es etwas zu holen gab, erobert und ausgeraubt wurde, wie noch im Sommer 1648 Prag, dann wurden die Soldaten bald angewiesen, ihr Beutegut, sofern sie dasselbe zu verkaufen trachteten, ausschließlich an ihre Offiziere zu versetzen, vor allem wenn es sich um Kleinodien und dergleichen handelte, deren Wert ein gemeiner Soldat in der Regel schlecht taxieren konnte. Einem Bericht aus Prag vom 6. August 1648, unmittelbar nach der Eroberung der Kleinseite durch Königsmarck abgefaßt, ist zu entnehmen, daß dort bereits fast sämtliche Häuser geplündert worden waren und nur diejenigen der höchsten Standespersonen, des Grafen Trautmannsdorff, des Kardinals Harrach, des Fürsten Lobkowitz zum Beispiel, verschont blieben. Das geschah nicht ohne Grund. Denn diese Herren sollten sich für Summen von zehn- bis fünfzehntausend Talern loskaufen; andere

Soldaten beim Vertreiben von Bauern und Vieh
Radierung von Hans Ulrich Franck, 1655
Nürnberg, Germanisches Nationalmuseum

Standespersonen büßten, je nach Vermögen, Kisten oder Tonnen Goldes ein. Was den Weiterverkauf der Kleinodien anlangt, so meldete jener anonyme Bericht unter anderem, daß ein Musketier einen Ring, der etwa sechstausend Taler wert gewesen sei, einem ›Reuter‹ für fünf Taler verkauft, dieser ihn an seinen Offizier für zwanzig Taler weiterverhökert, der Offizier ihn aber dem General Königsmarck für eintausend Taler und ein Pfund überlassen habe. Die Heerführer schrieben in der Regel Kontributionen aus, die hoch bemessen und nicht nur für den Unterhalt der Truppe verwendet wurden. Ein Teil wanderte in die Tasche der Generale. Nach ähnlichen Prinzipien verfuhren die Obersten und Hauptleute, wenn sie brandschatzten, beziehungsweise von einer Brandschatzung absahen, sofern die Betroffenen bereit waren, sich durch Erstattung eines Lösegeldes samt zusätzlicher Sachleistungen davon loszukaufen. Nachdem er die Prager Kleinseite erobert hatte, schrieb Königsmarck an Johan Axelson Oxenstierna, er habe die Kunstkammer daselbst stracks aufgebrochen und viele Sachen herausgenommen. »Was aber noch darin vorhanden, davon habe ich Ihrer königlichen Majestät eine Spezifikation zugesendet . . . Nach der königlichen Krone habe ich mich mit allem Fleiß erkundigt; allein es ist selbige von der kaiserlichen Majestät jüngst bei dero Abreise mitgenommen worden.« Auch die berühmte Handschrift der gotischen Bibelübersetzung des Ulfilas, der ›Codex argenteus‹, ein Kleinod nicht nur dem äußeren Wert nach, sondern auch ohne Vergleich als Kulturdokument, fiel den schwedischen Truppen in die Hand und wurde als Beutegut weggeschleppt; sie gelangte auf diese Weise in die Universitätsbibliothek von Uppsala und dürfte bis heute deren Glanzstück sein. Die Prager Episode war charakteristisch für das Verhalten der Armeeführer in den letzten Kriegsjahren; denn beinahe überall betrachteten die Oberbefehlshaber den Krieg als Einnahmequelle. »Als der schwedische General Wrangel die erste Nachricht von dem geschlossenen Frieden erhielt, trieb er den Eilboten mit Scheltworten von sich, warf seinen Generalshut grimmig auf den Boden und trat ihn mit Füßen; er war noch nicht reich genug. Und Graf Königsmarck, einst ein armer deutscher Edelknabe, einer der ärgsten Raubvögel, welche durch Deutschland flogen, führte so viele Wagenladungen von Gold und Kostbarkeiten nach Schweden, daß er seiner Familie ein jährliches Einkommen von einhundertunddreißigtausend Talern hinterließ« (G. Freytag). Wrangel und Königsmarck waren keine Einzelfälle. So wie sie verhielten sich viele Kommandeure. Der Wohlstand des Volkes, sein Besitz und seine Habe gerieten auf die Straße und zerrannen daselbst. Parallel dazu schwand die Bevölkerung dahin.

Nach 1618 wurden die meisten deutschen Landschaften nach und nach als Durchmarsch- und Quartiergebiete in den Großen Krieg hineingezogen. Für die Menschen dieser Landstriche erwuchs ein Elend, von dem manch zeitgenössischer Chronist sagte, er wolle es »nicht beschreiben und hierher zu setzen sich unterstehen; das Buch (Teninger Kirchenbuch von 1634) möchte es nicht fassen«. Durch die Einwirkung des Krieges steigerte sich das Wüten der Seuchen. Dazu brachte er neue Plagen: Vertreibung, Massensterben durch Hunger und Flucht, Vernichtung des individuellen Besitzes durch Raub und Brand und damit in zahllosen Fällen Zerstörung der wirtschaftlichen Existenzgrundlagen. Wie es in den dreißiger Jahren in einer mittelgroßen Stadt aussah, erfährt man aus dem Situationsbericht, den ein Darmstädter Geistlicher, der Superintendent Simon Leisring, für Landgraf Georg II. von Hessen aufzeichnete. Er hielt als Augenzeuge Vorgänge aus dem Februar 1635 fest, wie sie sich unzählige Male in ähnlicher Weise abgespielt haben mochten. Französische und Weimarische Heerhaufen ergossen sich über das Land an der Bergstraße und quartierten sich ein; die bäuerliche Bevölkerung flüchtete sich in die nächstgelegenen Städte; in diesen ballten sich die Menschen. Das führte zu Hungersnot, Krankheit und Massensterben: »Denn da ist alles weg, davon die

Das Wüten der Kriegserscheinungen
Kupferstich auf einem Flugblatt aus Deutschland, zwischen 1620 und 1630
Dresden, Deutsche Fotothek

Leute . . . leben sollen. Denn es mangelt allenthalben. Die nach Darmstadt, Zwingenberg . . . (und anderen Städtchen von den Flüchtenden) mitgenommenen Lebensmittel, Pferde und anderes Vieh sind geraubet oder gestorben, und was noch lebet, verschmachtet. Aber was klage ich über diesen Schaden: Das ist das allergrößte, daß solche Verwüstung auch über die Leute selbst gehet. Heute, diesen Tag, habe ich einundvierzig Personen auf den Gottesacker tragen lassen, (so daß) die Anzahl derer, die bishero, vom 1. Januar dieses 1635. Jahres, allhier begraben worden, (sich auf) sechshundert (beläuft). Nicht gerechnet, was um die Stadt herum begraben oder aus der Stadt hinaus aufs Land ganz oder halb tot getragen und geführet worden, da denn gewißlich die Beisorge zu tragen, daß mancher Pfarrer nicht den fünften, sechsten oder siebten Teil seiner Eingepfarrten finden werde. Und scheinet, daß gleiches Prognostikon der gerechte Gott auch dieser Stadt gestellet habe, darinnen jetzo über fünfhundert krank liegen, in manchem Hause vier, fünf, sechs bis auf zehn und zwölf Personen. Und welches das größte Elend, wäre es ein kleines Leiden, daß die Kranken keine Labsal aus der Apotheke haben, aber leider so muß der größte Teil vor Schrecken, Angst und Furcht, allermeist aber vor Frost und Hunger sterben und verschmachten.« Unmittelbar nach dem Abzug der Franzosen und Weimarischen erschienen die Kaiserlichen, an die zweitausend Mann mit über tausend Pferden: »Sind bei finstrer Nacht in die Stadt kommen, da dann viel Häuser aufgebrochen, geplündert, die Leute gepeinigt, verwundet, zur Lösegeldzahlung gezwungen, der Bürger und

Bauerschaft die Pferde geraubet und unterschiedliche eheliche Weibspersonen in Häusern und auf den Gassen geschändet worden (sind) . . . Daher dann ein unseliger Jammer entstehet: In den Häusern ist nichts, davon Mensch und Vieh leben kann, der Soldat aber ist sehr hungrig und liegen zehn bis zwanzig in einem Haus. Und da gehet dann das Spiel an«: Die Bürger denunzieren die ›vermeintlich wohlhabenden Häuser‹, um die Einquartierung loszuwerden, und setzen deren Bewohner den Schikanen der Soldaten aus. »Schrekken, Furcht und vielfältiges Hilfesuchen der Bedrängten macht mich matt und frißt mir das Herz.«

Weil die Bestellung der Felder nicht mehr vorgenommen wurde, verödete das Land an manchen Ecken und Enden. Junge Leute gingen, wo sich keine anderen Zukunftsaussichten auftaten, zu den Soldaten; mancher auch, weil es ihm verlockend erschien, ohne eigene Arbeit von fremder Leute Fleiß und Habe sein Leben zu fristen. Nicht nur auf dem Lande, auch in den Städten schrumpften Bevölkerung und Produktion. Überall verringerte sich die Zahl der Handwerker, in München zum Beispiel im Durchschnitt um fünfzig Prozent. Verschiedene Kunsthandwerke, die zuvor Deutschlands Ruhm gewesen waren, gingen ein, weil sie nicht mehr gefragt waren: so die Gold- und Silberschmiedekunst oder die gehobenen Fertigkeiten, die zum Baugewerbe gehörten, wie das Stuckieren. Im Bereich der Wirtschaft blühte der Handel, soweit er abseits des Kriegsgeschehens den Warenverkehr abwickeln konnte. Zu den Erscheinungen, die der Krieg auf diesem Sektor hervorbrachte, gehörte auch der weniger seriöse Typ von Zwischenhändler, der mit dem An- und Verkauf von Kriegsbeute seine Geschäfte machte und dabei mitunter unverhältnismäßig hohe Gewinne einstrich.

In den vom Krieg am meisten betroffenen Regionen ging nahezu jedes zweite Wohnhaus in Schutt und Asche. Die Verluste waren auf dem offenen Land und in den unbefestigten Ortschaften am stärksten. In Württemberg wurden etwa fünfzig Prozent der Wohnstätten zerstört, in der Mark Brandenburg und den angrenzenden Gebieten von Mecklenburg und Pommern zwischen fünfzig und sechsundsechzig Prozent. Während die kleineren, offenen Städte in der Kurmark in einzelnen Fällen bis zu achtzig Prozent ihrer Wohngebäude verloren, büßte die befestigte Hauptstadt Berlin nur ein

Zählung der in den Orten der Grafschaft Zollern als Familienvorstände lebenden Männer und Witwen, der außer Landes gezogenen Untertanen und der Viehbestände
Listen aus dem Jahr 1640
Sigmaringen, Staatsarchiv

Viertel ihrer Häuser ein. Die Verluste an beweglichen und unbeweglichen Gütern durch Kontributionen, Plünderungen und Brandschatzungen konnten lange Zeit nicht aufgeholt werden, weil der Krieg die Voraussetzungen für eine gedeihliche Entwicklung der bäuerlichen wie der gewerblichen Arbeit immer wieder neu in Frage stellte. Die Atempausen, die er gelegentlich ließ, reichten dafür nicht aus, und die Menschenverluste waren zu groß. Die Hauptursache für den Bevölkerungsschwund war zwar die Pest, wie man die grassierenden Seuchen später undifferenziert nannte; die Zeitgenossen sprachen von ›Sterbensläufen‹ oder einfach vom ›Sterben‹. Die Seuche wütete dort am schlimmsten, wo Hunger, Frost und Obdachlosigkeit den Menschen zusetzten und sie anfällig machten, beispielsweise in Südwestdeutschland, im Elsaß, in Lothringen und in Brandenburg. Die Kindersterblichkeit schnellte in Pestjahren ganz besonders hoch; sie machte örtlich bis zu achtzig Prozent der Todesfälle aus. In der Ad-limina-Relation von 1641 meldete der Bischof von Konstanz dem Papst, daß sechshundert oberdeutschen Geistlichen seiner Diözese der nötige Lebensunterhalt fehle, obgleich viele der leiblichen Nahrung halber den Acker selber bebauten. 1637 richtete der evangelische Pfarrer von Gronau an der Bergstraße, J. G. Kommerell, an den Grafen Georg Albrecht von Erbach einen Hilferuf, zu dessen Begründung er anführte, daß er alle paar Wochen aus seinem Pfarrhaus vertrieben und allmählich sämtlicher Habe beraubt worden sei; daß er sich zunächst mit Brei aus Eicheln und Kleie ernährt, dann auf dem Feld wildes Kraut gegessen habe, seit dem letzten Soldateneinfall aber selbst diese Nahrung entbehren und als Witwer jetzt mit seinem Kind betteln gehen müsse. Nach Aufzeichnungen aus Oberbaden trieb der Hunger die Obdachlosen und die Flüchtlinge dazu, Hunde, Katzen, krepierte Pferde und Gras zu essen. Auf Pestsäulen, Feldkreuzen, Kapellenwänden kann man heute noch gelegentlich den Gebetsruf lesen: Vor Pest, Hunger und Krieg bewahre uns, o Herr! Das war keine fromme Floskel, sondern ein Hilferuf und die Bitte um Verschonung aus bitterer Erfahrung nach überstandenen Greueln. – Die Gesamtverluste lassen sich nicht genau beziffern. Sie werden etwa ein Drittel der Bevölkerung ausgemacht haben, mit vierzig Prozent Anteil bei den Landbewohnern gegenüber fünfundzwanzig Prozent bei den Städtern. Für einzelne Territorien und Landschaften sind sie ermittelt worden. Im Herzogtum Württemberg verringerte sich die Zahl der Familien um etwa sechzig bis achtzig Prozent. In der fränkisch-thüringischen Grafschaft Henneberg ging sie um mehr als die Hälfte zurück, in der Oberpfalz um ein Drittel. Insgesamt sank die Bevölkerung in Deutschland um etwa sechs Millionen von rund sechzehneinhalb im Jahr 1618 auf rund zehneinhalb Millionen Menschen im Jahr 1648. Diesen Verlust wieder aufzuholen, bedurfte es dreier Generationen.

Fragt man über die greifbaren Fakten hinaus nach der inneren Verfassung und der seelischen Verhaltensweise, mit der die vom Krieg Betroffenen auf das Zeitgeschehen reagierten, so gibt es Quellen genug, die darauf antworten. Das Geschehen spiegelt sich und wird verarbeitet in der Poesie der Zeit: im volkstümlichen Lied, im geistlichen Lied und in der Lyrik, die sich im 17. Jahrhundert zur hohen Kunstform entfaltete; nicht zuletzt im Roman, allen voran in Grimmelshausens ›Simplicius Simplicissimus‹. Aber auch Briefe und Berichte, Chroniken und Lebensbeschreibungen geben reichhaltigen Aufschluß, gelegentlich auch Predigten und amtliche Verlautbarungen. Die europäische Menschheit der nachreformatorischen Epoche hatte eine kraftvolle, zuweilen grobschlächtige Freude an der Ausgestaltung, Verschönerung und Verzierung der Dinge dieser Welt. Sie lebte gern und bewußt weltlich, besaß aber zugleich ein Gespür für die jenseitige Welt, der sie sich mit Inbrunst und Entsagung hingab. Humanismus und Renaissance, Mystik und nüchterner Glaube wirkten in dieses Verhalten hinein.

Von wenigen Ausnahmen abgesehen lebten die Menschen damals auf dem Boden einer kirchlich geformten religiösen Ordnung, von deren Allgemeinverbindlichkeit sie überzeugt waren. Man sah sich selbst und die Welt in eine überweltliche Ordnung hineingestellt und wußte sich darin geborgen. Ebendies war wohl der Grund, daß man die Ungeheuerlichkeit des Kriegselends hinnahm, ertrug und, sofern man überlebte, ohne seelischen Bruch überstand. Was freilich nicht bedeutete, daß man, wie etwa die Lyrik des Andreas Gryphius ausweist, nicht tief aufgewühlt und erschüttert worden wäre. Simon Leisring beschloß seine Nachricht an Landgraf Georg von Hessen über die Leiden der Bürger von Darmstadt mit den Sätzen: »Nun wenn es aufs Höchste kommt, so wird's brechen durch die allmächtige Hand Gottes, so alles andere, ja auch eine verwüstete Stadt und (ein verwüstetes) Land zum Paradies wiederum bereiten kann. Derselben wollen wir – wenn wir das Unsere getan, soviel uns menschlich und möglich gewesen – kraft der göttlichen Verheißung trauen: Denn sie zu helfen kein (Ende) hat, wie groß auch der Schade sei. Einmal sind wir nicht allein in solche Hand Gottes gezeichnet, daß wir Gottes sein, sondern sind auch in derselben verwahret, daraus uns niemand reißen kann, ob schon uns sonsten nichts überbleibet. Doch wird auch dieses wahr bleiben: Der Herr wird lassen überbleiben ein armes und geringes Volk, die auf seinen Namen hoffen werden. Amen. Nun, diesem starken Gott, mächtigen Nothelfer, befehle ich auch jetzo uns alle, sonderlich aber Eure fürstliche Gnaden.«

Was die allgemeine Lebenseinstellung betraf, so erinnerten sich selbst größte Haudegen und wüste Exemplare von Armeeführern bei einer Siegesmeldung manchmal der göttlichen Vorsehung und gedachten ihrer lobend und dankend, wenn sie Bericht erstatteten. Bernhard von Sachsen-Weimar schrieb 1638 an Axel Oxenstierna: »Nachdem es der göttlichen Allmacht so gnädiglich gefallen, Breisach in meine Hände zu geben, habe ich nicht länger (zögern) wollen, meinem Herrn hiervon Bericht zu tun . . ., weil ich gewiß versichert (bin, daß) mein Herr nicht zum Geringsten sich neben mir über solche große(n) Guttaten Gottes erfreuen wird, daß seine göttliche Allmacht durch meine wenige Person dem Publico diesen Dienst hat lassen tun wollen.« Ein erbarmungsloser Draufgänger unter den Soldatenführern, der schwedische General Banér, konnte in Grenzfällen sogar recht zartfühlend werden. Der Tod seiner Frau, einer Gräfin Erbach, die ihn auf den Feldzügen stets begleitet hatte, brachte ihn in eine Gemütsverfassung, die man bei einem Kerl, der Leute aufhängen und ins Elend jagen ließ, nicht ohne weiteres vermutet hätte. Er schrieb, es hätten Betrübnis, Jammer und Herzeleid seine geängsteten Sinne dermaßen befallen, daß er solches mit Feder und Worten schier nicht ausdrücken könne, ja »daß (es), sofern mich Gott der Allmächtige nicht mit seines hl. Geistes Kraft erhielte, kein Wunder wäre, (wenn) mein Herz für Leid und Jammer zerbersten möchte«. Seiner Weisheit letzter Schluß ist auch durch viele andere bezeugt, die diesen Krieg mitgemacht, erlebt oder überstanden haben: Man findet bei ihnen ein demütiges Hinnehmen des widrigen Schicksals als eines von Gott gesendeten und darum mit seiner Hilfe zu bestehenden Kreuzes.

Auch Offiziere und Soldaten, sonst wüst und hemmungslos in der Aufführung und sich dauernd gegen ihre Mitmenschen vergehend, mochten so etwas wie eine zwar wilde und animalische, dennoch tiefsitzende Religiosität gehabt haben und in dieser Richtung auch ansprechbar gewesen sein. Aus den Tagebuchnotizen des Henkers von Prag über das individuelle Verhalten von vierzehn Offizieren und fünf Reitern der Wallensteinschen Armee, die wegen üblen Betragens vor dem Feind in der Schlacht bei Lützen ein Jahr später, 1633, öffentlich hingerichtet wurden, läßt sich auf Gewissensregungen der Verurteilten schließen. Trotz Gotteslästerungen, die bis ins Ungeheuerliche gingen, hatten sich das Bewußtsein von einer letzten Glaubensbindung und ein Funken von Reue auch bei der Soldateska erhalten. Gelegentlich schärfte

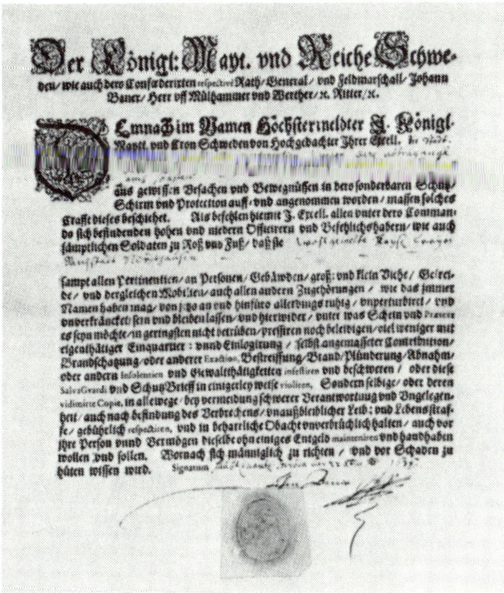
Der Königl: Mayt. und Reiche Schweden/ wie auch dero Confoederirten respective Rath/ General/ und Feldmarschall/ Johann Baner/ Herr uff Mülhammer und Werther/ x. Ritter/ x.

DEmnach im Namen Höchstermeldter J. Königl. Mayst. und Cron Schweden von Hochgedachter Ihrer Excell.

aus gewissen Ursachen und Bewegnüssen in dero sonderbaren Schutz/ Schirm und Protection auff: und angenommen worden/ massen solches Krafft dieses beschiehet. Als befehlen hiemit J. Excell. allen unter dero Commando sich befindenden hohen und niedern Officirern und Befehlichshabern/ wie auch sämptlichen Soldaten zu Roß und Fuß/ daß sie

sampt allen Pertinentien/ an Personen/ Gebäwden/ groß: und klein Viehe/ Getreide/ und dergleichen Mobilien/ auch allen andern Zugehörungen/ wie das immer Namen haben mag/ von jtzo an und hinführo allerdings ruhig/ unperturbiret/ und unverkräncket seyn und bleiben lassen/ und hierwider/ unter was Schein und Praetext es seyn möchte/ im geringsten nicht betrüben/ pressiren noch beleidigen/ viel weniger mit eigenthätiger Einquartier: unnd Einlogirung/ selbst angemasseter Contribution/ Brandschatzung/ oder anderer Exaction, Bestreiffung/ Brand/ Plünderung/ Abnahm/ oder andern Insolentien und Gewaltthätigkeiten infestiren und beschweren/ oder diese Salva Guardi und Schutz Brieff in einigerley weise violiren, Sondern selbige/ oder deren vidimirte Copie, in allewege/ bey vermeidung schwerer Verantwortung und Ungelegenheit/ auch nach befindung des Verbrechens/ unaußbleiblicher Leib: und Lebensstraffe/ gebührlich respectiren, und in beharrliche Obacht unverbrüchlich halten/ auch vor ihre Person unnd Vermögen dieselbe ohn einiges Entgeld manteniren und handhaben wollen und sollen. Wornach sich männiglich zu richten/ und vor Schaden zu hüten wissen wird. Signatum

Schutzbrief für die Stadt Nordhausen
Amtsschreiben des schwedischen Feldherrn
Johan Banér aus dem Jahr 1636
Münster, Landesmuseum für Kunst
und Kulturgeschichte

ihr auch ein Feldprediger das Gewissen. Diese Feldgeistlichen waren allerdings manchmal ihren Horden nicht ganz unähnlich, die sie zu betreuen hatten. In der Gedächtnisrede, die er nach Herzog Bernhards Tod auf den verstorbenen Feldherrn hielt, fand der Präses des Feldkonsistoriums, Daniel Rücker, Anlaß, das Verhalten der Pfarrer zu tadeln und insbesondere die Feldprediger aufs Korn zu nehmen, an denen er zu kritisieren hatte, daß sie mehr Becher Weins auf seiner fürstlichen Gnaden Gesundheit in ihren Hals geschüttet als ›Vaterunser‹ für deren Wohlfahrt gebetet hätten. Derlei Dinge, obwohl sie laufend vorkamen, galten dem allgemeinen Bewußtsein eben doch noch als Regelwidrigkeiten. Obwohl der Krieg die Leute reihenweise roh und barbarisch werden ließ, weckte er doch in vielen Menchen auch Kräfte des Duldens, der Hilfsbereitschaft und der tätigen Liebe. Zahllose Nachrichten über individuelle Lebensschicksale lassen etwas von dem geistlichen Fundus ahnen, aus dem ein Teil der vom Krieg heimgesuchten Menschheit sein Leben bestritt. Der badischen Superintendentenwitwe Regina Daler aus der geplagten Landschaft des Oberrheins wurde in der Leichenpredigt nachgerühmt, sie habe in ihrem persönlichen Leben nicht nur fromm und verträglich gelebt, sondern auch »ohne Unterlaß in Gottes Wort gelesen und für aller Menschen Wohlfahrt gebetet (und glaubwürdig bekundet,) daß sie keine Stunde verbringe, in der sie nicht bereit sei, zu sterben«. Mit Nachdruck kam der Gedanke an die Leidbewältigung zum Ausdruck in dem Nachruf auf Susanna Oggerin, eine hessische Amtmannstochter aus dem Kraichgau, Witwe eines Pforzheimer Gymnasialrektors, die bis kurz vor ihrem Tod jahrelang von Kriegsdrangsal, Kontribution, Brandschatzung, Einquartierung heimgesucht und mehrmals von Haus und Hof vertrieben worden war: »Sie hat aber wie alle heiligen Kinder Gottes auch durch mancherlei Kreuz müssen gerafft und herdurch erzogen werden, insonderheit aber mit allen, die gottselig leben wöllen, in Christo Jesu, auch Verfolgung leiden . . . welches alles aber diese Christliche Matron selig in höchster Geduld auf sich genommen, in diesem Raffen und Reißen ihr Glaubensprob beständig ausgestanden und sie keine List, keine Last noch Furcht vor ihrem Erlöser und seinem heiligen Evangelio lassen abwenden.« Unabhängig davon, wie weit der Verfasser des Nachrufs hier idealisiert haben mag, zeigt dieses Richtbild an, wie der rechte Christenmensch die Wechselfälle des Lebens und des Krieges zu ertragen habe: geduldig, ergeben, glaubensstark, ohne sich durch schweres Schicksal in seiner auf das Jenseits gerichteten Hoffnung gravierend irremachen zu lassen.

Die zeitlichen Erfahrungen waren geeignet, die mittelalterliche Deutung der Welt als eines Jammertales eindringlich zu bekräftigen und dem Gedanken an einen unantastbaren Frieden jenseits der irdischen Wirrnisse Raum zu geben, ja ihm eine ge-

Besucher in einer Buchhandlung
Lavierte Zeichnung von Salomon de Bray, zweites Viertel des 17. Jahrhunderts
Amsterdam, Rijksmuseum

wisse Leucht- und Anziehungskraft zu verleihen – wie es so viele geistliche Lieder aus der Zeit bekunden, etwa das durch seine Melodie berühmte: »Valet will ich dir geben, du arge falsche Welt, dein sündlich böses Leben durchaus mir nicht gefällt« von Valerius Herberger; oder Christian Knolls: »Herzlich tut mich verlangen nach einem selgen End, weil ich hier bin umfangen mit Trübsal und Elend.«

Es gehört zu den erstaunlichen Phänomenen der Epoche, daß sich, obwohl durch den Krieg unglaublich viel aus den Fugen geraten war, die Grundformen eines geordneten menschlichen Zusammenlebens verhältnismäßig rasch wiederherstellten, sobald es die äußeren Umstände zuließen. Das läßt sich wohl nur darauf zurückführen, daß die Familien und Gemeinden, die Städte und Staatswesen in ihrer Struktur intakt, die Grundvorstellungen von Sitte und Recht verbindlich geblieben waren. Universitäts- und Schulbetrieb, Seelsorge und Staatsverwaltung setzten nur aus, wenn ihnen die Betätigungsmöglichkeit durch äußere Umstände verwehrt wurde; sobald sich nur etwas Spielraum auftat, ging die Tätigkeit dort weiter. Das geistige und künstlerische Schaffen erfuhr, von der Baukunst und dem Edelmetallgewerbe abgesehen, in West- und Mitteleuropa erstaunlicherweise keinen Bruch. Um einige Beispiele aus Deutschland anzuführen: Mitten im Krieg brachte Heinrich Schütz die erste deutsche Oper heraus und trat Martin Opitz mit dem ›Buch von der deutschen Poeterey‹ an die Öffentlichkeit. 1622 vollendete zu Jena der große Dogmatiker des Luthertums, Johann Gerhard, die ›Loci theologici‹, eines der Hauptwerke der Theologie des 17. Jahrhunderts. Die innere Reform der Konfessionskirchen, der lutherischen wie der katholischen, schritt fort, ja gedieh teilweise inmitten der Jahrzehnte des Krieges zur Vollendung. Eines der wichtigeren Bücher des 17. Jahrhunderts, Friedrich von Spees ›Cautio criminalis‹, wurde 1630 in Rinteln an der Weser gedruckt. Aber auch unabhängig von der

MARTINI OPITII Buch von der Deutschen Poeterey. In welchem alle jhre eigenschafft vnd zugehör gründtlich erzehlet/vnd mit exempeln auffgeführet wird. Gedruckt in der Fürstlichen Stadt Brieg/bey Augustino Gründern. In Verlegung David Müllers Buchhändlers in Breßlaw. 1624.

Die Theorie einer deutschen Gesellschaftsdichtung gelehrt-höfisch-aristokratischer Prägung
Titelseite der 1624 erschienenen Programmschrift von Martin Opitz
Berlin, Deutsche Staatsbibliothek

unmittelbaren Kriegs- und Leiderfahrung durchzog die Zeit ein Lebensgefühl, welches außerordentlich stark vom Gedanken an die Vergänglichkeit bestimmt war. Calderóns ›Großes Welttheater‹ und ›Das Leben ein Traum‹ waren von solcher Stimmung getragen. Einen Reflex vom Erlebnis der Diskrepanz zwischen Zeit und Ewigkeit, zwischen der erschreckt erfahrenen Vergänglichkeit hier und der gläubig erhofften Unvergänglichkeit dort, zeigte die Dichtung, und zwar nicht nur die geistliche, sondern auch die weltliche. Der Coburger Lehrer Michael Franck traf diese Lebensstimmung nahezu vollkommen mit seinem Lied: »Ach wie flüchtig, ach wie nichtig ist der Menschen Leben! Wie ein Nebel bald entstehet und bald wiederum vergehet, so ist unser Leben sehet«, dessen sieben Strophen unter jeweils anderem Aspekt – Zeit, Schönheit, Freude, Reichtum, Macht, ›Der Menschen Dasein‹ – das Vergänglichkeitsthema abschritten und modulierten. Die gleiche Thematik schlug auch in der weltlichen Dichtung der Epoche immer wieder durch: bei Andreas Gryphius, Martin Opitz, Georg Philipp Harsdörffer oder Sigmund von Birken. Das in der Betrachtung von Zeit und Ewigkeit gewonnene Lebensbewußtsein zeigte sich schockiert durch die Einsicht in die Eitelkeit der irdischen Dinge; es neigte zur Melancholie angesichts der Unmöglichkeit, der Vergänglichkeit zu entrinnen, und empfing doch wieder Trost und Halt im Blick auf die Ewigkeit. Die Hoffnung, dort die Aufnahme zu bleibender Statt zu finden, hatte ein unangefochtenes Bewußtsein von der kreatürlichen Existenz des Menschen und ein Gefühl für seine existenzielle Abhängigkeit von der Überwelt zur Voraussetzung. »Unser Gasthaus ist die Erde, sie ist unsre Heimat nicht« (von Birken). »Wer ist ein Pilgram hier? Ein jeder, so da lebt« (Opitz). »Was sind wir anders als ein Spiegel des Elends, ein Haus der Krankheit und Sorgen... bei jetziger Beschaffenheit . . . scheinet nichts gewiß zu sein, als was vorüber ist« (Opitz). »Hätten wir nicht mehr als das Zeitliche zu bedenken, so würde keiner von uns das Leben annehmen, wenn es nicht einem jeglichen ohne sein Wissen gegeben würde« (Opitz).

»Was sind wir Menschen doch?
Ein Wohnhaus grimmer Schmerzen
Ein Ball des falschen Glücks, ein Irrlicht
dieser Zeit
Ein Schauplatz herber Angst, besetzt mit
scharfem Leid
Ein bald verschmelzter Schnee und abgebrannte
Kerzen
Das Leben fleucht davon wie ein Geschwätz und
Scherzen
. . .

Was sag ich? Wir vergehn wie Rauch vor starken Winden« (Gryphius).

Und zuletzt: Was diesem Leben Stand verleiht:

»Mein sind die Jahre nicht, die mir die Zeit genommen
Mein sind die Jahre nicht, die etwa möchten kommen
Der Augenblick ist mein und nehm ich den in Acht
So ist Der mein, Der Jahr und Ewigkeit gemacht« (Gryphius).

Gewiß sah der Mensch, wie er uns in der Dichtung begegnet, der Ewigkeit mit hoffendem Vertrauen, doch nicht ganz ohne Bangen entgegen. Die Ängste, die der Gedanke an sie auch auslösen konnte, hat Johann Rist in seiner sechzehnstrophigen ›Ernstlichen Betrachtung‹ 1642 in den unvergeßlichen Worten ausgesprochen:

»O Ewigkeit, du Donnerwort,
Du Schwert, das durch die Seele bohrt,
O Anfang sonder Ende!
O Ewigkeit, Zeit ohne Zeit!
Ich weiß für großer Traurigkeit
Nicht wo ich hier mich wende.
Mein ganz erschrocknes Herz erbebt,
Daß mir die Zung am Gaumen klebt.
. . .
O Ewigkeit, du machst mir bang;
O ewig, ewig ist zu lang!
. . .
O du verfluchtes Menschen-Kind,
Von Sinnen toll, von Herzen blind,
Laß ab die Welt zu lieben!
. . .
Nimm du mich, wenn es dir gefällt,
Herr Jesu in dein Freudenzelt.«

In solchen Worten schlägt etwas von einem Grunderlebnis durch, welches zum seelischen Allgemeingut der Epoche zwischen Reformation und Aufklärung gehört hat. Gewiß war es nicht das einzige Element, aus dem die Epoche lebte, aber ein wesentliches und bestimmendes. Der Blick des Menschen war im 17. Jahrhundert, mochte er auch noch so gehalten und getrübt sein, nicht auf das Zeitgeschehen allein, sondern auf Zeit und Ewigkeit gerichtet. Die Leiden waren deshalb nicht geringer. Sie konnten im Großen Krieg ein Ausmaß annehmen, daß dem einzelnen darüber der Sinn menschlichen Tuns und Lebens uneinsichtig wurde. Dennoch war die Mehrheit bereit, die scheinbare Sinn- und Ausweglosigkeit als Schickung hinzunehmen und ursächlich eher für eine Folge menschlicher Verfehlungen oder himmlischer Ratschlüsse anzusehen, als an der göttlichen Lenkung der Welt zu zweifeln.

Der Westfälische Friede

Die Vorbereitung des Friedens setzte im Prinzip mit dem Prager Frieden von 1635 ein. Erste diplomatische Sondierungen zwischen dem Kaiser, Spanien und Frankreich fanden 1636 zu Köln statt; ihnen folgten entsprechende Fühlungnahmen zwischen Schweden und dem Kaiser 1639. Dem Zusammentritt eines förmlichen Friedenskongresses standen allerdings zahlreiche durch die Zeitlage bedingte Schwierigkeiten im Wege. Bis der Ort für die tatsächlichen Unterhandlungen gefunden, die gemeinsame Einwilligung von Frankreich und Schweden gewonnen und über die tausend Förmlichkeiten der Beteiligung, des Vortritts und der Verhandlungsgegenstände Einigkeit erzielt war, vergingen einige Jahre. Und dann dauerte es weitere vier Jahre, bis das Vertragswerk ausgehandelt, ausgearbeitet und unterzeichnungsreif formuliert war. Wie es für das Volk einen wesentlichen Unterschied zwischen Freund und Feind nicht gab, so gab es in seiner Perspektive auch nicht so sehr Sieger und Besiegte als vielmehr – nach langem Krieg – endlich Frieden, mochte bis zur endgültigen Durchführung der Artikel von Münster und Osnabrück auch noch einige Zeit vergehen und die Anwendung der konfessionellen Bestimmungen gelegentlich bis in einzelne Dörfer hinein Konflikte hervorrufen und Aufregung verursachen. Die Einbußen und Vorteile für die am Krieg betei-

Anreise der niederländischen Unterhändler zu den Friedensverhandlungen in Münster
Gemälde von Gerard Terborch, 1648
Münster, Landesmuseum für Kunst und Kulturgeschichte

ligten Staaten sahen die Abgesandten der großen Höfe und die sonstigen Diplomaten auf den Kongreßverhandlungen in einem sehr viel schärferen Licht. Sie rangen um Grundsätze, nach denen der Frieden, wenn er ein wirklicher Friede werden sollte, billigerweise entworfen werden mußte. Daß man sich über diese Grundsätze mit einem beherzigenswerten Realismus auf allen Seiten einig wurde, machte die Verhandlungen trotz umständlicher Prozeduren und taktischer Verschleppungen nicht gänzlich unfruchtbar und führte sie im Effekt zum Erfolg. In den Konfessionsfragen war der Kaiser bereits 1635 zu Prag vom Restitutionsedikt abgerückt und hatte sich auf eine Kompromißlösung eingelassen. Unter Anwendung dieses Prinzips der Kompromißlösung galt es nunmehr, einen mittleren Weg zu finden, auf den sich die Beteiligten bei gutem Willen einigen konnten. Er wurde schließlich in der Festsetzung des berühmten ›Normaljahres‹ gefunden. Die Idee eines Normaljahres übernahm man gleichfalls von Prag. Sie besagte, daß die Vertragspartner einen bestimmten Zeitpunkt zur Norm für die Fixierung der konfessionellen Verhältnisse verbindlich festlegten. Die auf dem Kongreß vertretenen Mächte einigten sich für diesen Zweck auf das Jahr 1624. Der konfessionelle Besitzstand sollte für alle Zukunft so bleiben, wie er am 1. Januar 1624 gewesen war.

In den reichspolitischen Dingen setzte sich ferner der Grundsatz der Amnestie und Restitution durch; dementsprechend wurden alle Reichsfürsten, die infolge der Reichsacht ihr Territorium verloren hatten, in ihr Landesfürstentum wiedereingesetzt. Das kam in erster Linie dem kurpfälzischen Haus zugute. Schweden und Frankreich, die nach Verlautbarung ihrer Staatspropaganda für die Libertät der deutschen Reichsstände ins Feld gezogen waren, setzten alles daran, die politische Bewegungsfreiheit der Territorialfürsten zu verstärken, und sie erreichten dies auch. Um diese stärksten Fremdmächte abzufinden und dem Friedensschluß geneigt zu machen, mußten sich die Reichsstände außerdem notgedrungen damit einverstanden erklären, daß beide einen ansehnlichen Gewinn an Land und Rechten einheimsten. Der Kongreß anerkannte hierfür das Prinzip der Satisfaktion. Ihre starke Stellung erlaubte es Schweden und Frankreich, in Dingen des innerdeutschen Ausgleichs, zum Beispiel bei der Regelung von Territorial- und Konfessionsfragen, ein entscheidendes Wort mitzureden. Im Rahmen der generell vorgesehenen Grundsatzregelungen mußten unübersehbar viele Fragen en détail verhandelt werden. Solchergestalt gelangte das Friedenswerk nur unendlich langsam zur Verabschiedung. Es nahmen übrigens Gesandte von beinahe allen europäischen Ländern an den Beratungen teil. Gleichzeitig wurden auch außerdeutsche Dinge ausgehandelt, so der endgültige Friede zwischen den Generalstaaten und Spanien, der nach einem Krieg von achtzig Jahren den niederländischen Nordprovinzen die volle Selbständigkeit einbrachte und sie auch vom Reich unabhängig machte. Dieser Abschluß erfolgte am 30. Januar 1648 und leitete als hoffnungsvoller Vorbote das große Friedensjahr ein. Es brachte auch der Schweizer Eidgenossenschaft, die nominell bis dahin noch immer zum Reich gehört hatte, die volle Lösung aus dem Reichsverband.

Der allgemeine Friede trat mit der Unterzeichnung am 24. Oktober 1648 in Kraft. Er bestand formell aus zwei aufeinander abgestimmten Verträgen: einem in französischer Sprache abgefaßten und in Münster unterzeichneten Abkommen zwischen dem Kaiser und dem König von Frankreich und einem lateinisch abgefaßten Parallelabkommen zwischen dem Kaiser und der Königin von Schweden, das in Osnabrück unterzeichnet wurde. Die Verbündeten aller Kriegführenden wurden miteingeschlossen, die deutschen Reichsstände ebenfalls. Formell trat das Reich als solches nicht in Erscheinung, was mit der Auffassung der Schweden und Franzosen zusammenhing, daß sie wohl mit dem Kaiser, aber nicht mit dem Reich im Krieg gelegen hätten. Die Bestimmungen betrafen sowohl die auswärtigen Beziehungen als auch die innerdeutschen Angelegenheiten, wobei sich beides gelegentlich überschnitt, etwa in der Anerkennung der Schweden und Franzosen als Garanten des Friedens auch nach seiner innerdeutschen Seite hin. Bei den deutschen Angelegenheiten, die der Frieden regelte, handelte es sich in erster Linie um Reichsverfassungsfragen, um kirchlich-konfessionelle Probleme und um Bestimmungen für einzelne Territorien. Doch da die Kirchen-, Reichs- und Territorialprobleme ihrer Natur nach eng miteinander verwoben waren, kann man zwischen ihnen nicht immer reinlich unterscheiden.

Was die auswärtigen Mächte betraf, so waren sie zu einem Frieden nur bereit, wenn dieser ihnen Landgewinn und anderweitige Vorteile einbrachte. Die deutschen Kongreßteilnehmer machten sich in diesem Punkt keine Illusionen. Aber auch innerhalb der deutschen Fürstentümer mußte – aus verschiedensten Gründen – ein territorialer Ausgleich vorgenommen werden. Schweden sicherte sich mit Wismar und Stettin samt dem ihm vorgelagerten Oderdelta zwei große Ostseehäfen. Sie hatten, ebenso wie die vorpommerschen Hafenstädte Greifswald und Stralsund, den Verkehr mit Deutschland zu bewältigen. An Territorien verlangte und erhielt Schweden Vorpommern mit der Insel Rügen. Dies geschah auf Kosten Brandenburgs; denn kraft Erbvertrags hätte Pommern nach dem Aussterben seiner Dynastie 1637 an das Haus Hohenzollern fallen müssen. Mit den Territorien des Erzstifts Bremen und des Fürstbistums Verden erlangte Schweden ferner den ganzen Landstreifen zwischen Elb- und Weser-Mündung samt Hinterland und gewann dadurch eine Mitkontrolle über die wichtigsten deutschen Flußmündungen. Die Stadt Bremen, die längst vom Bistum getrennt war, behielt dagegen ihre Unabhängigkeit und ihren Hafen. Außerdem verlangte Schweden für den Abzug seiner Truppen eine Entschädigung von fünf Millionen Reichstalern. Obendrein erlangte es den verfassungsmäßigen Status eines deutschen Reichsstandes. – Im Vergleich damit schien fast bescheiden zu sein, was sich Frankreich ausbedang: Es forderte das Elsaß, soweit dieses zum habsburgischen Territorium gehörte – also genau das, was Richelieu einst dem Herzog Bernhard von Sachsen-Weimar vertraglich zugesprochen hatte. Dazu erwarb der französische König noch die Festung Breisach und das Besatzungsrecht in Philippsburg, beide am rechten Ufer des Rheins gelegen. Weiterhin gingen jetzt die drei lothringischen Reichsbistümer Toul, Verdun und Metz, über deren Abtretung an Frankreich es bis dahin überhaupt keine vertragliche Abmachung gab, offiziell in französischen Besitz über; der französische König hatte sie seit 1552 formell nur als Reichsvikar, genaugenommen also im Auftrag des Reiches, beherrscht.

Obwohl Schweden den größeren Anteil an der Beute erhielt, erwies sich auf die Länge Frankreich als der eigentliche Gewinner. Denn durch den Nordischen Krieg verlor Schweden 1715 Verden und Bremen an das Haus Braunschweig-Lüneburg und anschließend Stettin an das Haus Brandenburg; der Rest fiel im Zuge eines großen nordischen Revirements 1815 an deutsche Dynastien zurück. Frankreich dagegen benutzte seine Erwerbungen im Elsaß als Ansatzpunkte zu weiteren Annexionen und schob sich von ihnen aus systematisch weiter gegen den Rhein vor. Um das Reich unter Kontrolle zu behalten, setzten die beiden Fremdmächte durch, daß sie offiziell als Garanten des Friedens anerkannt wurden. Damit war die Möglichkeit ständiger Intervention durch Schweden und Frankreich gegeben. Von dieser Möglichkeit machten sie in der Folge jedoch kaum Gebrauch. Frankreich, schwer angeschlagen im Innern, ließ die deutschen Dinge zwar niemals ganz aus den Augen. 1658 brachte Kardinal Mazarin unter dem Namen eines (ersten) Rhein-Bundes sogar eine gegen den Kaiser und Spanien gerichtete Föderation deutscher Reichsstände zustande. Andererseits mußte die französische Monarchie die nächsten elf Jahre ihre letzten Kräfte aufbringen, um den Endkampf gegen Spanien zu bestehen. Außerdem trat sie in eine Phase heftigster ständischer Kämpfe, in denen sich die Krone im eigenen Land nur mit Mühe gegen die Fronde des Adels zu behaupten vermochte. So durfte Frankreich froh sein, im deutschen Frieden relativ günstig abgeschnitten zu haben und im Reich nicht mehr militärisch gebunden zu sein.

Auch innerhalb Deutschlands wurden territoriale Veränderungen vorgenommen. Sie gingen zu Lasten Österreichs und des pfälzischen Kurstaates, in erster Linie aber zu Lasten der geistlichen Reichsstände. Einige Reichsbistümer und Abteien wurden ihrer Staatlichkeit beraubt und solchen Territorien zugeschlagen, von denen man meinte, daß sie einen Anspruch auf Entschädigung besäßen. Kursachsen erhielt, wie schon im Prager Frieden vorgesehen, als Lohn für seine im Grundsatz stets kaisertreue Politik von Österreich die Markgrafschaften Ober- und Niederlausitz zugesprochen, die bis dahin mit Mähren und Schlesien zum Großverband der böhmischen Krone gehört hatten. Mecklenburg erhielt die Bistumslande Ratzeburg und Schwerin, Brandenburg wurde im Besitz des größeren, aber weniger ertragreichen östlichen Teile von Pommern (Hinterpommern) bestätigt. Zur Entschädigung für den Verlust Vorpommerns mußte gleichfalls altes Reichskirchengut herhalten: Kurbrandenburg bekam die Reichsbistümer Cammin in Hinterpommern, Halberstadt und Minden. Außerdem sahen die Friedensartikel bindend vor, daß das 1648 von einem sächsischen Prinzen administrierte Erzbistum Magdeburg nach dessen Ableben endgültig in brandenburgischen Besitz übergehen sollte – was erst 1680 geschah, da der Prinz recht lange lebte. Die Erwerbungen vergrößerten das Territorium des künftigen preußischen Staates westlich bis zur Saale und an den Harz, östlich von der Oder bis in die Nähe der Weichsel-Mündung. Die Erweiterung der Kerngebiete erleichterte die Verbindungen zwischen den bislang weit auseinanderliegenden Teilen des Kurstaates ganz erheblich. Der Kern des Landes reichte mit Halberstadt und Pommern von Niedersachsen bis nahe an die Danziger Bucht. Durch Pommern war die Grenze nach Osten in Richtung auf Preußen weit vorgeschoben worden; durch Minden wurden die westlichen spärlichen Territorien nicht nur stärker abgerundet, sondern auch in größere Nähe zur Hauptmasse des Kurlandes gebracht. – Bedeutend erweiterte sich auch das Territorium von Bayern, indem die Oberpfalz nunmehr endgültig der Münchener Linie der Wittelsbacher zuerkannt wurde. Die rheinische Pfalz (Unterpfalz) erhielt dagegen der Sohn des inzwischen verstorbenen Winterkönigs, Pfalzgraf Karl Ludwig, zurückerstattet. Gleichzeitig wurde für ihn eine achte Kurwürde neu geschaffen. Im Gegensatz zu seinen glaubenseifrigen Vorfahren reformierten Bekenntnisses sah der neue Kurfürst am Rhein vom Konfessionszwang weitgehend ab, um sein geprüftes Land zur Ruhe kommen zu lassen und wieder aufzubauen. Er gestattete nicht nur Calvinisten, Lutheranern und Katholiken daselbst zu wohnen, sondern bot sogar den von allen großen Konfessionen verfolgten Täufern, deren landwirtschaftliche Tüchtigkeit genauso sprichwörtlich war wie ihr gewerblicher Fleiß, die Möglichkeit, sich ungestört in seinem Lande niederzulassen. – Kleinere Gewinne erzielten Württemberg, Hessen und Braunschweig-Lüneburg. Württemberg wurden einige zeitweilig restituierte und in ihrem Besitzstand umstrittene Abteien zuerkannt. Landgraf Wilhelm V. von Hessen-Kassel hatte den Kaiser konsequent bekämpft, den Schweden aber als Handlanger ihrer Politik gedient. Schweden bestand deshalb darauf, daß Hessen belohnt würde. Und so bekam das inzwischen von Wilhelms energischer Witwe Amalie regierte Territorium die Reichsabtei Hersfeld sowie eine relativ sehr hohe Satisfaktion von sechshunderttausend Reichstalern. Für Braunschweig-Lüneburg erfand, nach langem Tauziehen um eine Satisfaktion, die Weisheit des Kongresses eine Kuriosität ohne Beispiel, indem sie entschied, daß das Reichsbistum Osnabrück abwechselnd mit einem jeweils vom Domkapitel zu wählenden katholischen Bischof und einem evangelischen Prinzen aus dem Haus Braunschweig besetzt werden sollte.

Die innerdeutschen Besitzverschiebungen modifizierten das Erscheinungsbild des Reiches, veränderten es aber nicht einschneidend. Österreich hatte im äußersten Westen und Norden seiner großen Monarchie einige Landesteile verloren, was sich im Verhältnis zum gesamten Umfang seiner Erb- und Kronlande zwar fast nur wie eine Grenzkorrektur ausnahm, aber immerhin den ersten Schritt zur Annexion des Elsaß durch Frankreich signalisierte. Von den Mittelstaaten hatten sich neben Sachsen namentlich Brandenburg und Bayern zu stärkeren Potenzen entwickelt. Im Nordwesten bildete sich bald nach dem Frieden Braunschweig-Lüneburg durch einige Erbfälle zu einem größeren Staat aus und nahm den Namen Hannover an. Im Unterschied zu diesen kräftigen Mittelstaaten, die bis auf Bayern alle im Norden lagen und protestantisch waren, und zu den etwas kleineren Territorialstaaten Hessen, Pfalz und Württemberg verloren die geistlichen Fürstentümer und Kurfürstentümer politisch an Gewicht. Eben deshalb schlossen sie sich um so enger an das Kaiserhaus an. Für den Kaiser hatte das den Vorteil, daß er sich – zumal sich aus gleichem Grund auch die süddeutschen Reichsstädte gewöhnlich auf seine Seite schlugen – fortan auf einen zahlenmäßig großen Anhang im Reich und auf dem Reichstag stützen konnte.

Dies kompensierte ein wenig, wenngleich nicht zureichend, die Verluste, die dem Kaiser, in seiner Eigenschaft als Reichsoberhaupt, von Frankreich und Schweden durch die staatliche Aufwertung der deutschen Reichsstände zugefügt wurden. Denn die Politik der Fremdmächte zielte darauf ab, dem Kaiser eine Regierung im Reich, die diesen Namen verdiente, so gut wie unmöglich zu machen. In solcher Tendenz trafen sie sich mit dem Streben der Reichsstände nach größerer politischer Unabhängigkeit. Diese Politik schlug sich in zahlreichen einschlägigen [illegible] nieder. Sie liefen in Reichsverfassungsangelegenheiten darauf hinaus, den Kaiser in sämtlichen einigermaßen belangvollen Reichssachen an das Votum der Stände zu binden, den Ständen hingegen die größtmögliche Bewegungsfreiheit zu gewähren. Die Territorien wurden für souverän erklärt. Damit erhielten sie zum Beispiel das Recht, sich ein eigenes Militär zu halten und Bündnisse mit auswärtigen Mächten zu schließen. Solche Bündnisse durften sich allerdings nicht gegen den Kaiser und das Reich und nicht gegen die Reichsverfassung in ihren durch Münster und Osnabrück festgesetzten Grenzen richten. Doch haben sich die Stände an diese Einschränkungen später nicht immer gehalten. – Verfassungsrechtlich engte die Zugehörigkeit zum Reich den Spielraum der territorialstaatlichen Souveränität bis zu einem gewissen Grad ein. Bekanntlich wurde hundert Jahre später gegen Friedrich den Großen ein (wirkungsloser) Reichskrieg eröffnet, weil er sich über die entsprechenden Normen hinweggesetzt hatte. – Gemessen an der Stellung, die das Kaisertum unter Ferdinand II. innegehabt hatte, und gemessen an den Rechten, die im Laufe des Dreißigjährigen Krieges der Kaiser im Restitutionsedikt und im Prager Frieden hatte geltend machen können, bedeutete der Westfälische Friede eine harte, rigorose Einengung des römischen Kaisertums. Ansätze zu einer engeren Föderation der deutschen Reichsstände unter kaiserlicher Führung hatten sich während des Großen Krieges mehrmals ergeben. Die Möglichkeit für Föderationen, zum Beispiel nach Art des Prager

›Der Frieden von 1648‹
Lavierte Zeichnung
von Michael Christoph Grabenberger
Berlin, Kunsthandel

Friedens, für alle Zukunft zunichte zu machen, war die eigentliche Absicht Frankreichs und Schwedens, und auf nichts anderes ging ihr scheinbar besorgtes Interesse für die politische Libertät der Reichsstände zurück. – Von dem zuerkannten Souveränitätsrecht, dem Ius territoriale vermochten übrigens die kleineren und kleinsten Territorien kaum Gebrauch zu machen. Ein Militär zu halten, kostete nur Geld und brachte ihnen nichts ein. Und auch als Bündnispartner hatten sie nicht viel anzubieten. So waren es eigentlich nur die mittleren und größeren unter den Reichsständen, denen die großzügigen Libertäten des Friedens etwas nützten, weil sie diese zu nutzen in der Lage waren. Selbst wenn sie keine große Politik treiben konnten, hatten Länder wie Bayern, Sachsen oder Brandenburg als Bündnispartner ein bescheidenes Gewicht in die Waage zu werfen und fanden entsprechende Beachtung.

Die Ordnung der kirchlichen Dinge im Reich gehörte ebenfalls zu den wichtigsten Aufgaben des Friedenskongresses. Bei der engen Verknüpfung von Staat und Religion bildeten die konfessionellen Bestimmungen, die der Kongreß traf, einen Teil der Vereinbarungen über die Reichsverfassung, wie schon hundert Jahre zuvor beim Augsburger Religionsfrieden. Hier hatte der Prager Friede bereits Weg und Richtung vorgezeichnet. In Münster und Osnabrück kam es darauf an, die Grundsätze zu fixieren und die Einzelanwendung für viele konkrete Fälle auszuhandeln. An der Tatsache, daß Deutschland konfessionell gespalten war, hatte sich bereits der Augsburger Friede orientiert. An dieser Tatsache gab es 1648 noch weniger zu rütteln als unmittelbar nach der Reformation. Bei den Vorberatungen über die kirchlichen Bestimmungen vertrat Schweden die protestantischen Belange, während Frankreich die Interessen der Katholiken wahrnahm. Hier hielten sich die Fremdmächte in etwa die Waage. Das hatte zur Folge, daß in Dingen der Konfession nicht einseitig dekretiert und majorisiert wurde, sondern daß die Belange der verschiedenen Religionsparteien verhältnismäßig sorgfältig gegeneinander abgewogen wurden. In dieser Hinsicht interpretierte der Westfälische Friede sich selbst als zeitgemäße Auslegung des Augsburger Religionsfriedens, der im Prinzip als Reichsgrundgesetz anerkannt wurde, jedoch in der Modifizierung durch die Bestimmungen von Münster und Osnabrück fortan Gültigkeit haben sollte. Den wenigen Seiten und Paragraphen des Augsburger Religionsfriedens stand im Westfälischen Frieden ein dickes Konvolut von Seiten und Paragraphen gegenüber. Die westfälischen Bestimmungen zeichneten sich vor den augsburgischen in dreifacher Hinsicht aus: durch eine sehr viel schärfere Präzision der Aussage; durch eindeutige Klärung der umstrittenen Dinge, die 1555 und seither in der Schwebe geblieben waren; und durch sorgfältige Differenzierung der Anwendungsmöglichkeiten und Einschränkungen des Konfessionsbestimmungsrechts der Landesherren. Dem konfessionellen Hader und den Irrungen, die daraus in der politischen Welt entsprungen waren, suchte man 1648 dadurch ein Ende zu setzen, daß man die Zustände und Verhältnisse, wie sie sich bis dato ergeben hatten, mehr oder weniger anerkannte, und was faktisch war, fortan auch rechtens sein ließ. Allerdings suchte man die Vorteile, die die katholischen Kriegführenden durch das Restitutionsedikt und den Prager Frieden seinerzeit für ihre Konfession errungen hatten, und die Nachteile, die der Protestantismus hauptsächlich im Norden und im Südwesten erlitten hatte, jeweils auf eine mittlere Lösung hin zu revidieren. Aus dieser Überlegung heraus kam man dazu, die kirchliche Lage, wie sie am 1. Januar 1624 bestanden hatte, zur Norm für die kirchliche Praxis und für den künftigen Konfessionsstand zu machen. Einzig Bayern wurde für die Oberpfalz von der Normaljahrsklausel befreit.

Ferner sollten die konfessionellen Zustände, wie sie 1648 sanktioniert wurden, vor künftigen Revisionen bewahrt bleiben. Daß Änderungen auf diesem Sektor das ganze Reich in Unruhe bringen und in Kriege stürzen konnten, hatte man genugsam erlebt. Nun suchte man dem vorzubeugen. Deshalb wurde der Calvinismus als religiöses Bekenntnis neben dem Luthertum und Katholizismus in aller Form anerkannt. Darüber hinaus schuf man, vor allem um der Zwangsbekehrung durch die Staatsgewalt Einhalt zu gebieten, umsichtige Sicherheitsvorkehrungen. Diese hatten den Zweck, den religiösen Minderheiten ein Minimum an Lebensraum, an Rechten und an religiösen Freiheiten von Reichs wegen zu garantieren. Deshalb untersagte der Westfälische Friede den Landesherrn in aller Deutlichkeit, bei einem etwaigen Konfes

Das Friedens- und Freudenmahl der kaiserlichen und schwedischen Kommissarien und der Reichsstände beim Pfalzgrafen Carl Gustav im großen Rathaussaal zu Nürnberg am 25. September 1649
Aus dem Gemälde von Joachim Sandrart, 1649
Nürnberg, Fembo-Haus

sionswechsel den Untertanen ihren neuen Glauben aufzuzwingen. Die Bevölkerung sollte also für denjenigen religiösen Zustand, den ihr das Normaljahr zuerkannte, den Rechtsschutz der Verfassung erhalten. Aus diesem Grunde hielt man es für gut, daß in Reichsstädten, wo beide Konfessionen über einen gewissen Anhang verfügten, der evangelische und katholische Kult weiterhin nebeneinander bestehen sollten. Es ergingen in diesem Punkt in einigen betroffenen Reichsstädten umständliche Anordnungen darüber, wie viele Ratsherren und städtische Bedienstete katholisch und wie viele evangelisch sein dürften und welchergestalt katholische und evangelische Bürgermeister in Städten wie Augsburg oder Biberach einander ablösen sollten. Natürlich deckte sich die Praxis der Anwendung im territorialen Bereich nicht immer und nicht sogleich mit den Grundsätzen und Bestimmungen des Friedens. Konfessionell eifrige Lokalobrigkeiten ersannen mit viel Rabulistik Mittel und Wege, ihnen unsympathische Bestimmungen zu umgehen, ohne den Buchstaben des Textes zu verletzen. Im ganzen jedoch sprach die Intention des Friedensvertrages, im Bereich des konfessionellen Gegensatzes eine einigermaßen erträgliche Friedens- und Rechtsordnung auf dem Boden des Reiches zu stiften, deutlich aus den einzelnen Bestimmungen; sie wirkte sich positiv und auf die Dauer beruhigend aus. Die Glaubenskämpfe im Reichsgebiet fanden durch diesen Frieden mehr oder weniger ihren Abschluß. Streitigkeiten und Übergriffe hörten zwar damit noch längst nicht auf, waren aber mehr Nachhutgefechte in lokalem Rahmen. Daß freilich mit dem Geist des Friedenmachenwollens und einem sich allmählich entwickelnden Geist der Duldung auch Ansätze zu einer Auflösung der religiösen Gegensätze aus dem Geist säkularen, die Dogmen nivellierenden Denkens aufkeimten, ist weder verwunderlich noch zu verkennen.

Nach dem Augsburger Religionsfrieden war die Erledigung von reichspolitischen Sachen durch den Konfessionsstreit laufend gestört und zuletzt blokkiert worden. Um das zu verhindern, klammerte der Westfälische Friede das Konfessionsproblem aus dem normalen Geschäftsgang der Reichstagsverhandlungen aus und sah einen gesonderten, auf dem Paritätsprinzip fußenden Behandlungsmodus dafür vor. Er bestimmte, daß bei anstehender Beratung und Beschlußfassung von Religionsfragen der Reichstag darüber nach Konfession getrennt beraten müsse. Demgemäß traten in einschlägigen Fällen die Stände in zwei Gruppen auseinander. Man nannte diesen Vorgang: Itio in partes. Beide Gruppen, das Corpus Evangelicorum und das Corpus Catholicorum, besaßen als Corpora die gleiche Kollektivstimme. So konnte kein Teil den anderen überstimmen oder konfessionell majorisieren. Der Friede wollte damit verhindern, daß es zu Kampfabstimmungen in Religionsfragen kam – mit Protesten, Gehorsamsverweigerungen, Repressalien und dergleichen – und erreichte diesen Zweck auch. Die Itio in partes war ein Zeichen dafür, daß sich die Konfessionen politisch miteinander abgefunden hatten. Der Westfälische Friede durchbrach damit den Circulus vitiosus, den die Konfessionen, Lutheraner wie Katholiken und Calvinisten, seinerzeit durch ihren ins Politische projizierten Totalitätsanspruch geschaffen hatten. Jetzt schlug die Stunde der Staatsgewalt – allerdings in einem ganz anderen Sinn, als die Reformatoren und die Päpste es ehedem gemeint hatten. Die Staatsgewalt löste sich bis zu einem gewissen Grad von den Konfessionen und nahm sie andererseits gehörig in ihren Dienst. Die durch die Reformatoren und den gegenreformatorischen Katholizismus gestärkten und praktisch zu Hütern von Kirche und Konfession beförderten Inhaber der Staatsgewalt bemerkten am ehesten, daß bei einer Politik im strengen Dienst eines Bekenntnisses auf die Dauer nicht nur nichts herauskam, sondern die Gefährdungen nach außen und die Unruhen im Innern sich verstärkten. Nach Möglichkeiten, Formen der Nebeneinanderexistenz von Anhängern verschiedenen Glaubens zu finden, schauten sich daher zuerst die politischen Obrigkeiten um.

Allen Gegenbeispielen von Franz I. über Philipp II. bis Ferdinand II. zum Trotz waren es fürstliche und nichtfürstliche Obrigkeiten, die diese Möglichkeiten Schritt für Schritt verwirklichten: im 16. Jahrhundert zuerst die Kantone der Eidgenossenschaft, später das Reich, danach, um die Jahrhundertwende, der König von Frankreich. Alles war zwar unvollkommen, aber als Ansatz respektabel, in die Zukunft weisend. Diese Formen eines rechtlich gesicherten Nebeneinanderexistierens der Konfessionen setzten die Staatsgewalten aber durchaus nicht im Einklang mit den Konfessionen durch, solange diese die Tolerierung von Fremdgläubigen für ein Unding hielten. Was die staatlichen Gewalten hier an Kompromissen und gesetzlichen Übereinkünften schufen, brachten sie im glatten Gegensatz zu den Wünschen von Reformatoren und Päpsten zustande. Die von den Reformatoren und Päpsten gewollte konfessionell intolerante, gegebenenfalls militante Politik für das Reich Gottes mußte in der Praxis erst durch bittere Erfahrungen ad absurdum geführt werden, bis eine entweder geläuterte oder stärker säkulare Auffassung von den Regierungsaufgaben sich allmählich durchsetzte. Diese in die Moderne hineinführende Entwicklung ging in erster Linie wohl auf einen Wandel des Staatsbegriffs in den frühen neuzeitlichen Jahrhunderten, hintergründig allerdings auch auf eine Veränderung und Verinnerlichung der Religionsvorstellung zurück. Es bedurfte freilich noch einiger Generationen, bis in Europa die Einsicht zum Allgemeingut wurde, daß dogmatisch begründete Intoleranz noch längst nicht bürgerliche Intoleranz zur Konsequenz haben müßte, daß im Gegenteil Rechtgläubigkeit und Duldung andersgläubiger Christen und Bekenntnisse im politischen Raum miteinander vereinbar sein könnten. Solche Einsicht wurde für Deutschland und Europa erst nach einem langwierigen Prozeß das, was sie im Zeitalter der Glaubenskämpfe gerade nicht gewesen war, nämlich eine Selbstverständlichkeit. Wie schwer es vor allem den Repräsentanten der kirchlich-konfessionellen Seite fiel, sich mit der politischen Lösung des Konfessionskonflikts abzufinden, zeigte sich symptomatisch am Verhalten der römischen Kurie 1648: Obwohl die Päpste den Kaiser kirchenpolitisch durchaus nicht immer wünschenswert gegen Frankreich und Schweden unterstützt hatten, wollten sie die Folgen ihrer Politik, soweit sie für den Katholizismus nachteilig waren, nicht akzeptieren. So protestierte Innozenz X. durch seinen Nuntius Fabio Chigi, den späteren Papst Alexander VII., gegen den Frieden, insofern dieser mit seinen Bestimmungen die Interessen oder den Bestand der römisch-katholischen Kirche verletzte. Aber weder die evangelischen noch die katholischen Könige und Fürsten scherten sich um den Protest. Und auch auf Kardinal Mazarin blieb er ohne Eindruck. – Das führt auf einen weiteren Punkt hin, der anläßlich des Westfälischen Friedens erwähnenswert ist: auf den Wandel der Prinzipien in der allgemeinen Politik. Seit Mitte des 17. Jahrhunderts verflüchtigte sich die konfessionelle Perspektive – es sei denn, man benötigte sie als Vorwand. Sie trat zurück vor der Perspektive der kühlen Staatsräson. Der Machtgedanke beschäftigte und beherrschte immer vordringlicher die Gemüter. Die europäische Politik läßt sich fortan getrost als säkularisiert bezeichnen.

Frankreich: die Begründung seiner Vorherrschaft durch den Pyrenäen-Frieden

Nach Ludwigs XIII. Tod im Jahr 1643 ging die Führung der französischen Politik an Kardinal Mazarin über. Er vollendete in seiner achtzehnjährigen Erstministerschaft das Werk Richelieus. Jules Mazarin, mit ursprünglichem Namen Giulio Mazzarini, entstammte niederem italienischen Adel, hatte es als päpstlicher Diplomat zum Nuntius gebracht und war von Richelieu in den französischen Staatsdienst übernommen worden. Wie sein Vorgänger ein einzigartiges Vertrauensverhältnis zum König hatte, so stand Mazarin in einem vergleichbaren Verhältnis zu der als ungemein schön gerühmten Königin-Witwe Anna von Österreich, einer spanischen Habsburgerin, der Mutter Ludwigs XIV. Die Beziehungen zwischen Königin und Kardinal beschäftigten die Neugierde der Historiker und die Spekulationen der Zeitgenossen. »Königin Anna hatte«, nach den Worten eines französischen Biographen, »in ihrer Jugend eine Leidenschaft für den Herzog von Buckingham gehabt, einen international anerkannten Don Juan. Als Richelieu der Königin den Mazarin vorstellte, sagte er mit prophetischer Unverschämtheit: ›Er wird Ihnen gefallen, Madame, er gleicht dem Herrn von Buckingham!‹« Das geschichtlich Bemerkenswerte an dieser ganzen Sache lag darin, daß die Königin stark genug war, an der für die Regierungsführung am meisten geeigneten Persönlichkeit festzuhalten und mit diesem Minister Frankreich zwischen 1643 und 1659 durch äußerst schwierige Situationen hindurchzusteuern.

Bei Mazarin staunte man seit je über das Mißverhältnis zwischen Charakter und Begabung. Seine Geschmeidigkeit und Doppelzüngigkeit, sein betrügerisches Wesen, seine Gier nach Geld, Macht und Ehren waren den Zeitgenossen bekannt. Geheimnisvoll war dabei, daß er dennoch Größe besaß. Eigentlich war er eine Spielernatur; ohne Abenteuer war ihm das Leben langweilig. Deshalb wechselte er nach der Promotion zum Doctor juris in den Soldatenstand über, wurde Hauptmann, danach Dolmetscher, Diplomat, Nuntius, Kardinal und Minister. Er liebte die Künste leidenschaftlich und steckte Unsummen seines Riesenvermögens in Bilder, Skulpturen, Erzeugnisse des Kunsthandwerks und Bücher. Seine Bibliothek hatte mit ihren vierzigtausend Bänden unter den Privatbibliotheken Europas nicht ihresgleichen. Er stellte sie der Öffentlichkeit zur Verfügung und gab ihr eine vorbildliche Organisation. »Der Bibliothekar und sein Diener«, stand in der Benutzerordnung, »sind verpflichtet, den Studierenden alle Bücher zu bringen, die sie verlangen, in welcher Sprache und über welche Wissenschaft es auch sei.« Mazarins Empfänglichkeit für die bildenden Künste glich der eines Liebhabers für seine Geliebte. Es konnte geschehen, daß er, zitternd vor Auf-

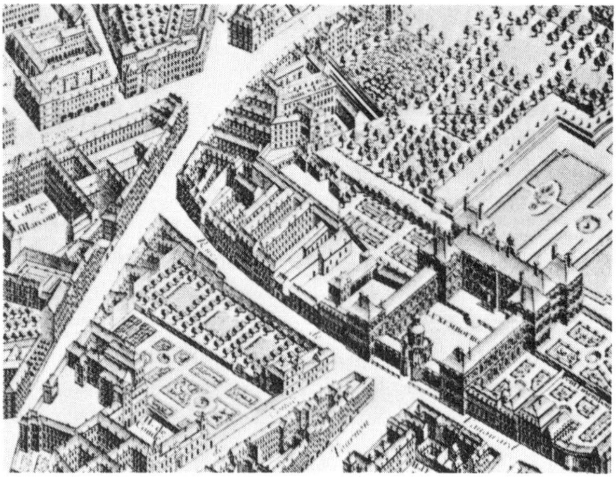

Palais Luxembourg in Paris, Sitz der königlichen Familie
Aus dem Paris-Plan von Mich el Etienne Turgot
Paris, Bibliothèque Nationale

regung, alle Personen stehen und alle Geschäfte liegen ließ, nur um persönlich der Ausladung eines Gemäldes aus Rom oder Flandern beizuwohnen. Seine Agenten gingen bis nach China, Indien und in die Türkei, um Teppiche, Schmuck und Porzellan für ihn zu erwerben. Dieser Mann bekleidete unter anderem das von ihm selbst geschaffene Amt eines Ministers der königlichen Erziehung und übte es mit Hingabe aus. Ludwig XIV. war fünf Jahre alt, als Mazarins Regiment begann, und durchlief diese Schule bis zu seinem dreiundzwanzigsten Lebensjahr. Noch als Knaben ließ ihn der Minister täglich zwei bis drei Stunden zu sich kommen und gab dem jungen König nichts anderes auf, als zuzuschauen, wie er Befehle erteilte, Kuriere entsandte, Geheimagenten empfing, Entscheidungen traf, Intrigen spann, Komplotte aufdeckte – und mit alledem den Staat zusammenhielt. Als sich der heranwachsende König in eine von Mazarins zahlreichen Nichten verliebte, verbannte der Kardinal die junge Dame vom Hof und verhinderte eine Heirat. Die Staatsräson, die eine spanische Heirat verlangte, war bei ihm stärker als die Rücksicht auf seine Familie, obwohl er diese sonst förderte wie ein Papst seine Nepoten. Ludwig XIV. bewahrte sich zeitlebens den größten Respekt vor seinem Lehrmeister. – Niemals gebrauchte Mazarin mehr Härte als unbedingt notwendig war. Im Gegensatz zu Richelieu war er in der Behandlung seiner politischen Gegner konziliant. Er ließ keinen einzigen Rebellen köpfen. Sein Ehrgefühl war mit Vorsicht gepaart. Als ihm der Prinz von Condé einmal eine Ohrfeige gab, steckte er sie mit einem Bückling ein. »Ich verstelle mich«, sagte er von sich selbst, »ich mache Umwege, ich beschwichtige und gleiche aus, soweit es mir möglich ist. Aber wenn die Notwendigkeit mich zwingt, werde ich zeigen, wozu ich fähig bin.« Nach jenem Rezept verfuhr dieser merkwürdige Italiener, der zum Franzosen wurde, dieser Kardinal, der kein Geistlicher war, als er den Kampf gegen die Fronde der Aristokraten aufnahm. Um ihn durchzustehen, bedurfte es nicht nur überlegener Findigkeit und Intelligenz, sondern einer Tatkraft und Standhaftigkeit, welche moralische Qualitäten voraussetzten. In irgendeiner Weise muß Mazarin darüber verfügt haben – allen sonstigen dubiosen Eigenschaften zum Trotz, die zum Paradox seines Charakterbildes gehörten.

Richelieus Tod im Jahr 1642 gab den von ihm mühsam im Zaum gehaltenen Aristokraten das Signal zum Aufruhr. Als sie sich erhoben, bekamen sie eine landesweite Bundesgenossenschaft: Der bürgerliche Amtsadel und die Parlamente schlossen sich ihnen an, zeitweilig auch der Pöbel von Paris. Den Anstoß zur Revolution der ›Bürger‹ gaben die großen Gerichtshöfe, die in Frankreich ›Parlamente‹ hießen. Anna von Österreich erwirkte gleich nach Ludwigs XIII. Tod, daß das Parlament von Paris das Testament des Königs für nichtig erklärte und die Königin-Witwe als Regentin bestätigte. Dadurch erkannte sie unfreiwillig ein politisches Mitwirkungsrecht der Parlamente an. Diese gingen bald darauf zum Angriff über. Sie überprüften nicht nur die Gesetzgebung – auf Grund ihres Registrierungsrechts –, sondern kontrollierten versuchsweise auch die Finanzen. Aus Anlaß einer Steuerausschreibung riefen sie im Frühjahr 1648 zum Widerstand gegen die ihres Erachtens ungesetzliche Steuererhebung auf. Da der Wind ihnen günstig wehte, gingen sie noch weiter und arbeiteten eine Staatsverfassung aus, deren siebenundzwanzig Artikel mit ihren recht modernen Grundsätzen, zum Beispiel in Sachen der politischen staatsbürgerlichen Freiheit oder der Steuer- und Finanzkontrolle, die königliche Gewalt drastisch einschränkten. Am Tag der Unterzeichnung des Westfälischen Friedens, am 24. Oktober 1648, anerkannten die Königin und Mazarin diese Verfassung mit ihrer Unterschrift und nahmen für den Moment diese glatte Niederlage hin. Während des Krieges, den die Krone in den folgenden Jahren mit dem Adel führte, exzellierte Mazarin in der Taktik des geschmeidigen Zurückweichens. Während er mit dem Hof ins Ausland flüchtete, überließ er zeitweilig erst den Parlamenten, dann der Feudalopposition das Regieren, so daß er beiden Gele-

Philipp IV. von Spanien mit seinem Hof auf dem Heimweg nach Saragossa
Gemälde von Juan Bautista del Mazo und Velázquez, 1647
Madrid, Museo del Prado

genheit gab, ihre Unfähigkeit unter Beweis zu stellen. Er erlebte zu seiner großen Freude, daß die Mißwirtschaft katastrophale Formen annahm und den Rebellen die Gefolgschaft weglief. Schließlich rief man wieder nach dem Kardinal, weil man ihm noch am ehesten zutraute, Verwaltung, Finanzen und auswärtige Politik in den Griff zu bekommen. 1653 nach Paris zurückgekehrt setzte er nach dem blutigen Adelskrieg die Monarchie in ihre früheren Rechte ein und machte alles in allem das Königtum nunmehr krisenfest.

Unter solchen Voraussetzungen brachte er auch den schweren Krieg zum Abschluß, den Frankreich nach dem Westfälischen Frieden noch volle elf Jahre gegen Spanien führte. Condé und andere Frondeure machten längere Zeit mit Philipp IV. gemeinsame Sache. Frankreich geriet dadurch militärisch in größte Schwierigkeiten. Doch schließlich gewann es den Krieg mit englischer Hilfe. Oliver Cromwell hatte den Absolutismus bekämpft, die Monarchie abgeschafft und obendrein den Schwager des Königs von Frankreich geköpft; er war für einen Paladin des Absolutismus gewiß ein bedenklicher Partner. Dennoch traf Mazarin aus Gründen der Staatsräson mit ihm ein Arrangement und schloß 1657 ein englisch-französisches Bündnis. Gleichzeitig hinderte er durch Gründung eines Rhein-Bundes mit deutschen Reichsfürsten (1658) den Kaiser, zu Philipps IV. Gunsten in den spanisch-französischen Endkampf einzugreifen. England führte seit 1655 einen Kolonialkrieg gegen Spanien in Westindien, sandte jetzt aber auch Truppen auf den Kontinent. Dieser doppelten militärischen Gegnerschaft war Spanien nicht mehr gewachsen. Nach schweren Niederlagen in Flandern bot Philipp IV. den Frieden an. Er verlor Jamaika an England und verzichtete im Pyrenäen-Frieden von 1559 auf das Roussillon, Westflandern und das Artois zugunsten Frankreichs. Außerdem stimmte er einer Vermählung seiner Tochter Maria Theresa mit Ludwig XIV. und einer raffinierten Klausel zu, welche eine zwar anfechtbare, dennoch mit schwachen Gründen vertretbare französische Anwartschaft auf den spanischen Thron bedingt in

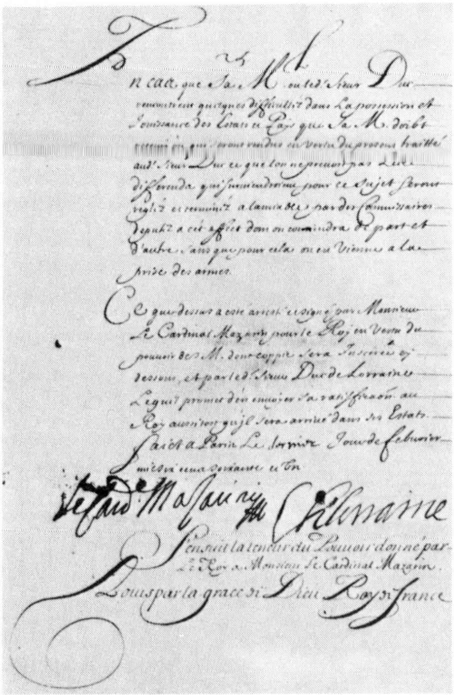

Das Ende der ersten Inbesitznahme
Lothringens durch Frankreich:
der Vertrag von Vincennes am 28. Februar 1661,
zwei Jahre nach dem Pyrenäen-Frieden
Schlußseite des Vertragsdokuments
mit den Unterschriften von Mazarin
(für Ludwig XIV.)
und Karl IV. von Lothringen
Paris, Ministère des Affaires Etrangères

Aussicht stellte. Lothringen, seit Richelieu unter französischer Besatzung und Verwaltung gestellt, wurde wieder in staatliche Selbständigkeit entlassen, mußte aber dulden, daß die Durchmarschstraßen ins Elsaß und nach Metz in Frankreichs Besitz blieben. Mit dem Pyrenäen-Frieden sank Spanien von den Höhen der Vorherrschaft in den Rang einer zweitklassigen Macht ab, während Frankreich seine kontinentale Hegemonie fortan schier ungehindert entfaltete. – Mazarin räumte aus dem Weg, was den Aufstieg des französischen Königtums zur Vormacht in Europa und zum Absolutismus im Innern behinderte. Er pflanzte dem jungen König den Willen ein, selbst zu regieren, weil er darin die Vorbedingung für ein Gedeihen der Monarchie erblickte. »Ich werde«, schrieb er an den König im Jahr des Pyrenäen-Friedens und zwei Jahre vor seinem Tod, »glücklich sein, in dem Augenblick zu sterben, in dem ich Sie imstande sehen werde, selbst zu regieren und sich Ihrer Mitarbeiter zu bedienen, um deren Ansichten zu hören, sie sich nach Ihrem Geschmack nutzbar zu machen und Befehle zu geben, nach denen sie zu handeln haben.«

England: die Große Revolution und das republikanische Experiment

König Jakob I., Maria Stuarts einziger Sohn, war in Schottland, wo er nominell seit 1567 als Jakob VI. regierte, calvinistisch erzogen worden. Er wurde Anglikaner, als er 1603 den englischen Thron bestieg. Er war ein gelehrter Theologe und Staatstheoretiker, der gern über Büchern saß und auch einige Bücher schrieb; so verfaßte er mehrere Traktate über die Natur der königlichen Gewalt, also quasi über sein Metier. Er prägte seinem Sohn den Satz ein: Wo kein Bischof ist, da ist auch kein König. Seiner Gesinnung nach neigte er zum Absolutismus. Er stand deshalb mit dem Parlament nicht immer im besten Einvernehmen und berief es so wenig wie möglich. In seiner auswärtigen Politik beendete er gleich nach Regierungsbeginn den Krieg mit Spanien durch den Frieden von London (1604) und suchte überhaupt mit allen europäischen Mächten Frieden zu halten. So bahnte er freundliche Beziehungen zu den beiden großen katholischen Festlandsmonarchien an. Seinem Nachfolger wollte er eine spanische Prinzessin zur Gattin geben. Der Thronerbe, Karl Stuart, reiste deshalb nach Madrid, doch scheiterte das Projekt zuletzt an unüberbrückbaren konfessionellen Schwierigkeiten. Statt der Infantin bekam er dann eine

Die Pulververschwörung katholischer Adliger gegen Jakob I. von England und das Parlament für den 5. November 1605
und die Verfolgung und Hinrichtung der Verschwörer
Flugblatt aus Deutschland

französische Prinzessin zur Frau, Henriette, Tochter Heinrichs IV. und Schwester Ludwigs XIII. Auch sie war eine Katholikin. Jakob I. sah darüber hinweg, nicht so jedoch seine Untertanen, denen seit Pius V. und Gregor XIII. der Papst und seine Kirche ein Greuel waren oder mindestens Widerwillen einflößten.

In den letzten Jahren Elisabeths I. hatte sich deutlich bemerkbar gemacht, daß das Parlament eine andere, und zwar sehr viel weitergehende Vorstellung vom Umfang seiner Befugnisse besaß als die Königin. Die Diskrepanz zwischen den beiderseitigen Auffassungen vergrößerte sich unter ihrem Nachfolger. Das zeigte sich an den zahllosen Petitionen des Unterhauses und an des Königs Entgegnungen. Das Parlament weitete den Umkreis seiner Zuständigkeiten quantitativ und qualitativ ins Ungemessene aus; der König bestritt ihm diese Ansprüche und reduzierte sie kräftig. Nach Ausbruch des Dreißigjährigen Krieges forderte das Parlament den König auf, zugunsten der Protestanten in der Pfalz zu intervenieren und weitere evangelische Fürsten Europas zum militärischen Eingreifen zu ermuntern. Es empfahl ihm auch, den Thronfolger nicht mit einer katholischen, sondern mit einer evangelischen Prinzessin zu verheiraten. Während Jakob I. sich gegen solches Hineinreden in seine Prärogative verwahrte, zählte ihm das Unterhaus in einer ›Protestation‹ vom 14. Dezember 1621 auf, was es als seine legitimen Funktionen ansah: nämlich »daß die Freiheiten, Privilegien und Jurisdiktionen des Parlaments ein altes, unzweifelhaftes Geburts- und Erbrecht der Untertanen von England sind; und daß die wichtigen und dringenden Angelegenheiten, die den König, den Staat, die Verteidigung des Königreiches und die Kirche von England betreffen, die Beobachtung der Gesetze und die Gesetzgebung, die Abstellung der täglich im Königreich vorkommenden Mißgriffe zu den eigentlichen Gegenständen der Beratung im Parlament gehören; und daß bei der Behandlung dieser Sachen jedes Unterhausmitglied das Recht auf Redefreiheit, Antragstellung, Verhandlung, Begründung und Beschlußfassung besitzt«. Jakob I., obwohl dezidiert bereit, jede durch Gewohnheit begründete Freiheit des Hauses zu achten, ließ sich diese Protestation nicht gefallen, sondern annullierte das Schreiben wegen seines Tons und Inhalts und Befehl, es zu zerreißen. – Es verschärfte den Gegensatz, daß der König und die anglikanische Kirche eng zusammenrückten, während das Unterhaus bevorzugt die Sache der Puritaner vertrat. Der konstitutionelle und der innerprotestantisch-religiöse Antagonismus gingen ineinander über. Die mit Konfliktstoff geladene Situation belastete Jakob I. noch zusätzlich durch seine Absicht, die anglikanische Kirche, welche er als ein Herrschaftsinstrument schätzen gelernt hatte, nach Schottland zu verpflanzen. Er ließ es nicht bei der Absicht bewenden, sondern tat die ersten vorbereitenden Schritte dazu. Als er 1625 starb, hinterließ er sein Land in einem äußerlich scheinbar ruhigen, in Wirklichkeit aber von hochgradigen Spannungen erfüllten Zustand.

Karl I. von England mit Henriette und dem Prinzen von Wales
Gemälde von Hendrick Gerritsz. Pot, 1632
Hampton Court Palace

Karl I. trat seine Regierung mit dem Willen an, sie aus königlicher Vollgewalt zu führen. Er folgte darin dem Beispiel der zeitgenössischen festländischen Souveräne. In seiner konkreten Lage hieß das: Er mußte versuchen, des Parlaments Herr zu werden. Dieser Versuch machte den Hauptinhalt seiner Regierung aus. Nach allgemeinem Urteil war Karl I. ein gläubiger Anglikaner, führte einen lauteren Lebenswandel und ein vorbildliches Familienleben. Als König war er von der Machtvollkommenheit seines Amtes und von dessen göttlichem Ursprung felsenfest überzeugt wie von einem Glaubensartikel. Erst dadurch wird sein politisches Verhalten überhaupt verständlich. Als Staatsmann verfügte er wohl nicht über die nötige Intelligenz und Umsicht, um die schwierige innere Lage zu meistern, in der er die Regierung übernahm. Seine erhabene Majestätsauffassung dürfte ihm die Einsicht in die tatsächlichen Grenzen und Möglichkeiten seiner Situation als König von England verbaut haben. Seine auswärtige Politik war zerfahren. Er schwankte, ob er sich in den von Richelieu gebildeten Ring der Gegner Habsburgs einreihen oder die Hugenotten in ihrem Krieg gegen Richelieu und die Krone Frankreichs unterstützen sollte. Er tat einmal das eine, einmal das andere und gewann so weder Frankreichs noch Spaniens Dank. Ab 1630 zog er sich so gut wie völlig aus der festländischen Politik zurück, vielleicht in der Einsicht, daß es dort nichts für ihn zu holen gab. Faktisch brachten ihm seine auswärtigen Unternehmungen einen Verlust an Reputation; sie kosteten Geld und stürzten ihn dadurch in innere Schwierigkeiten. Denn um die nötigen finanziellen Mittel zu erhalten, mußte er mehrmals ein Parlament einberufen, mit anderen Worten: sich auf einen heißen Boden begeben.

Die auf den Absolutismus zusteuernden Fürsten und Könige des Kontinents mußten, um ihre politische Macht auszubauen, fast ausnahmslos Gewalt anwenden. Kaum einem gelang es, sich kampflos in den Besitz der uneingeschränkten fürstlichen Vollgewalt zu setzen. Noch weniger war es einem König von England möglich. Zwar mangelte es ihm durchaus nicht an respektablen Vollmachten. Er verfügte von Gesetzes wegen über die Staatskirche und ihren Apparat; über eine gut ausgebaute staatliche Exekutive mit dem Privy Council an der Spitze; er hatte Einfluß auf den obersten Gerichtshof, die Sternkammer, und besaß eine Reihe von parlamentsunabhängigen Einnahmequellen aus Schiffszöllen und Monopolvergaben. Dagegen fehlte ihm so gut wie völlig eines der wirksamsten Instrumente, dessen sich die Könige des Festlands im 17. Jahrhundert bedienten: ein stehendes Heer. Führte er Krieg, so war er auf die Gefolgschaft von königstreuen Hochadligen mit ihrem Anhang angewiesen und darüber hinaus auf die Geldbewilligung des Parlaments. Dieses aber hielt den Daumen auf den Beutel. Es redete in die Innenpolitik seit je hinein; unter Jakobs I. Regierung wollte es auch an der auswärtigen Politik beteiligt werden. Kraft seines Gesetzgebungsrechtes befaßte es sich außerdem mit Kirche und Religion. Die Tudors hatten es regelmäßig für ihre kirchenpolitischen Entscheidungen herangezogen. Verglichen mit den Ständen in den Ländern des Kontinents war das englische Parlament sehr viel kräftiger entwickelt; es fußte auf gesicherten Traditionen und hatte sich durch lange Übung Erfahrungen erworben, die es zur Mitregierung befähigten. Von seinen beiden Häusern hatte seit der Tudor-Zeit das Oberhaus an Bedeutung verloren, das House of Commons, das Unterhaus, war dagegen zum eigentlichen Entscheidungsorgan geworden. In ihm war der ›Mittelstand‹ vertreten: Die großen Reeder, die Fernhändler, die Bankiers und der wohlhabende Landadel hatten im Unterhaus ihr Sprachrohr; ihre kommerziellen Interessen, ihr Unternehmungsgeist und ihr Selbstbewußtsein erfüllten auch die Abgeordneten. Sie traten der Krone gegenüber als Partner aus eigenem Recht auf und ließen sich keineswegs alles gefallen, was ihnen der Souverän zumutete. In diesen Mittelschichten war auch der nonkonformistische Protestantismus zu Hause; unter den Mitgliedern des Unterhauses befanden sich

Presbyterianer, Puritaner und Independenten. Als Angehörige der vom Staat unterdrückten protestantischen Minderheiten opponierten sie der Staatskirche nicht nur politisch, sondern auch aus religiösem Widerstandsgeist.

Aus gegebenem Anlaß erklärte das Parlament 1628 in der ›Petition of Rights‹ eine Steuererhebung ohne Parlamentsbeschluß und die willkürliche Verhaftung von englischen Bürgern für gesetzwidrig und verlangte vom König, sich zu diesen Grundsätzen zu bekennen. 1629 verabschiedete es noch weitere Beschlüsse, welche sich einengend gegen die königliche Prärogative und gegen die anglikanische Kirche richteten. Karl I. regierte daraufhin elf Jahre lang, von 1629 bis 1640, ohne Parlament und versuchte es mit dem Absolutismus. Er verstärkte den Staatsapparat, besetzte die Gerichtshöfe mit ihm ergebenen Richtern und erweiterte durch Einrichtung einer Hochkommission für geistliche Angelegenheiten die Macht der anglikanischen Kirche. Unter den Mitarbeitern, die ihn in dieser Richtung bestärkten, ragten Thomas Wentworth, Earl of Strafford, als leitender Minister und William Laud als Vollstrecker seiner Kirchenpolitik hervor. – William Laud, Bischof von London und seit 1633 als Erzbischof von Canterbury Primas von England, vertrat einen hochkirchlichen Episkopalismus, welchen die beiden ersten Stuarts aus gutem Grund begünstigten. Karl I. machte ihn zu einem integrierenden Bestandteil seiner absolutistischen Politik. Der Theorie dieses Episkopalismus zufolge war die Monarchie göttlichen Ursprungs und besaß theokratischen Charakter: Danach sollten – wie die Juden des Alten Testaments ihren Königen – die Engländer ihrem Herrscher in geistlichen und weltlichen Dingen zum Gehorsam verpflichtet sein. Laud, ein überzeugter Repräsentant dieser Anschauung, setzte alles daran, diese Grundsätze auf das kirchliche und politische Leben anzuwenden. 1640, als Karls I. Herrschaft schon ins Wanken geriet, gelang es diesem tatkräftigen Kirchenmann, auf einer anglikanischen Synode siebzehn Canones beschließen zu lassen, durch die der göttliche Ursprung des königlichen Kirchenregiments und der Bischofsverfassung zum Glaubenssatz erhoben wurde. Wer anders lehrte, wurde mit gesetzlichen Strafen bedroht. Ihren Inhalt faßte der ›Et-cetera-Eid‹ zusammen; er verlangte von denen, die ihn schwuren, das Bekenntnis, daß Lehre, Disziplin und Regierung, wie sie in der Kirche von England bestünden, zur Erlangung der Seligkeit notwendig waren.

William Laud
Gemälde eines Unbekannten, um 1636
London, National Portrait Gallery

Die entsprechenden Ansätze seines Vaters aufnehmend, versuchte Karl I. die anglikanische Kirche in Schottland einzuführen. Schritt um Schritt vorgehend, machte er dort die Annahme des anglikanischen Kults und Dogmas durch einschlägige Anordnungen zur Pflicht. Die Schotten lehnten sich dagegen auf. Sie schlossen sich 1638 zu einem Widerstandsbund, einem Convenant, zusammen. Dessen Mitglieder verpflichteten sich, die reformierte Kirchenverfassung mit allen Kräften vor der in ihren Augen gottlosen ›kryptopapistischen‹

Hierarchie der Staatskirche zu bewahren, und leisteten einen Eid darauf. 1639 nahm das Parlament in Edinburgh die Regierung selbständig in die Hand. Karl I. wollte die Rebellion niederschlagen, seine Kontingente waren aber zu schwach dazu. Die Schotten, nach Trevelyan »eine furchtbare Mischung aus feudal und demokratisch«, daran gewöhnt, Meinungsverschiedenheiten untereinander und mit der Regierung durch das Schwert zu entscheiden, organisierten sich in Kürze zur Gegenwehr. Die Barone gliederten ihr Stammesgefolge zu kleinen Einheiten; die militärische Ausbildung übernahmen jene zahlreichen Schotten, die auf dem Kontinent in den Schlachten des Dreißigjährigen Krieges mitgekämpft und in den Heeren Wallensteins und Gustav Adolfs gedient hatten. Karl I. berief in seiner Not ein Parlament, um sich Geldmittel zu erbitten, löste es aber nach drei Wochen auf, weil er kein Entgegenkommen fand. Das war das sogenannte Kurze Parlament (vom April 1640). Inzwischen fluteten die Schotten, nachdem sie sich mit der Unterhaus-Opposition verständigt hatten, über die Grenze nach England. In Verhandlungen erklärten sie sich zum Abzug gegen eine Art Kriegskostenentschädigung bereit. Dem König blieb in dieser Lage nichts anderes übrig, als sich an das Parlament zu wenden. Es trat im November 1640 zusammen und ging als das ›Lange Parlament‹ in die Geschichte ein.

Was das Parlament von sich selber hielt, kleidete der Abgeordnete John Pym in die Worte: »Die Gerechtsame des Parlaments bedeuten für den Staat dasselbe wie das Denkvermögen für die menschliche Seele.« Bei einer solchen Anschauungsweise blieb für die königlichen Regierungsvollmachten nicht mehr besonders viel Platz. Das Parlament betrachtete es als seine Hauptaufgabe, mit dem Absolutismus des Königs gründlichst aufzuräumen. Es legte sich keine nennenswerte Zurückhaltung auf, als es daran ging, die Kompetenzen des Souveräns abzubauen. Der Privy Council, die Sternkammer, die königliche Gerichtsbarkeit und alle wichtigeren Institutionen, die bisher rechtmäßige Attribute der königlichen Gewalt gewesen waren, wurden aufgehoben. Das Parlament entzog seinem Souverän das Recht der Parlamentsauflösung und sprach es sich selbst zu; ebenso konstituierte es sich als oberster Staatsgerichtshof und verurteilte in dieser Funktion des Königs Ersten Minister, den Earl of Strafford, zum Tode – als den Inspirator einer verderblichen Politik. William Laud, ebenfalls des Hochverrats angeklagt, traf das gleiche Schicksal, doch wurde er erst 1645, nach vierjähriger Kerkerhaft, hingerichtet.

Die Gemäßigten im Unter- und Oberhaus wollten es damit bewenden lassen, die radikale Mehrheit wollte weitergehen. Der Dissens zwischen beiden Flügeln offenbarte sich an der Frage des militärischen Oberbefehls. Sie wurde akut, weil in Irland ein Aufstand ausgebrochen war. Um ihn niederzuwerfen, mußte England ein Heer aufstellen. Dem Herkommen nach, auf das sich das Unterhaus so fleißig berief, stand es außer Zweifel, daß dem König der Oberbefehl gebührte. Die Puritaner und Nonkonformisten unter den Abgeordneten hielten es aber für gefährlich, dem König ein Kommando zu übertragen. Über dieser Meinungsverschiedenheit spaltete sich das Parlament, und aus der Spaltung kam es zur Parteibildung und zu einem vierjährigen Bürgerkrieg. Die Gemäßigten gingen zum König über; auf seine Seite schlugen sich der hohe Adel und alles, was mit der anglikanischen Kirche sympathisierte. Als Parteigänger der Monarchie hießen sie die ›Kavaliere‹. Die Parlamentsmehrheit, welche die andere Seite des ersten Bürgerkrieges darstellte, übernahm in den von ihr kontrollierten Landesteilen – in London und im Osten Englands – Regierungsfunktionen, hob die Monarchie aber formell nicht auf. Militärisch befand sich das Parlament anfangs in einer so schwachen Position, daß es die Schotten um Hilfe bat. Diese versagten sich dem Bündnisangebot nicht, verlangten jedoch als Gegenleistung, daß England kirchlich zum Calvinismus überschwenkte. In seiner bedrängten Lage war das Parlament bereit, den verlangten Preis zu zahlen. In der Folge erteilte es

Die Hinrichtung des Earl of Strafford in London am 12. Mai 1641
Radierung von Wenzel Hollar, nach 1641

einem zur Reform der englischen Kirche berufenen Theologenkonvent – der sogenannten Westminster-Synode (1643 bis 1647) – den Auftrag, eine Union der Kirchen von Schottland und England auf dem Boden des Calvinismus vorzubereiten. 1648 verabschiedete das Parlament die bis dahin erarbeiteten Entwürfe – die Westminster Confession, den Katechismus, die Kirchenverfassung und Gottesdienstordnung –, vermochte sie aber nicht zu längerem Leben zu erwecken, weil es von der politischen Entwicklung überrollt wurde und neue Machthaber die gerade angenommenen Kirchengesetze wieder außer Kraft setzten.

Denn inzwischen veränderten sich die Fronten im Bürgerkrieg. Hatten sich 1642 das Parlament und der König gegenübergestanden, danach sich die Gemäßigten und die Radikalen unter den Abgeordneten entzweit, so setzte 1646 nach dem militärischen Sieg des Parlaments im ersten Bürgerkrieg eine neue Separation ein. Dies hing mit politischen Zerwürfnissen unter den Siegern zusammen, ging aber in der Tiefe auf die Politisierung des protestantischen Nonkonformismus zurück, als dessen stärkste Kraft die Independenten die geschichtliche Bühne betraten. Das Independententum, dessen Ursprünge sich nicht ganz präzis aufhellen lassen, war mit den religiösen Bewegungen verwandt, die unterhalb des offiziellen Kirchentums der Lutheraner und der Katholiken dahinströmten: mit dem Spiritualismus, der Mystik, der Apokalyptik und dem Enthusiasmus. Es gab viele Varianten unter den independentistischen Gemeinschaften, allen aber war gemeinsam, daß sie sich zur Unabhängigkeit der Einzelgemeinde bekannten und diese als eine Versammlung oder Congregation der wahrhaft Gläubigen oder Heiligen verstanden, bei der es keinen Unterschied zwischen Laien und Geistlichen gab; alle fühlten sich als Gemeinde auch dem Staat gegenüber autonom. Auch unter den Unterhausabgeordneten gab es Independentisten oder Congregationalisten. Der Bürgerkrieg setzte die Kräfte frei, die in dieser unabhängigen Richtung des Protestantismus aufgespeichert waren. Der Kampf des Unterhauses gegen

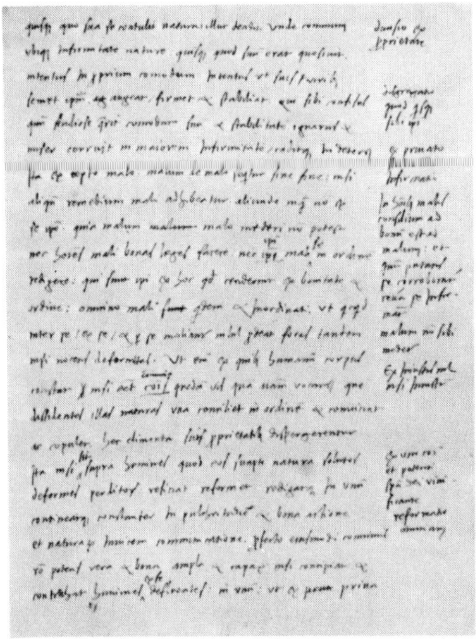

Englands früher Beitrag
zum Kampf für eine Reform der Kirche
Eine Seite aus dem Manuskript
›De compositione sancti corporis Christi
mystici‹ des Theologen John Colet,
Anfang des 16. Jahrhunderts
Cambridge, University Library

das autoritäre Regime der Kirche von England war zugleich ein Kampf der Dissenter für die Freiheit der religiösen Betätigung. Sie stellten sich deshalb freudig hinter das Parlament. Weil ihr Enthusiasmus ihnen eingab, das Volk Gottes zu sein, meinten sie auch im Krieg gegen ihre politischen Gegner die Schlachten Jehovas gegen die Feinde des auserwählten Volkes zu schlagen. Sie übertrugen ihre religiösen Vorstellungen in das konkrete politische Leben; ihre politischen Handlungen verwandelten sich in ihrem Bewußtsein zu Taten für den Herrn oder zu Taten, die der Herr durch sie ausführte. In dieser Bewußtseinslage lebte der bedeutendste Repräsentant des Independententums auf der politischen Bühne Großbritanniens: der Landedelmann und Reitergeneral Oliver Cromwell.

Cromwell, 1599 im Osten Englands geboren und nur wenig älter als Karl I. und Mazarin, wuchs in puritanischer Zucht auf und wurde 1628 durch ein Bekehrungserlebnis zum Independententum erweckt. Er gehörte den Parlamenten von 1628 und 1640 an und opponierte aus religiösen Gründen dem Königtum. Aus puritanischen Männern der Middle classes bildete er, zunächst in seiner engeren Heimat, während des Bürgerkrieges ein Heer aus, dessen Zucht und Frömmigkeit sprichwörtlich wurden. Im Zuge einer Umstellung des Parlamentsheeres rückte er zum Befehlshaber der gesamten Reiterei auf. Mit seinen Ironsides, deren Glaubenseifer er in Manneszucht und Kampfmoral umzusetzen verstand, schlug er sich hervorragend gegen die Truppen des Königs in den Schlachten bei Marston Moor 1644, Naseby 1645 und Oxford 1646 und trug wesentlich zum Sieg des Parlaments über den König bei. Cromwells Stunde schlug, als sich nach errungenem Sieg das Parlament und sein Heer entzweiten; sie konnten sich über die politische Auswertung des Sieges nicht einigen. Das Parlament beabsichtigte nicht, nachdem es den König gezähmt hatte, die Monarchie abzuschaffen, versuchte aber das presbyterianische Kirchensystem für England verbindlich zu machen. Beides hielt die von starken independentistischen Kräften getragene Armee für ungut. Zur Kraftprobe kam es, als das Parlament das Heer, welches ja nur ad hoc für den Bürgerkrieg aufgestellt worden war, aufzulösen befahl. In diesem Moment erhob sich die militärische Führung gegen die zivile und verweigerte den Gehorsam. Vordergründig spielten Fragen der Selbsterhaltung, etwa Forderungen nach rückständigem Sold und nach Sicherheit vor religiösen Verfolgungen, eine gewisse Rolle. Im Kern vertraten die Heeresführung und die hinter ihr stehenden Soldaten ein über die ›parlamentarische‹ Monarchie hinausgehendes revolutionäres Herrschaftsprogramm.

Die Nonkonformisten aller Schattierungen waren nicht gesonnen, sich einer presbyterianischen Kirche zu unterwerfen, wie sie ihnen das Parlament bescheren wollte, und lehnten sich dagegen auf. Das Heer bot ihnen einen Rückhalt und wurde so durch die Umstände auf einmal zum Hort der freien protestantischen Gruppen, ja zum Organ der politischen und religiösen Freiheiten Englands, zum Träger der Volkssouveränität und zur Organisation des Volkes Gottes, wenn man den Worten derer folgt, die auf Versammlungen und in Flugschriften begeistert und agitatorisch von der Sendung und dem Auftrag der Armee sprachen. Allmählich erfüllte sich, als Frucht solcher Verkündigung, das Bewußtsein der Aktivisten im Heer und derer, die auf ihrer Seite standen, mit dem Idealbild einer religiös motivierten, aber ins politische Leben umzusetzenden Volksherrschaft, sozusagen von Gottes Gnaden. Nachdem die Entwicklung in diese Richtung trieb, rückten jenseits der Armee das Parlament, die Schotten und die Anhänger des Königs allmählich auf eine Linie zusammen. Sie waren sich darin einig, daß sie die Monarchie erhalten wollten, sei es, daß sie in ihr ein geringeres Übel sahen als in der Säbelherrschaft von regierenden Generalen, sei es, daß sie die Republik als Staatsform aus Überzeugung verabscheuten. – Cromwell, an den inzwischen die Führung der Armee und ihrer Politik ganz übergegangen war, hielt die verschiedenen Kräftegruppen auf der Seite seiner Gegner in Schach, bis er sie einzeln über-

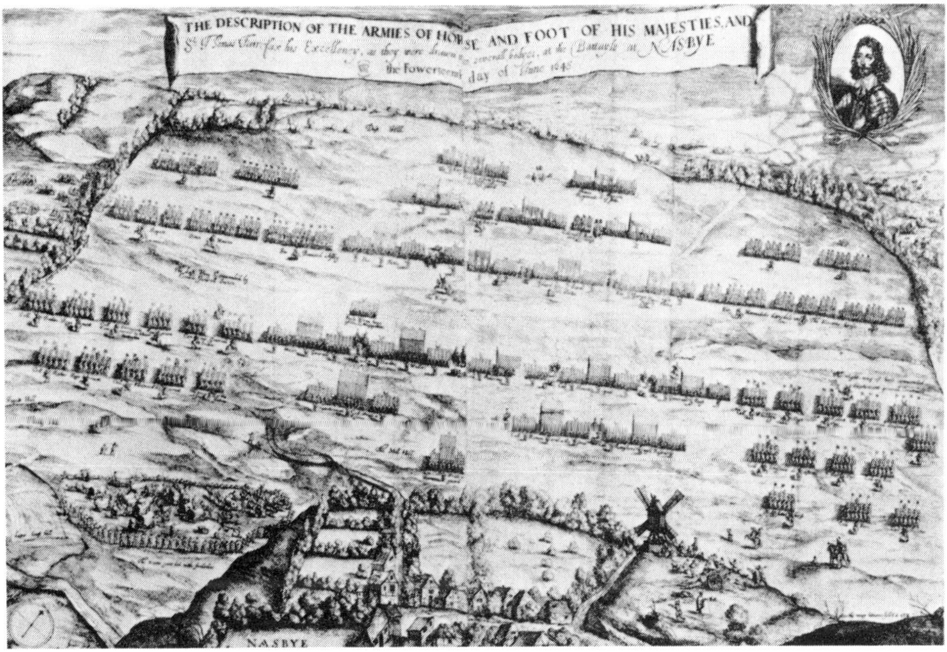

Formation der königlichen und der Cromwellschen Verbände vor Beginn der Schlacht bei Naseby am 14. Juni 1645
Kupferstich von Joshua Sprigg, 1645
London, British Museum

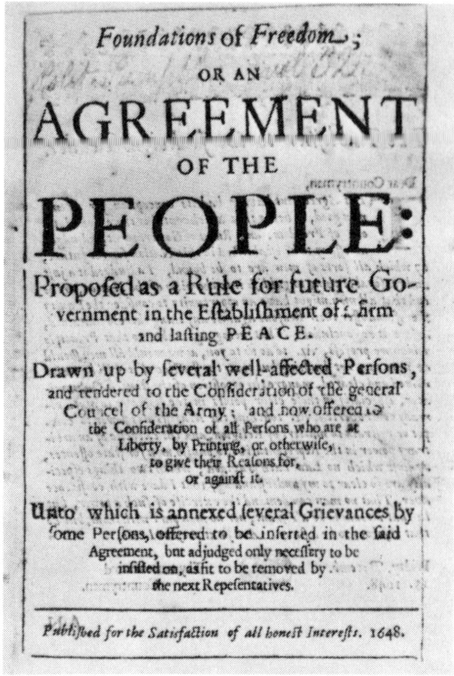

Foundations of Freedom;
OR AN
AGREEMENT
OF THE
PEOPLE:
Proposed as a Rule for future Government in the Establishment of a firm and lasting PEACE.
Drawn up by several well-affected Persons, and tendered to the Consideration of the general Councel of the Army; and now offered to the Consideration of all Persons who are at Liberty, by Printing, or otherwise, to give their Reasons for, or against it.
Unto which is annexed several Grievances by some Persons, offered to be inserted in the said Agreement, but adjudged only necessary to be insisted on, as fit to be removed by the next Repesentatives.
Published for the Satisfaction of all honest Interests. 1648.

Die Levellers kontra Cromwell
Titelseite ihres 1648 veröffentlichten Manifests,
eines ›Gesellschaftsvertrages‹
zwischen dem beherrschten Volk
und den Herrschenden
London, British Library

wältigte. Als sich die Schotten in Übereinstimmung mit dem Parlament eindeutig für die Monarchie entschieden, ging er nach Schottland und schlug dort das Aufgebot seiner Gegner vernichtend in der dreitägigen Schlacht bei Preston (17. bis 19. August 1648). Mit diesem Sieg beendete er den sogenannten zweiten Bürgerkrieg (vom Mai bis August 1648).

Während sich auf dem Festland der Westfälische Friedenskongreß seinem Ende näherte, zog in England das Ende der Monarchie herauf und vollendete sich das Schicksal des Königs. Nach dem Sieg über die Schotten nahm die Armee das Parlament zu London in seinen Griff. Militärische Kommandos warfen am 6. Dezember 1648 die Mehrheit der Abgeordneten aus dem Parlament hinaus, so daß dieses nur noch aus einer Minderheit von antiroyalistischen Independenten bestand. Cromwell bezeichnete diesen Gewaltakt, der gewiß keine Heldentat war, als einen Fingerzeig Gottes und gab damit zu erkennen, wie hoch er von der Diktatur dachte, die er unter dem Namen einer Volksherrschaft zu institutionalisieren begann. Kurz vor dem Gewaltstreich rechtfertigte er sich gegenüber einem Freund, dem Obersten Hammond, dem es bedenklich schien, die gottgesetzte Obrigkeit des Parlaments zu bekämpfen, mit Ideen, die für ihn ebenso zwingend wie für andere verwunderlich gewesen sein mögen. Er ging davon aus, daß »des Volkes Wohl das oberste Gesetz« sei, bezweifelte, daß das Parlament diesem Gesetz voll genüge, und fragte rhetorisch: »Ist nicht dieses Heer eine rechtmäßig eingesetzte Macht, von Gott berufen, dem König entgegenzutreten und sich ihm zu widersetzen?« Kann nicht dieses Heer, führte er seinen Gedanken fort, wenn das Parlament nicht gut tut, sich mit dem gleichen Recht auch dem Parlament widersetzen? »Ist denn der, der handelt, nicht bereit, mit Gottes Hilfe alles für Ihn zu opfern? Warum hätte dann die Vorsehung die Herzen so vieler aus dem Volke Gottes hierzu geneigt gemacht, besonders in dieser kleinen Armee, deren sich der große Gott so gnädig bedient, um Sich kundzutun?« – Gestützt auf diese Armee, welche, laut Cromwell von Gott berufen, sich für das Wohl des Volkes einsetzte, regierte er mit Parlamenten, die im Sinn der englischen Tradition keine waren, und beseitigte die Monarchie. Er ließ den Rest des Unterhauses, das ›Rumpfparlament‹, sich selbst ergänzen durch Ernennung von nichtgewählten Gesinnungsfreunden zu Parlamentsmitgliedern. Dieses Institut erklärte sich zur Volksvertretung und erhob den Anspruch, in seinen Mitgliedern die Souveränität des Volkes zu verkörpern. In solcher Eigenschaft bildete es einen Sondergerichtshof, verklagte den König, dessen sich Cromwell hatte bemächtigen können, wegen tyrannischen Verhaltens gegen sein Volk und verurteilte ihn als Hochverräter und Volksfeind zum Tode. Am 30. Januar 1649 wurde Karl I. »auf offener Straße vor Whitehall«, wie es im Vollstreckungsbefehl hieß, enthauptet. Tags darauf schaffte das Rumpfparlament das Oberhaus und die Monarchie ab: England wurde zur Republik erklärt.

Auf das gescheiterte Experiment des Absolutismus folgte das verfehlte Experiment einer Republik ohne Verfassung als der Großen englischen Revolution anderer Teil. Cromwell war ein hervorragender General, er schlug die Schotten, weil sie zu den Stuarts hielten, er schlug die Iren, hauste übel auf ihrer Insel, deportierte gefangene Soldaten, enteignete katholische Grundbesitzer und institutionalisierte die politische und soziale Unterdrückung der Eingesessenen. Er führte eine tatkräftige und gewinnbringende auswärtige Politik. Die Interessenvertreter der Londoner Kaufmannschaft in Cromwells Staatsrat veranlaßten 1651 die Verabschiedung eines Schiffahrtgesetzes, des ›Act of Navigation‹, dessen Bestimmungen dem englischen Seehandel glänzende Entwicklungsmöglichkeiten eröffneten und die Holländer aus dem überseeischen und intereuropäischen Zwischenhandel, sofern er über England lief, hinauswarfen. Da den Krieg, den beide Seevölker von 1652 bis 1654 miteinander führten, Admiral Robert Blake dank seiner überlegenen Flottenführung für England gewann, mußte Holland, das bisher an der Spitze der Welthandelsschiffahrt gelegen hatte, die Engländer fortan als ernst zu nehmende Konkurrenz respektieren lernen und den ›Act of Navigation‹ anerkennen. Auch in der Nord-Ostsee-Schiffahrt durch den Sund und den Belt, die eine Domäne der Niederländer gewesen war, holte Cromwell auf und erreichte durch Verträge mit Schweden und Dänemark günstige Bedingungen, die England bei der Durchfahrt durch den Sund mit den Generalstaaten gleichstellten. Eine wirtschaftlich ergiebige Kolonie trug ihm mit Jamaika der sonst nicht eben ruhmreich mit Spanien geführte Krieg (1655 bis 1658) ein, der ihn zum zeitweiligen Verbündeten Frankreichs unter Mazarin machte. Im übrigen waren seine auswärtigen Unternehmungen wegen der Kosten, die sie verursachten, in England nicht sonderlich beliebt. – In der inneren Politik versagte er. Er beseitigte zwar die Monarchie, erwies sich aber unfähig, der Republik eine auch nur einigermaßen haltbare Verfassung zu geben. Mit den ›Parlamenten‹, die er von Zeit zu Zeit konstituierte und die in Wirklichkeit keine Parlamente waren, kam er nicht zurecht: weder mit dem ›Parlament der Heiligen‹ (1653), einem Konglomerat von gesinnungstüchtigen Independenten, mit denen keine sachliche Arbeit zu leisten war, noch mit den beiden sogenannten Protektoratsparlamenten (1654/55 und 1656 bis 1658). Er regierte mit der Armee; auch die Auflösung der Parlamente erfolgte durch militärische Eingriffe oder auf den Druck des Heeres hin. Auf Grund einer Initiative von ihm ergebenen hohen Offizieren übernahm er die Regierung auf Lebenszeit mit dem Titel eines Lord Protector. 1658 starb er. Seine Regierungsweise mit religiöser Gesinnung, persönlicher Autorität, militärischer Kommandogewalt und ohne Institutionen erwies sich als untunlich und ließ sich nicht fortsetzen. Kein Mensch erwärmte sich nach seinem Tod für das Protektorat und die Republik. So wurde die Monarchie unblutig und ohne Revolution wiederhergestellt. Sie pendelte sich sozusagen wieder ein.

Wenn man nach den Ergebnissen fragt, die die Revolutions- und Protektoratsperiode gebracht haben, so gingen Krone und Kirche gewiß geschwächt aus diesen zwanzig Jahren hervor, aber sie überlebten und traten erneut in ihre Rechte ein. Desgleichen, jedoch ungeschwächt, das Parlament. Das Sozialgefüge blieb stabil. Es gab Besitzverschiebungen im einzelnen, aber im ganzen keine Umwälzung. Handel und Seefahrt entwikkelten sich trotz Bürgerkrieg und Sturz der Regime ausgezeichnet. Der Wechsel der Regime und ihrer Religionspolitik veranlaßte größere Mengen

Der Innenhof der Londoner Börse vor dem großen Stadtbrand im Jahr 1666
Radierung von Wenzel Hollar, 1644
Wien, Graphische Sammlung Albertina

der jeweils konfessionell Verfolgten zur Auswanderung nach Amerika und half ungewollt die Kolonien bevölkern. Der maritime Aufschwung setzte sich ungebrochen fort. Was aber aus der Legierung politischer und religiöser Ideen während der Diktaturperiode Cromwells als bleibender Ertrag an künftige Generationen überging, dürfte das Erwählungsbewußtsein gewesen sein. Es tauchte bei Cromwell im Bürgerkrieg zunächst auf die eigene Partei bezogen auf, die immer auch als Volk Gottes verstanden wurde. »Es war ein in jeder Beziehung vollständiger Sieg«, schrieb er 1645 nach der blutigen Schlacht von Naseby, »errungen dadurch, daß der Herr so besonders die Partei der Frommen segnete.« In späteren Ansprachen nannte er England »das zwar nicht größte, dennoch ein sehr großes, vor allem das beste Volk der Welt, ein Volk, das den Stempel Gottes auf der Stirn trägt«. Für negative Gegenbilder mußten Englands politische Feinde herhalten, 1655 zum Beispiel Spanien: ein Volk, in welchem »Feindschaft ist gegen alles, was von Gott ist«. Es handelte sich dabei, woran die biblischen Anklänge laufend erinnern, um die Hinübernahme des altjüdischen Auserwähltheitsglaubens in das Bewußtsein einer modernen europäischen Nation. Gewiß haben spätere englische Generationen nicht mit der massiven Sprache Cromwells gesprochen, aber die transrationale Verbindung eines religiös begründeten Sendungsbewußtseins mit der Idee nationaler Auserwähltheit lebte über Cromwell hinaus in manchen Spielarten noch lange fort und gehörte allem Anschein nach zum geistigen Fundament des späteren Empire.

Für Europa waren die Revolution und Cromwell schockierend; denn selbst im Vergleich mit der Absetzung Philipps II. durch die niederländischen Provinzen war die Hinrichtung eines Königs durch sein Volk ein einmaliger, bis dahin unerhörter, nicht erlebter Exzeß. Kein Wunder, daß die Stuarts rundum Sympathie fanden. Ganz offensichtlich durchlief England mit der Politisierung des protestantischen Nonkonformismus ebenso eine besondere Entwicklung wie mit dem Aufstieg des Parlaments zum zentralen politischen Entscheidungsorgan. Hierfür gab es anderswo keine Parallelen. Schließlich war England so mit sich selbst beschäftigt, daß nahezu alles, was zwischen 1620 und 1659 auf dem Kontinent geschah, ohne englische Mitwirkung vonstatten ging. Natürlich blieben die lebhaften Kontakte in Wirtschaft, Handel und Wissenschaft. Aber politisch übte England in bezug auf den Kontinent Abstinenz. Das war früher nicht so und änderte sich später wieder. Aber auch das gehörte zur europäischen Epoche des Dreißigjährigen Krieges, daß sich der Große Krieg kontinental abspielte, von Spanien bis zur Weichsel-Mündung, sozusagen an England vorbei. Während in Münster und Osnabrück der Westfälische Friede unterzeichnet wurde, wurde in England die Monarchie gestürzt. Beides verlief nach eigener Gesetzlichkeit, hatte aber wenig miteinander zu tun.

Europa um die Mitte des 17. Jahrhunderts

Unterschiedlich war die Bedeutung des Westfälischen Friedens für Deutschland, für Frankreich und für Schweden. Für das Reich stellte er einen tiefgehenden Einschnitt dar und, aus weiterer Perspektive gesehen, einen Wendepunkt in seiner Geschichte. In die Zukunft hineingesehen, bedeutete der Friede von 1648 einen Neubeginn auf veränderten Grundlagen, und zwar nicht nur im politischen Leben des Reiches. Indem er das Zeitalter des Absolutismus eröffnete und zur Entfaltung gelangen ließ, leitete er für das Alte Reich die Spätphase seiner tausendjährigen Geschichte ein. Indem er das Verhältnis von Reichsoberhaupt und Ständen veränderte, führte er einen Wandel im Stil der Politik und Reichsführung herbei. Denn bis dahin vornehmlich eine Geschichte des Reiches und seiner Kaiser, wurde die Geschichte Deutschlands jetzt viel stärker eine Geschichte der großen Territorien. Nicht von heute auf morgen, sondern zögernd breitete sich der Frieden über die deutschen Landschaften aus; von Störungen immer wieder unterbrochen, schritt allmählich die Beruhigung fort. Aber sie hatte Bestand. Darin lag die Voraussetzung dafür, daß die Bevölkerung an die Beseitigung der Trümmer und an den Wiederaufbau von Haus und Hof heranging. Der Krieg war nicht, wie so oft, bloß unterbrochen worden, sondern zu Ende gegangen. Es begann ein Erholungsprozeß auf lange Sicht.

Fragt man nach den Resultaten und Folgen des Friedensschlusses, so fallen die Antworten je nach Standpunkt recht unterschiedlich aus. Aus der Sicht und Empfindung der unmittelbar vom Krieg Heimgesuchten besaß der Friede andere und höhere Qualitäten als aus der Sicht der Regierenden. Die Kunst hatte da eine beredte Sprache; man denke nur an Jacques Callot. Die Literatur reagierte differenziert auf den Übergang vom Krieg zum Frieden: naiv, reflexiv, analytisch, existenziell. Und es ist aufschlußreich für das Bild der Zeit, wie man den Frieden und den durch ihn geschaffenen Wandel aufnahm. Die Vertragstexte von Münster und Osnabrück begannen noch wie eine mittelalterliche Urkunde mit der altehrwürdigen Invocatio: »In nomine Sacrosanctae et Individuae Trinitatis. Amen« – im Namen der allerheiligsten Dreifaltigkeit. Die Verpflichtung, die der christliche Glaube ihnen auferlegte, mag von den Politikern auf dem Friedenskongreß unterschiedlich empfunden worden sein und nicht immer als Leitlinie gedient haben. In der Bevölkerung war sie noch gegenwärtig und diente als Orientierungsrahmen, welcher dem einzelnen half, sich einigermaßen in der Zeit zurechtzufinden. Der ›Münsterische Postillon‹, das im schlichten Volkston gehaltene Lied eines unbekannten Verfassers, welcher dem christlichen Europa die ›Neue Zeitung von dem lang gewünschten Frieden in

Deutschland‹ überbrachte, begann mit der Anrede: »Freu dich, spring auf, du Christenheit, ich bring dir gute Märe.« Das einundzwanzig Strophen lange Gedicht schloß mit der Mahnung:

»Darumb, o Mensch, zu dieser Zeit
tu wieder dich erkennen;
diese unaussprechliche Gnad
des Allerhöchsten Herren,
die er dir jetzt erzeiget hat
zu Lob und seinen Ehren«

– ergänzt durch die Aufforderung zu täglicher Danksagung: »spät und früh . . . vor Christo, deinem Herren.« Im Kontrast zu den beim ›Postillon‹ überwiegenden Empfindungen des Dankes, wenn auch nicht unbedingt im Gegensatz dazu, standen die bitteren Worte des Schlesiers Friedrich von Logau, der mit analytischer Schärfe, soweit es die Kürze des Epigramms zuließ, die Antriebskräfte bloßlegte, die in Kriegführung und Politik vorwalteten, und Aufwand und Ergebnisse gegeneinander verrechnend Sentenzen formulierte wie die folgenden:

»Was kostet uns der Fried?
O wieviel Zeit und Jahre!
Was kostet uns der Fried?
O wieviel graue Haare!
Was kostet uns der Fried?
O wieviel Ströme Blut!
Was kostet uns der Fried?
O wieviel Trümmer Gut!
Ergötzt er auch dafür und lohnt so viel Veröden?
Ja: Wem? Frag Echo drum; wen meint sie wohl?
(Echo:) Den Schweden!«

Diagnostik des Zeitgeschehens, verbunden mit der Wertung des Moralisten, bildete ein Charakteristikum der Logauschen Sinnsprüche, deren einige jedenfalls etwas von der Bewußtseinslage offenbaren, in der sich manchem Zeitgenossen das allgemeine Geschehen einprägte – wozu auch das Epigramm über ›die unartige Zeit‹ gehört haben mag, welches lautete:

»Die Alten konnten tapfer singen
Von tapfern deutschen Heldendingen,
Die ihre Väter ausgeübet.
Wo Gott uns ja noch Kinder gibet,
Die werden unser Zeit Beginnen
Beheulen, nicht besingen können.«

Ganz anders stellte sich einer der größten geistlichen Lyriker des Zeitalters, Paul Gerhardt, in seinem Friedenslied dem Zeitgeschehen. Er rückte den Gedanken an die das Unheil und Elend verursachende Sündhaftigkeit noch drängender als der ›Postillon‹, der ebenfalls darauf verwiesen hatte, in den Vordergrund und hob entsprechend ernst auf die Notwendigkeit der Buße ab, wie er andererseits auch den Frieden noch bewußter als eine unverdiente Gnadengabe empfand. Und so folgte denn bei ihm auf die erste freudige Reaktion: »O Deutschland, singe Lieder im hohen vollen Chor« sogleich die Reflexion:

»wir haben nichts verdienet
als schwere Straf und großen Zorn,
weil stets bei uns noch grünet
der freche schnöde Sündendorn.
Wir sind fürwahr geschlagen
mit harter scharfer Rut,
Und dennoch muß man fragen
Wer ist, der Buße tut?
Wir sind und bleiben böse,
Gott ist und bleibet treu,
Hilft, daß sich bei uns löset
Der Krieg und sein Geschrei.«

Das Ganze endete mit einer in die Tiefe lotenden Deutung des Zeitgeschehens sub specie aeternitatis, jedoch nicht lehrhaft, sondern beschwörend:

»Was Gott bisher gesendet,
Das hast du ausgelacht,
Nun hat er sich gewendet
Und väterlich bedacht:
Vom Grimm und scharfen Dingen
Zu deinem Heil zu ruhn,
Ob er dich möchte zwingen
Mit Lieb und Gutes Tun.
Ach, laß dich doch erwecken,
Wach auf, wach auf, du harte Welt,

Eh daß der harte Schrecken
Dich schnell und plötzlich überfällt.«

Erbat und erflehte Paul Gerhardt als noch zu erbringendes inneres Resultat des geschenkten Friedens innere Umkehr und Besinnung, so erfaßte, nicht weniger tief, aber existenziell, auf das eigne Leben bezogen, Andreas Gryphius den Frieden als Chance, sich in seinem Leben individuell zu verwirklichen. Allerdings sprachen in seinen zwei Sonetten ›Auf den Schluß des 1648. Jahres‹ und ›Auf den Schluß des 1650. Jahres‹, so persönlich sie auch gefaßt sein mochten, über die individuelle Aussage hinaus Gefühle und Gedanken mit, die manchem überkommen sein mochten, der den Krieg überlebt hatte, und, sich dessen im Nachsinnen bewußt werdend, wieder lernte, was er lange nicht gekonnt hatte, nämlich sich auf die Möglichkeit neuen Lebens und Schaffens einzustellen, wenn es da heißt:

». . . Gib doch ein wenig Frist, daß ich mich recht bedenke,
Gib, daß ich der Hand voll Jahre
Froh werd einst vor meiner Bahre.
Mißgönne mir doch nicht Dein liebliches Geschenke!«

Je nach dem Blickwinkel und den Orientierungspunkten mag die Mitte des 17. Jahrhunderts als Epochengrenze erscheinen oder nicht, werden Brüche sichtbar oder fließen nur Übergänge. Am Gesellschaftsgefüge änderte sich um 1650 wenig, desgleichen an den Wirtschaftsformen; weder in den gewerblichen Fertigungsprozessen noch im Handel und Verkehr setzten revolutionäre Neuerungen ein. Die bildenden Künste entfalteten sich nach vorgegebenen Ansätzen weiter, in der Musik war es ähnlich. Was sich zwischen 1648 und 1660 änderte, war dagegen der politische Gesamtzustand von Europa, waren die Beziehungen der Staaten zueinander, war das Staatensystem hinsichtlich der Ponderierung von Macht und Schwäche. Die Religionskriege klangen aus; der Konfessionsstreit wurde in Mitteleuropa auf gesetzlichem Weg geschlichtet und, soweit das damals möglich war, entpolitisiert. Ob man deshalb schon von Epochenwende sprechen sollte, mag vorerst offenbleiben. Soviel aber war gewiß, daß durch den Übergang vom Krieg zum Frieden und durch die Bestimmungen der Friedensverträge Änderungen eintraten und sich vieles wandelte.

Anders als für Deutschland bedeutete der Friede von 1648 für Frankreich und Schweden weniger einen Abschluß als eine Etappe zu noch höheren Zielen. Beide Siegermächte setzten ihre imperiale Politik fort. Die Westfälischen Verträge entlasteten sie von ihrem kriegerischen Engagement in Mitteleuropa und gaben ihnen die Möglichkeit, sich nach anderen Richtungen freier zu bewegen. Von den Folgen, die daraus entsprangen, wurden, mit Ausnahme Rußlands, Englands und der Türkei, sämtliche übrigen europäischen Staaten mittelbar oder unmittelbar betroffen: Dänemark mit Norwegen, Polen mit Litauen, Italien, das Papsttum, Savoyen, Lothringen, Portugal, die spanischen Niederlande und Spanien selbst. Die imperialen Unternehmungen beider Mächte fanden einen vorläufigen Abschluß einerseits 1659 im Pyrenäen-Frieden zwischen Frankreich und Spanien, andererseits in den sich ergänzenden und teilweise korrigierenden Friedensverträgen, welche Schweden 1658 zu Roeskilde und, etwas modifiziert, 1660 zu Kopenhagen mit Dänemark sowie, ebenfalls 1660, zu Oliva mit dem Kaiser, Polen und Kurbrandenburg unterzeichnete. Unter europäischem Aspekt muß der Westfälische Friede mit diesen späteren Verträgen zusammengesehen werden. Denn sie erst führten auf der Basis von 1648 die Siegermächte an die jeweils angestrebten politischen Ziele nahe heran.

Die nordische Großmacht wollte ihr Dominium maris Baltici noch über die respektablen – 1648 erzielten – Territorial- und Positionsgewinne hinaus erweitern, um die Ostsee nunmehr vollends zu einem schwedischen Binnenmeer zu machen. Die Absichten der Krone Frankreichs liefen darauf hinaus, die Krone Spaniens in der Vorherrschaft über den Kontinent abzulösen. Dieses wie jenes war ohne erbitterten Kampf nicht zu erreichen. Der Frieden von 1648 schuf beiden Mächten für ihre Zwecke eine gute Ausgangslage. Mazarin hatte in Münster die spanische Monarchie von vornherein vom allgemeinen Frieden ausgeschlossen und politisch isoliert, so daß sie ohne Bundesgenossen dem konzentrierten Angriff Frankreichs ausgeliefert war. Ähnlich wie Spanien ging es Polen und Dänemark: Nach Abschluß des Vertrages von Osnabrück wurde Schweden, seines Engagements in Deutschland ledig, durch nichts mehr gehindert, sich bei passender Gelegenheit auf die beiden letzten halbwegs ernst zu nehmenden Rivalen im Ostseeraum zu stürzen – was denn auch ziemlich bald unter König Karl X. Gustav geschah. 1655 fiel der junge kriegerische Herr in Polen ein und bemächtigte sich, anfangs im Bunde mit Kurbrandenburg, nach teilweise mörderischen Kämpfen der preußischen Ostseeküsten und ihres Hinterlandes. Im Zweifrontenkrieg warf er außerdem Dänemark nieder und erzwang 1658 im Frieden von Roeskilde unter anderem die Abtretung Südskandinaviens, was ihm die Mitherrschaft über den Belt einbrachte. Trotz der Abstriche, welche die Friedenskongresse von Kopenhagen und Oliva unter internationaler Beschickung vornahmen, verhalf Karl Gustav seinem Reich zu der größten territorialen Ausdehnung, die es je besaß. Die Machtverschiebung innerhalb des europäischen Staatensystems, die 1648 einsetzte, wurde mit dem Pyrenäen-Frieden und den nordischen Friedensverträgen perfekt, indem erst jetzt Frankreich den vollen Hegemoniestatus erreichte und Schweden durch Reduzierung Dänemarks seine Vormachtstellung im Ostseeraum auf lange Sicht etablierte. Nimmt man hinzu, daß 1660 in England nach einer zwanzigjährigen Revolutionsperiode das Königtum wiederhergestellt wurde, so verstärkt sich der Eindruck, daß um die Mitte des 17. Jahrhunderts eine Epochenwende eintrat. Die aufeinander aufbauenden Friedensabmachungen von 1648 bis 1660 stabilisierten ein Kräfteverhältnis, das an die dreißig bis vierzig Jahre vorhielt. Es bestand darin, daß die Vormacht Frankreich, zusammen mit den imperialen ›Rand‹-Mächten im Norden und Südosten, mit Schweden und der Türkei, die Mitte Europas zwischen Kurland und Venedig, zwischen Flandern und der Ukraine in Schach hielt und darin von den Zaren in Moskau unbeabsichtigt unterstützt wurde.

Fragt man, ob durch so viele internationale und innerstaatliche Verträge der Friede gesichert oder ob er weiterhin gefährdet, gegebenenfalls auch wo und wie er aufs Spiel gesetzt wurde, so fallen die Antworten nach Ländern und Sachbereichen verschieden aus. Gleichwohl lassen sich einige durchgehende Tendenzen erkennen. Im konfessionellen Bereich schuf der Westfälische Friede gute Voraussetzungen für eine Entschärfung der Glaubenskonflikte. Er traf Vorkehrungen dagegen, daß sie ins Politische durchschlugen. Zwar wurde der dogmatische Streit auf der Kanzel, vom Katheder und mit der Feder konfessionsintern noch lange fortgesetzt. Ebenso kam es innerstaatlich immer wieder einmal aus Gründen der obrigkeitlichen Religionshoheit zu Gewalttätigkeiten. Polen und Österreich leisteten sich da einiges, am tollsten trieb es Frankreich. Doch ausgerechnet ein Papst, Innozenz XI., mißbilligte die Aufhebung des Edikts von Nantes und die Repressalien gegen Andersdenkende, durch die Ludwig XIV. Frankreich zum katholischen Einheitsstaat machen wollte. Schon darin zeigte sich der Wandel der Lage. Im großen und ganzen verhinderten sonst die politischen Obrigkeiten, daß es des Glaubensbekenntnisses wegen zu Tätlichkeiten kam. Nach den Erfahrungen von 1521 bis 1648 drohte um des Glaubens willen so leicht kein Krieg mehr in Europa auszubrechen. Die allgemeine Tendenz lief auf Beruhigung hinaus. Die Staaten pflegten intern ihre bevorzugte Landesreligion zu haben und hegten sie. Konfessionelle Absprachen bildeten nach wie vor einen wichtigen Gegenstand zwischenstaatlicher Abmachungen. Konfessionelle Gesichtspunkte beherrschten aber kaum noch die auswärtige Politik. Wenn die Staaten in Sachfragen miteinander verkehrten, vermieden sie es, sich wegen etwaiger konfessioneller Differenzen zu zerstreiten. Im theologischen Schrifttum klangen mit der Zeit die Stimmen der Ireniker vernehmlicher durch. Konfessionspolitisch wurde der Friede besser gesichert als je zuvor. Vor allem die Verträge von Münster und Osnabrück zeitigten hier ein Resultat, das sich sehen lassen konnte.

Innerstaatliche Spannungen leiteten den Großen Krieg in Deutschland ein und begleiteten den französisch-spanischen Krieg von Anfang bis Ende. Um die Jahrhundertmitte setzte auch hier allgemein eine Entschärfung ein. Das mußte nicht unmittelbar mit den Friedensschlüssen zusammenhängen, konnte allerdings entfernt von ihnen mitverursacht worden sein. Eine Tendenz zur Beruhigung und zur Verfestigung des jeweiligen Status quo der innerstaatlichen Ordnung machte sich jedenfalls stärker bemerkbar. Das schloß nicht aus, daß Korrekturen im inneren Kräfteverhältnis zwischen Fürst und Ständen zugunsten der einen oder der anderen Seite – zum Beispiel in Frankreich, England oder Skandinavien – gelegentlich vorgenommen wurden. Aber es gab deshalb keine Bürgerkriege mehr. Die Zeit der großen Ständekämpfe ging mit dem Zusammenbruch der Fronde in Frankreich zu Ende. Aufs Ganze gesehen trat Europa in eine Epoche ein, in welcher sich die innerstaatlichen Verhältnisse, wie immer sie gelagert sein mochten, zu befestigen strebten. Stände und Konfessionen wirkten als innerstaatliche Sprengkörper nur noch in den seltensten Fällen.

Anders sah es mit der Friedenswahrung in den zwischenstaatlichen Beziehungen aus. Hier bildete das Reich eine rühmliche Ausnahme. Dieses ›Klein-Europa‹ mit seinem Dutzend mittlerer und großer Fürstenstaaten und der unübersehbaren Zahl seiner Klein- und Kleinstterritorien gab sich zu Osnabrück und Münster eine vorbildliche interterritoriale Rechts- und Friedensordnung und steckte damit einen Rahmen ab, in dem sich die Reichsstände insgesamt soweit vertrugen, daß sie einigermaßen im Frieden miteinander lebten. Was aber die Gesamtheit des europäischen Staatensystems anging, so brachten die Friedensschlüsse der Jahrhundertmitte wenig Frieden. Der Hauptgrund war, daß die großen Mächte sich mit der Macht, die sie gewonnen hatten, nicht begnügten, und andere, wie Rußland und das Osmanische Reich, es ihnen darin gleichtaten. Solange Schweden zur Abrundung seines Ostsee-Imperiums noch die Küsten von Preußen, Pommern, Kurland, Mecklenburg und Schleswig-Holstein fehlten, blieb es ein potenzieller Unruhefaktor, vor dessen möglichem Zugriff Polen, Dänemark und Brandenburg niemals sicher waren. Seit den sechziger Jahren wurden auch die Türken wieder aggressiv, was vor allem Österreich und Polen zwang, sich in acht zu nehmen. Gleichzeitig regte sich Rußland, nachdem es sich inzwischen unter den Romanows von der ›Zeit der Wirren‹ erholt hatte, und richtete sein Begehr auf das östliche Polen. 1654 übernahm der Zar die Schutzherrschaft über die zuvor vom polnischen König patronisierten Dnjepr-Kosaken und gliederte anschließend die von ihnen bewohnte Ukraine als ›Kleinrußland‹ dem Moskauer Staatsverband ein. 1667 eignete er sich im Frieden von Andrussow größere Teile Polens im Raum des oberen und mittleren Dnjepr an. Im Westen ging Frankreich, kaum daß Spanien niedergeworfen war, als neue Hegemonialmacht daran, eine ungenierte Eroberungspolitik aufzunehmen und einen Krieg nach dem anderen um Belgien, Holland, Lothringen, Burgund, das Elsaß und den Rhein zu führen. Unter gesamteuropäischem Aspekt bildete der Übergang der Vormacht von Spanien auf Frankreich weniger einen Wechsel als eine Fortsetzung. »Spanien«, schreibt Jacob Burckhardt in seinen Historischen Fragmenten, »steigt noch einmal aus dem Grabe, und zwar in seiner gefährlichsten Gestalt, als hispanisiertes Frankreich unter Louis XIV. Das spanische Programm wird auf eine Nation gepflanzt, die zur Knebelung Europas ungleich mehr wirkliche Mittel und zentrale Lage besaß. Wiederum steigt die Gefahr einer katholischen Weltmonarchie auf, und auch die Gegner sind vom Sultanismus angesteckt. Die politische Zurückdrängung gelang teilweise durch furchtbare Kriege, deren Physiognomie fast rein militärisch, politisch, finanziell und kommerziell ist, ohne daß die Seele der Völker dabei deutlich zum Ausdruck kam.« Aus dem unreflektierten und anscheinend unbezwinglichen Drang der großen Mächte nach noch mehr Macht ging eine schier ununterbrochene Folge von Kriegen im Westen und Südosten, Osten und Norden hervor. So blieb es Europas Schicksal, mit dem Krieg zu leben und sich auf ihn einzurichten.

Was aber die aggressiven Mächte, Frankreich, Schweden und das Osmanische Reich, betraf, so operierten sie in gegenseitiger Absprache und teilweise im Bündnis miteinander, so daß hier so etwas wie eine Komplizität zum Zuge kam. Zwischen ihnen bestand eine Allianz nicht der Friedenserhaltung, sondern der gegenseitigen Unterstützung beim Zugriff auf die Mitte des Kontinents an Donau, Weichsel und Rhein. Mit einem Auslöschen der blanken Hegemonialpolitik à la Spanien hatte es also noch seine Weile. Zunächst erprobte Frankreich einige Jahrzehnte die Herrschaft über den Kontinent – bis sich dann die bedrohte Mitte zu einer um England erweiterten Gegenallianz zusammenschloß und dem Vormachtsystem ein Ende bereitete, indem sie an dessen Stelle ein gewissermaßen geläutertes, letztlich von England gesteuertes Balance-of-Power-System setzte. Mit Frankreich als dem – vorläufigen – Hegemon und England als der Seele der Gegenallianz traten jene Mächte in Erscheinung, die, im Wechsel oder im Zusammenspiel, mehr als alle anderen Länder seit der Mitte des 17. Jahrhunderts die Geschicke Europas lenkten und, indem sie je auf ihre Art Maßstäbe setzten, Modelle entwarfen, in denen sich die Pluralität Europas, die Discordia concors, erneut offenbarte: das Vorbild England und das Vorbild Frankreich.

Dokumentation

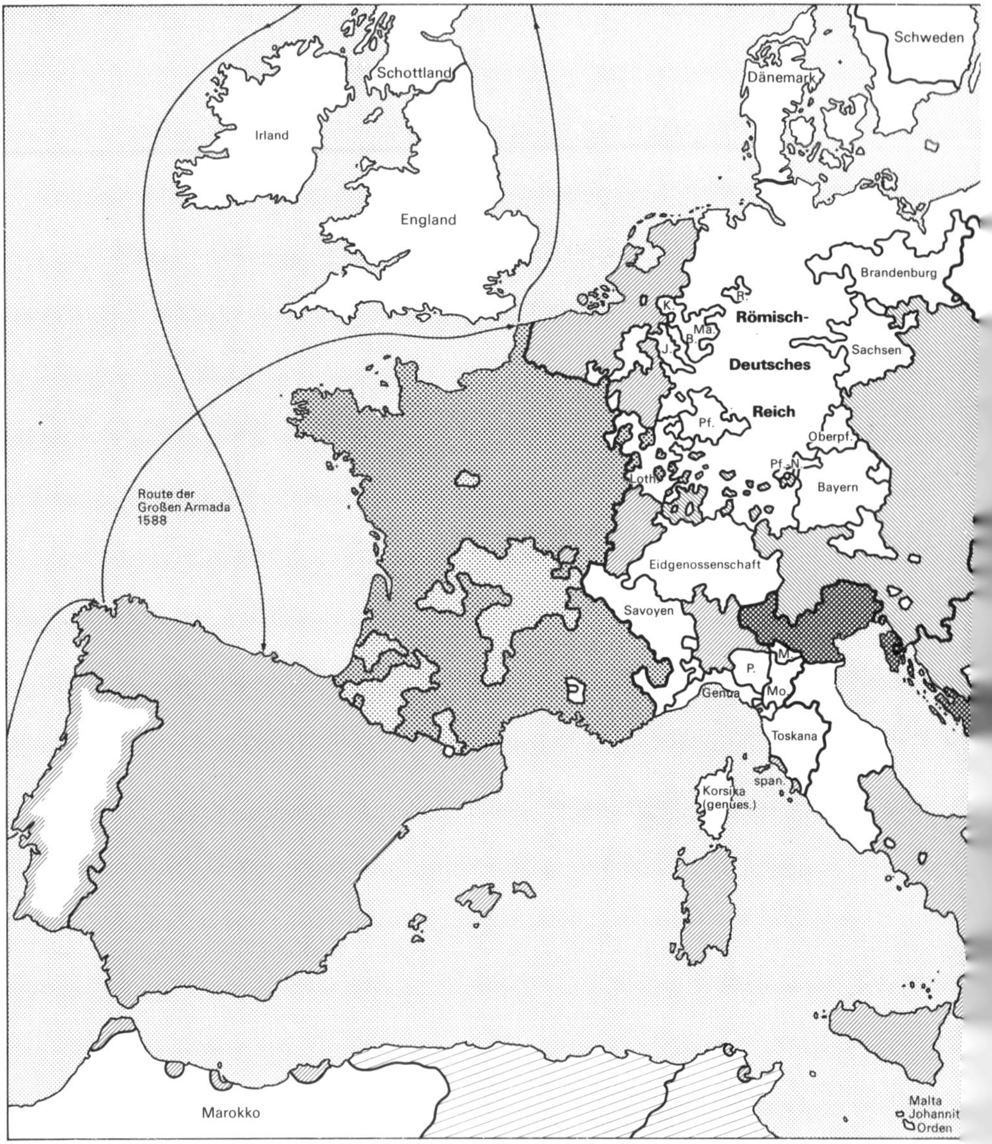

Erblande und Lehen der österreichischen Habsburger

Gebiete der Krone Spaniens mit Portugal (1580-1640)

Osmanisches Reich und Vasallen

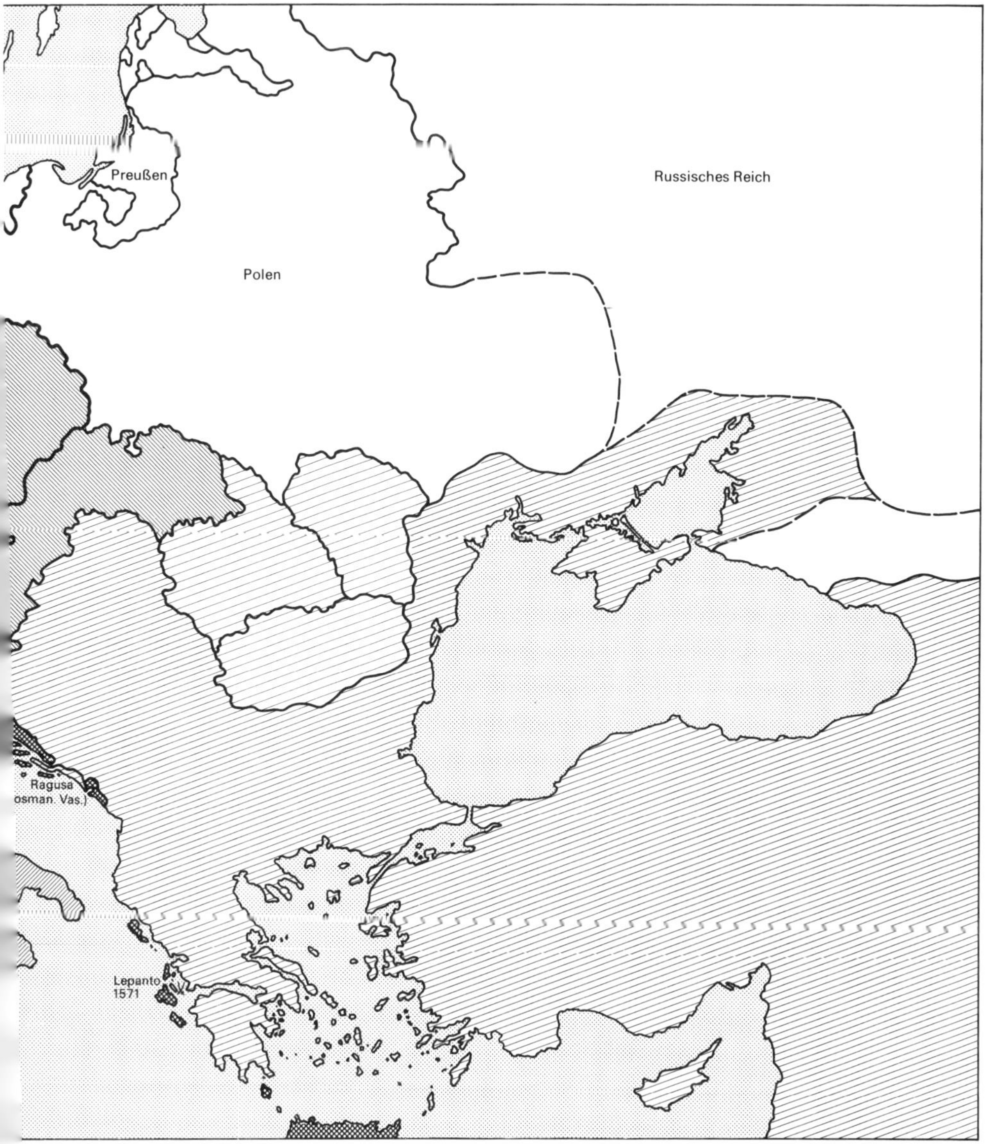

Frankreich
Gebiet der Bourbonen

Republik Venedig

B.: Berg; J.: Jülich; K.: Kleve; Ma.: Mark; Pf.: Pfalz; Pf.-N.: Pfalz-Neuburg; – M.: Mantua; Mo.: Modena; P.: Parma

Grenze des Römisch-Deutschen Reiches
Grenzen der 17 Provinzen der Niederlande
Bistümer Cambrai und Lüttich mit Abtei Stablo

Die Niederländischen Provinzen, den Habsburgern aus der burgundischen Erbschaft zugefallen, suchten Karl V. und Philipp II. durch die Neuordnung des Burgundischen Reichskreises zu einer staatlichen Einheit zusammenzufassen. Der Verwirklichung der spanischen Staatshoheit standen vor allem religiöse Reformbewegungen und ständische Privilegien entgegen und stärkten den Widerstand der Niederländer, der schließlich zum Bürgerkrieg und Unabhängigkeitskampf der nördlichen Provinzen führte.
Die Provinzen der nördlichen und südlichen Niederlande gehörten auch nach dem Unabhängigkeitskampf und der Teilung zum Römisch-Deutschen Reich. Die traditionellen feudalen Bande hatten jedoch keine reale Bedeutung.

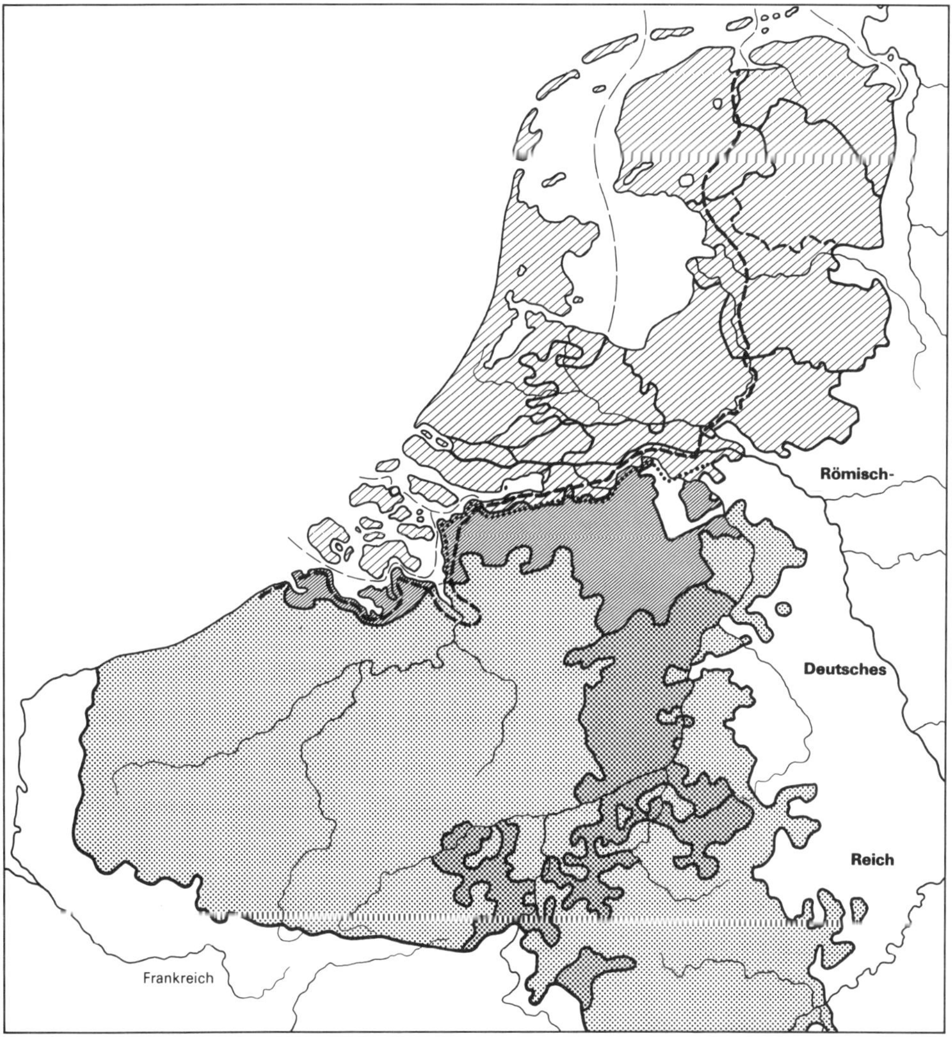

Gebiet der Union von Utrecht

Habsburg-spanische Niederlande

Generalitätslande (Eroberungen der Union von Utrecht)

Bistum Lüttich mit Abtei Stablo

Weitestes Vordringen Alexander Farneses 1590

Waffenstillstandslinie 1609

Aus dem Unabhängigkeitskampf der nördlichen Provinzen (Union von Utrecht von 1579 und Unabhängigkeitserklärung von 1581) ging die Republik der Niederlande hervor, die 1648 auch aus dem Verband des Römisch-Deutschen Reiches ausschied.

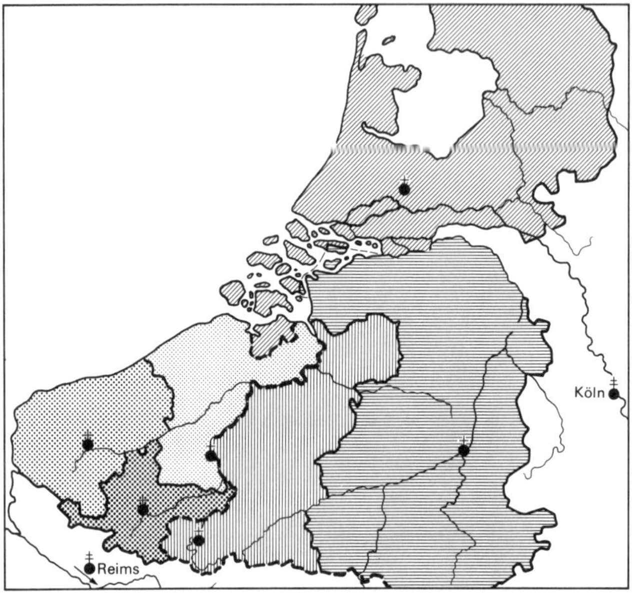

Grenze zwischen den Kirchenprovinzen Köln und Reims

Erzbistum Köln mit

Bistum Utrecht

Bistum Lüttich

Bistum Cambrai

Erzbistum Reims mit

Bistum Tournai

Bistum Arras

Bistum Thérouanne

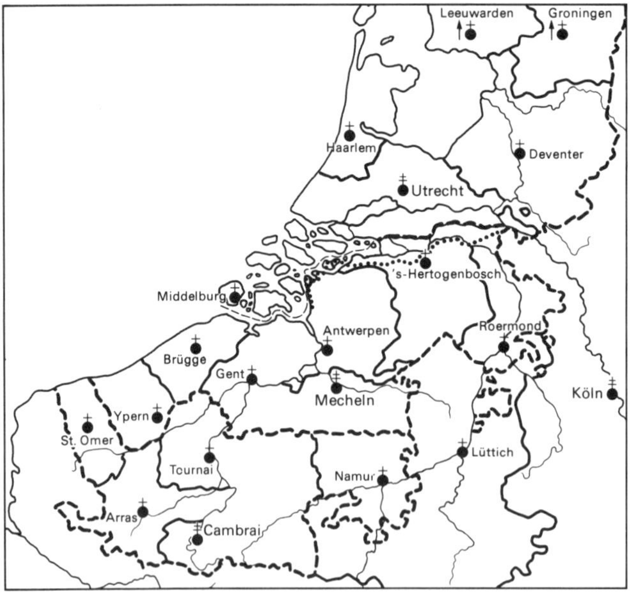

Bistümer

Erzbistümer: Cambrai, Mecheln, Utrecht

Grenze zwischen den Kirchenprovinzen

Waffenstillstandslinie von 1609

Die kirchliche Neuordnung der Niederlande (1559/1561), die erste der Bistumsorganisationen der Neuzeit sollte die katholischen Missionskräfte gegen die Reformation zusammenfassen und stärken. Die neue Bistumsorganisation hatte in den nördlichen Provinzen nur kurze Zeit, faktisch nur bis 1579, Bestand. Die meisten Bistümer gingen noch im 16. Jahrhundert unter bzw. wurden nicht besetzt.

Frankreich am Ende der Religionskriege, um 1598

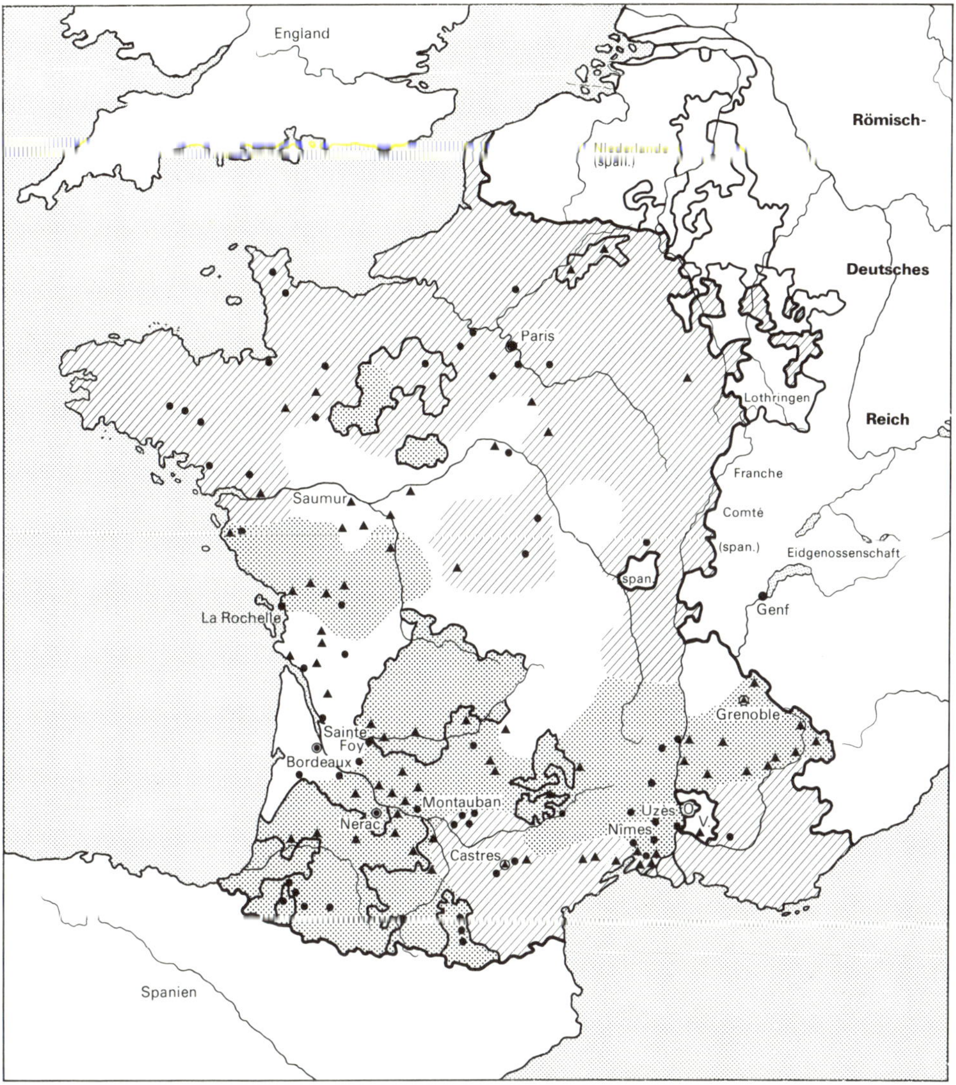

Haus Bourbon: Besitz Heinrichs IV., (nicht autonom im Sinn eines Territoriums)

Weitestes Vordringen der katholischen Liga nach 1585

Gebiete unter der Kontrolle der Hugenotten

▲ wichtige Sicherheitsplätze der Hugenotten (insgesamt über 200 Plätze)

● Orte mit reformierter Verwaltung

○ Sitz eines Parlaments für die Reformierten

O.: Orange (Oranien); V.: Venaissin

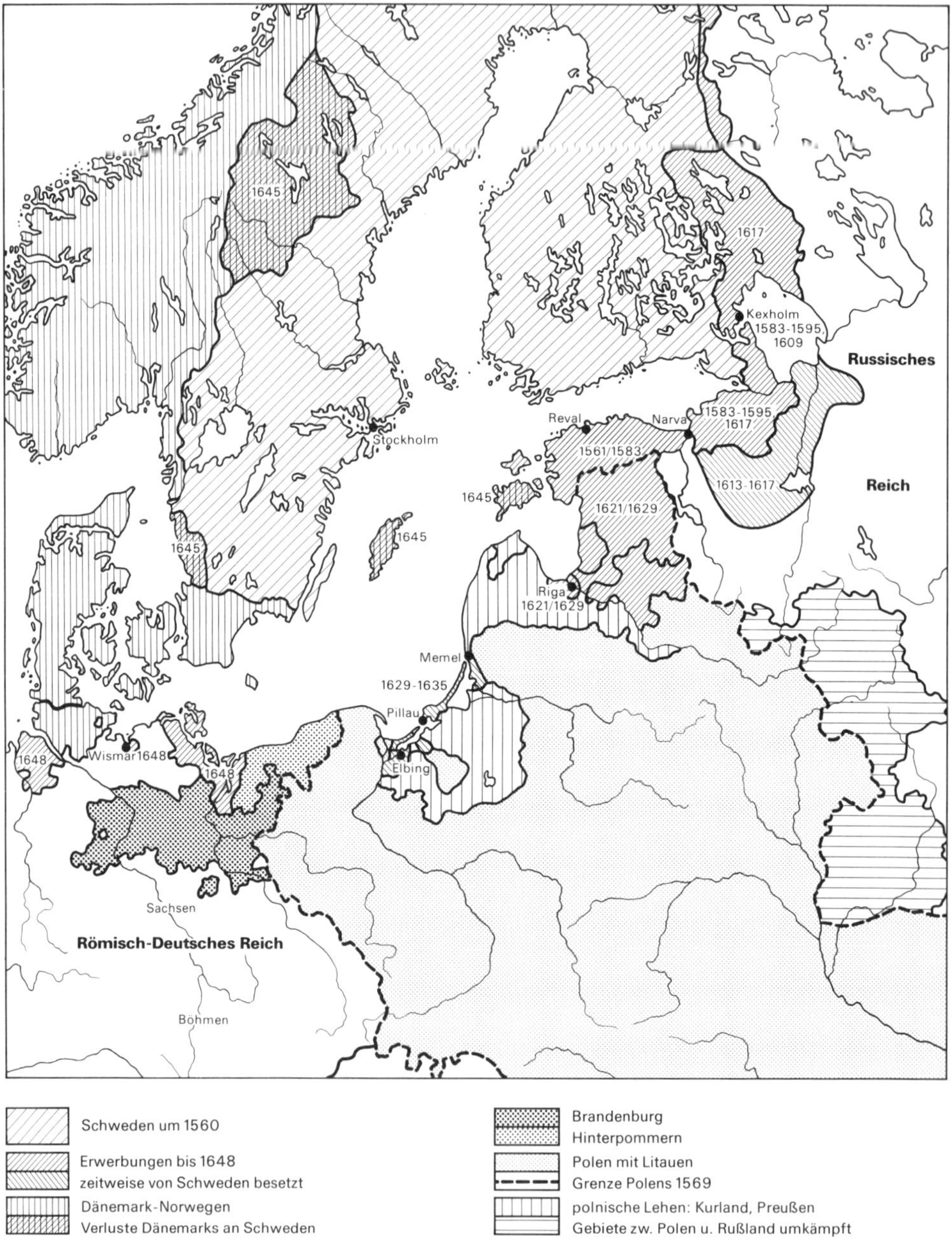
1645
1617
Kexholm
1583-1595
1609
Russisches
Reich
Reval
Narva
1583-1595
1617
1561/1583
Stockholm
1613-1617
1645
1621/1629
1645
1645
Riga
1621/1629
Memel
1629-1635
Pillau
1648
Wismar 1648
1648
Elbing
Sachsen
Römisch-Deutsches Reich
Böhmen
Schweden um 1560
Erwerbungen bis 1648
zeitweise von Schweden besetzt
Dänemark-Norwegen
Verluste Dänemarks an Schweden
Brandenburg
Hinterpommern
Polen mit Litauen
Grenze Polens 1569
polnische Lehen: Kurland, Preußen
Gebiete zw. Polen u. Rußland umkämpft

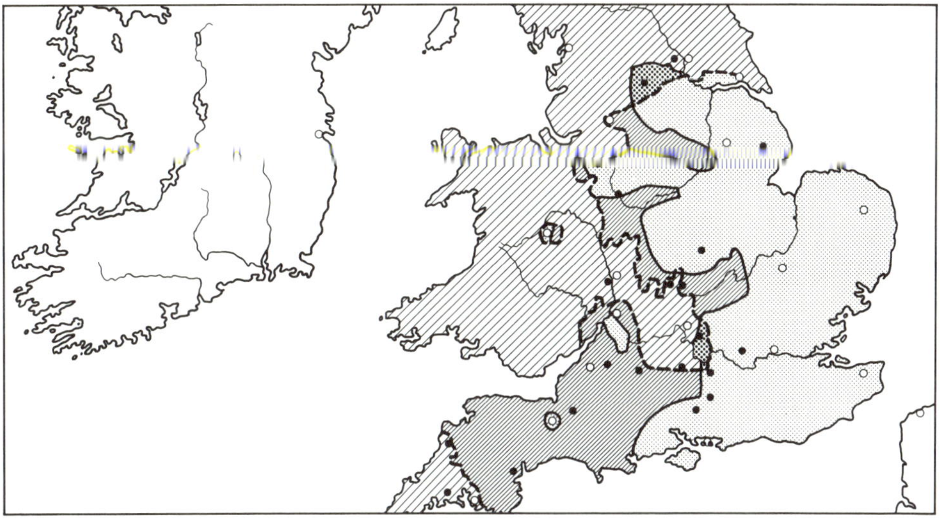

Gebiet des Parlaments Anfang 1643
Eroberungen des Parlaments bis Ende 1643

Gebiet des Königs Anfang 1643
Eroberungen des Königs bis Ende 1643

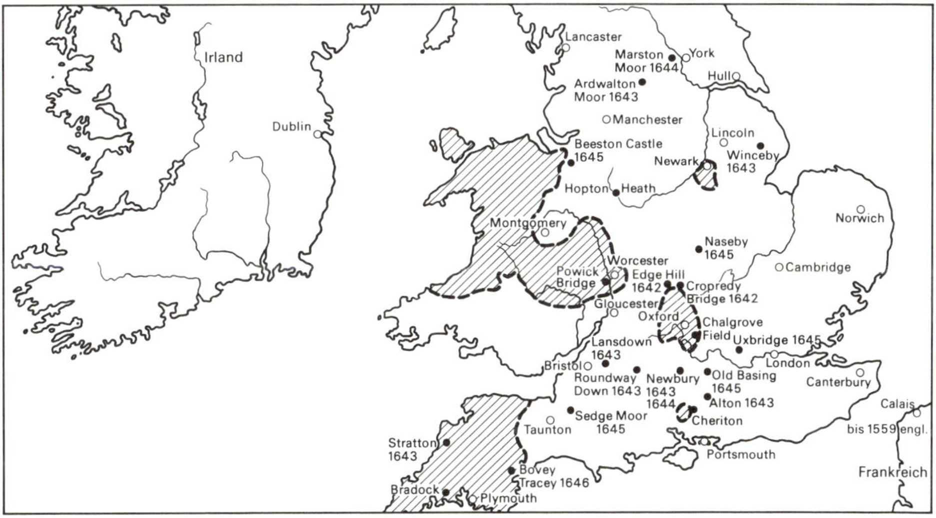

Grenze zwischen dem Gebiet des Königs und dem des Parlaments, Ende 1645

Gebiet des Königs Ende 1645
Schlacht- und Gefechtsorte

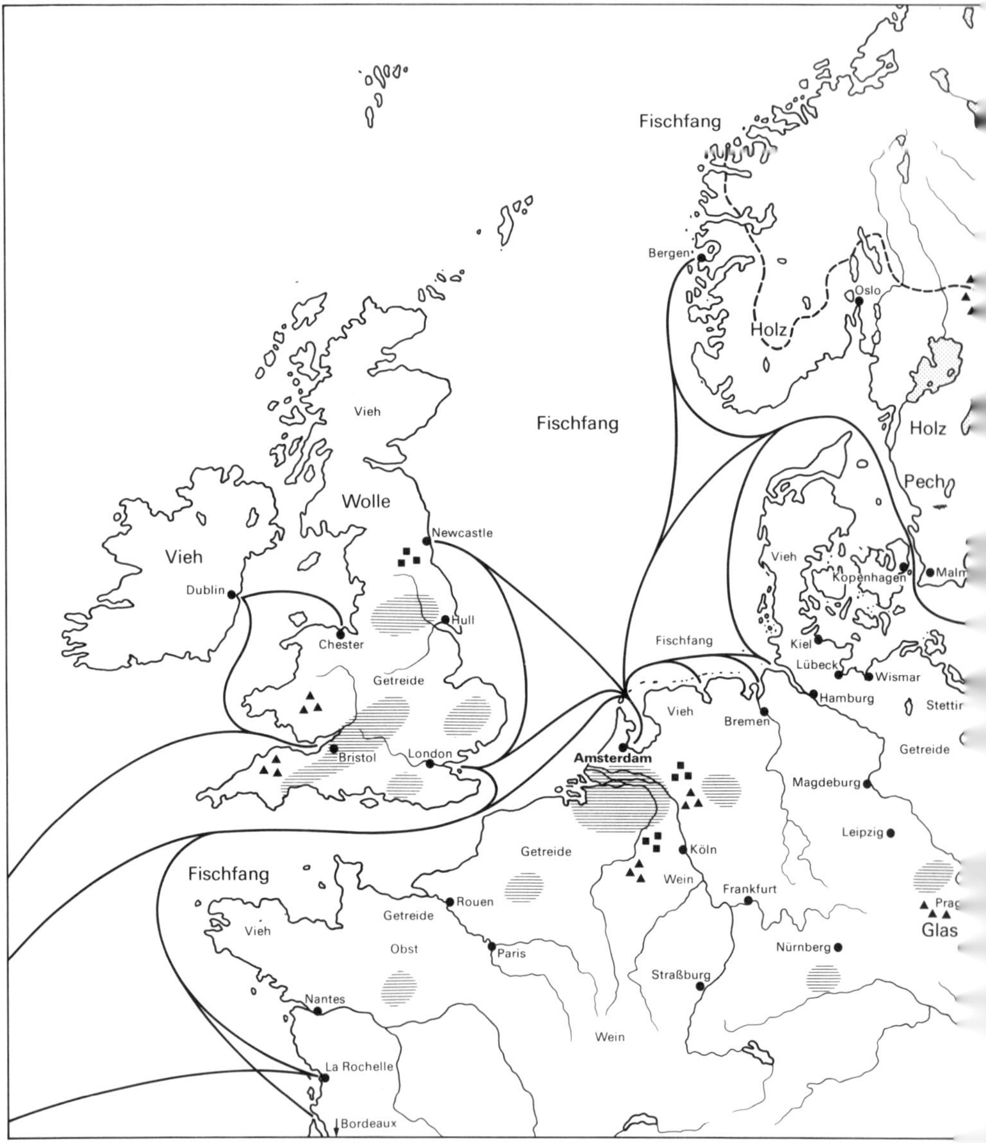

Vereisung der Ostsee

Nordgrenze des Eichenwaldes

Textilindustrie

▲ Erzbergbau
■ Kohlebergbau

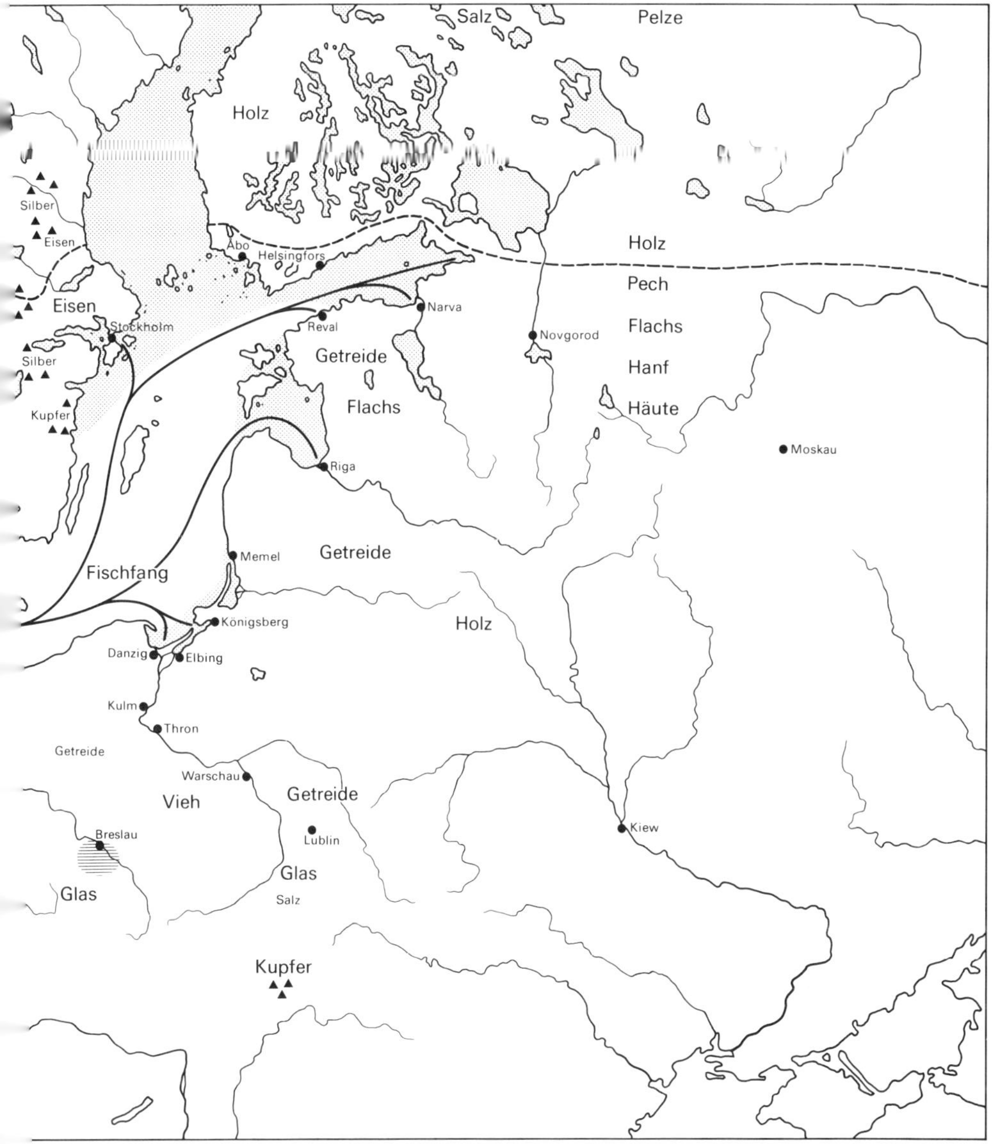

Die Handelsgüter der einzelnen Regionen sind namentlich eingetragen. Die Karte weist die zentrale Bedeutung des niederländischen Handels aus. Für ganz Europa und teilweise auch für Übersee besaß die Handelsmetropole Amsterdam überragende Bedeutung.

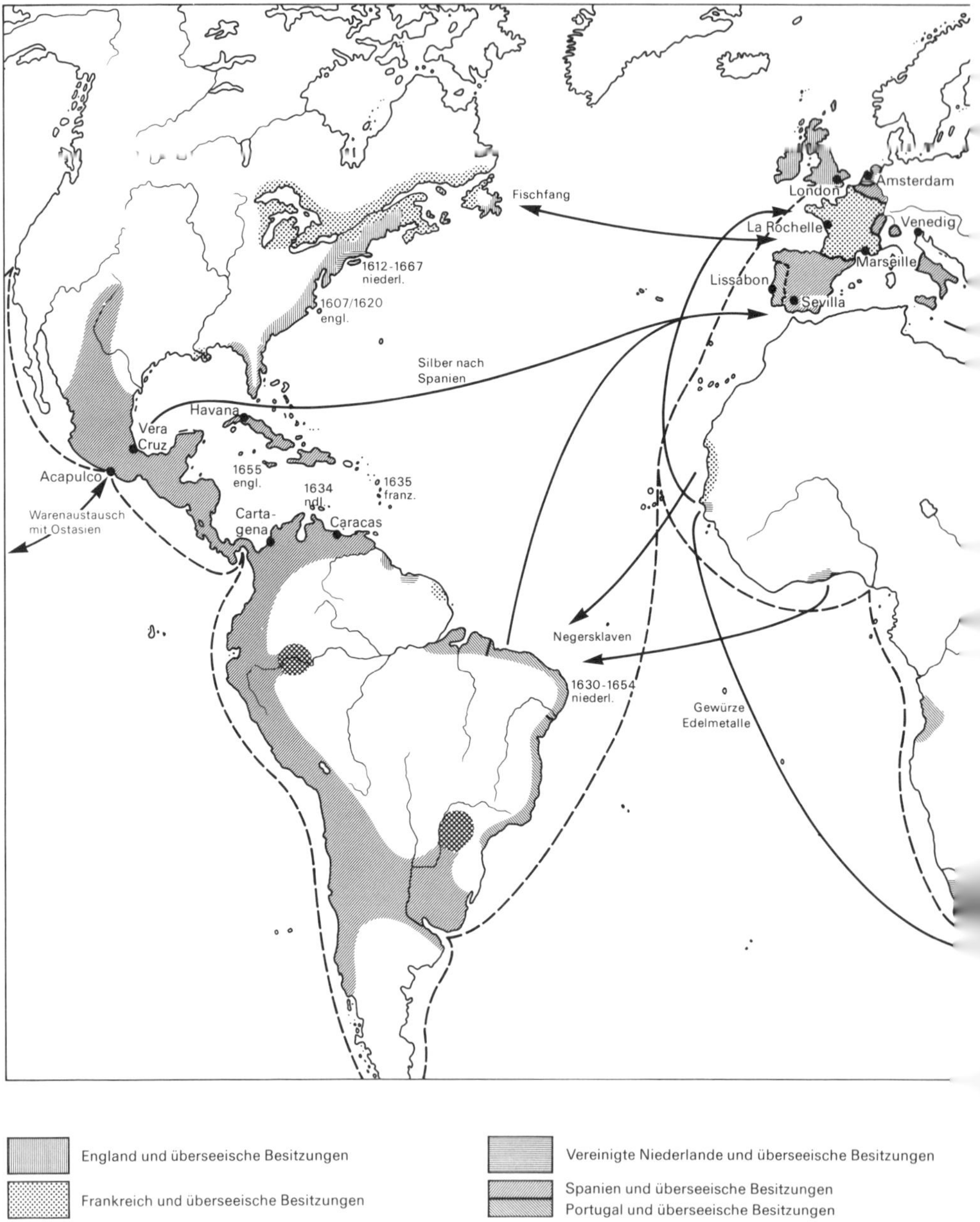
Fischfang
Amsterdam
London
La Rochelle
Venedig
Marseille
Lissabon
Sevilla
1612-1667 niederl.
1607/1620 engl.
Silber nach Spanien
Havana
Vera Cruz
Acapulco
1655 engl.
1634 ndl.
1635 franz.
Carta-gena
Caracas
Warenaustausch mit Ostasien
Negersklaven
1630-1654 niederl.
Gewürze Edelmetalle
England und überseeische Besitzungen
Frankreich und überseeische Besitzungen
Vereinigte Niederlande und überseeische Besitzungen
Spanien und überseeische Besitzungen
Portugal und überseeische Besitzungen

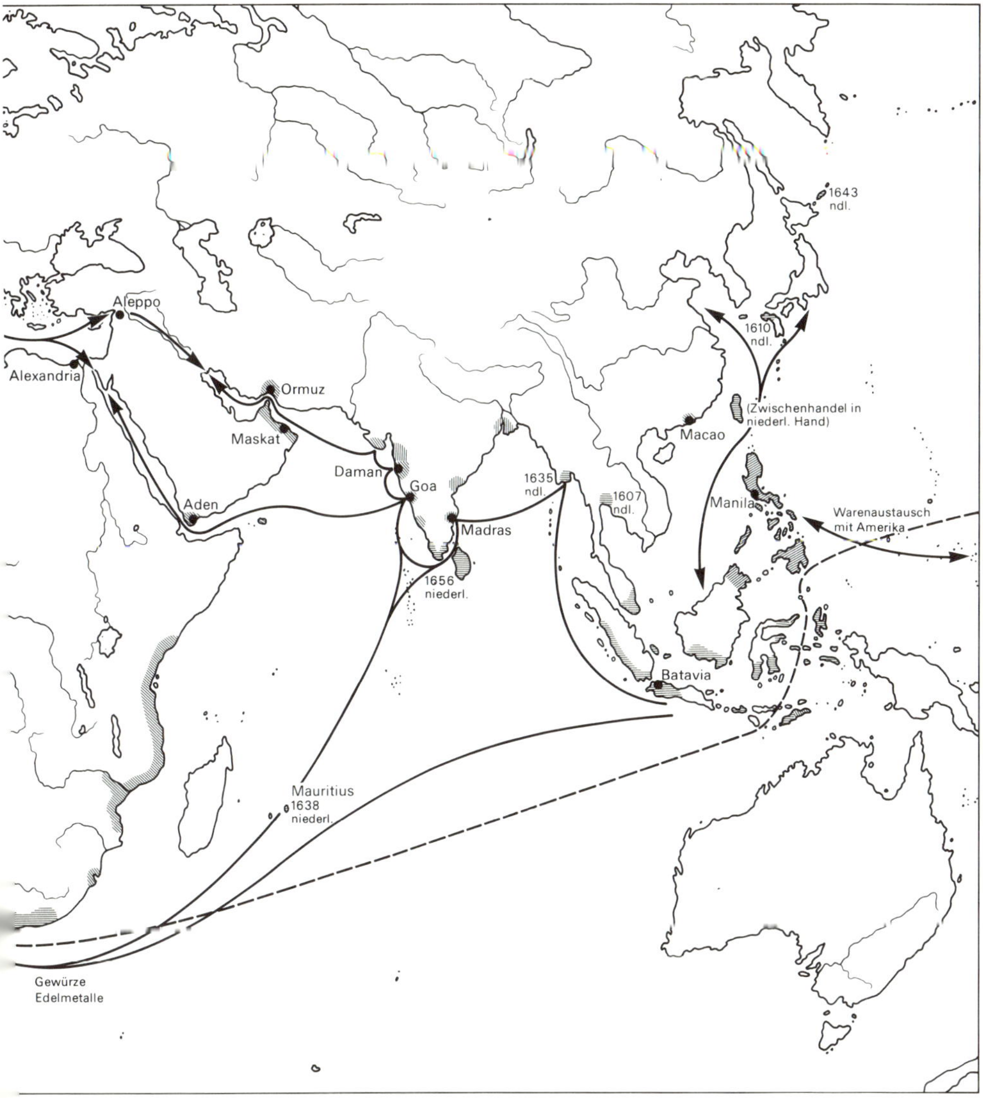

Reduktionen des Jesuitenordens
in den Kolonien Südamerikas

Francis Drake: Weltumseglung 1577-1580

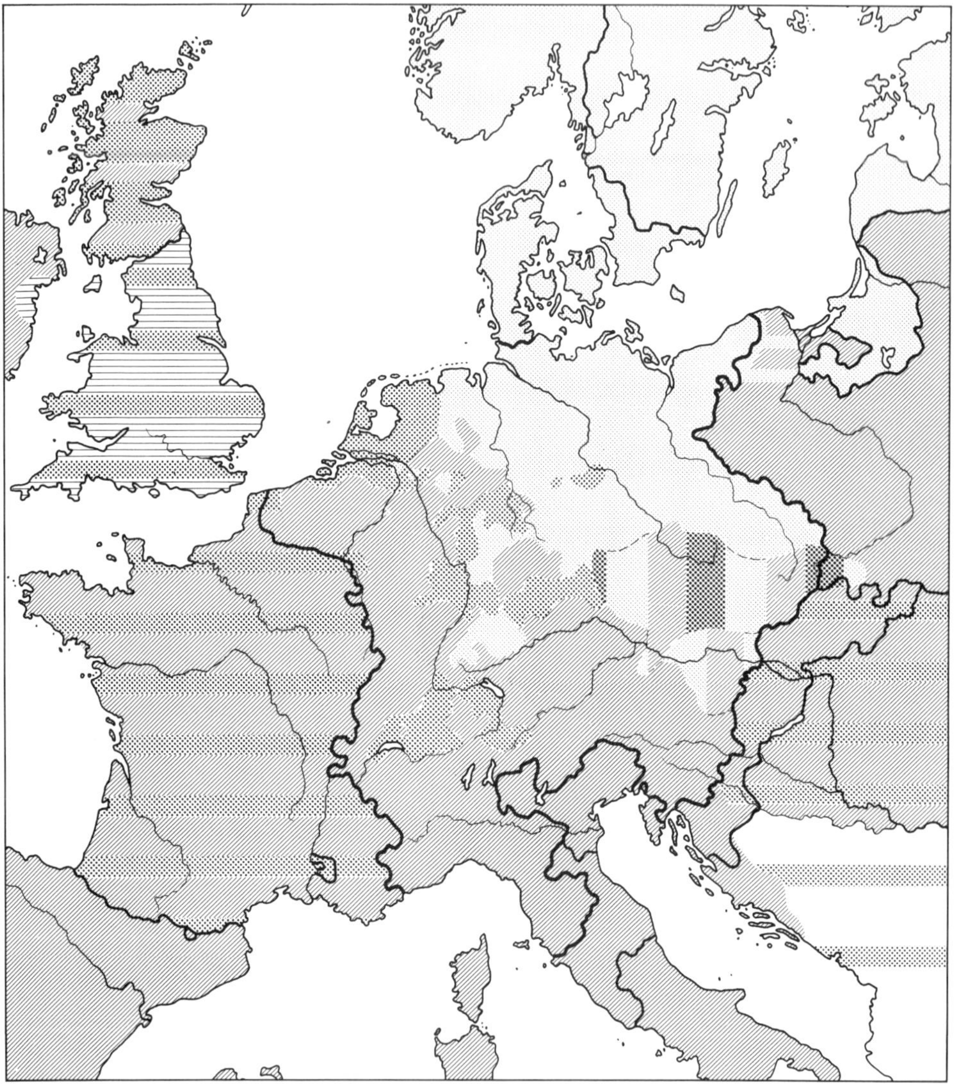

Katholiken

Lutheraner

Reformierte (zwinglianisch, calvinistisch)

Anglikaner

Böhmische Brüder

Nicht berücksichtigt wurden religiöse Minderheiten (z.B. Sekten), die griechisch-orthodoxe Kirche und die islamischen Bekenntnisse

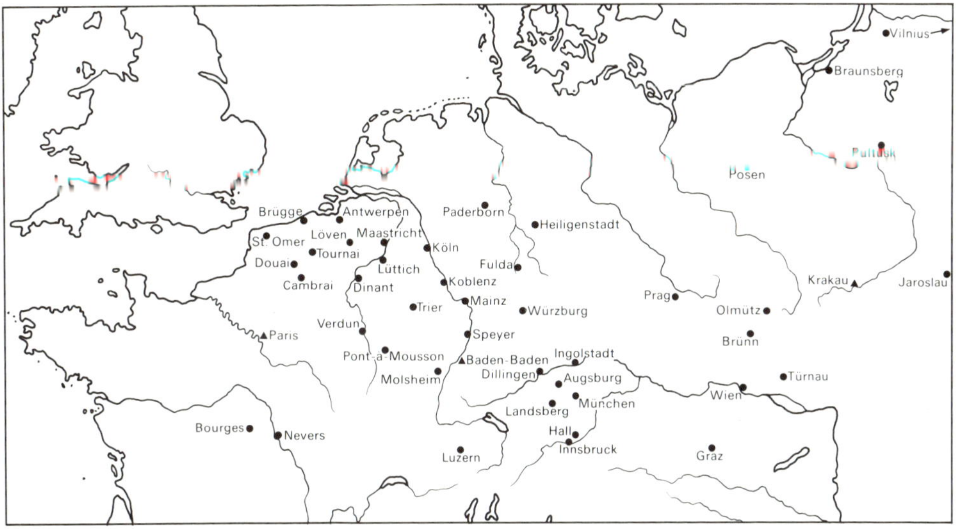

● Residenzen und Kollegien, Gründungen 1540-1580
▲ andere Niederlassungen, Gründungen 1540-1580

Der Jesuitenorden hatte hervorragenden Anteil an der Erneuerung und Bewahrung des Katholizismus nach der Reformation

●▲ wie oben: Gründungen 1581-1615
Gründungen 1581-1615

Das Generalat des Cl. Acquaviva (1581-1615) ist durch ein einmaliges Wachstum des Ordens gekennzeichnet.

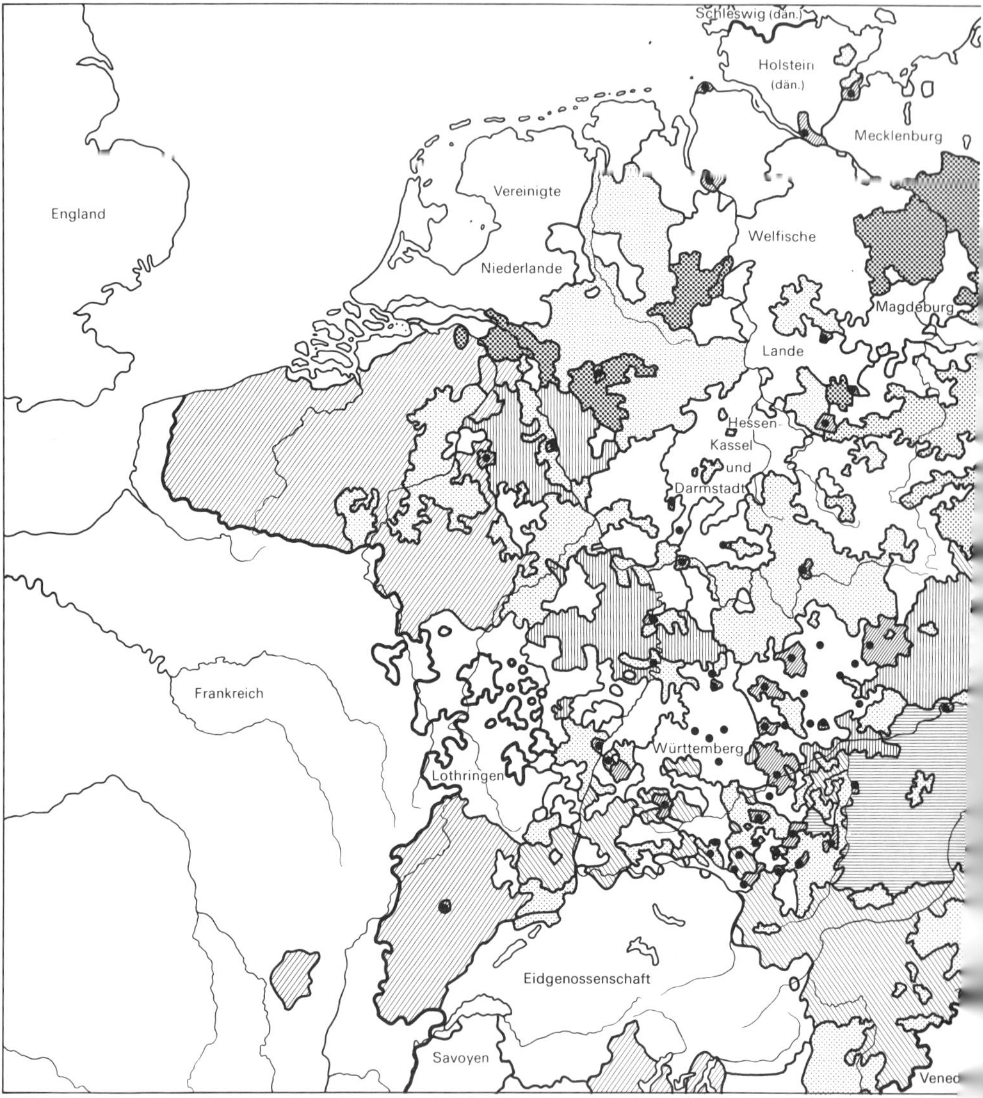

Römisch-Deutsches Reich

Erblande der spanischen Habsburger
Erblande der österreichischen Habsburger

Bayern

Kurpfalz und Nebenlinien

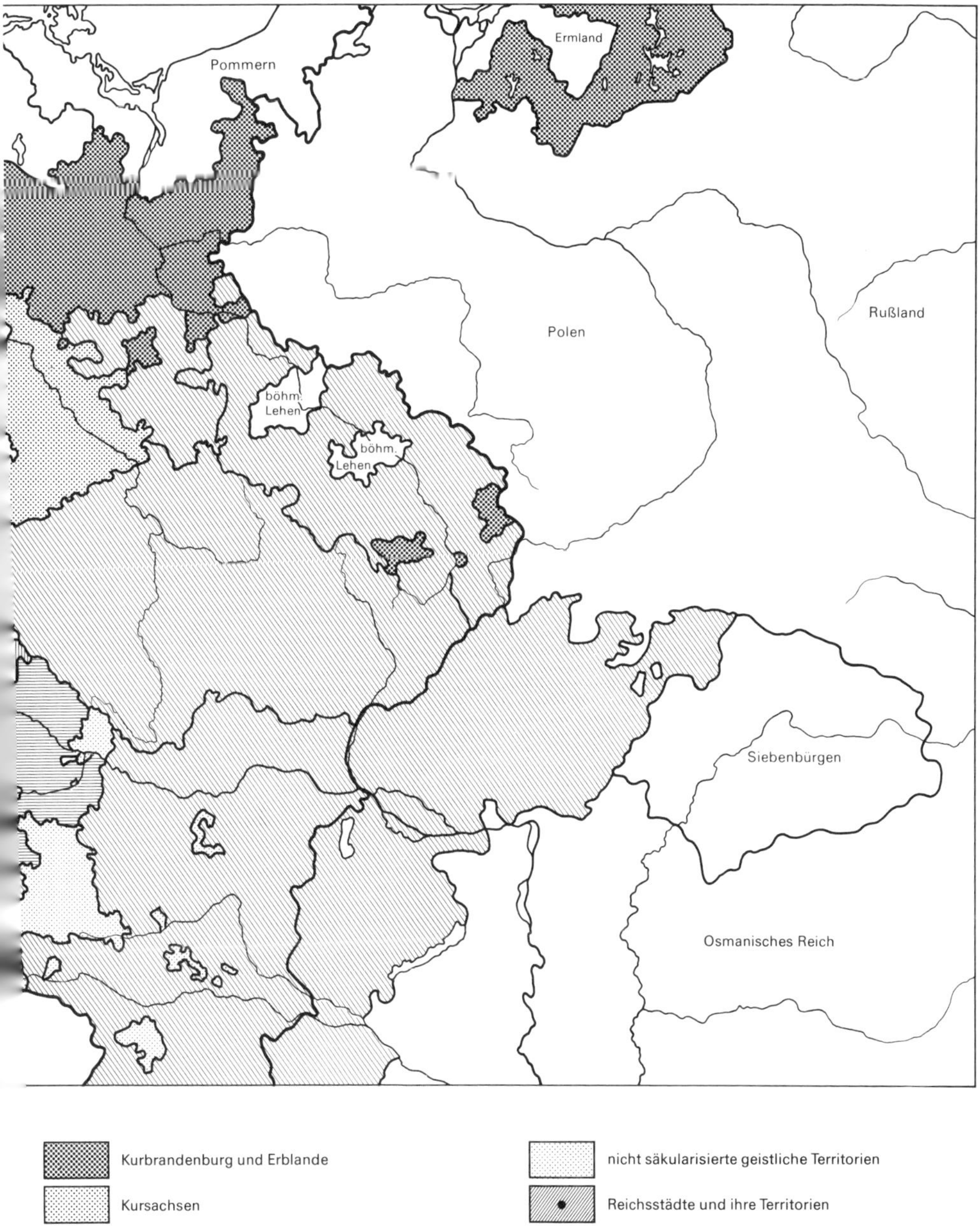
Pommern
Ermland
Polen
Rußland
böhm. Lehen
böhm. Lehen
Siebenbürgen
Osmanisches Reich
Kurbrandenburg und Erblande
Kursachsen
nicht säkularisierte geistliche Territorien
Reichsstädte und ihre Territorien

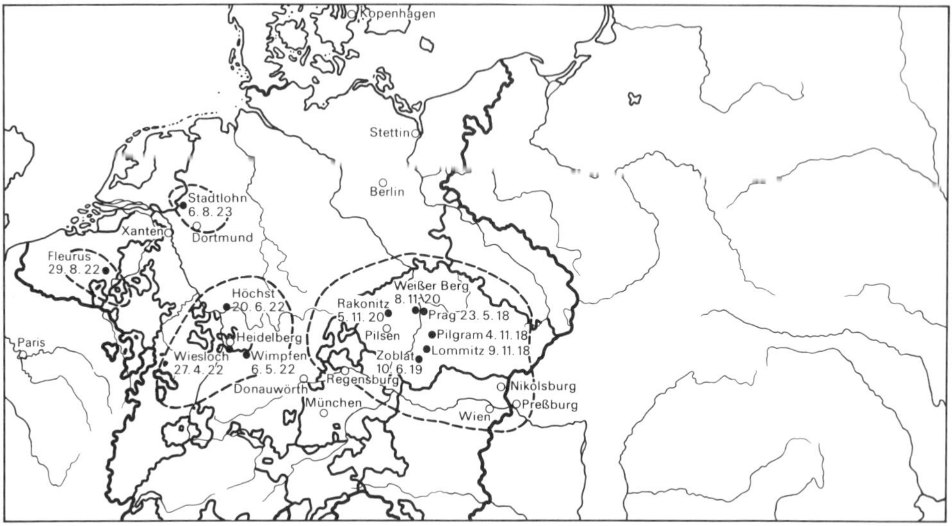

Der Böhmisch-Pfälzische Krieg 1618-1623

- Schlacht- und Gefechtsorte
- - - - Hauptkampfgebiete

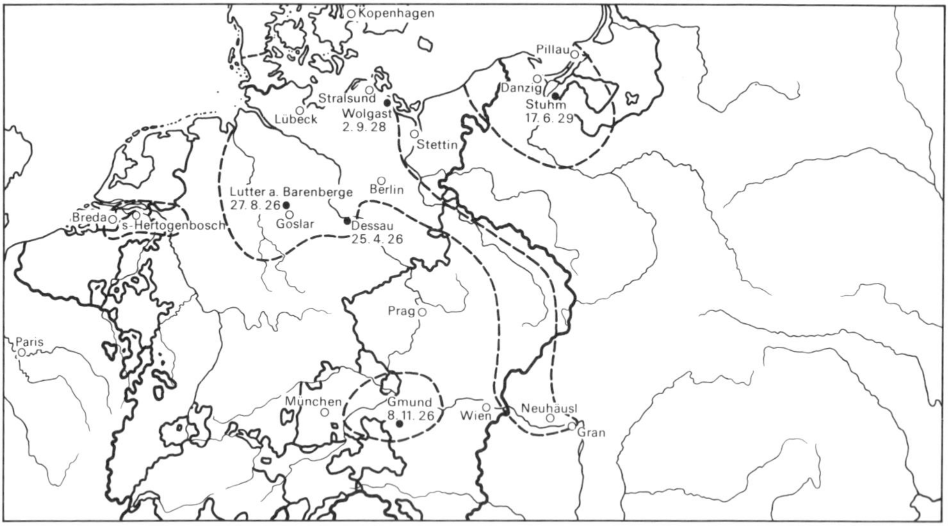

Der Niedersächsisch-Dänische und der Schwedisch-Polnische Krieg (1625-1629)

- Schlacht- und Gefechtsorte
- - - - Hauptkampfgebiete

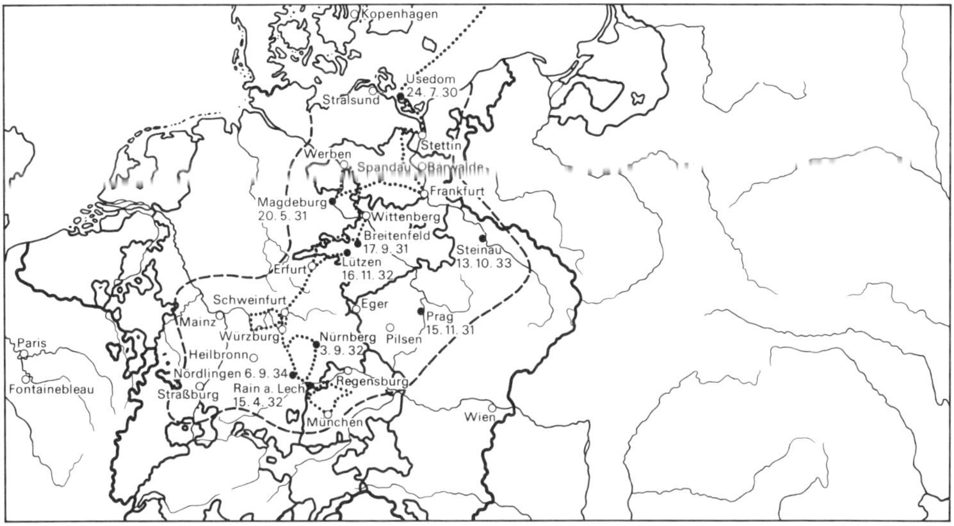

Der Schwedische Krieg 1630-1635
Feldzug Gustavs II. Adolfs 1630-1632

Schlacht- und Gefechtsorte
Hauptkampfgebiete

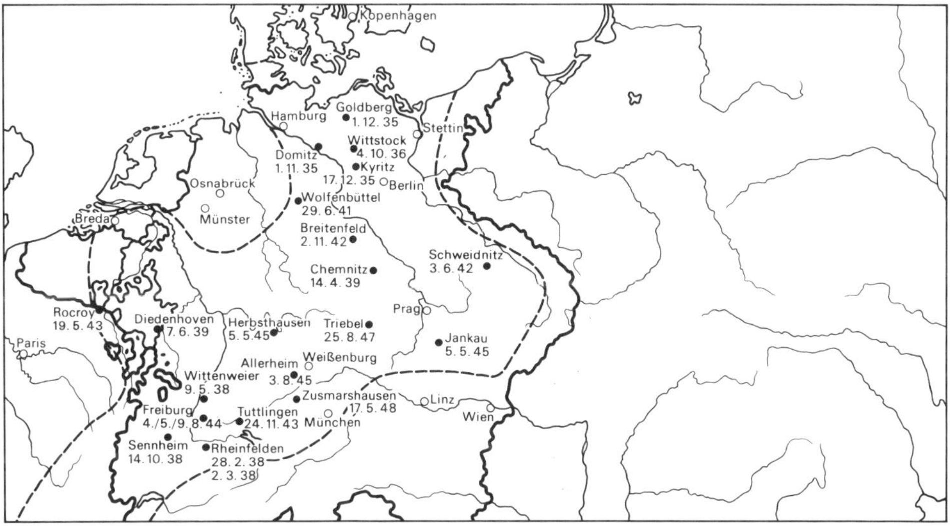

Der Schwedisch-Französische Krieg 1635-1648

Schlacht- und Gefechtsorte
Hauptkampfgebiete

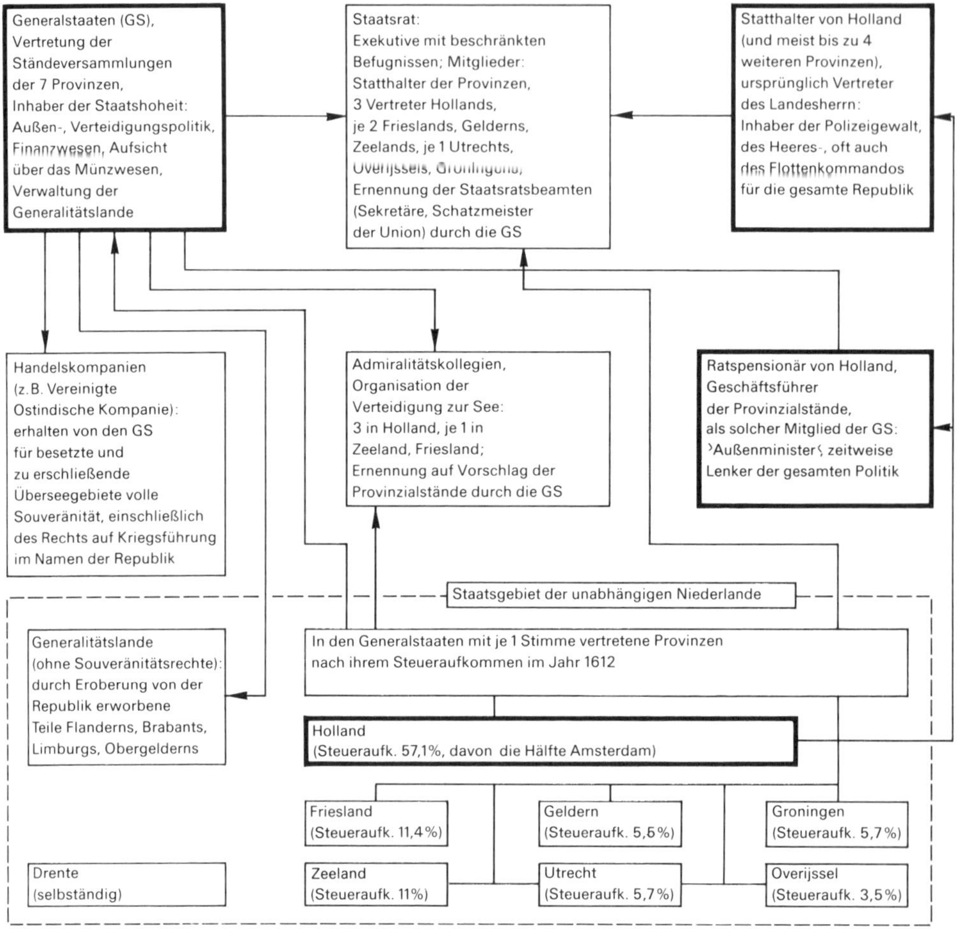

Die Republik der Vereinigten Niederlande war ein aus der Utrechter Union von 1579 erwachsener Staatenbund von sieben der ursprünglich siebzehn Provinzen, welche die Niederlande unter Karl V. und Philipp II. nach der Neuorganisation des burgundischen Reichskreises (1548/49) gebildet hatten. Jede Provinz blieb weiterhin in der Gestaltung ihrer sehr unterschiedlich organisierten inneren Angelegenheiten souverän. Dominierten in Holland die Städte mit ihrem reichen Bürgertum, so war in Geldern der Adel einflußreich, während in Friesland Bauern und Adel vorherrschten. Dies spiegelt sich in der Zusammensetzung der Provinzialständeversammlungen wider.

Wichtigstes Organ der Republik waren die Generalstaaten (Staten Generaal – Etats Généraux – Generalständeversammlung), in der sich die Vertreter der Provinzialstände versammelten. Die Generalstaaten tagten regelmäßig in Den Haag, der Vorsitz wechselte täglich von Provinz zu Provinz. Bedeutendstes Mitglied der Republik war die reiche Provinz Holland. Der Geschäftsführer ihrer Ständeversammlung, der Ratspensionär (Raadspensionaris), der die holländische Delegation in den Generalstaaten anführte, besaß zwangsläufig durch die hinter ihm stehende Macht großes politisches Gewicht. In Konkurrenz dazu stand der Statthalter von Holland, der stets auch Statthalter von Zeeland, oft auch der von Utrecht, Geldern und Overijssel war. Ursprünglich vertrat er den Landesherrn, jetzt war er Beamter der Stände. Das Prestige des großen Freiheitskämpfers Wilhelm von Oranien tat ein übriges, um den Statthaltern aus dem Haus Nassau-Oranien politisches Gewicht zu verleihen, obwohl es vor 1815 nicht zur Ausbildung einer Monarchie gekommen ist.

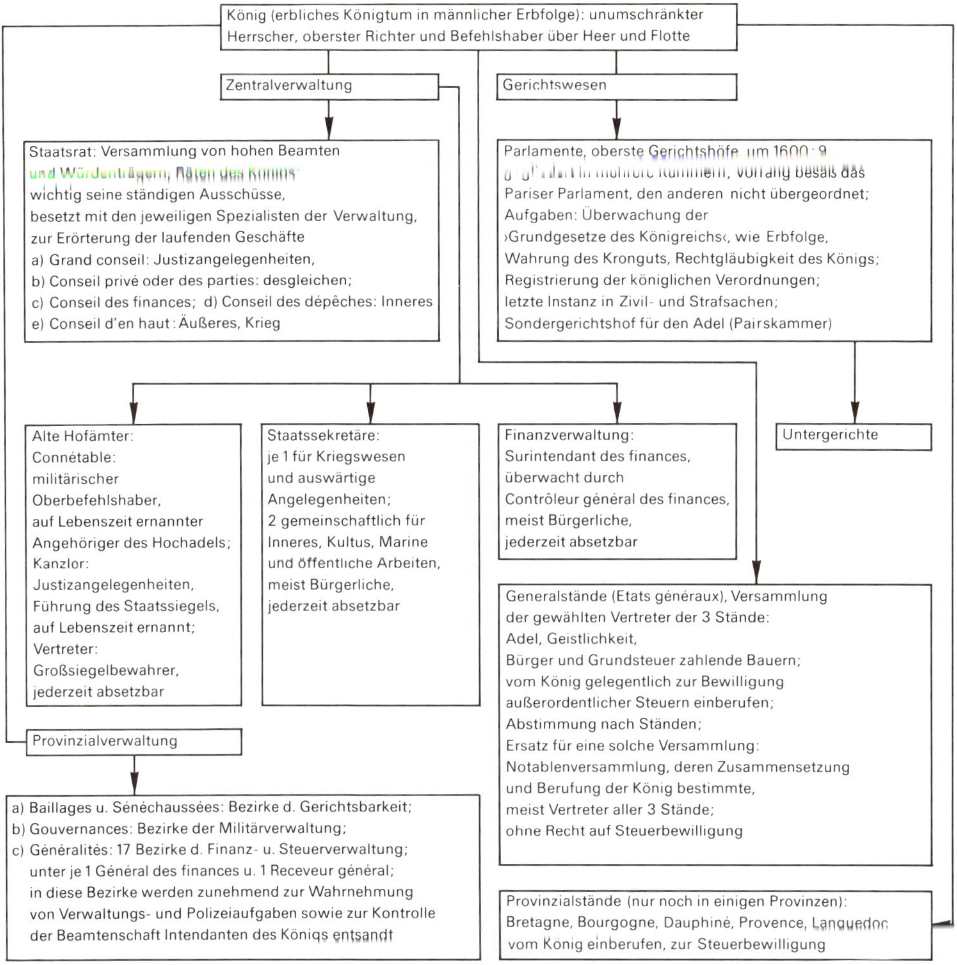

Das Verfassungsschema berücksichtigt vor allem die Zentralverwaltung. Ausgeklammert bleiben die kirchlichen Verhältnisse, die Städte und die Überbleibsel aus feudaler Zeit mit teilweise kräftigem Eigenleben, ebenso die Gerichtsbarkeit in Heer und Flotte. Vieles ist um 1600 noch im Fluß. Die Intendanten erlangen erst später eine entscheidende Bedeutung. Die Generalstände (Etats Généraux) werden seit 1614, die Notablenversammlung seit 1626/27, nicht mehr einberufen. 1627 wird das Amt des Connétable abgeschafft. Die Parlamente registrieren die königlichen Erlasse, die damit Gesetzeskraft erlangen. Die Verweigerung der Registrierung kam einem Einspruch gleich. Der König konnte dann die Registrierung des Erlasses durch seine Anwesenheit im Parlament erzwingen. Ab 1604 steigt die Bedeutung der Parlamente, weil die Richterstellen käuflich werden, der Richter damit unabhängiger wird. Kennzeichnend für die Verfassungsstruktur Frankreichs – wie auch anderer Länder der Zeit – ist das Nebeneinander von Funktionsträgern mit gleichen Kompetenzen. Ohne alte Ämter abzuschaffen, werden neue an ihre Seite gestellt, um ihre Bedeutung zu schmälern und eine bessere Kontrolle durch den König zu gewährleisten. So kann der Großsiegelbewahrer an die Stelle eines Kanzlers treten, der Conseil privé übernimmt Aufgaben des Conseil de justice, und die Intendanten verdrängen allmählich die Gouverneure.

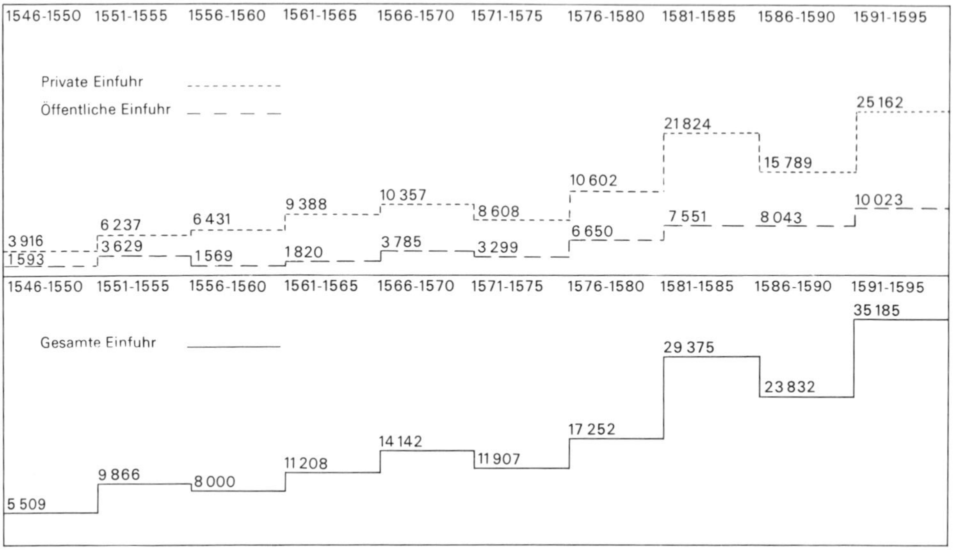

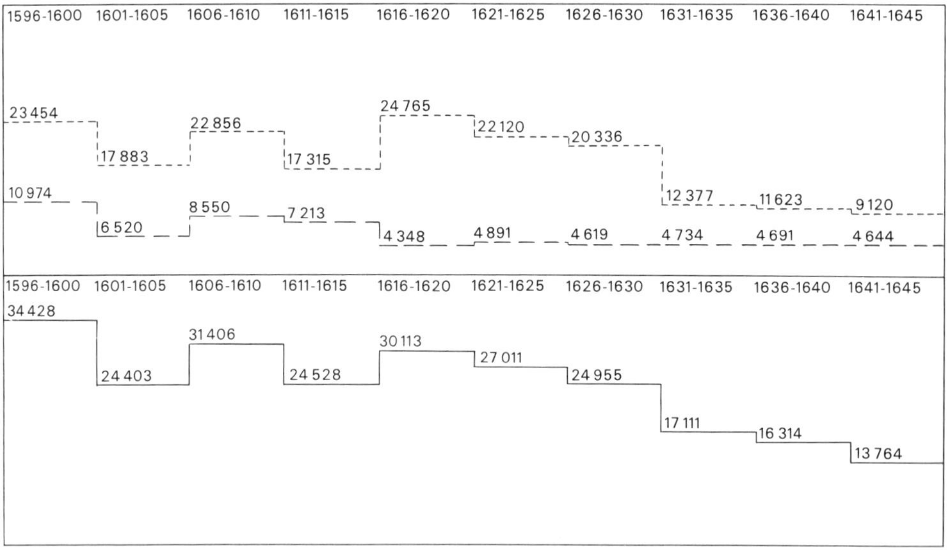

Der Wert des jährlich importierten Goldes und Silbers ist in 1000 Peseten (1 Peso = 450 Maravedis) angegeben. Die Einfuhr von Gold- und Silberschätzen aus der Neuen Welt nach Spanien in für die Zeit ungeheuren Mengen führte zu einem Preisverfall der Edelmetalle und damit auch zur Wertminderung der auf dem Edelmetallwert fußenden Münzsorten.

	1530	1591
Sevilla	45395	90000
Toledo	31930	54665
Jaén	23125	27965
Segovia	15020	27740
Baeza	14265	25860
Ubeda	14100	23150
Murcia	13560	16850
Salamanca	[illegible]	[illegible]
Burgos	8600	13325
Avila	9185	14130

	1530	1591
Alcalá de Henares	8180	12725
Toro	7605	11570
Valencia	7500	15315
Talavera de la Reine	6035	10175
Madrid	4060	37500
Ciudad Rodrigo	5415	10045
Zamora	4755	[illegible]
Guadalajara	3880	9500
Soria	4040	3595
Cartagena	2635	5195

	1530	1591
Valladolid	38100	33750
Córdoba	33060	31285
Medina del Campo	20680	13800
Alcazar de San Juan	19995	10285
Medina de Ríoseco	11310	10030
Santiago (1557)	5380	4720
Orense (1557)	5290	3500
Vigo (1557)	5025	4225
Tuy (1557)	3805	2480
La Coruña	3005	2255
Betanzos	2850	2750

Die einschneidenden strukturellen Veränderungen in Spanien im 16. Jahrhundert waren teilweise mit einem Ansteigen der städtischen Bevölkerung verbunden, besonders im Süden. Nur in ehemals maurischen Gebieten geht auch die städtische Einwohnerzahl zurück; ebenso stagnieren einige Städte im Norden des Landes.

Getreidepreis

1601	1602	1603	1604	1605	1606	1607	1608	1609	1611	1612	1614	1616	1618	1620
116	96	189	197	222	154	140	148	139	117	115	124	176	148	153

1623	1624	1625	1626	1627	1628	1629	1632	1633	1634	1636	1637	1646	1646	1648
141	142	203	219	251	217	167	181	149	136	283	248	187	318	289

Lohn eines Zimmermanns pro Tag

1601	1602	1603	1604	1605	1606	1607	1608	1609	1611	1612	1614	1616	1618	1620
221	238	238	272	295	272	272	238	264	238	204	213	238	238	238

1623	1624	1625	1626	1627	1628	1629	1632	1633	1634	1636	1637	1646	1646	1648
204	204	204	240	272	238	272	261	272	238	238	227	272	272	298

Getreidepreis in Andalusien für 1 Fanega Getreide (= ca. 33½ Liter), Angaben in 100 Maravedis. – Lohn 1 Zimmermanns pro Tag, Angaben in 10 Maravedís (10 M. enthielten ca. 1 Gramm Silber).

Die Verschlechterung der Kaufkraft des Geldes (Preisverfall der Edelmetalle) und die Veränderungen im sozialen Gefüge Spaniens bewirken die Schwankungen des Preis- und Lohngefüges.

Einnahmen aus allen über Laibach und Filialen transportierten Waren

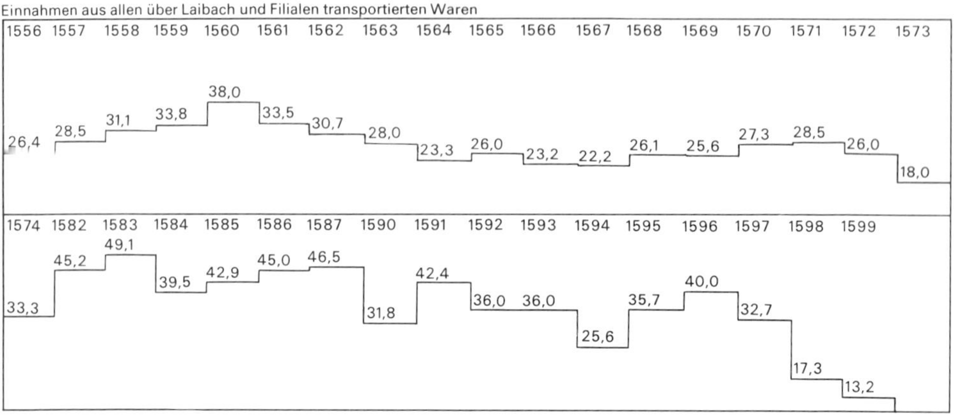

1. Lebende Tiere

8640 Ochsen
680 Schweine
454 Pferde
40 Kastraune (Hammel)
9 Ziegen

2. Italienische Waren und ungarische Häute

330½ Saum Öl
297 Saum trockene Ware
280 Saum walische Ware
229 Saum Häute
144 Saum Südfrüchte (Pomeranzen, Feigen, Weinbeeren, Mandeln, Haselnüsse, Kastanien, Zwetschgen, Birnen)
42 Saum Austern (wohl für den Grazer Hof)
38 Saum Fastenspeise für den Grazer Hof
21 Saum Krämereiware
9 Saum walische Früchte
8½ Saum Fische (4 Saum Heringe, 4 Saum Meerfische, ½ Saum Sulzfische [in Gallert])
3 Saum und 4 Körbe Glaswaren
2 Saum und einige Bund Hausen (Störfische)

11227 Saum und 4 Körbe

3. Textilien

47 Saum und 5 Stück Leinwand
27 Saum Tuche
21 Saum Marbein (minderwertige Tuchgattung)
11 Saum und 103 Ellen Loden
10 Saum und 10 Stück Kotzen (Decken)
4 Saum Leibgewand
2½ Saum Wolle
1½ Saum Fatschen (schmale Binden)
20 Körbe Hüte

124 Saum und 20 Körbe

4. Rohstoffe und Halbfabrikate

35 Saum Blei
10½ Saum Federn
9 Saum und 3 Binkel Haar (Flachs)
6 Saum Riemen
4½ Saum Pelze
4 Saum und 10 Stück Felle

69 Saum und 3 Binkel

5. Fertigwaren

16 Saum Handrohre (Pistolen)
4 Saum Büchsen (Gewehre)
9½ Saum ›Eisenwerk‹
1 Saum Handsägen
1 Saum Hacken
1 Saum Wetzsteine

32½ Saum

6. Lokalhandelsgüter

7096¾ Saum Salz
3995 Saum und 3 Wagen Getreide
1505½ Saum und 61 Faß Wein, 3 Faß Met
89½ Saum Häfen (Tongeschirr)
16½ Saum Knoblauch
9½ Saum Käse
3½ Saum trockenes Fleisch
2 Saum und 30 Häfen Schmalz
1 Saum Germ (Bierhefe)
303 Binkel (Bündel) nicht näher bezeichneter Waren

12719½ Saum, 303 Binkel, 64 Faß und 3 Wagen

7. Personen

49 Krämer mit Waren
7 Schuster mit Waren

Einnahmen nur aus ungarischen Viehtransporten über Laibach und Filialen

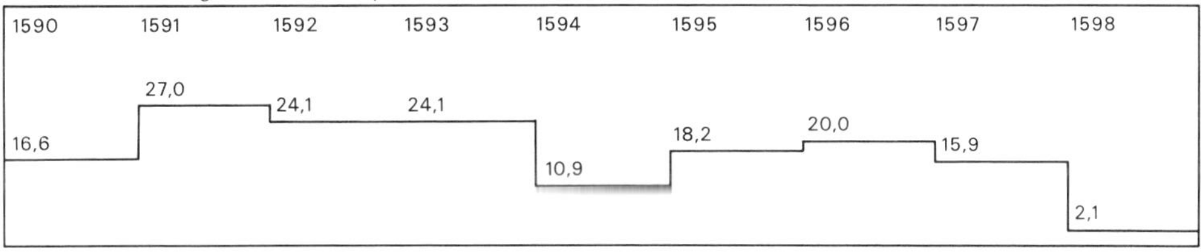

Einnahmen des Oberaufschlagamtes (Zollamt) Laibach und seiner Filialen in den Jahren 1556 bis 1559 sowie eine Aufschlüsselung der über die ›Laibacher Straße‹ transportierten Waren:

Linke Seite oben: jährliche Einnahmen des Oberaufschlagamtes und der Filialen, Angaben in 1000 ungarischen Florint.

Linke Seite unten: Liste einzelner Güter.
Diese Güter wurden 1584/85 auf der Laibacher Handelsstraße transportiert. Wegen der Beschwerlichkeit und schlechten Beschaffenheit des Weges wurden nur wenige Wagenladungen (Wagen, Fässer) transportiert. Die Mehrzahl der Güter wurde auf Lastpferden und Eseln (Saumtiere) und in Tragkörben sowie in Binkel (Bündel) befördert.

Oben: Jährliche Einnahmen des Amtes ohne Filialen aus dem Viehtrieb, Angaben in 1000 Florint.

Durch die türkische Besetzung Ungarns (seit 1529) wurde auch dessen Außenhandel stark betroffen. Vor allem gingen die regelmäßigen Viehtriebe von Ungarn über die Steiermark und Krain zurück. Die Einnahmen des habsburgischen Ober-Aufschlagamtes Laibach zeigen die langsame, immer wieder durch Rückschläge gekennzeichnete Erholung des Handels auf dieser alten Hauptroute des ungarischen Handelsverkehrs. Die Handelsgüter stammten nun aus den türkisch besetzten Gebieten.

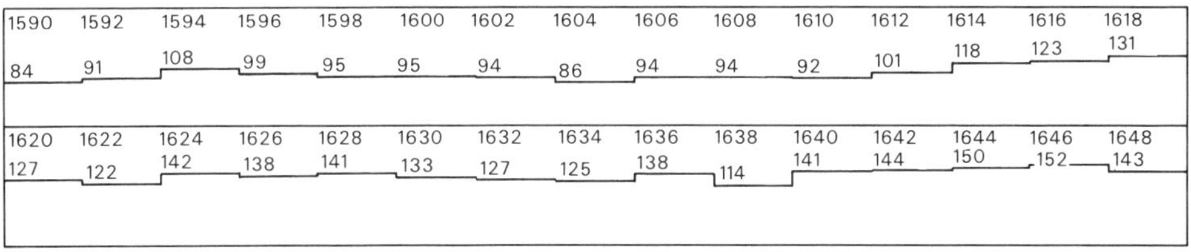

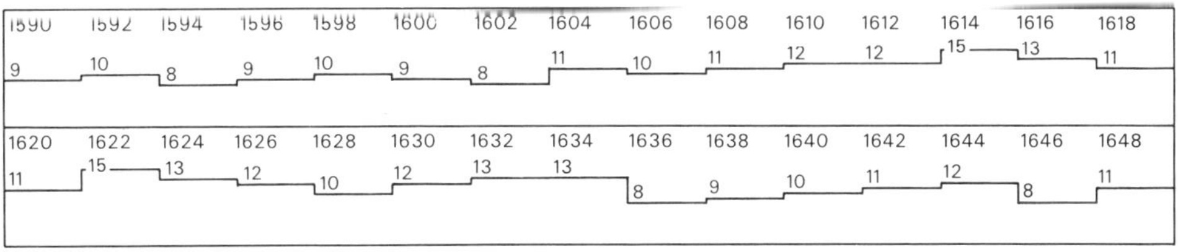

Die Lohnlisten der Plantinschen Druckerei in Antwerpen sind für den Zeitraum zwischen 1590 und 1766 erhalten. Die Kurve gibt eine Übersicht über die Bezahlung hochspezialisierter Fachkräfte.

Obere Kurve: Zahl der beschäftigten Drucker; untere Kurve: durchschnittlicher Wochenlohn in Stuiver (1 niederländischer Gulden = 20 Stuiver).

Waren aus den Niederlanden nach Frankreich

3 193 130 Livres:	Pfeffer, Muskat, Kanehl und andere Drogen
1 855 150 Livres:	Zucker jeder Art, eingemachte Früchte
842 080 Livres:	medizinale Drogen
1 835 200 Livres:	Edelsteine, Perlen, Federn, Wolle, Baumwolle
1 035 220 Livres:	Farbholz, Krapp, Galläpfel, Vitriol, Alaun
6 889 960 Livres:	Tuche, Leinwand, Bilder, Bücher usw.
1 500 000 Livres:	Kupfer, Zinn, Blei, Kessel, Nadeln, Eisen, Stahl
1 235 000 Livres:	Kanonen, Drehbassen, Schwefel, Salpeter, Pulver usw.
675 000 Livres:	Leder, Juchten, Pelzwerk
1 700 070 Livres:	Flachs, Hanf, Wachs, Pech, Masten, Planken usw.
454 300 Livres:	Heringe, Salme, Walfischbarden, Walfischöl und andere Öle
200 010 Livres:	Butter, Käse, Talglichter usw.
21 445 220 Livres:	Gesamtsumme

Waren aus Frankreich nach den Niederlanden

6 192 632 Livres:	Weine, Branntwein
3 450 450 Livres:	Getreide, Erbsen, Bohnen, Kastanien
1 583 432 Livres:	Tuche, Leinwand
715 177 Livres:	Olivenöl, Mandeln, Feigen, Rosinen usw.
915 525 Livres:	Tuchwaren, Krämerwaren, Papier
355 500 Livres:	Honig, Terpentin, Wachs
2 488 750 Livres:	Salz
15 701 466 Livres:	Gesamtsumme

Der Geldwert der Waren ist jeweils zu einer Summe zusammengefaßt und in französischen Livres angegeben. Es handelt sich um einen Durchschnittswert, der auf ein Jahr um 1646 bezogen ist.

Ihre alten Handelsbeziehungen mit Frankreich pflegten die Niederlande (Republik der Vereinigten Niederlande) eifrig. Für die Versorgung mit nordischen, zeitweilig auch mit Kolonialprodukten haben die Niederlande für Frankreich einen großen Wert gehabt. Die Niederlande waren überdies ein bedeutender Abnehmer der französischen Erzeugnisse.

Aufkommen des Königsberger Pfundzolls in Mark

	Königsberger Pfundzoll	niederländischer Anteil		hanseatischer Anteil		Königsberger Anteil		
	Gesamtsumme	Summe	in %	Summe	in %	Summe	in %	
1588	9932	6542	65,87	2275	22,90	1115	11,22	1588
1589	8443	5875	69,59	1870	22,15	697	8,26	1589
1593	13363	10269	76,89	2187	16,40	891	6,71	1593
1596	17875	15004	83,93	–	–	–	–	1596
1597	16297	13502	82,87	2396	14,72	389	2,41	1597
1600	19117	16222	84,85	–	–	–	–	1600
1602	18975	16764	88,34	–	–	–	–	1602

Anzahl der in den Königsberger Pfundzollisten erwähnten Schiffe

	in Königsberg regist. Schiffe:	niederländische Schiffe:		hanseatische Schiffe:		Königsberger Schiffe:		
	Anzahl	Anzahl	Anteil in %	Anzahl	Anteil in %	Anzahl	Anteil in %	
1588	468	255	54,49	170	36,32	43	9,19	1588
1589	495	296	59,80	170	34,34	29	5,86	1589
1593	648	456	70,37	166	25,62	26	4,01	1593
1596	–	465	–	–	–	–	–	1596
1597	690	497	72,03	182	26,38	11	1,59	1597
1600	–	334	–	–	–	–	–	1600
1602	–	386	–	–	–	–	–	1602

Die Königsberger Pfundzollisten verzeichnen die Anzahl der Schiffe mit Waren, für die Zoll zu entrichten war (Angaben in Mark). Der Pfundzoll wurde nach bestimmten Prozentsätzen auf alle Waren erhoben, die seewärts einkamen oder seewärts die Stadt verließen. Im Laufe des 16. Jahrhunderts nahm der Anteil der niederländischen Schiffe am Ostseehandel bedeutend zu.

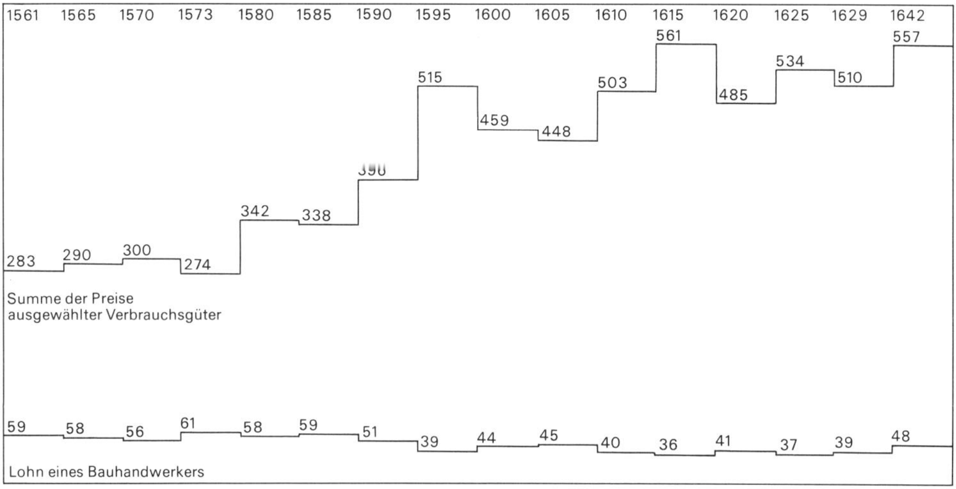

Die Angaben beruhen auf Indexzahlen, denen Durchschnittswerte der Jahre 1451-1475 zugrunde liegen (1451/1475 = 100). Nach einem für die Lohnarbeiter recht günstigen Verhältnis zwischen dem Lohn und den Preisen für wichtige Verbrauchsgüter veränderte sich das Verhältnis in der frühen Neuzeit in nahezu ganz West- und Mitteleuropa zuungunsten der Lohnempfänger, wie die Aufstellung aus Südengland es exemplarisch zeigt.

Durchschnitt jährlicher Pachtzahlungen

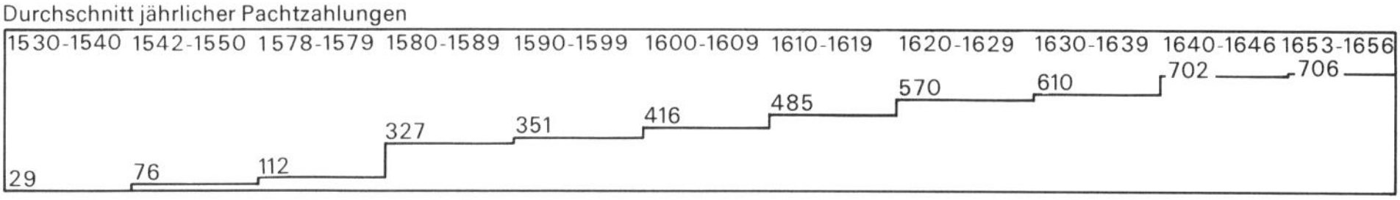

Der säkulare Anstieg der Preise für Agrarprodukte bewirkte eine erhebliche Wertsteigerung der landwirtschaftlichen Betriebe. So wuchsen die Pachtzahlungen der landwirtschaftlichen Pächter im Bereich des Grundbesitzes des Mettingham College in Suffolk zwischen 1578 und 1656 erheblich (Angaben in englischen Pfund, Gesamtsumme aller Pachtzahlungen).

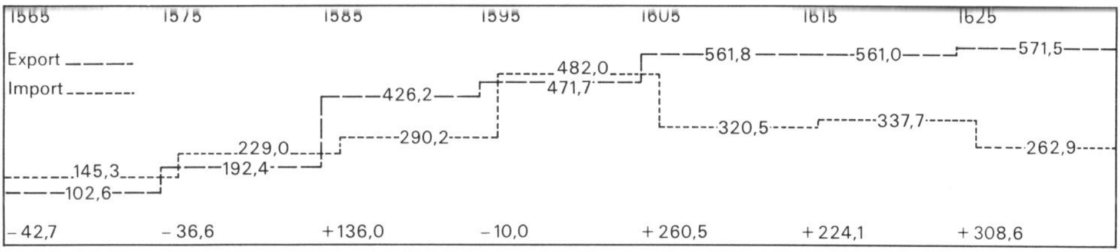

Die Angaben wurden aus dänischen Sundzollisten zusammengestellt. Die Summen sind in dänischen Reichstalern angegeben. Durch englische Kaufleute wurde ein wachsender Anteil des Ostseehandels ohne fremde Vermittlung durchgeführt. Das Volumen des englischen Exports stieg zwischen 1565 und 1625 wesentlich stärker als das des noch immer aus den traditionellen Rohmaterialien (Getreide, Hölzer, Flachs, Hanf, Pech, Fische) bestehenden Import.

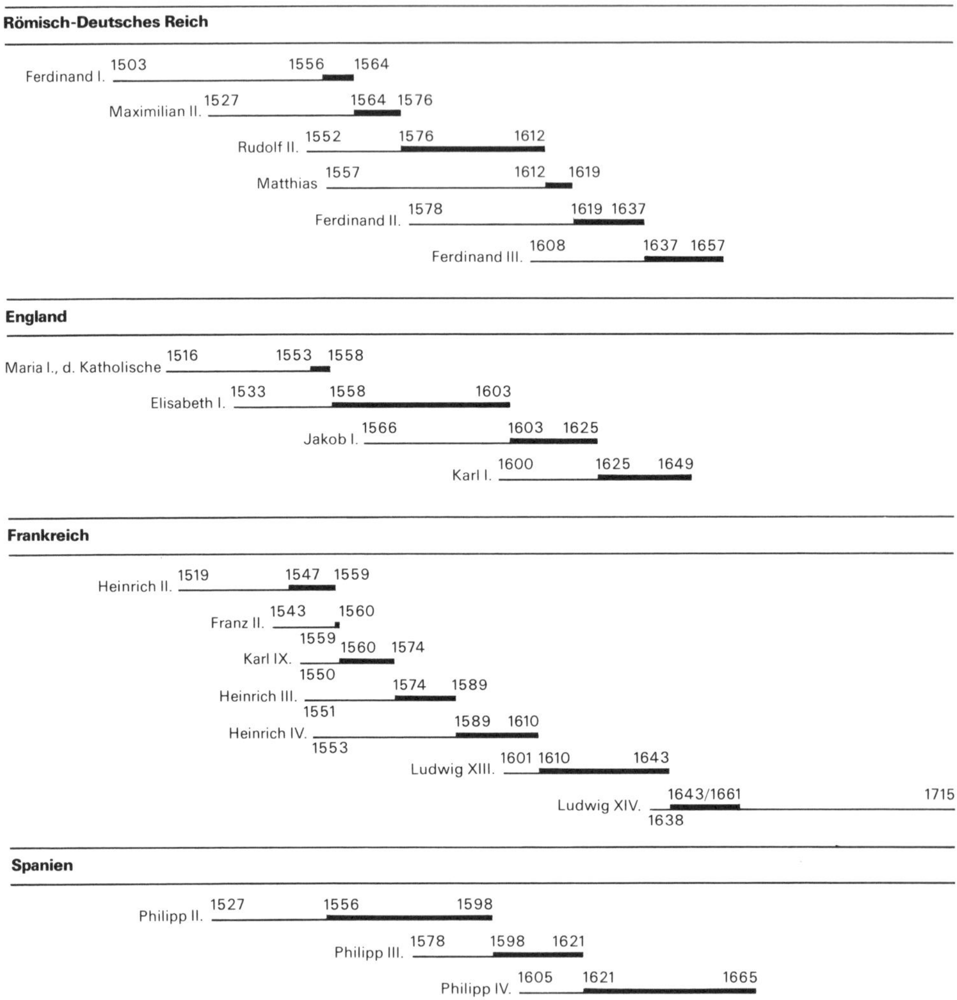
Römisch-Deutsches Reich
Ferdinand I. 1503 1556 1564
Maximilian II. 1527 1564 1576
Rudolf II. 1552 1576 1612
Matthias 1557 1612 1619
Ferdinand II. 1578 1619 1637
Ferdinand III. 1608 1637 1657
England
Maria I., d. Katholische 1516 1553 1558
Elisabeth I. 1533 1558 1603
Jakob I. 1566 1603 1625
Karl I. 1600 1625 1649
Frankreich
Heinrich II. 1519 1547 1559
Franz II. 1543 1560
Karl IX. 1559 1560 1574
Heinrich III. 1550 1574 1589
Heinrich IV. 1551 1589 1610 1553
Ludwig XIII. 1601 1610 1643
Ludwig XIV. 1643/1661 1715 1638
Spanien
Philipp II. 1527 1556 1598
Philipp III. 1578 1598 1621
Philipp IV. 1605 1621 1665

Bayern

Albrecht V. 1528 1550 1579

Wilhelm V. 1548 1579 1597 1626

Maximilian I. (Kurfürst seit 1623) 1573 1597 1651

Brandenburg

Joachim II., 1505 1535 1571 Hektor

Johann Georg 1525 1571 1598

Joachim Friedrich 1546 1598 1608

Johann Sigismund 1572 1608 1619

Georg Wilhelm 1595 1619 1640

Friedrich Wilhelm 1620 1640 1688

Sachsen

August 1526 1553 1586

Christian I. 1560 1586 1591

Christian II. 1583 1591 1611

Johann Georg I. 1585 1611 1656

Pfalz

Otto Heinrich 1502 1556 1559

Friedrich III. 1515 1559 1576

Ludwig VI. 1539 1576 1583

Friedrich IV. 1574 1583 1610

Friedrich V. (König von Böhmen 1619/20) 1596 1610 1621 1632

Ludwig Philipp (Verweser) 1602 1632 1648 1655

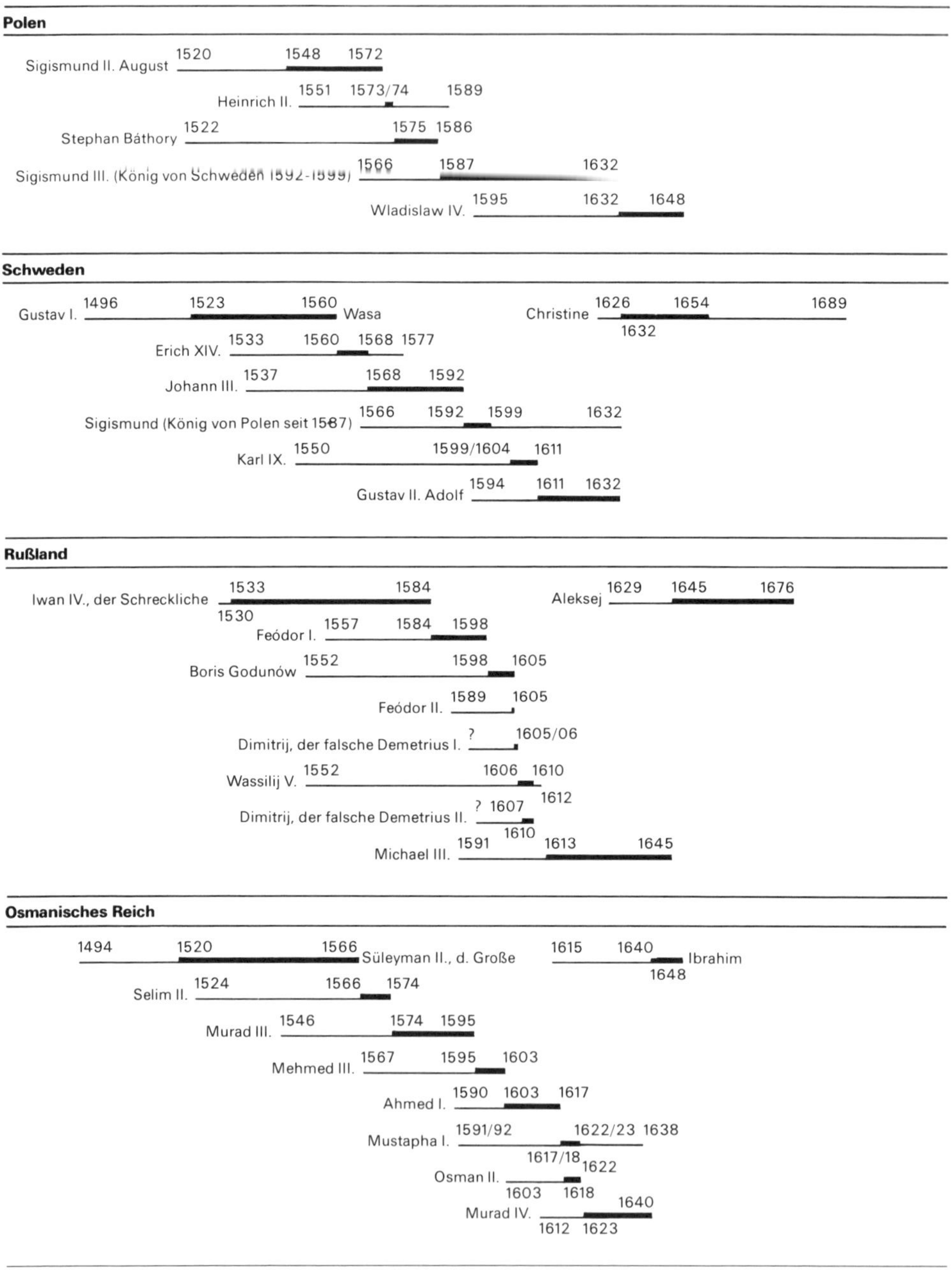
Polen
Sigismund II. August 1520 1548 1572
Heinrich II. 1551 1573/74 1589
Stephan Báthory 1522 1575 1586
Sigismund III. (König von Schweden 1592-1599) 1566 1587 1632
Wladislaw IV. 1595 1632 1648
Schweden
Gustav I. 1496 1523 1560 Wasa
Christine 1626 1632 1654 1689
Erich XIV. 1533 1560 1568 1577
Johann III. 1537 1568 1592
Sigismund (König von Polen seit 1587) 1566 1592 1599 1632
Karl IX. 1550 1599/1604 1611
Gustav II. Adolf 1594 1611 1632
Rußland
Iwan IV., der Schreckliche 1530 1533 1584
Aleksej 1629 1645 1676
Feódor I. 1557 1584 1598
Boris Godunów 1552 1598 1605
Feódor II. 1589 1605
Dimitrij, der falsche Demetrius I. ? 1605/06
Wassilij V. 1552 1606 1610
Dimitrij, der falsche Demetrius II. ? 1607 1610 1612
Michael III. 1591 1613 1645
Osmanisches Reich
1494 1520 1566 Süleyman II., d. Große
1615 1640 1648 Ibrahim
Selim II. 1524 1566 1574
Murad III. 1546 1574 1595
Mehmed III. 1567 1595 1603
Ahmed I. 1590 1603 1617
Mustapha I. 1591/92 1617/18 1622/23 1638
Osman II. 1603 1618 1622
Murad IV. 1612 1623 1640

Römisch-Deutsches Reich und Österreichische Erblande

Ferdinand I., 1556-1564
Maximilian II., 1564-1576
Rudolf II., 1576-1612
Matthias, 1612-1619

Minister (Auswahl)
Antoine Perrenot v. Granvella,
1550-1558
Melchior Khlesl, 1611-1618

Ferdinand II., 1619-1637
Ferdinand III., 1637-1657
(**Ferdinand IV.**, 1646/1653/54)

Minister (Auswahl)
Hans Ulrich Fürst v. Eggenberg,
1615-1632
Max Gf. Trauttmannsdorff, 1634-1650

Österreich-Tirol

Ferdinand, 1564-1595
Rudolf (II., Kaiser), 1595-1602
Maximilian, 1602-1618
Leopold (Gubernator), 1618-1632
Claudia de'Medici (Regentin),
1632-1646
Ferdinand Karl, 1632/1646-1662

Österreich-Steiermark (Innerösterreich)

Karl, 1564-1590
Ferdinand (II., Kaiser), 1590-1637

Päpste

Paul IV., 1555-1559
Pius IV., 1559-1565
Pius V., 1566-1572
Gregor XIII., 1572-1585
Sixtus V., 1585-1590
Urban VII., 1590
Gregor XIV., 1590/91
Innozenz IX., 1591
Clemens VIII., 1592-1605
Leo XI., 1605
Paul V., 1605-1621
Gregor XV., 1621-1623
Urban VIII., 1623-1644
Innozenz X., 1644-1655

Frankreich

Heinrich II., 1547-1559
Franz II., 1559-1560
Karl IX., 1560-1574
Heinrich III., 1574-1589

Kanzler
François Olivier, 1545-1560
Michel de L'Hospital, 1560-1573/74
René de Birague, 1574-1583

Heinrich IV., 1589-1610
Ludwig XIII., 1610-1643
Ludwig XIV., 1643 (1661)-1715

Leitende Minister (Auswahl)
Maximilien de Béthune, Hzg. v. Sully,
1597-1610
Concino Concini, Marschall v. Ancre,
1610-1617
Charles d'Albert, Hzg. v. Luynes,
1617-1621
Jean Armand Duplessis, Hzg. v. Richelieu, 1624-1642
Jules Mazarin, 1643-1661

Kanzler
Philippe Hurault de Cheverny,
1583-1599
Pomponne de Bellièvre, 1599-1607
Nicolas Brûlart de Sillery, 1607-1624
Etienne d'Aligre, 1624-1635
Pierre Séguier, 1635-1672

England

Maria I., d. Katholische, 1553-1558
Elisabeth I., 1558-1603

Leitende Minister (Auswahl)
William Cecil, Baron Burghley,
1558-1598
Robert Cecil, Gf. Salisbury, 1598-1612

Lordkanzler
Stephen Gardiner, Bf. v. Winchester,
1553-1555
Nicholas Heath, Erzbf. v. York,
1556-1558
Thomas Bromley, 1570-1587
Christopher Hatton, 1587-1591

Jakob I. (VI.), 1603-1625
Karl I., 1625-1649

Leitende Minister (Auswahl)
Robert Carr, Gf. Somerset, 1614-1615
George Villiers, Hzg. v. Buckingham,
1625-1628
Thomas Wentworth, Gf. Strafford,
1628-1641

Lordkanzler
Thomas Egerton Brackley, 1603-1617
Francis Bacon, Baron Verulam,
1617-1621

Schottland

Maria Stuart, 1542-1567
Jakob VI. (I.), 1567/1578-1625

Regenten
James Stuart, Gf. v. Murray,
1567-1570
Matthew Stuart, Gf. v. Lennox,
1570/71
John Erskine, Gf. v. Mar, 1571/72
James Douglas, Gf. v. Morton,
1573-1581

Spanien

Philipp II., 1556-1598
Philipp III., 1598-1621
Philipp IV., 1621-1665

Leitende Minister und Staatsmänner (Auswahl)
Antonio Pérez, 1567-1579
Antoine Perrenot v. Granvella,
1579-1586
Francisco Gómes de Sandoval y Rojas, Hzg. v. Lerma, 1598-1618
Gaspar de Guzmán, Hzg. v. Olivares,
1621-1643
Don Luis de Haro, 1643-1661

Portugal

Johann III., 1521-1557
Sebastian, 1557-1578
Heinrich, 1578-1580
Philipp I. (II.), 1580-1598
Philipp II. (III.), 1598-1621
Philipp III. (IV.), 1621-1640
Johann IV., 1640-1656

Niederlande

Statthalter der ›siebzehn Provinzen‹
Emanuel Philibert v. Savoyen,
1558-1559

Margarete v. Parma, 1559-1567
Ferdinand Alvarez de Toledo, Hzg. v. Alba, 1567-1573
Ludwig v. Requesens u. Zúñiga, 1573-1576
Don Juan d'Austria, 1576-1578
Alexander Farnese, Hzg. v. Parma, 1578-1592

Statthalter der spanischen Niederlande (Auswahl)
Peter Ernst Gf. v. Mansfeld-Heldrungen, 1592-1594
Ernst v. Österreich, 1594-1595
Albrecht v. Österreich, 1596-1621
Isabella (Habsburg-Spanien) v. Österreich, 1621-1633
Ferdinand v. Habsburg-Spanien, 1633-1641

Landvögte (Generalstatthalter für das gesamte Gebiet der Union von Utrecht)
Franz, Hzg. v. Alençon u. Anjou, 1579-1584
Robert Dudley, Gf. v. Leicester, 1584-1587

Statthalter von Holland, Zeeland, Utrecht, Geldern (seit 1590)
Wilhelm I. v. Oranien, 1572-1584
Moritz v. Oranien, 1585-1625
Friedrich Heinrich v. Oranien, 1625-1647
Wilhelm II. v. Oranien, 1647-1650

Statthalter von Geldern
Johann v. Nassau-Dillenburg, 1578-1580
Wilhelm Gf. van den Bergh, 1581-1583

Statthalter von Friesland und Groningen
Wilhelm Ludwig v. Nassau-Dietz, 1584-1620
Ernst Kasimir v. Nassau-Dietz, 1620-1632
Heinrich Kasimir v. Nassau-Dietz, 1632-1640
Wilhelm Friedrich v. Nassau-Dietz, 1640-1664

Ratspensionäre (Landesadvokaten) von Holland
Paulus Buys, 1572-1585
Johan v. Oldenbarneveldt, 1586-1628
Andries de Witt, 1619-1621
Anthonius Duyck, 1621-1628
Jacob Cats, 1629-1631
Andriaan Pauw, 1631-1636
Jacob Cats, 1636-1651

Dänemark

Christian III., 1536-1559
Friedrich II., 1559-1588
Christian IV., 1588-1648

Die Dogen von Venedig

Lorenzo Priuli, 1556-1559
Girolamo Priuli, 1559-1567
Pietro Loredano, 1567-1570
Aloise Mocenigo., 1570-1577
Sebastiano Venier, 1577/78
Niccolò da Ponte, 1578-1585
Pasquale Cicogna, 1585-1595
Marino Grimani, 1595-1605
Leonardo Donato, 1606-1612
Marc Antonio Memmo, 1612-1615
Giovanni Bembo, 1615-1618
Niccolò Donato, 1618
Antonio Priuli, 1618-1623
Francesco Contarini, 1623/24
Giovanni Corner, 1625-1629
Niccolò Contarini, 1630/31
Francesco Erizzo, 1631-1646
Francesco Molino, 1646-1655

Toskana

Cosimo I. de'Medici, 1537-1574
Franz I. de'Medici, 1574-1587
Ferdinand I. de'Medici, 1587-1609
Cosimo II. de'Medici, 1609-1621
Ferdinand II. de'Medici, 1621-1670

Modena

Ercole II. d'Este, 1534-1559
Alfonso II. d'Este, 1559-1597
Cesare d'Este, 1597-1628
Alfonso III. d'Este, 1628
Francesco I. d'Este, 1628-1658

Parma-Piacenza

Oktavius Farnese, 1547-1586
Alexander Farnese, 1586-1592
Rainuto Farnese, 1592-1622
Odoardo I. Farnese, 1622-1646
Rainuto II. Farnese, 1646-1694

Savoyen

Emanuel Philibert, 1533/1559-1580
Karl Emanuel I., 1580-1630
Viktor Amadeus I., 1630-1637
(Franz Hyazinth, 1637/38)
Karl Emanuel II., 1638-1675

Lothringen

Karl II. (III.), 1545 (1559)-1608
Heinrich II., 1608-1624
Franz II., 1624/25
Karl III. (IV.), 1625-1675

Preußen

Albrecht, 1525-1568
Albrecht Friedrich, 1568-1618
Georg Friedrich I. v. Brandenburg-Ansbach (Regent), 1568-1603
Joachim Friedrich v. Brandenburg (Regent), 1603-1608
Johann Sigismund v. Brandenburg (Regent, Hzg. 1618/19), 1608-1618
Georg Wilhelm v. Brandenburg, 1619-1640
Friedrich Wilhelm v. Brandenburg, 1640-1688

Die Kurfürsten des Deutschen Reiches

Mainz

Daniel Brendel v. Homburg, 1555-1582
Wolfgang v. Dalberg, 1582-1601
Johann Adam v. Bicken, 1601-1604
Johann Schweikhard v. Kronberg, 1604-1626
Georg Friedrich v. Greiffenklau und Vollraths, 1626/27-1629
Anselm Kasimir Wambold v. Umstadt, 1629/30-1647
Johann Philipp, Gf. Schönborn, 1647/1649-1673

Köln

Anton v. Schaumburg, 1556/57-1558
Johann Gebhard v. Mansfeld, 1558/1560-1562
Friedrich v. Wied, 1562-1567
Salentin v. Isenburg, 1567/1573-1577

Gebhard Truchseß v. Waldburg, 1577/1580-1583
Ernst v. Wittelsbach (Bayern), 1583-1612
Ferdinand v. Wittelsbach (Bayern), 1612-1650
Maximilian Heinrich v. Wittelsbach (Bayern), 1650-1688

Trier

Johann v. d. Leyen, 1556-1567
Jakob, Frhr. v. Eltz, 1567-1581
Johann v. Schönenberg, 1581/82-1599
Lothar, Frhr. v. Metternich, 1599-1623
Philipp Christof v. Sötern, 1623/24-1652
Karl Kaspar v. d. Leyen, 1652-1676

Pfalz, Sachsen, Brandenburg und Bayern (Kurfürst seit 1623) siehe Seite 389; Böhmen, bei Österreich

Braunschweig-Lüneburg (Celle) und -Kalenberg, -Grubenhagen
(seit 1617/1635)

Wilhelm d. Jüngere, 1546-1592
Ernst II., 1592-1611
Christian, 1611-1633
August, 1633-1636
Friedrich, 1636-1648
Georg, 1636-1641
Christian Ludwig, 1641/1648-1665

Hessen-Kassel

Philipp I., d. Großmütige, 1509-1567
Wilhelm IV., 1567-1592
Moritz, 1592-1627
Wilhelm V., 1627-1637
Wilhelm VI., 1637-1663

Pommern-Stettin

Barnim IX., 1541-1569
Johann Friedrich, 1569-1600
Barnim X., 1600-1603
Bogislaw XIII., 1603-1606
Philipp II., 1606-1618
Franz, 1618-1620
Bogislaw XIV., 1620-1637

Württemberg

Christof, 1550-1568
Ludwig (III.), 1568-1593
Friedrich I., 1593-1608
Johann Friedrich, 1608-1628
Eberhard III., 1628-1674

Salzburg

Fürsterzbischöfe
Michael v. Kuenburg, 1554-1560
Johann Jakob Khuen v. Belasy, 1560–1586
Georg v. Kuenburg, 1586/87
Wolf Dietrich v. Raitenau, 1587-1612
Markus Sittich v. Hohenems, 1612-1619
Paris Gf. Lodron, 1619-1653

Würzburg

Fürstbischöfe
Melchior Zobel v. Giebelstadt, 1544-1558
Friedrich v. Wirsberg, 1558-1573
Julius Echter v. Mespelbrunn, 1573-1617
Johann Gottfried v. Aschhausen, 1617-1622
Philipp Adolf v. Ehrenberg, 1622-1631
Franz v. Hazfeld u. Gleichen, 1631-1642
Johann Philipp v. Schönborn, 1642-1673

Magdeburg

Erzbischöfe
Albrecht v. Brandenburg, 1513-1545
Johann Albrecht v. Brandenburg-Ansbach, 1545-1550
Friedrich v. Brandenburg, 1550-1552
Sigismund v. Brandenburg, 1552-1566
Leopold Wilhelm v. Österreich (designierter katholischer Erzbischof), 1628-1635

Administratoren (protestantisch)
Joachim Friedrich v. Brandenburg, (Kurfürst seit 1598), 1566-1598
Christian Wilhelm v. Brandenburg, 1598-1628/1631
August v. Sachsen-Weißenfels, 1628-1680

Osmanisches Reich

Herrscher und wichtige Großwesire

Süleyman II. (I.), 1520-1566
Kara Ahmed Arnavut, 1553-1555
Rüstem Paşa, 1555-1561
Semiz Ali Paşa, 1561-1565
Selim II., 1566-1574
Tavil Mehmed Sokullu Paşa (1! Mal), 1565-1576
Murad III., 1574-1595
Tavil Mehmed Sokullu Paşa (2. Mal), 1576-1579
Koca Sinan Paşa (1. Mal), 1580-1583
Siyavuş Paşa (1. u. 2. Mal), 1583/84, 1586-1589
Koca Sinan Paşa (2. Mal), 1589-1591
Siyavuş Paşa (3. Mal), 1592/93
Koca Sinan Paşa (3. Mal), 1593-1595
Mehmed III., 1595-1603
Sinan Paşa (4. u. 5. Mal), 1595/96
Damad Ibrahim Paşa (1.-3. Mal), 1596, 1596/97, 1599-1601
Yemişçi Hasan Paşa, 1601-1603
Ahmed I., 1603-1617
Lala Mehmed Paşa, 1604-1606
Murad Paşa, 1606-1611
Nasuh Paşa, 1611-1614
Damad Öküz Mehmed Paşa (1. Mal), 1614-1617
Mustapha I., 1617/18 u. 1622/23
Kayserili Halil Mehmed Paşa (1. Mal), 1617-1619
Kara Davud Paşa, 1622
Mere Hüseyin Paşa (1. u. 2. Mal), 1622, 1623
Osman II., 1618-1622
Öküz Mehmed Paşa (2. Mal), 1619
Çelebi Güzelce Ali Paşa, 1619-1621
Murad IV., 1623-1640
Hafiz Ahmed Paşa (1. Mal), 1625/26
Kayserili Halil Mehmed Paşa (2. Mal), 1626-1628
Hüsrev Paşa, 1628-1631
Hafiz Ahmed Paşa (2. Mal), 1631/32
Tabani yassi Mehmed Paşa, 1632-1637
Kemankeş Kara Mustapha Paşa, 1638-1644
Ibrahim, 1640-1648
Salih Paşa, 1645-1647
Sofu Mehmed Paşa, 1648/49

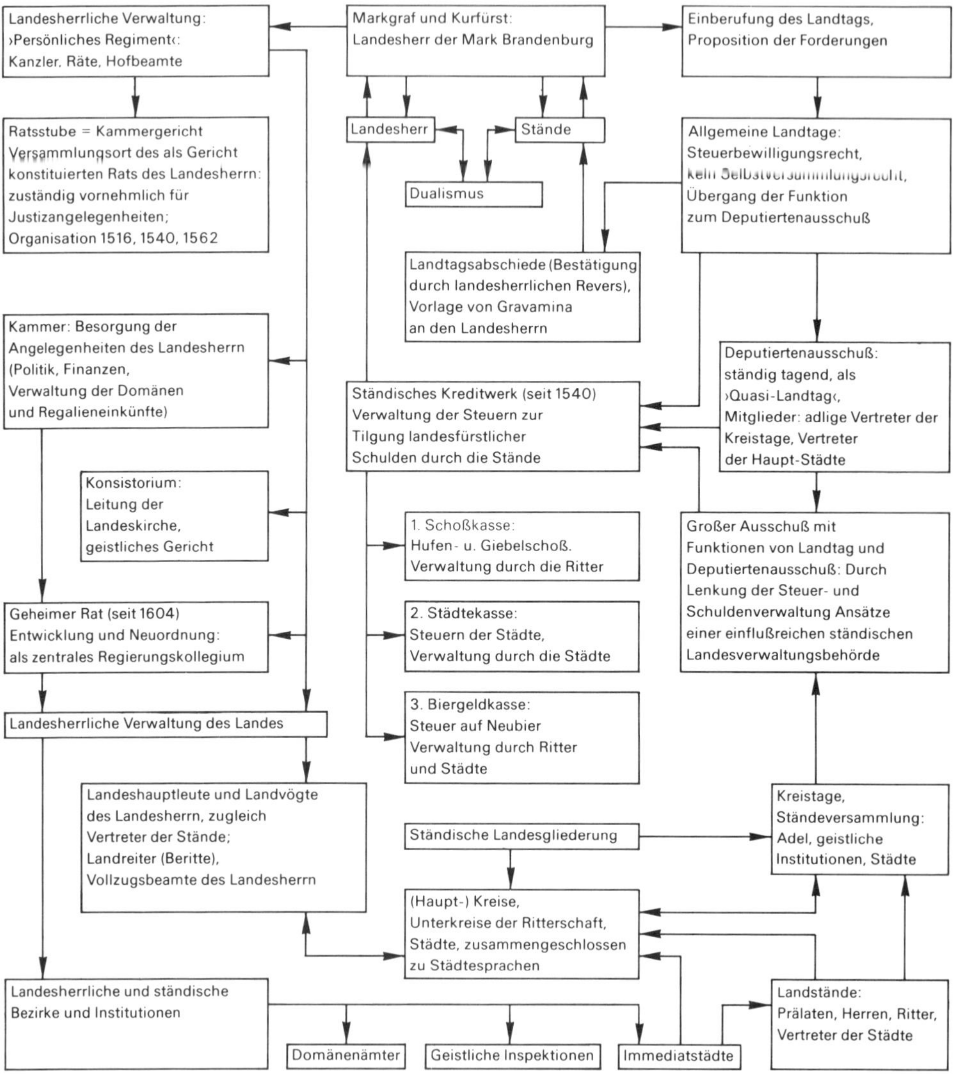

Im brandenburgischen Ständestaat (repräsentiert durch Landesherrn und Stände) sind allgemeine Landtage seit der Mitte des 16. Jahrhunderts nur fünf Mal einberufen worden (1540, 1550, 1602, 1615, 1652/53). Das ständische Wirken hatte seinen traditionellen Schwerpunkt ohnehin in den Kreisen (Hauptkreise: Altmark, Prignitz, Uckermark, Neumark). Die Belange der Mittelmark (kein Hauptkreis) wurden seit Mitte des 15. Jahrhunderts von der landesherrlichen Verwaltung wahrgenommen. Von den drei landständischen Kurien fiel nach Einführung der Reformation die Prälatenkurie faktisch fort. Die adligen Vertreter der säkularisierten Domkapitel Brandenburg und Havelberg sowie der Damenstifte schlossen sich der Ritterschaft an. Nicht jede der Immediatstädte war in Landtagen vertreten: nur die Hauptstädte einzelner Städtegruppen ›sprachen‹ für die anderen mit.

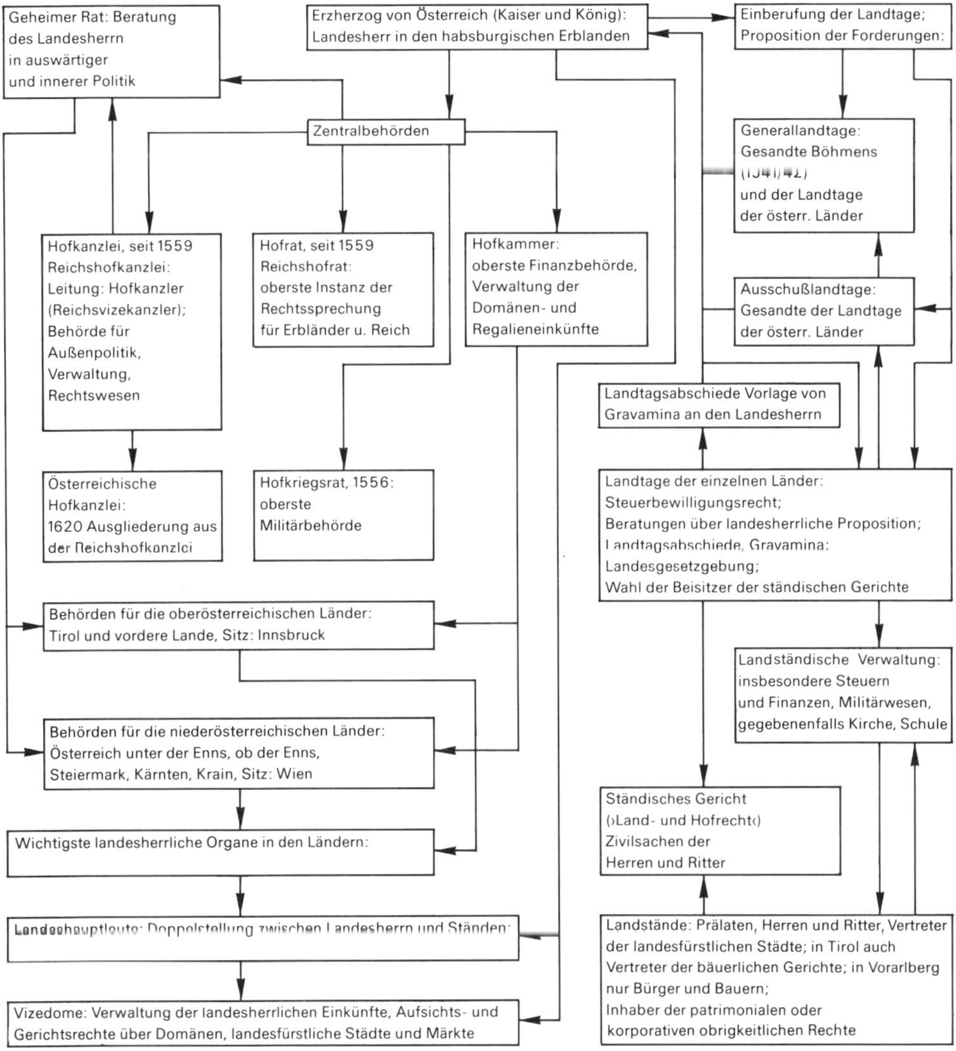

Die österreichischen Erblande (Österreich unter der Enns und ob der Enns, Steiermark, Kärnten, Krain, Tirol und vordere Lande) besaßen eine landständische Verfassung. Rechte und Kompetenzen der Landstände orientierten sich an einzelnen Privilegien und am ›Herkommen‹, ihre praktische Durchsetzung war von der jeweiligen Machtstellung gegenüber dem Landesherrn abhängig. Über das Steuerbewilligungsrecht wirkten die Stände an Gesetzgebung, Verwaltung und Rechtsprechung mit. In den Generallandtagen sind Ansätze für die Bildung von ›Generalständen‹ der habsburgischen Lande erkennbar. Mit Durchsetzung der Gegenreformation verfiel die politische Macht des Ständetums. Das Grundschema der landesherrlichen Zentralverwaltung (Hofstaatsordnung von 1527) blieb bis 1848 erhalten. Die Behördenorganisation nach der Länderteilung von 1564 ist hier nicht berücksichtigt worden.

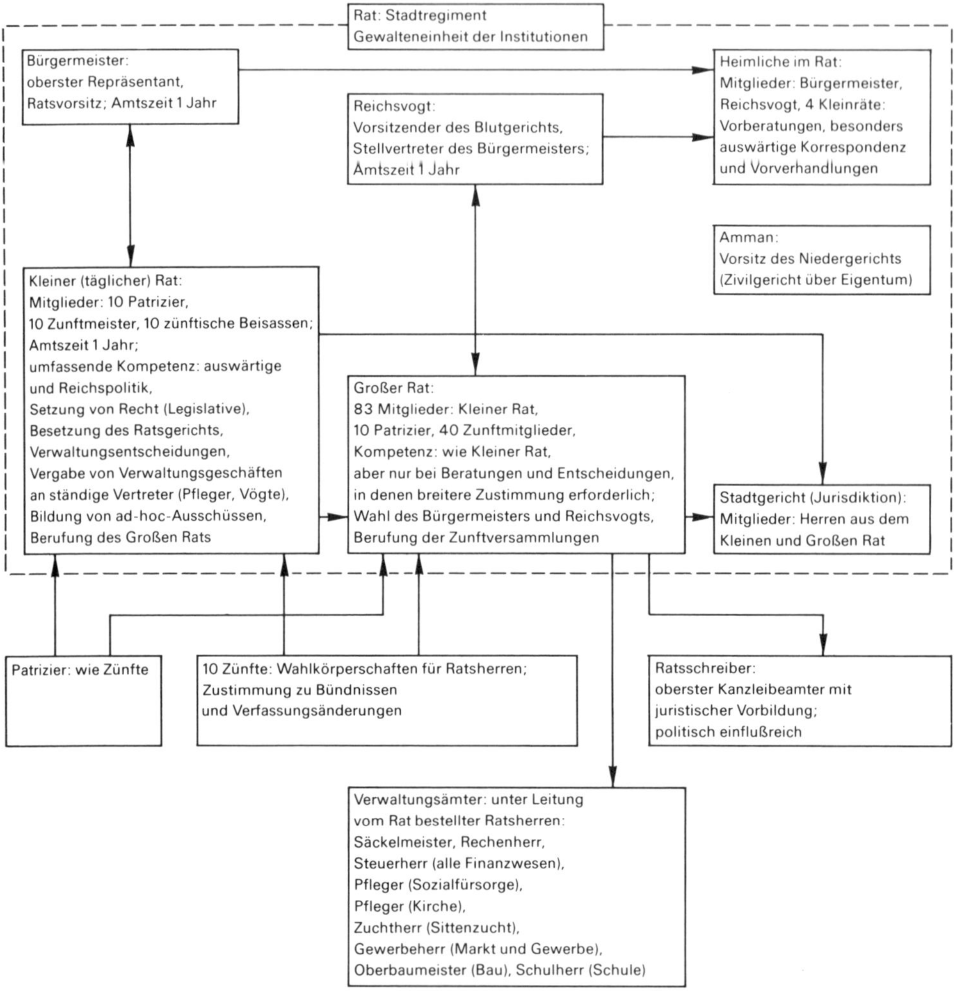

Die Verfassung ist durch die Einheit der Gewalten im Rat, der Obrigkeit bestimmt, nicht durch Gewaltenteilung, Machtkontrolle und Bürgersouveränität. Der Rat herrscht autonom, untergeordnet nur der Rechtssetzung der Reichsinstanzen (Kaiser, Reichstag), seine Zuständigkeit umfaßt alle Lebensgebiete. Er ist für Friede, Recht und Einigkeit verantwortlich. Die Verantwortlichkeit kann religiös von Gott abgeleitet, aufgrund der Privilegien des Kaisers und der Reichsstandschaft oder auch gegenüber den Bürgern definiert werden. Die Verfassung ist nicht demokratisch, obwohl sich der Rat aus der Bürgerschaft rekrutiert und Wahl- und Mehrheitsprinzip gelten.

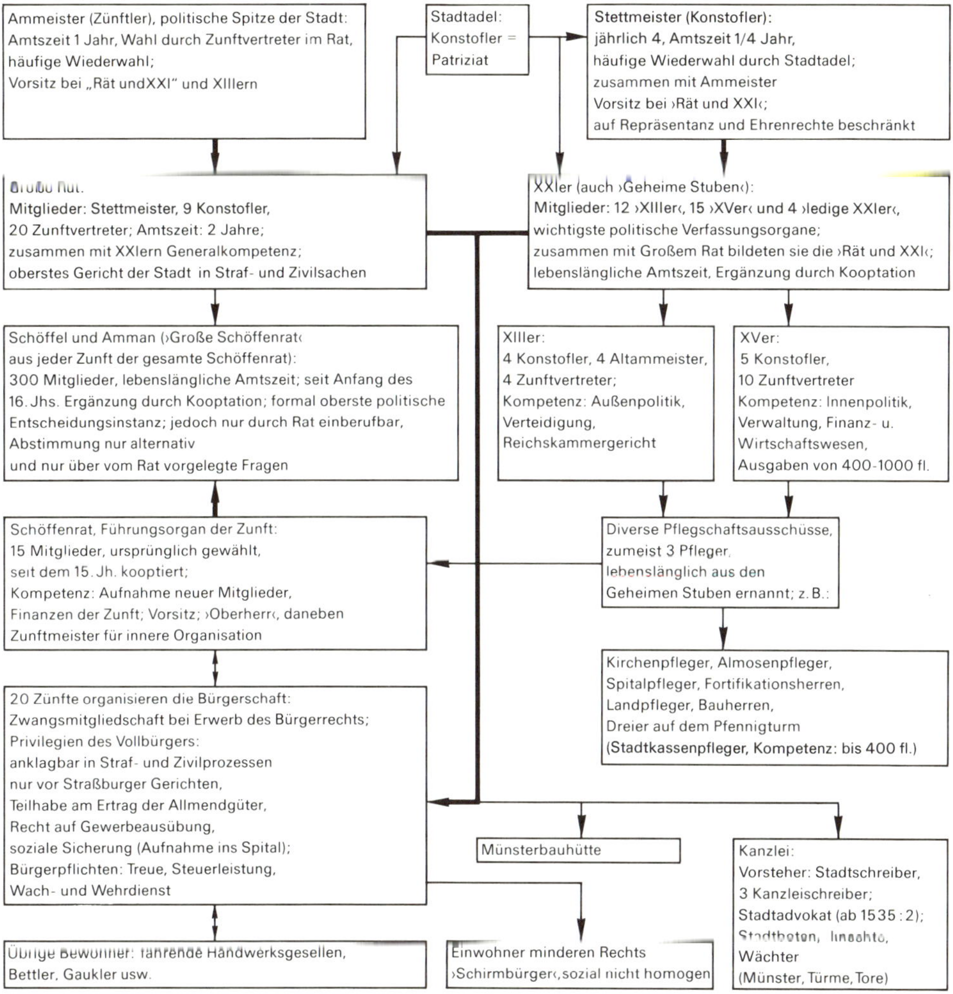

Die Entwicklung der Straßburger Verfassung wurde durch den Schwörbrief von 1482 formal abgeschlossen. Die stärkere Beteiligung der Zünfte (nunmehr bloße politisch-administrative Einheiten) am Stadtregiment fand im 2:1 Verhältnis der Besetzung wichtiger Ratsämter durch Zunftvertreter bzw. Konstofler Ausdruck. Die auf dem komplizierten, aber funktionierenden Kompromiß zwischen Zünften und Konstoflern beruhende Verfassung degenerierte zu einer Oligarchie der Oberschichten (Stadtadel und Zunftelite); die von Erasmus von Rotterdam hochgepriesene ›harmonia‹ der Straßburger Verfassung zerrann in reine Vettern- und Cliquenwirtschaft. Trotz des differenzierten Aufbaus der verschiedenen Verfassungs- und Verwaltungsorgane gab es keine ›Gewaltenteilung‹. Alle Fragen und Entscheidungen des Stadtregiments konnten von den Spitzengremien des Rates an sich gezogen werden, alle unteren Organe waren weisungsgebunden. Mitte des 16. Jhs. regierten die XIIIer und XVer, die auch das ›demokratische‹ Element des Großen Schöffenrates zu manipulieren wußten. Größeren Einfluß gewannen in der 2. Hälfte des 16. Jhs. die juristisch gebildeten Stadtadvokaten, die in die Rolle von Berufspolitikern hineinwuchsen.

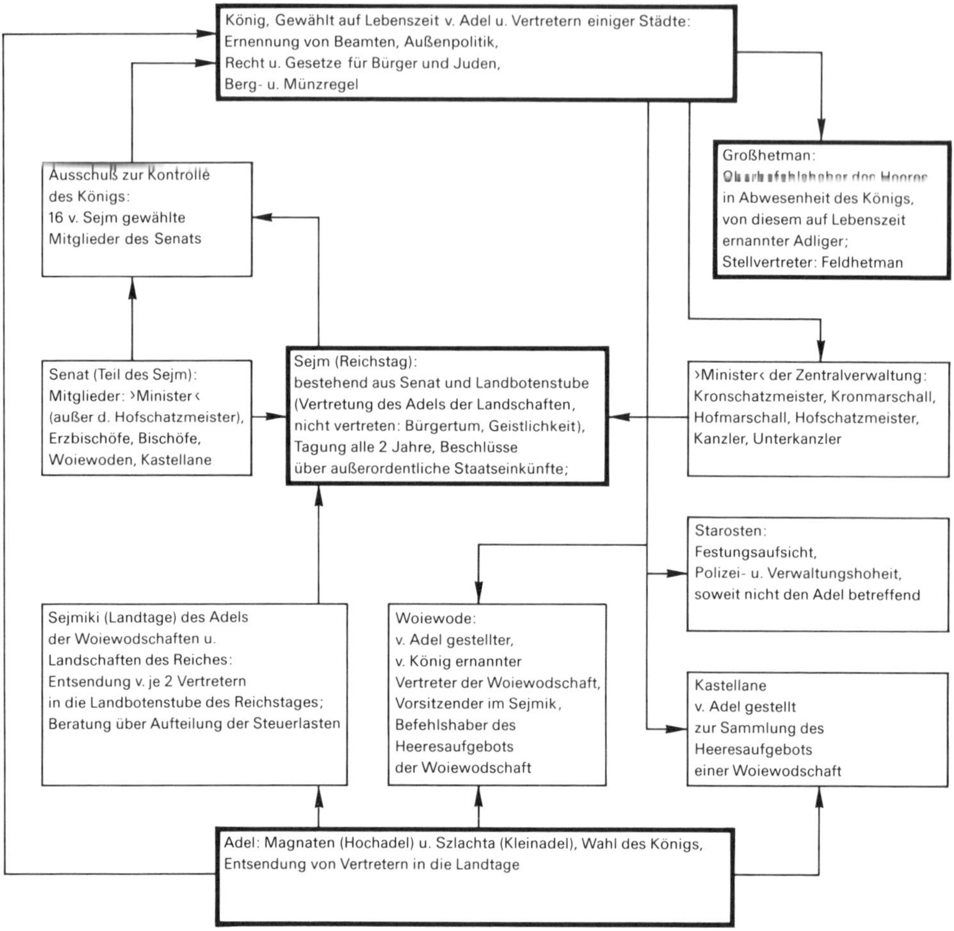

Die Verfassung Polens zu Beginn des 17. Jahrhunderts beruhte 1. auf der Konstitution des Reichstages von Radom (1505), die festlegte, daß alle Angelegenheiten, die den Adel betrafen, Sache des Reichstages seien; 2. auf der Union von Lublin (1569) zwischen dem Königreich Polen und dem Großfürstentum Litauen, die fortan eine Körperschaft unter einem König bilden und einen gemeinsamen Reichstag – bei Trennung in Verwaltung, Finanz-, Heer- und Rechtswesen – haben sollten; und 3. aus der Wahlkapitulation von 1573 (Articuli Heinriciani und Pacta Conventa), die den Reichstag zum eigentlichen Souverän machten und den König der Aufsicht eines vom Reichstag ernannten Senatorengremiums unterwarfen. Polen war damit ›Adelsrepublik‹ (Rzeczpospolita Polska) mit einem gewählten König an der Spitze, dem nur Kompetenzen gegenüber Bürgern und Juden sowie in der Außenpolitik verblieben. Seit 1652 galt im Reichstag das Prinzip des ›Liberum veto‹, das heißt das der Einstimmigkeit, wodurch der Staat zunehmend handlungsunfähig wurde.

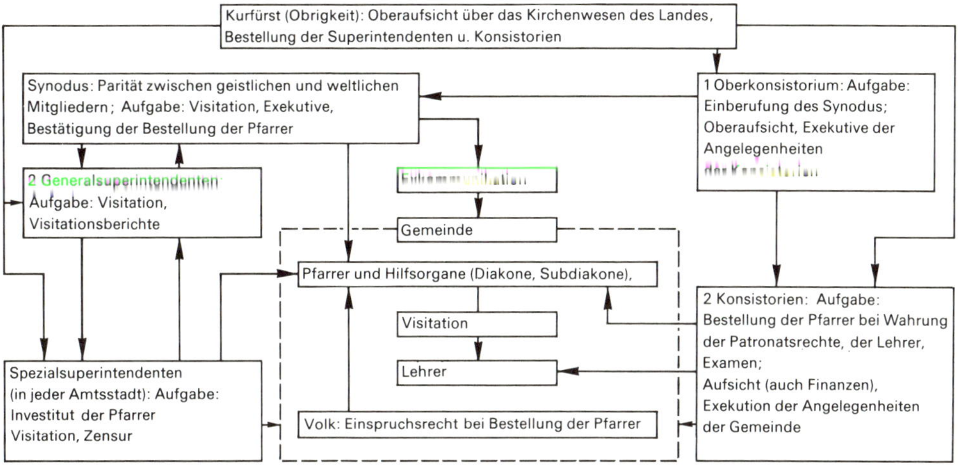

Mit der Einführung der Reformation und weitgehenden Absagen an die alte kirchliche Hierarchie mußte das Kirchenwesen neu organisiert werden. In den lutherischen Territorien (Beispiel: Kursachsen um 1580) setzte sich die weltliche Obrigkeit an die Spitze der Kirche und richtete die Organe des landesherrlichen Kirchenregiments ein. Die dem Landesherrn unterstehenden kirchlichen Zentralstellen kontrollierten alle kirchlichen Angelegenheiten der Untertanen (Gemeinden).

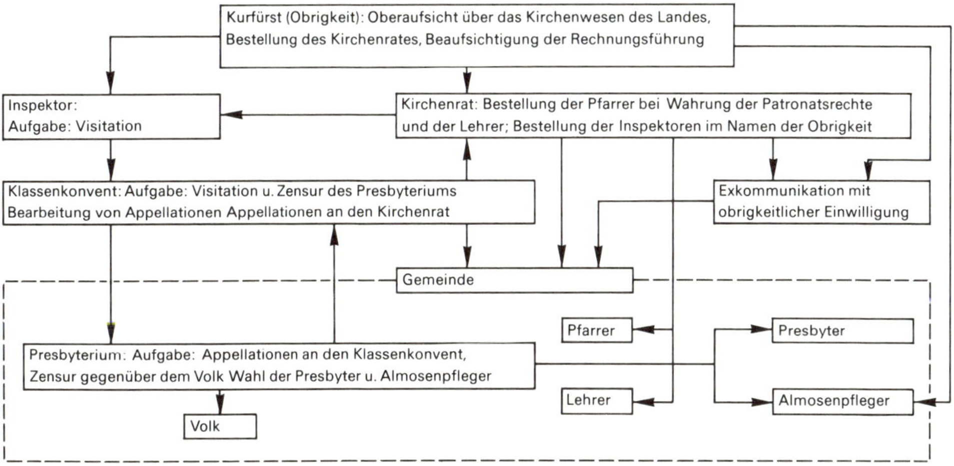

Im Gegensatz zum obrigkeitlich organisierten lutherischen Kirchenwesen stand bei den Calvinisten die gemeindliche Selbstverwaltung im Mittelpunkt der Kirchenverfassung. Bei der Einführung des Calvinismus durch die Landesfürsten in Deutschland wurden zwischen dem lutherischen Kirchenregiment und der presbyterialen Gemeindeordnung der Calvinisten Kompromisse geschlossen (Beispiel: Kurpfalz um 1600). Jedoch blieb von der Selbstverwaltung nur wenig übrig.

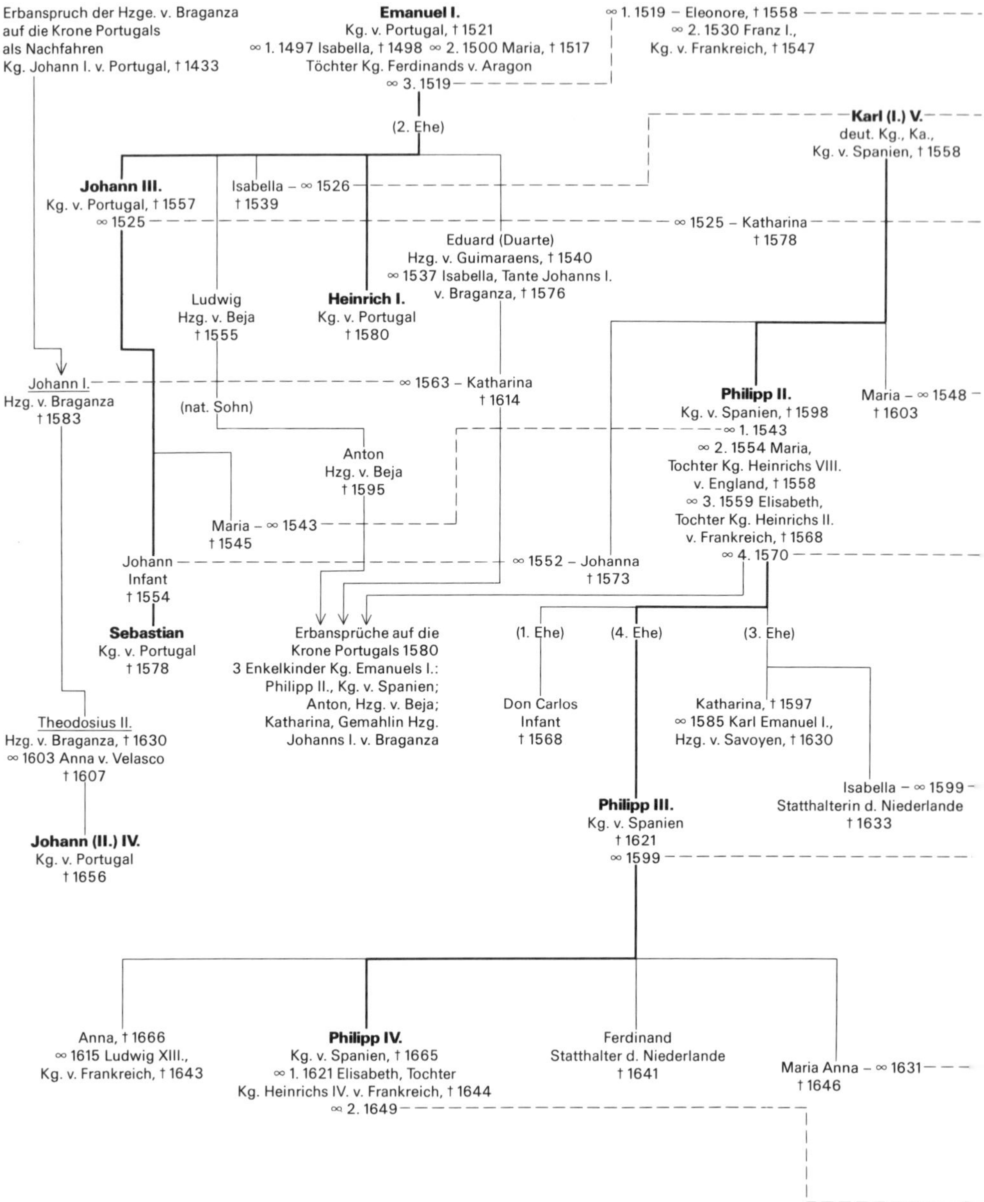
Erbanspruch der Hzge. v. Braganza auf die Krone Portugals als Nachfahren Kg. Johann I. v. Portugal, † 1433
Emanuel I.
Kg. v. Portugal, † 1521
∞ 1. 1497 Isabella, † 1498 ∞ 2. 1500 Maria, † 1517
Töchter Kg. Ferdinands v. Aragon
∞ 3. 1519
∞ 1. 1519 – Eleonore, † 1558
∞ 2. 1530 Franz I.,
Kg. v. Frankreich, † 1547
(2. Ehe)
Karl (I.) V.
deut. Kg., Ka.,
Kg. v. Spanien, † 1558
Johann III.
Kg. v. Portugal, † 1557
∞ 1525
Isabella – ∞ 1526
† 1539
∞ 1525 – Katharina
† 1578
Eduard (Duarte)
Hzg. v. Guimaraens, † 1540
∞ 1537 Isabella, Tante Johanns I.
v. Braganza, † 1576
Ludwig
Hzg. v. Beja
† 1555
Heinrich I.
Kg. v. Portugal
† 1580
Johann I.
Hzg. v. Braganza
† 1583
∞ 1563 – Katharina
† 1614
(nat. Sohn)
Philipp II.
Kg. v. Spanien, † 1598
∞ 1. 1543
∞ 2. 1554 Maria,
Tochter Kg. Heinrichs VIII.
v. England, † 1558
∞ 3. 1559 Elisabeth,
Tochter Kg. Heinrichs II.
v. Frankreich, † 1568
∞ 4. 1570
Maria – ∞ 1548
† 1603
Anton
Hzg. v. Beja
† 1595
Maria – ∞ 1543
† 1545
Johann
Infant
† 1554
∞ 1552 – Johanna
† 1573
Sebastian
Kg. v. Portugal
† 1578
Erbansprüche auf die
Krone Portugals 1580
3 Enkelkinder Kg. Emanuels I.:
Philipp II., Kg. v. Spanien;
Anton, Hzg. v. Beja;
Katharina, Gemahlin Hzg.
Johanns I. v. Braganza
(1. Ehe)
(4. Ehe)
(3. Ehe)
Don Carlos
Infant
† 1568
Katharina, † 1597
∞ 1585 Karl Emanuel I.,
Hzg. v. Savoyen, † 1630
Theodosius II.
Hzg. v. Braganza, † 1630
∞ 1603 Anna v. Velasco
† 1607
Isabella – ∞ 1599
Statthalterin d. Niederlande
† 1633
Philipp III.
Kg. v. Spanien
† 1621
∞ 1599
Johann (II.) IV.
Kg. v. Portugal
† 1656
Anna, † 1666
∞ 1615 Ludwig XIII.,
Kg. v. Frankreich, † 1643
Philipp IV.
Kg. v. Spanien, † 1665
∞ 1. 1621 Elisabeth, Tochter
Kg. Heinrichs IV. v. Frankreich, † 1644
∞ 2. 1649
Ferdinand
Statthalter d. Niederlande
† 1641
Maria Anna – ∞ 1631
† 1646

Geschwister

Ferdinand I.
deut. Kg., Ka., † 1564
∞ 1521 Anna v. Böhmen, † 1547

Anna, † 1590
∞ 1546 Albrecht V.,
Hzg. v. Bayern, † 1579

Ferdinand
Landesherr i. Tirol, † 1595
∞ 1. 1557 Philippine
Welser, † 1580
∞ 2. 1582 Anna Katharina
Gonzaga, † 1621

Elisabeth, † 1545
∞ 1543 Sigismund II.,
Kg. v. Polen, † 1572

Katharina, † 1572
∞ 2. 1553 Sigismund II.,
Kg. v. Polen, † 1572

Karl
Landesherr i. Steiermark, † 1590
∞ 1571 Marie, Tochter Hzg.
Albrechts V. v. Bayern, † 1608

Maximilian II.
deut. Kg., Ka.
† 1576

Andreas
Bf. v. Konstanz, Brixen,
† 1600

Karl
Mkgf. v. Burgau
† 1618

Rudolf II.
deut. Kg., Ka.
† 1612

Elisabeth, † 1592
∞ 1570 Karl IX.,
Kg. v. Frankreich, † 1574

∞ 1570 – Anna
† 1580

Matthias — ∞ 1611 – Anna
deut. Kg., Ka. † 1618
† 1619

Anna, † 1598
∞ 1592 Sigismund III.,
Kg. v. Schweden u. Polen, † 1632

Konstanze, † 1631
∞ 1605 Sigismund III.,
Kg. v. Schweden u. Polen, † 1632

Ernst
Statthalter d.
Niederlande
† 1595

Maximilian
Hochmeister d.
Deut. Ordens,
Landesherr i. Tirol,
† 1618

Ferdinand II.
deut. Kg., Ka., † 1637
∞ 1. 1600 Maria Anna, Tochter Hzg. Wilhelms V. v. Bayern, † 1616
∞ 2. 1622 Eleonore v. Gonzaga, † 1655

(1. Ehe)

Albrecht
Statthalter d. Niederlande
† 1621

∞ 1599 – Margarete
† 1611

Leopold
Landesherr i. Tirol, † 1632
∞ 1626 Claudia de'Medici, † 1648

Maria Anna, † 1665
∞ 1635 Maximilian I.,
Kfst. v. Bayern, † 1651

Caecilie, † 1644
∞ 1637 Wladislaw IV.,
Kg. v. Polen, † 1648

Leopold Wilhelm
Hoch- u. Deutsch-
meister, † 1632

Ferdinand III.
deut. Kg., Ka., † 1657
∞ 1. 1631
∞ 2. 1648 — ∞ 1648 – Marie Leopoldine
† 1649
∞ 3. 1651 Eleonore v. Gonzaga, † 1685

Ferdinand Karl
Landesherr i. Tirol, † 1662
∞ 1646 Anna de'Medici, † 1676

(1. Ehe)

∞ 1649 – Maria Anna, † 1696

Ferdinand (IV.), † 1654

Gemeinsamer Stammvater d. pfälzer u. bayerischen Wittelsbacher: Ludwig II., d. Strenge, † 1294

Albrecht V.
Hzg. v. Bayern, † 1579

Ferdinand I.
Kaiser, † 1564

∞ 1546 – Anna
† 1590

Wilhelm V.
Hzg. v. Bayern, † 1626
∞ 1568 Renée, Tochter Hzg.
Franz' I. v. Lothringen, † 1602

Ernst
Kfst. v. Köln
† 1612

Marie – ∞ 1571 – Karl, Erzhg.
† 1608

Karl, Erzhg.
(Steiermark), † 1590

Maria Anna – ∞ 1600 – Ferdinand II.
† 1616

Ferdinand II.
Kaiser, † 1637

Maximilian I.
Hzg. u. Kfst.
v. Bayern, † 1651
∞ 1. 1595 Elisabeth, Tochter Hzg.
Karls II. v. Lothringen, † 1635
∞ 2. 1635

Ferdinand
Kfst. v. Köln, † 1650

Magdalene, † 1628 – ∞ 1613

∞ 1635 – Maria Anna
† 1665

(2. Ehe)

Ferdinand
Kfst. v. Bayern, † 1679
∞ 1652 Adelheid Henriette, Tochter
Hzg. Viktor Amadeus' I. v. Savoyen, † 1676

Ludwig VI.
Kfst. v. d. Pfalz, † 1583
∞ 1. 1560 Elisabeth v. Hessen, † 1582

Johann Kasimir, † 1592
∞ 1570 Elisabeth, Tochter
Kfst. Augusts v. Sachsen, † 1590

Anna Elisabeth, † 1609
∞ 1. 1569 Philipp, Ldgf. v.
Hessen, † 1583
∞ 2. 1599 Johann August,
Pfalzgf. v. Veldenz, † 1611

Friedrich IV.
Kfst. v. d. Pfalz, † 1610
∞ 1593 Luise Juliane, Tochter
Wilhelms I. v. Oranien, † 1644

Anna Maria, † 1589
∞ 1579 Karl IX. Kg.
v. Schweden, † 1611

Katharina – ∞ 1615
† 1638

Friedrich V.
Kfst. v. d. Pfalz,
Kg. v. Böhmen, † 1632
∞ 1613 Elisabeth, Tochter
Kg. Jakobs I. v. England, † 1662

Elisabeth Charlotte, † 1660
∞ 1616 Georg Wilhelm,
Kfst. v. Brandenburg, † 1640

Ludwig Philipp
Pfalzgf. v. Simmern,
Verweser d. Pfalz, † 1655
∞ 1613 Marie Eleonore, Tochter
Kfst. Joachim Friedrichs v.
Brandenburg, † 1675

Luise Juliane – ∞ 1612 –
† 1640

Karl I. Ludwig
Kfst. v. d. Pfalz
† 1680

Ruprecht
Pfalzgf. b. Rhein,
engl. Feldherr, 1682

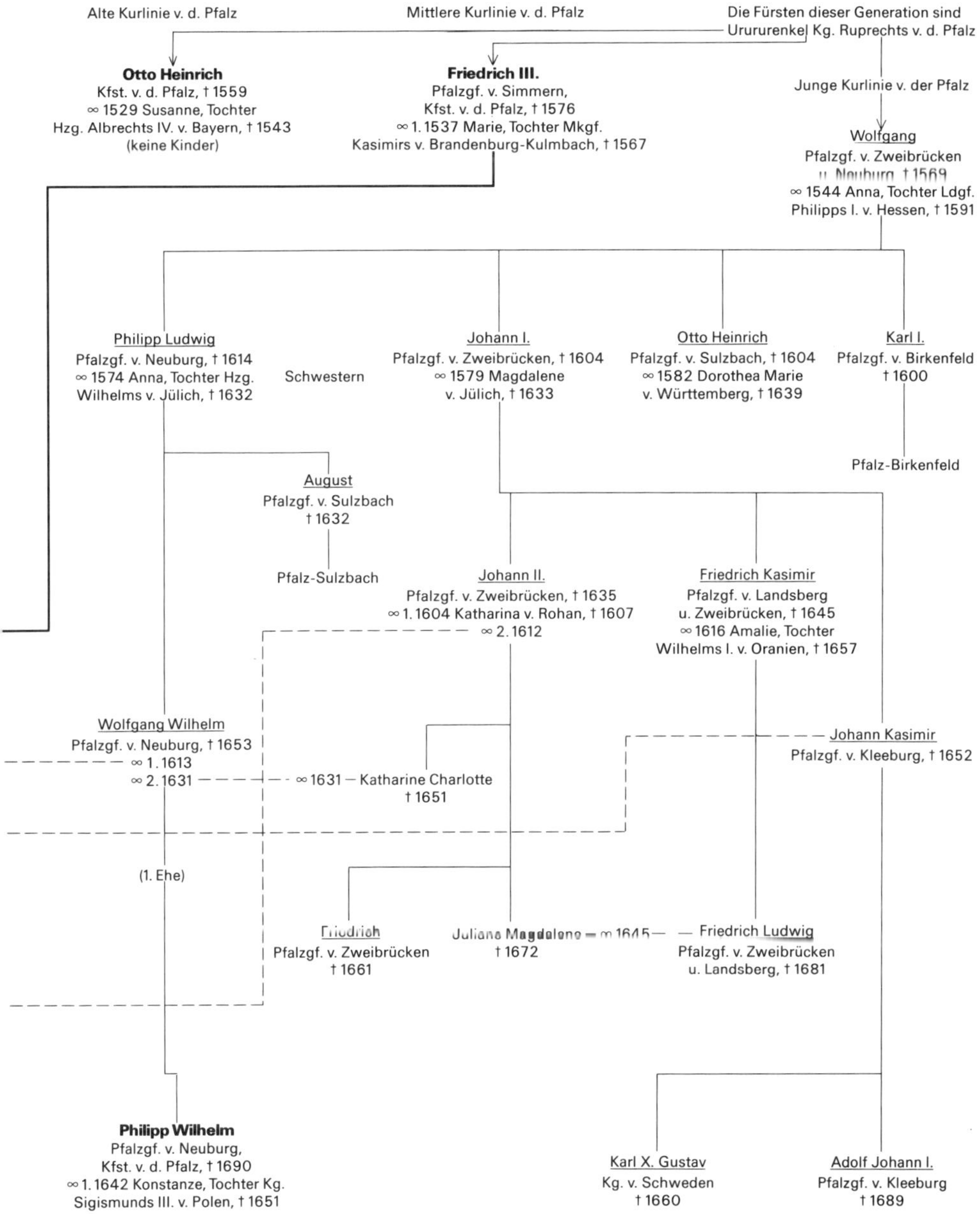
Alte Kurlinie v. d. Pfalz
Mittlere Kurlinie v. d. Pfalz
Die Fürsten dieser Generation sind Ururenkel Kg. Ruprechts v. d. Pfalz
Otto Heinrich
Kfst. v. d. Pfalz, † 1559
∞ 1529 Susanne, Tochter
Hzg. Albrechts IV. v. Bayern, † 1543
(keine Kinder)
Friedrich III.
Pfalzgf. v. Simmern,
Kfst. v. d. Pfalz, † 1576
∞ 1. 1537 Marie, Tochter Mkgf.
Kasimirs v. Brandenburg-Kulmbach, † 1567
Junge Kurlinie v. der Pfalz
Wolfgang
Pfalzgf. v. Zweibrücken
u. Neuburg, † 1569
∞ 1544 Anna, Tochter Ldgf.
Philipps I. v. Hessen, † 1591
Philipp Ludwig
Pfalzgf. v. Neuburg, † 1614
∞ 1574 Anna, Tochter Hzg.
Wilhelms v. Jülich, † 1632
Schwestern
Johann I.
Pfalzgf. v. Zweibrücken, † 1604
∞ 1579 Magdalene
v. Jülich, † 1633
Otto Heinrich
Pfalzgf. v. Sulzbach, † 1604
∞ 1582 Dorothea Marie
v. Württemberg, † 1639
Karl I.
Pfalzgf. v. Birkenfeld
† 1600
Pfalz-Birkenfeld
August
Pfalzgf. v. Sulzbach
† 1632
Pfalz-Sulzbach
Johann II.
Pfalzgf. v. Zweibrücken, † 1635
∞ 1. 1604 Katharina v. Rohan, † 1607
∞ 2. 1612
Friedrich Kasimir
Pfalzgf. v. Landsberg
u. Zweibrücken, † 1645
∞ 1616 Amalie, Tochter
Wilhelms I. v. Oranien, † 1657
Wolfgang Wilhelm
Pfalzgf. v. Neuburg, † 1653
∞ 1. 1613
∞ 2. 1631
∞ 1631 – Katharine Charlotte
† 1651
Johann Kasimir
Pfalzgf. v. Kleeburg, † 1652
(1. Ehe)
Friedrich
Pfalzgf. v. Zweibrücken
† 1661
Juliana Magdalena ∞ 1645 – Friedrich Ludwig
† 1672
Pfalzgf. v. Zweibrücken
u. Landsberg, † 1681
Philipp Wilhelm
Pfalzgf. v. Neuburg,
Kfst. v. d. Pfalz, † 1690
∞ 1. 1642 Konstanze, Tochter Kg.
Sigismunds III. v. Polen, † 1651
Karl X. Gustav
Kg. v. Schweden
† 1660
Adolf Johann I.
Pfalzgf. v. Kleeburg
† 1689

Wilhelm d. Reiche — — — — — — — — — — (Geschwister) — — — — — — — — — — — — **Heinrich III.**

Gf. v. Nassau-Dietz-Dillenburg, † 1559
(Vereinigung d. Nassau-ottonischen Lande)
∞ 1. 1506 Walpurgis v. Egmont, † 1529
∞ 2. 1531 Juliane v. Stolberg-Wernigerode, † 1580

Heinrich III.: Gf. v. Nassau-Breda, Statthalter v. Holland, † 1538
(Erbe d. niederländischen Besitzungen d. Nassauer)
∞ 2. 1515 Claudia, Erbin d. Fst. Orange (Oranien), † 1521

René
Gf. v. Nassau
Fst. v. Orange (Oranien)
† 1544
(Erbe: Wilhelm I.)

(2. Ehe)

Wilhelm I.
Gf. v. Nassau, Prinz v. Oranien,
Statthalter v. Holland, Zeeland, Utrecht, † 1584
∞ 1. 1551 Anna v. Egmont u. Büren, † 1558
∞ 2. 1561 (⚮ 1574) Anna, Tochter Kfst. Moritz' v. Sachsen, † 1577
∞ 3. 1575 Charlotte v. Bourbon-Montpensier, † 1582
∞ 4. 1583 Luise, Tochter Gaspars de Coligny, † 1620

Ludwig
† 1574

Adolf
† 1568

Heinrich
† 1574

Marie, † 1599
∞ 1556 Wilhelm,
Gf. v. Bergh, Statth.
v. Geldern, † 1586

Anna, † 1616
∞ 1559 Albrecht,
Gf. v. Nassau-Weilburg,
† 1593

Johann I.
Gf. v. Nassau-Dillenburg
Statthalter v. Geldern, † 1606 (Erbe der nassauischen Stammlande)
∞ 1. 1559 Elisabeth v. Leuchtenberg, † 1579
∞ 2. 1580 Kunigunde, Tochter Kfst. Friedrichs III. v. d. Pfalz, † 1586
∞ 3. 1586 Johanette v. Sayn-Wittgenstein, † 1622

(1. Ehe)
Philipp Wilhelm
Fst. v. Oranien, † 1618

(2. Ehe)
Moritz
Prinz v. Oranien
Statthalter v. Holland,
Zeeland, Utrecht, Geldern,
Overijssel, † 1625

(2. Ehe)
Anna — ∞ 1587 — — — — — Wilhelm Ludwig
† 1588

(1. Ehe)
Wilhelm Ludwig
Gf. v. Nassau
Statthalter v. Friesland,
Groningen, † 1620

(1. Ehe)
Johann II.
Gf. v. Nassau-
Siegen, † 1623

Gfn. v.
Nassau-Siegen

(1. Ehe)
Georg
Gf. v. Nassau-
Dillenburg,
† 1623

Gfn. v.
Nassau-Dillenburg

(1. Ehe)
Ernst Kasimir
Gf. v. Nassau-Dietz
Statthalter v. Friesland,
Groningen, † 1632
∞ 1607 Sophie v. Braunschweig,
† 1642

(3. Ehe)
Johann Ludwig
Gf. v. Nassau-
Hadamer, † 1653

Fstn. v.
Nassau-Hadamar

(4. Ehe)
Friedrich Heinrich
Prinz v. Oranien
Statthalter v. Holland,
Zeeland, Utrecht, Geldern,
Overijssel, † 1647
∞ 1625 Amalie v. Solms-
Braunfels, † 1675

(3. Ehe)
Luise Juliane, † 1644
∞ 1593 Friedrich IV.,
Kfst. v. d. Pfalz, † 1610

Marie — ∞ 1666 — — — Ludwig Heinrich
† 1688

Ludwig Heinrich
Pfalzgf. v. Simmern,
† 1674

Heinrich Kasimir I.
Gf. v. Nassau-Dietz
Statthalter v. Friesland,
Groningen
† 1640

Wilhelm II.
Prinz v. Oranien
Statthalter v. Holland,
Zeeland, Utrecht, Geldern,
Overijssel, † 1650
∞ 1641 Maria,
Tochter Kg. Karls I. v. England, † 1661

Luise Henriette, † 1667
∞ 1646 Friedrich Wilhelm,
Kfst. v. Brandenburg, † 1688

Albertine — ∞ 1652 — — — — — — — — — Wilhelm Friedrich
† 1696

Wilhelm Friedrich
Gf. v. Nassau-Dietz
Statthalter v. Friesland,
Groningen
† 1664

Heinrich VII. Tudor
Kg. v. England, † 1509

Heinrich VIII.
Kg. v. England, † 1547
∞ 1. 1509 (⚮ 1533) Katharina v. Aragon, † 1536
∞ 2. 1533 Anna Boleyn, † 1536, ∞ 3. 1536 Jane Seymour, † 1537

(1. Ehe) **Maria I.**
Kgn. v. England, † 1558
∞ 1554 Philipp II.,
Kg. v. Spanien, † 1598

(2. Ehe) **Elisabeth I.**
Kgn. v. England
† 1603

(3. Ehe) **Eduard VI.**
Kg. v. England
† 1553

Jakob IV. Stuart — — — — ∞ 1. 1503 – Margarete, † 1541
Kg. v. Schottland
† 1513
∞ 2. 1514 (⚮ 1526) Archibald Douglas,
Gf. v. Angus, † 1556

Franz I.
Kg. v. Frankreich
† 1547

(1. Ehe) **Jakob V.**
Kg. v. Schottland, † 1542
∞ 1. 1537
∞ 2. 1538 Maria v. Guise-Lothringen, † 1560

(2. Ehe) Margarete Douglas
∞ Matthäus Stuart,
Gf. v. Lennox, † 1571

Heinrich II.
Kg. v. Frankreich
† 1559

Magdalene – ∞ 1537 — — — — —
† 1537

(nat. Sohn)
Jakob Stuart, Gf. v. Murray
Regent v. Schottland
† 1570

Franz II. — — — — — — — — — — ∞ 1. 1558 – **Maria Stuart** – ∞ 2. 1565 — — — — — — — — — — — — Heinrich Stuart
Kg. v. Frankreich
† 1560

(2. Ehe) **Maria Stuart**
Kgn. v. Schottland, † 1587
∞ 3. 1567 Jakob Hepburn, Gf. v. Bothwell, † 1578

Heinrich Stuart
Gf. v. Darnley
† 1567

(2. Ehe) **Jakob (VI.) I.**
Kg. v. Schottland u. v. England, † 1625
∞ 1589 Anna v. Dänemark, † 1619

Elisabeth, † 1662
∞ 1613 Friedrich V.,
Kfst. v. d. Pfalz, Kg. v. Böhmen, † 1632

Heinrich Friedrich
† 1612

Karl I.
Kg. v. England u. v. Schottland, † 1649
∞ 1625 Henriette,
Tochter Heinrichs IV. v. Frankreich, † 1669

Emanuel Philibert — — — — — — — — Vettern 1. Grades — — — — — — — — — — Jakob
Hzg. v. Savoyen, † 1580
∞ 1559 Margarete, Tochter Kg. Franz' I. v. Frankreich, † 1574

Jakob
Hzg. v. Savoyen-Nemours, † 1585
∞ 2. 1566 Anna d'Este, Tochter Hzg. Ercoles' II. v. Modena, † 1607

Karl Emanuel I.
Hzg. v. Savoyen, † 1630
∞ 1585 Katharina, Tochter Kg. Philipps II. v. Spanien, † 1597

Heinrich I.
Hzg. v. Savoyen-Nemours, † 1632
∞ 1618 Anna, Tochter Hzg. Karls I. v. Lothringen-Aumâle, † 1638

Viktor Amadeus I.
Hzg. v. Savoyen, † 1637
∞ 1619 Christine, Tochter Kg. Heinrichs IV. v. Frankreich, † 1663

Thomas
Hzg. v. Savoyen-Carignan, † 1656
∞ 1625 Marie
v. Soissons, † 1692

Karl Amadeus
Hzg. v. Savoyen-Nemours, † 1652
∞ 1643 Elisabeth, Tochter
Hzg. Caesars v. Vendôme, † 1665

Heinrich II., † 1659
Erzbf. v. Reims bis 1657
∞ 1657 Marie v.
Longueville, † 1707

Emanuel Philibert
Hzg. v. Savoyen-Carignan, † 1709
∞ 1684 Angelika Katharina d'Este, † 1722

Eugen Moritz
Prinz v. Savoyen-Carignan, † 1673
∞ 1657 Olympia Mancini, † 1708

Franz Hyacinth
Prinz v. Savoyen
† 1638

Karl Emanuel II.
Hzg. v. Savoyen, † 1675
∞ 1. 1663 Franziska, Tochter Hzg. Gastons v. Orléans, † 1665
∞ 2. 1665 — — — — — — ∞ 1665 – Marie Johanna
† 1724

Marie Franziska, † 1683
∞ 1. 1666 (⚮ 1668) Alfons VI., † 1683
∞ 2. 1668 Peter II., † 1706,
Kge. v. Portugal (Brüder)

Franz I. – Geschwister – Margarete – ∞ 1. 1509 – Karl IV.
Kg. v. Frankreich, † 1547
∞ 1. 1514 Claudia, Tochter Kg. Ludwigs XII. v. Frankreich, † 1524
∞ 2. 1530 Eleonore, Tochter Kg. Philipps d. Schönen, † 1558

Margarete † 1549 – ∞ 2. 1527 – Heinrich II.

Karl IV.
Hzg. v. Alençon
† 1525

Heinrich II.
(Albret-Foix-Béarn)
Kg. v. Navarra, † 1555

(1. Ehe)

Heinrich II.
Kg. v. Frankreich, † 1559
∞ 1533 Katharina de'Medici,
Tochter Lorenzos II., † 1589

Magdalene, † 1537
∞ 1537 Jakob V.,
Kg. v. Schottland, † 1542

Margarete, † 1574
∞ 1559 Emanuel Philibert,
Hzg. v. Savoyen, † 1580

(2. Ehe)

Johanna v. Albret – ∞ 1548 –
Kgn. v. Navarra
† 1572

Franz II.
Kg. v. Frankreich, † 1550
∞ 1558 Maria Stuart,
Kgn. v. Schottland, † 1587

Elisabeth, † 1568
∞ 1560 Philipp II.,
Kg. v. Spanien, † 1598

Claudia, † 1575
∞ 1559 Karl II.,
Hzg. v. Lothringen,
† 1608

Karl IX.
Kg. v. Frankreich, † 1574
∞ 1570 Elisabeth, Tochter
Ka. Maximilians II., † 1592

Heinrich III.
Kg. v. Frankreich, † 1589
∞ 1575 Luise v.
Lothringen-Mercœur, † 1601

Könige von Polen

Sigismund I. Jagiello, Kg. v. Polen, † 1548
∞ 1. 1512 Barbara Zápolya, † 1515
∞ 2. 1518 Bona Sforza, † 1558

(1. Ehe)

Hedwig, † 1573
∞ 1535 Joachim II.,
Kfst. v. Brandenburg, † 1571

(2. Ehe)

Anna, † 1596
∞ 1574 **Stephan IV. Bathory,**
Fst. v. Siebenbürgen,
Kg. v. Polen, † 1586

Sigismund II. August
Kg. v. Polen, † 1572
∞ 1. Elisabeth, † 1545
∞ 3. 1553 Katharina, † 1572,
Töchter Ka. Ferdinands I.

Katharina – ∞ 1562 – ∞ 1. 1562 (Johann III.)
† 1583

Könige von Schweden

Gustav I. Wasa, Reichsverweser u. Kg. v. Schweden, † 1560
∞ 1. 1531 Katharina v. Sachsen-Lauenburg
∞ 2. 1536 Margarete Leijonhufvud, † 1551

(1. Ehe)

Erik XIV.
Kg. v. Schweden, † 1577
∞ 1568 Katharine Maansdatter
† 1612

(2. Ehe)

Johann III.
Kg. v. Schweden, † 1592
∞ 1. 1562
∞ 2. 1585 Cunila Bjelke

(2. Ehe)

Karl IX.
Kg. v. Schweden, † 1611
∞ 1. 1579 Marie, Tochter
Ludwigs VI. v. d. Pfalz, † 1589
∞ 2. 1592 Christine v.
Holstein-Gottorp, † 1625

(1. Ehe)

Sigismund III.
Kg. v. Schweden und Polen, † 1632
∞ 1. 1592 Anna, † 1598, ∞ 2. 1605 Konstanze, † 1631,
Töchter Erzhzg. Karls

(1. Ehe)

Katharina, † 1638
∞ 1615 Johann Kasimir
v. Pfalz-Zweibrücken, † 1652

(2. Ehe)

Gustav II. Adolf
Kg. v. Schweden, † 1632
∞ 1620 Marie Eleonore,
Tochter Kfst.
Johann Sigismunds
v. Brandenburg, † 1655

(1. Ehe)

Wladislaw IV. Sigismund
Kg. v. Polen, † 1648
∞ 1. 1637 Caecilie, Tochter Ka.
Ferdinands II., † 1644
∞ 2. 1646 – ∞ 1. 1646 – Luise Marie – ∞ 2. 1649 – **Johann II. Kasimir**

(2. Ehe)

Luise Marie
Gonzaga
† 1667

Johann II. Kasimir
Kg. v. Polen
† 1672

Karl X.
Kg. v. Schweden
† 1660

Christine
Kgn. v. Schweden
† 1689

– – Geschwister– – – – –Franziska – ∞ 1513– – – – – – –Karl
† 1537
Hzg. v. Vendôme
u. Bourbon, † 1537

Haus Bourbon: Seitenlinien d. Kapetinger, Stammvater Robert v. Clermont († 1317), Sohn Ludwigs IX., d. Heiligen

– – – – – – – – – -Anton
Hzg. v. Bourbon
† 1562

Karl
Kardinal, (Gegenkg. Karl X.), Erzbf. v. Rouen
† 1590

Ludwig I.
Prinz v. Condé
† 1569

Franz
Hzg. v. Alençon
u. Anjou
† 1584

Margarete – ∞ 1572 (⚮ 1599) – – – – – – ∞ 1. 1572 (⚮ 1599)
† 1615

Heinrich IV.
Kg. v. Frankreich
∞ 1. 1572 (⚮ 1599)
† 1610
∞ 2. 1600 Maria de'Medici,
Tochter Grhzg. Franz' v. Toskana, † 1642

Katharina, † 1604
∞ 1599 Heinrich,
Hzg. v. Lothringen, † 1624

(2. Ehe)

Ludwig XIII.
Kg. v. Frankreich, † 1643
∞ 1615 Anna, Tochter
Kg. Philipps III. v. Spanien, † 1666

Christine, † 1663
∞ 1619 Viktor Amadeus I.,
Hzg. v. Savoyen, † 1637

Gaston
Hzg. v. Orléans, † 1660

(nat. Sohn)

Elisabeth, † 1644
∞ 1621 Philipp IV.,
Kg. v. Spanien, † 1665

Henriette, † 1669
∞ 1625 Karl I.,
Kg. v. England, † 1649

Caesar
Hzg. v. Vendôme, † 1665

Heinrich I.
Prinz v. Condé
† 1588

Franz
Prinz v. Conti
† 1614

Ludwig XIV.
Kg. v. Frankreich, † 1715

Philipp
Hzg. v. Orléans, † 1701

Heinrich II.
Prinz v. Condé
† 1646

Ludwig II.
Prinz v. Condé
† 1686

Armand
Prinz v. Conti
† 1666

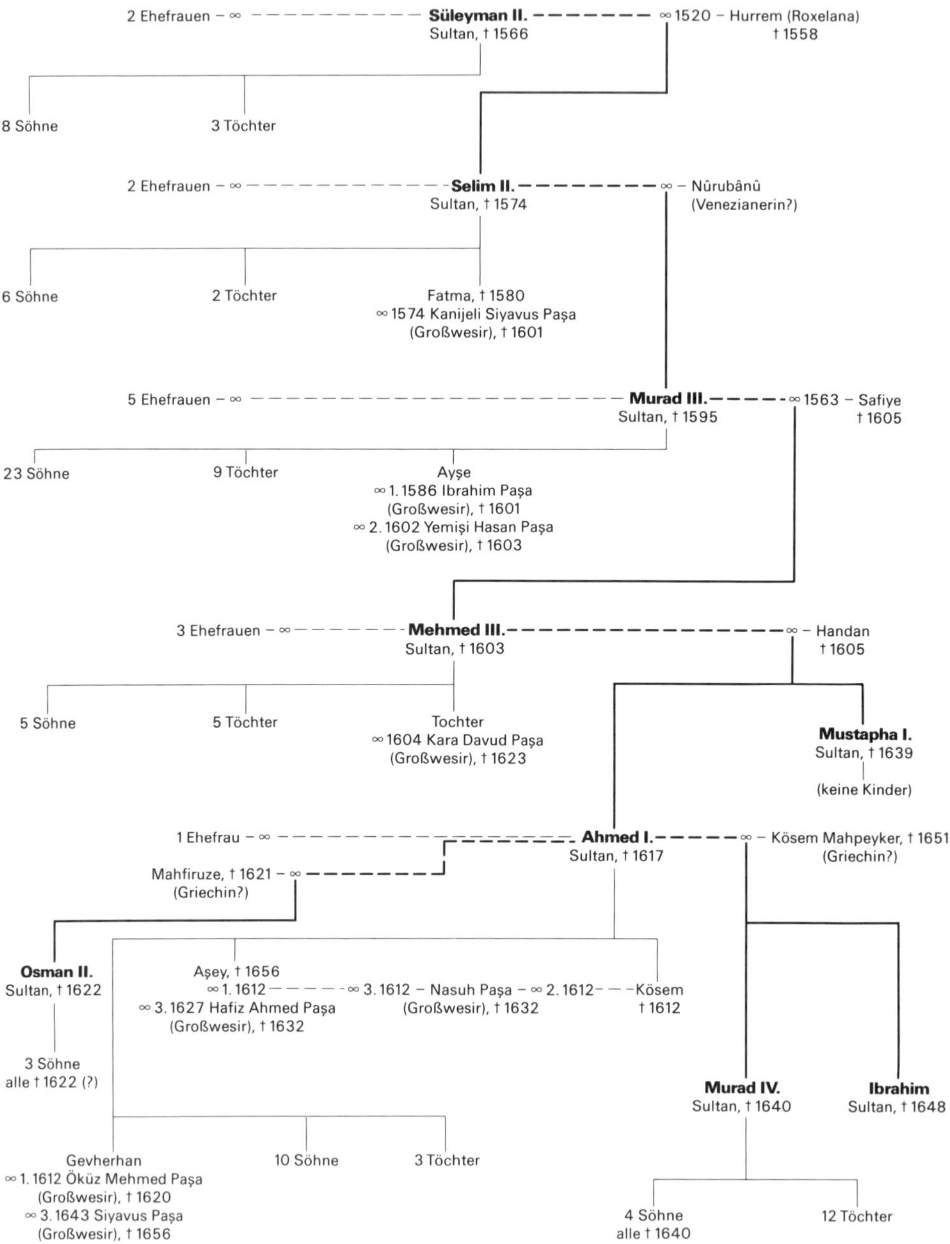
2 Ehefrauen – ∞
Süleyman II.
Sultan, † 1566
∞ 1520 – Hurrem (Roxelana)
† 1558
8 Söhne
3 Töchter
2 Ehefrauen – ∞
Selim II.
Sultan, † 1574
∞ – Nûrubânû
(Venezianerin?)
6 Söhne
2 Töchter
Fatma, † 1580
∞ 1574 Kanijeli Siyavus Paşa
(Großwesir), † 1601
5 Ehefrauen – ∞
Murad III.
Sultan, † 1595
∞ 1563 – Safiye
† 1605
23 Söhne
9 Töchter
Ayşe
∞ 1. 1586 Ibrahim Paşa
(Großwesir), † 1601
∞ 2. 1602 Yemişi Hasan Paşa
(Großwesir), † 1603
3 Ehefrauen – ∞
Mehmed III.
Sultan, † 1603
∞ – Handan
† 1605
5 Söhne
5 Töchter
Tochter
∞ 1604 Kara Davud Paşa
(Großwesir), † 1623
Mustapha I.
Sultan, † 1639
(keine Kinder)
1 Ehefrau – ∞
Ahmed I.
Sultan, † 1617
∞ – Kösem Mahpeyker, † 1651
(Griechin?)
Mahfiruze, † 1621 – ∞
(Griechin?)
Osman II.
Sultan, † 1622
3 Söhne
alle † 1622 (?)
Aşey, † 1656
∞ 1. 1612
∞ 3. 1627 Hafiz Ahmed Paşa
(Großwesir), † 1632
∞ 3. 1612 – Nasuh Paşa – ∞ 2. 1612
(Großwesir), † 1632
Kösem
† 1612
Murad IV.
Sultan, † 1640
Ibrahim
Sultan, † 1648
Gevherhan
∞ 1. 1612 Öküz Mehmed Paşa
(Großwesir), † 1620
∞ 3. 1643 Siyavus Paşa
(Großwesir), † 1656
10 Söhne
3 Töchter
4 Söhne
alle † 1640
12 Töchter

Anhang

Bibliographie

Zur Gesamtdarstellung

J. W. ALLEN, A history of political thought in the sixteenth century, 3. Aufl. London 1951

T. v. BOGYAY, Grundzüge der Geschichte Ungarns, 2. Aufl. Darmstadt 1973

K. BRANDI, Gegenreformation und Religionskriege (Deutsche Geschichte 2, 2), 2. Aufl. Leipzig 1941

O. BRUNNER, Das konfessionelle Zeitalter 1555 bis 1648, in: Deutsche Geschichte im Überblick, Hrsg. von P. Rassow, 3. Aufl. Stuttgart 1973

J. BURCKHARDT, Historische Fragmente, Stuttgart 1957

P. CHAUNU, Europäische Kultur im Zeitalter des Barock, München und Zürich 1968. (La civilisation de l'Europe classique, Paris 1966)

Classical influences on European culture A. D. 1500–1700, Hrsg. von R. R. Bolgar, Cambridge 1976

J. P. COOPER, General introduction, in: New Cambridge modern history, Bd. 4, Cambridge 1970

J. P. COOPER, Sea-power, in: New Cambridge modern history, Bd. 4, Cambridge 1970

Crisis in Europe 1560–1660, Hrsg. von T. Aston, London 1965

J. DELUMEAU, Le catholicisme entre Luther et Voltaire (Nouvelle Clio 30 bis), Paris 1971

J. DELUMEAU, Naissance et affirmation de la réforme (Nouvelle Clio 30), Paris 1965

A. G. DICKENS, The Counter Reformation, London 1968

The economy of expanding Europe in the sixteenth and seventeenth centuries, Hrsg. von E. E. Rich und C. H. Wilson (Cambridge economic history of Europe, Bd. 4), Cambridge 1967

K. EDER, Die Kirche im Zeitalter des konfessionellen Absolutismus, 1555–1648 (Kirchengeschichte, Hrsg. von P. Kirsch, Bd. 3, 2), Freiburg 1949

J. ENGEL, Von der spätmittelalterlichen respublica christiana zum Mächte – Europa der Neuzeit, in: Handbuch der europäischen Geschichte, Hrsg. von T. Schieder, Bd. 3, Stuttgart 1971

H. E. FEINE, Kirchliche Rechtsgeschichte, Die katholische Kirche, 5. Aufl. Graz, Köln und Wien 1972

I. A. FESSLER, Geschichte von Ungarn, Bd. 1–5, 2. Aufl. Leipzig 1867–1883, Bd. 2–4, 1869–1877

D. GERHARD, Regionalismus und ständisches Wesen als ein Grundthema europäischer Geschichte, in: D. Gerhard, Alte und neue Welt in vergleichender Geschichtsbetrachtung (Veröffentlichungen des Max-Planck-Instituts für Geschichte 10), Göttingen 1962

J. v. HAMMER-PURGSTALL, Geschichte des Osmanischen Reiches, Bd. 1–10, Pest 1827–1835

F. HARTUNG, Deutsche Geschichte im Zeitalter der Reformation, Gegenreformation und des Dreißigjährigen Krieges, 3. Aufl. Berlin 1971

E. HASSINGER, Das Werden des neuzeitlichen Europa 1300 bis 1600, 2. unveränd. Aufl. Braunschweig 1964

H. HEATON, Economic history of Europe, Neue Aufl. London 1963

K. HEUSSI, Kompendium der Kirchengeschichte, 13. Aufl. Tübingen 1971

O. HINTZE, Typologie der ständischen Verfassungen des Abendlandes, in: Historische Zeitschrift 141, 1930

H. JANSKY, Das Osmanische Reich in Südosteuropa von 1453 bis 1648, in: Handbuch der europäischen Geschichte, Hrsg. von T. Schieder, Bd. 3, Stuttgart 1971

J. JANSSEN, Geschichte des deutschen Volkes seit dem Ausgang des Mittelalters, Bd. 1–8, Freiburg i. Br. 1878–1894 u. ö., Bd. 4–8, 1885–1894 u. ö.

H. LAPEYRE, Les monarchies européennes du XVIe siècle, Les relations internationales (Nouvelle Clio 31), Paris 1967

E. G. LÉONARD, Histoire générale du protestantisme, Bd. 1 und 2, Paris 1961 und 1964

F. LÜTGE, Deutsche Sozial- und Wirtschaftsgeschichte, Ein Überblick (Enzyklopädie der Rechts- und Staatswissenschaft, Abt. Staatswissenschaft, 3. Aufl. Berlin, Heidelberg und New York 1966

C. A. MACARTNEY, Hungary, a short history, Edinburgh 1966

G. MATTINGLY, International diplomacy and international law, in: New Cambridge modern history, Bd. 3, Cambridge 1968

F. MEINECKE, Die Idee der Staatsräson in der neueren Geschichte, 5. Aufl. München 1963

G. MENTZ, Deutsche Geschichte im Zeitalter der Reformation, Gegenreformation und des Dreißigjährigen Krieges, Tübingen 1913

R. MOUSNIER, The exponents and critics of absolutism, in: New Cambridge modern history, Bd. 4, Cambridge 1970

R. MOUSNIER, Les XVIe et XVIIe siècles, Les progrès de la civilisation européenne et le déclin de l'orient, 1492–1715 (Histoire générale des civilisations, Bd. 4), 3. Aufl. Paris 1961

A. NUSSBAUM, Geschichte des Völkerrechts in gedrängter Darstellung, München und Berlin 1960. (A concise history of the law of nations, 3. Aufl. New York 1959)

G. OESTREICH, Geist und Gestalt des frühmodernen Staates, Ausgewählte Aufsätze, Berlin 1969

J. H. PARRY, Zeitalter der Entdeckungen, Zürich 1963. (The age of reconnaissance. Discovery, exploration and settlement 1450–1650, London 1963)

V. J. PARRY, The Ottoman Empire 1566–1617, in: New Cambridge modern history, Bd. 3, Cambridge 1968

V. J. PARRY, The Ottoman Empire 1617–48, in: New Cambridge modern history, Bd. 4, Cambridge 1970

W. PLATZHOFF, Geschichte des europäischen Staatensystems 1559–1660, München und Berlin 1928

L. v. RANKE, Über die Epochen der neueren Geschichte, in: L. v. Ranke, Aus Werk und Nachlaß, Bd. 2, München 1971

L. v. RANKE, Deutsche Geschichte im Zeitalter der Reformation, Hrsg. von P. Joachimsen, Bd. 1–6, München 1925/26

L. v. RANKE, Zur deutschen Geschichte, Vom Religionsfrieden bis zum Dreißigjährigen Krieg, Leipzig 1868

Reformation, katholische Reform und Gegenreformation, Hrsg. von E. Iserloh, J. Glazik, H. Jedin (Handbuch der Kirchengeschichte Bd. 4), Freiburg, Basel und Wien 1967

E. REIBSTEIN, Völkerrecht, Eine Geschichte seiner Ideen in Lehre und Praxis, Bd. 1 und 2, Freiburg und München 1958 und 1963, Bd. 1: Von der Antike bis zur Aufklärung, 1958

Renaissance, Glaubenskämpfe, Absolutismus, Hrsg. von F. Dickmann (Geschichte in Quellen, Bd. 3), München 1966

G. RITTER, Die Neugestaltung Europas im 16. Jahrhundert, Berlin 1950

G. H. SABINE, A history of political theory, 3. Aufl. New York 1966

Ständische Vertretungen in Europa im 17. und 18. Jahrhundert, Hrsg. von D. Gerhard (Veröffentlichungen des Max-Planck-Instituts für Geschichte 27), Göttingen 1969

M. STEINMETZ, Deutschland von 1476 bis 1648, Von der frühbürgerlichen Revolution bis zum Westfälischen Frieden (Lehrbuch der deutschen Geschichte 3), Berlin (Ost) 1965

M. J. TOOLEY, Political thought and the theory and practice of toleration, in: New Cambridge modern history, Bd. 3, Cambridge 1968

H. TÜCHLE, Reformation und Gegenreformation (Geschichte der Kirche, Hrsg. von L. J. Rogier u. a.; Bd. 3), Einsiedeln, Köln und Zürich 1965

L. A. VEIT und L. LENHART, Kirche und Volksfrömmigkeit im Zeitalter des Barock, Freiburg 1956

E. W. ZEEDEN, Das Zeitalter der Glaubenskämpfe (1555–1648), in: Gebhardt, Handbuch der deutschen Geschichte, Bd. 2, 9. Aufl. Stuttgart 1970

Die Zeit des Barock, Europa und die Welt 1559–1660, Hrsg. von H. Trevor-Roper, München und Zürich 1970. (The age of expansion, London 1968)

G. ZELLER, Les temps modernes, De Christophe Colomb à Cromwell, in: Histoire des relations internationales, Hrsg. von P. Renouvin, Bd. 2, Paris 1953

Von der Reformation in Deutschland
zu den Glaubenskämpfen in Europa

C. BAUER, Die wirtschaftlichen Machtgrundlagen Karls V., in: Spanische Forschungen der Görresgesellschaft, 1. Reihe: Gesammelte Aufsätze zur Kulturgeschichte Spaniens 15, Münster 1960

K. BRANDI, Kaiser Karl V., Werden und Schicksal einer Persönlichkeit und eines Weltreiches, Bd. 1: 7. Aufl. München 1964, Bd. 2: Quellen und Erörterungen, München 1941, Neuausg. unter dem Titel: Kaiser Karl V. und sein Weltreich, München 1973

G. R. ELTON, Europa im Zeitalter der Reformation 1517–1559, Bd. 1 und 2, Hamburg 1971. (Reformation Europe 1517–1559, London und Glasgow 1963)

M. Fernández Álvarez, España en los tiempos de Carlos V., in: Historia de España, Hrsg. von R. Menéndez Pidal, Bd. 18, Madrid 1966

H. Hermelink und W. Maurer, Reformation und Gegenreformation (Handbuch der Kirchengeschichte für Studierende, Bd. 3), 2. Aufl. Tübingen 1931

P. Joachimsen, Die Reformation als Epoche der deutschen Geschichte, Hrsg. von O. Schottenloher, München 1951

H. Kamen, Intoleranz und Toleranz zwischen Reformation und Aufklärung, München 1967

Karl V., Der Kaiser und seine Zeit (Kölner Colloquium 26.–29. November 1958), Köln und Graz 1960

F. Lau, Luther, 2. Aufl. Berlin 1966

F. Lau und E. Bizer, Reformationsgeschichte Deutschlands bis 1555, in: Die Kirche in ihrer Geschichte, Hrsg. von K. D. Schmidt und E. Wolf, Bd. 3, Göttingen 1964

J. Lecler, Geschichte der Religionsfreiheit im Zeitalter der Reformation, Bd. 1 und 2, Stuttgart 1965. (Histoire de la tolérance au siècle de la réforme, Bd. 1 und 2, Paris 1955)

J. Lortz, Die Reformation in Deutschland, Bd. 1 und 2, 4. Aufl. Freiburg, Basel und Wien 1962

J. Lortz und E. Iserloh, Kleine Reformationsgeschichte, Ursachen, Verlauf, Wirkung, Freiburg, Basel und Wien 1969

H. Lutz, Christianitas afflicta, Europa, das Reich und die päpstliche Politik im Niedergang der Hegemonie Kaiser Karls V., Göttingen 1964

H. Rabe, Reichsbund und Interim, Die Verfassungs- und Religionspolitik Karls V. und der Reichstag von Augsburg 1547/48, Köln 1971

S. Skalweit, Reich und Reformation, Berlin 1967

R. Tyler, Kaiser Karl V., 3. Aufl. Stuttgart 1961. (The emperor Charles the fifth, London 1956)

F. Walser, Die spanischen Zentralbehörden und der Staatsrat Karls V., Hrsg. von R. Wohlfeil (Abhandlungen der Akademie der Wissenschaften in Göttingen, Phil.-hist. Klasse, 3, 43), Göttingen 1959

Epoche der Konfessionsbildung

Die Glaubensfrage als politisches Problem

H. Bartmann, Die Kirchenpolitik der Markgrafen von Baden-Baden im Zeitalter der Glaubenskämpfe, 1535–1622, in: Freiburger Diözesan-Archiv 81, 1961

B. v. Bonin, Die praktische Bedeutung des Jus Reformandi (Kirchenrechtliche Abhandlungen 1), Stuttgart 1902

H. Bornkamm, Zum Problem der Gleichberechtigung der Konfessionen im Reich im 16. und 17. Jahrhundert, Die religiöse und politische Problematik im Verhältnis der Konfessionen im Reich, in: Archiv für Reformationsgeschichte 56, 1965

D. Coenen, Die katholische Kirche am Niederrhein von der Reformation bis zum Beginn des 18. Jahrhunderts, Untersuchungen zur Geschichte der Konfessionsbildung im Bereich des Archidiakonates Xanten unter der klevischen und brandenburgischen Herrschaft (Reformationsgeschichtliche Studien und Texte 93), Münster 1967

E. Conring, Kirche und Staat nach der Lehre der niederländischen Calvinisten in der ersten Hälfte des 17. Jahrhunderts (Beiträge zur Geschichte und Lehre der Reformierten Kirche 18), Neukirchen 1965

F. Dickmann, Das Problem der Gleichberechtigung der Konfessionen im Reich im 16. und 17. Jahrhundert, in: Historische Zeitschrift 201, 1965

K. Eder, Glaubensspaltung und Landstände in Österreich ob der Enns 1525–1602 (Studien zur Reformationsgeschichte Österreichs 2), Linz 1936

F. Elsener, Das Majoritätsprinzip in konfessionellen Angelegenheiten und die Religionsverträge der schweizerischen Eidgenossenschaft vom 16. bis 18. Jahrhundert, in: Zeitschrift der Savigny-Stiftung für Rechtsgeschichte, Kan. Abt. 55, 1969

L. Fimpel, Mino Celsis Traktat gegen die Ketzertötung, Ein Beitrag zum Toleranzproblem des 16. Jahrhunderts (Basler Beiträge zur Geschichtswissenschaft 106), Basel und Stuttgart 1967

E. Hassinger, Religiöse Toleranz im 16. Jahrhundert. Motive, Argumente, Formen der Verwirklichung (Vorträge der Aeneas-Silvius-Stiftung an der Universität Basel 6), Basel und Stuttgart 1966

E. Hassinger, Wirtschaftliche Motive und Argumente für religiöse Duldsamkeit im 16. und 17. Jahrhundert, in: Archiv für Reformationsgeschichte 49, 1958

M. Heckel, Autonomia und Pacis Compositio, Der Augsburger Religionsfrieden in der Deutung der Gegenreformation, in: Zeitschrift der Savigny-Stiftung für Rechtsgeschichte, Kan. Abt. 45, 1959

M. Heckel, Parität, in: Zeitschrift der Savigny-Stiftung für Rechtsgeschichte, Kan. Abt. 49, 1963

M. Heckel, Staat und Kirche nach den Lehren der evangelischen Juristen Deutschlands in der ersten Hälfte des 17. Jahrhunderts (Jus ecclesiasticum 6), München 1968

O. Hintze, Kalvinismus und Staatsräson in Brandenburg zu Beginn des 17. Jahrhunderts, in: Historische Zeitschrift 144, 1931

W. Kaegi, Humanistische Kontinuität im konfessionellen Zeitalter, Basel 1954

H.-J. KÖHLER, Obrigkeitliche Konfessionsänderung in Kondominaten, Eine Fallstudie über ihre Bedingungen und Methoden am Beispiel der baden-badischen Religionspolitik unter der Regierung Markgraf Wilhelms, 1622–1677 (Reformationsgeschichtliche Studien und Texte 110), Münster 1975

J. LOSERTH, Die Reformation und Gegenreformation in den innerösterreichischen Ländern im 16. Jahrhundert, Stuttgart 1898

H. LUTZ, Das Ringen der Konfessionen und die Neugestaltung der europäischen Staatenwelt 1556–1598, in: Propyläen-Weltgeschichte, Hrsg. von G. Mann u. a., Bd. 7, Berlin 1964

H. LUTZ, Die Konfessionspolitik außerhalb des Reiches und in der Politik des Papsttums, in: Archiv für Reformationsgeschichte 56, 1965

H. RABE, Der Augsburger Religionsfriede und das Reichskammergericht 1555–1600, in: Festgabe für E. W. Zeeden zum 60. Geburtstag (Reformationsgeschichtliche Studien und Texte, Supplementbd. 2), Münster 1976

F. SCHRADER, Die ehemalige Zisterzienserinnenabtei Marienstuhl vor Egeln, Ein Beitrag zur Geschichte der Zisterzienserinnen und der nachreformatorischen Restbestände des Katholizismus im ehemaligen Herzogtum Magdeburg (Erfurter theologische Studien 16), Leipzig 1965

K. J. SEIDEL, Frankreich und die deutschen Protestanten, Die Bemühungen um eine religiöse Konkordie und die französische Bündnispolitik in den Jahren 1534/35 (Reformationsgeschichtliche Studien und Texte 102), Münster 1970

W. THOMA, Die Kirchenpolitik der Grafen von Fürstenberg im Zeitalter der Glaubenskämpfe, 1520–1660, Ein Beitrag zur Geschichte der Kirchenreform und Konfessionsbildung (Reformationsgeschichtliche Studien und Texte 87), Münster 1963

O. VASELLA, Klerus und Volk im Kampf um die tridentinische Reform in der Schweiz, in: Historisches Jahrbuch 84, 1964

O. VASSELA, Reform und Reformation in der Schweiz, Zur Würdigung der Anfänge der Glaubenskrise (Katholisches Leben und Kämpfen im Zeitalter der Glaubensspaltung 16), Münster 1958

F. WOLFF, Corpus Evangelicorum und Corpus Catholicorum auf dem Westfälischen Friedenskongreß. Die Einfügung der konfessionellen Ständeverbindungen in die Reichsverfassung (Schriftenreihe der Vereinigung zur Erforschung der neueren Geschichte 2), Münster 1966

Die konfessionellen Kräfte
– Calvin und die Entstehung der reformierten Kirche –
Ignatius von Loyola und der Jesuitenorden

J. BOHATEC, Calvins Lehre von Staat und Kirche (Untersuchungen zur deutschen Staats- und Rechtsgeschichte 147), Breslau 1937

J. BRODRICK, Die ersten Jesuiten, Wien und München 1956. (The origin of the Jesuits, London 1940)

J. BRODRICK, Petrus Canisius, 1521–1597, Bd. 1 und 2, Wien 1950. (Saint Peter Canisius, London 1936)

F. BÜSSER, Calvins Urteil über sich selbst (Quellen und Abhandlungen zur Geschichte des Schweizerischen Protestantismus 7), Zürich 1950

Johannes Calvins Lebenswerk in seinen Briefen, Eine Auswahl von Briefen in deutscher Übersetzung, Hrsg. von R. Schwarz, Bd. 1–3, 2. Aufl. Neukirchen 1961 und 1962

W. F. DANKBAAR, Calvin, sein Weg und sein Werk, 2. Aufl. Neukirchen 1966. (Calvijn, zijn weg en werk, Neukirchen 1958)

É. DOUMERGUE, Jean Calvin, Les hommes et les choses de son temps, Bd. 1–7, Neuilly 1899–1927

B. DUHR, Geschichte der Jesuiten in den Ländern deutscher Zunge, Bd. 1–4, Freiburg i. Br., München und Regensburg 1907–1928

A. GANOCZY, Ecclesia ministrans, Dienende Kirche und kirchlicher Dienst bei Calvin (Ökumenische Forschungen 1,3), Freiburg, Basel und Wien 1968. (Calvin, Théologien de l'église et du ministère, Paris 1964)

A. GANOCZY, Le jeune Calvin, Genèse et évolution de sa vocation réformatrice (Veröffentlichungen des Instituts für europäische Geschichte Mainz 40), Wiesbaden 1966

H. HOFFMANN, Johann Calvin (Die Schweiz im deutschen Geistesleben 65), Frauenfeld und Leipzig 1929

IGNATIUS VON LOYOLA, Geistliche Briefe, Hrsg. von H. Rahner (Menschen der Kirche in Zeugnis und Urkunde 2), 3. Aufl., Einsiedeln, Zürich und Köln 1956

IGNATIUS VON LOYOLA, Der Bericht des Pilgers, Hrsg. von B. Schneider, Freiburg 1966

IGNATIUS VON LOYOLA, Geistliche Übungen, Hrsg. von A. Haas, Freiburg 1966

P. IMBART de la Tour, Calvin, Der Mensch, die Kirche, die Zeit, München 1936. (Les origines de la réforme, Bd. 4: Calvin et l'institution chrétienne, Paris 1935)

A. LANG, Johannes Calvin, Ein Lebensbild zu seinem 400. Geburtstag, Leipzig 1909

G. L. MOSSE, Changes in religious thought, in: New Cambridge modern history, Bd. 4, Cambridge 1970

N. PAULUS, Protestantismus und Toleranz im 16. Jahrhundert, Freiburg 1911

PETRUS CANISIUS, Briefe, Hrsg. von B. Schneider, Salzburg 1958

H. RAHNER, Ignatius von Loyola als Mensch und Theologe, Freiburg, Basel und Wien 1964

H. RAHNER, Ignatius von Loyola und das geschichtliche Werden seiner Frömmigkeit, 2. Aufl., Graz, Salzburg und Wien 1949

J. ROELINK, Het calvinisme, in: Algemene geschiedenis der Nederlanden, Hrsg. von I. A. van Houtte u. a., Bd. 4, Utrecht und Antwerpen 1952

A. A. VAN SCHELVEN, Het calvinisme gedurende zijn bloeitijd in de 16e en de 17e eeuw, Zijn uitbreiding en cultur-historische beteekenis, Bd. 1 und 2, Amsterdam 1943 und 1951, Bd. 1: Genève, Frankrijk, 1943, Bd. 2: Schotland, Engeland, Noord-Amerika, 1951

G. SCHOLZ, Die Aufzeichnungen des Hildesheimer Dechanten Johan Oldecop, 1493–1574, Reformation und katholische Kirche im Spiegel von Chroniken des 16. Jahrhunderts (Reformationsgeschichtliche Studien und Texte 103), Münster 1972

K. VÖLKER, Toleranz und Intoleranz im Zeitalter der Reformation, Leipzig 1912

ERIK WOLF, Theologie und Sozialordnung bei Calvin, in: Archiv für Reformationsgeschichte 42, 1951

E. W. ZEEDEN, Aufgaben der Staatsgewalt im Dienste der Reformation, Untersuchungen über die Briefe Calvins an Fürsten und Obrigkeiten, in: Saeculum 15, 1964

E. W. ZEEDEN, Das Zeitalter der Gegenreformation, Freiburg, Basel und Wien 1967

E. W. ZEEDEN, Die Entstehung der Konfessionen, Grundlagen und Formen der Konfessionsbildung im Zeitalter der Glaubenskämpfe, München und Wien 1965

Das Trienter Konzil

R. BAUERREISS, Kirchengeschichte Bayerns, Bd. 1–7, St. Ottilien 1949–1970, Bd. 6: Das 16. Jh., Bd. 7: 1600–1803, 1970

P. BROUTIN, La réforme pastorale en France au XVIIe siècle, Bd. 1 und 2, Tournai und Paris 1956

J. BÜCKING, Johann Rasser, ca. 1535–1594, und die Gegenreformation im Oberelsaß (Reformationsgeschichtliche Studien und Texte 101), Münster 1970

L. CHRISTIANI, L'église à l'époque du concile de Trente (Histoire de l'église depuis les origines jusqu' à nos jours, Bd. 17), Paris 1948

G. DENZLER, Kardinal Guglielmo Sirleto (1514–1585), Leben und Werk. Ein Beitrag zur nachtridentinischen Reform (Münchener theologische Studien 1, 17), München 1964

W. P. FISCHER, Frankreich und die Wiedereröffnung des Konzils von Trient 1559–1562 (Reformationsgeschichtliche Studien und Texte 106), Münster 1973

A. FRANZEN, Der Wiederaufbau des kirchlichen Lebens im Erzbistum Köln unter Ferdinand von Bayern, Erzbischof von Köln 1612–1650 (Reformationsgeschichtliche Studien und Texte 69/71), Münster 1941

Gegenreformation, Hrsg. von E. W. Zeeden, Darmstadt 1973

K. HENGST, Kirchliche Reformen im Fürstbistum Paderborn unter Dietrich von Fürstenberg, 1585–1618 (Paderborner theologische Studien 2), Paderborn 1974

H. JEDIN, Der Abschluß des Trienter Konzils 1562/63 (Katholisches Leben und Kämpfen im Zeitalter der Glaubensspaltung 21), Münster 1963

H. JEDIN, Geschichte des Konzils von Trient, Bd. 1–4, 1,2 [Bd. 1: 2. Aufl. 1951], Freiburg i. Br., Basel und Wien 1949 bis 1975

H. JEDIN, Katholische Reformation oder Gegenreformation? Ein Versuch zur Klärung der Begriffe nebst einer Jubiläumsbetrachtung über das Trienter Konzil, Luzern 1946

H. JEDIN, Kirche des Glaubens, Kirche der Geschichte, Ausgewählte Aufsätze und Vorträge, Bd. 1 und 2, Freiburg i. Br., Basel und Wien 1966

J. KÖHLER, Das Ringen um die tridentinische Erneuerung im Bistum Breslau, 1564–1620 (Forschungen und Quellen zur Kirchen- und Kulturgeschichte Ostdeutschlands 12), Köln 1973

J. KRASENBRINK, Die Congregatio Germanica und die katholische Reform in Deutschland nach dem Tridentinum (Reformationsgeschichtliche Studien und Texte 105), Münster 1972

H. MOLITOR, Kirchliche Reformversuche der Kurfürsten und Erzbischöfe von Trier im Zeitalter der Gegenreformation (Veröffentlichungen des Instituts für europäische Geschichte Mainz 43), Wiesbaden 1967

Reformata Reformanda. Festgabe für Hubert Jedin zum 17. Juni 1965, Hrsg. von E. Iserloh und K. Repgen, Bd. 1 und 2, Münster 1965

R. REINHARDT, Restauration, Visitation, Inspiration, Die Reformbestrebungen in der Benediktinerabtei Weingarten von 1567–1627, Stuttgart 1960

E. REITER, Martin von Schaumberg, Fürstbischof von Eichstätt (1560–1590) und die Trienter Reform (Reformationsgeschichtliche Studien und Texte 91/92), Münster 1965

K. SCHELLHASS, Der Dominikaner Felician Ninguarda und die Gegenreformation in Süddeutschland und Österreich 1560–83, Bd. 1 und 2 (Bibliothek des Preußischen historischen Instituts in Rom 17, 18), Rom und Regensburg 1930 und 1939

H.-E. SPECKER, Die Reformtätigkeit der Würzburger Bischöfe Friedrich von Wirsberg (1558–73) und Julius Echter von Mespelbrunn (1573–1617), in: Würzburger Diözesangeschichtsblätter 27, 1965

J. STEINRUCK, Johann Baptist Fickler, Ein Laie im Dienste der Gegenreformation (Reformationsgeschichtliche Studien und Texte 104), Münster 1965

R. G. VILLOSLADA und B. LLORCA, Historia de la iglesia católica, Bd. 1–4, Madrid 1958–1960, Bd. 3: Edad nueva, La iglesia en la epoca del rinacimiento y de la reforma católica, 1960

Die Visitation im Dienst der kirchlichen Reform, Hrsg. von E. W. Zeeden und H. Molitor, 2. Aufl. Münster 1977

Das Weltkonzil von Trient, Hrsg. von G. Schreiber, Bd. 1 und 2, Freiburg 1951

L. Willaert, Après le concile de Trente, La restauration catholique 1563–1648 (Histoire de l'Église depuis les origines jusqu'à nos jours 18), Paris 1960

Die spanische Vormacht und Europa

Philipp II. und das Spanien der Großmachtzeit – Spaniens europäische Politik

P. Aguado Bleye, Manual de historia de España, Bd. 1–3, 9. Aufl. Madrid 1963–1964, Bd. 2: Reyes Católicos – casa de Austria, 1474–1700, 1964

A. Ballesteros y Beretta, Geschichte Spaniens, München und Berlin 1943. (Sintesis de historia de España, 9. Aufl. Barcelona 1957)

A. Ballesteros y Beretta, Historia de España y su influencia en la historia universal, Bd. 1–12, 2. Aufl. Barcelona 1943–1948

M. Bataillon, Erasme et l'Espagne. Recherches sur l'histoire spirituelle du 16e siècle, Paris 1937

F. Braudel, La méditerranée et le monde méditerranéen à l'époque de Philippe II, Bd. 1 und 2, 2. Aufl. Paris 1966

J. Carrera Pujal, Historia de la economía española, Bd. 1–5, Barcelona 1943–1947

A. Castro, Spanien, Vision und Wirklichkeit, Köln und Berlin 1957. (La realidad histórica de España, 5. Aufl. Mexico 1973)

R. T. Davies, Spaniens goldene Zeit, 1501–1621, München und Berlin 1939. (The golden century of Spain 1501–1621, London 1937)

J. Deleito y Piñuela, La vida religiosa española bajo el cuarto Felipe, santos y pecadores, Madrid 1952

A. Domínguez Ortiz, La sociedad española en el siglo XVII, Madrid 1963

J. H. Elliott, Imperial Spain 1469–1716, London 1963

J. H. Elliott, The revolt of the Catalans, A study in the decline of Spain, 1598–1640, Cambridge 1963

J. H. Elliott, The Spanish peninsula 1598–1648, in: New Cambridge modern history, Bd. 4, Cambridge 1970

J. B. C. Fuller, The decisive battles of the western world, London 1954

P. B. Gams, Die Kirchengeschichte von Spanien, Bd. 1–3, Regensburg 1862–1879

E. J. Hamilton, American treasure and the price revolution in Spain, 1501–1650 (Harvard economic studies 43), Cambridge (Mass.) 1934

B. Hamilton, Political thought in sixteenth-century Spain, A study of the political ideas of Vitoria, De Soto, Suárez and Molina, Oxford 1963

H. Hauser, La prépondérance espagnole 1559–1660 (Peuples et civilisations 9), 3. Aufl. Paris 1948

História de Portugal, Hrsg. von D. [illegible], Bd. 1–9, Barcelona 1928–1954

Historia social y económica de España y América, Hrsg. von J. Vincens Vives, Bd. 1–5, Barcelona 1957–1959, Bd. 3: Imperio, aristocracia, absolutismo, 1959

H. Kamen, Die spanische Inquisition, München 1967. (The Spanish inquisition, London 1965)

J. van Klaveren, Europäische Wirtschaftsgeschichte Spaniens im 16. und 17. Jahrhundert (Forschungen zur Sozial- und Wirtschaftsgeschichte 2), Stuttgart 1960

H. G. Koenigsberger, Western Europe and the power of Spain, in: New Cambridge modern history, Bd. 3, Cambridge 1968

R. Konetzke, Geschichte des spanischen und portugiesischen Volkes (Die große Weltgeschichte 8), Leipzig 1939

H. V. Livermoore, A new history of Portugal, Cambridge 1966

B. Llorca, La inquisición en España, 3. Aufl. Conil 1954

J. Lynch, Philip II and the papacy (Transactions of the royal historical society, Ser. 5, 2), London 1961

G. Mattingly, Die Armada, Sieben Tage machen Weltgeschichte, München 1960. (The armada, Boston 1959)

R. B. Merriman, The rise of the Spanish empire in the old world and the new, Bd. 1–4, New York 1918–1934, Bd. 4: Philip the prudent, 1934

A. O. Meyer, England und die katholische Kirche unter Elisabeth und den Stuarts, Rom 1911

J. H. Parry, The Spanish theory of empire in the sixteenth century, Cambridge 1940

C. Petrie, Philipp II. von Spanien, Stuttgart und Berlin 1965. (Philip II of Spain, London 1963)

L. Pfandl, Philipp II., Gemälde eines Lebens und einer Zeit, 7. unveränd. Aufl. München 1973

R. Menéndez Pidal, The Spaniards in their history, London 1950

H. Rabe, Die iberischen Staaten im 16. und 17. Jahrhundert, in: Handbuch der europäischen Geschichte, Hrsg. von T. Schieder, Bd. 3, Stuttgart 1971

A. Randa, Das Weltreich, Wagnis und Auftrag Europas im 16. und 17. Jahrhundert, Olten und Freiburg i. Br. 1962

J. Reglá, La época de los tres primeros Austrias, in: Historia de España y América, Hrsg. von J. Vincens Vives, Bd. 3, 1.–2. Aufl. Barcelona 1971

L. Fernández de Retana, España en tiempos de Felipe II, in: Historia de España, Hrsg. von R. Menéndez Pidal, Bd. 19, 1 und 2, Madrid 1958

H. Schäfer, Geschichte von Portugal, Bd. 1–5, Hamburg und Gotha 1839–1854

F. Soldevila, Historia de España, Bd. 1–6, 2. Aufl. Barcelona 1962–1963

The Spanish inquisition, Hrsg. von P. J. Hauben, New York, London und Sydney 1969

I. A. A. Thompson, War and Government in Habsburg Spain 1560–1620, London 1976

H. R. Trevor-Roper, Spain and Europe 1598–1621, in: New Cambridge modern history, Bd. 4, Cambridge 1970

J. Vincens Vives, Geschichte Spaniens, Stuttgart und Berlin 1969. (Aproximación a la historia de España, 2. Aufl. Barcelona 1960)

J. Vincens Vives, Manual de historia económica de España, 3. Aufl. Barcelona 1964

C. Weiss, Des causes de la décadence de l' industrie et du commerce en Espagne depuis le règne de Philippe II, Paris 1898

Der Aufstand in den Niederlanden – Die Entstehung der niederländischen Republik

Algemene geschiedenis der Nederlanden, Hrsg. von J. A. van Houtte u. a., Bd. 1–12, Utrecht und Antwerpen 1949–1958, Bd. 4–6: 1477–1648, 1952–1953

M. Dierickx, De oprichting der nieuwe bisdommen in de Nederlanden onder Filips II, 1559–1570, Antwerpen und Utrecht 1950

L. van der Essen, Alexandre Farnèse, prince de Parme, gouverneur général des Pays-Bas, 1545–1592, Bd. 1–5, Brüssel 1933–1939

P. Geyl, Geschiedenis van de Nederlandse stam, Bd. 1–6, Amsterdam und Antwerpen 1961/62, Bd. 1: Tot 1581, 1961, Bd. 2: 1581–1648

P. Geyl, The Netherlands in the seventeenth century, Bd. 1 u. 2, London 1961–1964, Bd. 1: 1609–1648

P. Geyl, The revolt of the Netherlands (1555–1609), 2. Aufl. London 1958

R. Glawischnig, Niederlande, Kalvinismus und Reichsgrafenstand 1559–1584, Nassau-Dillenburg unter Graf Johann VI. (Schriften des hessischen Landesamtes für geschichtliche Landeskunde 36), Marburg 1973

G. Güldner, Das Toleranz-Problem in den Niederlanden des 16. Jahrhunderts (Historische Studien 403), Lübeck und Hamburg 1968

J. A. van Houtte, Economische en sociale geschiedenis van de Lage Landen, Hilversum und Antwerpen 1964

J. Huizinga, Holländische Kultur im 17. Jahrhundert, Basel und Stuttgart 1961. (Nederland's beschaving in de zeventiende eeuw, Haarlem 1941)

H. Kellenbenz, Spanien, die nördlichen Niederlande und der skandinavisch-baltische Raum in der Weltwirtschaft und Politik um 1600, in: Vierteljahrschrift für Sozial- und Wirtschaftsgeschichte 41, 1954

E. H. Kossmann, The Low Countries, in: New Cambridge modern history, Bd. 4, Cambridge 1970

H. Lademacher, Die Stellung des Prinzen von Oranien als Statthalter in den Niederlanden von 1572–1584 (Rheinisches Archiv 52), Bonn 1958

H. Lademacher, Stände und Statthalter zur Zeit des Prinzen Wilhelm I. von Oranien, 1572–1586, in: Archiv für Kulturgeschichte 40, 1958

E. de Moreau, Histoire de l' église en Belgique, Bd. 1–5, Brüssel 1946–1952, Bd. 5: 1559–1633, 1952

J. E. Neale, Elizabeth and the Netherlands 1586–1587, in: English Historical Review 45, 1930

G. Oestreich, Justus Lipsius als Theoretiker des neuzeitlichen Machtstaates, in: Historische Zeitschrift 181, 1956

G. Oestreich, Politischer Neustoizismus und niederländische Bewegung in Brandenburg-Preußen, in: Bijdragen en mededeelingen van het historisch genootschap Utrecht 79, 1965

A. Pasture, La restauration religieuse aux Pays-Bas catholiques sous les archiducs Albert et Isabelle, 1596–1633, Löwen 1925

L. J. Rogier, Geschiedenis van het Katholicisme in Noord-Nederland in de 16^{e} an 17^{e} eeuw, Bd. 1–3, 2. Aufl. Amsterdam 1957

R. van Roosbroeck, Wilhelm von Oranien, Der Rebell, Göttingen 1959

H. Schilling, Der Aufstand der Niederlande: Bürgerliche Revolution oder Elitenkonflikt?, in: 200 Jahre amerikanische Revolution und moderne Revolutionsforschung. Hrsg. von H.-U. Wehler, Göttingen 1976

H. Schilling, Niederländische Exulanten im 16. Jahrhundert, Ihre Stellung im Sozialgefüge und im religiösen Leben englischer und deutscher Städte (Schriften des Vereins für Reformationsgeschichte 187), Gütersloh 1972

H. Schneppen, Niederländische Universitäten und deutsches Geistesleben, Von der Gründung der Universität Leiden bis ins späte 18. Jahrhundert (Neue Münstersche Beiträge zur Geschichtsforschung 6), Münster 1960

A. A. van Schelven, Willem van Oranje, 4. Aufl. Amsterdam 1948

J. den Tex, Johan van Oldenbarnevelt, Bd. 1–3, Haarlem 1960 bis 1966

J. J. Woltjer, Der niederländische Bürgerkrieg und die Gründung der Republik der Vereinigten Niederlande, in: Handbuch der europäischen Geschichte, Hrsg. von T. Schieder, Bd. 3, Stuttgart 1971

Elisabeth I.: Königtum und Kirche – Schottland und die englische Außenpolitik während der elisabethanischen Ära

K. R. Andrews, Admiral und Pirat Francis Drake, England auf dem Weg zur Seeherrschaft, Frankfurt am Main 1970. (Drake's voyages, London 1967)

J. B. Black, The reign of Elizabeth 1558–1603 (Oxford history of England, Bd. 8), 2. Aufl. Oxford 1959

J. Clapham, An economic history of modern Britain, Bd. 1–3, Cambridge 1930–1938

E. T. Davies, Episcopacy and the royal supremacy in the church of England in the xvith century, Oxford 1950

A. G. Dickens, The English reformation, London und Glasgow 1967

W. C. Dickinson, A new history of Scotland, Bd. 1 und 2, London 1962

G. Donaldson, The Scottish reformation, Cambridge 1960

Elisabeth, Königin von England, Briefe, 1533–1603, Hrsg. von G. B. Harrison, Wien 1938. (Letters, London 1935)

G. R. Elton, England under the Tudors 1485–1603 (A history of England, Hrsg. von C. Oman, Bd. 4), 2. Aufl. London 1974

Essays on the Scottish reformation 1513–1625, Hrsg. von D. McRoberts, Glasgow 1962

W. Haller, The rise of puritanism, London 1938, 2. Aufl. New York 1957

G. D. Henderson, Presbyterianism, Aberdeen 1954

T. F. Henderson, Mary ›Queen of Scots‹, Bd. 1 und 2, London 1905

F. Higham, Catholic and reformed, A study of the anglican church 1559–1662, London 1962

P. Hughes, The reformation in England, Bd. 1–3, London 1950–1954

E. Lipson, The economic history of England, Bd. 1–3, 6. bzw. 11. Aufl. London 1956, Bd. 2 und 3: The age of mercantilism, 1956

J. E. Neale, Elizabeth I and her parliaments, Bd. 1 und 2, London 1953 und 1957, Bd. 1: 1559–1581, 1953, Bd. 2: 1584–1601, 1957

J. E. Neale, The Elizabethan acts of supremacy and uniformity, in: English Historical Review 65, 1950

J. E. Neale, The Elizabethan House of Commons, London 1949

J. E. Neale, Königin Elisabeth, München 1967. (Queen Elizabeth, London 1933, 2. Aufl. 1952)

T. M. Parker, The English reformation to 1558, London 1950

C. Read, Die Tudors, München 1938. (The Tudors, New York 1936)

C. Read, Mr. Secretary Cecil and Queen Elizabeth, London 1955

C. Read, Mr. Secretary Walsingham and the policy of Queen Elizabeth, Bd. 1–3, Oxford 1925

A. L. Rowse, The England of Elizabeth, London 1964

E. Schulin, England und Schottland vom Ende des Hundertjährigen Krieges bis zum Protektorat Cromwells, 1455–1660, in: Handbuch der europäischen Geschichte, Hrsg. von T. Schieder, Bd. 3, Stuttgart 1971

E. Schulin, Handelsstaat England, Das politische Interesse der Nation am Außenhandel vom 16. bis ins frühe 18. Jahrhundert (Veröffentlichungen des Instituts für europäische Geschichte Mainz 52), Wiesbaden 1969

G. M. Trevelyan, Geschichte Englands, Bd. 1 und 2, 4. Aufl. München 1949. (History of England, 3. Aufl. London 1962)

R. B. Wernham, Before the armada, The growth of English foreign policy 1485–1588, London 1966

N. Williams, Elizabeth, Queen of England, London 1967

Italien: das Papsttum

G. Bellinger, Der Catechismus Romanus und die Reformation, Paderborn 1970

D. S. Chambers, The imperial age of Venice 1380–1580, London 1970

O. Garstein, Rome and the counter-reformation in Scandinavia until the establishment of the s. congregatio de propaganda fide in 1622, Bd. 1: 1539–1583, Stockholm 1963

D. Hay, Geschichte Italiens in der Renaissance, Stuttgart 1962. (The Italian renaissance in its historical background, London 1961)

H. Kramer, Geschichte Italiens, Bd. 1 und 2, Stuttgart 1968, Bd. 2: Von 1494 bis zur Gegenwart, 1968

H. Kretschmayr, Geschichte von Venedig, Bd. 1–3, Gotha 1905–1934

H. Lutz, Italien vom Frieden von Lodi bis zum Spanischen Erbfolgekrieg (1454–1700), in: Handbuch der europäischen Geschichte, Hrsg. von T. Schieder, Bd. 3, Stuttgart 1971

T. M. Parker, The papacy, catholic reform, and christian missions, in: New Cambridge modern history, Bd. 3, Cambridge 1968

L. v. PASTOR, Geschichte der Päpste seit dem Ausgang des Mittelalters, Bd. 1–16, Freiburg 1885–1930 u. ö., Bd. 6–13, 1913–1929

R. QUAZZA, Preponderanza spagnuola 1559–1700 (Storia politica d'Italia), 2. Aufl. Mailand 1950

L. v. RANKE, Die römischen Päpste in den letzten vier Jahrhun- [illegible] 1874, Neueste Aufl. Köln 1957

K. REPGEN, Die römische Kurie und der Westfälische Friede, Idee und Wirklichkeit des Papsttums im 16. und 17. Jahrhundert, Bd. 1, 1,2: Papst, Kaiser und Reich 1521–1644, Tübingen 1962 und 1965

L. SALVATORELLI, Geschichte Italiens, Berlin 1942

F. X. SEPPELT, Geschichte der Päpste, Von den Anfängen bis zur Mitte des 20. Jahrhunderts, Bd. 1–5, 2. Aufl., bearb. v. G. Schwaiger, München 1954–1959, Bd. 5: Das Papsttum im Kampf mit Staatsabsolutismus und Aufklärung, von Paul III. bis zur Französischen Revolution, 1959

F. X. SEPPELT und G. SCHWAIGER, Geschichte der Päpste, Von den Anfängen bis zur Gegenwart, München 1964

A. VISCONTI, L'Italia nell'epoca della contrariforma, dal 1516 al 1713, Mailand 1958

Frankreich zur Zeit der religiösen Bürgerkriege

A. BAILLY, La réforme en France jusqu'à l'édit de Nantes, Paris 1960

E. BENOIST, Histoire de l'édit de Nantes, Bd. 1–3, Delft 1693 bis 1695

G. BONET-MAURY, La liberté de conscience en France depuis l'édit de Nantes jusqu'à la séparation, 1598–1905, 2. Aufl. Paris 1909

A. BOURDE, Frankreich vom Ende des Hundertjährigen Krieges bis zum Beginn der Selbstherrschaft Ludwigs XIV., 1453–1661, in: Handbuch der europäischen Geschichte, Hrsg. von T. Schieder, Bd. 3, Stuttgart 1971

H. DROUOT, Mayenne et la Bourgogne, Étude sur la Ligue 1587 – 1596, Bd. 1 und 2, Dijon 1937

J. ELLUL, Histoire des institutions, Bd. 1–5, 3. bzw. 6. Aufl. Paris 1969 und 1970, Bd. 4: 16–18. Jh., 1969

J. FAUREY, L'édit de Nantes et la question de la tolérance, Paris 1929

The French wars of religion, How important were religious factors? Hrsg. von J. H. M. Salmon, Boston 1967

E. HINRICHS, Fürstenlehre und politisches Handeln im Frankreich Heinrichs IV. (Veröffentlichungen des Max-Planck-Instituts für Geschichte 21), Göttingen 1969

R. M. KINGDOM, Geneva and the consolidation of the French protestant movement 1564–1572 (Travaux d'humanisme et renaissance 92), Genf 1967

A. P. DE LÉVIS MIREPOIX, Les guerres de religion 1559–1610, Paris 1950

G. LIVET, Les guerres de religion, 1559–1598, Paris 1962

R. MANDROU, Histoire de la civilisation Française, Bd. 1 und 2, Paris 1958

R. MANDROU, Introduction à la France moderne, 1500–1648, Essai de psychologie historique, Paris 1961

I. MIECK, Die Bartholomäusnacht als Forschungsproblem, in: Historische Zeitschrift 216, 1973

R. NÜRNBERGER, Die Politisierung des französischen Protestantismus, Calvin und die Anfänge des protestantischen Radikalismus, Tübingen 1948

F. C. PALM, Politics and religion in sixteenth-century France, A study of the career of Henry Montmorency-Damville, uncrowned king of the south, Boston 1927

E. PERROT, Les institutions publiques et privées de l'ancienne France jusqu'en 1789, Paris 1934

R. SCHNUR, Die französischen Juristen im konfessionellen Bürgerkrieg des 16. Jahrhunderts, ein Beitrag zur Entstehungsgeschichte des modernen Staates, Berlin 1962

I. VIÉNOT, Histoire de la réforme française des origines à l'édit de Nantes, Bd. 1 und 2, Paris 1926 und 1934

G. ZELLER, Les institutions de la France au 16ᵉ siècle, Paris 1948

Polen, Schweden und Rußland:
Kampf um den Ostseeraum

J. ANDERSSON, Schwedische Geschichte von den Anfängen bis zur Gegenwart, München 1950. (Sveriges historie, 6. Aufl. Stockholm 1964)

J. ANDERSSON, Sweden and the Baltic, in: New Cambridge modern history, Bd. 3, Cambridge 1968

L. ARBUSOW, Grundriß der Geschichte Liv-, Est- und Kurlands, 3. Aufl Riga 1908

A. v. BRANDT, Die nordischen Länder 1448 bis 1654, in: Handbuch der europäischen Geschichte, Hrsg. von T. Schieder, Bd. 3, Stuttgart 1971

The Cambridge history of Poland, Hrsg. von W. F. Reddaway u. a., Bd. 1 und 2, Cambridge 1950 und 1951, Bd. 1: bis 1696, 1950

S. CARLSSON und J. ROSEN, Svensk historia, Bd. 1 und 2, Stockholm 1961 und 1962

O. HALECKI, Geschichte Polens, Frankfurt 1963. (A history of Poland, New York 1961)

E. Heckscher, An economic history of Sweden, Cambridge, Mass. 1954. (Sveriges ekonomiska historia, Stockholm 1935)

Histoire de Pologne, Hrsg. von A. Gieysztor u. a., Warschau 1971

M. Hellmann, Grundzüge der Geschichte Litauens und des litauischen Volkes, Darmstadt 1966

H. Jablonowski und J. L. H. Keep, The ending of Polish expansion and the survival of Russia, in: New Cambridge modern history, Bd. 4, Cambridge 1970

P. Jeannin, L'Europe du nord-ouest et du nord aux VIIe et XVIIIe siècles (Nouvelle Clio 34), Paris 1969

G. von Rauch, Geschichte der baltischen Staaten, Stuttgart 1970

G. von Rauch, Moskau und die europäischen Mächte des 17. Jahrhunderts, in: Historische Zeitschrift 178, 1954

G. Rhode, Geschichte Polens, Ein Überblick, 2. Aufl. Darmstadt 1966

G. Rhode, Die Reformation in Osteuropa, in: Gestalten und Wege der Kirche im Osten, Festgabe für A. Rhode, Ulm 1958

M. Roberts, The early Vasas, A history of Sweden 1523–1611, Cambridge 1968

G. Schramm, Der polnische Adel und die Reformation 1548 bis 1607 (Veröffentlichungen des Instituts für europäische Geschichte Mainz 36), Wiesbaden 1965

G. Schwaiger, Die Reformation in den nordischen Ländern, München 1962

P. Simson, Geschichte der Stadt Danzig, Bd. 1–3 [ein Quellenband], Danzig 1913 und 1918

P. Skwarczynski, Poland and Lithuania, in: New Cambridge modern history, Bd. 3, Cambridge 1968

K. Stählin, Geschichte Rußlands von den Anfängen bis zur Gegenwart, Bd. 1–4, Berlin und Leipzig 1923–1939

B. Stasiewski, Reform und Gegenreform in Polen, Neue Forschungsergebnisse (Katholisches Leben und Kämpfen im Zeitalter der Glaubensspaltung 18), Münster 1960

G. Stökl, Russische Geschichte von den Anfängen bis zur Gegenwart, 3. Aufl. Stuttgart 1973

G. Stökl, Rußland von 1462 bis 1689, in: Handbuch der europäischen Geschichte, Hrsg. von T. Schieder, Bd. 3, Stuttgart 1971

G. Stökl, Rußland und Europa vor Peter d. Gr., in: Historische Zeitschrift 184, 1957

R. Wittram, Baltische Geschichte 1180–1918, München 1954

Gesellschaft, Wirtschaft und Kultur im Reich

W. Abel, Geschichte der deutschen Landwirtschaft vom frühen Mittelalter bis zum 19. Jahrhundert (Deutsche Agrargeschichte, Bd. 2), 2. Aufl. Stuttgart 1967

W. Abel, Landwirtschaft 1500–1648, in: Handbuch der deutschen Wirtschafts- und Sozialgeschichte, Hrsg. von H. Aubin und W. Zorn, Bd. 1, Stuttgart 1971

M. P. Ashley, Das Zeitalter des Barock, Europa zwischen 1598 und 1715, München 1968. (A golden century, Europe 1598 to 1715, London 1969)

Der Außenhandel Ostmitteleuropas 1450 bis 1650, Die ostmitteleuropäischen Volkswirtschaften in ihren Beziehungen zu Mitteleuropa, Hrsg. von I. Bog, Köln und Wien 1971

Bevölkerungsgeschichte Europas, Mittelalter bis Neuzeit, Hrsg. von C. M. Cipolla und K. Borchardt, München 1971

F. Braudel, Die Geschichte der Zivilisation. 15. bis 18. Jahrhundert, München 1971. (Civilisation matérielle et capitalisme XVe–XVIIIe siècle, Paris 1967)

F. Braudel und F. C. Spooner, Prices in Europe from 1450–1750, in: Cambridge economic history of Europe, Bd. 4, Cambridge 1967

O. Brunner, Adeliges Landleben und europäischer Geist, Leben und Werk Wolf Helmhards von Hohberg, 1612–1688, Salzburg 1949

O. Brunner, Neue Wege der Verfassungs- und Sozialgeschichte, 2. Aufl. Göttingen 1968

A. C. Crombie und M. A. Hoskin, The scientific movement and its influence 1610–1650, in: New Cambridge modern history, Bd. 4, Cambridge 1970

A. G. Dickens, Reformation and society in sixteenth-century Europe, London 1966

H. Dreitzel, Protestantischer Aristotelismus und absoluter Staat, Die »Politica« des Henning Arnisaeus, ca. 1575–1636 (Veröffentlichungen des Instituts für europäische Geschichte Mainz 55), Wiesbaden 1970

J. H. Elliott, The old world and the new 1492–1650, Cambridge 1970

W. Flemming, Deutsche Kultur im Zeitalter des Barock, 2. Aufl. Konstanz 1960

H. Haussherr, Wirtschaftsgeschichte der Neuzeit vom Ende des 14. bis zur Höhe des 19. Jahrhunderts, 4. Aufl. Köln und Wien 1970

E. F. Heckscher, Der Merkantilismus, Bd. 1 und 2, Jena 1932. (Merkantilismen, Bd. 1 und 2, Neue Aufl. Stockholm 1953)

J. Hurstfield, Social structure, office-holding and politics, chiefly in Western Europe, in: New Cambridge modern history, Bd. 3, Cambridge 1968

H. KAMEN, The iron century, Social change in Europe 1550–1660, London 1971

H. KELLENBENZ, Gewerbe und Handel 1500–1648, in: Handbuch der deutschen Wirtschafts- und Sozialgeschichte, Hrsg. von H. Aubin und W. Zorn, Bd. 1, Stuttgart 1971

J. LOUGH, Drama and society, in: New Cambridge modern history, Bd. 4, Cambridge 1970

F. LÜTGE, Geschichte der deutschen Agrarverfassung vom frühen Mittelalter bis zum 19. Jahrhundert (Deutsche Agrargeschichte, Bd. 3), 2. Aufl. Stuttgart 1966

H. LÜTHY, Nochmals »Calvinismus und Kapitalismus«, über die Irrwege einer sozialhistorischen Diskussion, in: Schweizer Zeitschrift für Geschichte 11, 1961

H. LUTZ, Ragione di stato und christliche Staatsethik im 16. Jahrhundert (Katholisches Leben und Kämpfen im Zeitalter der Glaubensspaltung 19), Münster 1961

S. F. MASON, Geschichte der Naturwissenschaft in der Entwicklung ihrer Denkweisen, 2. Aufl. Stuttgart 1974. (A history of the sciences, main currents of scientific thought, Neue Aufl. New York 1962)

F. MAURO, Le XVIe siècle européen, Aspects économiques (Nouvelle Clio 32), Paris 1966

F. Mauro, Types d'économies et de société en Europe au XVIe siècle, Paris 1969

P. MESNARD, L'essor de la philosophie politique au 16e siècle, 2. Aufl. Paris 1951

F. PAULSEN, Geschichte des gelehrten Unterrichts auf den deutschen Schulen und Universitäten vom Ausgang des Mittelalters bis zur Gegenwart, Bd. 1 und 2, 3. Aufl. Leipzig 1919 und 1921

W. REINHARD, Staatsmacht als Kreditproblem, Zur Struktur und Funktion des frühneuzeitlichen Ämterhandels, in: Vierteljahrschrift für Sozial- und Wirtschaftsgeschichte 61, 1974

E. SCHMIDT, Einführung in die Geschichte der deutschen Strafrechtspflege, 3. Aufl. Göttingen 1965

F. C. SPOONER, The economy of Europe 1559–1609, in: New Cambridge modern history, Bd. 3, Cambridge 1968

J. STRIEDER, Studien zur Geschichte kapitalistischer Organisationsformen, Monopole, Kartelle und Aktiengesellschaften im Mittelalter und zum Beginn der Neuzeit, 2. Aufl. München und Leipzig 1925

R. H. TAWNEY, The agrarian problem in the 16th century, London 1912

H. R. TREVOR-ROPER, Religion, Reformation und sozialer Umbruch, Die Krisis des 17. Jahrhunderts, Frankfurt und Berlin 1970. (The crisis of the seventeenth century, religion, the reformation and social change, London 1967)

M. WEBER, Die protestantische Ethik und der Geist des Kapitalismus, in: Archiv für Sozialwissenschaft und Sozialpolitik 20 und 21, 1904 und 1905 (verm. in: M. Weber, Gesammelte Aufsätze zur Religionssoziologie 1, 6. Aufl. Tübingen 1972)

E. WOLF, Große Rechtsdenker der deutschen Geistesgeschichte, 4. Aufl. Tübingen 1963

E. W. ZEEDEN, Deutsche Kultur in der frühen Neuzeit (Handbuch der Kulturgeschichte, neu hrsg. von E. Thurnher, 1. Abt.), Frankfurt am Main 1968

E. W. ZEEDEN, Martin Luther und die Reformation im Urteil des deutschen Luthertums, Studien zur Selbstdeutung des lutherischen Protestantismus von Luthers Tod bis zur Goethezeit, Bd. 1 und 2, Freiburg 1950 und 1952

W. ZORN, Augsburg, Geschichte einer deutschen Stadt, 2. Aufl. Augsburg 1972

W. ZORN, Sozialgeschichte 1500–1648, in: Handbuch der deutschen Wirtschafts- und Sozialgeschichte, Bd. 1, Stuttgart 1971

Deutschland: Reich und Territorien zwischen dem Religionsfrieden und dem Dreißigjährigen Krieg

D. ALBRECHT, Die kirchlich-religiöse Entwicklung 1500–1745, in: Handbuch der bayerischen Geschichte, Hrsg. von M. Spindler, Bd. 2: Das alte Bayern, Der Territorialstaat vom Ausgang des 12. Jahrhunderts bis zum Ausgang des 18. Jahrhunderts, München 1966

V. BIBL, Maximilian II., der rätselhafte Kaiser, Hellerau 1929

O. BRUNNER, Land und Herrschaft, Grundfragen der territorialen Verfassungsgeschichte Österreichs im Mittelalter, 5. Aufl. Wien 1965

F. B. VON BUCHOLTZ, Geschichte der Regierung Ferdinands I., Bd. 1–9, Wien 1831–1838

J. BÜCKING, Kultur und Gesellschaft in Tirol um 1600, Des Hippolytus Guarinonius' »Grewel der Verwüstung Menschlichen Geschlechts« (1610) als kulturgeschichtliche Quelle des frühen 17. Jahrhunderts (Historische Studien, Bd. 401), Lübeck und Hamburg 1968

F. L. CARSTEN, Princes and parliaments in Germany from the 15th to the 18th century, Oxford 1959

Deutscher Adel 1555–1740, Hrsg. von H. Rössler (Schriften zur Problematik der deutschen Führungsschichten in der Neuzeit 2), Darmstadt 1965

H. DOLLINGER, Studien zur Finanzreform Maximilians I. von Bayern 1598–1618, Ein Beitrag zur Geschichte des Frühabsolutismus (Schriftenreihe der Historischen Kommission bei der Bayerischen Akademie der Wissenschaften 8), Göttingen 1968

G. FRANZ, Geschichte des deutschen Bauernstandes vom frühen Mittelalter bis zum 19. Jahrhundert (Deutsche Agrargeschichte, Bd. 4), Stuttgart 1970

A. GINDELY, Rudolf II. und seine Zeit, 1600–1612, Bd. 1 und 2, Prag 1863 und 1865

F. HARTUNG, Deutsche Verfassungsgeschichte vom 15. Jahrhundert bis zur Gegenwart, 8. Aufl. Stuttgart 1964

H. HASSINGER, Die Landstände der österreichischen Länder im 16. bis 18. Jahrhundert, in: Jahrbuch für Landeskunde von Niederösterreich 36, 1964

H. HENTSCH, Die Geschichte Österreichs, Bd. 1 und 2, Graz, Wien und Köln 1959–1968, Bd. 1: bis 1648, 1959

H. HEYDEN, Kirchengeschichte Pommerns, Bd. 1 und 2 (Osteuropa und der deutsche Osten, Reihe III), 2. Aufl. Köln 1957

C. HINRICHS, Deutschland zwischen Libertät und Kaisertum, 1500–1648, in: Die deutsche Einheit als Problem der europäischen Geschichte, Hrsg. von C. Hinrichs und W. Berges, Stuttgart 1960

O. HINTZE, Die Hohenzollern und ihr Werk, Berlin 1915

F. HIRN, Erzherzog Ferdinand II. von Tirol, Bd. 1 und 2, Innsbruck 1885 und 1888

A. HUBER, Geschichte Österreichs, Bd. 1–7, Gotha 1885–1938, Bd. 4, 1892

R. KÖTZSCHKE und H. KRETZSCHMAR, Sächsische Geschichte, Dresden 1935

R. KOSER, Geschichte der brandenburgischen Politik bis zum Westfälischen Frieden von 1648, Stuttgart und Berlin 1913

F. KRONES, Kardinal Melchior Klesl, in: Gestalter der Geschicke Österreichs, Hrsg. von H. Hantsch, Innsbruck, Wien und München 1962

B. LANDMESSER, Die Stände der Kurmark Brandenburg unter Joachim II., 1535–1571, Leipzig 1929

A. H. LOEBL, Zur Geschichte des Türkenkrieges von 1593–1606 (Prager Studien aus dem Gebiet der Geschichtswissenschaft 6 und 10), Bd. 1 und 2, Prag 1899 und 1904

H. LUTZ und D. ALBRECHT, Das konfessionelle Zeitalter, in: Handbuch der bayerischen Geschichte, Hrsg. von M. Spindler, Bd. 2: Das alte Bayern. Der Territorialstaat vom Ausgang des 12. Jahrhunderts bis zum Ausgang des 18. Jahrhunderts, München 1966

G. MECENSEFFY, Geschichte des Protestantismus in Österreich, Graz und Köln 1956

R. NEWALD, Die deutsche Literatur vom Späthumanismus zur Empfindsamkeit, 1570–1750 (Geschichte der deutschen Literatur, hrsg. von H. de Boor und R. Newald, Bd. 5), 4. Aufl. München 1963

G. OESTREICH, Verfassungsgeschichte vom Ende des Mittelalters bis zum Ende des alten Reiches, in: Gebhardt, Handbuch der deutschen Geschichte, Bd. 2, 9. Aufl. Stuttgart 1970

F. PETRI, [Das Rheinland] Im Zeitalter der Glaubenskämpfe, in: Rheinische Gechichte, Hrsg. von F. Petri und G. Doege, Bd. 2, Düsseldorf 1976

G. FRHR. VON PÖLNITZ, Die Fugger, 3. Aufl. Tübingen 1970

G. FRHR. VON PÖLNITZ, Anton Fugger, Bd. 1–3 in 4 Teilen (Studien zur Fuggergeschichte 13, 17, 20, 22), Tübingen 1958–1971

Quellensammlung zur Geschichte der deutschen Reichsverfassung im Mittelalter und Neuzeit, hrsg. von K. Zeumer (Quellensammlungen zum Staats-, Verwaltungs- und Völkerrecht 2), 2. Aufl. Tübingen 1913

V. PRESS, Calvinismus und Territorialstaat, Regierung und Zentralbehörden der Kurpfalz 1559–1619, Stuttgart 1970

J. RAINER, Der Prozeß gegen Kardinal Klesl, in: Römische Historische Mitteilungen 5, 1961/62

J. RAINER, Kardinal Melchior Klesl, in: Römische Quartalschrift für christliche Altertumskunde und für Kirchengeschichte 59, 1954

K. RICHTER, Die böhmischen Länder von 1471–1740, in: Handbuch der Geschichte der böhmischen Länder, Bd. 2, Stuttgart 1974

M. RITTER, Deutsche Geschichte im Zeitalter der Gegenreformation und des Dreißigjährigen Krieges 1555–1648, Bd. 1–3, Stuttgart 1889–1908

F. H. SCHUBERT, Die deutschen Reichstage in der Staatslehre der frühen Neuzeit (Schriftenreihe der historischen Kommission bei der bayerischen Akademie der Wissenschaften 7), Göttingen 1966

J. SCHULTZE, Die Mark Brandenburg, Bd. 1–5, Berlin 1961 bis 1968, Bd. 4: Von der Reformation bis zum Westfälischen Frieden, 1964

W. SCHULZE, Landesdefension und Staatsbildung. Studien zum Kriegswesen des innerösterreichischen Territorialstaates (1564 bis 1619) – (Veröffentlichungen der Kommission für neuere Geschichte Österreichs 60), Wien, Köln und Graz 1973

W. STAMMLER, Von der Mystik zum Barock 1400–1600 (Epochen der deutschen Literatur. Geschichtliche Darstellungen 2, 1), 2. Aufl. Stuttgart 1950

G. STÖKL, Kaiser Ferdinand I., in: Gestalter der Geschicke Österreichs, Hrsg. von H. Hantsch, Innsbruck, Wien und München 1962

H. STURMBERGER, Die Anfänge des Bruderzwists in Habsburg, in: Mitteilungen des Oberösterreichischen Landesarchivs 5, 1957

H. STURMBERGER, Dualistischer Ständestaat und werdender Absolutismus, in: Die Entwicklung der Verfassung Österreichs vom Mittelalter bis zur Gegenwart, Graz und Wien 1963

E. TOMEK, Kirchengeschichte Österreichs, Bd. 2: Humanismus, Reformation und Gegenreformation, 2. Aufl. Innsbruck und Wien 1949

F. Tremel, Wirtschafts- und Sozialgeschichte Österreichs, Wien 1969

F. Valjavec, Geschichte der deutschen Kulturbeziehungen zu Südosteuropa, Bd. 1–5 (Südostdeutsche Arbeiten 41–45), 2. Aufl. München 1953–1970, Bd. 2: Reformation und Gegenreformation, 1955

E. Wolf, Idee und Wirklichkeit des Reiches im deutschen Rechtsdenken des 16. und 17. Jahrhunderts, in: Reich und Recht in der deutschen Philosophie, Hrsg. von K. Larenz, Bd. 1, Berlin 1943

E. Zöllner, Geschichte Österreichs von den Anfängen bis zur Gegenwart, 5. Aufl. München 1974

Epoche des Dreißigjährigen Krieges

E. A. Beller, The Thirty Years War, in: New Cambridge modern history, Bd. 4, Cambridge 1970

Der Dreißigjährige Krieg, Hrsg. von H. Schulz, Leipzig 1917

J. G. Droysen, Das Zeitalter des Dreißigjährigen Krieges, Berlin 1888

H. Hantsch, Kaiser Ferdinand II., 1578–1637, in: Gestalter der Geschicke Österreichs, Hrsg. von H. Hantsch, Innsbruck, Wien, München 1962

G. Livet, La guerre de trente ans, Paris 1963

F. Lütge, Die wirtschaftliche Lage Deutschlands vor Ausbruch des Dreißigjährigen Krieges, in: F. Lütge, Studien zur Sozial- und Wirtschaftsgeschichte (Forschungen zur Sozial- und Wirtschaftsgeschichte 5), Stuttgart 1963

G. Mann, Das Zeitalter des Dreißigjährigen Krieges, in: Propyläen-Weltgeschichte, Hrsg. von G. Mann, Bd. 7, Berlin 1964

G. Pagès, La guerre de trente ans 1618–1648, Paris 1949

J. Polišenský, The Thirty Years war, London 1971. (Prag 1970)

M. Reinhard, Henri IV ou la France sauvée (Historia 11), 2. Aufl. Paris 1958

J. Schmidlin, Die kirchlichen Zustände in Deutschland vor dem Dreißigjährigen Kriege nach den bischöflichen Diözesanberichten an den Heiligen Stuhl, Bd. 1–3, Freiburg 1908–1910

H. Sturmberger, Kaiser Ferdinand II. und das Problem des Absolutismus, München 1957

V. L. Tapié, The Habsburg lands 1618–57, in: New Cambridge modern history, Bd. 4, Cambridge 1970

W. Wostry, Deutschland und die europäische Welt im Zeitalter des Dreißigjährigen Krieges, in: Neue Propyläen-Weltgeschichte, Hrsg. von W. Andreas, Bd. 3, Berlin 1941

Die böhmische Revolution und die Internationalisierung des Krieges

D. Albrecht, Die auswärtige Politik Maximilians von Bayern, 1618–1635 (Schriftenreihe der Historischen Kommission bei der Bayerischen Akademie der Wissenschaften 6), Göttingen 1962

D. Albrecht, Die deutsche Politik Papst Gregors XV., die Einwirkung der päpstlichen Diplomatie auf die Politik der Häuser Habsburg und Wittelsbach, 1621–1623 (Schriftenreihe zur bayerischen Landesgeschichte 53), München 1956

D. Albrecht, Zur Finanzierung des Dreißigjährigen Krieges, in: Zeitschrift für bayerische Landesgeschichte 19, 1956

P. v. Chlumecky, Carl von Zierotin und seine Zeit, Bd. 1 und 2, Brünn 1862 und 1879

F. Hruby, Karl d. Ä. von Zierotin, Brünn 1936

F. Neuer-Landfried, Die katholische Liga. Gründung, Neugründung und Organisation eines Sonderbundes 1608–1620 (Münchner historische Studien, Abt. bayerische Geschichte 9), Kellmünz 1968

J. Polišenský, Bohemia y la crísis política española de 1590–1620, in: Historia 13, 1966

J. Polišenský, Nizozemská politika a Bílá Hora [Die niederländische Politik und der Weiße Berg], Prag 1958

V. Press, Böhmischer Aristokrat und kaiserlicher General, Zwei Biographien Albrecht von Wallensteins, in: Historische Zeitschrift 222, 1976

A. A. van Schelven, Der Generalstab des politischen Calvinismus in Zentraleuropa zu Beginn des Dreißigjährigen Krieges, in: Archiv für Reformationsgeschichte 36, 1939

H. Sturmberger, Adam Graf Herberstorff, Der Statthalter des Landes ob der Enns, München 1975

H. Sturmberger, Aufstand in Böhmen, Der Beginn des Dreißigjährigen Krieges, München und Wien 1959

H. Sturmberger, Georg Erasmus Tschernembl, Religion, Libertät und Widerstand, Ein Beitrag zur Geschichte der Gegenreformation und des Landes ob der Enns, Graz, Köln 1953

H. Weigel, Franken, Kurpfalz und der bömische Aufstand 1618 bis 1620, Bd. 1: Die Politik der Kurpfalz und der evangelischen Stände Frankens, Erlangen 1932

Die schwedische Großmachtpolitik
und ihre Chancen in Deutschland

N. Ahnlund, Gustav Adolf, Berlin 1938. (Gustav Adolf den store, Stockholm 1932)

K.-R. Boehme, Die schwedische Besetzung des Weichseldeltas 1626–36 (Beiheft zum Jahrbuch der Albertus-Universität Königsberg/Pr. 22), Würzburg 1963

D. Böttcher, Propaganda und öffentliche Meinung im protestantischen Deutschland 1628–1636, in: Archiv für Reformationsgeschichte 44, 1953 und 45, 1954

G. Bub, Gustav Adolfs Kriegsgebete, in: Archiv für Reformationsgeschichte 44, 1953

H. Diwald, Wallenstein, München und Eßlingen 1969

G. Mann, Wallenstein, Frankfurt am Main 1971

J. Pekař, Wallenstein 1630–1634, Geschichte der Wallensteinschen Verschwörung, Bd. 1 und 2, Berlin 1937

M. Roberts, Gustavus Adolphus, A history of Sweden 1611–1632, Bd. 1 und 2, 2. Aufl. London 1962 und 1964

M. Roberts, Sweden and the Baltic 1611–54, in: New Cambridge modern history, Bd. 4, Cambridge 1970

G. Rystad, Kriegsnachrichten und Propaganda während des Dreißigjährigen Krieges, Die Schlacht bei Nördlingen in den gleichzeitig gedruckten Kriegsberichten, Lund 1960

J. Seidler, Das Prager Blutgericht 1633, Memmingen 1951

J. Seidler, Untersuchungen über die Schlacht bei Lützen 1632, Memmingen 1954

H. v. Srbik, Wallensteins Ende, Ursachen, Verlauf und Folgen der Katastrophe, 2. Aufl. Salzburg 1952

Sveriges krig 1611–1632, Hrsg. von Generalstaben [schwed. Generalstab], Bd. 1–6, Stockholm 1936–1939

A. Wandruszka, Reichspatriotismus und Reichspolitik zur Zeit des Prager Friedens von 1635 (Veröffentlichungen des Instituts für österreichische Geschichtsforschung 17), Graz und Köln 1955

G. Wittrock, Gustav Adolf, Stuttgart 1930

Frankreich: Stabilität und Expansion – Das französische Interesse am Krieg und seiner Ausweitung

R. von Albertini, Das politische Denken in Frankreich zur Zeit Richelieus (Archiv für Kulturgeschichte, Beiheft 1), Marburg 1951

D. Albrecht, Richelieu, Gustav Adolf und das Reich, München und Wien 1959

C. J. Burckhardt, Richelieu, Bd. 1–3 und Ergbd., Neue Aufl. München 1967

F. Dickmann, Rechtsgedanke und Machtpolitik bei Richelieu, Studien an neuentdeckten Quellen, in: Historische Zeitschrift 196, 1963

P. Erlanger, Richelieu, Der Ehrgeizige, der Revolutionär, der Diktator, Frankfurt am Main 1975. (Richelieu, Bd. 1–3, Paris 1967–1970)

H. Haan, Der Regensburger Kurfürstentag von 1636/37 (Schriftenreihe der Vereinigung zur Erforschung der neueren Geschichte 3), Münster 1967

G. Hanotaux und A. A. Duc de la Force, Histoire du ardinal de Richelieu, Bd. 1–6, Paris 1896–1947

H. Hauser, La pensée et l'action économiques du cardinal de Richelieu, Paris 1944

R. Mandrou, La France aux XVIIe et XVIIIe siècles (Nouvelle Clio 33), Paris 1967

E. Magne, La vie quotidienne aux temps de Louis XIII, Paris 1942

H. Méhivier, Le siècle de Louis XIII, Paris 1964

R. Mousnier, Ein Königsmord in Frankreich, Die Ermordung Heinrichs IV., Berlin 1970. (L'assassinat de Henri IV, Paris 1964)

R. Mousnier, French institutions and society 1610–61, in: New Cambridge modern history, Bd. 4, Cambridge 1970

R. Mousnier, Les mouvements populaires en France au XVIIe siècle, in: Rue des travaux de l'académie des sciences morales et politiques, 2e semestre, 1962

O. A. Ranum, Richelieu and the councillors of Louis XIII, A study of the secretaries of state and superintendents of finance in the ministry of Richelieu. 1635–1642, Oxford 1963

K. von Raumer, König Heinrich IV. Friedensidee und Machtpolitik im Kampf um die Erneuerung Frankreichs, Iserlohn 1947

K. von Raumer, Sully, Crucé und das Problem des allgemeinen Friedens, in: Historische Zeitschrift 175, 1953

V. L. Tapié, La France de Louis XIII et de Richelieu, Paris 1967

V. L. Tapié, La politique étrangère de la France et le début de la guerre de trente ans, 1616–1621, Paris 1934

H. Weber, Frankreich, Kurtrier, der Rhein und das Reich 1623 bis 1635 (Pariser Historische Studien 9), Bonn 1969

H. Weber, Richelieu und das Reich, in: Frankreich und das Reich im 16. und 17. Jahrhundert, Hrsg. von H. Lutz, F.-H. Schubert und H. Weber, Göttingen 1968

Der Krieg und die Bevölkerung

G. Franz, Der Dreißigjährige Krieg und das deutsche Volk (Quellen und Forschungen zur Agrargeschichte 7), 3. Aufl. Stuttgart 1961

E. von Frauenholz, Das Heerwesen in der Zeit des Dreißigjährigen Krieges, Bd. 1 und 2, München 1938 und 1939

F.-W. Henning, Das vorindustrielle Deutschland 800 bis 1800 (Wirtschafts- und Sozialgeschichte 1), Paderborn 1974

E. Keyser, Bevölkerungsgeschichte Deutschlands, 3. Aufl. Leipzig 1943

B. Kuske, Das soziale und wirtschaftliche Leben Westdeutschlands im Dreißigjährigen Kriege, in: B. Kuske, Köln, der Rhein und das Reich, Köln und Graz 1956

Vinzenz von Paul in seiner Zeit und im Spiegel seiner Briefe, Vorträge und Gespräche, Hrsg. von H. Kühner, Einsiedeln und Köln 1951

[illegible] die Vorherrschaft in Europa 1600–1660, Göttingen 1967. (The »Thirty Years War« and the conflict for European hegemony 1600–1660, London 1966)

Der Westfälische Friede

M. Braubach, Der Westfälische Friede, Münster 1948

F. Dickmann, Friedensrecht und Friedenssicherung, Studien zum Friedensproblem in der Geschichte, Göttingen 1971

F. Dickmann, Der Westfälische Frieden, 3. Aufl. Münster 1972

Pax optima rerum, Beiträge zur Geschichte des Westfälischen Friedens, Hrsg. von E. Hövel, Regensburg und Münster 1948

K. von Raumer, Ewiger Friede, Friedensrufe und Friedenspläne seit der Renaissance, Freiburg und München 1953

K. Repgen, Der päpstliche Protest gegen den Westfälischen Frieden und die Friedenspolitik Urbans VIII, in: Historisches Jahrbuch 75, 1955

Frankreich: die Begründung seiner Vorherrschaft durch den Pyrenäen-Frieden

Siehe Frankreich: Stabilität und Expansion – Das französische Interesse am Krieg und seiner Ausweitung.

England: die Große Revolution und das republikanische Experiment

J. P. Cooper, The fall of the Stuart monarchy, in: New Cambridge modern history Bd. 4, Cambridge 1970

G. Davies, The early Stuarts 1603–1660 (Oxford history of England Bd. 9), 2. Aufl. Oxford 1959

S. R. Gardiner, History of England, 1603–1642, Bd. 1–10, London 1889–1893

S. R. Gardiner, History of the great civil war 1642–1649, Bd. 1–4, London 1893

C. Hill, Puritanism and revolution, Studies in interpretation of the English revolution of the 17th century, London 1965

C. Hill, Society and puritanism in prerevolutionary England, London 1964

D. Mathew, The age of Charles I, London 1951

G. L. Mosse, The struggle for sovereignity in England, From the reign of Queen Elizabeth to the petition of right, East Lansing 1950

H. Oncken, Cromwell, Vier Essays über die Führung einer Nation, Berlin 1935

I. Roots, Die Englische Revolution, in: Propyläen Weltge- [illegible]

J. R. Tanner, English constitutional conflicts of the 17th century, 1603–1689, 4. Aufl. Cambridge 1962

P. Toon, Der englische Puritanismus, in: Historische Zeitschrift 214, 1972

G. M. Trevelyan, England under the Stuarts (A history of England, Hrsg. von C. Oman, Bd. 5), 21. Aufl. London 1949

Dokumentation

A. D. Alderson, The structure of the Ottoman dynasty, Oxford 1956

E. Baasch, Holländische Wirtschaftsgeschichte, Jena 1927

P. Chaunu, L'Espagne de Charles Quint, Paris 1973

R. Fruin, Geschiedenis der staatsinstellingen in Nederland tot den val der Republiek, Den Haag 1901

E. J. Hamilton, American Treasure and the Price Revolution in Spain, 1501–1650, New York 1970

A. Heupel, F. Hoffmann, H. D. Homann und W. Hubatsch, Karten und Stammtafeln zur deutschen Geschichte (Deutsche Geschichte 16), Berlin 1972

W. K. Prinz zu Isenburg und F. Baron Freytag von Loringhoven, Stammtafeln zur Geschichte der europäischen Staaten, Bd. 1 und 2, Neuausg. Marburg 1965

O. Pickl, Die Auswirkungen der Türkenkriege auf den Handel zwischen Ungarn und Italien im 16. Jahrhundert, in: Die wirtschaftlichen Auswirkungen der Türkenkriege, Hrsg. von O. Pickl (Grazer Forschungen zur Wirtschafts- und Sozialgeschichte 1), Graz 1971

P. H. Ramsey, The Price Revolution in Sexteenth-Century England, London 1971

A. Simpson, The Wealth of the Gentry, 1540–1660, Cambridge 1961

C. Verlinden (Hrsg.), Documents pour l'histoire des prix et des salaires en Flandres et en Brabant, Bd. 2, Brügge 1965

P. H. Winkelman (Hrsg.), Nederlandse Rekeningen in de Tolregisters van Konigsbergen 1588–1602 (Rijks Geschiedkundige Publication 133), 's-Gravenhage 1971

H. Zins, England and the Baltic in the Elizabethan Age, Manchester 1972

Personen- und Sachregister

Die Vorlagen für die Bilddokumente stammen von: A.C.L., Brüssel 65, 103, 104, 105, 124, 249; Algemeen Rijksarchief, Den Haag 111; Jörg P. Anders, Berlin 191; Annan, Glasgow 140; Archives Photographiques, Paris 169; Archiv für Kunst und Geschichte, Berlin 89, 114, 207, 232, 271, 274, 288, 342, 347; Bildarchiv der Österreichischen Nationalbibliothek, Wien 29; C. G. Boerner, Düsseldorf 88, 115; Cameraphoto, Venedig 179; František Čáp, Prag 250; Kurt Cöckmann, Osnabrück 67; Deutsche Fotothek, Dresden 18; A. Dingjan, Den Haag 35, 108, 109, 122, 224, 252, 318; Jean Dubout, Paris 297; Studio Flevo, Enkhuizen 102; Fratelli Alinari, Florenz 183, 186, 215; A. Frequin, Den Haag 46; Pierre Ch. George, Genf 39; Photographie Giraudon, Paris 76, 165, 287; Hermann Greve, Münster 190; Hauptamt für Hochbauwesen, Nürnberg 335; Lauros-Giraudon, Paris 125; Bengt Lundberg, Stockholm 204, 314; François Martin, Genf 47, 156, 167; MAS, Barcelona 27, 63, 92; Leonard von Matt, Buochs 55, 57, 60, 61, 70, 73, 178, 187; Fotostudio Otto, Wien 84, 166, 182, 200, 236, 237, 260, 262, 268; Photodecor, Paris 175, 279, 341; Pracownia Fototechniczna, Krakau 193; Radio Times Hulton Picture Library, London 149; Rheinisches Bildarchiv, Köln 209; Saporetti, Mailand 82; Service de Documentation Photographique, Paris 87, 97, 173, 300; Sindhöringer, Wien 246; Stadtbildstelle Augsburg 217; Städtisches Museum Kleve 233; Walter Steinkopf, Berlin 333; Szenczi, Budapest 99; Unieboek, Photo-Dokumentaliste, Haarlem 113; Photo-Atelier Wagmüller, Regensburg 253; Erika Woldeck, Stralsund 269; Christian Zocher, Garching 265; Eberhard Zwicker, Würzburg 21, 266. – Alle übrigen Aufnahmen lieferten die in den Bildunterschriften erwähnten Archive, Bibliotheken, Museen und Sammlungen.

Die Erlaubnis zur Wiedergabe von Originalen erteilten freundlicherweise die in den Bildunterschriften und Fotonachweisen genannten Institutionen und privaten Besitzer.

Redaktion:
Wolfram Mitte, Ferdinand Schwenkner
Dr. Georg G. Meerwein

Die Erarbeitung der Dokumentation unterstützten:
Dr. Eberhard Bohm,
Prof. Dr. Michael Erbe (Landkarten, französische, niederländische und polnische Verfassung),
Felix Escher (Wirtschaft), Wolfgang Jung (Stammtafeln), Wolfgang Neugebauer
(Herrscher und Regierungen), alle Berlin; Dr. Hans-Christoph Rublack (Konstanzer
Verfassung), Dr. Günter Scholz (brandenburgische und österreichische Verfassung),
Dr. Erdmann Weyrauch (Straßburger Verfassung), alle Tübingen

Die Landkarten und Graphiken zeichneten:
Erhard Bechtluft, Helmut Kreische,
Jean Claude Lézin, Volkmar Schwengle, alle Berlin

Die Bibliographie stellte zusammen:
Dr. Günter Scholz, Tübingen

Bei der Beschaffung von Bildvorlagen und deren Betextung
halfen mit Anregungen und Auskünften:
Dr. Fedja Anzelewski, Berlin; Jasmin Cannon Bell, London; Dr. Anna Benna, Wien;
Jacqueline Doebeli, Genf; Prof. Dr. Michael Erbe, Berlin;
Jean Favier, Paris; Jacqueline Gaudin, Charenton; Jean Etienne Genequand, Genf;
Wilfried Göpel, Berlin; Ilse Graefe, Berlin; Miss J. Heron, Edinburgh;
Dr. Eva Irblich, Wien; Jarmila Jindrová, Prag; Ruth Kubitz, Berlin; Dr. Georg Kugler,
Wien; Dr. Margot Lindemann, Dortmund; Mary Lynch, Dublin; Leonard von Matt,
Buochs; Nora Meninsky, London; Caroline Pilkington, London;
Prof. Dr. Władysław A. Serczyk, Krakau; Dr. Peter Volz, Frankfurt am Main;
Drs de Werd, Kleve; Dr. Walter Wieser, Wien; Dr. Walter R. Wybrands, Haarlem;
Prof. Dr. Rudolf Zeitler, Uppsala